U0000871

百衲本二十四史

北史

上海涵芬樓影印
北平圖書館及自
藏元大德刻本原
書版正高二十二
公分寬十七公分

王羆　孫長述
王思政　弟綱　綱子運
尉遲迥
王軌　樂運

王羆字熊羆京兆霸城人漢河南尹尊之後世為州郡著
姓羆質直木彊處物平當州閭敬憚之魏太和中除殿中
將軍稍遷雍州別駕清廉疾惡勵精公事剌史崔亮有知
人之鑒見羆雅相欽挹亮後轉定州啟羆為長史執政者
恐羆不稱不許及梁人寇硤石亮為都督南討復啟羆為
長史帶銳軍朝廷以亮頻擧羆故當可用及剋硤石羆功
居多先是南岐東益氐羌反叛乃拜羆冠軍將軍鎮梁州
討平諸賊還投西河內史辭不拜時人謂曰西河大邦奉
祿優厚何為致辭羆曰京洛材木盡出西河朝貴營第宅
者皆有求假如其私辦則力所不堪若科發人間又違犯
憲法以此辭耳後以軍功封定陽子除荆州剌史梁既內
遣曹義宗圍荆州堰水灌城不沒者數版時城中糧盡羆
未遑城援乃遺羆餞券云城全當授本州剌史城中糧盡
羆乃煮粥與將士均分食之每出戰常不擐甲胄大呼告
天曰荆州城孝文皇帝所置天若不祐國家使前中王羆

領不爾王羆遂破賊屢經戰陣亦不被傷彌歷三年義宗
方退進封霸城縣公元顥入洛以羆為左軍大都督顥敗
莊帝以羆受顥官故不得本州更除岐州剌史時南秦數
叛乃羆行南秦州事羆至州召其魁帥為腹心擊捕反者
略盡乃謂魁帥等曰汝曹皆死盡何用活為乃以次斬之
自是南秦無復反者又詔羆行秦州事尋遷涇州剌史未
及之部屬周文帝徵兵為勤王之舉羆請前驅効命遂為
大都督鎮華州孝武西遷進車騎大將軍儀同三司別封
萬年縣伯乃除華州剌史齊神武率軍潼關入懷危懼羆
勸勵將士衆心乃安神武退拜驃騎大將軍加侍中開府
嘗修州城未畢梯在城外神武遣韓軌司馬子如從河東
宵濟襲羆羆不覺比曉軌衆已乘梯入城羆尚臥未起聞
閤外洶洶有聲便袒身露髻徒跣持一白棒大呼而出謂
曰老羆當道臥貉子那得過敵見驚退遂至東門左右稍
集合戰破之軌遂投城遁走文帝聞而壯之時關中大饑
徵稅人間穀食以供軍費或隱匿者令遞相告多被搒捶
而無怨讟唯羆信著於人莫有隱者得粟不少諸州皆遣
以是人有逃散唯羆信著於人莫有隱者得粟不少諸州
使勞讓羆令加守備及神武至城下謂羆曰何不早降羆乃
大呼曰此城是王羆冢死生在此欲死者來神武不敢攻

後移鎮河東以前後功進爵扶風郡公河橋之戰王師不
利趙青雀擄長安城所在莫有固志罷乃大開州門召城
中戰士謂曰如聞天子敗績不知吉凶諸人相驚咸有異
望王罷受委於此以死報恩諸人若有異圖可來見殺必
恐城陷没者亦任出城如有忠誠能與王罷同心可共固
守軍人見其誠信皆無異心及軍還徵拜雍州刺史時蠕
蠕度河南寇候騎已至遏州朝廷慮其深入乃徵發士馬

罷不應命臥而不起謂其使曰若蠕蠕至渭北者王罷率
鄉里自破之不煩國家兵何為天子城中遂作如此驚動
由周家小兒怯怕致此罷輕侮權貴守正不回皆比類也
未幾還鎮河東罷性儉率不事邊幅嘗有臺使至罷為設
食使乃裂去薄餅緣罷曰耕種收穫其功已深舂簸造成
用力不少尓之選擇當是未饑罷命左右撤去之使者愕然
大慚又客與罷食瓜客削瓜皮侵肉稍厚罷意嫌之及瓜
皮落地乃引手就地取而食之客甚愧色性又嚴急嘗有
吏挾私陳軍者罷不暇命捶扑乃手自取靴履持以擊之
每至享會自秤量酒肉分給將士時人尚其均平嗤其鄙
碎罷與勳率情不為巧諛凡所經處雖無當時功迹咸
乃見思卒于官贈太尉都督相冀等十州刺史諡曰忠罷

安於貧素不營生業後雖貴顯鄉里舊宅不改衡門身死
之日家甚貧罄當時伏其清潔子慶遠弱冠以功臣子拜
直閤將軍先罷卒孫述
述字長述少孤為祖罷所養聰敏有識度年八歲周文帝
見而奇之曰王公有此孫足以不朽解褐員外散騎侍郎
封長安縣伯罷薨居喪過禮有詔奪之免喪襲封扶風郡
公除中書舍人修起居注改封龍門郡公周受禪拜大將軍
下大夫累遷廣州刺史其有威惠嘉為丞相挍信州總
管并二州總管並有能名隋文帝為丞相挍信州總
後麻祥襄仁二州總管作亂遣使致書於長述因執使上書

又陳取謙策上大悅前後賜金五百兩授行軍總管討謙
以功進位柱國開皇初獻平陳計循營戰艦為上流之師
上善其能頻加賞勞後數歲以行軍總管擊南寧未至而
卒上其傷惜之贈上柱國冀州刺史諡曰莊子謨嗣謨
軌大業末郡守少子文楷起部郎
王思政太原祁人漢司徒允之後也自魏太尉凌誅後冠
冕遂絕父祐州主簿思政容貌魁梧有籌策解褐員外散
騎侍郎屬爾朱榮明逯等擾亂關右北海王顥討
之聞思政壯健啓與隨軍所有謀議並與參詳時莘武在
藩素聞其名乃引為賓客遇之甚厚及登大位委以心膂

預定策功封祁縣侯為武衛將軍俄而柔然神武潛有異圖
帝以思政可任大事拜使持節中軍大將軍大都督總宿
衛兵思政乃言於帝曰洛陽四面受敵非用武之地關中
有崤函之固且士馬精彊宇文夏州糾合同盟願立功効
若聞車駕西幸必當奔走奉迎藉天府之資因已成之業
乃西遷進爵太原郡公拜光祿卿并州刺史加散騎常侍
二年脩復舊京何應不克帝深然之及神武兵至河北帝
自安周文帝曾在同州與群公宴集出錦罽及雜綵絹數
千段令諸將摴蒲取之物盡周文又解所服金帶令諸人
遍摴曰先得盧者即與之群公摴旅莫有得者次至思
政乃斂容跪而誓曰王思政羈旅歸朝蒙宰相國士之遇
方願盡心効命上報知已若此誠有實令宰相知者顧
即為盧若內懷不盡神靈亦當明之便不作也擲即為盧即擲
身以謝所奉辭氣慷慨一座盡驚即援刀橫於膝上
攬摟蒲柎群擲之比及河橋之戰思政被重創悶絕
帶自此朝寄更深及河橋之戰思政下馬用長稍左右橫
擊一擊輒踣數人時陷陣既深從者死盡唯著破衣甲敵
人疑非將帥故得免有帳下督雷五安於戰殞哭求思政

會巳蘇遂相得乃割衣裹襄創思政上馬夜父方得還軍
仍鎮弘農除侍中東道行臺思政以玉壁地險要請築城
即自營度築鎮之遷汾晉并三州諸軍事并州刺史行臺
如故仍鎮玉壁八年東魏後寇以比克必全城功授
驃騎大將軍開府儀同三司高仲密以北豫州來附周文
親接援之乃驛召思政成皐未至而班師復命思政
鎮弘農思政入弘農之有備自思政始也十二年加特進
足畏數日後東魏劉豐生率數千騎至城下憚之不敢
進乃引軍還於是脩城郭起樓櫓營田農積芻秣凡可以
守禦者皆具焉弘農之有備自思政始也十二年加特進
兼尚書左僕射行臺都督荊州刺史博陵內史甲濕城塹多壞
思政乃命都督藺小歡督工匠繕修之掘得黃金三十斤
夜中密送至旦思政召佐史以金示之曰人臣不宜有私
悉封金送上周文嘉之賜錢二十萬思政之去東魏來寇
文命舉代人思政乃進所部都督章孝寬其後東魏來寇
孝寬竟能全城時論稱其知人十三年侯景牧東魏請援
乞師當時未即應接思政以為若不因機進取後悔無及
即率荊州步騎萬餘從魯陽關向陽翟聞文聞思政已發乃
遣太尉李弼赴潁川東魏將高岳率聞向陽翟周大兵至收軍而遁
思政入守潁川景引兵向豫州外稱略地乃密遣送款於

梁先是周文遣帥都督賀蘭願德助景扞禦景既有異圖
因厚撫願德等冀為己用思政知景詭詐乃密追願德思
政分布諸軍據景七州十二鎮周文乃以所授景使持節
太傅大行臺尚書令河南大行臺諸軍事十四年拜
政思政並讓不授頻使敦喻唯受河南諸軍事回授思
大將軍九月東魏太尉高岳行臺慕容紹宗儀同劉豐生
等率步騎十萬來攻潁川殺傷甚衆慕容紹宗又築土山以臨
城中飛梯火車盡攻潁川殺傷其攻具仍募勇士縋而出戰擲其
之土山又射以火箭燒其攻具思政亦作火纘因迅風便投
兩土山置樓堞以助防守齊文襄更益兵堰洧水以灌城
時雖有恠獸每衝壞其堰然城被灌已久又亦崩穨岳恚
衆苦攻思政身當矢石與士卒同勞苦岳乃更修堰作鐵
龍雜獸用獸水神堰成水大至城中泉涌溢縣金而炊糧
力俱竭慕容紹宗豐生及其將慕容永珍意以為閑共
乘樓船以望城內令善射人俯射城中俄而大風暴起船
乃飄至城下城上人以長鈎牽船弩亂發紹宗窮急透
水而死豐生浮向土山後中矢而斃乱禽永珍井獲船中器
城思政謂永珍曰僕之破亡在於旦漏誠知殺卿無益然
人臣之節守之以死紹宗等尸氣沮喪不敢逼城齊文襄聞之乃率

步騎十萬來攻思政知不濟率左右據土山因仰天大哭
左右皆號慟思政西向再拜便欲自剄先是文襄告城中
人曰有能生致王大將軍者封侯重賞者者不得引決齊文
襄遣其通直散騎常侍趙彦深就土山遺以白羽扇而說
之牽手以下引見文襄辭氣慷慨涕淚交流無撓屈之容
文襄以其忠於所事起而禮之接遇甚厚其督將分禁諸
州地牢數年盡死思政初入潁川士卒八千人被圍既久
城中無鹽腫死者十六七及城陷思政常以勤王為務不營產業曾被
外無救援邊無叛者思政常以勤王為務不營產業曾被
奴未滅去病辭家況大賊未平欲事產業堂所謂憂公志
私邪命左右技而棄之故身陷之後家無蓄積及齊文宣
安東親禪思政為都官尚書儀同三司卒贈本官加
兗州刺史初思政在荊州自武關以南延袤一千五百里
置三十餘城並當衝要之地凡所要蕞咸得其才子康之
殺有慶曼後為周文親信思政陷後詔以因水城陷非戰
之衆增邑三千五百戶以康龍襲爵太原公陳驃騎大將軍
侍中開府儀同三司康弟揆先封中都縣侯邪增邑通前一
千五百戶揆弟邦封西安縣侯邦弟恭忠誠縣

伯恭弟幼顯親縣伯康姊封濮郡君康兄元遵亦陷於潁
川封其子景晉陽縣伯康姊抗表固讓不許十六年王師東
討加使持節大都督以思政所部兵皆配之魏廢帝二
年隨尉遲迥征蜀鎮天水郡尋賜姓拓王氏為鄜州刺史
武成末除匹師中大夫轉載師保定三年歷安襄二州總
管位柱國入隋師終於沐州刺史

尉遲迥字薄居羅代人也其先魏之別號尉遲部因而氏
焉父俟兜性弘裕有鑒識尚周文帝姊昌樂大長公主生
迥及綱迥年七歲綱年六歲俟兜病且卒綱與二子撫其首
曰汝等並有貴相但恨吾不見耳各勉之武成初追贈柱
國大將軍太傅長樂郡公諡曰定迥少聰敏美容儀及長
有大志好施愛士尚魏文帝女金明公主拜駙馬都尉封
西都侯大統十一年遷尚書左僕射兼領軍將軍迥通
進爵魏安郡公二十五年遷尚書右僕射兼領軍將軍開府
敏有幹能雖任兼文武頗允時望周文帝以此深委仗焉十
六年拜大將軍大將軍侯景之渡江也梁元帝時鎮江陵請偹隣
好其弟武陵王紀在蜀稱帝率眾東下將攻之梁元帝大
懼移書請救周文曰蜀可圖矣取蜀制梁制梁在茲一舉乃與
群公會議請將多有異同唯迥以為紀旣盡銳東下蜀必
空虛王師臨之必有征無戰周文以為然謂曰伐蜀之事

一以委汝於是迥督開府元珩乙弗亞侯呂陵始以叱奴
與慕容雄宇文昇等六軍甲士取晉壽開平林舊道迥前
軍臨劍閣紀安州刺史樂以州先降紀梁州刺史楊乾
運時鎮潼水先已遣使詣闕密送誠款然恐其下不從猶
擁潼潼水別管之迥遣元珩侯呂陵始等饗犒之乾運還保
潼川珍等遂圍之乾運降迥至潼川大饗將士疲

青溪登南原勒兵講武偹繕約束閱器械自開府以下賞
金帛各有差時夏中連兩山路嶺峻將士疲病者十二三
自守進軍圍之初紀至巴郡遣前南梁州刺史史攞嬰城
迥親勞問加以湯藥引之而西紀益州刺史蕭攞嬰城
之技昌等道走欣景遂降攞被圍五旬頻戰為迥所破遣
使乞降許之攞乃與紀子宜都王圓肅率其文武詣軍門
請見迥以禮接之其吏人等各令復業唯收僮隸及儲積
以賞將士蠲令嚴軍無私焉詔以迥為大都督益潼等
十二州諸軍事益州刺史三年加督六州通前十八州諸
軍事以平蜀功封一子安固郡公自劍閣以南得承制封
拜及黜陟迥乃明賞罰布恩威綏輯新邦經略未附人夷
懷而歸之性至孝色養不怠身雖在外所得四時甘脆必
先薦奉然後敢嘗大長公主年高多病迥往在京師每退

朝奉候起居憂悴形於容色大長公主每為之和顏進食
以寧迥心周文知其至性徵迥入朝以慰其母意遣大鴻
臚郊勞仍賜郊竟之服蜀人思之為立碑頌德六官初
建拜小宗伯周孝閔帝踐阼進位柱國大將軍以本
蜀功同霍去病冠軍之義改封寧蜀公遷大司馬尋以
官鎮隴右武成元年進封蜀國公邑萬戶除秦州總管秦
渭等十四州諸軍事隴右大都督保定二年拜大司馬及
晉公護東伐迥率師攻洛陽乘王憲等軍於芒山齊眾度
河諸軍驚駭散迥率麾下及行郊敵於是諸將遂得全師以
還遷太保太傅建德初拜太師尋加上柱國宣帝即位以
迥為大右軍轉大前疑出為相州總管宣帝崩隋文帝輔
政以迥位望重前疑出為異圖乃為相州總管宣帝崩隋
書以會葬徵迥尋以郎國公韋孝寬代迥為總管迥以隋
文帝當權將圖篡奪遂謀舉兵留悇而不受代隋文帝又
令候正破六韓裒詣迥喻旨密與總管府長史晉昶等書
令為之備六韓裒之殺昶集文武士庶等登城北樓而令
於是眾咸從命莫不感激乃自稱大總管承制署官司千
時趙王招已入朝留少子在國迥又奉以號令迥弟子大
將軍成平郡公勤時為青州總管初得迥書表送之尋亦
從迥迥所管相衛黎毛洺貝趙冀瀛滄勤所統青齊膠光

莒諸州皆從之眾數十萬滎州刺史邵國公宇文冑申州
刺史李惠東楚州刺史費也利進國東潼州刺史曹孝達
各據州以應迥楚州刺史司錄席毗與前東平郡守畢義
緒攘兗州及徐州之蘭陵郡亦以應迥求橋鎮將紀豆陵
惠以城降迥又比結高寶寧以通突厥南連陳人許割
江淮之地隋文帝於是徵兵討迥即以韋孝寬為元帥陰
羅雲監諸軍儭國公梁士彥樂安公元諧清河公楊素隴西公李詢
濮陽公宇文述武鄉公崔弘度清河公楊素隴西公李詢
延壽公于仲文等貲為行軍總管迥遣西道行臺韓長業
攻建州刺史宇文弁以州降懃又遣西道行臺韓長業
攻壽陽公千仲文等貲為行軍總管迥遣西道行
濮陽公宇文述武鄉公崔弘度清河公楊素隴西公李詢
烏丸尼開府尉遲邏率膠光青齊之眾圍懃于開府
軍遂圍懷州尉遲迥子惇率勝光青齊之眾圍
攻陷潞州執刺史趙威署城人郭子勝為刺史上儀同赦
連士猷攻晉州即擾小鄉城紀豆陵惠龍騎定州之鉅鹿
郡遂圍懷州尉遲迥子惇率勝光青齊之眾圍
毗眾競八萬軍於藩城攻陷昌縣下邑豐縣李惠自申州
攻永州焚之而遷宇文胄軍於洛口開府梁子康攻懷州
魏安公宇文述率眾十萬入武德軍於沁東孝寬等諸軍隔
水相持不進欲待孝寬軍半度而擊之孝寬因其郊乃鳴
里軍軍小却欲待孝寬軍半度而擊之孝寬因其郊乃鳴

鼓噪進博遂大敗孝寬乘勝進至鄴迴與其子博祐等又
悉其卒十三萬陣於城南迴別統萬人皆綠巾錦襖號曰
黃龍兵勤率衆五萬自青州赴迴以三千騎先到迴舊集
軍旅雖老猶被甲臨陣其麾下兵皆關中人為之力戰孝
寬等軍失利而鄴中士女觀者如堵高頴與李詢乃整
陣先犯觀者因其擾而乘之迴衆大敗遂入鄴城迴走保
此城羊寬縱兵圍之迴為衒所獲
及之並為衒所獲隋文帝復其官爵賞初有誠款特釋之李惠先
射殺數人乃自殺勤博等東走青州未至開府郭衒追
是自縛歸罪隋文帝復其官爵賞末年衰老惑於後妻王
氏而諸子多不睦及起兵以開府小御正崔達拏為長史
自餘委任亦多用素人達拏文士無籌略舉措多失綱紀
不能匡救迴自起兵至于敗凡經六十八日焉子寬大將
軍長樂郡公先迴卒寬兄誼開府資中郡公寬弟順以迴
平蜀功授開府安固郡公後以女為宣帝皇后拜上柱國
封莒國公順弟悆諸子以年幼並獲全武德郡公悆弟祐西都郡
封胙國公悆諸軍正下大夫勾並獲全武德郡公悆弟祐西都郡
部貞外郎賣福上表請改弈朝議以迴忠於周室有詔許
焉仍贈絹百匹迴第綱
綱字婆羅少孤與兄迴依託舅氏周文帝西討關隴迴綱

與母昌樂大長公主留于晉陽後方入關從周文征伐常
陪侍帷幄出入卧內以軍功封廣宗縣伯綱驍果有膂力
善騎射周文甚寵之委以心膂河橋之戰周文方得乘
因而驚舞綱與李穆等以右力戰衆皆披靡文帝軍乘
馬大統十四年進爵平昌郡公廢帝二年拜大將軍兼領
之備俄而廢帝立齊王仍以綱職典禁衞綰總宿衞事綱
軍及魏帝有異謀言頗漏洩周文以綱為中領軍總禁
迴伐蜀從周文送之於城西以綱獲一走兔周文喜曰軍平
當賞汝佳口及克蜀賜綱侍婢二人又嘗從周文比狩雲
陽見五鹿俱走綱獲其三每從遊宴周文閒帝踐阼綱以親戚
曰若獲此兔必當破蜀俄而返周文喜曰軍平
掌禁兵除小司馬又與晉公護東討其所獲皆廢帝明帝即位進位柱國
諸功臣射而取之綱所獲輒多周明帝閒帝踐阼綱以親戚
陽見五鹿俱走綱獲其三每從遊宴周文以珍異之物令
大將軍武成元年進封其國公邑萬戶除涇州總管歷位
少傅大司空陝州總管天和二年以綱政績可紀賜帛及錢穀
師大軍還綱復歸天和二年以綱政績可紀賜帛及錢穀
等增邑以衆賞之陳公純等以皇后阿史那氏自突厥將
入塞詔徵綱與大將軍王傑率衆迎衞於境首三年追論
入塞功封一子縣公四年薨于京師贈太保謚曰武第二
河橋功封一子縣公四年薨于京師贈太保謚曰武第二
子安以嫡嗣大象末位柱國入隋歷鴻臚卿左衞大將軍

安兄運

運少彊濟志在立功魏大統十六年以父勳封安喜縣侯

周明帝立以預定策勳進爵周城縣公麻北位隴州刺史再

遷左武伯中大夫尋加右司馬運旣職兼文武甚見本任

進爵廣業郡公轉右司衛時宣帝在東宮親詢安數有

罪失武帝正建德三年帝幸雲陽宮又令運以匡弼之於是必

為右宮正帝於朝臣內選忠諒鯁正者以本官兼司武

與長孫覽輔皇太子居守俄而衛剌王直作亂率其黨襲

蕭章門覽懼走行在所運時偶在門中直兵奄至不服命

左右乃自閤門直黨與運爭門斫傷運指懂而得閤直

信臺山列 北史列傳五十 十五

旣不得入乃縱火運恐火盡百黨得進乃取官中材木及

林等以益火更以膏油灌之轉熾父之直大敗而走是夜微運官中巳

不守矣武帝嘉之授大將軍賜以直田宅妓樂金帛重焉

什物等不可勝數四年出為同州刺史同州蒲津潼關等

六防諸軍事帝將伐齊召運參議東夏處定頗有力焉五

年拜柱國進爵盧國公轉司武上大夫總宿衛軍軍帝崩

於雲陽宮祕未發喪運總侍衛兵遷京師宣帝即位授上

柱國運之為宮正也數進諫於帝帝不納反疎忌之時運

又與王軌宇文孝伯等皆為武帝親待屬言帝失於武

帝帝謂預其事愈更銜之及軌被誅運懼及於禍尋而得

出為秦州總管至州猶懼不免遂以憂慕於州贈大後丞

七州諸軍事秦州刺史諡曰忠乎子靖嗣運第勤大象末青

州總管起兵應伯迴勤第敬尚明帝女河南公主位儀同

三司

王軌太原祁人也小名沙門漢司徒允之後世為州郡冠

族累葉仕魏賜姓烏丸氏父光少雄武有將帥之略頗有

戰功周文帝遇之甚厚位至驃騎大將軍開府儀同三司

平原縣公軌性直起家事輔城公及武帝即位累遷內

史下大夫遂厲腹心之任帝將誅晉公護軌贊成其謀建

信臺山列 北史列傳五十 十六

德初轉內史大夫加授開府儀同三司又拜上開府儀同

大將軍封上黃縣公軍國之政皆參預焉從平并鄴以功

進位上大將軍進爵鄭國公及陳將吳明徹入寇呂梁徐

州總管梁士彥頻與戰不利乃退保州城明徹遂堰清水

以灌之列船艦於城下以圖攻取詔以軌為行軍總管率

諸軍赴救軌潛於清水入淮口多豎大木以鐵鎖貫車輪

橫截水流以斷其船路方欲密決其堰以斃之明徹知之

乃破堰遽退冀乘決水以得入淮比至清口川流巳闊水

勢亦衰船並碰於車輪不復得過軌因率兵圍而蹙之唯

有騎將蕭摩訶以二十騎先走得免明徹及將士三萬餘

人并器械輜重並就俘獲陳之銳卒於是殪焉進位柱國
仍拜徐州總管軌性嚴重善謀略兼有呂梁之捷威振敵
境陳人甚憚之宣帝之征吐谷渾也武帝令軌與宇文孝
伯並從軍中進趣皆委軌等軌宣帝仰成而已時宮尹鄭譯
王端並得幸於宣帝軍中頗有失德譯等皆預焉軍
還軌等言之於武帝武帝大怒乃撻宣帝除譯等名仍加
捶楚宣帝因此大銜之軌又嘗與小內史賀若弼言及此
事且言皇太子必不克負荷臣等暗短不足以論是非陛下恆以賀若弼有文武奇才識
度宏遠而弼此再對臣深以此事爲慮武帝召弼問之弼
曰皇太子養德春宮未聞有過未審陛下何從得聞此言
既退軌誚弼曰平生言論無所不道今者乃爾翻覆何得爾
此公之過也皇太子國之儲副豈易爲言軌有差跌便至
滅門之禍本謂公家陳藏否何得遂至昌言軌默然久之
乃曰吾專心國家遂不存私計向者對眾良實非宜其後
軌因內宴上壽又持武帝髯潸曰可愛好老公但恨後嗣
不能用其說及宣帝即位追鄭譯等復寫爲近侍軌自知必
及於禍謂所親曰吾昔在先朝實申社稷至計今日之事

斷可知矣此州控帶淮南隣接彊冠欲爲身計易同反掌
但忠義之節不可虧違況荷先帝厚恩每思以死自効豈
以獲罪於嗣主便欲背德於先帝止可於此待死義不爲
他計萬千載之後知吾此心大象元年帝使內史慶惜
就徐州殺軌御正中大夫顏之儀切諫帝不納遂誅之軌
立時忠怒蕃有大功忽以無罪被戮天下知與不知皆傷
惜時京兆郡丞樂運亦以直言數諫於帝
樂運字承業南陽清陽人晉尚書令廣之八世孫祖文素
齊南郡守父均梁義陽郡守運少好學涉經史年十五
而江陵滅隨例遷長安其親屬等多被籍沒運積年爲人
備保皆贖免之事母及嫂嫂甚謹由是以孝聞梁故都官
郎琅邪王澄美之其行事爲孝義傳性方直未嘗求婚
於人臨淄公唐瑾薦之自柱國府記室爲露門學士前後
犯顏屢諫武帝多被納用建德二年除萬年縣丞抑挫豪
右號稱強直武帝常幸同州召運赴行在所既至謂曰卿言太
子如何人運曰中人也時齊王憲以下並在帝側帝顧謂
憲等曰百官佞我皆云太子聰明睿智唯運云中人方驗
運之忠直耳於是因問運曰何人可謂中人運對曰班固以齊桓
公爲中人管仲相之則霸豎貂輔之則亂可與爲善亦可

與為惡也帝曰我知之矣遂妙選宮官以巨彌之乃超拜
運京兆郡丞太子聞之悅及武帝崩宣帝嗣位葬
訖詔天下公除帝及六宮便議即吉運上疏曰三年之喪
自天子達於庶人先王制禮安可誣之禮天子七月而葬
以候天下畢至今葬既既
盡鄰境素聞便猶未至君以喪服受弔不可既吉更凶如
以玄冠對便未知此出何禮進退無據愚臣所未安書
奏帝不納自是德政不修數行赦宥運上疏曰
周官曰國君之過市刑之赦此尚書曰眚災肆赦此為過
故不遊觀為則施惠以悅之也君子無
誤為害雖大當緩赦之謹案經典未有罪無輕重薄之
大赦之文故管仲曰有赦者奔馬之委轡不赦者痤疽之
碬石又曰惠者人之仇讎法者人之父母吳漢遺言猶云
唯顧無救王符著論亦云赦者非明世之所宜有大尊堂
可數施非常之惠以肆姦宄之惡乎帝亦不納而賢暴滋
甚運乃興槻詣朝堂陳帝八失一曰內史御正職在獻諸
皆須參議共理天下大尊比來小大之事多獨斷之堯舜
至聖尚資輔弼況大尊未為聖主而可專恣已心凡諸刑
司務當資羣彥及軍國大事請與諸宰輔共之二曰內作
色荒古人重誡大尊初臨四海請廣詔諸德惠未洽先搜天下美女

用實後宮又詔儀同以上女不許輒嫁賣賤同處聲溢朝
野請姬媵非幸御者放還本族欲嫁之女勿更約束之三曰
天子未明求衣日旰忘食猶恐萬機不理天下擁滯大尊
比來一入後宮數日不出所須聞奏多附內堅傳言失實
是非可懼事由宮者亡國之漸請進高祖居外親政若聞
纔易為常乃為政之大忌滋刑酷罰非致安之弘規若詔
之詔未及半便即遣改更嚴前制政令不定豈有削嚴刑
今宿衛之官有一夜不直者罪至削除因而逃亡者遂便
籍沒此則大逆之罪與杖十同科雖為法愈嚴恐人情愈
無定則天下皆懼政無常法人無適從豈有削嚴刑
獻一人心散或不可止君天下皆散將如之何請遵輕
典並依大律則億兆之父母之手足有所措矣五曰高祖斲雕
為朴本欲傳之萬世大尊初越庭親承聖旨豈有朋未
踰年而麾窮奢麗成父之志義豈然乎請與造之制務從
軍國之要不敢憚勞豈容朝夕徵求唯供角龍爛漫主庶
即役凡無益之事請並停龍七曰近見有詔上書字誤者
聊生凡無益之事請並傅龍七曰近見有詔上書字誤者
不窘失身義無假手脫有舛謬便迫嚴科墾徑尺之鱗其

事非易下不諱之詔猶懼未來更加刑戮能無甜口大尊
縱不能採謗讟之言無宜杜獻替之路請停此詔則天下
幸甚八日昔桑穀生朝殺王因之玄象垂戒此亦
興周之祥大尊雖減膳撤縣未盡銷譴之理誠願諮善
道偹布德政解兆庶之慍引萬方之罪則天變可除鼎業
方固大尊若不革茲八事引帝頗感悟召運謂之曰
朕昨夜思卿所奏實貴忠臣先皇聖明卿數有規諫朕既
昏暗卿得能如此乃賜御食必貴之朝之公卿初見帝甚
怒莫不為運寒心後見獲賞又皆相賀以為幸免歐口內

史鄭譯常以私軍請託運不知許因此銜之及隋文帝為
丞相譯為長史遷左遷運為廣州滏陽令開皇五年轉毛
州髙唐令頗歷二縣並有聲績運常頗亂一諫官從容諷
議而性訐直為人所排遂不被任用乃發憤蓄募漱以
來諫爭事集而部之凡六百三十九條合四十一卷名曰
諫苑奏上之隋文帝覽而嘉焉

論曰王襃剛峭有餘弘雅未之聞也情安儉率志在公平
既而舊節危城抗辭勵敵梁人為之退舍髙民不敢加兵
以此見稱信非虛矣至迖不隕門風亦足稱也王思政設
馳有事之秋慷慨功名之際及乎葉名霸府作鎮頴川設

紫帶之儉偹守禦之術以一城之眾抗傾國之師率疲駑
之兵常勁勇之卒猶能丞雅大敵慮建奇功忠節冠於舊
朝義聲動於隣聽運窮事蹙城陷身囚壯志髙風亦足髟
於百世矣尉遲迥地則舅甥職惟台衮沐恩累葉荷睠一
時居飛勝之地受蒲維之託顧而不扶髙實責將在及主威
云謝鼎業將遷九服後心三靈改卜遂能志存赴蹈授袂
稱兵鼎運積載王至勤運天之禍便及校其心翟義蔦誕之
傳懟綱運績宣王至勤勞出內觀其自致榮寵豈唯恩澤
而已乎夫士之成名其途不一蓋有不待爵祿而貴不因
學勤而重者何亦云忠孝而已若乃竭力以奉其親者人
囊括百代當宣帝之在東朝凶德方兆王軌志惟無諱極
議於骨肉之間竟遇滔刑以至夷滅若斯人者人或以為
子之行也致身以事其君者人臣之節也斯固彌綸三極
其不忠則天下莫之信也觀樂運之所以行已之節有
古之遺直之風乎

列傳第五十

北史六十二

馮景
周惠達
蘇綽　子威　從兄亮

周惠達字懷文章武文安人也父信歷樂卿平舒成平三
縣令皆以廉能稱惠達幼有節操好讀書美容貌魏承平
蕭寶夤為瀼州刺史召惠達及河間馮景同在閣下甚禮
之及寶夤還朝惠達隨入洛陽寶夤西征惠達使洛陽寶
夤除雍州刺史令惠達還京師有司以惠達是其行人將執
之惠達乃私馳還至潼關遇大使楊侃侃謂曰何為故入獸
口惠達曰蕭王必為左右所誤令往庶其改圖及至寶夤反
形已露不可彌縫遂用惠達為光祿勳中書舍人寶夤既敗
唯惠達等數人從之寶夤嘗語惠達曰人生富貴在右咸言
盡節及遭厄難乃知歲寒也賀拔岳為雍州惠達便委任焉
周文帝為大行臺以惠達為行臺尚書大將軍府司馬封文安縣子周文
帝出鎮華州留惠達知後事時既承喪亂庶事多關惠達營
達戍伏儲積倉糧閱士馬以濟軍國之務其為朝廷所

〔版心〕瀼州蒙山刊／北史列傳五十一　一　商吉

稱後拜中書令進爵為公大統四年兼尚書右僕射其年
周文與魏文帝東討令惠達輔魏太子居守總留臺事及
芒山失律人情駭動趙青雀等擄長安子城反惠達奉太子
出渭橋北以禦之軍還青雀等誅拜吏部尚書右僕射其後為
以儀軏稍備魏文帝因朝奏樂顧謂惠達曰此卿功也惠
達雖居顯職性謙退善下人盡心勤公愛按良士以此官
敬而附之薨子題嗣隋開皇初以惠達著績前代追封蕭
國公

馮景字長明河間武垣人也父傑為伏波將軍景少與周惠
達支俱以客從讜寶夤寶夤後為尚書右僕射引景為尚
書都令史及正光中齊寶夤為關西大行臺寶夤文為行臺郎令
史及寶夤敗還長安或議歸罪關下或言詔州立功景曰
擁兵不還此罪大寶夤不從遂反及寶夤敗景平景方得還
洛朝廷聞景有諫言故不罪之後事賀拔岳使至其有喜色問曰
便景諸齊神武察其行事神武聞岳使至其有喜色問曰
賀拔公誑憶吾邪即與景歃血託岳為兄弟景還以狀報
岳岳曰此姦有餘也頭東引紇豆陵伊利西擄侯莫陳悅曰
之熟矣岳比合費也頤東引紇豆陵伊利西擄侯莫陳悅曰
河州刺史梁景叡及酋渠共會平涼務軍東下懼

〔版心〕瀼州蒙山刊／北史列傳五十一　二　尚用

有專任之嫌使景啓孝武帝甚悅文爲岳大都督府從
軍中郎後侯莫陳悅平周文使景於京師告捷帝有西遷
意因閒關中事勢景勸帝西遷後以迎孝武功卒於高陽縣
蘇綽字令綽武功人魏侍中則之九世孫也累世二千石
父協武功郡守綽少好學博覽群書尤善算術從兄讓爲
汾州刺史周帝饒于都門外臨別謂曰卿家子弟之中誰
可任者讓因薦綽周文乃召爲行臺郎中在官歲餘未
見知然諸曹疑軍皆詢於綽而後定所行公文綽又爲之
條式臺中咸稱其能周文與僕射周惠達論事惠達不能
對請出外議之乃召綽告以其事綽即爲量宣惠達入呈
周文稱善謂曰誰與卿爲此議者惠達以綽對因稱其有
王佐才周文曰吾亦聞之久矣尋除著作佐郎屬周文與
公卿往昆明池觀漁行至城西漢故倉故顧問左右莫有
知者或曰蘇綽博物多通請問之周文乃召綽問具有
對周文大悅因問天地造化之始歷代興亡之迹綽至池竟
口辯應對如流周文益問天地益喜之乃與綽並馬徐行至夜問
設網罟而還遂留綽至夜問以政道即而聽之綽於是指
陳帝王之道兼述申韓之要周文乃起整衣危坐不覺膝
之前席語遂達曙不厭詰朝謂周惠達曰蘇綽真奇士吾

方任之以政郎拜大行臺左丞參典機密自是寵遇日隆
綽始制文案程式朱出墨入及計帳戶籍之法大統三年
齊神武三道入寇諸將咸欲分兵禦之獨綽意與周文同
遂併力拒竇泰擒之於潼關封美陽縣伯十一年授大行
臺度支尚書領著作兼司農卿周文方欲革易時政務弘
強國富人之道故綽得盡其智能贊成其事減省官員置二
長并置屯田以資軍國文爲六條詔書奏施行之其一先
脩心曰凡今之方伯守令皆受天朝命臨下國論其專
貴莅古之諸侯也是以前代帝王每稱共理天下者唯良
宰守耳明知百僚卿尹雖各有所司然其理人之本莫若

守宰之量重也凡理人之體當先理已心心者一身之主
百行之本心不清靜則思慮妄生思慮妄生則見理不明
理不明則是非謬亂是非謬亂則一身不能自理安能
見理人也是以理人之要在於清心而已夫所謂清者非
不貪貨財之謂乃欲使心氣清和志意端靜心和志靜則
邪僻之慮無因而作邪僻不作則凡所思念無不皆得至
公之理率至公之理以臨其人則彼下人孰不從化是以
稱理人之本先在理心其次又在理身是故身不正不可
百姓之表一國之的也表不正不可以求直影的不明不可
責射中今君身不能自理而望理百姓是猶曲表而求直

影也君行不能自脩而欲百姓脩行者是猶無的而責射
中也故為人君者必如清水形如曰主躬行仁義躬行
孝悌躬行忠信躬行禮讓躬行廉平躬行儉約然後繼之
以無倦加之以明察行此八者以訓其人是以其人畏而
愛之則而象之不待家教日見而自與行矣其二敬躬行
曰天地之性唯人為貴明其有中和之心仁恕之行異於
木石不同禽獸故貴之耳然性無常守隨化而還化於敦
朴者則質直化於澆偽者則浮薄浮薄者則衰微之風質
直者則敦和之俗衰弊則禍亂交興淳和則天下自治自
古安危興亡無不皆由所化也然世道凋喪已數百年大

亂滋甚且二十載人不見德唯兵革是聞上無教化唯刑
罰是用而中興始爾大難未夷加之以師旅因之以饑饉
凡百草創率多權宜致使禮讓弗興風俗未反比年稍登
稔徭賦差輕衣食不切則教化可脩矣凡諸牧守令長各
宜洗心華意上承朝旨下宣教化者貴能扇之以淳風浸
之以太和被之以道德示之以朴素使百姓遷善日遷於
善邪偽之心嗜慾之性潛以消化而不知其所以然此之
謂化也然後教之以孝悌使人慈愛教之以仁順使人和
睦教化之以禮義使人敬讓則不競於物三者既備則
於人敬讓則不競於物三者既備則王道成矣此之謂教

也先王之所以移風易俗還淳反素垂拱而臨天下以至
於太平者莫不由此此之謂要道也其三盡地利曰人生
天地之間衣食為命食不足則飢寒飢寒切體而
而欲使人興行禮讓者此猶逆坂走丸勢不可得也是以
古之聖王知其若此故其欲使人興行禮讓者宜先
所以足衣食然後教化隨之夫衣食
此教者在乎牧守令長而已者宜也智不自周必待勸
教然後得盡其力諸州郡縣每至歲首必戒敕部人無間
少長但能操持農器者皆令就田墾發以時勿失其所及
布種既訖嘉苗須理麥秋在野蠶婦傳於室若此之時皆宜

農夫不失其業蠶婦得就其功若游手怠惰早歸晚出好
逸惡勞不勤事業者則正長勉之郡縣守令隨事加訓罪
一勸百則明宰之教也夫田疇墾春耕之夏種之
秋收之然後衣食之此三時者農之要月也若失其一時
則穀不可得而食故先王之戒曰一夫不耕天下必有受
其飢者一婦不織天下必有受
事而令人竭愚者是則絕人之命驅以就死然單勞之戶
及無半之家勸令有無相通使得兼濟二農之際及陰兩
之暇又當教人種桑植果藝其蔬菜脩其園圃畜育雞豚

以備生生之資以供養老之具夫為政不欲過碎碎則人
煩勸課亦不容太簡簡則人怠善為政者必消息時宜而
適煩簡之中故詩曰不剛不柔布政優優百祿是求如不
能爾則必陷於刑辟矣其四擢賢良曰天生蒸黎不能自
化故必立君以理之人君以理之人君不能獨理故必置臣以佐之也
自帝王下及列國置臣得賢則安失賢則亂此乃自然之
理百王下及君以理之人君不能獨理故必置臣以佐之上
刺史府官則命於天朝其州縣令悉有僚吏皆佐之人也
來州郡大夫但取門資者乃先世之爵祿無妨子孫之愚賢
並不問志行夫門資者乃先世之爵祿無妨子孫之愚賢

北史列傳五十一 信州東山刋

七 ▼ 正

刀筆者乃身外之末材不廢性行之澆偽若門資之中而
得賢良是則簑駟驥而取千里也若門資之中而得愚賢
是則土牛木馬形似而用非不可以涉道也若刀筆之中
而得志行是則金相玉質內外俱美若人寶也若刀筆
之中而得澆偽者是則飾畫朽木悅目一時不可以充棟樑
之用也今之選舉者當不限資陰唯在得人尚得其人自
可起廝養而為卿相則伊尹傅說其人也而況州郡之職乎
苟非其人則雖帝王之胄可見矣凡所求材
況於公卿之冑乎由此而言官人之道可見矣凡所求材
藝者焉其可以理人若有材藝而以正直為本者必以材

而為理也若有材藝而以姦偽為本者將因其官而亂也
何致化之可得乎是故將求材藝必先擇志行善者則舉
之其志行不善則去之而今擇人者多云邦國無賢莫知
所舉此乃未適理之論所以然者古人有言明
主事與不降佐於臭天大人基命不待稷契之臣魏晉無假蕭
世之人理一世之務故殷周不待稷契之臣魏晉無假蕭
曹之佐仲尼曰十室之邑必有忠信如立立者焉豈有萬家
之都而云無士但求之不勤或授之不得其所
任之不盡其材故云無士古人云千人之秀曰英萬人之
英曰儁今之智効一官行聞一邦者當非近英儁之士也
但能勤而審之去虛取實各得州郡之最而用之則人無
多少皆足化矣云無賢良王未剖而與蚖石相類名驥

北史列傳五十一 蒙山刋

八 ▼ 正

未馳與駑馬相雜及其未用也混於凡品竟何以異要在
後始分彼賢士之驂而試之玉石之屠鈞
百里美之飯牛甯戚之扣角管夷吾之三敗當此之時悠
事業責之以成務方與使庸流較然不同昔呂望之屠釣
悠之徒豈謂其賢及升王朝登霸國積數十年功成事立
始識其奇士也於是後世紳之不容於口彼璵璠之材不
世之傑尚不能以未遇之時自異於凡品況降此者哉若
必待太公而後用是千載無太公必待夷吾而後任是百

世無衰吾所以然者士必從微而至著功必積小以至大
嘗有未任而已成不用而使之則天下之理何向而不可
可擇賢而任之得士而先達也若識此理則賢可求士
成也然善官人者必先省其官官省則事省事省則人清官煩則善人易
充則事無不理官煩則事雜不善之人易充善人則政
必有得失故語曰官省則事省事省則人清官煩則事煩
車煩則人濁濁則由於官之煩省案今吏員其數不
少昔人殽事廣而能克濟況今戶口減耗依負而置猶以
為少如聞在下州郡尚有兼假擾亂細人甚為無理諸如
此輩宜悉罷黜無得習常非直州郡之官宜獲善人愛至
黨族閭里正長之職皆當審擇各得一鄉之選以相監統

北史列傳五十一 九

夫正長者人之基基不傾者上必安凡求賢之路自非
一途然所以得之審者必由住而試之考而察之起於居
家至於鄉黨訪其所以觀其所由則人道明矣其五恧獄訟曰人受陰陽
別矣宰此以求則庶無悔矣其五恧獄訟曰人受陰陽
之氣以生有情有性則為善惡既分賞罰
隨焉賞罰中則人無所措手
足則怒叛之心生是以先王重之以五聽參之以證驗妙觀
之官精心來意推究根源先之以五聽參之以證驗妙觀
情狀窮驗隱伏使姦無所容罪人必得然後隨事加刑輕

僑人路蒙山刊

重昏賞舍過恕愚得情勿喜文能消息情理斟酌禮律無
不曲盡人心而遠明大教使獲罪者如歸此則善之上者
也然宰守非一不可人人皆有通識推理求情時或難盡
唯當率至公之心去阿枉之志務求曲直念盡平當聽察
之理不妄罰隨事斷理獄無得滯訊以法不苟其次若乃
審其殘暴同人木石專用捶楚巧詐考掠雖非事彰而不仁恕
肆其殘暴同人木石專用捶楚巧詐著冤罰有如此者斯則下矣若乃
弱者乃無罪而被罰有如此者斯則下矣
之宰守當勤於中科而慕其上善如在下條則刑所不赦
又當深思遠大念存德教先王之制曰與殺無辜寧害有
罪與其害善寧其利淫明必不得中寧捨有罪不謬害
善人也今于從政者則不然著深文巧劾寧致善人於法可
免有罪此則患於刑所以然著非皆好殺人也但言好殺
免者天地之貴物一死不可復生然著非皆至公奉法如
人者自便不念至公奉法如此皆愛人甚也凡代木
五聽三宥之法著明慎庶獄之典况刑罰不中濫害善
不被申理遂陷帝道况刑罰不中濫害善
人寧不傷天心犯和氣摧而欲陰陽調適四時順序
萬物阜安著生悅樂者不可得也故語曰一夫吁嗟王道

僑人蒙山刊

北史列傳五十一 十

為之傾覆正謂此也凡百宰守可無慎乎若深姦巨猾傷
化敗俗悖亂人倫不忠不孝故為瞽道殺一利百以清王
化重刑可也識此二途則刑政盡矣其六均賦役曰聖人
之大寶曰位何以守位曰仁何以聚人曰財明先王必以
財聚人以仁守位而無財位不可守是故三五以來皆
者不舍豪強而徵貧弱不縱姦巧而困愚拙此之謂均也
故聖人曰蓋均無貧然財貨之生其均不易軍國
有征稅之法雖輕省以郵人瘼然宜令一也今冠逆未平軍國
費廣雖未遑減省以郵人瘼然而濟用一也全平均使下無怨平均
先事織紝麻土早脩紡績先時而備至時而輸故王賦獲
供下人無困如其不預勸戒臨時迫切復恐稽緩以為已
過捶扑交至取辦目前富商大賈緣茲射利有者從之貴
買無者與之舉息奪矣祖稅之時雖有大
武至於斟酌貧富差次先後皆事起於正長而繫之於守
令若斟酌得所則政和而人悅若檢理無方則吏新而人
怨又差發徭役多不存意致令貧弱者或重傜而遠成富
強者或輕使而近防守令用懷如此不存郵人之心皆王
政之罪人也周文其重之常置諸坐右又令百司習誦之
其牧守令長於通六條及計帳者不得居官自有晉之季

文章競為浮華遂以成俗周文欲革其獘因魏帝祭廟群
臣畢至乃命綽為大誥奏行之其詞曰惟中興十有一年
仲夏庶邦百辟咸會於王庭柱國泰泪群公列將罔不來
朝時殂大稽百辟憲軟于庶邦用綏我王度皇帝若曰昔
命羲和釐百工庶績咸熙武丁命說高
宗時休哉朕其欽若格爾有眾暨我太祖之庭朕將玉
命我太祖神皇摩舊明命以劉我皇基烈祖景宗開
在位皇帝曰咨我元輔公列將百辟庶尹御事
朕惟龔敷祖宗之靈命稽于先王之典訓以大誥平爾兩在
女以砥官六月丁巳皇帝朝格於太廟兄砥具僚不
四表底定武功暨平文祖誕敷文德襲惟孝武不賓其書
自時厥後陵夷之獎用興大難于彼東土則我教庶俟
塗茱惟臺一人續戎下武夙夜祗畏若涉大川罔識攸濟
是用稽於典則用揆我上帝降鑒厥聖植元后以父天之時
曰天生黎庶惟帝克乂罔克自乂必求明德逸豫群吏以佐
命元后弗克獨乂博求明德逸豫辟性元首庶黎惟趾
惟元后克艱厥命官惟克乂司政乃乂克臻於皇極故曰其
股肱惟人良臣惟聖臣哉臣哉弗克臣政乃乂台一人肇
穀訓曰后克艱厥后臣克艱臣政乃乂又台一人舊其
戮既陟元后股肱百辟乂服我國家之命罔不咸守砥
之蝦故陟元后股肱百辟乂服我國家之命罔不咸守砥

職嗟后弗顯欽敬后臣政於何弗繹嗚呼艱哉凡
闕在位其敬聽命皇帝若曰柱國惟四海之不造載籍二
紀我太祖烈祖之命用錫我以元輔國家將隆公惟棟梁
皇之弗極公惟祖之命用揆覭慶公惟大錄我其允文允武
克明克又迪七德敷九功龕暴除亂下綏我其善生傍施於
九正若伊之在商周之有呂說之相丁用保我無疆之祚
皇帝若曰群公太宰大冢宰司徒司空惟公作朕鼎足以弼
乎朕躬宰惟天官克諧六職尉惟司武武在止此徒惟司
黎敬敷五教空惟司土利用厚生惟時三事若三陛之在
天惟茲四輔惟四時之成歲天工人其代諸皇帝若曰列

將汝惟鷹揚作朕爪乎寇賊姦宄蠻夷猾夏汝祖征綏之
以惠董之以威刑期無刑萬邦咸寧俾八表之內莫違朕
命時汝功皇帝若曰庶邦列辟汝惟守土作人父母人惟
不勝其飢故先王重穀不寒汝惟守土作人父母人惟
率於孝慈則骨肉之恩薄弗懼於禮讓則革奪之萌生惟
茲六物寬為教本嗚呼為上在寬寬則人息耆之以禮不
剛不柔稽於道皇帝若曰卿士庶尹凡百御事王省惟
歲卿士惟月庶尹惟日時歲月日時困易其慶音
憲咸貞厥績其凝嗚呼惟若王官陶均萬國若天之有斗
斟元氣酌陰陽弗失其和羣生求賴悖其序萬物以傷時

（信象山刊　十三　仲立）

惟艱哉皇帝若曰惟天地之道一陰一陽禮俗之變一文
一質羹旨三五以迄于茲匪惟相革惟其救獘匪惟相龍
惟其可久我有魏承平周之末流接泰漢遺鬱龍魏晉
之華誕五代澆風因而未董將以穆俗典化庸可暨平嗟
我公輔庶僚列辟汝惟否德其一朕心力祗慎厥艱克德
前王之玉顯庶列辟拜手稽首曰亹聰明作元后元后作
允元惟欽艱是務克捐厥即厥實昔厥僑崇歌誠勿覬
勿忌一平三代之彝典歸於道德仁義用保我祖宗之不
命荷天之休我黎庶康哉哉弗冊朕言不冊

人父母惟三五之王率緜此道用臻於刑措自時厥後歷
千載未聞惟帝念功將反救世迷迷致於雍熙庸錫隆不命
于我羣臣博哉王言非言之難行之實難臣聞霽不有初
羣克有終商書曰終始惟一德廸日新惟帝敬厥始惟茲大
終以蹐日新之德則我羣臣敢不風夜對揚休哉惟慎歌
訓率遷於道求膺無疆之休俾九域幽遐咸昭奉元后之明
歲未光於四表以邁種德帝曰欽哉自是之後文筆皆以
依此體緜性儉素不事產業家無餘財以海內之未平常以
天下為已任博求賢俊共弘政道凡所薦達皆至大官周
文亦推心委任而無閒言焉或出游常預署空紙以授綽

（信象蒙山刊　北史列傳五十一　十四　周丁）

若復有諛分則隨事施行及還啓知而已緯常謂為國之
道嘗愛人如慈父訓人如嚴師每與公卿議論自晝達夜
事無巨細皆指諸掌積思勞倦遂成氣疾十二年卒于位
時年四十九周文痛惜之哀動左右及將葬乃謂公卿等
曰蘇尚書平生謙退敢尚儉約吾欲全其素志便恐悠悠
之徒有所未達如其厚加贈諡又乖宿昔相知之道進退
惟谷孤有疑焉尚書令史蘇瑤越次而進曰昔晏子齊侯
賢大夫一狐裘三十年及其死也遺車一乘齊侯不奪其
志緯既操復清自謙抑且居貧儉謂宜從儉約以彰其美周
文緯善因薦瑤於朝廷及緯歸葬武功唯儉載以布車一乘

周文與群公皆步送出同州郭外周文親於車後酹酒而
言曰尚書平生為事妻子兄弟不知吾皆知之性爾知
吾心吾知爾意方欲共定天下不幸遂捨吾去柰何因舉
聲慟哭不覺屺隆於手至葬日又遺使祭以太牢周文自
為其文緯文著佛性論七經論並行於世周明帝二年以
綍配享文帝廟廷子威嗣

威字無異少有至性五歲喪父哀毀有老成人周文帝時
襲爵美陽縣公仕郡功曹大冢宰宇文護見而禮之以其
女新興公主妻焉威見護專權恐禍及己逃入山為叔父
所逼卒不獲免然每居山寺以諷讀為娛未幾授持節車

騎大將軍儀同三司改封懷道縣公武帝親總萬機拜稍
伯下大夫前後所授並辭疾不拜有從父妹適河南元世
雄世雄遂遇之威以夷人昧利遂標賣田宅聲貰產賠世
心為周逆遺之威以突厥入朝請世雄及其妻子將甘
雄論者義之宣帝嗣位就拜開府隋文帝為丞相高熲屢
之及議歸田里高熲請追之帝曰此不欲預吾事且置
代之議亦素重其名召入臥內與語大悅居月餘威聞禪
兼納言威上表陳讓優詔不許帝嘗與文獻皇后對膳召
威及高熲楊素廣平王雄四人謂曰朕袨運盡於

三年朕憂懣故舉此酒耳今欲營南山巘巇與公等固之
以觀時變將如何威進曰周文修德旋地動之災未景一
言退進法星三舍願陛下恢崇德度草天之休若葉德悖巇
同舟之人誰非敵國縱南山之岨安足固哉帝善其言屬
之以酒初威緯父在魏以國用不足為征稅法頗稱為重
既而嘆曰所為者正如張弓非平世法也後之君子誰能
弛乎威聞其言每以為已任至是奏減賦役務從輕典帝
悉從之漸見親重與高熲參掌朝政威見宮中以銀為幔
鉤因盛陳節儉之美諭帝為改雕飾舊物悉命除毀
帝嘗怒一人將殺之威入閤進諫不納帝怒甚將自出斬

之威當前不去帝避之而出威文遮止帝拂衣入良久
乃召威謝曰公能若是吾無憂矣於是賜馬二匹錢十餘
萬歲餘轉復兼大理卿京兆尹御史大夫本官悉如故持
書侍御史柳旺劾威兼領五職安繁綜劇無舉賢自代心
帝曰蘇威朝夕孜孜志存遠大舉賢有闕何遽迫之顧謂
威曰用之則行捨之則藏唯我與爾有是夫因為朝臣曰
蘇威不遇我則我無以措其言我不得蘇威何以行其道楊素
才辯無雙至若斟酌古今助我宣化非威匹也蘇威若逢
亂世商山四皓豈易屈哉其見重如此未幾復拜刑部尚書
解少保御史大夫官後京兆尹廢檢校雍州別駕時高熲

與威同心協贊政刑大小無不籌之故革運數年天下稱
平俄轉戶部尚書納言如故蜀山東諸州人饑帝令威振
恤之遷吏部尚書兼領國子祭酒隋承戰爭之後寓章踦
駁帝令朝臣釐改舊法為一代通典律令格式多威所定
世以為能九年秦起令視軍固辭優旨不許其年以母憂去職紫骨
立敕勉諭殷勤同總留軍俄起令視軍固辭優旨不許
平俄轉戶部尚書納言如故
持節巡撫江南與高熲行至江表稽踰五嶺而還尋令
并州命與高熲同總留軍俄追詔在所使決人訟尋令
自晉已來刑法跪緩代族貴賤不相陵越平陳之後牧人
苦盡改變之無長幼悉使誦五教威加以煩鄙之辭百姓

嗟怨使還奏言江表依內州責戶籍上以江表初平召戶
部尚書張嬰責以政急時江南州縣又訛言欲徙之入關
遠近驚駭饒州吳世華起兵為亂生蠻縣令噲其所南於是
舊碧陳率土皆反執長吏抽其腸而殺之曰更使儂誦五教
邪翠詔內史令楊素討平之時突厥都藍可汗妻大
令威至可汗所時威以公子盛名引致賓客四海大
夫多歸之時議樂變與國子博士何妥各有所持於母憂
安各為一議使百寮署其所同朝廷多附威同變者十八
九安憲曰吾席閭函丈四十餘年反覆遊騁謇謇見之所出也
遂奏威與禮部尚書盧愷吏部侍郎薛道衡尚書右丞王

和為叔言二人如威子弟復言威以曲道任其父弟徹
蕭等圖冒為官文國子學請黎陽人王孝逸為學博士
威屬圖冒盧愷以為其府參軍上令蜀王秀上柱國虞慶則等
雜桉之事皆驗帝以宋書謝晦傳中朋黨事令威讀之威
懼免冠頓首帝曰謝已晚矣於是免威官爵以開府就第
知各之士坐威得罪者百餘人未幾帝曰蘇威德行者但
為人所誤耳威命之通籍歲餘復爵邑從祠太山坐
不敬免俄而復位帝謂群臣曰世人言蘇威詐清家實金
玉此妄言也然其性狠戾不切世要求名太其從己則悅

遣之必怒此其大病耳仁壽初復拜尚書右僕射帝幸仁
壽宮以威總留臺事及帝還御史奏威職軍多不理帝怒詰
責威威謝帝亦止煬帝嗣位上將大起長城之役威諫止
之高頗儀召拜太常卿從征吐谷渾進拜右光祿大夫歲餘
復為納言與左翊衛大將軍宇文述黃門侍郎裴矩御史
大夫裴蘊內史侍郎虞世基參掌朝政時人稱為五貴及
修羽儀與左翊衛大將軍
陵侯薨進封房公以年老乞骸骨不許復以本官參選
事明年從征遼東領右禦衛大將軍楊玄感之反帝引威
征遼東以本官領右禦衛大將軍楊玄感之反帝引威
於帳中懼見於色謂曰此小兒聰明得不為患邪威曰讙
疎洮聰明者必無慮但恐浸成亂階耳威見勞役不已百
姓思亂以此微欲諷帝竟不悟從還至涿郡詔威安撫
關中以其孫尚輦直長儀副威子鴻臚少卿懍先為關中
簡點大使一家三人俱使關右三輔令謗訕臺省普歲薄代奉
王以絮潤丹直性之然乎房公威先后舊臣朝見每其采
可謂溫仁勁守文奉法早身率禮晉漢之三傑輔惠
梁社稷弱諧朕躬守文奉法邵頭國之十亂佐成王者
帝爕台階具瞻斯允雖重籍論道終期獻替銓衡時務朝
象燮台階蕭何周之十亂佐成王者邵頭國之三傑輔惠

寄為重可開府儀同三司餘並如故威當時尊重朝臣莫
與為此後從幸鴈門帝為突厥所圍朝廷欲輕騎
潰圍而出威諫曰城守則我有餘力輕騎則彼之所長陛
下萬乘主何宜輕脫為乎止突厥俄亦解圍去車駕次太
原威以盜賊不止勸帝還京師深根固本為社稷計帝初
從之竟用宇文述等議遂往東都天下大亂威信少不可
臣正甚患之屬帝問盜賊威曰他日賊據長白山
知威不能詭對以身隱殺柱帝呼問之威曰臣非職司不
威不能詭對以身隱殺柱帝呼問之威曰他日賊據長白山
今者近在滎陽氾水帝不悅而罷露五月五日百寮上謁
多以珍玩威獻尚書一部微以諷帝帝益怒御史大夫裴蘊
遼東重威威對願赦群盜遣討高麗帝益怒御史大夫裴蘊
希百令御史張行本奏威昔在高陽典選濫授人官怯畏
突厥請還京師帝令安其軍乃下詔曰威立性朋黨好異
端懷挾誹謗道徵奉名利訕詞律令謗訕臺省不以開懷遂
述先志凡預切問各書胃臆而威不以開懷遂無對命啟
沃之道其若是乎於各後月餘人有奏威與突厥陰
圖不軌大理簿責威自陳精誠不能上感威與突厥裝蘊彰罪
當萬死帝憫而釋之其年從幸江都宮帝將復用威裝蘊
雲世基奏言昏老贏疾帝乃止宇文化及弒逆以威為光

祿大夫開府儀同三司化及敗歸於李密密敗歸東都越
王侗以爲上柱國邾公王世充僭署太師威自以隋室舊
臣遭逢喪亂所經之處皆與時消息以求容免及太宗平
世充坐於東都閶闔門內威請謁見稱老病不能匡救遂
遺人數之曰公隋朝宰輔政亂不能匡救逆令品物塗炭上
君弑國亡見李密世充皆拜伏舞蹈令既老病無勞相見
尋入長安至朝堂請見高祖又不許終於家時年八十二
威行己清儉以廉慎見稱然每至公議異已雖或小
事必固爭之時人以爲非簡父之體所修格令及大業末年九
多征役至於論功行賞威每承望風旨輒寢其軍時群盜
蜂起郡縣有奏聞者文詞詭諽使人令減賊數故出師攻討
多不剋捷由是遂致敗亂爲物議所譏子夔
夔字伯尼聰敏有口辯然性輕險無行八歲誦詩兼解騎
射年十三從父至尚書省與安德王雄射賭得駿馬而歸
十四詣學與諸儒議論詞致可觀見者皆稱善及長博覽
群言尤以鍾律自命初名哲字知人父威由是改之每戲曰
有識所哂起家太子通事舍人楊素見而奇之
楊素無見蘇夔之無父與鄭譯何安議樂得界議寢不行
著樂志十五篇以見其志數載遷太子舍人以罪免居數

年仁壽三年詔天下舉達禮樂源者晉王昭時爲雍州牧
舉夔與諸州所舉五十餘人謁見帝望夔謂侍臣曰唯此
一人稱吾所舉於是擢晉王安煬帝嗣位歷太子洗馬司
朝謁者以父免職威夔亦去官後歷尚書職方郎燕王司馬
遼東之役以功拜朝散大夫時帝方勤遠略蠻夷來朝帝
謂宇文述虞世基曰四夷率服觀禮容之容夏鴻臚之職須
令望蓋有多才藝美容儀可接賓客者爲之乎咸以夔對
即日拜鴻臚少卿其後延和弘化等數郡盜賊此詔
主夔有雅望關中及突厥圍鴈門夔於鎮城東南爲智樓獸
慶巡關中及突厥圍鴈門夔於鎮城東南爲智樓獸
圖一夕而就帝見善之以功進位通議大夫坐父軍除名
後會十一母憂不勝哀卒時年四十九
綽弟椿字令欽性廉愼沈勇有決斷魏正光中關右賊亂
椿應募討之受瀛冠將軍以功界遷中散大夫賜姓賀蘭氏後
子大統初拜鎮東將軍金紫光祿大夫賜爵長廣侯除十四
帥都督行弘農郡事椿當官強濟特爲周文帝所知十四
年置當州鄉師自非鄉望允當衆心者不得預焉乃令驛
追椿領鄉兵其年破稽胡有功除散騎常侍加大都督
十六年征隨郡軍還除武功郡守甄爲本邑以清儉自居
小大之政必盡忠知進爵爲侯位驃騎大將軍開府儀同

三司大都督卒子植嗣

亮字景順緃從兄也祖稚字天祐位中書侍郎王門郡守
父祐泰山郡守亮少通敏博學好屬文善章奏與弟湛等
貨著名西土一家凡二秀才甚初舉秀才至洛陽過河内
當景亮深器之而舉人曰秦中才學可以抗山東將此人
乎魏至王蕭寶夤引為參軍寶夤遷大將軍仍為之掾寶
夤雅相知重凡有文檄謀議皆以委之尋行武功郡事甚
著聲績寶夤作亂亮以黃門人間輿物無
忤及寶夤敗從之者多遇禍唯亮為黃門侍郎中專典文翰賀拔岳為關西行
天光等西討並以亮為郎中專典文翰賀拔岳為關西行

臺引亮為左丞典機密魏孝武西還遷吏部郎中大統二
年拜給事黃門侍即領中書舍人魏文帝子宜都王式為
泰州刺史以亮為司馬帝謂甚曰黃門侍即豈可為泰州
司馬直以朕愛子出藩故以心腹相委勿以為恨臨辭賜
以御馬八年封臨涇縣子除中書監領著作修國史亮有
機辯善談笑周文帝甚重之有所籌議莫不會旨記人之
善志人之過薦達後進常如弗及故當世敬慕焉秘書監
大行臺尚書出為岐州刺史朝廷以其作牧本州特給路
車鼓吹旬日還其宅幷給騎士三千列羽儀游鄉黨經過故
人歡飲旬日然後入州世以為榮十年徵拜侍中卒於位

贈本官亮少與從弟緃俱知名然緃稍不逮亮至於經畫
進趣亮又減之故世稱二蘇焉自大統以來無歲不轉
官一年或至三遷僉曰亮才至不怪其速也所著文筆數十
篇頗行於世子師嗣以亮名重於時起家員外黃門侍郎
亮弟湛字景雋少有志行與亮俱著名西土年二十餘舉
秀才除奉朝請領侍御史加員外散騎侍即蕭寶夤西討
以湛為行臺郎中深見委任及寶夤將謀叛逆湛時臥疾
於家寶夤乃令湛從母弟天水姜儉謂湛曰吾不能坐受
死亡今便為身計不復作魏臣也與卿死生榮辱方當共
之故以相報湛聞之舉聲大哭儉遽止之曰何得便爾湛

曰闔門百口即時屠滅云何不哭哭數十聲徐謂儉曰為
我白齊王王本以窮而歸人賴朝廷假王羽翼遂得榮寵
至此既為國步多虞不能竭誠報德豈可乘人閒隙便有
問鼎之心乎今魏德雖衰天命未改王之恩義未洽於人
破亡之期必不旋踵蘇湛終不能以積世忠貞之基一旦
為王族滅也寶夤復曰此是救命之計不得不
爾湛復曰凡舉大事當得天下奇士今王但以長安博徒小
兒輩為此計誓有辦哉湛不忍見荊棘生於庭也顧賜
骸骨還鄉里庶歸全地下無愧先人寶夤素重之知必不
為已用遂聽還武功寶夤後果敗孝莊帝即位徵拜尚書

郎帝嘗謂之曰聞卿苦蕭寶寅其有美辭可為我說之湛
頓首謝曰臣自惟言辭不如伍被逮矣然始終不易竊謂
過之但臣與寶寅周旋盡心而不能令其守節
此臣之罪也孝莊大悅加散騎侍郎屢遷中書孝武初以
疾還鄉里終於家贈散騎常侍鎮西將軍雍州刺史
稍遷別駕武都郡守鎮遠將軍金紫光祿大夫及周文帝
為丞相引為府屬其幼聰敏好學頗有人倫鑒初為本州主簿
善政尋卒官贈車騎大將軍儀同三司涇州刺史

論曰周惠達見禮寶夤遂闊於我冠不以夷險易志斯
固篤終之士也周文提絢而起百度草創施約法之制於
競逐之辰備太平之禮於非峙之日終能劘雕為朴變奢
從儉風化既被而下爾上尊疆場壘動而內安外附斯蓋
蘇綽之力也邪公周道云李方事幽室龍興貞隋以首應摨
命綢緣住遇窮極寵榮父厭機衡多所損益聲竭心力知
無不為然志尚清儉兆弘廣好同惡異有乘直道不存
易簡未為週德歷軍二帝三十餘年雖擊頑當時終稱道
老君邪而不能正言國亡而情均衆庶予蓮汲弼徒聞其
語疾風勁草未見其人禮命關於興王抑亦此之由也變
志識沈敏方雅可稱若天假之年足以不殞堂構矣

韋孝寬　兄夐
夐子世康

韋瑱　子師

柳虯　弟檜　慶　慶子機　機子述
　　　弘　旦　肅　從子譽之

韋叔裕字孝寬京兆杜陵人也少以字行世為三輔著姓
祖真善魏馮翊扶風二郡守父旭武威郡守建義初為大
行臺右丞加輔國將軍雍州大中正永安二年拜右將軍
南幽州刺史時氏賊數為抄竊機招撫並恨歸附尋
卒官贈司空冀州刺史諡曰文惠孝寬沈敏和正涉獵經
史弱冠屬蕭寶寅作亂關右乃詣關請為軍前驅朝廷嘉
之郎拜統軍隨馮翊公長孫承業西征每戰有功拜國子
博士行華山郡事侍中楊侃為太都督出鎮潼關引孝
寬為司馬侃奇其才以女妻之求安中授宣威將軍給事
中尋賜爵山北縣男從中以都督從荊州刺史源子恭
鎮穰城以功除浙陽郡守時獨孤信為新野郡守同隸荊
州與孝寬情好款密政術俱美荊部吏人號為連璧孝武
初以都督鎮城周文帝自原州赴雍州命孝寬隨軍及剋
潼闕郎授弘農郡守從擒竇泰兼左丞節度宜陽兵馬事
仍與獨孤信入洛陽城郡守復與宇文貴怡峯應接潁川
義徒破東魏將任祥竟雄於潁川孝寬又進平樂口下豫

州獲刺史馮邕又從戰於河橋時大軍不利邊境騷然乃
令孝寬以本將軍行宜陽郡事尋遷南兗州刺史時歲東
魏將段琛等復據宜陽遣其揚州刺史牛道恒扇誘邊
人孝寬深患之乃遣諜人訪獲道恒手迹令善學書者偽
作孝寬與道恒書論歸款意又為道恒作洛爐燒迹若火下書者
遠令諜人送於琛管得書果疑道恒所欲經略皆不
見用孝寬知其離阻因出奇兵掩襲禽道恒及琛等鎮玉壁
兼攝南汾州事先是山胡負險屢為劫盜孝寬示以威信
州境蕭然進授大都督十二年齊神武傾山東之眾志圖
西入以玉壁衝要先命攻之連營數十里至於城下乃於
城南起土山欲乘其山以入當其山奧城上先有兩高樓
寬更縛木接之令極高峻多積戰具以禦之齊神武使謂
城中曰縱爾起土山高於爾城我會穿城取爾孝寬復掘
又於城北起土山又晝夜不息孝寬復於城南鑿地
道仍簡戰士屯塞城外每穿至輒戰之又於地
外積柴貯火敵人有在地道內者便下柴火以皮排吹之
火氣一衝即灼爛城外又造攻車車之所及莫不摧毀
雖有排楯莫之能抗孝寬為縫布為縵隨其所向則張設
之布懸於空中其車竟不能壞城外又縛松於竿灌油加

火規以燒布并欲焚樓孝寬復長作鐵鈎利其鋒刃火竿
亦來以鈎遙割之松麻俱落外又於城四面穿地作二十
一道分爲四路於其中各施梁柱作訊以油灌柱放火燒
之柱折城並崩壞孝寬又隨崩處竪木柵以扞之敵不得
入城外盡其攻擊之術孝寬隨方拒破之神武無如之何乃
遣倉曹參軍祖孝徵謂曰未聞救兵何不降也孝寬報云
我城池嚴固兵食有餘攻者自勞守者常逸宣有旬朔之
間已須救援適憂爾衆何不反之危亡關西男子必不
爲降將軍也俄而孝徵復謂城中人曰韋城主受彼榮祿
或復可爾自外軍士何事相隨入湯火中邪乃射募格於

城中云能斬城主降者拜太尉封開國郡公邑萬戶賞帛
萬四孝寬手題書背及射城外云若有斬高歡者一依此
賞孝寬弟子遷先在山東文鎖至城下臨以白刃若有不
早降便行大戮孝寬慷慨激揚略無顧意士卒莫不感勵
人有死難之心神武苦戰六旬傷及病死者十四五智力
俱困因而發疾其夜遁去後因此忿恚遂殂魏文帝嘉孝
寬功令殿中尚書長孫紹遠左丞王悅至玉壁勞問授驃
騎大將軍開府儀同三司進爵建安郡公廢帝二年爲雍
州刺史先是路側一里置一土候經兩頹毀每須修之自
孝寬臨州仍勒部內當嶼勵植槐樹代之既免修復行旅

文得庇蔭周文後見怪問知之曰宣得一州獨爾當令天
下同之於是令諸州夾道一里種一樹十里種三樹百里
種五樹焉恭帝元年以大將軍與燕公于謹伐江陵平之
以功封穰縣公還拜尚書右僕射賜姓宇文氏三年周文
比巡命孝寬鎮玉壁周閔帝踐祚拜小司徒明帝初
象麟趾殿學士考校圖籍保定初以勳立勳王壁置勳
州仍授勳州刺史齊人遣使至玉壁求通互市晉公護以
其相持日久絕無使命一日忽來求交易可致之遂令司
門下大夫尹公正至玉壁共孝寬詳議孝寬乃於郊盛設
皇姑皇世母先沒在彼因其請和之際或可致之別有故又以
供帳令公正接對使人兼論皇家親屬在東之意使者辭

色甚悅時又有汾州胡抄得關東人送皇姑及護母等並致
書一牘具陳朝廷欲敦鄰好遂以禮送皇姑還
寬善於撫御能得人心所遣間諜入齊者皆爲盡力亦有
齊人得孝寬金貨遙通書疏故齊動靜朝廷皆先知時有
主帥許盆孝寬腹心令守一城盆乃以城東入孝寬
怒遣諜取之俄而斬首而還其能致物情如此汾州之北
離石以南悉是生胡抄掠居人阻斷河路孝寬深患之而
地入於齊無方誅剪欲當其要置一大城乃於河西徵
役徒十萬甲士百人遣開府姚岳監築之岳色懼以兵少

為難孝寬曰計成此城十日即畢既去晉州四百餘里一
日創手二日偽境始知設令晉州徵兵二日方集謀議之
間且稽三日計其軍行二日不到我之城隍足得辦矣乃
令築之齊人果至南偵有大軍乃傳留不進其夜又令
汾水以南傍介山稷山諸村所在繼火傳為大軍之狀
收兵自固版築遂就如其言四年進位柱國時晉公護
將東討孝寬遣長史辛道憲發陳不可護不納既而大軍
果不利後孔城遂陷宜陽被圍孝寬乃謂其將帥曰宜陽
一城之地未能損益然兩國爭之勞師數載彼多君子寧
之謀獻若棄崤東來圖汾北我之疆界必見侵擾全宜於

華谷及長秋速築城以杜賊志脫其先我圖之實難於是
畫地形具陳其狀晉公護令長史叱羅協謂使人曰韋公
子孫雖多數不滿百汾北築城遣誰固守事遂不行天和
五年進爵鄖國公增邑通前一萬戶是歲齊人果解宜陽
之圍經略汾北遂築城守之其丞相斛律明月至汾東請
與孝寬相見明月云宜陽小城久勞戰爭今既入彼欲於
汾北取償幸勿怪也孝寬荅曰宜陽彼之要衝汾北我之
所棄我棄彼圖取償安在且輔翼幼主位重望隆理宜
調陰陽撫百姓為用極武窮兵搆怨連禍且澆灌大水千
里無煙復欲使汾晉之間橫尸暴骨苟貪尋常之地塗炭

疲獘之人竊為君不取孝寬累軍曲巖頗知卜筮謂孝寬
曰來年東朝必大相殺戮因令嚴作謠歌曰百升飛
上天明月照長安百升斛也又言高山不推自崩槲樹不
扶自豎令謀人多齎此文遺之於鄴祖孝徵既聞更潤色
之明月竟以此誅建德之後武帝志在平齊孝寬既為邊
陳三策其第一策曰臣在邊積年頗見間隙不因際會何
以成功是以往歲出車徒費糧儲功績不立由失機會
齊人愍年赴救喪敗而反內外離叛計其昏虐不可
懂有聾年為不可失也今大軍若出軹關萬軻而進兼與陳
氏共為掎角并令廣州義旅出自三鵶又募山南驍銳公

戎大定實在此機其第二策曰若國家更為後圖未即大
舉宜與陳人分其兵勢三鵶以北萬春以南廣事屯田預
為貯積募其驍悍立為部伍彼既東南有敵戎馬相持我
關河之外勁勇之士厚其爵賞使為前驅岳動川移雷
駭電激百道俱進彼必望旗奔潰所向摧殄一
河而下復遣北山稽胡絕其并晉之路凡此諸軍仍令各
出奇兵破其疆場彼若興師赴援我則堅壁清野待其去
遠還復出師常以邊外之軍引其腹心之衆我無宿春之
費彼有奔命之勞一二年中必自離叛且齊氏昏暴政出

多門鬻獄賣官唯利是視荒淫酒色忘忠良闇境燕然
不勝其獎以此而觀覆亡可待然後乘閒電掃事等摧枯
其第三策曰竊以大周土宇跨據關河蓄席卷之威持建
鑠之勢江漢西龍巴蜀塞表無虞河右底定唯彼趙魏獨
舉南清江漢受天明命與物更新是以二紀之中大功克
為榛梗者正以有事三方未遑東略遂使章涇規更存
餘各昔勾踐亡吳尚期十載武王取亂猶煩再舉今若更
存導養且後相時宜還崇好申其盟約安人和眾
通商惠工蓄銳養威觀釁而動斯則長策遠馭坐自兼并
也書奏武帝遣小司寇淮南公元衛開府伊婁謙等重幣
聘齊爾後遂大舉再駕而定山東卒如孝寬之策孝寬每
以年迫懸車屢請致仕帝以海內未平優詔弗許至是復
稱疾乞骸骨往以面申本懷何煩重請也五年帝東
代過幸王壁觀衡敵之所深歎美之移時乃去孝寬自以
習練齊人盧實請為先驅帝以王壁要衝非孝寬無以鎮
之乃不許及趙王招率兵出稽胡與大軍掎角乃敕孝寬
為行軍總管圍守華谷以應接之帝凱旋復幸王壁從谷謂孝寬
晉州復令孝寬還舊鎮及帝凱旋復幸王壁從谷謂孝寬
曰世稱老人多智善為軍謀然朕唯共少年一舉平賊公
以為如何孝寬對曰臣今衰耄為有誠心而已然昔在少

壯亦曾輸力先朝以定關石帝大笑曰實如公言乃詔孝
寬隨駕還京拜大司空出為延州總管進位上柱國大象
元年除徐兗等十一州十五鎮諸軍事徐州總管文為行
軍元帥徇地淮南乃分遣杞公宇文亮攻黃城郕公梁士
彥攻廣陵孝寬率眾攻壽陽並拔之初孝寬到淮南所在
皆密送誠款然彼五門尤為險要陳人若開塘放水郎津
濟路絕孝寬遂令分兵據守之陳將吳文立決堰
兵有備亮不得以遁走孝寬追獲之詔以平淮南之功別
封一子滑國公及宣帝崩隋文帝輔政時尉遲迥先為相
州總管詔孝寬代之文以小司徒叱列長叉為相州刺史
先令孝寬赴鄴孝寬續進至朝歌迥遣其大都督賀蘭貴齎書
候孝寬孝寬留貴與語以察其有變遂稱疾徐行又
使人至相州求醫藥密以伺之既到湯陰逢迥長史晉文奔
寬兄子魏郡守藝棄郡南走孝寬審知其狀乃馳還所
經橋道皆令毀撤驛馬悉擁以自隨文勒驛將曰蜀公將
至可多備餚酒及芻粟以待之迥果遣儀同梁子康將數
百騎追孝寬孝寬以為洛京虛弱素無守備河陽鎮防悉是
及時或勸孝寬以為洛京虛弱素無守備河陽鎮防悉是

關東鮮甲逈若先往據之則為橋不小乃入保河陽河陽
城內舊有鮮甲八百人家並在鄴見孝寬輕來謀欲應逈
孝寬知之遂密造東京官司詐稱逈道分人諸洛受賜既
至洛陽逈留不遣因此離解其謀不成六月詔發關中兵
以孝寬為元帥東伐七月軍次河陽逈所署儀同薛公禮
等圍逼懷州孝寬遣兵擊破之進次懷縣求橋城之東南
其城既往要衝雉堞牢固逈置兵據之諸將士以此威
當路請先攻取孝寬曰城小而固若攻而不拔損我兵威
今破其二大軍次此亦何能為也於是引軍次于武陟大破逈
子惇懌輕騎奔鄴軍次於鄴西門豹祠少南逈自出城又
破之逈窮迫自殺兵士在小城中者盡坑之於游豫園諸
有未服皆簡機討之關東未平十月凱還京師十一月薨
時年七十二贈太傅十二州諸軍事雍州牧諡曰襄孝寬
在邊多載屢抗強敵所有經略布置之初人莫之解見其
成軍方乃驚服雖在軍中篤意文史政事之餘每自披閱
末年患眼猶令學士讀而聽之文早喪父母事兄嫂甚謹
所得俸祿不入私房親族有孤遺者必加振贍朝野以此
稱焉長子諶年十歲帝欲以女妻之寬辭以兄子世
康年長帝嘉之遂以妻世康孝寬有六子總壽津知名
總字善會聰敏好學位驃騎大將軍開府儀同三司納言

京兆尹帝常戲總曰卿師尹帝鄉故當不以言事負威福鄉
里邪總乃正色對曰陛下擢臣非分稿謂已鑒愚誠今奉
嚴旨便欲不照冊亦宣可久喬此職用疑聖慮請解印綬
以避賢能帝大笑曰前言戲之耳五年從武帝東征總每
率麾下先驅陷敵遂於并州戰歿時年二十九贈上大將
軍追封河南郡公諡曰貞六年重贈柱國五州刺史子國
嗣後襲孝寬爵鄖國公隋文帝追錄孝寬舊勳開皇初
詔國成食封三千戶收其租賦
壽字世齡以貴公子早有令譽位京兆尹武帝親征齊季
尉遲逈拜壽儀同三司進封滑國公文帝受禪歷位恒
平二州刺史頗有能名以疾徵還卒于家諡曰定仁壽中
文帝為晉王廣納其女為妃其子保戀嗣壽弟霽位太常
少卿安邑縣伯霽弟津位內史侍郎判尚書事
孝寬兄寔
寔字敬遠志尚夷簡淡於榮利弱冠被召拜雍州中從事
非其好也遂丟謝疾前後十見徵辟皆不應命屬周文帝
經綸王業側席求賢聞寔養高不仕虛心敬悅遣使辟之
備加禮命雖情諭甚至而竟不能屈彌以重之亦弗之奪
也所居之宅枕帶林泉嘗對翫琴書蕭然自逸時人號為

君士焉至有暴其闕素者或載酒從之夔亦為之盡歡接

對志卷明帝即位禮敬愈厚乃為詩以貽之曰六爻貞逝

世三辰光少微潁陽讓迢迢渚洲去不歸香動秋蘭佩風

飄蓮葉衣坐石親仙洞乘樓下釣磯嶺松千仞直巖泉百

夫飛眺登平樂觀遨首陽薇詎能同四隱來紫余萬機

夔蓉帝詩願遨公時朝謂帝大悅教有司曰給河東酒一升號

之曰逍遙公時晉公護執政廣營第宅嘗召夔至宅訪以

此未或弗亡護不悅有識者以為知言陳遺其尚書周弘

政事夔仰視其堂徐而嘆曰酣酒音峻宇雕墻有一於

正來聘素聞名夔名請與相見朝廷許之弘正乃造夔談諧

盡日恨相遇之晚後請夔至賓館夔不時赴弘正乃贈詩

曰德星猶未動真車詎肯來其為當時所欽挹如此武帝

嘗與夔衣冠天賜之緗帛令侍臣數人頁以送出適夔唯取

一匹示承恩旨而已帝以此益重之孝寬為延州總管取

與之同出不與同歸吾之讓孝寬曰昔人不棄遺簪隊詠著庭

其華飾心弗欲之矢謂孝寬以所乘馬及轡勒與夔以

亦非吾志也於是乃乘舊馬及轡舊錄新

深淺其致理如無等級乃著三教序奏之帝覽而稱善時

不同認夔辨其優劣夔乃著三教雖殊同歸於善似有

與之同出不與同歸於是乃著武帝文以佛道儒三教

宣帝在東宮亦遺夔書并令以帝所乘馬迎之問以立身

之道夔對曰傳不云乎儉為德之恭侈為惡之大欲不可

縱志不可滿逸豫可以亡身此聖人之訓也願殿下察之

刺史因疾物故夔子總復於汾州戰歿一日之中凶問

俱至家人相對悲慟而夔神色自若謂之曰死生命也去

來常事亦何足悲撫之如舊逸之之女少愛文史雅好名義慶

諫雖安定文墨多應不存建德中夔以年老預戒其子等曰

吾本羸劣且已晚年常恐忽然故以此言預戒汝等可朝望

其葬事故文墨多應不存建德中夔以年老預戒其子等曰

昔士安以羸患遂除東體王孫以布囊繞尸二賢高達非庸才

能繼吾死之日可斂舊衣勿更新造使棺足周尸牛車載

柩墳高四尺壤深一丈其餘煩雜悉無用也朝晡奠祭

惟下素饌勿設牲牢親友欲以物弔者並不得受吾常恐懼

終悅惚故以此言預戒汝等若不遵吾志在魏如殉葬

裹彌煩吾不能頓絕汝輩之情可朝望一奠而已仍為政

素委制裁有禮諸子等遵其遺戒子世康

元年二月卒於家時年七十七武帝遺使弔祭賵贈有加

世康幼而沈敏有器量年十歲州辟主簿在魏弱冠為直

寢封漢安縣公尚周文帝女襄樂公主授儀同三司仕周

疑位典祠下大夫沔硤二州刺史從武帝平齊授司州總
管長史時東夏初定百姓未安世康綏撫之士庶咸悅入
為戶部中大夫進位上開府轉司會中大夫尉遲迥之亂
隋文帝謂世康曰汾絳舊是周齊分界因此亂階恐生搖
動今以委公因授絳州刺史以雅望鎮之闔境清肅世康
性恬素好古不以得喪干懷在州有止足之志與子弟書
曰吾生因緒餘風寵纓弁驅馳於茲五紀於茲五登袞命
頻佐方岳志除三惑心慎四知以不貪而為寶顧脂膏而
莫潤如斯之事頗為時悉今世稚世文立從武役吾與
揪風牛蒲柳眼闇更劇不見細書足疾彌增狀可趨走祿
靖宜奉晨昏有闕飛在我躬今世穆世文立從武役吾與
世沖復嬰遠任陟岵瞻望此情彌切桓山之悲倍深常戀
意欲上聞乞遵禮教未訪汝等故遣此及興言慕感咽
難勝諸弟報以事恐難遂乃止有惠政奏課連最推
為禮部尚書世康寡嗜慾不慕勢貴未嘗以求名譽進爵上庸郡
人之善若己有之亦不叱人過咎以求名譽進爵上庸郡
公轉吏部尚書選用平允請託不行以母憂去職固辭乙
終私制上不許開皇七年將事江南議重方鎮拜襄州刺
史坐事免未幾授安州總管還信州總管十三年復拜吏

部尚書前後十餘年間多所進接朝廷稱為廉平嘗因休
暇謂子弟曰吾聞功遂身退古人常道今年將耳順志在
懸車汝輩以為云何子福嗣咨曰大人道德名立官
成盈滿之戒先哲所重欲追蹤二踈伏奉尊命後因侍宴
世康再拜陳讓願乞骸骨上曰朕與公共理天下今之
諸梁飛本望縱筋力衰謝猶在四大總管并楊益三州並
州總管時多其義長子福子位為司隸別駕次子
親王臨統唯荊州委於世康間而痛惜贈大將軍諡曰文世康性
靜有識量愷悌好禮閒義於州卒論以此為美世康為政簡
孝文初以諸第位進隆貴獨季弟世約宦途不達至感
衒之車裂於高陽少子福獎通事舍人在東都與玄感
戰沒
世康兄洗字世穎性剛毅有器幹少便弓馬仕周釋褐直
寢上士數從征伐累遷開府賜爵武衛國縣公隋文帝為丞
相從季父孝寬擊尉遲迥於相州以功拜柱國進襄陽郡
公時突厥寇邊皇太子屯咸陽令洗統兵出原州道與虜
相遇擊破之拜江陵總管俄拜安州總管伐陳之役為行

軍緫管及陳平拜江州緫管略定九江遂進圖嶺南上與
書慰勉之洸至廣州嶺表皆降上聞而大悅許以便宜
從事洸所綏集二十四州拜廣州緫管歲餘畬夷王仲
宣反以兵圍洸洸拒之中流矢卒贈上柱國賜綿絹萬段
謚曰敬子洸子協字欽仁好學有雅量位祕書郎其父在廣州
有功大命協發詔書勞問未至而父卒位上儀同賜爵偹武
拜協柱國厤定泉三州刺史有能名卒官洸弟璀字世

瓛授左旅下大夫出爲魏郡太守及隋文帝爲丞相遲
恭御正下大夫周武帝時以軍功位上儀同賜爵偹武縣
侯授正下大夫儀同三司行隨州刺史
藝冤藝字世文周武帝時以軍功位上儀同賜爵偹武

迥陰圖不軌朝廷遣藝以本官寬馳往代迥寬即從寬
詐病上傳舍迥求藥以察變藝因投書孝寬即從孝寬
擊迥以功進位上大將軍改封武鄉郡公以循武縣侯別
封一子文帝受禪藝封魏興郡公拜淅州刺史藝爲政通簡
士庶懷惠遷管州緫管藝容貌瓌偉毋夷狄參調必歛儀
產業與比夷貿易家資鉅萬頗爲清論所譏卒官謚曰懷
藝弟沖字世沖以名家子在周釋褐衛公府禮曹參軍從
大將軍元定度江伐陳爲陳人所虜周武帝以常貿還之
帝復令沖以馬千四使陳贖開府賀拔華等五十人及元

定之樞而還沖有辭辯奉使稱旨累遷小御伯下大夫加
上儀同拜汾州刺史隋文帝踐阼徵爲散騎常侍進位開
府賜爵安固縣侯歲餘轉南汾州胡十餘人比築長城在
途皆云上呼沖問計沖曰皆由牧宰不稱所致請以理綏
靜可不勞兵而定上因命沖綏懷叛者月餘並赴長城上
降書勞勉之尋拜石州刺史甚得諸胡歡心以母憂去職
俄起爲南寧州緫管持節撫慰復遣柱國王長述以兵繼
之其兄子伯仁隨沖在府掠人之妻士卒縱暴邊人失望
沖既至南寧渠帥爨翫皆詣府聽首領畏威挾詐
上聞之大怒令蜀王秀按其事益州長史元嚴性方正接

俄而翫至又執其弟太子洗馬世約諸豪於皇太
子上調太子曰古人云酖酒酸而不售者爲噬犬耳今何
世約子世約遂除名後令沖檢校括州事時東陽賊帥
陶子定其州賊帥羅慧方並聚衆爲亂沖率兵破之改封
義會縣侯檢校泉州事沖容貌都雅寬厚得
衆心撫綏羈契丹皆能致其死力眞寔畏懼朝貢相續高
麗嘗入寇沖擊走之及文帝爲豫章王暕納沖女爲妃徵
拜戶部尚書卒官少子挺知名
韋瑱字世珍京兆杜陵人也世爲三輔著姓曾祖惠慶姚
泓尚書郎隨劉義眞過江仕宋爲順陽太守行南雍州事

後於襄陽歸魏拜中書侍郎贈洛州刺史祖千雄略陽郡
守父英代郡守贈兗州刺史頊幼聰敏有夙成之量起家
太尉府法曹參軍累遷南郢州刺史後令為丞相封長安
縣男轉行臺左丞遷南郢州諫議大夫周文帝為行臺
將軍左光祿大夫從戰河橋進爵為子大統八年齊神武
察有幹局再居左轄時論榮之從復弘農戰沙苑加衛大
侵汾絳填鄉從征多受略遺胡寇犯邊又與能禦填雅性清
主歷鴻臚卿以望族兼領鄉兵加帥都督進散騎常侍撫夷
恭帝三年賜姓宇文氏三年除瓜州刺史州通西域諸蕃夷
私安靜夷夏懷之周孝閔帝踐祚進爵平縣伯秩滿還
俊兼有武略蕃美贈遺一無所受胡人畏威不敢為寇公
京吏人戀慕老幼追送留連十數日方得出境明帝嘉之
授侍中驃騎大將軍開府儀同三司卒贈歧宜二州刺史
諡曰惠又追封為公詔其子峻襲峻位至車騎大將軍儀
同三司峻子德政隋大業中給事郎峻弟師
師字公穎少沉謹有至性初就學始讀孝經捨書而歎曰
名教之極其在茲乎以丁父母憂居喪盡禮州里稱其有
孝行及長略涉經史尤工騎射周大冢宰宇文護引為中
外府記室轉賓曹參軍師雅知諸蕃風俗及山川險易其

有夷狄朝貢皆師必接對論其國俗如視諸掌夷人驚服無
敢隱情齊王憲為雍州牧引為主簿本官如故及武帝親
總萬機轉少府大夫及齊平詔師安撫山東仍為冒部大
夫隋文帝受禪拜吏部侍郎賜爵井陘侯遷河北道行臺
兵部尚書奉詔為山東河南十八州安撫大使秦事稱旨
兼領晉王廣司馬其族人世康為吏部尚書與師素懷勝
負于時廣為雍州牧以司空楊雄尚書左僕
高熲並為州都督引師為主簿而世康弟世約為洛州
事世康恨不能食又恥師之下召師之下召師與左
汝何故為從事遂杖之後從上幸醴泉宮上召師與左
射高熲等於卧內賜宴令各敘舊事以為笑
樂平陳之役以本官領元帥掾陳國府藏悉委於師秋毫
無犯稱為清白後上為長寧王懽納其女為妃除汴州刺
史甚有政名卒官諡曰定師宗人譽仕周位內史大夫隋
文帝初以定策功累遷上柱國封普安郡公開皇初卒於
蒲州刺史
柳蚪字仲盤河東解人也五世祖恭仕後趙為河東郡守
後以秦趙喪亂率人南徙居汝潁間遂仕江表祖緝宋州
別駕宋安郡守父僧習善隸書敏於當世與豫州刺史裴
權業檀州歸魏歷比地潁川二郡守揚州大中正蚪年十

三便專精好學時貴游子弟就學者並車服華盛唯蚪不
事容飾褊受五經略通大義兼涉子史雅好屬文孝昌中
揚州刺史李憲舉蚪秀才兖州刺史馮儁引蚪為府主簿
既而樊子鵠為吏部尚書其兄義為揚州刺史乃以蚪為
揚州中從事加鎮遠將軍非其好也並棄官還洛陽屬天
下喪亂乃退耕於陽城有終焉之志大統三年馮翊王元
季海領軍獨孤信鎮洛陽于時舊京荒廢人物罕存唯有
蚪在陽城裝諰在潁川信等乃俱徵之以蚪為行臺郎中
諰為北府屬並掌文翰時人為之語曰比府裝諰南府柳
蚪時軍放務殷蚪勵精從事或通夜不寢李海常云柳郎

中判事我不復重看四年入朝周文帝欲官之蚪辭母老
乞侍醫藥周文許焉又為獨孤信開府從事中郎信出鎮
隴右因為秦州刺史以蚪為二府司馬雖處元僚不綜府
事唯在信左右談論而已因使見周文被留為丞相府記
室追論歸朝功封美陽縣男蚪以史官非但記軍而已蓋
勸乃上疏曰古者人君立史官非但記事而已蓋所為鑒
誡也動則左史書之言則右史書之彰善癉惡以樹風聲
故南史抗節崔杼之罪董狐書法明趙盾之愆是知執
筆於朝其來久矣而漢魏已還密為記注徒聞後世無益
當時所謂將順其美匡救其惡者且著述之人密書縱能

真筆人莫知之何止物生橫議亦自異端互起故班固致
受金之名陳壽有求米之論著漢魏者非一氏造晉史者
至數家後代紛紜莫知準的伏惟陛下則天稽古勞心庶
政開粃謗之路納忠謹之言諸史官記事者請皆當朝顯
言其狀然後付之史閣庶令是非明著得失無隱使聞善
者曰修有過者知懼事遂施行十四年除祕書丞始令監掌焉
舊丞不參史事自蚪為丞始令監掌焉遷中書侍郎修起
居注仍領丞事時人論文體有今古之異蚪以為時有今
有古今仍非文有古今乃為文質論文多不載厥辭帝初遷祕
書監加車騎大將軍儀同三司蚪脫略人間不事小節嬖
兗州刺史益曰孝有文章數十篇行於世子鴻漸嗣蚪弟

檜

檜字季華性剛簡任氣少文善騎射果於斷決年十八起
家義朝請居父喪毀瘠骨立服闋除陽城郡丞防城都督
大統四年從周文戰於河橋先登有功授都督鎮鄜州八
年拜湟河郡守仍典軍軍尋加平東將軍太中大夫吐谷
渾入寇郡境時少人懷憂懼檜撫而勉之眾心乃安
因率數十人先擊之渾人潰亂餘眾棄之遂大敗而走以

功封萬年縣子時吐谷渾強盛數侵疆場自檜鎮鄯州屢
戰必破之數年之後不敢為寇十四年河州別駕轉帥
都督俄拜使持節撫軍將軍大都督居三載徵還京師時
檜兄虯為祕書丞弟慶為尚書左丞檜嘗謂兄弟曰兄則
職典簡牘襄賤人倫則管轄群司股肱朝廷可謂榮寵
矣然而四方未靜車書不一檜唯當蒙矢石履危難以報
國恩耳頃之周文謂檜曰卿昔在鄯州忠勇顯著今西境
蕭清無勞經略九曲國之東鄙當勞役君守之遂令檜鎮九
曲尋從大將軍王雄討上津魏興平之即除魏興華陽二
郡安康人黃眾寶謀反連結黨與將圍州城乃相謂曰常

聞柳府君勇悍有餘不可當今既在外方為吾徒腹心之
疾也不如先擊之遂圍檜郡郡城甲下士眾寡弱又無守
禦之備連戰積十餘日士卒僅有存者於是力屈城陷檜
被十餘創遂為賊所獲既而眾寶等進圍東梁州乃縛檜
置城下欲令誘城中檜乃大呼曰群賊烏合糧食已罄行
即退散各宜勉之眾寶大怒乃臨檜以兵曰速更汝辭不
爾便就戮矣檜守節不變遂害之棄屍水中城中人皆為
之流涕報寶解圍之後檜兄子止戈方收檜屍還長安贈
東梁州刺史子斌嗣
斌字伯達年十七齊公憲召為記室竟卒斌弟雄亮字信

誠父檜在華陽見害雄亮時年十四哀毀過禮陰有復讎
之志武帝時眾寶率其部歸長安帝待之甚厚雄亮手斬
眾寶於城中請罪闕下帝原之後累遷內史中大夫賜
爵汝陽縣子隋文帝拜尚書考功侍郎遷給事中黃門
侍郎尚書省凡所奏事多所駁正深為公卿所憚俄以本
官檢校太子左庶子進爵為伯秦王俊鎮隴右出為秦州
總管府司馬領山南道行臺左丞子贊嗣檜弟贊好學
善屬文卒於魏臨淮王記室家卒子贊字孝孫深沈
有度量少好學身長八尺三寸美風儀善占對周文辟為
參軍事侯景作亂江南周文令帶章使江郢二州與梁邵

陵南平二王通好行至安州遇段寶等及帶章乃矯為周
文書以安之並即降附及邵陵遣使申周文意邵陵遣使
隨帶章報命以奉使稱旨授輔國將軍中散大夫後遣使
經略漢川以帶章入城說俗降之時梁宣豐侯
蕭脩守南鄭武之末攷乃帶章入城說俗降之時梁宣豐侯
武經略漢川以帶章左丞從軍南討時梁宣豐侯
元年出為解縣令加授驃騎將軍左光祿大夫轉汾陰令
發擿姦伏百姓畏而懷之周武成元年授武藏下大夫天
和二年封康城縣男累遷兵部中大夫雅頻改職仍領武
藏五年轉武藏中大夫俄遷驃騎大將軍開府儀同三司
凡居劇職十有餘年剸斷無滯官曹清肅時謚王儉為益

州總管漢王賛為益州刺史武帝以韋孝寬為益州總管府
長史領益州別駕輔弼二王總知軍事及大軍東討徵為
前軍總管齊王憲府長史齊王以功授上開府儀同大將
軍進爵為公陳王純鎮并州以帶章為并州司會并州總
管府長史卒官諡曰愷子祐嗣少有名譽位宣納上士入
隋位司勳侍郎慶弟慶
慶字更興幼聰敏有器量傳沙群著不為章句好飲酒閑
於占對年十三因暴書僧晉試之慶於雜賦集中取賦
一篇千餘言誦之慶立讀三徧便誦之無所漏時僧晉為
潁川郡守地接鄴識人多家右將選鄉官皆依貴勲察
請託選用既定僧晉謂諸子曰權貴請託吾並不用其使
欲還皆泗有吝汝等各以意為吾作書慶乃具書草僧晉
讀歡曰此兒有意氣文夫理當如是即依慶所草以報起
家奉朝請慶出後第四叔及遭父憂議者不許為服重慶
泣曰禮緣人情若於出後之家更有甚斬之服可奪以此
從彼今四叔蓋皆已父情事不追豈容奪禮乖違天性時
論不能抑遂以出終乃竟葬乃與諸兄貧土成墳孝武
時事周文即請奉迎與駕馳入關慶至高平見周文共論
將西遷慶以散騎侍郎馳傳入關慶先還復命時賀拔勝在
荊州帝屏左右謂慶曰朕欲往荊州何如慶曰關中金城

千里天下之疆國也荊州地無要害寧定以固馮基帝納
之及帝西遷慶以母老不從獨孤信之鎮洛陽乃得入關
除相府東閣祭酒大統十年除尚書都兵郎中并領記室
時比雍州獻白鹿群臣欲賀尚書蘇綽謂慶曰近代已來
文章華靡逮于江左彌復輕薄洛陽後進祖述未已相公
柄軸文質斟酌而炎曰揖攬猶自可移況才子也尋以本
官領雍州別駕慶廣陵王欣魏之甥五氏屬為之黨
或有告其盜牛慶捕得實趣令就禁孟氏殊無懼容乃謂
慶曰若加以桎梏後獨何以脫之欣亦遣使辯其無罪孟
氏由此益驕慶乃大集僚吏盛言孟氏倚權侵害之狀言
甲令今殺之此後貴戚斂手有賈人持金二十斤詣京師
寄人居止每欲出行常自執管無何緘閉不異而並失
之謂主人所竊郡縣訊問主人自誣服慶曰頗與人同宿
人曰鄉鑰恒置何處對曰恒自帶之慶疑與人同宿
乎曰無與同飲乎曰日者曾與一沙門再度酣宴醉而晝寢
慶曰沙門乃真盜耳即遣捕沙門乃懷金逃匿後捕得盡
擭所失金十二年改三十六曹為十二部以慶為計部郎
中別駕如故又有胡家被劫郡縣按察莫知賊所郡近被
劫者甚多慶以賊是為合可以詐求之乃作匿名書多牓

官門曰我等共劫胡家徒侶混雜終恐泄露今欲首伏懼
不免誅若聽先首免罪便欲來告慶乃復施免罪以
二日廣陵王欣家奴百縛自告牒下因此盡獲黨與慶之
守正明察皆此類也每歎曰昔于公斷獄無私闢高門以
待封儻斯言有驗乎其庶幾乎封清河縣男除尚書左丞
攝計部周文嘗怒安定國臣王茂將殺之而非其罪朝臣
咸知而莫敢諫慶乃執慶于前慶辭氣不撓聲曰竊聞君有不
亦須坐之乃執慶乃進爭之周文逾怒曰卿若明其罪朝臣
達者爲不明臣有不幸者爲不忠慶謹竭愚誠實不敢愛
死但懼公爲不明之君耳周文乃悟而救茂巳不及矣周
文默然明日謂慶曰吾不用卿言遂令王茂冤死可賜茂
家錢帛以雄吾過爵爲子慶威儀端肅樞機明辯周
文每發號令常使慶宣之天性抗直無所回避周文亦以
此深委仕焉恭帝初進位驃騎大將軍開府儀同三司尚
書右僕射領著作六官建拜司會中大夫周孝
閔帝踐阼賜姓宇文氏進爵平齊縣公晉公護初執政欲
引爲腹心慶辭之頗忤旨又與楊寬有隙及寬參知政事
慶遂見疎忠出爲萬州刺史明帝尋悟留爲雍州別駕領
京兆尹武成二年除宜州刺史慶自爲郎迄爲司會府領
舍儲並其職也及在宜州寬爲小宰乃囚慶故更求其

罪失葉驗積六十餘日吏或有死於獄者終無所言唯得
乘錦數匹時人服其廉慎又入爲司會先是慶兄檜爲魏
興郡守爲賊黃衆寶所害檜子三人皆幼弱慶撫養甚篤
後果寶歸朝朝廷待以優禮居數年檜次子雄亮曰手
刃衆寶於長安城中晉公護聞而大怒執慶諸子姪皆
同國明公以慶聞
之讓慶擅殺人對曰慶聞父母之讎不同天乎昆弟之讎不
屈克以俱免卒贈鄜綏冊三州刺史諡曰景子機
機子王時偉容儀有器局頗涉經史年十九周武帝時爲
曾公引爲記室及帝嗣位累遷太子宮尹封平齊縣公宣
帝時爲御正上大夫見帝失德屢諫不聽恐禍及己託
於鄜譯求出拜華州刺史及隋文帝作相徵還京師時周
代舊臣皆勸禪讓機獨義形於色無所陳請俄拜衛州刺
史及踐阼袞進爵建安郡公徵爲納言機性寬簡有雅望當
近侍無所損益又好飲酒不親細務數年出爲華州刺史
奉詔每月朝見甚轉益隆初機在周與族人文城公昂俱歷顯要
陵公主禮遇益隆初機在周與族人文城公昂俱歷顯要
及此昂機並爲外職楊素時爲納言方用事因上述宴素
戲曰二楊俱擢孤楊楊聳坐爲歡笑機竟無言未幾還州
前後作守俱稱寬惠後以徵還卒于家贈大將軍青州刺

史論曰簡子述嗣

述字業隆性明敏有幹略頗涉文藝以父蔭為太子親衛後以尚主故拜開府儀同三司內史侍郎上於諸壻中特見寵遇歲餘判兵部尚書事父艱去職未幾起攝給事黃門侍郎事頗爲舅安郡公仁壽中判吏部尚書事述雖職務修理爲當時所稱然不達大體暴慘於駁下又恃寵驕豪無所降屈楊素時方貴重朝臣莫不龍驤悔之每陵侮之數於上前面折素短判素不肯素由是銜之俄而述改報謂將命者曰語僕射道尚書不達大體暴慘悍素被疎忌不知省事任寄逾重拜兵部尚書及掌機密述自以無功可紀過叨匪服抗表陳讓上許之命攝兵部尚書上於仁壽宮寢疾述與楊素黃門侍郎元巖等侍疾宮中時皇太子無禮於陳貴人上知之大怒令述召房陵王述與元巖出外作敕書楊素見之與皇太子謀矯詔執述嚴屬吏及煬帝嗣位述坐除名公主請與同徙帝不聽述在龍州數年復從盜越遇遵癘死

機弟弘字王道少聰穎工草隸博涉群書辭采雅贍與弘農楊素為莫逆交解巾中外府記室建德初除內史贈與弘歷小宮尹御正上士陳遣王偁人來聘武帝令弘勞之偁人謂弘曰來日至藍田正逢滋水暴長所齎國信溺而從

流全所進假之從吏請勒下流人見為尋此物弘曰昔淳于之獻穴籠前史稱以為美足下假物而進誣具陳君命平偁人慙不能對武帝聞而嘉之盡以假人所進物賜弘仍令報贈占對敏捷見偁於時後卒於御正下大夫贈晉州刺史楊素誄之曰山陽王弼風流遙潁川荀粲零落無時脩竹夾池永絕梁園之賦映沼無復洛川之文其為士友所痛惜如此有文集行於世

弘弟旦字王德工騎射頗涉書籍仕周位至兵部下大夫以行軍長史從梁睿討王謙以功授儀同三司開皇元年加開府封新城縣男授掌設驃騎歷羅浙魯三州刺史並有能名大業初拜龍川太守郡人居山洞好相攻擊旦為開設學校大變其風帝聞下詔褒美之徵為太常少卿攝判黃門侍郎事卒少聰敏開於占對仕周位宣納上士隋文帝作相引為賓曹參軍開皇初授太子洗馬陳使謝泉來聘以才學見稱詔蕭接時論稱其華辯歷太子內舍人遷太子僕坐太子廢坐除名大業中帝問其故蕭曰殿下學士劉臻嘗惡達云柳蕭在宮記官下位當儲貳進章忤太翼宮中為巫蠱事蕭知而諫曰殿下戒在不孝無患見疑劉臻書生鼓搖脣舌適足以相註誤

願勿納之庶人不悛也他日謂臻曰汝何漏洩使椰蕭知之
令面折我自是後言皆不用帝曰蕭橫除名乃召守禮部
侍郎坐事免後守工部侍郎大見親任每幸遼東崔委於
涿郡留守卒官

拜宮師中士轉守朝下士武帝有事太廟臻之讀祝文音
韻清雅觀者屬目帝善之擢為宣納上士開皇初拜通事
舍人累遷內史舍人歷兵部司勳二曹侍郎朝廷以臻之
雅望善誘護又飲酒至一石不亂由是每陳使至輒令按
對遷光祿少卿出入十餘年每燕享掌敷奏會吐谷渾來降
朝廷以宗女光化公主妻之以臻兼散騎常侍送公主
於西域及突厥啟人可汗求和親復令臻送義成公主
復拜光祿大業初啟人可汗自以內附送畜牧於定襄馬
宗族家無餘財出為蕭息二州刺史俱有惠政煬帝踐祚
髙間帝使臻之諭令出塞還璞黃龍侍郎時元德太子初
薨朝野注望以齊王當立於西朝堂遷吏部尚書牛弘內
史帝法服臨軒命齊王立於西朝堂遷吏部尚書牛弘內

史令楊約左衞大將軍宇文述等從殿廷引臻之詣齊王
所西面立弘宣敕謂齊王曰我出番之初時年十二先帝
立我於西朝堂另令髙頻實慶則元旻等從內送王子相
於我誠我曰以汝未更世事令子相作輔於汝事無大小
皆可委之無得昵近小人疎遠子相若從我言者有益於
社稷成立汝名行如不用此言雖國及身敗無日矣吾與
臻之奉以周旋不敢失墜微子相之力吾幾無今日矣若
臻之從事一如子相也又敕臻之曰今以卿作輔於齊副
朕所望若齊王德業修備富貴自當鍾卿一門若有不善
罪亦相及時齊王擅寵喬令之徒深見昵狎臻之知其
非不能匡正及王得罪臻之竟坐除名及帝幸遼東召檢
校藏郡事帝班師至柳郡坐供頓不給配戌嶺南卒於洭

論曰髙氏籍四胡之勢跨有山東周文承二將之餘剗基
關右似商周之不敵若漢楚之爭雄又連官渡之兵未定
鴻溝之約雖弘農沙苑齊卒先奔而河橋邙山周師挑敗
於是競圖進取務兵戈居要害之地爰千城之詐東
韋孝寬奇村屢緯武經文居要害之地爰千城之詐東
人怙恃其衆恣力來攻將欲醒酒未央飲馬清渭壽寬迥
馮茲雉堞抗彼虓儺事其殆矣勢屈復能奮其智勇

應變無方城守六旬竟擁大敵齊人既秋八營賓道高氏遂
憤恚而殂雖郎墨破燕晉陽抒趙何以能尚若使平陽不
守鄴城無衆人之師王聚竇啟關函谷失封泥之固斯豈一
城之得喪寔亦二國之興亡者歟韋纂隱不貳人貞亦不絕
俗怡神墳籍養素丘園家樂無以動其心名利不足干其
慮確乎不拔實近代之高人也明帝比諸圍綺豈徒然哉
風亦云美矣柳蚪兄弟雅道具基荏能聲重搢紳豈虛至
世兼風神雅量一代稱僑蔡晉人物見重京華瑣素珍高
也慶東帶立朝匪躬是蹈䇲官從政清白著美至於畏避
權寵違忤宰臣雖取詘於一時實復申於千載矣機立身

行已本以寬雅流譽至於登朝正色可謂不違直道雖陵
谷遷貿終以雅正自居古所謂以道事人斯之謂矣雖幹

略見稱終乃敗於驕寵惜矣

列傳第五十二

達奚武
　若干惠
　怡峯
　劉亮
　王德
赫連達
韓果
蔡祐
常善　▲北史列傳五十三
辛威
庫狄昌
梁椿
梁臺
田弘　子仁恭　孫德懋

達奚武字成興代人也祖眷父長共為鎮將武少倜儻好
馳射賀拔岳征關右引為別將及岳為侯莫陳悅所害武
與趙貴收屍歸平涼同翊戴周文帝從平悅封須昌縣伯
大統初自大丞相府中兵參軍出為東秦州刺史兼神武
與寶泰高敖曹三道來侵周文欲并兵擊泰薛將多異議

唯武及蘇綽與周文意同遂禽之周文進圍弘農遺武從
兩騎覘候武與其候騎遇即父戰六級獲三人而反薛
神武趣沙苑周文復遺武覘之武從三騎皆衣敵人衣往捷至
暮下馬潛聽其軍號蘇若警夜者有不如法者往往捶之武
之具知敵情以告周文遂破之進爵高陽郡公四年周
文援洛陽武為前鋒曹參與李弼破莫多婁貸文又進至河橋
力戰斬其司徒高敖曹乃還授雍州刺史復從戰芒山時大
軍不利武乘勝進軍至陝武禦之乃退七年詔武經
略漢川梁梁州刺史且曹侯蕭循固守南鄭武圍之循請
服會梁武陵王遺其將楊乾運等救循循更不下武擊走
乾運循乃降自劍門以比悉平明年振旅還京師朝議欲
以武為柱國武曰我作柱國大司馬在元子孝前固辭以大
將軍出鎮玉壁周孝閔帝踐祚授柱國大司馬豫州刺
史司馬消難舉州來附詔武與楊忠迎消難以歸武成初
轉大宗伯進封鄭國公齊將斛律敦侵汾絳武禦之敦退
武葉柏壁城留開府權嚴辭羽生守之保定三年遷太保
其年大軍東伐武至平陽後期不進而忠已還武尚未知齊
東期會晉陽武以三萬騎自
將軍出晉陽遇武書曰鴻鶴已翔於寥廓者猶視於沮
澤也武覽書乃班師出為同州刺史明年從晉公護東伐

時尉遲迥圍洛陽為敵所敗武與戴王憲於芒山樂之至夜收軍憲欲待明更戰武曰洛陽軍散人情駭動不因夜速還明日欲歸不得還即於岳上籍草而宿夢一白衣來傳武微時著好華飾及居重位不持威儀行常單馬左右從一兩人而已嘗首旦天下未平國恩未報安可過事威容冠群后何輕率若是武曰吾昔在布衣豈望富貴今日富貴貴不可頓忘嘗首旦天下未平國恩未報安可過事威容舊在山下常所祈禱武謂僚屬曰吾備位三公不能燮理陰陽不可同於眾人在常祀所必須登華岳岳廟平言者斬而退武之在同州時旱武帝敕武祀華岳岳

北史列傳五十三　三

岳既高峻人迹罕通武年逾六十唯將數人攀藤而上於是稽首祈請曉不得還即於岳上籍草而宿夢一白衣來執武手曰快辛苦甚相嘉尚武遂驚覺益用祗肅至是雲霧四起俄而澍雨遠近霑洽武帝聞之軍書勞武賜絹百匹武性貪吝各其為大司寇也在庫有萬釘金帶當時實之過因入庫乃取以歸主者白晉公護護以武勳重不彰其過而賜之時論深鄙焉寇猛字猛略贈大傅十五州諸軍事同州刺史諡曰桓子震嗣震字猛略少驍勇走及奔馬周文嘗於渭比校獵時有兔過周文前震與諸將競射之馬倒而墜震足不傾蹎因步走射之一發中兔顧馬纔起遂迴身

騰上周文喜曰非此父不生此子乃賜震雜絹一百段後封魏昌縣公明帝初拜司右中大夫加驃騎大將軍開府儀同三司武成初進爵廣平郡公除華州刺史震雖出自胄腴少習武藝然頗有政術天和三年拜大宗伯震襲於爵鄆國公從平齊賜妾二人女樂一部拜隋開皇初襲為此職時論榮之宣政中出為原州總管隋開皇初襲家震弟惠字惠保代武之先與魏俱起以國為姓父若干惠字惠保代武川人也其先與魏俱起以國為姓父樹利周從魏廣陽王深征葛榮戰沒贈冀州刺史惠以別將從賀拔岳以功封比平縣男及岳為侯莫陳悅所害惠與寇洛趙貴等同謀翊戴周文仍從平悅拜直閤將軍從

北史列傳五十三　四

三司封長樂郡公大統四年從魏文帝東巡洛陽與齊神武戰於河橋力戰破之大統七年遷領軍及高仲密舉北豫州來附周文迎之軍至洛陽齊神武屯於芒山惠為右軍與中軍大破之齊神武進兵攻惠惠輕走皆披靡至夜中神禽竇泰復弘農破沙苑惠每先登陷陣加侍中開府儀同曰暮蘇神武進兵攻惠惠輕走皆披靡至夜中神武騎復來追惠惠徐下馬顧命廚人營食食託謂左右曰長安死此中死異乎乃建旗鳴角收軍而還神武追騎憚惠疑有伏兵不敢逼至弘農見周文陳賊形勢恨其不垂成之功慚於

一瞽歆歛不自勝周文壯之遷司空惠性剛質有勇力容
貌魁岸善於撫御將士莫不懷恩及侯景內附東惠於諸將議欲收
輯河南令惠以本官鎮曾陽遇病費於軍惠於諸將年最
少早喪父事母以孝聞周文嘗造射堂新成與諸將宴射
惠籇歎曰親老矣何時辦此周文聞之即日從堂加贈秦
州刺史諡曰武烈子鳳嗣鳳字蓬摩有識度襲父之爵惠佐
郡公尚周文女位開府儀同三司大馭中大夫後錄惠
命功封鳳徐國公拜柱國

怡峯字景阜遼西人也本姓默台因避難改為高祖寬燕
北史列傳五十三
五
周明
遼西郡守魏道武時歸朝拜羽真賜爵長蛇公曾祖文與
州刺史峯少以驍勇聞從賀拔岳討刀俟醜奴賜爵涌陰
縣男岳被害峯與趙貴等同謀翊戴周文進爵為伯及齊
神武與孝武帝搆隙文帝令峯與趙貴赴洛陽至潼
關屬孝武西遷峯即從周文帝拔迴洛復潼關後以討曹
泥功進爵華陽縣公又從元李海獨孤信復洛陽東魏行臺任
進爵樂陵郡公仍與元李海獨孤信復洛陽東魏大破之自
祥率步騎萬餘攻領川峯得之以輕騎五百邀擊大破之
時峯為右軍不利與李遠牛還周文與東魏戰河橋自
具威名轉盛加授開府儀同三司及周文遂班師詔原其罪拜

夏州刺史大統十五年東魏圍潁川峯與趙貴赴援至南
陽病卒峯沈毅有膽略得士卒心當時號驍將周文嗟悼
者父之贈華州刺史諡曰襄威子昂嗣以峯勳賜爵安平
朝廷追錄峯功封昂闢郡公昂弟光少以峯勳賜爵侯
縣侯加開府儀同三司光弟春少知名位吏部下大夫儀
同三司

劉亮中山人也本名道德父特真位領人酉長魏大統中
北史列傳五十三
六
以亮著勳追贈恒州刺史亮少倜儻有從橫計略安貌魁
傑陳悅害岳亮與諸將謀迎周文及平悅後悅黨臨州刺
莫陳悅害岳亮與都督賀拔岳西征以功封廣興縣子侯
史孫定兒仍據州不下遂至數萬周文令亮襲之定兒以
義兵孫猶遠未為之備亮乃輕將二十騎先堅一毒縣於近城
高嶺即馳入城中定方置酒高會貴見亮至眾皆駭愕
亮乃麾兵斬定兒亮盡見縣首州門號令賊黨仍遙指城外塵
二騎曰出追大軍賊黨兇懼一時降服及峯俱為騎將以後
簡諸將領之亮領一軍每征討常與怡峯俱為騎將以後
潼關功封饒陽縣伯尋加侍中從禽竇泰復弘農戰沙苑
並力戰有功遷開府儀同三司大都督進爵廣公以母
豪去職居喪毀瘠周文嗟其至性每憂惜之起復本官亮
以勇敢見知為當時名將兼虜陳謀畧多曰機宜周文謂

曰卿文武兼資即孤之孔明也乃賜名甚并賜姓侯莫陳
氏出為秦雍州刺史為政清靜百姓安之卒於州發還京
周文親臨之涕而謂人曰股肱喪矣腹心何寄今鴻臚卿
監護喪事追贈太尉諡曰襄後配饗周文廟廷子昶嗣昶
尚周文女西河長公主隋開皇中坐事死昶弟靜天水郡守靜弟
尧功封彭國公階開府儀同三司饒陽縣伯恭弟幹上儀同三司恭中侯

王德子天恩爾朱榮討元顥賜爵同官縣子文從賀拔岳討平
萬俟醜奴別封深澤縣男及侯莫陳悅害岳德拔與寇洛等
稱翊戴周文於是除平涼郡守德雖不知書至於斷決處
分良無以過涇州所部五郡德常為最及孝武西遷進封
下悼縣伯行東雍州事在州未幾百姓懷之賜姓烏丸氏
大統元年進爵為公加車騎大將軍遷儀同三司比雍州
剌史後常從周文征伐累叛以戰功開府拜河州剌史群羌
公先是河渭間種羌屢叛以獻德性厚重廉慎言行無擇
率服後卒於涇州剌史諡曰獻德性厚重廉慎言行無擇
母幾年百歲後德終父資無以葬乃賣小名公奴并一女以營葬事
同三司初德喪父資無以葬乃賣小名公奴并一女以營葬事
因遭兵亂不復相知及德在平涼始得之遂名曰慶

赫連達字朔周盛樂人勃勃之後也曾祖庫多汗因避難
改姓杜氏達性剛鯁有膽力少從賀拔岳征討有功賜爵
長廣鄉男及岳為侯莫陳悅所害趙貴建議迎周文達勸
成其議諸請輕騎告朝廷達曰此皆遠近火不救近火何足道哉謀遂
云東告朝廷達又曰此皆遠近火不救近火何足道哉謀遂
定令達馳往周文見達慟哭遂以數百騎南赴平涼令達
乃撫以恩信人皆恍附周文嘉之加平東將軍周文
率騎據彈箏峽時百姓惶懼奔散者軍爭掠之達止之
謂諸將曰當清水公遇禍之日君等性命懸於賊手杜朔
周昌謂死之難遂求見及遂得同窟讎耻勞而不酬何以
勸善乃賜馬二百疋孝武入關讓叙勳義以達首迎元帥
匡復秦隴進爵魏昌縣伯從儀同李偉破曹泥後復弘農
戰沙苑皆有功詔復姓赫連以達勳望兼隆乃除雲州剌
史進爵為公從大將軍達奚武攻漢中梁宜豐侯蕭脩拒
守積時後乃送款開府賀蘭願德等以其食盡欲急攻取
之達曰不戰而獲城策之上也無容利其子女貪其財帛
仁者不為如其困獸猶鬪則成敗未可知武遂受脩降師
還遷驃騎大將軍開府儀同三司達雖非文吏然性質直遵奉
保定初為大將軍夏州總管達加侍中進爵藍田縣公
法度輕於鞭撻而重慎死罪性又廉儉邊境胡人或餉達

羊達欲招異類報必繼帛主司請用官
物出官庫是欺上也命取私帛與之識者嘉其仁恕尋進
爵樂川郡公位柱國薨子遷嗣位大將軍蒲州刺史
韓果字阿六拔代武川人也少驍雄善騎射賀拔岳西征
引為帳內擊方俟醜奴後從周文討平俟莫陳悅大統初
果進爵為石城公果性強記兼有權略善伺敵虛實攔知
情狀有潛匿谿谷欲為間偵者果登高望之所疑輒往必
有獲周文由是以果為虞候都督每從征行常領候騎晝
夜怱察略不眠寢從平竇泰於潼關破沙苑戰河橋並有
勝迹賞賚珠金帶　又從復弘農破沙苑戰河橋並以
一條

功歷朔安二州刺史從戰芒山軍還除河東郡守又從大
將軍破稽胡於北山胡地險阻人迹罕至果進兵窮討散
其種落稽胡憚果勁勇趫捷號為著翅人周文聞之笑曰
著翅之名寧減飛將果遷開府儀同三司進爵襄城郡公
保定三年拜少師進位柱國天和初授華州刺史為政寬
簡吏人稱之薨子明嗣為黎州刺史與尉遲迥同謀反被
誅

蔡祐字承先其先陳留圉人也曾祖紹為夏州鎮將徙居
高平因家為父襲名著西州魏正光中萬俟醜奴亂關中
襲乃背賊歸洛陽拜齊安郡守及孝武西遷始拔難西歸

賜爵平舒縣伯除岐雍二州刺史祐性聰敏有行檢襲之
背賊東歸祐年十四事母以孝聞及長有膂力周文在原
州召為帳下親信及遷夏州以祐為都督俟莫陳悅害賀
拔岳諸將迎周文周文將赴之夏州首望彌姐元進等陰
有異計祐知之周文微知之召元進等入計事既而目祐即出
外衣甲持刀直入叱元進而斬之并其黨伏誅一坐皆戰
慄於是與諸將盟同心誅悅以此重之謂祐曰吾今
以爾為子爾其父事我後迎周文於潼關以功授平東將軍
鄉縣伯後從擒竇泰復弘農戰沙苑皆有功授平舒縣伯
太中大夫又從戰河橋祐下馬步鬥左右勸乘馬以備急

卒祐怒之曰丞相養我如子今日豈以性命為念遂率左
右十餘人齊聲大呼殺傷甚眾敵以其無繼圍之十餘重
祐乃彎弓持滿四面拒之東魏人乃募厚申長刀者直進
取祐乃去祐可三十步左右勸射之祐曰吾曹性命在此一
矢其宜慎發敵人可十步祐乃射之正中其面應弦而倒
便以稍刺殺之敵乃稍卻祐徐引退其戰也西軍不利
周文已還祐至弘農後與周文會周文字之曰承先爾來
吾無憂矣周文驚不得寧枕祐股上乃安以功進爵為公
授京兆郡守萬俟幾壽舉北豫來附周文率軍援之與齊神
武遇於芒山祐時著明光鐵鎧所向無敵齊人咸曰此是

鐵猛獸也皆避之麻菁原二州刺史尋除大都督遭父憂
請終喪紀弗許累遷開府儀同三司加侍中賜姓大利稽
氏進爵懷寧郡公六官建授兵部中大夫周文不豫與
晉公護賀闌等侍疾及周文崩祐悲慕不已遂得帝信任
周孝閔帝踐祚拜少保祐與尉遲綱俱掌禁兵時帝信任
司會李植等謀害晉公護祐每泣諫帝不聽尋而帝廢明
帝之為公子也與祐特相友昵及即位禮遇彌隆加拜司
夜列炬鳴笳送祐還宅祐以過家殊遇常辭疾避之至於
馬御膳每有異味輒以賜祐祐朝宴每被別留或至昏
婚姻尤不願結於權要尋以本官權鎮原州頃之授宜州

傳隴家山刊
北史列傳五十三
十一
將中

刺史未之部卒於原州祐少與鄉人李穆布衣齊名常相
謂曰大丈夫當建立功名以取富貴安能久處貧賤言訖
各大哭後皆如言及從征伐為士卒先軍還諸將爭功祐
終無所競周文每歎之曰承先口不言動孤當代其論敘
性鄭儉所得祿秩皆散宗族身死之日家無餘財贈柱國
大將軍原州都督諡曰莊子正嗣祐弟澤頗好學有幹能
後為邛州刺史以不從司馬消難被害
常善高陽人也家本豪族魏孝昌中從爾朱榮入洛封房
城縣男後周文平侯莫陳悅除天水郡守累遷驃騎大將
軍開府儀同三司西安州刺史轉蔚州刺史頻涖二藩有

政績進爵永陽郡公周孝閔帝踐祚拜大將軍寧州緫管
保定二年入為小司徒卒贈柱國大將軍都督延州刺史
子昂和嗣
辛威隴西人也少慷慨有志略初從賀拔岳征伐有功假
輔國將軍都督及周文統岳眾見威奇之引為帳內封白
土縣伯後進爵為公累遷開府儀同三司賜姓普屯氏出
為鄜州刺史威時望既重朝廷以桑梓榮之遷河州刺史
本州大中正頻領二鎮頗得人和周孝閔帝踐祚拜大將
軍進爵抱罕郡公宣政元年進位上柱國大象二年進封
宿國公復為少傅薨威性持重有威嚴歷官數十年未嘗

傳隴家山刊
北史列傳五十三
十二
將中

子永達嗣位儀同大將軍
庫狄昌字恃德神武人也少便弓馬有膂力及長進止閑
雅膽氣壯烈每以將帥自許從爾朱天光定關中天光敗
又從賀拔岳征討及岳被害昌與諸將議翊戴周文從平
侯莫陳悅賜爵陰盤縣子後從迎孝武復潼關改封長子
縣子大統初中大夫周孝閔帝踐祚進爵方城郡公六官建
授稍伯中大夫周孝閔帝踐祚進爵方城郡公六官建
梁椿字千年代人也初從爾朱榮入洛又從賀拔岳討平
万俟醜奴仍從周文平侯莫陳悅大統中累以戰功封東

平郡公位開府儀同三司周孝閔帝踐阼除華州刺史改封清陵郡公保定元年拜大將軍卒於位贈都督恒州刺史諡曰烈椿性果毅善於撫納所獲賞物分賜麾下故每踐敵場感得其死力雅好儉素不營貲産時論以此稱焉子明以椿功賜爵豐陽縣公後龍襲椿爵封回授弟朗隴賜爵隴城鄉男及天光敗於韓陵賀拔岳又引為心督岳為侯莫陳悅所害臺與諸將翊戴周文從平悅累功授潁州刺史賜姓賀蘭氏累遷驃騎大將軍開府儀同侍中周孝閔帝踐阼進爵中部縣公保定四年拜大將軍時大軍圍洛陽父不抜齊騎奄至齊公憲禦之有數人為敵所執已去臺單馬突入射殺兩人敵皆披靡被執者遂還齊公憲每歎曰梁臺果毅膽決不可及也五年拜鄜州刺史臺性踈通恕以待物至於莅人尤以惠愛為心不過識千餘字口占書啓詞意可觀年過六十猶能被甲跨馬足不蹈鐙馳射弋獵矢不虛發後以疾卒

田弘字廣略高平人也少慷慨有謀略初陷万俟醜奴尒朱天光入關弘自原州歸順及周文統衆弘求謁見乃論時事即委以爪牙之任又以迎孝武功封鶉陰縣子周文嘗以所著鐵甲賜弘云天下若定還將此甲示孤也累功

賜姓紇干氏授原州刺史以弘勳望兼至故以衣錦榮之周文在同州文武並集乃謂之曰人人如弘盡心天下豈不早定即授車騎大將軍儀同三司平蜀後梁信州刺史蕭詧等加驃騎大將軍開府儀同三司又平西蜀及鳳州叛氐等並破之每臨陣推鋒直前身被一百餘箭破骨者九馬被十稍朝廷壯之周文詔弘討平之又討平西及美及鳳州出為岷州刺史弘雖武將而動遵法式百姓賴安之三年從隨公楊忠伐齊拜大將軍後進柱國大將軍歷位大司空少保襄州總管薨于州子仁恭嗣

仁恭字長貴性寬仁有局度歷位幽州總管隋文帝受禪進位上柱國拜太子太師甚見親重嘗幸其第宴飲極歡禮賜其厚尋奉詔營太廟進爵觀國公拜武衛大將軍轉左武衛大將軍卒贈官丁父憂諡曰敬子世師嗣次子德操少以孝友知名開皇初以父軍功賜爵平原郡公授太子千牛備身丁父憂外散騎侍郎元志就弟焉復降軍書煬帝聞而嘉之遣使存問賜昂及米中詔表其間大業中位尚書駕部郎卒官時有玉城郡公王景賢虞縣公謝慶恩並位上柱國大義公辛遵及其弟韶並位柱國隋文帝以其俱佐命功臣特

加尝青親禮與仁恭等事皆亡失云

論曰周文接喪亂之際乘戰爭之餘發跡平涼撫征關右
于時外虞孔熾內難方殷羽檄交馳戎軒疊駕終能盪清
連尊克固鴻基雖責等於廟堂實責成於將帥達奚武若
干惠怡峯劉亮王德赫連達韓果蔡祐常善辛威庫狄昌
梁椿梁臺田弘等竝兼資勇略㴑艱危可謂國之爪牙朝之
立功方面均分休戚同㴑艱危可謂國之爪牙朝之
者也而武叶規文后得隽小關周瑜赤壁之謀賈詡烏果
之策何以能尚一言興邦斯之謂矣惠德本以果毅知名
而能率由孝道雖圖史所歎何以加焉勇者不必有仁斯
不然矣以赫連達之先識而加之以仁恕蔡祐之敢勇而
終之以不伐斯豈企及之所致乎抑亦天性而已仁恭出
內榮顯豈徒然哉德緣道協天經亦足嘉矣

北史列傳五十四　一

席固
任果

王傑金城直城人也本名文達父巢魏楡中鎮將傑少有
壯志每以功名自許從孝武西遷賜爵都昌縣子周文奇
其才嘗謂諸將曰王文達萬人敵也但恐勇決太過耳從
復潼關破沙苑爭河橋戰芒山皆以勇敢聞親待日隆於
是賜姓宇文氏進爵為公累遷侍中驃騎大將軍開府儀
同三司恭帝元年從于謹圍江陵時柵內有人善用長矟
將士登者多為所斃謹令傑射之應弦而倒登者乃得入
遂拔之謹曰濟我大事者在公此箭也周孝閔帝踐祚進

北史列傳五十四　二

爵張掖郡公為河州刺史朝廷以傑勳望俱重故授以本
州後與隨公楊忠自漢北伐齊又從衞公憲東禦齊將俄
律明後進位柱國建德初除涇州總管為百姓所慕宣
帝即位拜上柱國薨贈七州諸軍事河州刺史追封鄖國
公諡曰威子孝遷位開府儀同大將軍
王勇代武川人也本名胡仁少雄健有膽決數從侯莫陳
悅後授岳征討功多拜別將周文歡其
從禽竇泰復弘農戰沙苑氣蓋衆軍所當必破周文歎其
勇敢賞賜特隆進爵為公大軍不利唯胡仁及王文達耿
令貴三人力戰皆有殊功軍還拜上州刺史以雍州岐州

北雅州擬授胡仁等然州頗有優劣文達
遂得雅州文達得岐州令貴得北雅州仍賜胡仁名勇令
貴名家文達名傑以彰其功進侍中驃騎大將軍開府儀
同三司恭帝元年從討蠕蠕功別封永固縣伯時有別封
公賜姓庫汗氏又論討蠕蠕功進爵新陽郡
者例聽迴授次子勇獨請封兄子與時人義之尋進位大
護聞勇數論人短乃於衆中折辱之勇慙恚因疽發背卒
亦以此鄙之柱國侯莫陳崇勳高位重與諸將同謁晉公
將軍勇性雄猛為當時驍將尜功善好論人之惡時論
子昌嗣官至大將軍

宇文盛字樂仁代武川人也驍悍有膽略少從征討累有
戰功封南安侯孝武西遷以獨孤信為行臺信引盛為帳
內都督隨信奔梁大統三年歸闕進爵為公食賞泰復弘
農又沙苑河橋之戰皆有功又從獨孤信討梁仝定破之
累遷南泰州刺史驃騎大將軍開府儀同三司盛每經行
陣必身先士卒故上下同心戰無不尅後除金州刺史大
將軍卒

耿豪鉅鹿人也本名令貴其先家於武川豪少麤獷有武
藝好以氣陵人賀拔岳西征引為帳內岳被害歸周文以
武勇見知豪亦自謂所事得主從討侯莫陳悅及迎孝武

錄前後功封平原子沙苑之戰豪殺傷甚多血染甲裳盡
赤周文歎曰令貴武猛所向無前觀其甲裳足以為驗不
湏更論級數也進爵為公從周文戰芒山豪謂所部曰大
丈夫除賊須右手拔刀左手把稍且斫直刺慎莫畏死遂
大呼獨入敵右鋒刃亂下當時咸謂豪歿俄然奮刀而還
戰數合當豪前者死傷相繼又謂左右曰吾豈樂殺人但
壯士除賊不得不爾若不為人所傷何異坐人也周文嘉
之拜北雅州刺史賜姓和稽氏進位侍中
驃騎大將軍開府儀同三司豪性凶悍言多不遜周文惜
其驍勇每優容之豪亦自謂意氣元群終無所屈李穆蔡

祐初與豪同時開府後遇居豪之右豪不能平謂周文曰
人閒物議謂豪勝李穆蔡祐是丞相髆髀耿豪王勇丞相咽項以在上故為
勝也豪之麤猛皆此類卒周文痛惜之子雄嗣位至大將
軍

高琳字季珉其先高麗人也仕於燕又歸魏賜姓羽真氏
琳母嘗校楔泗濱遇見一石光彩朗潤遂持以歸是夜慶
人衣冠有若仙者謂曰夫人向所將來石是浮磬之精若
能寶持必生令子母驚寤俄而有娠及生琳因名
琳字季珉從孝武西遷封鉅野縣子河橋之役琳勇冠諸

軍周文謂曰公即我之〈韓〉
白也後從戰芒山除正平郡守
永將軍東方老來寇琳擊之老中數創乃退謂其左右曰吾
經陣多矢未見如此捷兒後除鄜州刺史加驃騎大將軍
開府儀同三司侍中周孝閔帝踐祚進爵襄為郡公武成
二年討平文州氏師還帝宴群公卿士仍賦詩言志琳詩
末章云寄言實軍騎何必報天子沙漠靜秋
氛帝大悅曰勳儉陸梁未時歇塞卿言有驗國之福也天
和三年為江陵副總管時陳將吳明徹來寇揔管田弘與
梁主蕭巋出保紀南城唯琳與泬僕射王操固守江陵三
城以抗之晝夜拒戰凡經十旬明徹退走巋表言其狀帝

乃優詔追琳入朝親加勞問六年進位柱國薨贈本官加
五州諸軍事莫州刺史謚曰襄子儒龍爵位儀同大將軍
李和本名慶和朔方巖綠人也父僧養以累世雄豪為夏
州酋和少敢勇有識度狀貌魁偉為州里所推賀拔岳作
鎮關中引為帳內都督後從周文累遷侍中驃騎大將軍
開府儀同三司夏州刺史賜姓宇文氏周文嘗謂諸曰
宇文慶和累經任委每稱吾意又賜名意為改封求豐縣
公保定二年除司憲中大夫尋改封德廣郡公出為洛州
刺史和前在夏州以頗留遺惠及有此授商洛父老莫不
望德音和至州以仁恕訓物獄訟為之簡靜進柱國大將

軍隋開皇元年遷上柱國和立身剛簡老而逾勵勵諸子趙
事若蚉蝱君以意是周文帝賜名帝朝巳革慶和則父之
所命義不可違至是遂以和為名二年薨贈本官加司徒
公謚曰肅子徹嗣
徹字廣達性剛毅有器幹周
渾以功賜爵周昌縣男從武帝平齊錄前後功再進爵王
左武衛將軍及隋晉王廣鎮并州妙選府官詔徹揔晉王
府軍事進爵齊安郡公時蜀王秀亦鎮益州上謂徹曰
安得文同王子相武達者乎其見重如此明年突
厥沙鉢略可汗犯塞上令衛王爽為元帥擊之以徹為長

史遇廣於白道行軍揔管李充請襲之諸將多以為疑唯
徹贊成其事請同行遂掩擊大破之沙鉢略棄所服金甲
而遁以功加上大將軍因此稱藩改封安道郡公
開皇十年進位柱國及晉王為揚州揔管改徹為司馬改
封德廣郡公尋徙封城陽郡公其後突厥犯塞徹復領行
軍揔管破之及左僕射高熲得罪以徹素與熲善被疏忌
後出怨言上聞召入臥內賜宴言及平生因遇燭卒大業
中其妻元氏為巫蠱事上
伊婁穆字奴干代人也父靈善騎射為周文所知嘗謂之
曰若伊尹阿衡於殷致王堯舜卿既姓伊庶卿不替前緒

於是賜名尹為歷衛將軍隆州刺史盧奴縣公穆弱冠為
周文帳內親信以機辯見知歷中書舍人通直散騎常侍
嘗入白事周文望見悅之字之曰奴干作儀同三司我矣
於是拜儀同三司賜封安陽縣伯周孝閔帝踐阼進位驃
騎大將軍建德中卒
復漆見器遇六官建行番部中大夫加驃騎大將軍開府
儀同三司進爵平陽縣公周保定初卒於刺史諡曰恭子
達奚寔字什伏代河南洛陽人也父顯武衛將軍寔少
俻立有幹局從魏孝武西遷封臨汾縣伯從周文寬嘗鑒

豐嗣
劉雄字猛雀臨洮子城人也少機辯慷慨有大志初為周
文親信後拜中大夫兼中書舍人賜姓宇文氏周孝閔帝
踐阼加大都督天和中累遷驃騎大將軍開府
封周昌侯歷位納言中大夫候正武帝嘗從容謂曰
古人云富貴不歸故鄉猶衣錦夜遊乃以雄為河州
雄先已為本縣令復有此授鄉里榮之及皇太子西征吐
谷渾雄自涼州從滕王迫先入功居多加上開府儀同三
司從平并州拜上大將軍進爵趙郡公平鄴城進柱國宣
政元年突厥寇幽州雄戰歿贈亳州摠管子昇嗣以雄死

王軌授儀同大將軍
侯植字仁幹上谷人也高祖恕為北地太守子孫因
家于北地之三水植少倜儻有大節容貌奇偉武藝絕倫
仕魏為義州刺史甚有政績後從孝武西遷賜姓侯伏氏
從周文破沙苑戰河橋進大都督涼州刺史文仲和據州
作逆植從開府獨孤信討禽之封肥城縣公賜姓侯屯氏
後從于謹平江陵進驃騎大將軍開府儀同三司別封
子汧源縣伯周孝閔帝踐阼進爵郡公時帝幼沖晉公護
執政植從兄龍恩為護所親及護誅諸宿將等多不
自安植謂從兄龍恩曰主上春秋既富國安危繫於數若
多誅戮自立威權何止社稷有累卵之危恐吾宗亦綠此
敗兄安得知而不言龍恩竟不能用植又承間言於護曰
公以骨肉之親當社稷之寄願推誠王室擬迹伊周則率
土幸甚護曰我誓以身報國鄉豈謂吾有他志邪又聞其
先與龍恩言乃陰忌之植懼不免禍遂以憂卒贈大將軍
平州刺史諡曰節子定嗣及護誅伏誅龍恩及其弟萬壽並
預其禍福武帝以植忠於朝廷特免其子孫
李延孫伊川人也父長壽性雄豪少與蠻酋結託侵掠關
南魏孝昌中朝議恐其為亂乃以長壽為防蠻都督給其
鼓節長壽盡其智力防遏群蠻伊川左右寇盜為之稍息

永安之後長壽徒侶日盛魏帝籍其力用因而撫之累遷
北華州刺史賜爵清河郡公及孝武西遷長壽率勵義士
拒東魏後爲黃州刺史東魏遣行臺侯景攻之城陷遇害
追贈太尉延孫亦雄武表延孫爲都督蕭清鴉路頗有
敢闘智接勝爲荊州刺史有將率才略少從長壽自孝武西遷
力焉及長壽被害延孫乃還收集其父之衆自孝武西遷
後朝士流亡廣陵王欣錄尚書長孫承業穎川王斌之安
昌王子均及建寧江夏隴東諸王并贈以珍玩咸達關中齊神武深
惠之遺行臺慕容紹宗等數道攻擊延孫大破之乃檄延

孫京南行臺酈度河南諸軍事廣州刺史尋進車騎大將
軍儀同三司大都督賜爵華山郡公延孫既豪重委身以
克清伊洛爲已任頻以寡擊衆威振敵境大統四年爲其
長史楊伯蘭所害贈司空子人傑有祖父風官至關府儀
同三司改封穎川郡公

韋祐字法保京兆山北人也以字行爲州郡著姓義上
洛郡守魏大統中以法保著勳追贈秦州刺史父少好
遊俠而質直少言所與交遊皆輕猾亡命父沒事母以孝
聞暴李長壽之爲人遂聚其女因寓居關南正光末王公
避難者或依之多得全濟以此爲貴遊所德及孝武西遷

法保赴行在所封固安縣男及長壽被害其子延孫收長
壽餘衆守衛東境朝廷恐延孫延兵少乃除法保東洛州刺
史配兵數百以授延孫至潼關弘農郡守韋孝寬謂
曰恐危子此役未可預量遂倍道兼行與延孫還朝賞勞甚厚
子安危之事未幾周文追父之乃蘇大統九年鎮九曲城
置柵於伏流未幾周文率兵赴景欲留之法保疑其勢乃并除東
河南尹及延孫被害法保乃率所部據延孫舊柵尋與東
魏戰流矢中頸從口中出父之法保接甚其并進
固辭還所鎮十五年加驃騎大將軍開府儀同三司尋進

爵爲公會東魏遣軍送糧饋宜陽法保潛邀之中流矢卒
於陣諡曰莊子初嗣位開府儀同大將軍開府閭韓防主
陳欣字永怡宜陽人也少驍勇有氣俠姿貌魁岸同類咸
敬憚之孝武西遷後欣乃於碎惡山招集勇敢少年冠掠
東魏仍密遣使歸附授立義大都督賜爵霸城縣男累遷
宜陽郡守恭帝二年進位驃騎大將軍開府儀同三司加
侍中宜陽邑大中正賜姓尉遲氏周文以欣著績累戴贈
其祖昆及父與孫俱爲儀同三司位刺史東魏洛州刺史
獨孤求業號有智謀往來境上欣與韓雄等恒令開謀覘
其動靜飛兵每至輒破之故永業深憚欣等不敢爲寇周

孝閔帝踐阼進爵許昌縣公後除熊州刺史卒於州欣與
韓雄里閈姻婭少相親昭俱擁兵境上三十餘載每禦扞
二人相赴常若影響故數對勸敵而常保功名雖並有武
力至於挽彊射中不如雄散射施惠得士狼心則雄不
如欣身死之日將吏荷其恩德莫不感慟子萬敵嗣朝廷
以欣雅得士心還令萬敵領其部曲

魏玄字僧智其先任城人也後徙於新安玄少慷慨有膽
略孝武西遷東魏北徙人情各懷去就玄每率鄉兵抗拒
東魏芒山之役大軍不利宜陽洛州皆為東魏守而玄母
及弟並在宜陽玄以為忠孝不兩立乃率義徒還關南鎮

撫周文手書勞之除洛陽令封廣宗縣子周保定元年累
遷驃騎大將軍開府儀同三司鎮閻韓遷熊州刺史政存
顏惠百姓悅之轉和州刺史伏流防主進爵為公及啟將
斛律明月率眾向宜陽兵威甚盛玄率眾禦之每戰輒克
後以疾卒於位

泉仚字忠道上洛豐陽人也世雄商洛自晉東廢常貢罰
江東魯祖景言雖大延五年率鄉里歸化仍引王師平商
洛拜建節將軍假宜陽郡守世襲本縣本安
志復為建節將軍宜陽郡守領本縣令降爵為伯仚九歲
喪父哀毀類於成人服闋龍襲爵年十二鄉人皇平陳合等

三百餘人詣公請公為縣令州為申上時吏部尚書郭祚
以仚年少請別選遣終此一限令公代之宣武詔依皇平
等所請巴俗事道尤重老子之術公復表請起後本任靜
百姓安之俗事道中父老復學...童幼而好學恬靜
除上洛郡守及蕭寶寅遣兵趣青泥取上洛豪族泉
杜二姓密應之二姓散步寶寅亦退
遷浙州刺史別封涇陽縣伯永安中大破梁將王玄於
順陽除東雍州刺史進爵為侯部人楊羊皮太保椿之從
弟恃椿之侵擾百姓守宰多被其陵侮皆畏而不敢言公收
之將加極法楊氏慚懼閭宗請恩自此豪右無敢犯者性

又清纖毫不擾於人在州五年每於鄉里運米自給梁
魏興郡與洛州接壤以公昔莅東雍為吏人所懷乃表公復
之大行臺賀拔岳以公昔莅東雍為吏人所懷乃表公復
為刺史詔許之蜀人張國儁聚黨劫州郡不能制公收
戮之閭境清肅及孝武西遷公有西顧之心欲委公
潼關南之事乃除洛州刺史公道其子元禮御之神武不敢進上洛人都督泉岳
其弟猛略與順陽人杜窋等謀翻洛州以應東魏公知之
殺岳及猛略傳首詣闕大統元年加開府儀同三司兼尚
書右僕射進爵上洛郡公公志尚廉慎每除一宦嘗見顏

色寢食輒減至是頗讓魏帝手詔不許三年高敖曹圍通
州城杜窋為其鄉導仚拒守旬餘矢盡援絕城乃陷焉謂
敖曹曰泉仚力盡志不服也及窋泰被禽敖曹退走遂乾
仚而東以窋為剌史仚臨發密戒二子元禮仲遵曰吾生
平志頗不過令長幸逢聖會位亞台司今爵祿既隆年齒
又暮前途夷儉抑亦可知波等堪立功效不得以我在東
遂虧臣節也乃揮涕而訣聞者莫不憤歎尋卒於鄴元禮
少有志氣好弓馬頗閑章隷有士君子之風賜爵臨洮縣
伯散騎常侍及洛州陷與仚俱被執而畢泉及元禮於路逃歸
時杜窋雖為剌史然巴人素輕杜而重泉及元禮至與仲
遵相見感父臨別之言潛與豪右結託遂率鄉人襲州城
斬窋傳首長安朝廷嘉之代龔洛州剌史從周文戰於沙
死中流矢卒子貞嗣仲遵一名恭少謹實涉獵經史年十
三為郡主簿十四為縣令及長有武藝高敖曹攻洛州與
仚力戰拒守矢盡以捧扞之為流矢中目不堪復戰及
公力戰拒守矢盡歎曰二郎不傷豈至於此公之東也仲遵以
城陷士卒歎曰二郎
被傷不行後與元禮斬窋以功封豐陽縣伯東豫州剌史
及元禮戰沒復以仲遵為洛州剌史柳仲禮每為邊寇周
行荊州剌史軍梁司州剌史柳仲禮頗得譽大統十三年
遵率鄉兵從開府楊忠討之梁隨郡守桓和拒守不降忠

謂諸將曰先取仲禮則桓和不攻而自服也仲遵對曰若
秉和深入仲禮未即就禽則首尾受敵此危道也忠從之
中遵以計由己出乃先登城遂禽和從擊仲禮又獲之進
驃騎大將軍開府儀同三司本州大中正後行荊州剌史
十三州諸軍事尋遭母憂請終喪制不許大將軍王雄南
征上津魏興與仲遵從雄討平之遂於上津置南洛州以仲
遵為剌史仲遵從雄討平之初蠻帥結聚山川
導為剌史仲遵從雄撫接百姓安之初蠻帥結聚山川
巴州剌史以州入附其所撫而授之仍隷東梁州
都督青和以仲遵善於撫御請隷仲遵朝議以山川非便
弗之許也青和遂結安康酋帥黃眾寶等舉兵共圍東梁
州復遣王雄討平之改巴州為洵州隷於仲遵先是東梁
州剌史劉孟良在職貪婪人多背叛仲遵以廉簡馭之群
蠻帥服仲遵雖出自巴夷而有方雅之操歷官之處皆以
清白見稱朝廷又以其父臨危抗節乃令襲爵上洛郡公
舊封聽迴授一子尋出為都督金州剌史卒官贈大將軍
三州剌史諡曰莊子昉嗣位至開府儀同大將軍
李遷哲字孝彥安康人也世為山南豪族仕於江左父元
直仕梁歷東梁衡二州剌史散騎常侍池陽侯遷哲少倜
立有識度慷慨善謀畫起家文德主帥其父為衡州留遷
哲本鄉監統部曲事時年二十撫馭群下甚得其情後襲

靜池陽侯位都督東梁州刺史侯景叛追遷哲外衞邊寇

自守而巳大統十七年周文遣達奚武王雄等略地山南

遷哲軍敗遂降於武然猶意氣自若武乃執送京師周文

責以不早歸國咨曰不能死節實以此愧耳周文深嘉之

封沌陽縣伯恭帝初直州人樂熾洋州人黃國等連結為

亂周文以遷哲信著山南乃令與開府賀若敦同經略熾

等尋立平湯仍與敦南出徇地遷哲先至巴州入其封郭

深巴州刺史年安人開門請降安人子宗徹等猶據巴城

不下遷哲攻尅之軍次鹿城主遣使瞻視

曰納降如受敵吾觀其使瞻視猶高得無詐也遂不許之

梁人果於道左設伏以邀遷哲進擊破之遂屠其城

自此巴濮之人降隸相繼軍還周文賜以所服紫袍玉帶

及所乘馬加授侍中驃騎大將軍開府儀同三司除直州

刺史郎本州也仍給軍儀鼓節令與田弘同討信州時信

州為蠻酋向五子王等所圍弘遣遷哲赴援比至信州巳

陷五子王等聞遷哲至狼狽遁走遷哲入據白帝賀若敦

等後至遂共追五子王等破之及田弘旋軍周文令遷哲

留鎮白帝信州先無倉儲軍糧匱乏遷哲乃收葛根造粉

兼米以給之遷哲亦自取供食時有異膳即分賜兵士有

疾患者又親加醫藥以此軍中感之人思効命黔陽蠻田

烏度田烏唐等每抄掠江中為百姓患遷哲隨機出討殺

獲甚多由是諸蠻畏威各送糧餼又遣子弟入質者有

餘家遷哲乃於白帝城外築城以處之并置四鎮以靜峽

路自此寇抄頗息軍糧贍給焉遷哲攻逼江陵梁明帝率

史二年進爵西城縣公武成元年朝于京師明帝甚禮之

賜甲第及莊田等天和三年進位大將軍遷哲率其所部守江陵

急於襄州兵鎮襄陽五年陳將章昭達攻逼江陵梁明帝告

外城諸州兵救焉公真令遷哲徃救焉遷哲率其所部守江陵

陳人多投水死是夜陳人又竊於城西堞以梯登城登者

巳百數人遷哲又開門出兵奮其驍勇軒之陳人復潰俄而大風暴起

遷哲要開出兵擊陳人大亂殺傷甚衆衆江陵總管陸

騰後破之於西陝陳人乃遁建德二年進爵安康郡公三

年卒於襄州贈金州總管謚曰壯武遷哲累葉雄豪為鄉

里所服性復華侈能厚自奉養妾媵至有百數男女六十

九人緣漢千餘里間第宅相次姬媵之有子者分處其中

各有僮僕侍婢閨門之內常若朝廷每鳴笳導從往來其間

酒歟醼醑盡生平之樂子孫參見或忘其年名者校薄以審

之長子敬仁先遷哲卒第六子敬猷嗣還統父兵位儀同

大將軍遷哲弟顯位上儀同大將軍

揚乾運字玄邈僑僨城與勢人也少雄武爲鄉閭信服爲安康郡守陷梁仕歷潼南梁二州刺史及武陵王蕭紀稱尊號以乾運威服巴渝乃拜梁州刺史鎮潼州封萬春縣公運然之會周文帝遣時紀與其兄湘東王繹爭帝乾運兄子略勸乾運歸附乾之及至京師禮遇隆渥帝乾運事卒於長安贈尚書右僕射端康郡公及尉遲迴征蜀還降迴迴因此進軍成都數旬尅周文密賜乾運鐵券授開府儀同三司大將軍封上庸縣嗣略亦以歸附功位至開府儀同三司侍中梁州刺史安伯乾運女婿樂廣安州刺史封安康縣公

扶猛字宗略上甲黃土人也其種落號白獸蠻猛仕梁位南洛北司二州刺史封宕渠縣男割二郡爲羅州以猛爲刺史文厚加撫納復爵宕渠縣男魏廢帝元年以衆降周今從開府賀若敦南討信州敦令猛直道白帝所由之路人迹不通猛乃梯山捫葛備歷艱阻遂入白帝撫慰人夷莫不悅附以功進開府儀同三司俄而信州蠻反猛復從賀若敦平之進爵臨江縣公後從田弘破漢南諸蠻進位大將軍卒

陽雄字元略上洛邑陽人也累葉豪族父猛從孝武西遷以功封鄖陽伯位征東將軍揚州刺史雄起家奉朝請以

軍功封安平縣侯得子孫相襲拜邑陽郡守累遷平州刺史進爵王城縣公加開府儀同三司驃騎大將軍歷京兆戶部中大夫進位大將軍轉中外府長史遷江陵總管政封魯陽縣公卒於鎮追封郡公諡曰懷雄善附會能自謀身故任兼出內保全爵祿子長貴嗣

席固字子堅其先安定人也高祖衡因姚氏之亂寓居襄陽仕晉爲建威將軍遂爲襄陽著姓固少有遠志深大同中爲齊興郡守父居郡人慕從者至五千餘人固欲自擁一州以觀時變大統中以地歸附周文方南取江陵西元帝時遷儀同三司大都督至其禮遇之就拜使持節驃騎大將軍開府刺史啓求入觀及至進爵靜安郡公尋拜昌歸憲三州諸軍事昌州刺史固居家孝友恭官頗有聲績卒於州贈大將軍五州刺史諡曰肅敕襄州賜其墓田子雅嗣雅字彥文性方正少以孝聞位大將軍雅弟英上開府儀同大將軍

任果字靜鸞南安人也本方陽豪族父襃仕梁爲沙州刺史新巴縣公果性勇決志在立功魏廢帝元年率所部來附周文嘉其遠至待以優禮果因面陳取蜀策深被納之

乃授沙州刺史南安縣公從尉遲迥伐蜀尋進授驃騎大
將軍開府儀同三司及成都平除始州刺史周文以其方
隅首領早立忠節進爵樂安郡公賜以鐵券聽相傳襲幷
賜路車駟馬及儀衛等以光寵之尋爲刺客所害
論曰王傑王勇宇文虬耿豪高琳李和伊婁穆侯植等咸
爵厚位固其宜也仲尼稱無求備於一人信矣夫文士懷
以果毅之姿郫擾攘之際各能屠覆銳自致其功高
溫察之操其弊也懦武夫票剛烈之資其弊也敢悍故
有使酒之禍不遜其弊武功之尤大則莫全其生小則懼
而獲免豪王勇不其然乎李延孫韋祐陳欣魏玄等以

勇略之姿受扞城之委灌瓜贈藥雖有愧於昔賢衛悔於
衝足方駕於前烈用能觀兵伊洛保據崤函齊人阻西路
之謀周朝緩東貢之富凼其力也泉仚長自山谷素無月
旦之譽而臨難慷慨無失人臣之節豈非蹈仁義之徒歟
元禮仲遵羊導其志卒成功業庶乎克負荷矣李遷哲揚
乾運席固之徒圖擾攘咸知委質遂章爵位以保終
始觀遷哲之對周文有尚義之氣乾運受任武陵兼文武
之道若乃校其優劣固不可同年而語陽雄任兼文事人
著土內抑亦志能之士也舊史有代人宇文盛宇文貴以
武毅顯盛弟立字胡奴盛子述位柱國並有傳然事無足

北史列傳五十四 〈十九〉

可紀盛見子述傳首丘略之云

列傳第五十四

北史六十六

北史列傳五十四 〈二十〉

崔彥穆

　楊蔡

　段永

　令狐整　子熙

　唐永　子瑾

　柳敏　子昂

　王士良

崔彥穆字彥穆清河東武城人魏司空安陽侯林之九世
孫也曾祖顗後魏平東府諮議參軍祖蔚遭從兄司徒浩
之難南奔江左仕宋為給事黃門侍郎汝南義陽二郡守

〔信州象山州〕
▲北史列傳五十五
〔一〕金川周元信

延興初復歸於魏拜潁川郡守因家焉後終於鄖州刺史
父幼位終永昌郡守隋開皇初以獻皇后外曾祖追贈上
開府儀同三司新州刺史彥穆幼明悟神彩卓然魏吏部
尚書隴西李神儁有知人之鑒見而歎曰王佐才也永安
末除司徒府參軍事再選大司馬中郎孝武西還彥穆
榮陽密東魏郡守蘇淑仍與鄉郡王元法威攻潁川斬其
刺史李景道即拜滎陽郡守彝賜爵千乘縣侯十四年授
散騎常侍司農卿鄉時軍國草剏衆務殷繁周文乃引彥穆

入幕府兼掌文翰及于謹伐江陵彥穆以本官從平之周
明帝初進驃騎大將軍開府儀同三司俄拜安州刺史揔
管十二州諸軍事入為御正大夫陳氏請款鄰好詔彥穆
使焉彥穆風韻閑曠器度方雅善玄言談謔其名為江表
所稱轉戶部中大夫進爵為公天和三年聘齊還除金州
刺史揔管七州諸軍事進位大將軍尋徵拜小司徒及宣
帝崩隋文帝輔政三方起兵以彥穆揔管獨孤永業有異志
揔管王誼討司馬消難軍次荊州以彥穆揔管與襄
州刺史揔管六州諸軍事加授上大將軍進爵鄖國公須
逮收而戮之及事平隋文帝徵王誼入朝郎以彥穆為襄

▲北史列傳五十五
〔二〕金用元信

子永業嗣君綽君綽性更簡慄覽經史有父風大象末丞相府
寫曹參軍事君綽第君解巾道王侍讀大象末潁川郡守
楊蔡霸鄴人也父安仁魏朔州鎮將蔡少懷慷慨有志略勇
力兼人年二十從齊神武起兵於信都軍功稍遷武州刺
史自以賞薄志懷怨每歎曰大丈夫富貴何必故鄉若
以妻子經懷豈不沮人雄志大統初乃聞行入關周文輒
以蔡字曰人所貴者忠義也今方見之於鄉耳即授征
踞慈忠義者今方見之於鄉耳即授征南將軍大都督
永興縣侯從周文解洛陽圍經河橋芒山之戰蔡每先登

軍中咸推其敢勇累遷驃騎大將軍開府儀同三司加侍
中進爵為公賜姓莫胡盧氏俄授岐州刺史周孝閔帝踐
阼進爵宋熙郡公保定元年位大將軍攺封隴東郡公除
隴州刺史轉華州刺史纂性質樸又不識文字前後歷
職但推誠信而已吏人以其忠恕頗亦懷之尋卒於州子
纂位至上柱國漁陽郡公

段永字永賓其先遼西石城人晉幽州刺史疋磾之後也
曾祖慢仕魏黃龍鎮將因從高陸之河陽焉永幼有志操
閭里稱之魏正光末北鎮擾亂遂攜老幼避地中山後赴
洛陽拜平東將軍封沃陽縣伯青州人崔社客舉兵反永
討平之進爵為侯除左光祿大夫時有賊魁元伯生西自
崤潼東至鞏洛屠陷城壁所在為患孝武遣京畿大都督

以冠抄為資取之在速不在衆也若星馳電發出其不虞
定妻昭討之昭請以五千人行永進曰此賊既無城柵唯
精騎五百足矣然其計於是命永以五百騎倍道
兼進遂破之及帝西遷永時不及從大統初乃結宗人
潛謀歸款密與都督趙業等襲斬西中郎將慕容顯和傳
首京師以功別封昌平縣子徐州刺史從禽竇泰復弘農
破沙苑拉有戰功進爵為公河橋之役永力戰先登授兩

汾州刺史累遷驃騎大將軍開府儀同三司賜姓尔綿氏
廢帝元年授恒州刺史于時朝貴多其人謁永之日冠
蓋盈路當時榮之周孝閔帝踐阼進爵廣城郡公歷文武
二州刺史戶部中大夫保定四年拜大將軍永歷任內外
所在頗有聲稱輕財好士朝野以此重焉天和四年授小
司寇尋為右二軍搃管兵北道諸武遇疾卒於賀葛城
喪還武帝親臨贈使持節柱國大將軍同華等五州刺史
諡曰基子茂嗣位至儀同三司兵部下大夫
令狐整字延保敦煌人也本名延世以土冠冕著聞仕
祖紹安官至郡守咸為良二千石父虯早以名德著聞仕

歷武州司馬敦煌郡守邽州刺史封長城縣子魏大統末
卒於家周文帝傷悼之遣使者監護喪事文敕鄉人為管
騎龍驤龍驤將軍氏州刺史魏東陽王元榮辟整為主簿加
墳龍贈龍驤將軍氏州刺史整幼聰敏沈深有識量學藝
射並為河右所推刺史魏東陽王元榮辟整為主簿加
盪寇將軍整進趣詳雅辭對揚辯謁見之際州府傾目樂
器整德資量讀僚屬曰令狐延保西州令望方成重器豈
州郡之職所可縻維但一日千里必基武步寡人當委以
庶務盡諸而已頃之孝武西遷河右擾亂榮杖整防扞州
境獲寧及鄧彥據氏州拒不受代與開府張獻等密
應使者申徽執彥送京師周文嘉其忠郎表為都督尋而

城人張保文殺剌史成慶與涼州剌史宇文仲和構逆規
據河西晉昌人呂興等復害郡守郭𦣻以郡應保等初保
將圖為亂慮整等不從既殺成慶因欲及整然人之望
復圖其下叛之遂不敢害成慶外加禮敬內甚忌整整亦偽
若親附而密欲圖之陰令所親說保曰君與仲和結為脣
齒今東軍漸逼涼州彼勢孤危恐不能敵若或摧翽則禍
及此土宜分遣銳師星言救援二州合勢則東軍可圖也
資文武才堪統御若使為將慮不濟矣保納其計且以整
曰歷觀成敗在於任使所擇不善旋致傾危令狐延保兼
說保罪逆馳還襲之先定晉昌斬呂興進軍擊保州人素
服整威名並應竝來附保遂弃吐谷渾衆議推整為剌史
整曰本以張保肆逆殺害無辜闔州之人俱陷不義今者
同心務在除兇若其相推薦復效尤致禍於是乃推波
斯使王張道義行州事具以狀聞詔以申徽為剌史徵整
赴闕授整壽昌郡守封襄武縣男周文謂整曰卿早建殊勳
今官位未足酬賞方當與卿共平天下取富貴遂率鄉親二千
餘人入朝隨軍征討整善於撫馭躬同豐約見以士衆並

忘羈猱盡其力用周文嘗從容謂整曰卿遠祖立忠而來
可謂積善餘慶世濟其美者也整遠祖漢建威將軍遂不
為王莽屈其子稱避地河右故周文謂整曰卿勳同竇項
將軍開府儀同三司加侍中周文又云累遷驃騎大
義華晉岡列屬周闓帝踐阼拜司憲中大
焉宗人二百餘戶並列籍周城縣公初梁州剌史
夫處人立身敦雅可以範人遂賜姓宇文氏并父州剌史
帝固以州來附為當時所稱進爵豐州剌史固為湖州
梁法兄所施為多廢政典朝議密欲代之而難其猶習
權鎮豐州委以代固為整廣布威恩躬撫接數月之
間化洽一州府於是除整豐州剌史以固為湖州豐州舊邑不
居民中賦役參集勞逸不均敕請移居武當詔可其奏襃
勵撫導遷者如歸旬月之間城府周備固之遷也其部曲
多願留為整左右整諭以朝制弗之許焉莫不流涕而去
及整秩滿代至人人吏戀之老幼送整逺畢集數日俻留
方得出界其得人心如此拜御正中大夫出為中華郡守
轉同州司會遷始州剌史整雅識情偽尤明政術恭謹廉
慎常懼盈滿故歷居內外所在見稱進位大將軍晉公護
之初執政也欲委整以腹心整辭不敢顧忤其意護以
此疎之及護誅附會者咸伏法而整獨保全時人稱其先

覺卒贈本官加四州諸軍事鄜州刺史諡曰襄子熙嗣
熙字長熙性嚴重有雅量雖在私室終日儼然不妄通賓
客凡所交結必一時名士悕覽群書尤明三禮善騎射頗
知音律起家以通經為吏部上士轉夏官府都上士俱有
能名以母憂去職殆不勝哀其父戒之曰大孝在於安親
義不絕嗣吾今見存汝又復立何得過爾毀頓貽吾憂也
熙自是稍加饘粥闋除少駕部復爾
有聞其哭聲莫不為之下泣河陰之役詔令墨衰從事授
職方下大夫襲彭城縣公及武帝平齊以留守功進位儀
同歷司勳吏部二曹中大夫其有當時譽隋文帝受禪之

際熙以本官行納言事尋除司徒左長史加上儀同進爵
河南郡公時吐谷渾寇邊以行軍長史從元帥元諧討之
以功進上開府後拜滄州刺史在職數年風教大洽稱為
良二千石開皇四年上幸洛陽熙來朝吏人恐其遷悲泣
於道及還百姓出境迎謁歡叫盈路在州獲白烏白鼈嘉
麥甘露降於庭前柳樹八年徙為河北道行臺度支尚書
吏人追思相與立碑頌德及行臺罷累遷鴻臚卿後以本
官兼吏部尚書事桂判五曹尚書事號為明幹上甚任之
上祠太山還次汴州惡其殷盛多有姦俠以熙為汴州刺
史下車禁游食柳工商人有向術開門者杜之船客傳於

郎外星居者勒為聚落僑人逐令歸本其有帶隸立決遣
之令行禁止上聞而嘉之顧侍臣曰鄰都天下難臨劇敕
相州刺史豆盧通令習熙法其年來朝考績為天下之最
賜帛三百疋頒告天下以嶺南夷數起亂徵拜桂州總管
十七州諸軍事許以便宜從事刺史已下官得承制補授
給帳內五百人帛五百疋發傳送其家累改封承康郡公
熙至部大弘恩信其溪洞渠帥更相謂曰前總管皆以兵
威相脅今者乃以手教相諭我等其可違乎於是相率歸
附先是州縣生梗長吏多不得之官寄政於猛力者與

遺之為建城邑開設學校人夷感化焉時有寧猛力者與
陳後主同日生自言貌有貴相在陳世已據南海平陳後
文帝因而撫之即拜安州刺史然驕倨恃險未常參謁熙
手書諭之申以交友之分其母有疾熙後遣以藥猛力感
之詣府請謁謂之不敢為非熙以州多有同名於是奏改安
州為欽州黃州為峯州利州為智州德州為驩州東寧州
為融州上皆從之在職數年老疾患請解所任
優詔不許賜以醫藥熙奉詔令交州老疾患請解所任
子欲為亂請至仲冬上道熙意在羈縻遂從之有人詣闕
訟熙受佛子賂而捨之上聞佛子反問至上大怒以為信
然遣使鎖熙詣闕熙性素剛抑鬱不得志行至永州憂憤

病卒上怒不解沒其家財及行軍揔管劉方禽佛子送京
師言熙實無賦上悟乃召其四子德萊最知名
整弟休幼聰敏有文武材用與整同起兵遂張保授帥都
督後爲中外府樂曹參軍時諸功臣多爲本州刺史晉公
護謂整曰以公勳望應得本州但朝廷籍公委任無容遠
出然公一門之內須有衣錦之榮乃以休爲敦煌郡守在
郡十餘年甚有政績卒於合州刺史
魯永始還魏官至北海太守因家焉以倫青州刺史永身
長八尺少耿介有將帥才讀班超傳慨然有萬里之志正
祖揣爲北海平壽人也本居晉昌之憤安縣晉亂徙於冊楊
唐永北爲比地太守當郡別將俄而賊將宿勤明達車金雀
等寇郡境永擊破之境內稍安永善馭下士人競爲之用
臨陣常著皂帛展襦把角如意以指麾勦分辨色自若在比
地四年與賊數十戰未常敗比時人語曰莫陸梁恐亦逢
唐永所營勳至今猶稱唐公壘也行臺蕭寶寅表永爲
南幽州刺史夷人送故者莫不垂淚當路遮留隨數日始
得出境大統元年拜東雍州刺史尋加衛將軍封平壽伯
卒贈司空公永性清廉家無蓄積妻子不免飢寒世以此
稱之子陵少晉武藝頻關吏職位大都督應州刺史車騎
大將軍儀同三司陵子悟美風儀博涉經史詠可觀周

大象中頻被宣帝任遇位至內史下大夫漢陽公隋文帝
得政殷於家而卒陵弟瑾
瑾字附璘性溫恭有器量愽涉史雅好屬文身長八尺有
二十容貌甚偉年十七周文聞其名乃貽永書曰聞公有
二子曰陵曰瑾陵從橫多武略瑾雍容富文雅可並遣入
朝孤欲委以文武之任因乃拜尚書員外郎並相府記室參
軍事軍書羽檄瑾多掌之俄遷户部中于時魏室播遷庶草
荊朝草國典瑾竝參之遷尚書右丞吏部郎中于謹勳高望重
藏縣子累遷尚書進位驃騎大將軍開
府儀同三司賜姓宇文氏時燕公于謹勳高望重朝野所
敬其爲朝望所宗如此進爵臨洮縣伯轉吏部尚書銓綜
衡流雅有人倫之鑒以父憂去職尋起令視事時六尚書
皆一時之秀周文言瑾學行兼愽願與之同姓結爲兄弟瑾
承其餘論有益義方周文歡異者父之更賜瑾姓万紐于
氏瑾乃深相結納敦長幼之亭瑾亦廷羅子孫行弟姪之
敬謹南伐江陵以瑾爲元帥府長史軍中謀略多出瑾焉江
陵旣平衣冠仕伍沒爲僕隸瑾察其才行有片善者輒
議免之賴瑾獲濟者甚衆時論多焉及軍還諸將多因霧
掠大獲財物瑾一無所取唯得書兩車載之以歸或曰周

丈曰唐瑾大有輻重悉是梁朝珍玩周文初不信之然欲
明其虛實密遣使撿閱之唯見墳籍而已乃歎曰孤知此
人來二十許年明其不以利干義向若不令撿視恐常人
有投杼之疑孤沂以益明之耳凡受人委任當如此也論
平江陵功進爵為公六官建授禮部中大夫出為蔡州刺
史歷拓州硤州所在皆有德化人吏稱之轉荊州摠管府
長史入為吏部中大夫歷御正納言內史中大夫曾未十
旬遂遷四職搢紳咸以為榮久之除司宗中大夫兼內史
尋本于位贈小宗伯諡曰方瑾性方重有風格退朝休假
怕著衣冠以對妻子遇迅雷風烈雖闇夜晏寢必起冠帶

端居危坐又好施與家無餘財所得祿賜常散之宗族其
尢貧乏者又割膏腴田宅以振之所留遺子孫者裁墝埆
之地朝野以此稱之撰新儀十篇所著賦頌碑誄二十餘
萬言孫大智嗣瑾次子令則性好篇章兼解音律文多輕
艷為時人所傳天和初以齊駇下大夫使於陳大象中官
至樂部下大夫仕隋位太子左庶子皇太子勇廢被誅
柳敏字白澤河東解縣人晉大常純之七世孫也父慶魏
軍騎大將軍儀同三司汾州刺史敏九歲而孤事母以孝
聞性好學涉獵經史陰陽卜筮之術靡不習焉年未弱冠
起家員外散騎侍郎累遷河東郡丞朝議以敏之本邑故

有此授敏雖統御鄉里而專物平允甚得時譽及周文剋
復河東見而器異之乃謂之曰今日不喜得河東喜得卿
也即拜丞相府參軍事俄轉戶曹參軍兼記室每有四方
賓客恒令接之愛及吉凶禮儀亦委之與蘇綽等修
撰新制為朝廷政典遷禮部郎中封武城縣子加帥都督
領本鄉兵俄進大都督遭母憂居喪旬日之間鬚髮半白
尋起為吏部郎中毀瘠過禮杖而後起周文見而歎異之
以委之益州平進驃騎大將軍開府儀同三司加侍中遷
尚書賜姓宇文氏六官建拜札部中大夫周孝閔帝踐阼

進爵為公又除河東郡守尋復徵拜禮部出為郢州刺史
甚得物情又將還朝夷夏士人感其惠政並奄酒餚及物
奉候之於路敏乃從他道而還復拜禮部改禮部為司
宗仍以敏為之敏操履方正性又恭勤每日將朝必風興
待旦又久氣臺閣明練故事近儀或乘先典者皆稟操焉
章列正取中遷小宗伯監修國史轉小司馬又監修律令
進位大將軍出為郢州刺史以疾不之部武帝又官帝並親幸
其第問疾武德郡公敏自建德以後寢疾積年武帝又
贈五州諸軍事晉州刺史臨終戒其子等喪事所須務從

簡約其子等近淚泣奉行少子昂

昂字千里幼聰穎有器識幹局過人周武帝時爲内史
大夫開府儀同三司賜爵文城郡公當途用事百寮皆出
其下昂鴟誠懱替知無不爲謙虛自廢未嘗驕物時論以
此重之武帝崩受遺輔政被宣帝疎忌不逾本職隋文
帝爲丞相深自結納文帝以爲大宗伯拜日遂得偏風文
不能視事上表乞解上覽而優詔荅昂
無事上表請勸學行禮州縣皆置博士
習禮焉昂在州甚有惠政卒官子調歷祕
書郎侍御史左僕射楊素嘗於朝堂見調因獨言曰梛條
通體騃獨摇不須風調欽版正色曰調信無取公不當以
爲侍御信有可取不應發此言公當具瞻之地樞機何可
輕發素甚奇之煬帝嗣位累遷尚書左司郎中時王綱不
振朝士多贓貨唯調清素守常爲時所美然幹用非其所
長

王士良字君明其先太原晉陽人也後因晉亂避地涼州
魏太武平沮渠氏曾祖景仁歸魏爲敦煌鎮將祖公禮平
城鎮將因家於代父延蘭陵郡守士良少修謹不妄交
游孝莊末尔朱仲遠啓爲府參軍事歷大行臺郎中諫議
大夫封石門縣男後與紇豆陵步藩交戰軍敗爲藩所禽

遂居河右僑爲行臺紇豆陵伊利歆其才擢授右丞妻以孫
女士良既爲姻好便得盡言遂曉以禍福伊利等郎歸附太
中大夫右將軍出爲毅州車騎府司馬東魏徙鄴之後置
京畿府專典兵馬時辟文襄爲大都督從事中郎仍攝外
兵參軍事尋遷長史加安西將軍文襄薨攻之授士良大行臺左
丞加鎮西將軍進爵爲公令輔其弟演於并州居守齊文
宣郎位入爲給事黃門侍郎領中書舍人仍摠知并州兵
馬事加征西將軍別封新豐縣子俄除驃騎將軍尚書吏
部郎中文宣自晉陽赴鄴以士良爲尚書左丞統留
後事仍遷御史中丞轉七兵尚書未幾入爲侍中轉殿中
尚書頃之復爲侍中吏部尚書士良少孤事繼母梁氏以
孝聞及卒居喪合禮文宣囂起令視事士良屢表陳誠冊
三不許方應命文宣見其毀瘠乃許之因此臥疾歷年文
宣每自臨視疾愈除滄州刺史乾明初徵還鄴授儀同三
司孝昭即位遣三道使搜揚人物士良與尚書令趙郡王
叡太常卿崔昂分行郡國但有一介之善者無不以聞
齊武成初除太子少傅少師復除侍中轉太常卿尋加開

府儀同三司出為豫州道 行臺豫州剌史保定四年晉公

護東代摠景宣以山南兵圍豫州士良棄子降授大將軍

小司徒賜爵廣昌郡公尋除荊州剌史轉荊州剌史復入

為小司徒俄除郿州總管行荊州剌史士良去鄉既久忽

臨本州耆老故人猶有存者遠近咸以為榮加授上大將

軍以老病乞骸骨優詔許之開皇元年卒時年八十二子

德衡大象末儀同大將軍

論曰音陽貨外叛焉其竊邑而春秋譏之韓信背項陳平

歸漢而史遷美之蓋以運籌既安君道已著則狥利忘德

者罪也時逢揆臣禮朱備則轉禍為福者可也崔彥穆

揚慕段永等皆在山東沈淪下僚竝以羇旅之士運回於

燕雀之伍終佩龜組可謂見機者乎令狐整幹用彊濟雅

望重於河右虔州里則勳著方隅升朝廷則績宣毫內而

愚避權寵克保終吉不然何以自致顯名而取高位也熙

歷職流譽風政克舉雖古之循吏亦何以加焉而寵榮為

爽立山成過唯命也夫唐永良舐之名所在有美清白之

譽顯於累職所調餐名專固刀國之名臣時之領袖周

陲之路博觀載籍久矣循官專章固義

無君子斯焉取斯王士良之仕于郢職居鄉牧而失忠烈

義貶難苟免其辟胄叛之徒歟

列傳第五十五　　北史六十七

史列傳卷　　　　十五

豆盧寧 子勣　孫毓

楊紹 子雄

王雅 子世積

韓雄 子禽

賀若敦 子弼　弟誼

豆盧寧字永安昌黎徒何人其先本姓慕容氏燕北地王
精之後也高祖勝以燕皇始初歸魏授長樂郡守賜姓豆
盧氏或云北人謂歸義為豆盧因氏焉又云避難改焉未
詳軟是父萇魏柔玄鎮將有威重見稱於時武成中以寧
勳追贈柱國大將軍少保浩郡公矣寧少驍果有志氣身長
八尺美姿容善騎射魏永安中以別將隨尒朱天光入關
以破万俟醜奴功賜爵霊壽縣男嘗與梁仚定遇於平
涼川相與肆射乃相去百步縣莎草以射之七發五中仚
定服其能肄遺甚厚天光敗從衛大將軍賀拔岳後進爵為
公從禽寶後弘農破沙苑伏於上郡及梁仚定反以寧
為軍司監隴右諸軍事賊平進位侍中使持節驃騎大將
軍開府儀同三司九年從周文迎高仲密與東魏戰於芒

山遷左衛將軍進爵范陽郡公加三十六年拜大將軍羌帥傍
乞鐵公及鄭五醜等及叛寧討平之恭帝二年改封武陽
郡公遷尚書右僕射周孝閔帝踐祚授柱國大將軍武成
初出為同州刺史遷大司寇進封楚國公邑萬戶別食鹽
亭縣一千戶收其租賦保定四年授涇州刺史屬大兵東
討齊竟與疾從軍薨於同州贈十州諸軍事同州刺史
諡曰昭寧未有子養弟永恩子勣及生子勣謂親戚皆請以
讚為嗣寧曰兄弟之子猶子也吾何擇焉遂以勣嗣時以
勳字定東生時周文親幸寧家稱慶時遇新破齊軍周文
此多之及寧薨勳龍眷辭
勳字定東勳聰悟有器局初以勳臣子封義安縣侯周
閔帝受禪授稍伯下大夫開府儀同三司政封丹陽郡公
明帝時為左武伯中大夫勳自以經業未通請解職遊露
門學帝嘉之敕以本官就學齊王憲納勳妹為妃恩禮愈
厚武帝嗣位遷渭源渭州刺史
刺史其下渭水所出其山絕壁千尋由來乏水諸羌苦之勳
馬足所踐忽飛泉涌出有白烏翔止聽前乳而後去有
白狼見於襄武人為之謠曰我有丹陽山出玉漿濟我人
夷神烏來翔百姓因號其泉曰玉漿泉後丁父艱毀瘠過

〔上〕

禮襲爵楚國公大象二年累遷利州總管尋拜柱國隋文
帝為丞相益州總管王謙作亂勳興城固守謙將達奚慈
等攻之起土山鑿城為七十餘穴堰江以灌之勳時戰士
不過二千晝夜相拒經四旬梁巖軍且至賊解去授上柱
國賜一子爵中山縣公開皇中為夏州總管帝以其家貴
盛勳効克彰後為漢王諒納其女為妃用遇彌厚七年進
守利州功詔食始州臨津縣邑千戶十年以疾徵還京師
位顯州刺史至勳第中使顧問道路不絕卒諡曰襄子賢嗣
詔諸王並至勳第中使顧問道路不絕卒諡曰襄子賢嗣

〈三〉

疏字道生少英果有氣節漢王諒出鎮并州疏以妃兄為
位顯州刺史大理少卿武賁郎將次子疏
王府主簿以征突厥功授儀同三司及煬帝即位諒納諸
議王頍諜作亂苦諫不從因謂其弟羲曰吾匹馬歸朝
自得免禍此乃身計非為國也今且偽從以思後計羲兄
顯州刺史賢言於帝曰臣弟羲素懷志節必不從亂但過
兇威不能克遂臣請徙羲至京所羲與疏將往介州令羲
之賢遂遣家人齎書至疏所與之計羲將往介州攻之城
與總管屬蜀朱濤幼誕必諫被四羲出之與濤謀拒之
之時諒司馬皇甫誕諫諒部分未定有人告諒疏攻之城
石俟宿勤武等開城拒諒部分未定有人告諒疏攻之城
陷見害時年二十八諒平贈大將軍封正義縣公諡曰愍

〔下〕

郡公尚隋文帝妹昌樂縣長公主歷定相二州刺史夏洪
二州總管立以寬惠稱卒官諡曰安子寬嗣
侯改封沃野縣公位開府北徐州刺史開皇初進爵南陳
通字平東一名會弘厚有器局在周少保功賜爵臨貞縣
千戶平東沃野之封詔許為卒千官贈
同三司周孝閔帝踐祚授鄧州刺史改封沃野縣

〈四〉

元年入為司會中大夫寧封楚國公請以先父功賜諡曰敬子通嗣
功封新興郡伯屢從征討有功進位驃騎大將軍開府儀
讚以寧勳蓮德初賜爵華陰縣侯累遷開府儀同大將軍
進爵武陽郡公永恩少有識度與寧俱歸周文以迎孝武
復下詔改封雍立侯復以頹師龑
子願師嗣拜儀同三司大業初行新令五等立除未幾帝

恕直兼有威惠百姓安之累遷驃騎大將軍開府儀同三
鄉縣男大統元年進爵冠軍縣公四年為鄜城郡守紹性
大夫紹字子安弘農華陰人也祖興魏新平郡守父國中散
楊紹字子安弘農華陰人也祖與魏新平郡守父國中散
公位大將軍卒贈成文等八州刺史諡曰信子雄嗣
司鄜州刺史賜姓叱呂引氏周孝閔帝踐祚進爵儻城郡
雄初名惠美姿容閑雅進止可觀周武帝時
為太子司旅下大夫帝幸雲陽宮衛王直作亂襲肅章門

雄連拒破之封武陽郡公遷右衛上大夫大象中進爵邢
國公隋文帝為丞相雍州牧畢王賢構作難雄時為別駕
知其謀隋宣帝葬備諸王有變令雄率六千騎送至陵所進
位上柱國文帝受禪除左衛將軍兼宗正卿還右衛大將
軍參預朝政封廣平王以邢公別封一子雄請封弟士貴
朝廷許之妻高潁黨者帝言之於朝雄深明其虛帝
亦以為然雄時責龍冠絕一時與高潁虞慶則蘇威稱為
四貴寬容下士朝野顧屬帝陰忌之(不欲其典兵馬乃
改授司空外示優崇而內實奪其權也雄乃閉門不通賓
客尋改封清漳王仁壽初帝以清漳不允聲望命職方進
地圖指安德郡示羣臣曰此號足為名德相稱乃改封安
德王大業初授太子太傅元德太子薨檢校鄭州刺史遷
懷州刺史京兆尹帝親征吐谷渾詔雄總管澆河道諸軍
及還改封觀王道高雅俗德冠生靈詔鴻臚監護喪事有司請
次瀘河鎮遘疾帝廢朝乃諡曰德贈司徒襄
諡曰懿帝曰懿德冠生靈贈司隸校尉
國等十郡太守子恭仁位吏部侍郎恭仁弟縡性和厚頗
有文學麻襄州刺史淮南郡太守及父薨起為司隸校尉
遼東之役楊玄感反其弟玄縱自帝所逃赴起其兄路逢縡

縡避人偶語父之司隸刺史劉休文奏之時恭仁將兵於
外帝寢然其事縡憂發病而卒
雄弟達字士達有學行仕周位內史下大夫封遂寧
縣男文帝受禪拜給事黃門侍郎進爵為子遷吏部侍
郎加開府轉內史侍郎鄑鄭趙三州刺史俱有能名平陳
後帝差品天下牧宰以達為第一擢拜工部尚書加上開府
轉納言領營東都副監遼東之役領右武衛將軍進位左
光祿大夫卒於師贈吏部尚書始安侯諡曰恭
揚達寓弘厚有局度楊素每曰有君子貌兼君子心者唯
達焉人弘厚有局度(皇后及文帝山陵制度達並參焉煬帝嗣位
騎射周文聞其名召入軍以功賜爵居庸縣子從禽寶泰
王雅字廣容閭熙新豐人也少沈毅木訥寡言有膽勇喜
之敵人見其無繼步騎競進雅左右奮擊斬九級敵衆稍
靡周文壯之又從戰芒山時大軍失利諸將皆退雅獨拒
寡大丈夫不以此時破賊何用主為乃擐甲出戰所向披
萬人常理論之實難與敵但相公神武以順討逆豈計衆
於潼關沙苑之戰雅謂所部曰彼軍殆有百萬今我不滿
退雅乃還周文歎曰王雅舉身悉是膽也進爵為伯累遷
驃騎大將軍開府儀同三司明帝初除汾州刺史勵精為
政人庶悅附自遠至者七百餘家卒於夏州刺史子世積

世積容貌魁岸善帶十圍風神奕拔有人傑之表在周以
功拜上儀同封長子縣公隋文帝受禪進封宜陽郡公高
頗美其才能同其善之嘗謂頗曰吾蒙之投以冊師自斬
若何頗深推之未幾之嘗謂頗曰吾蒙之役以冊師自斬
水趣九江以功進位柱國荊州總管後桂州人李光仕作
亂世積以行軍總管討平之進位柱國甚見隆重世積
上以為有酒疾舍之宮內令醫者療之不與執政言及時
見帝性忌刻功臣多獲罪由是縱酒不與執政言及時事

疾而還拜涼州總管令騎十七百人送之官未幾其親信
安定皇甫孝諧有罪吏捕之亡抵世積世積不納由是有憾孝
諧竟配防桂州事總管令狐熙熙又不禮焉甚困窮因
微幸上璽稱世積嘗令道人相其貴不可言世積云當為國主
謂其妻曰夫人當為皇后又將之涼州其所親謂世積曰
河西天下精兵處可圖大事世積曰涼州士曠人稀非用
武國由丹田被徵案其事有司奏左衛大將軍
將軍元胄左僕射高熲並與世積交通受其名馬之贈世
積竟坐誅曼胄等免官拜孝諧為上大將軍
韓雄字木蘭河南東垣人也祖景孝文時為赭陽郡守雄

少敢重旅力絕人工騎射有將率材略及孝武西遷雄便
慷慨有立功之志大統初遂與其屬六十餘人於洛西舉
兵數日間眾至千人與河南行臺楊琚共為掎角每抄掠
東魏所向剋獲東魏洛州刺史韓賢以狀聞鄴乃遣其軍
司慕容紹宗與賢合勢討戰數十合雄眾略盡乃與其兄及妻
子皆為賢所獲將以為質雄乃遣人告雄曰雄免兄於
軍即隨賢還洛潛引賢黨謀欲襲鄉里更圖進取雄乃招集義眾
弘農封武陽縣侯遣鄉里更圖進取雄乃招
獨孤信入洛陽芒山之役周文命雄邀齊神武於河東魏

武怒命三軍并力取雄雄突圍得免除東徐州刺史東魏
雍州刺史郭叔略接境頗為邊患惠雄密圖之輕將十騎夜
入其境伏於道側邀都督韓仕於略城服東魏人衣詐
若自河陽叛投關西者略出馳之再發咸中
遂斬首除河南尹中正周孝閔帝踐祚進爵新義郡公
同三司侍中河南邑中正周孝閔帝踐祚進爵為公尋進驃騎大將軍開府儀
賜姓宇文氏明帝二年除都督中州刺史雄久在邊雖
敵人虛實每率眾深入不避艱難前後經四十五戰雖時
有勝負雄志氣益壯東魏深憚之卒於鎮贈大將軍五
州諸軍事諡曰威子禽嗣少慷慨以膽略稱容貌魁岸有雄傑之表性又

集以軍功稍遷儀同三司龔爵新義郡公武帝伐齊禽說
下獨孤永業於金墉城及平范陽加上儀同永州刺史隋
文帝作相遷和州刺史陳將輕慶任蠻奴蕭摩訶等共為
聲援頻寇江北前後入界禽屢挫其鋒陳人奪氣開皇初
文帝潛有吞江南志拜禽為廬州總管委以平陳之任甚為敵
人所憚及大舉伐陳以禽為先鋒禽領五百人宵濟襲採
石守者皆醉遂取之進攻姑熟半日而拔次於新林江南
父老素聞其威信來謁軍門晝夜不絕其將樊巡皆世真

北史列傳五十六 〈九〉

田瑞等相繼降晉王遣行軍總管杜彥與禽合軍陳叔寶
遣領軍蔡徵守朱雀航聞禽將至眾懼而潰任蠻奴為賀
若弼所敗棄軍降禽禽以精騎直入朱雀門陳人欲戰蠻
奴撝之曰老夫尚降諸君何事衆皆散走逐平金陵執陳
主叔寶時賀若弼亦有功乃下詔晉王曰此二公者朕委
之悉如朕意以名臣之功成太平之業天下盛事何用過
此又下優詔於禽火數百年賊旬日廓清專是公之功也
東南之人俱出湯火盛業光於千載逖聽前古空聞其四班師
高名塞於宇宙盛業光於天壤逖聽前古罕聞其匹班師
凱入誠知非宇宙盛業若歲及至京禽與禽爭功
於上前弼曰臣在蔣山死戰破其銳卒禽其驍將震揚威

武逐平陳國禽略不交陳豈臣之比禽曰本奉明旨令臣
與弼同取都禽乃御賊逐戰致將士傷死甚多
臣以輕騎五百兵不血刃直取金陵降任蠻奴執陳叔寶
據其府庫傾其巢穴至夕方知拒門臣啟關而納之
斯乃救罪不暇安得與臣為比上曰二將俱合上勳於是
進位上柱國賜物八千段有司勸禽縱士卒溢汙陳宮坐
此不得國公交具食邑大軍之始出也上敕有司亡國
物我一不以入府可於死內築五塜當悉賜文武百官大

北史列傳五十六 〈十〉

射以取之又是上御玄堂大陳陳之奴婢賞賄會王公文
武官七品已上武職領兵都督已上及諸考使以射之先
是江東謠曰黃斑青驄馬發自壽陽涘來時冬氣末去日
春風始皆不知所謂禽本名禽武平陳之際又乘青驄馬
往往與歌相應至是方悟突厥來朝上謂曰汝聞
江南有陳國天子乎對曰聞之上命左右引突厥詣禽前
曰此是執得陳國天子者突厥惶恐不敢仰
視其威容如此別封壽光縣公真食千戶以行軍總管屯
金城禦備胡寇即拜涼州總管儀徵還京恩禮殊厚無何
其隣母見禽門下儀衛甚盛有同王者毋異而問其中
人曰我來迎王忽不見又有人疾篤忽驚走至禽家曰我
欲謁王左右問何王曰閻羅王禽子弟欲撻之禽止之曰我

生寓上柱國死作閻羅王亦足矣因寢疾卒子世謩嗣
世謩偁倜儻捷有父風楊玄感引為將每戰先登玄感
敗為吏所拘時帝在高陽送詣行在所世謩言曰吾死在朝夕不醉何為漸以酒進守
者守字狎之遂飲令醉因得逃奔山賊不知所終禽母弟
僧壽字玄慶亦以勇烈知名周武帝時為侍伯中旅下大
夫隋文帝得政從幸韋孝寬平尉遲迥以功授大將軍封昌
縣公開皇初拜安州刺史時禽為盧州總管朝廷不欲以

樂縣公開皇初拜安州轉能蔚二州刺史進爵廣陵郡公尋以
其兄弟同在淮南轉能蔚頭山後坐事免數歲復拜蔚州
行軍總管擊破突厥於雞頭山後坐事免數歲復拜蔚州
能清歌朝臣多相命觀之僧壽亦預焉坐除名尋命復位
卒於京師子孝基
僧壽弟洪字叔明少驍勇善騎射旅力過人仕周以軍功
拜大都督隋文帝為丞相從章孝寬破尉遲迥加上開府
封甘棠縣侯及陳平晉王廣進爵為公開皇九年平陳之役授
後仕用大業五年從幸太原時有京兆人達奚通妾王氏
位上柱國改封江都郡公煬帝即位封新蔡郡公自是不
刺史突厥甚憚之後檢校靈州總管事從楊素破突厥進
行軍總管擊破突厥於雞頭山後坐事免數歲復拜蔚州
皆懼洪馳馬射之應弦而倒陳氏諸將列觀皆歎伏焉王

大喜賜縑百匹尋以功加柱國拜荊州刺史轉廉州時突
厥屢為邊患朝廷以洪驍勇令檢校朔州總管事尋拜代
州總管仁壽元年突厥達頭可汗犯塞洪率蔚州刺史劉
隆大將軍李藥王拒之遇虜於恒安眾寡不敵洪四面搏
戰身被重創將士沮氣廣悉眾圍之矢下如雨洪偽與虜
和圍少懈洪率所領潰圍而出死者大半殺虜亦倍洪及
藥王除名竟坐死煬帝見白骨被野命收而葬之改葬骨
侍臣曰往者韓洪與虜戰處也帝憫然傷之改葬骨命
五郡沙門為設齋供拜洪隴西太守未幾朱崖人王萬昌

作亂詔洪平之以功加金紫光祿大夫領郡如故俄而萬
昌弟仲通復叛又詔洪平之還師未幾旋遇疾卒
賀若敦河南洛陽人也其先居漠北世為部落大人曾祖
伏魏文帝時入國為都官尚書封安富縣公祖伏連仕魏
位雲州刺史父統文學以祖蔭為祕書郎永安
初從太宰元天穆討邢杲以功封當亭子齊神武初起以
統為潁川長史執恒二州刺史卒贈司空公謚曰京敦少
亭縣公歷位比雍恒二州刺史田迅以州降拜兗州刺史
有氣幹統之將父之敦年十七進策贊成其謀統既多難以
自拔沈吟者久之將執田迅也慮事不果又以累弱多難以
逐定謀歸西時羣盜蜂起大龜山賊張世顯潛來襲統敦

挺身赴戰手斬七八人賊乃走縝大悅謂左右僚屬曰我

少從軍旅戰陣非一如此兒年時膽略未見其人非唯成

我門戶亦當為國名將明年從河內公獨孤信於洛陽被

圍敦率三石弓箭不虛發信乃言於周文引至麾下授都

督封安陵縣伯眷從校獵甘泉宮時圍人不齊獸多越逸

周文大怒人皆股栗圍內唯有一鹿俄亦突圍而走敦躍

馬馳之鹿上東山敦棄馬步逐至山半便乃擊之而下周

文大悅諸將因得免責累遷太子庶子廢帝二年拜右衛

將軍俄加驃騎大將軍開府儀同三司進爵廣鄉縣公時

岷蜀初開人情尚梗巴西人譙淹據南梁州與梁西江州

刺史王開業共為表裏扇動羣蠻周文令敦討平之進爵

武都郡公拜典祀中大夫尋為金州都督蠻帥向白彪向

五子王等聚眾為寇圍通信州詔敦與開府田弘赴援未

至而城已陷乃進軍追討遂平信州是歲荊州蠻帥文子

榮自號仁州刺史復令敦與開府段韶討斬子榮并虜其

眾武成元年入為軍司馬陳將侯瑱安都等圍通湘州

過絕糧援令敦度江赴救敦連戰破瑱乘勝遂次湘州

俄而秋水汎溢江路遂斷糧援既絕恐瑱等知其糧少乃

於營內多為聚土覆之以米召側近村人陽有所訪問隨

即遣之瑱等聞之良以為實敦文增修營壘造廬舍亦以

持父湘羅之間遂發農業瑱等無如之何初土人巫乘輕

船載米粟及籠雞鴨以餉瑱軍敦患之乃偽為土人裝船

伏甲士於中軍人望見謂餉船之至逆來爭取敦甲士

遂禽之又敦軍數有叛人乘馬投瑱瑱輒納之敦又取

一馬牽以趣船令船中逆以鞭鞭之如是者再三馬便畏

船不上後伏兵於江岸使人乘馬投瑱以招瑱軍詐云相

附瑱便遣主迎接競來牽馬馬既畏船不上伏兵發盡殺

之此後實有饋餉及亡叛者猶謂敦之詐竝不敢受相

舍我百里當為汝去瑱等遂留船於是將兵去津路百

敦覘之非詐勤眾而還在軍病死者十五六晉公護以敦

失地無功除其名保定五年累遷中州刺史鎮函谷敦悵

功負氣顧其流輩皆為大將軍敦獨未得兼以湘州之役

全軍而反翻被除名每出怨言晉公護怒徵還通令自建

臨刑呼子弼謂曰吾必欲平江南然心不果汝當成吾志

吾以舌死汝不可不思因引錐刺弼舌出血誡以慎口建

德初追贈少有大志騎勇便弓馬解屬文博涉書記有重

名周齊王輔伯少聞而敬之引為記室封當亭縣公遷小內史

弼字輔伯寬仁代陳攻拔數十城弼計居多拜壽州刺史改封

與韋孝寬

襄邑縣公隋文帝為丞相尉遲迥作亂帝恐弼為變遣長
孫平馳驛代之及帝受禪隋有平江南志訪可任者高熲
薦弼有文武才幹於是拜吳州總管委以平陳事弼忻然
以為己任與壽州總管源雄並為重鎮弼遺雄詩曰交河
驍騎幕令浦伏波營勿使騏驎上無我二人名歔取陳十
策上稱善賜以寶刀開皇九年大舉伐陳以弼為行軍總
管將度江酗酒呪曰弼親承廟略遠振國威若使福善禍
淫大軍利涉如事有乖違得葬江魚腹中死且不恨先是
弼請緣江防人每交代際必集歷陽於是大列旗幟營幕
被野陳人以為大兵至悉發國中士馬既知防人交代其

賀弼列傳選
四百四十字
北史列傳五十六
十五
徐

衆後散後以為常不後設備及此弼以大軍濟江陳人弗
覺龑陳南徐州拔之執其刺史黃恪軍令嚴蕭摩訶不犯
有軍士於人間酤酒者弼立斬之進屯蔣山之白土岡陳
將魯廣達周智安任蠻奴田瑞孔範蕭摩訶等以勁兵拒
戰田瑞先犯弼擊走之會廣達等相繼遞進弼屢卻弼撝
知其驕士卒且怠於是督屬將士殊死戰遂大破之麾下
士開府貟明禽摩訶至弼入時韓禽已執陳叔寶弼至呼叔
弼釋而禮之叔寶惶懼流汗股慄再拜弼謂曰小國之君當大
國卿拜禮也入朝不失作歸命侯無勞恐懼既而弼恚恨

不獲叔寶於是與禽相詬挺刃而出令蔡徵為叔寶作降
牋命乘驛車歸已事不果上開弼有功大悅下詔褒揚之
晉王以弼屬實先期決戰違軍命於是以弼屬吏上驛召之及
見迎勞曰剋定三吳公之功也命登御坐賜物八千段加
位上柱國進爵宋國公貟食襄邑三千戶加寶鈿金
甕金盤各一并雜綵曲蓋雜綵二千段女樂二部又賜
陳叔寶妹為妾拜右領軍大將軍平陳後六年弼撰其畫
策上之謂為御授平陳七策其上弗省曰公欲發揚我名
不求名公宜自載家傳七策其一請廣陵頓兵不復疑也其
往來陳人初見設備後以為常及大兵南伐不復疑也其

賀弼列傳選
四百四十字
北史列傳五十六
十六
件

二使兵緣江時獵人馬喧噪及兵臨江陳人以為獵也其
三以老馬多買陳人船而匿之買弊船五六十艘於瀆內陳
人覘以為內國無船其四積葦荻於楊子津其高蔽艦及
大兵將度乃卒通瀆於江其五塗戰船以黃與枯荻同色
故陳人不預覺之其六先取京口倉儲遽據白土岡置兵
千餘人便悉給糧勞遣付其敕書命別道宣喻是以大兵
度江莫不草偃十七日之間南至林邑東至滄海西至象
林皆悉平定轉右武候大將軍弼時貴盛位望隆重其兄
隆為武都郡公弟東萬榮郡公並剌史列將弼家珍翫不

15-966

北史列傳五十六

〈十七〉　徐

可勝計婢妾曳綺羅者數百時人榮之弼自謂功名出朝
臣之右每以宰相自許既而楊素為右僕射弼仍為將軍
甚不平形於言色由是免官弼怨望愈甚後數載下弼獄
上謂曰我以高熲楊素為宰相汝每昌言此二人唯堪噉
飯耳是何意也弼曰熲臣之故人素臣之舅子臣下守法不
為公可自求活理弼曰臣恃至尊威靈將八千兵度江即
移公可實籍以此語公卿奏弼怨望罪當死上曰臣下守法不
禽陳叔寶以此望活既而上低佪者數日惜其功特令除名歲
曰平陳之日諸公議不許臣行推心為國已蒙格外重賞
今還格外望活既而上低佪者數日惜其功特令除名歲
餘後其爵位上亦忌之不復往使然每宴賜遇之甚厚十
九年上幸仁壽宮譖王公詔弼為五言詩詩意憤怨帝覽
而容之明年春弼又有譖詩自若上數之曰人
有性善行惡者公之為惡乃與行俱有三太猛嫉妒心太
猛自是非人心太猛昔在周朝已教他兒子
反此心終不能改邪他日上謂侍臣曰初欲平陳時弼謂
高熲曰陳叔寶可平不熲曰功臣正宜授動官
平陳後便索內史又索僕射我語熲曰功臣正宜授動官
不可豫朝政弼後語熲皇太子於已出口入耳無所不盡
公終又何必不得弼力何脈脈邪意圖鎮廣陵又來荊州

北史列傳五十六

〈十八〉　徐

總管並是作亂處意終不改也後突厥入朝上賜之射突
厥一發並中的上曰非弼無能當此乃命弼弼再拜呪曰臣
若赤誠奉國當一發破的如不然發不中也弼射一發而
中上大悅顧謂突厥曰此人天賜我也煬帝之在東宮嘗
謂弼曰楊素韓擒虎史萬歲三人俱良將優劣如何弼對
曰楊素是猛將非謀將韓擒虎鬥將非領將史萬歲騎將非
大將太子曰然則大將誰也弼拜曰唯殿下所擇煬帝自
許為大將及煬帝嗣位尤被疎忌大業三年從駕至
榆林時弼與高熲宇文弼等私議得失為人所告竟坐誅
以為太後與高熲宇文弼等私議得失為人所告竟坐誅
時年六十四妻子為官奴婢籍沒徙邊子懷亮慷慨有父
風以柱國世子拜儀同三司坐弼為奴俄亦誅死敢弟誼
誼性剛果有幹略周閔帝受禪封霸城縣子加開府歷洛
二州總管及兄敢以譖毀伏誅坐免官從武帝平齊拜洛
州刺史進封建威縣侯開皇中位左武候將軍進位柱國
後以突厥為邊害誼素有威名拜靈州刺史進位柱國公
時年老猶能重鎧上馬其為比夷所憚數載上表乞骸骨
卒於家子舉龍襲爵
論曰周文帝屬禍亂之辰以征伐而定海內大則連兵百

萬繫之以存亡小則轉戰虖亭不關於旬月是以兵無少

長士無賢愚莫不投筆要功橫戈請纓豈盧寧楊紹王雅

韓雄等或攀翼雲漢底績屯夷雖運後年代而名成終始

美矣哉豆盧勣譽宣分竹毓節貝臨危可謂載德效賢也

觀德王位登台袞慶流後嗣保茲寵祿是仁厚之所致乎

王世積雟才雖多適足為害者矣賀若弼慷慨志略勳無方事

敵境勃寇絕其糧道江淮阻其歸塗臨危而茂勳莫紀嚴

迫而雄心彌厲故能利涉死地全師以反　　　　自南北分

刑已及天下是以知宇文護之不能終其位也

隨將三百年隋文爰應千齡將一函夏賀若弼慷慨申心

比史列傳五十六

取之長策韓禽舊發賀餘男以筆先隋氏自此一戎威加

四海稽諸天道或將有廢興考之人謀賞二臣之力其儗

僮英略賀弼居多武毅威雄韓禽稱重方於晉之王杜勳

庸綽有餘地然賀弼居多功成名立稱伐不已竟殞殂於非命

亦不密以失身若念父臨終之言必不及於斯禍韓禽累

葉將家威聲動俗厳國既破名遂身全幸也廣陵甘棠咸

有武藝驍雄膽略迄為當時所推起千城難兄難弟矣

申徽　　陸通　弟逞
　　　　厙狄峙
　　　　揚荐
　　　　趙剛　子仲卿
　　　　趙昶
　　　　王悅
　　　　王慶
　　　　趙文表
　　　　元定
　　　　揚摽

【北史列傳五十七】

申徽字世儀魏郡人也六世祖鐘為後趙司徒冊閔末中
原喪亂鐘子豪避地江左曾祖軌仕宋位雍州刺史祖隆
道宋比兗州刺史父明仁郡功曹早卒徽少與母居盡力
孝養及長好經史性審慎不妄交游遭母憂毀乃歸於
魏元顥入洛以元邃為東徐州刺史邃引徽為主簿顥敗遂
被徵車送洛陽故吏賓客並委去唯徽有古人風尋除太尉府行參軍孝武初徽
以洛陽兵難未已遂間行入關見周文周文與語奇之薦

之於賀拔岳岳亦雅相敬待引為賓客周文臨夏州以徽
為記室參軍兼府主簿周文察徽沉密有度量每事信委
之乃為大行臺郎中時軍國草創幕府務殷四方書檄皆
徽之辭也以迎孝武功封博平縣子本州大中正大統初
進爵為侯四年拜中書舍人帷幄之謀徽獨不離左右魏帝稱歎之十年
遷給事黃門侍郎先是東陽王元榮子康為瓜州刺史其女婿
利近侍之官分散者眾徽獨不預焉居注河橋之役大軍不
劉彥隨為及榮死瓜州首望表榮子康為刺史彥頻徵
而取其位屬四方多難朝廷不遑問罪因授彥瓜州刺史彥遂驕恣
不奉詔文南通吐谷渾將圖叛逆周文難於動眾欲以權
略致之乃以徽為河西大使密令圖彥徽以五十騎行

【北史列傳五十七】

既至止於賓館彥見徽軍使不以為疑徽乃遣一人微勸
彥歸朝以揣其意彥不從徽又使贊成其住計彥便從之
遂來至館徽先與瓜州豪右密謀執彥逮此而縛之彥辭
無罪徽數之曰君無尺寸之功位居方岳之重恃遠背誕
不恭貢職戕害使人輕忽詔命所宜即申明罰以謝邊遠耳
詔之日本令相送使人及彥所送歸闕所恨不得即申明罰以
動者於是宣詔慰勞吏人及彥所部復云大軍續至城內無敢
保所殺都督遷都官尚書十二年瓜州刺史成慶為城人張
以徽信洽西

【上欄】

土拜假節瓜州刺史徵在州五稔愉約率下邊人樂而安
之十六年徵兼尚書右僕射加侍中驃騎大將軍開府儀
同三司廢帝二年進爵為公正右僕射賜姓宇文氏徵性
勤至凡所君官案牘無大小皆親自省覽以為
更不得為毅後雖歷公卿此志不惻出為襄州刺史時南
方初附獲賞徒官人吏送者數十里遺徵性廉慎乃書揚雲像於寢
室以自戒及代還人皆通謂徵
人慨然懷愧四賦詩題於清水亭長幼聞之皆競來就讀
遠相謂曰此是申使君手迹近寫誦之明帝以無德任總
絲綸更崇其秩為上大夫貞四人號大御正又以徵為之

厥小司空少保出為荊州刺史人為小司徒小宗伯天和
六年上疏乞骸骨詔許之薨諡泗州刺史諡曰章子康嗣

北史列傳五十七 〔三〕

位盧州刺史司織下大夫上開府康弟敦汝南郡守敦弟
靜齊郡守靜弟處上開府同昌縣侯辛
陸通字仲明吳郡人也曾祖載從宋武帝平關中軍逐留
載隨其子義真鎮長安沒赫連氏魏太武平赫連氏載
仕魏住中山郡守父政性至孝其每只人好食魚泉得以供膳
少政求之常苦難後宅側忽有泉出而有魚遂得以供膳
時人以為孝感所致因謂其泉為孝魚泉從介朱天光討
代及天光敗歸周文周文為行臺戈政為行臺左丞原州

四百三十三

【下欄】

長史賜爵中都縣伯大統中卒通少敢敢好學有志節幼
從政在河西逐逢寇難與政相失自拔東歸從介朱
榮榮死又從介朱兆及介朱氏滅乃入關周文時在夏州
引為帳內督頃之賀拔岳為侯莫陳悅所害時在泰軍
密愈自朱謹禮遂夜陪侍家人罕見其面通忽如所
府已云從周文憂之通以此重之後從迎孝武功封都昌縣伯
大統元年進爵為侯從禽竇泰復弘農沙苑之役力戰有
功又從解洛陽圍軍還屬趙青雀反於長安周文討之
以入馬疲弊不可速行又謂青雀等一時陸梁不足為慮
策自是愈見親禮遂書夜陪侍

北史列傳五十七 〔四〕

乃云我到長安但輕騎臨之必當面縛通進曰青雀等既
以大軍不利謂朝廷傾危同惡相求遂成反亂然其實謀
又定必無遷善之心且其詐言大軍敗績東寇將至若以
輕騎往百姓謂為信然更迫北庶之望大兵若至徐州以
猶多以明公之威率惠錄前後功進爵為公都督徐州刺史以
深納之因從平青雀何慮不平周文
難未平留不之部與于謹討劉平伏加大都督從周文援
玉壁進儀同三司九年高仲密以地來附通從周文援
於芒山衆軍皆退唯惠與通率所部力戰至長中乃引
還敵亦不敢逼進授驃騎大將軍開府儀同三司太僕卿

四百三十

賜姓宇文孤氏進爵絳德郡公周孝閔踐祚拜小司寇必懍
定五年累遷大司寇通性柔謹雖久處列位常清慎自守
所得祿賜盡與親故共之家無餘財常曰凡人患貧而不
貴不患貴而不富賜賜也建德元年轉大司馬其年薨通弟逮
裕字季明初名彥字世雄也建德元年常從容謂之曰爾兄弟又
不類遂改焉遂少謹密宜有名譽通先以軍功別受事
土乃讓父爵伯令逢襲之唯遂獨兼文雅周文由此加禮遇
信時輦旨以驍勇自達唯遂獨兼文雅別愛焉
馬大統十四年參大丞相府軍事兼記室保定初以遂

〔北史列傳五十七〕〔五〕

吏部中大夫歷蒲茆部御伯中大夫進驃騎大將軍開府儀
同三司從授司宗中大夫轉軍司馬遂軒輊詳明歷任三
府所在著績朝廷嘉之進爵為公天和三年齊遣侍中斛
斯文略中書侍郎初偹隆好盛飾行人認遂為
使主尹公正為副之報之遂美容止善辭令敏而有禮齊
人稱焉還遷屆近識詔令路車儀服郊迎而入時人榮之四
年除京兆尹郡界有豕生數子經旬而死其家又有豭
乳養之諸豚賴之以活時論以遂仁政所致俄遷司會中
大夫出為河州刺史晉公護雅重其才表為中外府司馬
頗委任之尋後為司會兼納言遷小司馬及護誅坐免官

頃之起為納言又以疾不堪劇任及陳宜州刺史故事刺
史奉辭例備兩席遂以時屬農要奏請停之武帝深嘉焉
詔遂其所請以彰雅操遷在州有惠政吏人稱之東宮初
建授太子太保卒贈大將軍子操嗣
庫狄峙名善騎射有諡略仕魏位高陽郡守仁恕百
姓頗悅之孝武西遷峙乃棄官從入關大統元年拜中書
舍人參掌機密以恭謹見稱遷黃門侍郎時與東魏爭衡
從君代世世為豪右凌武威郡守父貞上洛郡守仁恕
弘厚知名善遷峙有諡略仕魏

〔北史列傳五十七〕〔六〕

蟠蟠桑虛靈臺為邊惠朝議欲結和親乃使峙往峙狀貌魁
舍人參掌機密以恭謹見遷黃門侍郎時與東魏爭衡
梧善於辭令蟠蟠主雅信重之自見不復為寇周文謂峙
曰昔魏絳和戎見稱前史以君方之彼有慚色封高宮縣
公累遷驃騎將軍開府儀同三司拜侍中蟠蟠滅後笑厥
強盛雖與周通好而外連齊氏周又令峙銜命喻之笑
司寇明帝初為益州刺史進爵曹郡公廉立小司寇字小
啟感悟即執齊使歸諸京師
和尚清靖為夷獠所安後為宜州刺史入為少師以功
氣骸晉詔許之卒諡曰定子嶷嗣少知名位開府儀同三
司職方中大夫蔡州刺史卒官嶷弟徵從平齊以功拜儀
同大將軍賜爵樂陵縣公徵弟徽亦以軍功至儀同大將

軍保城縣男徽弟歡性弘厚有局度以爵右下大夫從武
帝東伐入并州軍敗侍臣弒焉及帝之出唯歡侍從以功
授上儀同大將軍遷開府歷右宮伯賜爵樂城縣侯仕隋
位至戶部尚書

楊荐字承略秦郡夷人也父寶昌平郡守幼孤早有
名譽性廉謹喜怒不形於色魏永安中隨介朱天光入關
討曩賊封髙邑縣男周文臨夏州補帳內都督及平侯莫
陳悅使荐入洛請事孝武授周文關西大行臺仍除直
閤將軍時馮翊長公主釐居孝武意欲歸諸周文乃令武
衛元毗喻旨荐歸白周文又遣荐入洛陽請之孝武即許
焉孝武欲向關中荐贊成其計孝武曰卿語行臺沖我

周文又遣荐與長史宇文測出關候接孝武至長安進爵
清水縣子大統元年荐為侯又使荐納幣於蠕蠕魏文
結婚而還進爵為侯又使荐更請婚蠕蠕善至夏州閤蠕蠕
后崩周文遣僕射趙善使者善惧乃還周文乃遣荐至賜黃金十
貳於東魏周文欲執使
斤雜綵三百匹荐至蠕蠕責其背惠食言并論結婚之意
景過荐知景覦覆求還具陳事實周文乃遣使窯追助
鎮蠕蠕感悟乃遣使隨荐報命焉及侯景來附周文令荐助
景之兵尋而景叛十六年大軍東討周文恐蠕蠕乘虛寇

乃遣荐往更論和好以安慰之進使持節驃騎大將軍
開府儀同三司加侍中周孝閔帝踐阼除御伯大夫進爵
姚谷縣公仍使突厥結婚突厥可汗阿史那
庫頭居東面與蒲通和說其兄欲背先約計謀已定將以
汗悚籹良久曰幸無所疑當共平東賊狄後發遣我女乃
令荐先報命仍請行小司馬又行大司徒從陳公純等逆
女於突厥進爵南安郡公天和三年遷總管梁州刺史後
以疾卒

王慶字興慶太原祁人也父因魏靈州刺史德縣公慶
少閑悟有才略初從周文征伐復弘農破沙苑並有戰功
引為典籤賞大統十年授殿中將軍周孝閔帝踐阼以
前後功賜爵始安縣男二年行小賓部保定二年使吐谷
渾與其分疆仍論和好之事渾主悅服遣所親隨慶貢獻
初突厥遣使求婚許納女為后而齊人知之懼成合從之
勢亦遣使求婚蠕蠕財賄甚厚突厥貪其重賂便許改變
魏氏昔與蠕蠕結婚遂為齊人離貳令者復恐改變欲遣
使結之遂授慶左武伯副楊荐為使是歲遂與入并之役

慶乃引突厥騎與隋公捬忠至太原而還父齊人許送皇
姑及世母朝廷遂與通和突厥聞之後致疑阻於是又遣
慶往諭之可汗感悅結好如初五年復與宇文貴使突厥
逆女自此以慶信著比番頻歲出使後復至突厥屬其可
汗暴殂突厥謂慶曰前後使來逢我國喪者皆髠面表哀
況今二國和親豈得不行此事慶抗辭不從突厥見其可
正卒不敢逼武帝聞而嘉之錄慶前後使功遷開府儀同
三司兵部中大夫進爵為公歷冊中二州刺史為政嚴肅
吏不敢犯大象元年授小司徒加上大將軍總管汾石二
州五鎮諸軍事汾州刺史又除延州總管進位柱國開皇
元年進爵平昌郡公卒于鎮贈上柱國諡曰莊子淹嗣
胡剛字僧慶河南洛陽人也祖纂魏高平太守父和太平
中陵江將軍討度淮間父喪輒還所司將致之於法和
曰周極之喪終天莫報若許安厝禮畢而即罪戮死且無
恨言訖殞慟悲感傍人主司以聞遂宥之喪畢除軍遠將
軍大統初追贈膠州刺史剛少機辯有幹能起家奉朝請
累遷金紫光祿大夫領司徒府從事中郎加閣內都督及
及發而神武已逼洛陽孝武西遷景昭集府僚文武議其
去就司馬馮道和請據州待北方勅分剛抽刀投地曰公

若為忠臣可斬道和如欲從賊可見殺衆悟遂率衆
赴關右屬景昭遣襄城東荊州人楊歡等起兵應景以其
衆邀景昭於路景昭戰歿剛遂沒於賊後自贖免景乃見東
魏觀事敕荊州刺史李魔憐勸令歸關西魔憐乃使剛入朝
大統初剛於灞上見周文具陳關東情實周文嘉之封陽
邑縣子論復東荊州功進爵臨汝縣伯初賀拔勝獨孤信
以孝武西遷之後並給事江左至是剛言於魏文帝請追
而復之乃以剛為兼給事黃門侍郎使梁與賣移書與
其梁州刺史杜懷瑤等即與剛盟歃受移送建康仍道人
隨剛報命是年又詔使三荊聽在所便宜復使魏興重申
旨進爵武成縣侯除大丞相府帳內都督復使魏興重申
前命尋而梁人禮送賀拔勝獨孤信等頒之御史中尉董
紹進策請圖梁漢以紹為行臺梁州刺史剛以為不可而
朝議已決遂出軍梁漢竟無功還免為庶人除人剛乃率
高仲密以比豫州來附兼大行臺左丞持節赴潁川郡守
義軍師還剛別破侯景前驅於南陸復獲其郡守二人時
有流言傳剛東叛神武因設反間聲遣迎接剛乃率騎襲
其丁塢拔之周文知剛無貳乃加資焉除營州刺史進爵

為公渭州人郭五醜構逆與叛羌傍乞鐵忽相應令剛往

鎮之將發魏文帝引見內寢舉觴屬剛曰昔侯景在東魏

卿所困黠羌小醜豈足勞卿謀慮也時五醜於是西奔鐵忽

所在立柵剛至拔攻破之散其黨與五醜

剛又進破鐵忽偽廣寧郡屬宇文貴等西討韶以剛行渭

州事資給糧餉加驃騎大將軍開府儀同三司入為光祿

鄉六官建拜膳部中大夫周孝閔帝踐祚進爵浮陽郡公

出為利州總管沙氏恃險逆命再討復之方州生獠

自此始從賦役剛以信州濱江員闕乃表請討之韶剛率

利沙等十四州兵往經略焉仍加授渠州刺史剛初至渠

帥悍其軍威相次降款師出踰年士卒疲弊尋後亡叛

後遂以無功而還又與所部儀同尹才失和被徵赴闕遇

疾卒於路贈中浙渾三州刺史謚曰成子元卿弟仲卿

仲卿性麤暴有旅力周齊王憲其之以軍功位上儀同

為讜伯中大夫後以平王謙功進位大將軍封長垣縣公

隋文帝受禪進河北郡公尋拜石州刺史法令嚴猛姦介

之失無所寬捨報答輒至二百吏人戰慄無敢違犯盜賊

屏息皆稱其能還朝為總管時塞北盛興屯田仲卿總統

之微有不理者仲卿輒召主掌撻其胥吏或解衣倒曳於

荊辣中時人謂之於蒺事多克濟由是收穫歲廣邊戌無

饋運之憂會突厥啟人可汗求婚上許之仲卿因是間其

骨肉遂相攻擊十七年啟人窘迫與隋使長孫晟投通漢

鎮仲卿率騎千餘授之達頭不敢通潛遁入所

部至者二萬餘家其年從高熲指白道以擊達頭仲卿為

前鋒至族蠡山與虜遇交戰七日大破之追奔至乞伏泊

復啟人突厥悉眾而至仲卿為方陣四面拒戰經五日會

高熲大兵至合擊之虜乃敗走度白道踰秦山七百餘

里時突厥降者萬餘家詔令仲卿處之代州

國朝廷廣達頭摧龍驤啟王尉州刺史劉隆等將步騎一萬

總管韓洪永康公李藥王蔚州刺史劉隆等將步騎一萬

餘級明年督役築金河定襄二城以居啟人時有上表言

仲卿酷暴上命御史王偉按之竝實惜其功不罪因勞之

曰知公清正為下所惡韶賜物五百段仲卿益恣由是光官

仁壽初檢校司農卿蜀王秀之得罪奉韶往益州按之秀

為能賞奴婢五十口黃金二百兩米粟五千石奇珤雜物

稱是煬帝嗣位判兵部工部二尚書事卒官謚曰肅子世

弘嗣

趙昶字長舒天水南安人也曾祖叟仕魏至中山郡守因

家然代焉昶少聰敏有志節冠以材力間魏比中郎將
高千鎮陝以昶為長史中軍都督周文平弘農擢為相府
典籤大統九年大軍失律於芒山清水氏苟李鼠仁自軍
逃還應儉作亂周文將討之先求可使者遂令昶使焉見
鼠仁喻以禍福羣凶或從或不從其命者復將加刃於昶
而昶神色自若志氣彌厲鼠仁感悟遂相率降之昶慰勞之皆知其
叛攻南由周文復遣昶慰喻之道顯等皆即款附東秦州
刺史魏光因從其豪帥三十餘人分并部落於華州周文即
虜實及大軍往討昶為先驅遂破之以功封章武縣伯十

〔北史列傳五十七〕〈十三〉五

五年拜安夷郡守帶長蛇鎮將氐俗荒獷昶威懷以禮莫
不悅服蕃歲之後樂從軍者千餘人加授帥都督時屬軍
機科發切急昶情難之後相率謀叛昶又潛遣詭說離間
其情因其攜逐輕往臨之羣氐不知所為咸來見昶乃
收其首逆者二十餘人斬之餘衆遂定朝廷嘉之除大都
督行南秦州事時氏帥蓋闡等反昶復討禽之又與史寧
破宕昌羌徐二十餘萬師拜武州刺史恭帝初加驃騎大將
軍開府儀同三司潭水羌叛運水二郡守昶率儀
同驃天人等討平之周明帝初鳳州人仇周貴魏興等反
自號周公破廣化郡攻沒諸縣分兵西入圍廣業儁城二

郡廣業郡守薛英儁城郡守杜果等請昶為援遣使報果
為周貴黨樊伏興等所擭興等知昶將至解儁城圍據泥
功領設六伏以待昶昶至遂遇其伏合戰破之廣業之圍
亦解沒郡追之至泥陽川而還興州人段氏酉羌多叛
昶攻沒郡縣追斬之昶自以被拔擢居將帥之任傾心
下士虜獲氐羌撫而使之皆為昶用不煩國
家士馬而能威服氐羌者趙昶有之矣至是明帝錄前後
功進爵郡公賜姓宇文氏賞勞其厚二年徵拜賞部
中大夫行吏部尋以疾卒
王悅字衆喜京兆藍田人也少有氣幹為州里所稱周文

〔北史列傳五十七〕〈十四〉五

初定關隴悅率募鄉里從軍屢有戰功大統元年除相府
刑獄參軍封藍田縣伯四年東魏將侯景攻圍洛陽周文
赴援悅又率鄉里千餘人從軍至洛陽將戰之夕悅整其
行資市牛饗戰士悅所部盡力斬獲居多遷大行臺右丞
轉左丞久居管轄頗獲時譽三年侯景據河南來附仍請
兵為援周文先遣韋法保賀蘭願德等帥眾助之悅言於
周文曰侯景之於高歡始則篤鄉黨之情末乃定君臣之
契位居上將職重台司論其分義有同魚水今歡始死景
便離貳豈不知君臣之道有違忠義之禮不足蓋其圖既
大不郵小嫌然尚能背德於高氏豈肯盡節於朝廷今若

益之以勢援之以兵非唯侯景不爲池中之物亦恐朝廷
貽笑將來也周文納之乃遣追法保等而景尋版後拜京
北郡守散騎常侍遷大行臺尚書從達奚武征梁漢軍出
武令悅說其城主楊賢悅乃貽之書賢於是遂降悅又白
其禍福梁州深悟遂以城降時梁武陵王蕭紀果遣其將
任珍奇欲先據白馬行次閬城聞其已降乃還及梁州平
周文即以悅行刺史事招攜初附人吏安之廢帝二年徵
還本任屬改行臺爲中外府尚書員廢悅以儀同領兵還
鄉里悅既久居顯職及此之還私懷快快猶陵駕鄉里失
於宗黨之情其長子康怿悅舊望遂自驕縱所部軍人將
有婚禮康乃非理陵辱軍人訴之悅及康並坐除名仍配
遠防及于謹伐江陵令悅從軍展効江陵平因留鎮之周
辛關帝踐祚依例復冒授郢州刺史尋拜使持節驃騎大
將軍開府儀同三司大都督司水中大夫賜姓宇文氏又
進爵河北縣公性儉約
俄遷司憲中大夫賜姓宇文氏又進爵河北縣公性儉約之
不營生業難出內粲家徒四壁而已明帝手敕勞勉之
保定元年卒於位子康嗣官至司邑下大夫
趙文表其先天水西人也後徙居南鄭累世爲二千石父

珽性方嚴有度量位御伯中大夫封昌國縣伯贈虞綽二
州刺史諡曰貞文表少子偹謹志存忠節起家爲周文親
信累遷左金紫光祿大夫保定五年授儀伯下大夫遷許
國公宇文貴府長史尋車騎大將軍儀同三司仍從貴
使突厥迎皇后進止儀注皆令文表典之文表斟酌而行
沙漠人馬疲勞旦東寇毎伺閒隙
爲嚫遂說突厥使曰后自發彼蕃已淹時序
皆合禮度及皇后將入境突厥谷渾亦能爲嚫全君
以可汗愛女結姻上國曾無防慮豈人臣之體乎莫緣天
之遂倍道兼行數日至甘州以迎后功別封陽縣伯天
和三年除梁州總管府長史所管地名恒棱者方數百里
並夷獠所居恃其險固常懷不軌文表率兵討平之遷遂
州刺史政尚仁恕夷獠懷之加驃騎大將軍開府儀同三
司又加大將軍進爵爲公大象中拜吳州總管時開府毛
顯爲吳州刺史及隋文帝執政尉遲迴等舉兵遠近騷然
人懷異望顯自以秩大且爲國家肺腑懼文表貳已謀欲
先之乃稱疾不出文表往閒之顯遂手刃文表因令其史
人告云文表謀及仍馳啟其狀帝以諸方未定恐顯爲變
遂授顯吳州總管以安之後知文表無異志雖不罪顯而
聽其子仁海襲爵

元定字願安河南洛陽人也祖比魏婆州刺史父道龍鉅
鹿郡守定惇厚少言內沈審而外剛毅從周文討侯莫陳
悅以功拜定每戰必陷陣然未嘗自言其功西邊封高邑縣男定有勇略累
從征伐每戰必陷陣然未嘗自言其功周文深重之諸將
亦稱其長者累加驃騎大將軍開府儀同三司進爵為公
廢帝二年以宗室進封建城郡王三年行周禮蔚濟其得羌
改封長湖郡公周明帝初拜岷州刺史威恩兼濟隨倒降
豪之情先時生羌據險不賓者至近出山谷從征為羌
定之情先時生羌據慕之保定中授左宮伯中大夫父之
轉左武伯中大夫進位大將軍天和二年陳湘州刺史華

皎舉州歸梁梁主欲因其陳更圖攻取乃遣使請兵詔定
從衛公直率眾赴之梁人與華皎皆為水軍定為陸軍直
總督之俱至夏口而陳郢州堅守不下直令定圍之陳遣
其將淳于量徐度吳明徹等水陸來拒皎為陳人所敗直
得脫身歸梁定既孤軍隔進退無路陳人乘勝水陸逼
之定乃率所部斫竹開路且戰欲趣湘州而湘州已陷徐
度等知定窮迫遣使偽與定盟誓許放還國定
疑其詭詐欲於是與度等刑牲歃血解仇就船為度所執
所部眾軍亦被因虜送詣丹陽居數月憂憤發病卒子樂嗣

楊㩚字顯進正平高涼人也祖貴父猛並為縣令㩚少豪
俠有志氣魏孝昌中尒朱榮殺害朝士大司馬城陽王元
徽逃難投㩚㩚藏而免之孝莊帝立徵乃出後為司馬由
是㩚以義烈聞權拜伏波將軍給事中元顥入洛孝莊北
度太行及尒朱榮奉帝南討至馬渚㩚乃具船以濟北
顥平封肥鄉縣伯加鎮遠將軍步兵校尉㩚行濟北郡事進
將軍銀青光祿大夫時東魏遷鄴周文欲知其所為乃遣
都督東平將軍太中大夫入關直散騎常侍車騎
㩚聞行詣鄴㩚以觀察之使還稱旨授通直散騎常侍車騎
將軍稽胡情險不賓屬行鈔竊以㩚兼黃門侍郎往慰撫
之㩚頗有權略能得邊情誘化酋渠多來歸附
入朝者時弘農為東魏守㩚從周文攻拔之然自河以比
猶附東魏㩚父猛先為邵郡白水令㩚攻拔其城郡右相知請
微行詣邵郡舉兵密相應會內外俱發遂拔郡禽守程保
及縣令四人並斬之衆議推㩚行郡事㩚以
覆憐等陰謀舉兵密相應會內外俱發遂拔郡禽守程保
遂表覆憐為邵郡守以功授大行臺左丞仍率義徒更為
經略於是遣諜人誘說諸城並有請為內應者大軍因攻而
汾二絳建州大蠻等諸城立有請為內應者
拔之以㩚行正平郡事左丞如故齊神武敗於沙苑其將

韓軌潘樂可朱渾元等為殿攄分兵要截殺傷其眾東雍
州刺史司馬恭懼攄威聲棄城遁走攄遂移攝東雍州周
文以攄有謀略堪委邊往乃表行建州事時建州遠在敵
境然攄威恩夙著所經之處多廟糧餉附之比至建州眾已
一萬東魏東雍州刺史折千洛出兵逆戰攄擊敗之又破其
名大振東魏遣太保厙景攻陷正平復遣行臺薛脩義與
行臺斛律俱赴州州西大獲甲仗及軍資以給義士由是威
斛律俱相會於是敵眾漸盛攄以孤軍無援且腹背受敵
謀欲拔還復恐義徒背叛遂偽為周文書遣人若從外送
來者云已遣軍四道赴援因令人漏泄使所在知之又分
土人義酉令各領所部四出鈔掠擬供軍費攄分道詭遂
於夜中拔還邵郡郡朝廷嘉其權以全軍即授建州刺史時
東魏以正平為東雍州遣薛脩義鎮之乃先遣奇兵尋攻
汾橋攄製剌之進驃騎將軍邵郡人以郡東叛郡守郭武安
齊遠襲剌之進驃騎將軍邵郡人以郡東叛郡守郭武安
南絳郡虜其郡守屈僧珍錄前後功封部陽縣伯芒山之
脫身走免攄又率兵攻而復之轉正平郡守文鞏破東魏
齊遠襲剌之進驃騎將軍邵郡人以郡東叛郡守郭武安
戰攄攻拔栢谷塢因即鎮之又大軍不利攄亦拔還而東
魏將侯景引退周文嘉之復授建州刺史鎮車箱攄久從軍
前景乃引退周文嘉之復授建州刺史鎮車箱攄又從軍

役未及葬父至是表請還葬詔贈其父車騎大將軍儀同
三司晉州刺史贈其母夏陽縣君並公儀衛州里榮之反
齊神武圍玉壁別令侯景渡齊子嶺攄恐入寇邵郡眾先
禦之景達脇攄至斫木斷路者六十餘里猶驚而不安遂
退還河陽其見憚如此十二年進授大都督三司又加開
府復鎮邵郡十六年大軍討東魏將李顯進儀同三司華
諸軍事又攻破黎塢獲東魏刺史李顯所部兵鎮之保
陽縣侯又於邵郡置邵州以攄為刺史率所部兵鎮之保
驅敵境攻其四戍破之時以齊軍不出乃追攄還改封華
定四年遷少師其年大軍圍洛陽詔攄出軹關然攄自鎮
東境二十餘年數與齊人戰每常克獲以此逆有輕敵之
心時洛陽未下而攄深入敵境又不設備齊人奄至大破
攄軍攄以眾敗遂降於齊攄之立勳也有慷慨壯烈之志
及軍敗遂就虜以求苟免時論以此鄙之朝廷猶錄其功
不以為罪令其子懷詡
論曰申徽局量深沉文之以經史陸通璧悟明敏飾之以
溫恭蒞鳳奉龍顏早蒙任遇劬宣撰戰功預撥剌義結周
旋恩生契闊遂得入居端揆出撫列藩雖以識用成名抑
亦情兼契鷗陵達於戎旅之際以文雅見知出境播延譽
之能拯宜著從政之美歷居顯要豈徒然哉庫狄峙建和

戎之功楊荐成入關之策趙剛之克剪凶狡趙昶之懷服

氏羌王悅之料侯景文表之譎突厥或明稱先覺或識表

見機觀其立功立事皆一時志力之士也元定敗亡同黃

權之無路楊攔攻勝亦兵破而身凶功名家落良可嗟矣

易曰師出以律否臧凶傳曰不備不虞不可以師其擒之

謂也

列傳第五十七

綜萱書院刊

北史列傳五十七

北史六十九

二十一

北史卅七

韓褒

趙肅 子軌

張軌

李彥

郭彥

梁昕

皇甫璠 子誕

辛慶之 族子昂

王子直

史列傳五十八

杜杲

呂思禮

徐招

檀翥

孟信

宗懍

劉璠 子詳 兄子行本

柳遐 子莊

〈一〉

韓褒字弘業潁川潁陽人也祖瓌魏平涼郡守安定郡公
父演恒州剌史褒少有志尚好學而不守章句其師怪問

之對曰文字之閒常奉訓誘至於商較異同請從所好師
因此奇之及長涉獵經史深沈有遠略屬魏室喪亂避地
夏州時周文帝為剌史素聞其名及客禮及賀拔岳為
侯其陳悅所害諸將遣使迎周文閒以去留之計褒
曰此天授也何可疑乎周文納焉及為丞相引為錄事參
軍賜姓侯呂陵氏大統初遷行臺左丞賜爵三水縣伯丞
相府從事中郎出鎮浙鄜居二年徵拜丞相府司馬進爵
為侯出為北雍州剌史州帶北山多有盜賊褒密訪之並
豪右所為也而陽不之知厚加禮遇謂曰剌史起自書生
安知賊盜所賴鄉等共分其憂耳乃悉召傑黠少年素為
鄉里患者置為主帥分其地界有盜發而不獲者以故縱
論於是諸被署者莫不惶懼皆首伏曰前盜發者並某等
為之所有徒侶皆列其姓名或亡命隱匿者亦悉言其所
在褒乃取盜名簿藏之因大榜州門曰自知行盜者可急
來首即除其罪皆以來月一日自首盡首者原其罪不首
前首者句日之閒諸盜咸悉首盡取其名籍沒妻子以賞
異並原其罪許以自新由是諸盜咸悉首息自是闔境無
郎遷傳中除都督西涼州剌史羌胡之俗輕貧弱貴富豪富
豪富之家侵漁百姓同於僕隸故貧者日削豪者益富褒
乃採豪貨貧人以充兵士優復其家鄰免傜賦又調富人財

物以振給之每西域商貨至又先盡貧者市之於是貧富
漸均戶口殷實廢帝元年為會州刺史後以驃騎大將軍
開府儀同三司進爵為公累遷汾州刺史會先是離石數入
人廢耕桑前後刺史莫能防扞襲至通會冠來乃不下屬
縣人既不備以故多被抄掠齊人喜於不覺以州先未
獲其眾故事獲生口者並送京師襄因是奏曰縱伏擊之盡
集兵比山中分擦險阻遮其歸路乘其息縱伏擊之先勒精
銳伏比山中分擦險阻

有詔許焉自此抄兵頗息遷河州總管仍轉鳳州刺史尋
不足為馬自此益多俘而辱之但益其忿耳遠

⟨三⟩

以年老請致事詔許之天和五年拜少保襄歷事三帝以
忠摩見知武帝深相敬重常以師道處之每入朝見必有
詔令坐然始論政事卒贈涇歧燕三州刺史諡曰貞子繼

伯嗣仕隋位終衛尉少卿

趙肅字慶雍河南洛陽人也世仕河西及沮渠氏滅曾祖
為後軍府主簿賜爵金城侯祖與中書博士父申俟興秀才
武始歸於魏賜爵金城侯祖與中書博士
侍御史累遷左將軍太中大夫魏天平初除新安郡守
秩蒲還洛陽大統三年獨孤信東討蕭平宗人為鄉導授
司州別駕兼監督糧儲軍用不匱周文帝聞之謂人曰趙善蕭

可謂洛陽主人也九年行華山郡事十三年除廷尉卿明
年元日當行朝禮非有封爵者不得預焉蕭時未有茅土
左僕射長孫儉啓周文請之周文乃召蕭謂曰歲初行禮
宣得使卿不預然何為不早言也於是令蕭自選封名蕭
曰河清乃太平之應卿之願也於是封清河縣子十六年
除廷尉卿加征東將軍蕭公以在理官執心平允凡所處斷
咸得其情廉慎自居不營產業時人以此稱之十七年進
位車騎大將軍儀同三司散騎常侍賜姓乙弗氏先是周
文命蕭撰法律蕭積思累年遂感心疾去職卒於家子軌

⟨四⟩

軌少好學有行撿周蔡王引為記室以清苦聞隋文帝受
禪為岐州別駕有能名其東鄰有桑其葚落其家軌遣人
拾還其主戒其諸子曰吾非以此求名意者非機杼物不
願侵人汝等宜以戒心州里聞而相戒莫敢侵境有部陽公
梁子恭上狀文帝賜以米帛其優令入朝父老將送者各
揮涕曰別駕在官水火不與百姓交是以不敢以盃酒相
送公清如水請酌一盃水奉餞軌受飲之至京詔與牛弘
撰定律令格式時衡王菜為原州總管召軌為司馬在道夜
行其左右馬逸入田中暴人禾軌駐馬待明訪知禾主酬
直而去原州人吏聞之莫不改操後授硤州刺史其有
思惠轉壽州總管長史芍陂舊有五門堰蕪穢不通軌勸

課吏人更開三十六門灌田五千餘頃人賴其利秩滿歸

卒于家子弘安弘智並知名

張軌字元軌濟北臨邑人也父崇高平令軌少好學志識
開朗初在洛陽家貧與樂安孫樹仁為莫逆之交每夜
而出以此見稱軌常謂所親曰秦雍之間必有王者余朱
氏敗後遂投杖入關賀拔岳以軌為記室參軍典機密尋
轉倉曹時穀糴踴貴或有請官倉者軌曰以私害公非
吾宿志滿人之難詎得相違乃賣所服衣物糴粟以振其
乏及岳被害周文帝以軌為都督從征侯莫陳悅悅平使
於洛陽見領軍斛斯椿椿曰高歡逆謀已傳行路人情西
望以日為年未知宇文何如賀拔也軌曰宇文公文足經
國武足定亂至於高識遠度非愚管所測椿曰誠如卿言
其可恃也周文為行臺授軌郎中孝武西遷除中書舍人
封壽張縣子兼著作佐郎偕起居注遷給事黃門侍郎兼
吏部郎中出為河北郡守在郡三年聲績甚著臨人政術
有循吏之美大統開言室人者多推尚之入為丞相府
事中郎行武功郡事章武公導出鎮秦州以軌為長史從
帝元年進車騎大將軍儀同三司散騎常侍二年賜姓宇
文武行南秦州事恭帝二年徵拜度支尚書優除隴右府
長史卒於位諡曰質軌性清素臨終之日家無餘財唯有

書數百卷子肅周明帝初為宣納上士轉中外府記室參
軍中山公訓侍讀早有才名性頗輕狷時人比之魏諷卒
以罪考竟終

李彥字彥士梁郡下邑人也祖先之魏淮南郡守父靜南
青州刺史彥少有節操好學慕古孝昌中解褐奉朝請孝
武入關兼著作佐郎偕起居注大統初除通直散騎侍郎
累遷左戶郎中十二年省三十六曹為十二部改授戶部
郎中封平陽縣子廢帝初拜尚書右丞轉左丞彥在尚書
十有五載屬軍國草創庶務殷繁留心省閱未嘗懈怠
決如流略無疑滯臺閣莫不歎其公勤服其明察遷給事
黃門侍郎仍左丞賜姓宇文氏出為鄜州刺史彥以東夏
未平固辭州任詔許之拜兵部尚書加驃騎大將軍開府
儀同三司仍兼著作六官建改授軍司馬進爵為伯彥性
謙恭有禮節雖居顯要於親黨之間恂恂如也輕財重義
好施愛士時論以此稱之素多疾而勤於徵職雖沈頓
枕席猶理務不輟逮於卒諡遺誠其子等
曰昔人以歠菽飲水為懽葛藟累棺為儉下不亂泉上不泄臭吾
平生之志也但事既矯枉恐為世士所譏令可斂以時服
莽於硤碯之地勿用明器芻塗及儀衛等爾其念哉朝廷
嘉焉不奪其志子昇明嗣少歷顯職大象末太府中大夫

儀同大將軍仕隋終於齊州刺史子仁政長安縣義軍
至以罪誅
郭彥太原陽曲人也其先從官關右遂居馮翊父胤武
令彥少知名周文帝臨雍州辟爲西曹書佐累遷虞部郎
中大統十二年初選當州首望統領鄉兵除帥都督以居
仍以本兵著稱封龍門縣子進大都督進驃騎大將軍開府
同三司進爵爲伯六官建拜戶部中大夫周孝閔帝踐祚
出爲澧州刺史藥左生梗不營農業彥勸以耕稼人皆居
本亡命之徒咸從賦役先是以澧州糧儲之少每令荊州
遞送自彥莅職倉庾充實無復轉輸之勞齊南安城主馮
顯密遣使歸降其衆未之知也彥南下彥懼其衆不從乃
接時齊人先令顯率所部送糧南下彥率兵應
於路邀之顯因得自拔其衆果拒戰彥縱兵奮擊亚虜獲
之以南安無備即引軍掩襲遂有其城晉公護嘉之進爵
懷德縣公入爲工部中大夫保定四年晉公護東討彥從
尉遲迥攻洛陽迥令彥與權景宣出汝南及軍次豫州
使彥鎮之天和中爲隴右府總管府長史卒於官贈小司
空宜郿丹三州刺史
梁昕字元明安定烏氏人也世爲關中著姓其先因官徙

居京兆之藍屋祖重耳漳縣令父勸儒中散大夫贈涇州
刺史昕少溫恭見稱孝武里從公朱天光征討拜右將軍太
中大夫周文帝初授雍州別駕以三輔望族上謁
周文見昕容貌瓌偉深賞異之即授右府長流參軍累遷
丞相府主簿大統十二年除河南郡守還東荊州刺史昕
撫以仁惠夷夏悅之封安定縣子周孝閔帝踐祚進位驃
騎大將軍開府儀同三司明帝初進爵胡城縣伯昕性溫裕有幹能
拜工部中大夫出爲陝州總管府長史昕弟榮位
歷官內外咸著聲稱尋卒官贈大將軍邢州刺史
計部下大夫開府儀同三司朝請大夫著姓後徙居京
皇甫璠字景瑜安定三水人也世爲西州都督行參軍周文帝爲牧
兆父和本州中從事大統末追贈散騎常侍儀同三司涇
州刺史璠少忠謹有幹略永安中辟州都督行參軍周文帝爲
補主簿以勤事被知大統四年引爲丞相府行參軍周孝
閔帝踐祚爲守廟下大夫長樂縣子保定中爲鴻州刺史
入爲小納言累遷蕃部中大夫進驃騎大將軍開府儀同
三司璠性平和小心奉法安貧守志恬以清白自處當時
稱爲善人建德三年爲隨州刺史諡曰恭子諒少知名大象中位吏部
官贈交涇二州刺史政存簡惠百姓安之卒

誕字玄慶少剛毅有器局開皇中累遷治書侍御史朝臣
無不憚憚焉後為尚書左丞時漢王諒為并州總管朝廷
盛選寮佐拜諒并州總管司馬總府政事一以諮之諒甚
敬焉及煬帝即位諒用諮議王頍謀發兵作亂諮議敦諫止諒諒
不納諶因流涕諮諶以死固請諒怒囚之及楊素將至諒屯清
涼諶拒之諒主簿豆盧毓出諶於獄嘉悼諮身殉國嘉悼者父之詔贈柱
破之諶抗節遇害濟陽太守甚有聲稱
國封弘義公諡曰明子無逸嗣尋為濟陽太守甚有聲稱
大業初令行楷爵例除以無逸誠義之後賜爵平輿侯入

為刑部侍郎守右武衛將軍初漢王諒之反州縣莫不響
應有嵐州司馬陶世模繁時令敬諮諶抗節不從世模京
兆人性明敏有器幹初為嵐州司馬諮諶反刺史喬鍾
葵將赴之世模以義拒之臨以兵辭氣不撓鍾葵義而
釋之軍吏請斬之於是被囚及諮以功進位銀青光祿大夫剣仁壽時為繁時令河東
衛玄擊楊玄感以功進位銀青光祿大夫剣字積善河東
蒲坂人父元約周布憲中大夫剣仁壽執送偽將喬鍾
能名漢王諒反師陷其城賊帥黑弼執送偽將喬鍾
為代州總管司馬剣正色拒之誓之以死會鍾葵敗剣遂

免卒於朝邑令

辛慶之字餘慶隴西狄道人也世為隴右著姓父顯宗馮
翊郡守贈雍州刺史慶之少以文學徵詣洛陽對東第一
除祕書郎屬尒朱氏作亂魏孝莊帝以討之津啟慶之為行
行臺郎度山東諸軍以討之津啟慶之為行臺左丞六年行
尋而節度閔帝立乃還洛陽及賀拔岳為行臺復啟慶之為
謀議至鄭閉孝莊帝崩遂出兗其間謀結義徒以赴國難
河東郡事九年入為丞相府右長史兼給事黃門侍郎除
慶支尚書復行河東郡事還南荊州刺史加儀同三司慶
之位遇雖隆而率性儉素車馬衣服亦不尚華後志量澹
和有儒者風度特為當時所重又以其經明行悊令與盧
誕等教授諸王廢帝二年拜祕書監卒官子加陵主寢上
士慶之族子昂

昂字進君敷歲便有成人志行有善相人者謂其父仲略
曰公家雖世載冠冕然名德實貴莫有及此兒者仲略亦
重昂志氣深以為然年十八後景辟為行臺郎中景後來
附昂遂入朝除丞相府行參軍後追論歸朝勳封襄城縣
男及尉遲迥伐蜀昂占募從軍蜀平迴表昂為龍州長史
領龍安郡事州帶山谷碉俗生梗昂威惠洽著吏人畏而
愛之成都一方之會風俗舛雜迥以昂達於從政復表昂

行成都令昂到縣便與諸生祭文翁學堂因共歡宴謂諸
生曰子孝臣忠師嚴支信立身之要如斯而已若不事斯
語何以成名各宜自勉克成令譽昂言切理至諸生等立
深感悟歸而告其父老曰辛君教誡如此不可違之於是
井邑肅然咸從其化遷梓潼郡守六官建入為司隸上士
龍麞蔚繁昌縣公保定二年為小吏部時益州殷阜軍國所
資經塗艱險每苦劫盜詔昂使於梁軍人之務皆委決
於通渠等州運糧饋之時臨信楚合等諸州人庶多從逆
焉諭以禍福起者如歸乃令老弱貞糧壯夫拒戰莫有怨
昂撫導布威梗頗得寧靜天和初陸騰討信州蠻詔昂使

比史列傳五十八　四百四十字（繕寫窗州）　十一　開濟

者使還屬巴州萬榮郡人反叛圍郡城昂於是遂募通
二州得三千人倍道兼行出其不意又令其眾皆作中國
歌直趣賊壘謂有大軍赴救望風尾解朝廷嘉其權以濟
事詔梁州總管杞國公亮即於軍中賞昂奴婢二十口繒
綵四百疋又以昂威信布於石渠遂表為渠州刺史轉通
州推誠布信甚得夷獠歡心秩滿還京首領皆隨昂詣闕
朝觀以昂化洽夷落進位驃騎大將軍開府儀同三司時
晉公護執政昂稍被護親待武衛頗衡之及誅護後趙更
楚因此遂卒昂族人仲景好學有雅量其高祖欽後趙吏
部尚書雍州刺史子孫因家焉父歡魏隴州刺史朱陽公

仲景年十八舉文學對策高第拜司空府主簿建德中位
內史下大夫開府儀同三司卒于家子衡
王子直字孝正京兆杜陵人也世為郡右族父琳州主簿起
東雍州長史子直性即倜儻有幹能魏正光中州辟主簿
家奉朝請永安初拜鴻臚少卿孝武西遷封山北縣男大
統初漢熾屠各阻兵於南山與隴東昜各共為脣齒周文
帝令子直平涇州步騎五千討破之賜書勞問除尚書左
外兵郎中兼中書舍人從解洛陽圍經河橋戰兼尚書左
丞出為秦州總管府司馬時涼州刺史宇文仲和據
命子直從隴右大都督獨孤信討平之復入為大行臺郎
中兼丞相府記室除太子中庶子領齊王友尋行馮翊郡
事廢帝元年拜使持節大都督行瓜州事務以德政化人
西土悅附初徵拜黃門侍郎卒官子宣禮柱國府參

比史列傳五十八　四百□□字（繕寫窗州）　十二　瀋

軍
杜杲字子暉京兆杜陵人也祖建魏輔國將軍贈蒙州刺
史父皎儀同三司武都郡守杲學涉經史有當世幹略其
族父攒清貞有識鑒深器重之常曰吾家千里駒也撰時
仕魏為黃門侍郎兼度支尚書衡大將軍西道大行臺尚
孝武妹新豐公主因薦之朝廷永熙三年起家奉朝請周
明帝初為脩城郡守蜀鳳州人仇周貢等構亂攻通脩城

果信洽於人部內遂無叛者尋率郡兵與開府趙昶合勢
並破平之入為司會上士初陳文帝弟安成王頊為質於
梁及江陵平頊隨例還長安陳人請之周文帝許而未遣
至是帝欲歸之命果使焉陳人大悅即遣使報聘并賂
黔中歙州地仍請畫野分疆永敦隣好以果奉使稱旨進
授都督行小御伯更往分界陳於是歸黔以果答曰安
柱國大將軍周朝詔果選之還國陳文帝謂果曰家帝乃拜頊
遣果是周朝之介弟其價豈止

北史列傳五十八　〔十三〕　清番

一城本朝親睦九族恕己及物上尊太祖遺旨下思繼好
之義所以發德音者蓋為此也若知上忤譬山固當不貪
山自合歸國梁即本朝藩臣若以骨肉之親使臣猶謂不
可何以聞諸朝廷陳文帝斬而父之乃曰前言戲之耳自
是接遇有加常禮及還列升殿親降御座執手以別朝廷
嘉之授大都督小戴師下大夫行小納言後聘於陳及華
皎來附詔令衛公直都督元定等援之定沒自是連
兵不息東南撓動武帝授果御正中大夫使陳論保境息
人之意陳宣帝遣其黃門侍郎徐陵謂果曰兩國通好彼
朝受我叛人何也果曰陳主昔在本朝非暴義而至主上

授以柱國位極人臣子女玉帛備禮將送主社稷執謂
非恩郝烈之徒邊人往狨曾果報德而先納皎之令受華氏
正是相報過自彼始豈在本朝陵曰彼納華皎志圖吞噬
此愛郡烈容之而已且華皎故方州列將竊邑叛亡郝烈一
百許戶脫身逃竄大小有異豈得同年而語乎果曰大小
雖殊受降一也若論先後本朝無失陵曰周朝送主上還
國既以為恩衛公共元定等軍敗身死其恕巳滅與兵足
恩猶果曰元定等軍敗身死非怨計恩未之聞也陵嘆其
相埒果因陳和通之便陵具以聞陳宣帝許之遂遣使來
而不答果曰元由彼國恩起本朝義怨怨酬恩未足

北史列傳五十八　〔十四〕　蘄州

聘建德初授司城中大夫仍使於陳宣帝謂果曰長湖公
軍人等雖築館處之然恐不能無此風之戀王謝更信之
徒既羈旅關中亦當有南技之思耳果揣陳意欲以元
定軍將士易王謝等乃答之曰長湖總戎失律臨難苟免
既未及此陳宣帝乃止及果還至石頭又遣謂之曰若欲
初不死卽安用此為且猶牛之一毛何能損益本朝之議
合從共圖齊氏能以襄鄧見與方可表信果答曰合從欲
齊豈唯獘邑之利必須城鎮宜待得之於齊先索漢南使
臣不敢聞命還除司倉中大夫又使於陳果有辭辯關洽
占對前後命還除陳人不能屈陳宣帝其敬異之時元定已

卒乃禮送開府賀拔華及定棺柩槃受之以歸除河東郡
守邊溫州刺史賜爵義興縣伯大象元年徵拜御正中大
夫復使陳二年除申州刺史隋開皇元年以開府儀同大
將軍進爵為侯遷同州刺史隋開皇二年以泉為同州總管進爵為
俄遷工部尚書隋開皇二年以泉為同州總管進爵為公
子運大象末宣納上士杲兄長瞳位儀同三司

呂思禮東平壽張人也性溫潤不雜交遊年十四受學於
徐遵明才對策平陸第高第除相州功曹參軍蕩榮圍鄴思禮有守
舉秀才對策平陸縣令普奉年中僕射司馬子如薦
禁勳賜爵平陸縣伯除藥城令普奉年中僕射司馬子如鷹

為尚書二千石郎中尋以地寒被出兼國子博士乃求為
關西大行臺郎中與姚幼瑜如文就俱入關為行臺賀拔
岳所重專寧機密甚得時譽岳為侯莫陳悅所害賀拔
議遣赫連達迎周文帝思禮預其謀及周文為關西大都
督以思禮為府長史拜除行臺右丞以迎孝武功封汶
陽縣子加冠軍將軍史即讀書令箸頭挈燭奉進爵
安東將軍都官尚書兼七兵殿中二曹事從禽寬作郎除
軍國大統四年以謗訕朝政賜死即思好學有才雖務兼
為侯大統四年以謗訕朝政夜即讀書令箸頭挈燭燭
夜有數升沙死之捷命為露布食頃便成周文歎其工而

徐招字思賢歷職清顯為丞相府長史亦以投書謗議賜死
舊事發言措筆常欲辯折秋毫初入洛陽雖未登仕已為
時知朝廷疑事多預議焉延昌中從征浮山堰有功賜爵
深府長流參軍招陳策請離間之萬榮竟殺招儀常侍領
高廣男及廣陽王深北討鮮干修禮啟為貨外散騎侍郎
帥以功進爵為侯永安初射策甲科除貨外散騎侍領
尚書儀曹郎中招少習史事未能精究朝儀恨才達恕

名迹不立又父之方轉二千石郎中介朱榮死介朱世隆屯
兵河橋莊帝以招為行臺左丞自武牢北度引馬塌河內
之眾以招撫世隆後介朱兆得招鎖送洛陽仲遠招罪將
斬之招曰不虧君命得死為幸仲遠重之日凡人受命理
各為主今若為歃何以勸人臣乃釋之用為行臺右丞及
仲遠南奔招獨還洛永熙末從孝武入關至於臺省法式
侍郎兼尚書右丞時朝廷播遷典章遺闕至於臺省法式
皆招所記論者多為大統三年拜驃騎將軍侍中時文帝
男子王起化犯罪死有詔追贈招執奏正之後卒於度支
尚書子山雲嗣

檀翥字鳳翔高平金鄉人也六世祖疏晉步兵校尉父注

始還北仕至太常少卿贈兗州刺史翥十歲喪父還京師

宅與普人雜居雖幼孤寒不與隣人來往好讀書解蜀文

能鼓琴早為琅邪王誦所知年十九以名家子為魏明帝

挽郎後客遊三輔時毛遇為行臺鎮北維表翥為行臺郎

中莊帝既誅尒朱榮遣使翥詣京師因除著作佐郎郎中

作佐郎以守關死於廷尉獄

侍郎徐招所關迎駕勳封高堂子後坐談論輕躁為黃門

北史列傳五十八 十七（隋軒舊院刊 四百二十九字）闕外

孟信字脩仁廣川索盧人也家世貧寒頗傳學業信常曰

窮則變變則通吾家世傳儒學而未有通官當由儒非世

務也遂感激棄書從軍永熙末除奉朝請從孝武帝入關

封東州子趙平太守政高寬和權豪無犯山中老人曾以

獨酒饋之信和顏接引慇懃勞問乃自出酒以鐵鐺溫之

各自對酌的申酬酢之意謂老人曰吾至郡來無人以一

素木盤盛蕪菁葅唯此而已又以一鐺借老人但執一盃

見遺令獨有此餉且食菜已久欲至卿受一獨髀耳酒

既自有不能相費老人大悅再拜辭犯進之酒盡方別及

去官居貧無食唯有一老牛其兄賣之擬供新米券契

已記市法應知牛主住在所信適從外來見買牛人方知

其賣也因告之曰此牛先來有滿小用便發君不須也杖

其兄子二十買牛人嘆賣良父呼信曰孟公但見牛杖未

必須其力也苦請不得乃罷買牛者周文帝聞而遷

深歎異焉幾舉為太子少師後遷太子太傅儒者榮之周文不

特加車騎大將軍儀同三司散騎常侍辭老請退周文不

奪其志賜車馬几杖衣服狀帳卒於家贈異州刺史諡曰

戴子儒

北史列傳五十八 十八（隋軒舊院刊 四百三十六字）清南

宗懍字元懍南陽涅陽人也八世祖承永嘉亂討陳敏有

功封柴桑縣侯除宜都郡守卒官子孫因居江陵之

梁山陰令懍少聰敏好讀書晝夜不倦語輒引古事鄉里

呼為小兒學士梁元帝鎮荊州謂長史劉之遴曰貴鄉多士為

舉一有意少年之遴以懍應命即日引見令兼記室嘗以

被召宿省使製龍川廟碑一夜便就詰朝呈上梁元帝歎

美少後歷臨汝建城廣晉三縣令遭母憂去職哭輒歐血

兩旬之內絕而復蘇者三每旦有群烏數千集于廬舍候

哭而來哭止而去時論以為孝感所致梁元帝即位擢為

尚書侍郎封信安縣侯累遷吏部尚書懍父高之先為南

郡功曹御史犯憲懍父釋罪當終身菜食高之理雪故

懍菜食鄉里稱之在元帝府府中多言其矯至是大進禽

肉國子祭酒沛國劉瓛讓之曰本知卿不忠猶謂卿孝今
日便是忠孝並無懍不能對懍博學有才藻口未嘗譽人
朋友以此少之初侯景平後梁元帝議還建鄴唯懍勸都
渚宮以鄉名重南土甚禮之周孝閔帝踐祚拜車騎大將軍儀
以懍名重南土故也及江陵平與王褒等入關周文帝
同三司明帝即位又與王褒等在麟趾刊定群書數歲宴
賜保定中卒有集二十卷行於世

劉瓛字寶義沛人也六世祖敬以永嘉亂從居廣陵父威
孤居喪合禮少好讀書兼善文筆十七為上黃侯蕭曄所
性方正篤志好學居家必孝聞仕梁為著作郎瓛九歲而
亦假借之瓛年少未仕而貞才高口辯見推於世以曄懿貴
器重范陽張綰梁之外戚才高口辯見推於世以曄懿貴
渝侯宅囚酒後詣京杜杲曰寒士不遜瓛厲色曰此坐
誰非寒士瓛本意不可曳長裾也遂拂衣而去曄謝之乃止後隨曄
在淮南瓛母病瓛即號泣戒道絕而又蘇當身痛
尋而家信至云其母死之辰即母病毀瘠遂感風氣服闕後一年猶杖
之辰即母死之日居喪毀瘠故更多分散瓛獨奉曄喪還都墳
成乃退梁簡文時在東宮遇曄素重諸不送者多被劾責唯

瓛獨被優賞解褐王國常侍非好也瓛少懍慨好功名志
欲立軍邊城不樂隨牒平進會宜豐侯脩出為北徐州
剌史即請為其輕車府主簿兼記室參軍脩為梁州又板
為中記室補華陽太守屬侯景度江梁室大亂脩乃嚼瓛有
才略甚親委之時寇難繁興未有所定瓛乃唱然賦詩以
見志其末章曰隨會平王室杜預定孤功脩深文
然慕昔風脩開府置佐史以瓛為諮議參軍賜書曰鄧禹文
學尚或兼戈葛洪書生且云破賊前脩無遠屬望良深元
帝尋以脩紹封邵陵之封且為雍州剌史後以瓛為脩平北
府司馬及武陵王紀稱制於蜀以瓛為中書侍郎遣召瓛
使者八反乃至蜀又以為黃門侍郎令長史劉孝勝深布
心腹使工畫陳平度河歸漢圖以遺之瓛苦求還中記室
章登私曰殿下忍而蓄憾足下不留將致大禍脫使盜遮
於諠萌則卿殆矣脩若推大夏使身名俱美哉瓛正色曰
卿欲緩頰於我邪我與府侯分義已定豈以寵辱異心
其心乎丈夫立志當死生以之耳殿下方布大義於天下
終不逞其志於一人紀知不為已用乃厚贈而遣之臨別紀
又解其佩刀贈瓛曰想見物思人瓛曰敢不奉揚威靈剋
翦蟊弇紀於是遣使拜脩為益州剌史封隨郡王以瓛為

府長史加蜀郡太守還至白馬西屬達奚武軍巳至南鄭
璠不得入城遂降武周文帝素聞其名先戒武曰勿使劉
璠死故武先令璠赴闕周文見之如舊謂僕射申徽曰劉
璠佳士古人何以過之徽曰晉人失之遭吳武莫遠因
平梁漢得劉璠也時南鄭尚拒守達奚武請屠之於是周文將
許焉唯令全惰一家而巳璠乃命世英主遺也璠因
既納蕭惰降又許其及國惰至長安累月未之遺武遂
也璠泣而固請與璠俱還周文不許以璠為中外府記室
侍宴周文曰我於古誰比曰常以公命世英主遺也璠因
今日所見曾是齊桓晉文曰我不得比湯武
望與伊周為匹何桓文之不若乎對曰齊桓存三亡國晉文
不失信於伐原語未終周文撫掌曰我解爾意欲激我年
即命遣惰惰請與璠俱還周文不許以璠為中外府記室
遷黃門侍郎儀同三司嘗卧疾居家對雪興感乃作雪賦
以遂志焉初蕭惰在漢中與蕭紀胶及答西魏書移襄陽
文皆璠辭也周明帝初授內史中大夫掌綸誥尋封平陽
縣子在職清白簡其不合於時左遷同和郡守多經營以
御莅職未幾生羌降附者五百餘家前後郡守並
致貲產唯璠秋毫無所取妻子並隨羌俗食麥衣皮始終
不改洮陽洪和二郡羌常越境詣璠訟理慈公時鎮隴

右嘉其善政及遷鎮陝州欲啟璠自隨羌人樂從者七百
人聞者莫不歡異陳公純作鎮隴右引為總管府司錄甚
祥敬之卒於官著梁典三十卷有集二十卷行於世子祥
其伯父黃門郎琛有名江左在嶺南聞而奇之乃令名祥
字休徵後以字行於世十歲能屬文以休徵
宜豐侯記室參軍江陵平隨例入關中齊公憲召為記室
府中書記皆令掌之封漢安縣子憲進爵為王以休徵為
王友俄除內史上士武帝東征以休徵陪侍帷幄平齊露布
即休徵文也累遷軍騎大將軍儀同大將軍厲定長安萬年
寫勒成一縣令頗獲時譽卒於官初璠所撰梁典始就未及刋定
而卒臨終謂休徵曰能成我志其在此書尋平休徵惰定續
行本璠兄子也父瓌仕梁麻職清顯行本把家歸周寓居新豐
國常侍遇蕭惰以梁州比附遂與叔父璠歸周寓居新豐有
每以諷讀為事精力忘疲雖衣食乏絕晏如也性剛列有
不可奪之志周大冢宰宇文護引為中外府記室武陵王
總機轄御正中士兼領著作注累遷掌朝下大夫周代
故事天子臨軒掌朝典筆硯持至御坐則承御大夫取進
之及行本為掌朝將進筆於帝承御復欲取之行本抗聲

曰筆不可得帝驚視問之行本曰臣聞設官分職各有司
存臣既不得承御刀承御亦焉得取臣筆帝曰然因令
二司各行所職及宣帝嗣位多失德行本切諫忤旨出為
河內太守及尉遲迥作亂攻懷州行本率更人拒之拜儀
同賜爵文安縣子隋文帝踐祚拜諫議大夫檢校中書侍
郎上嘗怒一郎於殿前笞之行本進曰此人素清其過又
小上不顧行本正當上前曰陛下不以臣不肖令臣在左
右臣言若是陛下安得不聽臣言若非當致之於理安得
輕臣而不顧臣所言非私因置笏於地而退上斂容謝之
遂原所笞者時天下大同四夷内附行本以黨項羌密邇
西域仰都護之威比見西羌鼠竊狗盜不父不子無君無
臣異類殊方於斯為下不悟羈縻之惠詎知含養恩狼
戾為心獨乖正朔使人近至請付推科上奇其志雍州別
駕元肇言於上曰有一州吏受人餽錢二百文律令杖一
百然臣下車之始與其為約以重其教命輕忽憲章
之曰律令之行蓋發明詔令肇力敢重其教命輕勿憲章
歡法取威非人臣之禮上嘉之賜絹百匹拜太子左庶子
領書侍御史如故皇太子虛襟敬憚時唐令則為左庶子
太子昵狎之每令以弦歌教内人行本責之曰庶子當匡

太子以正道何璧昵狎房帷之間哉令則甚慙而不能改時
沛國劉臻平原明克讓河南陸爽等並以文學為太子所
親行本怒其不能調護每謂三人曰卿等正解讀書耳時
左衛率長史夏侯福為太子所昵嘗於閤内與太子戲福
大笑聲聞於外行本時在閤下聞之待其出數之曰汝何
小人敢為褻慢因付執法者推之太子為請乃釋之太子
嘗得良馬令福乘而觀之太子甚悅因令行本復乘行
本正色曰至尊置臣於庶子位欲輔導殿下以正道非為
殿下作弄臣太子慚而止復以本官領大興令權責憚其
方正無敢至其門者由是請託路絕吏人懷之未幾卒于
官上甚傷惜之及太子廢上曰嗟乎若使劉行本在吾兒當
不及此乎行本無子
然髫歲便有成人之量篤好文學動合規矩其世父慶遠
内史事見南史父委遠梁宜都太守也祖叔琥義陽
柳惔字子昇河東解人宋太尉元景後孫也
汝登一樓甚峻麗吾以坐席與汝汝後名官必達恨吾不
及見耳吾向聊復畫寢又夢將昔時坐席還以賜汝汝之
官位當復及吾特宜勗勵以應嘉祥也梁西昌侯藻鎮雍
州遷時年十二以百姓禮偹謁風儀端蕭進止詳雅藻美

之誠遺左右跣避衣裙欲觀其舉措避徐步稍前當不顧
昕仕梁稍遷尚書功論郎陳郡謝舉時為僕射引避與語
其嘉之顧謂人曰江漢英靈見於此矣岳陽王蕭詧於襄
陽承制授避吏部郎賜爵聞喜公尋進位持節侍中驃騎
大將軍開府儀同三司及詧踐阼於江陵以襄陽來歸
辭讓曰陛下中興鼎業龍飛襲臣昔因幸會早奉名節
理當以身許國期之始終自晉氏南遷臣宗族蓋興祖
太尉世父儀同從父司空並以位望隆重遂家千金陵唯
朝臣若陪隨鑾蹕進則無益虖露退則有虧先自及重違
留先臣獨守墳栢誓誠臣等使不違此志令襄陽既入北
辭以疾及詧俎避舉哀行禮臣之服保定中又徵之避始
入朝授驃騎大將軍開府儀同三司霍州刺史避導人務
先以德再三不用命者乃微加捶異示其下感恥而已其
化之不復為過感曰我君仁惠如此其可欺乎千卒於揚
二州刺史避有至孝感行初為州主簿其父卒於揚州殿自襄
陽奔赴六日而至哀感行路毀悴不可識後奉喪西歸中
浪風起舟中人相顧失色避抱棺號慟天不哀俄須風止
流息其母嘗乳間發疽癰諸醫云此疾無可救理唯得人吮膿所致
或望微止其痛避應聲即吮旬日遂瘳感以為孝感所致

北史列傳五十八

性又溫裕略無喜慍之容弘獎名教未嘗論人之短尤尚
施與家無餘財臨終遺誡薄葬其子等並奉行之有十子
靖莊最知名
靖字思休少方雅博覽墳籍仕梁正員郎隨避入周授大都督
歷河南德陽二郡守所居皆有政術吏人畏而愛之然性愛
關素其於名利澹如也又秋滿還鄉便有終焉之志隋文
帝極特詔徵之避優游不仕閉門自守所對唯琴
書而已足不歷園庭辭優游不仕閉門自守所對唯琴
過者靖必下惟自責於是長幼相率平拜謝於庭靖然後見
之勖以禮法鄉里亦暴而化之或有不善者皆曰唯恐柳
德廣知也時論方之王列前後總管到官皆親至靖家問
疾遂以為故事秦王俊臨州資以几杖并致衣物靖唯受
几杖餘並固辭其為當時所重如此開皇中壽終
莊字思敬少有器重博覽墳籍兼善辭令滿陽祭大寶有
重名於江左時為岳陽王蕭詧諮議參軍及詧稱帝授御
復在於茲大寶遂以其女妻之俄而詧辭歎曰襄陽水鏡有
帝累遷鴻臚卿又隋文帝輔政蕭歸令莊奉書入關時三方
構難文帝懼歸有異志及莊還謂曰孤昔以開府從役江
陵深蒙梁王殊眷今王幼時艱難狼蒙顧託梁主亦業重光
委誠朝廷而令已後方見松筠之節君還申孤此意於梁

北史列傳五十八

主也遂執莊而別時梁之將帥咸請與尉遲迥連進
可盡節於周氏退可席卷山南唯歸疑不可會莊至自長
安申文帝結託之意遂言於歸曰今尉遲迥雖曰舊將至昏
蜀從化日近周室之恩未洽於朝廷唯臣料之迥等終當覆
滅隨公必私周室之恩人以觀其釁歸歸以為然
未幾已不守矣文帝踐祚陳迥及謙相次就戰歸謂莊曰近若從歸言
社稷已不守矣文帝踐祚相次就戰歸謂莊曰近若從歸言
王廣納妃千梁莊因是往來四五反前後賜物數千段梁
國廢授開府儀同三司除給事黃門侍郎莊明習禮章雅
達政事凡所駁正帝莫不稱善蘇威為約言重莊器識常
奏帝云江南人有學業者多不習世務習世務者又無學
業能兼之者不過柳莊高頻亦與莊甚厚莊與陳茂同官
不能降意莊見上及朝臣多屬意於莊心每不平帝與茂
有舊譜憩頗行尚書省嘗奏免罪人依法合流而上虞以
大辟莊據法執之帝不從由是忤旨俄屬尚藥進丸藥不
稱旨茂因奏莊不親監帝怒十一年徐璜等反於江南詔
莊以行軍總管長史隨軍討之璜平即授饒州刺史甚有
能名卒於官

論曰韓褒奉事三帝以忠厚知名趙肅平允當官張軌備

良播美李彥譽流省閭郭彥信者壹貌歷官出納並當時
之選也梁昕皇甫璠辛慶之王子直杜泉之徒竝關右之
舊族或紆組登朝獲當官之譽或張䰅出境有專對之才
既茂國獻克隆家業美矣魏文帝云文人不護細行其旨
思禮之謂乎國平徐招懷孟信各以才學自業又加之汎清
中不預政事豈亡宗懍才辭幹局見重梁元遠平播越泰
介竝志能之士也
五十餘載挾筴紀事蓋亦多人劉璠學思通博有著述之
譽雖傳疑傳信頗有詳略而屬辭比事為一家之言行本
正色抗言具存乎骨鯁柳遜立身之道進退有節觀其春
表忠而獲謗蓋亦自古有之
慙墳壟其孝可移於朝廷盡禮舊主其忠可事於新君夫
能推此類以求賢則知人幾於易矣莊亮直之風不殞門

隋宗室諸王

蔡景王整
滕穆王瓚
道宣王嵩
衛昭王爽
河間王弘
義城公處綱
離石太守子崇
文帝四王
煬帝三子

北史列傳五十九　（一）

蔡景王整隋文帝之次第也文帝四第唯整及滕穆王瓚
與帝同生次道宣王嵩高次衛昭王爽並異母整及周明帝時
以武元軍功賜爵陳留郡公位開府車騎大將軍從武帝
平齊有力戰而死文帝初居武元之憂率諸弟爲墳人
植一栢四根欝茂改西北一根整因大風雨并
根失之果終不吉文帝作相贈柱國大司徒八州刺史及
受禪追封謚爲子智積襲其封受同州刺史高陽郡公
才開封追封謚爲子智積襲安封其弟智明爲高陽郡公智
資送甚盛整取同郡尉遲綱女生智積開皇中有司奏智

北史列傳五十九　（二）

積將葬尉太妃帝曰昔慶殺我我有同生二弟並侍婦家勢
常憎疾我我問之笑云爾既嘆我不可與爾角嗔泣云阿兄
止尚頭額時有鑒師邊隱逐辭言我後百日當病癲二弟
私喜以告父母父泣謂我曰爾二弟大劇不能愛兄我
因言一旦有天下當改其姓夫不愛其親而愛他人者謂
之悖德當改之爲悖父母許我此言父母泣後二弟及婦
又讒我言於晉公千時每還欲入門常不喜如見獄門託
以患氣常鎖閣靜坐唯食至時暫開間每飛言入耳竊云
復未邪當時實不可耐羨人無兄弟世間貧家兄弟多相
愛由相假藉達官兄弟多相憎爭名利故也智積在同州
未嘗嬉戲游獵聽政之暇端坐讀書門無私謁有侍讀公
孫尚義山東儒士府佐楊君英蕭德言並有文學時延於
坐所設唯餅果酒纔三酌家有女妓年節嘉慶奏於太
妃前始文帝龍潛時與景王不睦太妃尉氏又與獨孫皇
后不相詣以是智積常懷危懼每自貶損帝亦以是哀憐
之人或勸智積爲產業智積曰吾平原翟財苦其多
也吾幸無可露客或閒其故智積曰自守非朝觀不
亦不令交通賓客或閒其故智積曰恐兒子有才能以致
禍也開皇二十年徵還京無他職任闔門自守
出煬帝即位滕王綸衛王集並以讒構得罪高陽公智明

亦以交通奪爵智積愈懼大業三年授弘農太守委政寮
佐清靜自居及楊玄感作逆自東都引軍而西智積謂官
屬曰玄感欲西圖關中若成其計則根本固矣當以計縻
之使不得進不出一旬自可禽耳及玄感軍至城下智積
登陴罵辱之玄感怒甚留攻之城門所燒智積乃更
益火矢賊不得入數日宇文述等軍至合擊破之尋拜宗正
卿十二年從駕江都寢疾帝時疎薄宫肉智積每不自安
及遇患不呼醫臨終謂所親曰吾今日始知得保首領没
於地矣時人哀之有子道玄

滕穆王瓚字恒生一名慧仕周以武元軍功封竟陵郡公
尚周武帝妹順陽公主保定四年累遷納言瓚貴公子文
尚公主美姿容好書愛士甚有當時譽時人號曰楊三郎
武帝甚親愛之平齊之役諸王咸從留瓚居守謂曰六府
事殷一以相付朕無西顧之憂矣宣帝即位遷吏部中大
夫加上儀同宣帝崩文帝入禁中將總朝政令瓚鎮太子勇
召之瓚見帝執政恐爲家禍陰有圖帝計帝每憂容之
爲族滅事邪文帝作相不恊不從曰作隋國公恐不能保何乃更
邢國公瓚見帝執政恐爲家禍陰有圖帝計帝每憂容之
及受禪立爲勝王瓚拜雍州牧帝數與同坐呼爲阿三後坐
事去牧以王就第瓚妃宇文氏素與獨孤皇后不平至是

雖蒙匠藝亦不得志陰有呪詛帝命瓚出之瓚不忍離絕固請帝
不得已從之宇文氏竟除屬籍由是固禮更薄開皇十一
年從幸棄園坐樹下方飲酒鼻忽流血暴薨時年四十四
人皆以爲遇酖子綸嗣

綸字斌籍性弘厚美姿容頗知鍾律文帝受禪封邵國公
明年拜邢州刺史晉王廣納妃於梁詔綸致禮其爲染人
所敬綸以穆王故當文帝世每不自安煬帝即位尤被猜
忌綸憂懼不已滕即騰多等頗解占候綸每與
交通嘗令此三人爲厭勝法有人告綸怨望呪詛帝令黃
也此字足爲善雁有沙門惠恩崛多等頗解占候綸每與
門侍郎王弘窮驗之弘希旨奏綸厭蠱悖逆坐當死帝令
公卿議之司徒楊素等曰綸懷惡之由積自家世惟皇運
之始四海同心在於孔懷彌須叶力其先乃離阻大謀藁
同即異父悖於前子逆於後爲惡有將其罪莫大請依前
科以皇族不忍除名投邊郡大業七年帝征遼東天下大亂
上表請從軍自効爲郡司所過未幾從珠崖縣公尋
爲賊林仕弘過携妻子寶儋耳後歸國封懷化縣公尋病
卒綸第坦字文綸初封竟陵郡公坐綸徙長沙坦第猛字
武綸從衡山猛第溫字明福初從零陵溫好學解屬文既
而作零陵賦以自寄其詞哀思帝見而怒之轉徙南海溫

第說宇弘描前亦從零陵帝必其悌讜襲封勝王以奉穆
王嗣大業末於江都為宇文化及所害
道宣王薨在周以武元軍功賜爵興城公早卒文帝受禪
追封諡焉以勝穆王瓚子靜嗣襲卒諡曰悼無子以蔡王智
積子世澄襲
封同安郡公六歲而武元崩為獻皇后所養由是寵愛特
衛昭王爽字師仁小字明達在周以武元軍功於禪祿中
異諸第年十七為內史上大夫文帝執政授蒲州刺史
國及受禪立為衛王所生李氏為太妃爽位雍州牧右領
軍大將軍權領并州總管上柱國涼州總管爽美風儀有
慶慶則等分道而進以爽為元帥俱受爽節度親率李充
器局政甚有聲大軍北伐河間王弘豆盧勣竇榮定高熲
等四將出朔州遇沙鉢略可汗於白道接戰大破之沙鉢
略中重瘡而遁帝大悅賜爽食梁安縣千戶六年復為
元帥步騎十五萬出合川突厥道逃徵爽納言帝甚重之
未幾爽疾帝使薛榮宗視之云是鬼為厲爽令左右驅逐
之居數日有鬼物來擊爽榮宗走下階而斃其夜爽亦二
十五贈太尉冀州刺史宇文集嗣集字文會初封遂安王壽
籠襲封衛王煬帝時諸侯王恩禮漸薄猜防曰甚集度懼乃
呼術者俞普明章醮以祈福助有人告集咒詛憲司希旨

鍛成其獄奏集惡逆坐當死詔下其議楊素等曰集密懷
左道獻盡君親是父之罪人非臣子之所赦請論如律
時勝王綸坐與相連帝不忍加誅除名遠徙邊郡天下亂
不知所終
河間王弘字辟惡文帝從祖弟也祖愛敬早卒父元孫少
孤隨母耶氏養於舅族及武元帝與周文遭義開中元孫
時在鄴懼為齊人所誅因假外家姓為郭氏死齊為
周滅弘始入關與文帝相得帝哀之為買田宅弘性明悟
有文武幹略數從征伐累遷開府儀同三司文帝為丞相
常置左右委以心腹帝詔周趙王宅將及於難弘時立於
戶外必衛文帝辟尋加上開府賜爵永康縣公及受禪拜大
將軍進爵郡公尋贈其父元孫柱國尚書令河間郡公其年立
弘為河間王拜右衛大將軍進柱國以行軍元帥出靈
州道征突厥大破之拜寧州總管進上柱國政尚清靜甚
有恩惠遷蒲州刺史弘得以便宜從事時河東多盜賊弘奏
為盜者百餘人投之潦裔州境恬然號為良吏每冬弘奏
入朝弘輒領揚州總管及王歸藩弘復還蒲州在州十餘
年風教大洽煬帝嗣位拜太子太保歲餘還兗大業六年追
封郇王慶嗣慶頗曲善候時愛帝猜忌骨肉勝王綸等
皆被廢放唯慶獲全累遷滎陽太守頗有政績及本密據

洛口倉榮陽諸縣多應密慶勒兵拒守歲餘城中糧盡兵
勢日蹙密遺慶書曰王之先世家住山東本姓郭氏乃
楊族妻敵之於漢高殊非血胤呂布之於董卓良異天親
芝焚蕙歎事不同此江都殊酖酒流宕忘歸骨肉離人神
怨憤舉烽火於驪山諸侯莫至浮膠船於漢水還日未期
王獨守孤城援絕千里糧餱支計僅有月餘樊文多之繞
歸鴈以運糧竟知何日止恐禍生亡首賣發蕭牆空以七
尺之軀縣賞千金之購可為酸鼻者也幸能三思自求多
福于時江都敗問亦至慶得書遂降于密改姓為郭氏密

破歸東都又為楊氏越王侗不之責也及侗稱制拜宗正
卿世充既偽號降蔣為郇國公後為郇國公復姓楊氏
妻之署榮州刺史及世充將敗慶欲將妻同歸長安其妻
曰國家以妾奉箕帚於公者欲以申厚意結公心耳其父
叔窮迫家國阽危而不顧婚姻孤負什屬為全身之計非
妾所能責公也妾若至長安公家一婢耳何用妾為願送
還東都君之惠也慶遂沐浴靚莊仰藥而死慶
遂歸國國為宜州刺史郇國公復姓楊氏其嫡母元太妃年
老兩目喪明世充斬之
義城公處綱文帝族父也生長北邊少習騎射在周以軍

功拜上儀同文帝受禪贈其父鍾葵柱國尚書令義城縣
公以處綱襲焉累遷右領軍將軍綱雖無才藝而性質直
在官強濟亦為當時所稱拜蒲州刺史吏人悅之卒於秦
州總管諡曰恭弟處樂官至洛州刺史漢王諒反朝廷以
為二心廢錮不齒
離石太守子崇武元帝族弟也父盆生荊州刺史子崇
少好學涉獵書記有風儀愛賢好士開皇初拜儀同以軍
騎將軍恒典宿衛後為司門侍郎煬帝嗣位累選候將
軍坐事免未幾復檢校將軍事從帝幸汾陽宮子崇知突
厥必為寇屢請早還京師不納尋有鴈門之圍又賊退帝

怒之曰子崇怯懦妄有陳請驚動我眾心不可居爪牙寄
出為離石郡太守有能名自是突厥屢寇邊塞胡賊劉六
兒復擁眾劫掠郡境子崇表請兵鎮遏帝復大怒令子崇
行長城子崇行百餘里四面路絕不得進而歸歲餘子崇
梁師都馬邑劉武周等各作亂郡中諸胡復叛子崇患之
言欲朝集遂與心腹數百人自孟門關將還京師遇道路
隔絕退歸離石左右間數日太原兵起不復入城各叛去子崇
悉收叛者父兄斬之後數日義兵至城中應之城陷為讎
家所殺
文帝五男皆文獻皇后所生長曰房陵王勇次煬帝次秦

孝主俊次庶人秀次庶人諒

房陵王勇小名睍地伐周世以武元軍功封博平縣侯及
文帝輔政立為世子拜大將軍左司衞封長寧郡公出為
洛州總管東京小冢宰總統舊齊之地後徵還京師進上
柱國大司馬領內史御正諸禁衞皆屬焉文帝受禪立為
皇太子軍國政事及尚書死罪已下咸令勇參決帝以山
東人多流冗遣使棻稅又欲徙流離迸入比實邊塞勇上書諫以
為礙王懷舊人之本情迸流離蓋不復有逃亡非齊之末主
鄉頒為羈旅若假以數歲沐浴皇風逃竄之徒自然歸本
雖北夷犯邊令所在嚴固何待遷配以致勞擾上覽而嘉
之時晉王廣亦表言不可帝遂止是後時政不便多所損
益帝每納之帝常從容謂羣臣曰前世皇王溺於嬖幸廢
立之所由生朕傍無姬侍五子同母可謂真兄弟也豈若
前代多諸內寵孽子忿爭為亡國之道邪勇頗好學解屬
詞賦性寬仁和厚率意任情無矯飾蜀鎧引明克諫姚察
陸開時等為之賓友勇嘗文飾蜀鎧帝見而不悅恐致奢
侈之漸因誡之曰我聞觀前代帝王未有奢華而能長久
者汝當備儲后若不上稱帝心下合人意何以承宗廟之重
居兆人之上吾昔衣服各留一物時復看以自警戒又擬

分賜汝兄弟汝恐汝以今日皇太子之心忘昔時之事故令
高頴賜汝我筵曰所帶刀子一枚并蓲醬一合汝昔作上士
時所常食如此若存憶前事應知我心汝後經冬至百官朝
勇勇張樂受賀帝知之問朝臣曰近聞至節內外百官相率
朝東宮是何禮也太常少卿辛亶對曰於東宮是賀不得
言朝帝曰卽節稱賀正可三數十人逐情各去何因有司
徵召一朝普集太子法服設樂以待之東宮是賀不得
制乃下詔曰皇太子雖居上嗣義兼臣子而諸方岳牧正
冬朝賀任土作貢別上東宮事非典則宜悉停斷自此恩
寵始襄漸生疑阻時帝令選強宗入上臺宿衞高頴奏若
須得雄毅太子齕德東宮左右何須強武始我商量恒於
交蕃之日分向東宮上下團伍不別豈非好事邪我歇見
前代公不須立蹴舊風蓋疑頻男尚男女形於此言以防
之更多內寵仍蹴舊風蓋疑頻男尚男女形於此言以防
遇心疾二日而薨獻皇后意有他故甚責晉王廣知之彌
雲昭訓專擅內政后彌不平頗求其罪過晉王來朝車馬
自矯飾姬妾唯與蕭妃居處皇后由是薄勇愈
稱晉王德行後晉王來朝車馬侍從皆為儉素接朝臣禮
極甲卬聲名籍甚冠於諸王臨還揚州入內辭皇后因哽

咽流涕伏不能興皇后泫然泣下相對歔欷王曰臣性識
愚下常守平生昆弟之意不知何罪失愛東宮恒畜盛怒
欲加屠陷每恐讒諧出於杼軸鴆毒遇於盃杓皇后忿然
曰睍地伐漸不可耐　我為伊索得元家女豈非隆基冀
不聞作夫妻專寵阿雲有如許豚犬前新婦本無病痛忽
於汝處發如此意我在尚爾我死後當魚肉汝乎每思東
宮竟無正嫡至尊千秋萬歲後遣汝等兄弟向阿雲兒前
再拜問訊此是幾許大苦痛邪晉王又拜鳴咽不能止皇
后亦悲不自勝此別之後知皇后意欲始構奪宗之計因

引張衡定策遣獎公宇文述深交楊約令喻旨於越公素
其言皇后此語素瞿然曰但不知皇后意如何但如所言吾
又遣內使到必迎於境首又其新婦亦大可憐我使婢去又
此揣皇后意后汪曰素入侍宴微稱晉王孝悌恭儉有禮用
我遣內使到必迎於境首又其大可憐我使婢去
常與同寢共食豈如睍地伐阿雲相對而坐終日酣宴又
昵近小人疑阻骨肉我所以益憐阿孩者冀其悉暗之意
素既知其謀憂懼計無所出聞新豐人王輔賢能占候召
而問之輔賢曰白虹貫東宮門太白襲月皇太子廢退象
勇頗知其謀憂懼計無所出聞新豐人王輔賢能占候召

也以銅鐵五兵造諸歔勝又於後園內作庶人村屋宇甲
陋太子時於中寢息布衣草褥冀以當之帝知其不安在
仁壽宮使楊素觀勇素至東宮偃息未入勇怨恐有他
亦不進以怒勇銜之形於言色素還言勇怨望楊素於是內外諧
變帝構其罪帝又遣人伺覘東宮纖介事皆聞奏因加
媒孽構其疑惑之遂忌勇遍於玄武門達至德門
量置人候以伺動靜皆隨事奏聞又令段達
上名籍悉令屬衛所有健兒咸屏去之晉王又令段達
私貨東宮幸臣姬威令取太子消息密告楊素於是內外諧
誣過失日聞段達希旨令姬威上太子罪過主上皆已知之已

奉密詔定當廢立君能告之則大富貴威遂許諾開皇二
十年車駕至自仁壽宮御大興殿謂侍臣曰我新還京師
應開懷歡樂不知何意翻悒悒不樂既而愀然謂東宮官屬曰
由臣等不稱職故使然邪吏部尚書牛弘對曰
故有斯問異聞太子之德弘既此對大乘本指帝因作色
謂東宮官屬曰仁壽宮去此不遠令我每還京師嚴備如
入敵國我為患利不脫衣臥夜欲得近廁故在後房我這
急還就前殿豈非爾輩欲壞我家國邪乃執唐令則等數
人付所司訊鞫令楊素陳東宮事狀以告近臣素奉詔言之
曰奉敕向京令皇太子檢校劉居士餘黨太子忿然作色

肉戰淚下云居士當已盡遣我何處窮討爾作右僕射受
委自求何關我事又云昔大事不遂我先被誅今作天子
竟乃令我不如第一不得自由因長歎回視云作我
大覽身妨云諸王皆得奴獨不與我乃向西北舉頭喃
喃細語帝曰此兒不堪承嗣久矣皇后恒勸我廢我以布
衛王曰阿孃不與我一好婦女是可恨因指皇后侍兒
素時生復長子望其漸改隱忍至今勇昔從南兗州來語
新婦元孝矩此欲害我而遷怒耳初長寧誕育朕與皇后共
殺元孝矩此我深疑使馬嗣明藥殺我曾責之便慰曰會當
曰皆我物此言幾許異事其婦初亡即以斗帳安餘老嫗
想此由來何必非類便亂宗祀又劉金鱗佞人也呼定興作家
屠割今懍非類昔晉太子取屠家女其見即好而生
翁定興愚人受其此語我前解金鱗者為其此事勇昔在
宮引曹妙達共定興女同宴妙達在外云我今得勸妃酒
直去其諸子偏庶人不服故逆縱之欲收天下望大
雖德斬髭窮終不以萬姓付不肖子我恒畏其加害如防
大敵今欲廢之以安天下左衛大將軍元旻諫曰廢立大
事天子無貳言詔旨若行後悔無及諫言岡極惟陛下察
之旻辭直事強聲色俱厲帝不答時姬威又表告太子非

法帝使威盡言威對曰皇太子由來共臣語唯意在驕奢
欲得樊川以至散關總規為苑兼云晉武將起上林苑
東方朔諫賜朔黃金百斤幾許人笑我實賜金幾賜此等
若有諫者正當斬之不過殺百許人自然永息前蘇孝慈
解左衛率皇太子奮髯揚肘曰大丈夫當有一日終不忘
之決當快意又於苑內所須尚書多執法不與便怒曰僕射
已下五人會展三人腳便使知慢我之禍又於苑內築一
小城春夏秋冬作役不輟譬起宮殿朝造夕改每云至尊
嗔我多側庶高緯陳叔寶豈是孝子乎嘗令師姓卜吉凶
語臣曰至尊忌在十八年此期促矣帝泫然曰誰非父母
生乃至於此我有舊使婦女令着東宮奏云勿令廣平王
至皇太子處東宮憎婦女亦廣平王教之元贊亦知其陰惡勸
我於左藏東加置兩隊初平陳後宮人好者悉配春坊如
聞不知猒足於外更有求訪朕近覽齊書見高歡縱其
子不勝忿怒安可効尤於是勇及諸子皆被禁錮部分收
其黨與楊素舞文鍛鍊以成其獄勇由是遂敗居數日有
司承素意奏元旻身備宿衛常曲事於勇情有附託在仁
壽宮裴弘將勇書於朝堂與旻題封云勿令人見帝曰朕
在仁壽宮有纖小事東宮必知疾於驛馬怪之甚久豈非
此徒邪遣武士執旻及弘付法先是勇男筸於仁壽宮參起

居還塗中見一枯槐樹根幹蟠錯大且五六圍顧左右曰
此槐作何器用或對曰古槐尤堪取火于時衛士皆佩火
燧勇因令匠者造數十枚欲以分賜左右至是獲於庫火
爇藏哥貯艾歘斛亦捜得之大將軍已下詔仁壽宮還感曰太
子此意別有所在比令長寧王已下詔仁壽宮自然餓死毎常急
行一宿便至怕飼馬千四云徑性捉城門自然餓死以
有馬千四乃是友平素文發洩東宮服玩似加珊飾者悲
咸言詰勇專不服曰鵂鵬闢公家馬數萬匹勇恭備位太子
陳於庭以示文武羣臣為太子霖帝曰前簿王世積得婦
女領巾狀似稍幡富時徧示百官欲以為戒今我見乃自
為之領巾為稍幡此是服袂使將諸物示勇以詰之皇后
又責之罪帝使使閒勇勇不服太史令袁充進曰臣觀天
文皇太子當廢殿上曰玄象久見矣羣臣無敢言者於是使
人召勇勇見使者驚曰得無殺我邪我服陳兵御武德
殿集百官立於東面諸親立於西面引勇及諸子列於殿
庭衛道衡宣詔廢勇及其男女為王公主者並為庶人
命道衡辭謝廢勇為將來鑒誡奉榮哀懔得全性
文言畢泣下流襟既而舞蹈而去左右莫不憫嘿又下詔
命再拜曰爾之罪惡名所棄欲求不廢其可得邪
左衛大將軍元旻任掌禁兵委以心諮乃包藏姦伏離間

〈十五〉

君親崇長屬階最為魁首太子左庶子唐令則策名儲貳
位長宮寮詔曲取容音技自進躬執樂器親教內人贊成
驕侈導引非法太子家令鄒文騰專行左道偏被親昵占
閒國家禍災希覬災禍前侍郎蕭子寶往居省閒舊非
勢陵侮上下蘗濁宮闈典膳元海侯夏內事詭託玄象妾
進引袂平營軍厭禱前侍郎蕭子寶往士何竦假妾子孫皆
宮臣進畫姦謀要射榮利前妻妾規模增長驕
說袂怪志圖禍亂心在速發兼奇服斬刑竦妻妾皆
没官車騎將軍閻毗東郡公崔君綽游騎尉沈福寶瀛州
人章仇太翼等四人所為之事並是悖逆論其狀跡罪合
極刑但未能盡戮並特免死各決杖一百自身及妻子資財
田宅悉没官副將作大匠高龍又預追番丁輒配東宮使
役營造亭人舍進入春坊率更令晉文建通直散騎侍郎判
司農少卿元衡料度之外私自出給虛詔以戮之乃移
勇於內史省給五品料食立晉王廣為皇太子仍以勇付
之後四於東宮賜楊素賞元胄楊約並千段楊難
敵五百段皆鞫勇之功也時文林郎楊孝政上書諫言
皇太子勇為小人所誤不宜廢黜帝怒榜其背曰華而見州長

〈十六〉

15-1001

史裴蕭表稱庶人罪黜已又當克已自新請封一小國帝
知勇黜不允天下情乃徵蕭入朝具陳廢立意時勇自以
廢非其罪頻請見上面申冤蕭屈皇太子過不得聞勇於是
升樹叫聞於帝冀得引見楊素因奏言勇情志昏亂又顛
鬼所著不可復收帝以爲然卒不爲立嗣帝遇疾於仁壽宮
皇太子入侍醫姦亂事聞於帝抵牀曰元勇我兒遣追
勇未及發使而崩祕不發喪收柳述元巖繫大理獄僞
勅賜庶人死追封房陵王裕安城王筠高良娣生安平王嶷襄城
王恪王良娣生高陽王該建安王韶成姬生潁川王煚後
長寧王儼平原王裕安城王筠高良娣生安平王嶷襄城
宮生孝實孝範初儼誕誑帝聞之曰此乃皇太孫何乃生不
得地雲定興與秦曰天生龍種所以因雲而出時人以爲敏
對六歲封長寧郡王勇敗亦坐廢上表求宿衛辭情哀切
帝覽之惻然楊素進曰伏願聖心同於蟣蝨不且異意煬
帝踐祚儼常從行遇鵀辛諸弟分徙嶺外皆敕殺之
素王俊字阿祇開皇元年立爲秦王二年拜上柱國河南
道行臺尚書令十二加右衛大將軍鎮關
東兵三年遷秦州總管隴右諸州盡隸焉俊仁恕慈愛崇
敬佛道請爲沙門不許六年遷山南道行軍元帥督三十總管水陸十餘萬屯漢
之役爲山南道行軍元帥督三十總管水陸十餘萬屯漢

口爲上流節度尋授楊州總管四十四州諸軍事鎮廣陵
轉并州總管二十四州諸軍事初頗有令聞文帝聞而大
悅後漸奢縱違犯制度出錢求息帝遣按其事與相連坐
者百餘人於是盛修宮室窮極侈麗俊有巧思每親運斤
斧工巧之器飾以珠玉爲妃作七寶幕籬重不可戴以馬
負之而行徵役無已置渾天儀測景表又爲水殿香塗粉
壁玉砌金堦梁柱楣棟之間周以明鏡間以寶珠極爲侈麗
之美每與賓客女紋歌於上俊頗好內妃崔氏性妬其
不平之後於瓜中進毒俊由是遇疾徵還京師俊所奢縱
免官以王就第左武衛將軍劉昇諫曰秦王非有他過但
費官物營解舍而已臣謂可容帝曰法不可違昇固諫帝
怒然作色昇乃止楊素復進諫以秦王過不至此帝曰
我是五兒之父非北人之父若如公意何不別制天子兒
律以周公之人尚誅管蔡我誠不及周公遠矣安能虧法
平卒不許俊疾篤未瘳帝遣使奉
表陳謝帝責俊以失德大都督皇甫統上表請復王官不許
歲餘以疾篤復拜上柱國二十年六月薨帝哭之
數聲而已曰晉王前送一鹿我令作脯擬賜汝秦王亡可
置靈坐之前心已許之不可虧信帝及后往視見大蜘蛛
大如蜣蜋從枕頭出求之不見窮之知妃所爲也俊所爲後

軍等出鎮於蜀秀有膽氣親璣傳美鬚眉多武藝甚為

今本官如故歲餘而罷十二年入為內史令右領軍大將

總管二十四州諸軍事二年進上柱國西南道行臺尚書

庶人秀開皇元年立為越王未幾從封於蜀拜柱國益州

大業初為滎陽

敗於黎陽比走魏縣自惜為帝因而害之注竟果有膽烈

諸侯交通內臣竟坐廢免宇文化及弑逆立浩為帝化及

討之至河陽修啟於浩詣述管共相性復有司劾浩以

河陽都尉揚玄感作逆之際左翊衛大將軍宇文述勒兵

位立浩為秦王以奉孝王嗣封浩弟甚濟比侯後以浩為

絕帝嘆異之令通事舍人弔祭詔葬延於浩墓側賜帝即

聞恨之賜以御藥授驃騎將軍典宿衛俊葬日延號慟而

在閣下性忠厚領俊親信兵十餘年俊朝流涕不食遂不得立

延者性忠厚領俊親信兵十餘年俊甚禮之及俊疾延怕

於是以秦國官為喪主俊長女永豐公主年十三遭父憂

孫不能保其家徙浩崔氏所生也以其母讒死故下詔嚴

絕賜死於其家徙浩崔氏所生也以其母讒死故下詔嚴

延者性厚領俊親信兵十餘年俊甚禮之及俊疾延怕

陳佐請立碑帝曰欲求名一卷史書足矣何用碑為若子

襄物恣命焚之敕送終之具務從儉約以為後世法王府

朝臣所憚帝每謂文獻皇后曰秀必以惡終我在當無慮

至兄弟必反矣兵部侍郎元衡使於蜀秀深結於衡以左右

為請衡既還京師帝楊武通將兵繼進秀使學人萬知先為武

襄帝令上開府楊武通將兵左右帝不許大將軍劉嶮之討西

耳於是遂分秀所統秀漸奢侈後違犯制度軍馬被服擬於天

子又大子勇廢秀甚不平皇太子忍秀終為後患陰令楊

法者必在子孫譬如猛獸物不能害而毒蟲螫之所損食

通行軍司馬帝以秀任非其人譴責之因謂羣臣曰壞我

素求其罪狀而譖之皇太子及諸王流涕庭謝帝曰頃者俊廢費

使使切讓之皇太子及諸王流涕庭謝帝曰頃者俊廢費

財物我以父道訓之今秀蠹害生靈當以君道繩之乃

以法開府慶整諫曰庶人勇既廢秦王已竄陛下見子無

多何至如是秀性甚狠介今被責恐不自全帝大怒欲

斬其舌秀於市以謝百姓帝乃令楊素發

蜀王性甚狠介今被責恐不自全帝大恕欲

斷其舌秀於市以謝百姓乃令楊素

素求其罪狀而譖之皇太子及諸王姓蘇

威求其罪狀而譖之皇太子陰作偶人書帝及漢王姓字

縛手釘心令人埋之華山下令楊素發之又作檄文曰逆

臣賊子專弄威柄陛下唯守虛器一無所知陳甲兵之盛

云指期問罪置秀集中因以聞奏帝曰天下寧有是邪乃

廢為庶人幽之內侍省不得與妻子相見令給獠婢二人

驅使之與連坐百餘人秀既幽遍憤懣不知所為乃上表

陳已怒請與其愛子八子相見并請賜一穴令骸骨有所

帝乃下詔數其罪曰汝地居臣子情兼家國庸蜀險要委
以鎮之汝乃干紀常懷惡樂禍瞬眦二宮忤望掌容
納不遑結構異端我有不和汝戕怖二宮忤望掌容有異
心皇太子汝兄也次當建立汝假託妖言乃云禾乃之名必當八千之
妄稱鬼怪又道不得入官自言骨相非人臣德業堪承重
器幸道清城出聖欲已當之詐稱益州龍見託言吉兆重
述木易之姓更修成都之災妄造蜀地徵祥以符巳
連橫生京師秋異以證父兄之災天下亂也瓢逆白玉之班
身之鎮汝豈不欲得國家惡也天下亂也瓢逆白玉之班

又為白羽之箭文物服飾豈似有君鳩集左道符書厭鎮
漢王於汝親則弟也乃畫其形像題其姓名縛手釘心枷
鎖杻械仍云請西岳華山神兵九億萬騎收楊
諒魂神閉在華山下勿令散蕩我之於汝親則父也復云
請西岳華山慈父聖母賜為開化楊堅是汝何親也包藏兇惡圖謀如此
畫我形像縛手撮頭仍云散蕩我心也希望諒之心也懷非分
諒西岳華山慈父聖母夫妻回心歡喜又
形狀我迹也不知楊諒之災以為身幸戕子之心也懷非分
之望肆毒心於兄戕惡之行也嫉妒於弟無惡不為無孔
懷之情也違犯制度壞亂之極也多殺不辜豺狼之暴也

剗削人庶酷虐之甚也唯求財貨市井之業也真事袂邪
頑嚚之性也弗克負荷不材之器也凡此十者滅天理逆
人倫汝皆為之不祥之甚也欲兒愚禍長守富貴其可得
乎後聽與其子同處煬帝即位萊銅如初宇文化及之殺
逆也欲立其子為帝羣議不許於是害之并其諸子
七年出為并州總管帝幸溫湯而送之自山以東至于滄
海南拒黃河五十二州盡隸焉為行軍元帥以便宜不拘律令
八年起遼東之役以諒為行軍元帥竟不臨戎文
帝其寵愛之諒自以居天下精兵處以太子讒廢居常快
利而還十九年突厥犯塞以諒為行軍元帥竟不臨戎文
帝崩諒便車騎屈突通徵之不起遂發兵及總管司馬

庶人諒字德章一名傑小字益錢開皇元年立為漢王十
二年為諒諮議參軍蕭摩訶陳氏舊將二人俱不得
命左右私人殆將數萬王頍之子少倜儻
備帝從之於是大發工役繕修器械納於并州招集二
快陰有異圖遂諷帝云突厥方強太原即為重鎮宜脩武
有奇略為諒諮議參軍蕭摩訶陳氏舊將二人俱不得
志每藉藉為諒親善及蜀王以罪廢諒愈不自安
會文帝崩便車騎屈突通徵之不起遂發兵及總管司馬
皇甫誕諫諒怒收繫之王頍說諒曰王所部將吏家屬盡
在關西若用此等即宜長驅深入直據京都所謂疾雷不

及掩耳若但欲割擦攜舊之地宜任東人諒不能專之乃
兼用二策唱言楊素反將誅之總管府兵曹河東裴文安
說諒曰并陘以西是王掌握內山東士馬亦為我有宜懸軍
發之分遣嬴兵屯守要路仍令隨方略地率其精銳直入
咸陽以東可指麾而定京師震擾兵不暇集上下相嶷聲
情離駭我即陳兵號令誰敢不從旬日之間事可定矣諒
大悅於是遣所署大將軍余公理將兵出太谷以趣河陽
大將軍綦良出滏口以趣黎陽大將軍鄧建出井陘以略
燕趙柱國喬鍾葵出鴈門署文安為柱國紀軍貴王聃大

二十三
添

大將軍如如天保侯冡陳惠直指京師未至蒲津百餘里
諒忽改圖令紀軍貴斷河橋守蒲州而召文安文安至曰
兵機詭速本欲出其不意王既不行文安又返使彼計成
大事去矣諒不對於是從亂者十九州乃以王聃為蒲州
刺史裴文安為晉州薛粹為絳州梁菩薩為潞州韋道正
為韓州張伯英為澤州遺僞署大將軍常倫進兵絳州遇
晉州司法仲孝俊之子謂曰吾曉天文通甲今年起兵得
晉地者王孝俊闢之曰皇太子當為晉王故曰晉地非謂
反徒也時潞州有宜羊生焉二首相背以為諒之咎徵楊
帝遣楊素率騎五千龍袋王聃紀軍貴於蒲州破之於是率

步騎四萬趣太原使趙子開守高壁楊素擊走之諒大
懼拒素於蒿澤屬天大雨諒旋師楊素進擊之諒退保并
士馬疲獘王以銳卒親戎擊之其勢必舉令見敵而還示
人以怯阻戰士之心益西軍之氣願必勿還諒不從退還
清原楊素進擊之諒與官兵百餘戰諒罪當死帝曰朕終鮮兄
第情不忍言欲屈法恕諒乃降百官告諒死者萬八千人諒以
幽死先是并州謠言一紙兩張諒客量小兒作天子時
僞署官告身皆吾於皇家最小以為應之子顥因而禁錮
容量與諒同音一紙別授則二紙諒聞謠喜曰我幼字阿

宇文化及弒逆之際遇害

煬帝三男蕭皇后生元德太子昭齊王暕趙王杲
元德太子昭煬帝以開皇三年四月庚午
夢神自天而降云是天神將生初文帝以開皇三年四月庚午
及聞蕭妃在并州有娠迎置大興宮明年正月戊
辰而生昭養於宮中號大曹主三歲時於玄武門弄石師
子文帝與文獻皇后至其所文帝適憩晉痛舉手馮后昭
因避去如此者再三文帝歎曰天生長者誰復教乎由是
大奇之漢王文帝嘗謂曰當為爾娶婦昭應聲而泣文帝問其故
對曰漢王未昏時恒在至尊所一朝娶婦便則出外懼將

二十四
添

違離是以帝耳上嘆其有至性特鍾愛焉年十二立為河
南王仁壽初徙為晉王拜內史令兼左衛大將軍轉雍州
牧煬帝即位便幸洛陽宮昭留守京師及大業元年帝遣
俟者立為皇太子昭有武力能引強性謙沖言色恂恂未
嘗忿怒其有深可嫌責者但云大不是所膳不許多品
席極於儉素有老父母必親問其安否歲時皆有惠
賜其仁愛如此明年朝於洛陽後數月將還京師願得少
留帝不許拜請無數體素肥因致勞疾帝令巫者視之云
房陵王為崇未幾而薨時年二十三先是太史奏言楚分
有喪於是改封越公楊素於華及昭薨日而素亦薨隋

二十五

楚同分也詔內史侍郎虞世基為哀冊文帝深追悼之昭
妃蕃陵剌史博陵崔弘昪女後秦王妃以蠱毒獲譴昭
曰惡逆者乃新婦之姑請離之乃聖滑國公京兆韋壽女
為妃昭有子三人韋妃生恭皇帝大劉良娣生燕王倓小
劉良娣生越王侗倓字仁安敏慧容煬帝於諸孫中
特所鍾愛常置左右性好讀書尤重儒素造次所及有若
成人良娣早終每忌日未嘗不流涕嗚咽帝由是益奇之
宇文化及弒逆之際倓覺憂懼欲入奏恐露其事因詣梁公
蕭鉅卒中惡命懸俄頃請得高辭死所無恨其見帝為司

宮者所遇竟不得聞俄而難作遇害時年十六
越王侗字仁謹美姿容性寬厚大業三年立為越王帝每
巡幸侗常留守東都楊玄感及與本官留守東都十三年
事平朝於高陽拜高陽太守俟以本官留守東都十三年
帝幸江都復令侗與金紫光祿大夫段達等總留臺事宇
攝戶部尚書後韋津右武衛將軍皇甫無逸等議尊立帝
文化及之弒逆文都等議尊立侗以段達為納言右翊衛大將軍攝
其母劉良娣為皇太后以段達為納言右翊衛大將軍攝吏部尚書元
曰明廟號世祖追尊元德太子為孝成皇帝廟號世宗尊
禮部尚書王世充為納言左翊衛大將軍攝吏部尚書元

二十六

文都為內史令左驍衛大將軍盧楚亦內史令皇甫無逸
為兵部尚書右武衛大將軍郭文懿為內史侍郎趙長文
為黃門侍郎等委以機務趙以秦王浩為天子來次
稱段達等為七貴未幾宇文化及弒逆
彭城所經城邑多從逆黨侗懼道使者甚厚
李密密遣請降侗大忻悅禮其使甚厚即拜密太尉尚
書令魏國公令拒化及仍下書曰我大隋
三十八載高祖文皇帝聖略神功載造區夏世祖明皇帝
則天法地混一華戎東暨蟠木西通細柳前踰丹徼後越
幽都日月之所臨風雨之所至圓首方足黔氣食毛莫不

蓋入摶封皆爲臣妾加以寶貨畢集靈瑞咸臻作樂制禮
移風易俗智周寰海萬物咸受其賜道濟天下百姓用而
不知世祖往因歷試統臨南服自居皇極順茲望幸所以
往歲省方展禮肆覲侍鑾駐蹕按駕清道八屯如昔七萃
不移豈意靈驂顧眄出入外奉望階埽首陪藩國統
之日五情崩殞擊號斧毒不能自勝且聞之自古代有屯
剝賊臣逆子何世無之至如宇文化及世傳屬甲其父述化
鐘禮極人臣榮冠世表徒稟海岳之恩未有涓塵之答化
恩加草芥應至死享毋蒙忿兔三經除解墓復本職再從
邊裔仍即追還生威之恩不忍言禍傾義行宮諸王兄弟
化又泉鏡爲心禽獸不若縱毒興禍傾義行宮諸王兄弟
領衛兵及從升皇祚陛列九卿但本性兇很忘其貪穢或
交結惡黨復行標商貪軍重刑藏狀盈獄簡在上不遺替履
一時殘酷痛暴之極亦未是適朕所以刻骨崩心飲膽嘗聞
於周世戮顏展之極亦未是適朕所以刻骨崩心飲膽嘗聞
瞻天視地無處自容令王公卿士庶尹百辟咸以大寶鴻
名不可顛墜元兇巨猾須早夷殄蹔勞聖躬載朕躬嗣守實位領
惟壽薄志不謙此令者出輔展爲伏旒鏃釋袞脉而攝甲

冒衛充哲衆忍淚臨兵指日過征以平大盜且化又偽立
秦王之子出遏比於拘囚其身自稱霸相專禮擬於九五
復踐禁御撼有宮闈昂首揚眉初無斬色衣冠朝望咸懼
兇威志士誠臣內懷憤怨以我義師順被天道泉夷醜族
旣欠伊朝太尉尚書令魏公志內發宏略率勤王之
師討達天之逆果殺平先能罷競進全鼓振龍言若火焚毛
鋒欠從橫如湯沃雪魏公志存臣清投袂前驅朕親御六
軍皇言繼軌以此衆戰以斯順輿攀山可以動射石可以
入況賊擁此人徒比來表書駱驛人信相尋若王師一臨舊章
人南思邦邑比來表書駱驛人信相尋若王師一臨舊章
數觀自應解甲倒戈冰銷葉散且聞化及自恣天奪其心
殺戰不幸挫辱人士莫不道路以目號天踶地朕今復讎
雪恥泉報者一人拯溺救焚所哀者士庶唯望天鑒孔殺
祐我宗社報億兆心衆戰元兇策動飲者至四海
交泰稱朕意兆爲兵術軍機垃受魏公節度密見使者大慌
比同拜伏臣禮甚恭逵東拒化又七貴願不愜未遑通歸京
都盧延郭文懿所陳謝解情哀苦倜以爲皇兩無逆遍京
師世充蕭佣所敕皇兩無逆遍至誠命之上殿被
髮爲盟誓無貳志自爲鄭王總百揆加九錫備法物倜不能禁段
益歸之逵自爲鄭王總百揆加九錫備法物倜不能禁段

達奚定興等十人入見侗曰天命不常鄭王功德甚盛願
陛下遵唐虞之迹侗怒曰天下者高祖之天下者世
祖之東都若隋德未衰此言不可而發必天命有改亦何
論於禪讓公等或先朝舊臣或勤王立節忽有斯言朕亦
何望神色凜然侍衞者莫不流汗旣而退朝對良娣而泣
世充更使謂曰今海內未定須得長君待四方又安復子
明辟必者前盟義不違負侗不得已遂位於世充遂被幽
於含涼殿前世充僞號封潞國公有宇文儒童裴仁基等
謀誅世充復尊立侗事洩見害世充兄世惲因勸世充
害侗世充遣其姪行本齎鴆詣侗曰願皇帝飲此酒侗知

縮就書院例 四百二十四字 ▲北史列傳五十九 二十九 廣州

不免請與母相見不許乃席焚香禮佛呪曰從今必去
願不生帝王尊貴家及仰藥不能時絕更以帛縊之世充
僞謚曰恭皇帝

齊王暕字世胐小字阿孩美容儀踈眉目少為文帝所愛
開皇中立為豫章王又長頗涉經史工騎射初為內史
令仁壽中拜揚州總管江淮以南諸軍事煬帝即位進封
齊王大業二年帝初入東都盛陳鹵簿暕為軍導輞雍州
牧而元德太子薨朝野注望咸以暕當嗣帝又敕吏部尚
書牛弘妙選官屬公卿由是多進子弟明年轉雍州牧尋
徙河南尹開府儀同三司元德太子左右二萬餘人悉隸

於暕寵遇益隆自樂平公主及諸戚屬競來禮百官稱
謁填咽道路暕頗驕恣昵近小人所行多不法遣喬令則
劉虔安裴該皇甫諶庫狄仲錡陳智偉等采求聲色狗馬則
令則等因此放縱訪人家有女者輒矯暕命呼之載入暕
宅因緣藏匿态行淫穢而後遣之仲錡智偉二人詣隴西
諸言王賜將歸家暕不之知也又樂平公主嘗奏帝云柳
氏女美者帝未有所答久之主復以柳氏進暕暕納之後
帝閱主第簿故崩聽事柳氏女所在主曰在齊王所帝不悅暕於是恩
禮漸薄帝后幸榆
第大門無故自崩暕甚惡之以為不祥後從帝幸榆
林暕賢後軍步騎五萬恒與帝相去數十里而含含帝於
汾陽宮大獵詔暕以千騎入圍暕大獲麋鹿以獻而帝未
有得也怒從官皆言為暕左右所遏前帝於是怒
求暕罪失時制縣令無故有伊闕令皇甫詡
於暕達禁將之汾陽宮又京兆人達奚通有妾王氏善歌
貴游宴聚多或要致於第內醼宴帝令甲士千餘大索暕第
旨劾暕沖之女也早卒暕遂與妃姊元氏婦通生一女外人
皆不得知陰引喬令則於第內醼宴令則稱慶脫暕帽以
為歡召相工徧視後庭相工指妃姊曰此產子者當為皇

縮就書院例 四百四十字 ▲北史列傳五十九 三十 廣州

后貴不可言時國無儲副睞自謂次當得立以元德太
子有三子內常不安陰挾左道為獸勝事至是皆發帝諸
怒令則等數人妃姊賜死睞府寮皆斥之邊遠睞諸王
睞猶在孩孺帝謂侍臣曰朕唯有睞一子不然者當肆諸
時政帝恒令武賁郎將一人監其府事睞有微失輒奏之
市朝以明國憲也睞自是恩寵日衰雖為京尹不復關預
帝亦當睞生釁所給左右皆老弱備負而已睞每懷危
懼心不自安又帝在江都宮元會睞具法服將朝而死無故有
血從裳中而下又坐彌中見羣鼠數十至前而死睞惡之
頭睞甚惡之俄而化及作亂兵將犯蹕帝聞之顧蕭后曰
得非阿孩也其見誅息如此化及復令人捕睞時尚未
起賊進睞驚曰是何人也莫有報者睞猶謂帝令捕之曰詔
使且緩兄不負國家賊曳至街斬之及其二子亦遇害睞
竟不知殺者為誰時年三十四有遺腹子愍與蕭后同入
突厥竇可汗號為隋王中國人沒入比蕃者悉配之以
為部落後以定襄城處之及突厥滅乃獲之貞觀中位至尚
衣奉御求微初卒

趙王杲小字季子年七歲以大業九年封趙王尋授光祿
大夫歷河南尹行江都太守杲聰令美容儀帝有所製詞
賦暴多能誦之性至孝嘗見帝風動不進膳杲亦終日不

食又蕭后嘗炙杲先請試炷后泣請曰后所服
藥皆蒙嘗之令炙願聽嘗炷悲咽不已后為傅炙由是尤
鍾愛後遇化及杲在帝側號慟不已裴虔通使斬之帝
前而血淌御服時年十二

論曰周建懿親漢開盤石內以敦睦九族外以輯寧億兆
深根固本崇獎王室安則有以同其樂哀則有以恤其危
所由來久矣自魏晉已下多矣厥中不遵王度各徇所私
抑之則勢齊於匹夫抗之則權侔於隋文昆弟之恩素非
篤睦閨房之隙又不相容至於二世承基茲孽愈其是以
時也得失詳於前史不復究而論焉隋室矯枉過正非
后故任遇特隆而諸子遷流莫知所悲夫其錫以茅土
稱為盤石行無甲兵之衛居與卑吏為伍內無虔顧危
不暇時逢多難將何望哉河間屬乃殷亞地非寵遍故高
位厚秩與時終始楊慶三三其德志在苟生寈本宗莫有終
掌棄慈母若遺迹及身而絕固且然矣文帝五子莫有終其
天年房陵資於骨肉之親篤於君臣之義經綸締構契闊
夷險撫軍監國幾二十年雖三善未稱而視膳無闕恩寵
既衰讒言間之顧後之慈頓隔於人理父子之道遂滅於
天性隋室將亡之顧狼虺皆知之矣慎子曰一兔走街百

分定矣而帝一朝易之開逆亂之源長覬覦之望又維
城壍建崇其威重恃寵而驕厚自封植進之旣蹈制退之
不以道俊以憂辛寔此之由俄屬天步方艱讒人巳勝尺
布斗粟莫肯相容夫築岷蜀之阻諒起晉陽之甲成兹亂
常之蠍蓋亦有以動之也棠棣之詩徒賦有辜之封無期
或幽囚於囹圄或顛殞於鴆毒本根旣絕枝葉毕翦十有
餘年宗社淪陷自古廢嫡立庶覆族傾宗者多矣考其亂
亡之禍若有隋之酷詩云殷鑒不遠在夏后之世後之

有國有家者可不深戒哉元德謹重有君人之量年降不

求哀哉齊王敏慧可稱志不及遠頗懷驕僭故帝踈而息
之內無父子之親貌展君臣之敬身非積善國有餘殃至
令趙及燕越皆不得死悲夫

北史列傳五十九

陳黨蕃院十
二百十六卅

【三十三】

頻州

列傳第五十九　　北史七十一

高熲
牛弘
李德林

高熲字昭玄一名敏自言勃海蓚人也其先因官北邊遂
於遼左曾祖嵩以大和中自遼東歸魏位至衛尉卿祖孝
安位兗州刺史父賓仕東魏位諫議大夫大統六年避諱
葉官奔西魏獨孤信引賓為僚佐賜姓獨孤氏及信誅妻
子徙蜀隋文獻皇后以賓之故吏每往來其家賓敏於
從政果敢斷決賜爵武陽縣伯歷位齊公憲府長史驃騎
大將軍開府儀同三司襄州總管府司錄辛於州及熲貴
開皇中贈禮部尚書武陽公諡曰簡熲少明敏有器局略
涉文史父尤善詞令初拔擢時家有柳樹高百許及其亭如
蓋里中父老曰此家當出貴人年十七周齊王憲引為記
室譽寄軍武陽縣下大夫以平齊功拜開府隋
文帝得政素知熲強明父習兵事多計略意欲引之入府
遣邗公楊惠諭意熲承旨忻然曰願受驅馳縱令公事不成
亦不辭滅族於是為相府司錄時長史鄭譯司馬劉昉並以
奢縱被疎帝彌屬意於熲委以心膂尉遲迥起兵也帝令
韋孝寬討之軍至河陽莫敢先進帝以諸將不一令崔仲

方監之仲方辭以父在山東時熲見劉昉鄭譯等並無去
意遂自請行深合上旨受命便發遣人辭母云忠孝不可
兩兼歔欷就路至軍為橋於沁水縱火柵船之軍還傍
為土狗以禦之既度橋而戰大破之賊於上流縱火栰
帝撒御帷以賜之進位柱國改封義寧縣公遷左僕射
馬任寄益隆及帝受禪拜尚書左僕射兼納言進封渤海郡
公朝臣莫與為比帝每呼為獨孤而不名也熲佯避位
上表遜位讓於蘇威帝欲成其美聽解僕射數日帝曰蘇
威高蹈前朝熲能舉之吾聞進賢受上賞寧可令去官於
是令熲復位俄拜左衛大將軍本官如故突厥屢為邊患
詔熲鎮遏緣邊每坐朝堂北槐樹下以聽事其樹不依
度多出於熲熲嘗坐朝堂北槐樹下以聽事其樹不依
列有司將伐之帝特命勿去以示後人其見重如此又拜
左領軍大將軍餘官如故母憂去職二旬起令視事熲流
涕辭讓不許開皇二年長孫覽元景山等伐陳令熲節度
諸軍會陳宣帝殂熲以禮不伐喪奏請班師蕭巖之叛詔
熲綏集江漢其得人和帝嘗問熲以取陳之策熲曰江北
地寒田收差晚江南土熱水田早熟量彼收穫之際微徵
士馬聲言掩襲彼必屯兵禦守足得廢其農時彼既聚兵
我更解甲再三若此賊以為常後更集兵彼必不信猶豫

之頡我乃濟師登陸而戰立氣益倍又江南土薄舍多行芽所有儲積皆非地窖遺行人因風縱火待彼修立而更燒之不出數年自可財力俱盡帝用其策由是陳人益弊九年晉王廣大舉伐陳以頡為元帥長史三軍皆取斷於頡及陳平晉王欲納陳主寵姬張麗華頡曰武王滅紂戮妲己今平陳國不宜取麗華乃命斬之王甚不悅及軍還以功加上柱國進爵國公賜物九千段定食千乘縣千五百戶帝勞之曰公伐陳後人云公及朕已斬之右衞將軍道合非青蠅所聞也頡又短頡於帝帝怒皆被踈黜因謂龐晃及將軍盧賁等前後短頡於帝帝曰我於高頡猶

頡曰獨孤公猶鏡也每被磨瑩皎然益明未幾尚書都事姜曄楚州行參軍李君才並奏稱水旱不調罪由高頡請廢黜之二人俱得罪而去親禮逾密帝幸并州留頡居守及還賜縑五千疋行宮一所為壯舍其夫人賀若氏寢疾中使顧問不絕帝親幸其第賜錢百萬絹萬疋復賜以千里馬及後於蔣山苦戰破賊以其子表仁尚太子勇女前後獻十策嘗於蔣山苦戰破賊以其子表仁尚太子勇女前後帝大笑後論嘉其有讓尋以其子表仁尚太子勇女前後論功賞賜不可勝計時柴氏父犯法術者劉暉私於頡曰天文不利宰相可修德以禳之頡不自安以暉言奏之

上厚加賞慰慮突厥犯塞以頡為元帥擊破之又出白道進圖入磧逢達奚長儒逆戰頡未有所答頡亦破賊而還時太子勇失愛帝潛有廢立志謂頡曰晉王妃有神告之言王必有天下頡跪曰長幼有序不可廢遠止獨孤皇后知頡不可奪陰欲去之初頡夫人卒后言於帝曰高僕射老矣而喪夫人陛下何能不為之娶帝以言告頡頡流涕謝曰臣今已老退朝唯齋居讀佛經而已雖蒙垂哀之深至於納室非臣所願帝乃止至是頡愛妾產男帝聞極歡后甚不悅帝問其故后曰陛下當復信頡邪始陛下欲為頡娶始陛下欲為頡聖頡心存愛妾面欺陛下今其詐已見帝由是踈頡會議伐遼東頡固諫不可帝不從以頡為元帥長史從漢王征遼東遇霖潦疾疫不利而還后言於帝曰頡初不欲行陛下強之此其效也又帝以漢王年少專委軍於頡頡以任寄隆重每懷至公無自疑之意而漢王所言多不用因甚頡怏任讒言譖頡曰王無自由頡殺我矣帝聞所言多不平俄而上柱國王世積以罪誅推覈之際乃有禁中事云於頡處得之帝大驚時上柱國賀若弼吳州總管宇文弼刑部尚書薛胄戶部尚書斛律孝卿兵部尚書柳述等明頡無罪帝愈怒皆以之屬吏自是朝臣莫敢言頡竟坐免以公就第未幾帝幸秦王俊第召頡侍宴頡歔欷

悲不自勝獨孤皇后亦對之泣左右皆流涕帝謂朕不
頗公公自負也因謂侍臣曰我於高頗勝兒子雖或不
見常似在前自其解落瞑然忘之如本無高頗不可以身
要君昔司馬仲達初託疾不朝遂有天下公今遇此安知
非福於是帝大怒又稱其子表仁謂頗曰
事云沙門真覺嘗謂頗曰明年國有大喪國令暉復云十
七八年皇帝有大厄十九年不可過帝聞益怒顧謂臺臣
曰帝王豈可力求孔丘以大聖之才垂於後代寧不
欲大位邪天命不可求耳
司請斬之帝曰去年殺虞慶則今茲斬王誼如更誅頗天
下謂我何於是除名為民其後頗不悅時帝漸好聲色又
已極但有斫頭耳頗慎之頗由是常恐禍變及此得免
然無恨色以得罪朝廷杜門自守頗故樂人及天下散樂
齊故樂人及天下散樂此樂久廢今若徵之恐無識又
之徒本逐末教習此樂又廢之謂太常丞李懿曰周天元以好樂
起長城之役頗諫安可復爾時帝遇啟民可汗恩禮過厚頗
而亡殷鑒不遠安可復爾
惠復謂觀王雄曰近來朝廷殊無綱紀有人奏之帝以為

訕謗朝政誅之諸子徙邊頗有文武大略明達政務及蒙
任寄之後竭誠盡節進引貞良以天下為己任知名臣自立
賀若弼韓擒等皆頗所薦當朝執政將二十年朝野推服物無
異議時致平平頗之力也論者以為真宰相及誅天下莫
不傷惜至今稱冤不已所有奇策良謀及損益時政頗皆
削藁代無知者子盛道位晉州刺史從柳城卒道第弘德
封應國公晉王記室又表仁勃海郡公徙蜀郡
牛弘字里仁安定鶉觚人也其先當避難改姓遼氏祖熾
本郡中正父元魏侍中工部尚書臨涇公復姓牛氏弘在
襁褓有相者見之曰此兒當貴善愛養之及長頗好學
貌其偉性寬裕好學博聞住周歷位中外府記室內史
士納言上士專掌文翰俯起居注後襲封臨涇公轉內史
下大夫儀同三司開皇初授散騎常侍秘書監弘以典籍
遺逸上表請開獻書之路曰昔周德既衰舊經紊棄孔子以
大聖之才開素王之業憲章祖述制禮刊詩正五始而修
春秋闡十翼而弘易道及秦皇馭宇吞滅諸侯先王墳籍
掃地皆盡此則書之一厄也漢興建藏書之策置校書之
官至孝成之代遣謁者陳農求遺書於天下詔劉向父子
讎校篇籍漢之典文於斯為盛及王莽之末並從焚燼此

則書之二厄也光武嗣興尤重經誥未及下車先求文雅
聖蕭宗親臨講肄和帝數幸書林其蘭臺石室鴻都東觀
祕牒塡委更倍於前及孝獻移都吏人擾亂圖畫縑帛皆
取為帷囊所收而西裁七十餘乘屬西京大亂一時燔蕩
此則書之三厄也魏文代漢更集經典皆藏在祕書內外
三閣遣祕書郎鄭默刪定舊文時之論者美其朱紫有別
晉氏承之文籍尤廣晉祕書監荀勖定魏內經更著新簿
屬劉石馮陵京華覆滅名號憲章禮樂寂滅無聞劉裕平
姚收其圖籍五經子史纔四千卷皆赤軸青紙文字古拙並歸
江左宋祕書丞王儉依劉氏七略撰為七志梁人阮孝緒
亦為七錄總其書數三萬餘卷及侯景度江破滅梁室祕
省經籍雖從兵火其文德殿內書史宛然猶存蕭繹據有
江陵遣將破平侯景收文德之書及公私典籍重本七萬
餘卷悉送荊州故江左文籍最於此時及周師入郢繹悉
焚之於外城所收十纔一二此則書之五厄也
後魏爰自幽方遷宅伊洛日不暇
給經籍闕如周氏創基關右戎車未息保定之始書止八
千後加收集方盈萬卷高氏據有山東初亦採訪驗其本
目殘闕猶多及東夏初平獲其經史四部重雜三萬餘卷
所益舊書五千而已今御出單本合一萬五千餘卷部帙

鄭玄注云脩十四步其廣益以四分脩之一則廣十七步
半也殷人重屋堂脩七尋四阿重屋鄭云其脩七尋廣九
尋也周人明堂度九尺之筵南北七筵五室凡室二筵鄭
玄云此三者或舉宗廟或舉王寢或舉明堂互之以明其制
同也馬融王肅干寶所注與鄭亦異皆不具出漢司徒馬
宮議云夏后氏世室室顯於堂故命以室殷人重屋屋顯
於堂故命以屋周人明堂堂大於夏室故命以堂夏后氏
益其堂之廣百四十四尺周人明堂以為兩序開大夏后
氏七十二尺若據鄭玄之說則夏室大於周堂如依馬宮
之言則周堂大於夏室後王轉文周大為是但宮之所言

承詳其義此皆去聖久遠禮文殘缺欽先儒解說家異人殊
鄭注玉藻亦云宗廟路寢與明堂同制王制曰寢不踰廟
明大小是同今依鄭注每室及堂正有一丈八尺四壁之
外四尺有餘若以宗廟論之祫享之日周人旅酬六尸并
之穆為七先公昭穆二尸先王昭穆二尸合十一尸三十
六主及君北面行事於三尺之堂愚不及此若以正寢論
之時五帝各於其室設青帝之位須於室內少比西面大

北史列傳六十

九

知天子宴則三公九卿並升堂燕義又云席小卿次上卿
言皆侍席止於二筵之間普得行禮若以明堂論之總享
昊從食坐於其西近南北面祖宗配享者又於青帝南稍
退西面丈八之室神位有三加以籩豆且邊牛羊之俎四
海九州美物咸設後須席上升歌出撙及珌揖讓升降亦
以隆矣據茲而說近是不欲安劉向別錄及馬宮蔡邕等
所見矣當時有古文明堂禮王居明堂禮明堂圖明堂大
明堂陰陽太山通義魏文侯孝經傳等並說古明堂事其
書皆亡夏得而正今明堂家說合為記蔡邕云不韋著其
秋十二紀之首章則此也今各有證明文多不載東音以
書有月令第五十三即此也即此也劉瓛云不韋王月令之事而
為夏時書今劉瓛張衡等尋討聖王月令之事而

記之不章安能獨為此記今案尒不得全稱周書亦不可即
為秦典句又雜有虞夏殷之法皆聖王仁恕之政也夏后
氏曰代室殷人曰重屋周人曰明堂所以宗祀其祖其仁以配上帝也夏后
具其句又論之曰明堂東曰青陽南曰明堂
西曰總章北曰玄堂內曰太室凡人南面而聽嚮明而治
人君之位莫不正焉故雖有五名而主以明堂也制度之
數各有所依方一百四十四尺以之榮也

北史列傳六十

十

一十六尺乾之策也太廟覆九六之道也八闥以象封九室
陽九六之變且圓蓋方覆九六之道也通天屋徑九丈陰
以象州十二宮應日辰三十六尸七十二牖以四尸八牖
乘九宮之數也尸皆外設而不閉示天下以不藏也通天
屋高八十一尺黃鐘九九之實也堂高三尺以應三統四向五色各象其行水
七宿之象也堂高三尺象四海王者之大禮也觀
闥二十四象二十四氣於外以象四海王者之大亂
其樘本範天地則象陰陽必據古文義不虛出今若直取考
工不參月令之數而稱月令總章之號不得而稱不得
魏氏三方未平無聞興造晉則侍中裴頠議直為一殿以
得而用漢代二京所建與此說然同建安之後海內大亂
崇嚴父之祀其餘雜碎一皆除之宋齊已還咸率茲禮前
王盛事於是不行後魏代都所造出自李沖三三相重合

為九屋簷不覆基房閒通街衢繁處多遠無可取及遷洛
陽更加營構五九紛競遂至不成宗祀之事於焉靡託今
皇獻遏闢化單海外方達大禮垂之無窮弘等不以庸虛
謀富議限今檢明堂必須五府者何尚書帝命驗曰帝者
承天立五府赤曰文祖黃曰神升白曰顯紀黑曰玄矩蒼
曰靈府鄭玄注曰五府與周明堂同矣且三代相沿多有
損益至於五室鄭玄亦云每月於其時之堂若立九
室四無所用布政視朔自依其辰鄭司農云十二月分在
青陽等左右之位不云居室鄭玄以祭天天實有五
而聽政焉禮圖畫不皆在堂偏是以須為五室明堂必須
上圓下方者何孝經援神契曰明堂者上圓下方八窗四
達布政之宮禮記盛德篇曰明堂四戶八牖上圓下方是
以須為圓明堂必須重屋者何案考工記夏言九階四
旁兩夾窗門堂三之二室三之一殷周不言者亦明一同夏
制殷言四阿重屋周承其後不言屋者亦盡同可知也其
殷人專屋之下本無五室之文鄭注五室者亦擬夏以知
之明周不云重屋因殷則有灼然可見禮記明堂位曰太
廟天子明堂言曰皆為周公之故得用天子禮樂魯之大廟
與周之明堂同又曰複廟重屋此擬廟既重屋明堂亦不疑矣春秋文公十
注複廟重屋也擬廟既重屋刮楹達嚮天子之廟飾鄭

三年太室屋壞五行志曰前堂曰太廟中央曰太室屋其
上重者也服虔云太室太廟之上屋也周書作洛篇曰
乃立太廟宗官路寢明堂咸有四阿又坫重栔重廊孔晁注云去
重九累棟重廊累屋也依黃圖所載漢之宗廟即今擬為重屋者何
禮記盛德篇云明堂者明諸侯之尊卑也外水曰璧雍者何
陰陽錄曰明堂之制周圜行水左旋以象天內有太室以
象紫宮此則明堂有水之明文也然馬宮王肅必為明堂
辟雍太學同處蔡邕盧植亦以為明堂靈臺辟雍太學同實
異名邕云明堂者取其宗祀之清貌則謂之清廟取其正
室則曰太室取其堂則曰明堂取其四門之學則曰太學
取其周水圜如璧則曰辟雍其實一也其言別者五經通
義曰靈臺辟雍明堂異所鄭玄亦以為別歷代所疑莫能斷定今據郊祀志
欲為明堂未曉其制濟南人公玉帶上黃帝時明堂圖一
殿無辟玉蓋之汔茅水圜宮垣天子從之以汔谷陽造別而言其來則
又漢中元二年起明堂辟雍靈臺於洛陽是也以此須有辟雍
亦有辟水李尤明堂銘曰流水洋洋以此須有月令
全造明堂須以禮經為本形制依於周法度數取於月令上
遵闕之處象以餘書庶使該詳沿革之理其五室九階上

圓下方四阿重屋四旁兩門依考工記孝經說堂方一百
四十四尺八尺屋圓楣徑二百一十六尺太室方六丈通天屋
徑九丈八闌二十八柱堂高三尺四向五色依周書月令
論殿垣方在內水周如外水內徑三百步依太山盛德記
觀禮經仰觀俯察皆有則象足以盡誠上帝祇配祖宗弘
風布教作範於太常卿於後矣上以時事草剏未遑制作竟寢不行
六年除太常卿九年認定雅樂文作樂府歌詞撰定圓丘
五帝凱樂并議樂事弘上議云謹案禮五聲六律十二管
還相為宮周禮姜夔黃鍾歌大呂奏太簇歌應鍾皆旋相為
宮之義蔡邕明堂月令章句曰孟春月則太簇為宮姑洗

北史列傳六十 〈十三〉 吳

為商蕤賓為角南呂為徵大呂為羽大呂為羣宮夷則為
變徵他月放此故先王之作律呂也所以辨天地四方陰
陽之聲楊子雲曰聲生於律律生於辰故律呂配五行
八風歷十二辰行十二月循環轉運義無停止譬如立春
木王火相立夏水王木相遲相為宮音調曰其王月名之為宮今
水相立冬水王相夏火王金相立秋金王
木不王夏土不相宣十一月不以太簇為宮便是春
若十一月不以黃鍾為宮十三月不以太簇為宮木
水相立冬宮真律書必彫秋宮春律萬物必榮夏宮冬
書云春宮冬宮真律書必發聲以斯而論誠為不易且律

十二今直為黃鍾一均唯用七律以外五律竟復何施恐
失聖人制作本意故須依禮作還相為宮之法曰不須
作旋相為宮且作黃鍾一均也弘又論六十律不可行謹
案續漢書律曆志元帝遣韋玄成閒京房於樂府房對受
學故小黃令焦延壽六十律相生之法以上生下下生
二以下生上皆三生四陽下生陰陰上生陽終於中呂十
二律畢矣中呂上生執始執始下生去滅上下相生終於
南事六十律畢矣十二律之變至於六十猶八卦之變至
於六十四卦冬至之聲以黃鍾為宮太簇為商姑洗為角林
鍾為徵南呂為羽應鍾為變宮蕤賓為變徵此聲氣之元
五音之正也故各統一日其餘以次運行當日者各自為
宮而商徵以類從焉房又曰竹聲不可以度調故作準以
定數準之狀如瑟長一丈而十三弦隱閒九尺以應黃鍾
之律九寸中央一弦下畫分寸以為六十律清濁之節
始之類皆房自造房工造法於焦延壽未知延壽所承
主音者故待認嚴萬其以準法教其子宣願呂宣補學官
至元和年待認候鍾殷彤上言宣無曉六十律以太準調
不知何律宣遂罷自此律家莫能為準施絃嘉平年東觀
召典律者太子舍人張光問準意光等不知歸閒舊藏乃得其

器形制如房書猶不能定其絃緩急故史官能辨清濁者
遂絕其可以相傳者唯大權常數及候古樂而已據此而論
房法漢世已不能行沈約宋志曰群樂古典及今音家六
十律無施於樂禮云十二管還相為宮不言六十封禪書
云大帝使素女鼓五十絃瑟而悲破為二十五絃假令六
十律為樂得成亦所不用取大樂必易大禮必簡之意也
十律者用大呂為調奏者謂堂下四縣歌者用黃鐘為調
又議曰案周官云大司樂掌成均之法鄭眾注云州調也
樂師主調其音三禮義宗稱周官奏黃鐘者用黃鐘為調
歌但以一祭之間皆用二調具知據宮稱調其義一也明
六律六呂迭相為宮各自為調今見行之樂用黃鐘之宮
乃以林鐘為調與古典有違案晉內書監荀勗依典記以
五聲十二律還相為宮之法制十二笛黃鐘之笛正聲應
黃鐘下徵應姑洗為清角大呂之笛正聲應大呂
下徵應夷則以外諸均倒皆如是然今所用林鐘以
微之調不取其正先用其下於理未通故須改之上其番
其議置明堂與姚察許善心故事議其得失甚敬重之時楊素
議認弘與弘條上何安虛世基等正定新樂之上甚
恃才矜貴賤侮朝臣唯見弘未嘗不改容自肅素謂素矜擊突
厥詣太常與弘言別弘送素至中門而止素謂曰大將出

征故來敘別何相送之近也弘遂揖而退素咲曰奇章公
可謂其智可及其愚不可及也亦不以屑懷尋授大將軍
吏部尚書時又與楊素蘇威薛道衡許善心虞
世基崔子發等時并召諸儒論新禮降殺輕重弘所立議眾
咸推服之及獻皇后崩王公已下不能定其儀注楊素謂
弘曰公舊學時賢所仰今日之事決在於公弘了不辭讓
斯須之間儀注悉備皆有故實素歎曰衣冠禮樂盡在此
矣非吾所及也弘以三年之喪祥禫具有降殺十
月而練者無所象法以聞於帝帝下詔除其練之禮自
始也弘在吏部先德行後文才務在審慎雖致綏滯所有
進用並多稱職吏部侍郎高孝基鑒賞機晤清慎絕倫然
委後有餘迹似輕薄時宰多以此疑之唯弘深識其真推
心仕委隋之選舉於斯為最時論服弘識度之遠煬帝之
在東官數有詩書遺弘弘亦有答及嗣位嘗賜弘詩曰晉
家山吏部魏代盧尚書莫言先哲異奇才並佐余學行敦
時俗道素沖虛納言蜚雲閣上禮儀室運初鑾偯欣有敘
垂拱事端居其見被賜詩者至於文詞贊楊無如弘美大
業二年進位上大將軍三年改右光祿大夫從拜恒岳壇
埠璡牲牢並弘所定還下太行山煬帝嘗召弘入內帳
對皇后賜以同席飲食其親重如此弘謂其子曰吾受非

常之遇荷恩深重汝等子孫宜以誠敬自立以答恩遇之

隆六年從幸江都光祿大夫文安侯諡曰憲弘榮寵當世而車

府儀同三司服軍儀像車上畫禮待下以仁訥於言而敏於行上嘗語小辯

敕弘至階下不能言退還拜謝云並忘之上曰傳語小辯

故非宰臣任也念稱其質直大業之代委遇彌隆性寬厚

篤志於學雖職務殷繁書不釋手隋室龍始終倍信悔

吝不及唯弘一人而已弟弼好酒而酗常醉射殺弘駕車

牛弘還宅其妻迎謂曰叔忽射殺牛大是異事弘曰已知顏

色自若讀書不輟其覽和如此有文集十二卷行於世長

子方大亦有學業位內史舍人次子方裕山險無仁心在

〈十七〉期

江都與裴度通筆謀殺逆書見司馬德戡傳

李德林字公輔博陵安平人祖壽魏湖州戶曹從事父敬

族歷太學博士鎮遠將軍儀靜帝時命當世通人正定文

籍以為內校書別在直閤省德林幼聰敏年數歲誦左思

蜀都賦十餘日便度通誦之見而歎異之徧告朝士云若

假其年必為天下偉器鄴京人士多就宅觀之月餘車馬

不絕年十五誦五經及古今文集日數千言俄而理暢該博境

典籍陰陽緯候無不通涉善屬文詞覈而理暢魏收嘗對高

隆之謂其父曰賢子文筆終當繼溫子昇隆之大咲曰魏

常侍殊已嫉賢何不近比老彭遠求溫子年十六遺父吳

難自駕靈輿反葬故里時嚴寒蒸單緤跣足州里人物由吳

母洞稍愈遇令典籍無復官情其才召

敬葉之居貧轗軻任心多疾方留心典籍楊遵彥考

入州館朝夕同游殆均師友後舉秀才尚書令楊遵彥考

為上第授殿中將軍及長廣王作相引為丞相府行參軍

未幾王即帝位累遷中書舍人加通直散騎侍郎別典機

密尋丁母艱以至孝聞朝廷嘉之百日奪情起復固辭

不起魏收與陽休之論齊書起元事百司會議收與德林

致書往復詞多不載後除中書侍郎仍詔悟國史時齊帝

留情文雅召入文林館與黃門侍郎顏之推同判文林館

事累遷儀同三司周武帝平齊道使就宅宣旨云平齊之

利唯在於爾宜入相見仍令以從駕至長安校內史上士詔

語格式及用山東人物一以委之周武謂重臣曰我常日

唯聞李德林與齊朝作書檄我正謂其是天上人豈言今

日得其驅使復為我作文書極為大異神武公紇豆陵毅

答曰臣聞明主聖王得驥驎鳳皇皇為我為瑞是聖德所感非力

能致之瑞物雖來不堪便用如李德林來受驅策亦是陛

下聖德感致有大才用勝於驥驎鳳皇遠矣帝大咲曰誠

〈十八〉期外

如公言宣政末授衞正下大夫後賜爵成安縣男宣帝大

漸隋文帝初受顧命令邢國公楊惠謂德林曰朝廷賜令

總文武事令公共成必不得辭德林答曰願以死奉

公隋文大悅即召與語劉昉鄭譯初矯詔召隋文受命輔

少主總知內外兵馬事昉欲授隋文大冢宰譯自攝大司馬

防爲小冢宰德林私啓宜作大丞相假黃鉞都督內外諸

軍事遂以譯爲相府長史昉爲司馬二人由是不平

以德林爲相府屬加儀同大將軍未幾而三方構亂指授

兵略皆與之參詳文意百端不加治點鄭公章孝

北史列傳六十 【十九】 隋

敕或機速競發口受數人文意百端至一日之中動逾百

寬爲東道元帥師次永橋沁水長孝寬師未得度長史李

詞密啓諸大將受尉遲迥讓金隋文得啓以爲憂議欲

之德林曰臨敵代將自古所難樂毅所以辭燕馬服以

敗趙也公但以一腹心明於智略素爲諸將所信伏者速至

軍所觀其情僞縱有異意必不敢動縱驒往徼倖功

幾敗大事即令高熲馳驛徃從事內郎禪代之際其

凡厥謀議皆此類也進授丞相府屬禪代之日

相國總百揆九錫殊禮詔榮賤重書皆德林之辭也隋

文登祚之日授內史令初將受禪虞慶則等勸隋文盡滅

宇文氏德林固爭以爲不可隋文怒由是品位不加唯依

班例授上儀同進爵爲子開皇元年勑令與太尉千翼高

熲等同脩律令記奏聞別賜駿馬及九環金帶五年勑令

撰錄作相時文翰勒成五卷謂之霸朝雜集隋文省讀記

明旦謂德林曰自古帝王之興必有異人輔佐我昨讀霸

朝集方知感應之理昨宵恨夜長不得早見公面於是追

贈父定州刺史安平縣公謚曰孝隋文後幸鄴德林以

疾不從敕語熲曰德林若惠來堪行宜自至宅取其方略

頻入京上語熲曰德林自選一好宅幷莊店作替德林乃奏取

帝以之付晉王譯大冢宰文帝以逆人王謙宅賜之尋又改

賜崔謙帝令德林自選一好宅幷莊店作替德林乃奏取

北史列傳六十 【二十】 隋

迥人高阿那肱衞國縣市店八十區爲替九年車駕幸晉

陽店人表訴稱地是平人物高氏強奪於內造舍上賣德

林請勘迥人文簿又本換宅之意上不聽悉追檢討議以

者由是嫌之初德林父終於校書妄稱詔議上其銜之至

操等陰奏之曰德林父爲太尉諮議以取贈官本元

是復麻議忤意因數之曰公爲內史典稱諮議上不預計

議者以公不弘耳朕方以孝理天下故立五教以弘之公

言孝由天性何須設敎然則孔子不當說孝經也又罔冒

取店妄加父官實忿怨之而未能發令當以一州相遣耳

因出爲湖州刺史在州逢旱課人掘井溉田爲考司所貶

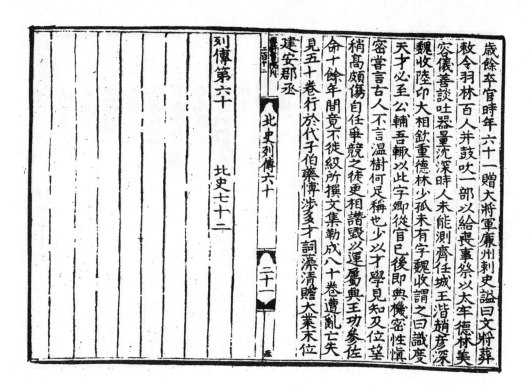

歲餘卒官時年六十一贈大將軍廉州刺史諡曰文將葬
敕令羽林百人并鼓吹一部以給喪事祭以太牢德林美
容儀善談吐器量沈深時人未能測齊任城王湝趙彥深
魏收陸卬大相欽重德林少孤未有字魏收謂之曰識度
天才必至公輔吾輙以此字卿從官已後即典機密性慎
密嘗言古人不言溫樹何足稱也少以才學見知及位望
稍高頗傷自任爭競之徒更相譖毀以運屬典午功參佐
命十餘年間竟不徙級所撰文集勒成八十卷遭亂亡失
見五十卷行於代子伯藥博涉多才詞藻清贍大業末位

建安郡丞

列傳第六十

北史列傳六十

二十一

北史七十二

梁士彥

北史列傳六十一

子琮

梁士彥字相如安定烏氏人也少任俠好讀兵書頗涉經
史周武帝將平東要聞其勇決自扶風郡守除為九曲鎮
將進位上開府封建威縣公齊人甚憚之後以熊州刺史

從武帝拔晉州進位大將軍除晉州刺史及帝還後齊後
主親攻圍之樓堞皆盡短兵相接士彥慷慨自若謂將士
曰死在今日吾為爾先於是勇烈齊呼聲動城地無不一
當百齊師少却乃令妻妾及軍人子女晝夜脩城三日而
就武帝六軍亦至齊師圍解士彥見帝持帝手曰朕有
晉州為平齊之基宜善守之及齊平封郕國公位上柱國
雍州主簿宣帝即位除徐州總管與烏丸軌鸞將其明
徹襲忌於呂梁略定淮南地隋文帝作相轉亳州總管尉
遲迴反為行軍總管及韋孝寬擊之令家僮梁默等為前
鋒士彥繼之所當皆破及迴平除相州刺史深見忌憚還
京師闗居無事特功懷怨與宇文忻劉昉等謀反將率僮
僕候上幸廟之際以發機復欲於蒲州起事略取河北捉
黎陽闗塞河陽路劫調布為牟甲募壯士其甥裴
通知而奏之帝未發其事授晉州刺史欲觀其志士彥欣
然謂昉等曰天也又請儀同薛摩兒為長史帝從
公卿朝謁帝令執士彥忻昉等於行間詰之狀猶不伏捕
薛摩兒至對之摩兒具論始末云第二子剛垂泣苦諫第
三子叔諧曰作猛獸須成班士彥失色顧曰汝殺我於是
伏誅時年七十二有子五人操字孟德位上開府義鄉縣

公早卒剛字永圓位大將軍通政縣公涇州刺史以諫父
獲免徙瓜州叔諶坐士彥之黨頭也驍武
絕人士彥每從征伐常與默陣仕周位開府楊諒授柱
行軍總管從楊素征吐谷渾進位大將軍又從平楊諒授柱
國大業五年從煬帝征吐谷渾力戰死之贈光祿大夫
危矣公其勉之及帝受禪象脩律令時吐谷渾將定
位上大將軍封樂安郡公奉詔
帝為相引致左右諶嘗璧如水間牆竟何如也進
文帝同受業於國子甚相友愛後以軍功累遷天將軍及隋
元諶河南洛陽人也家世貴盛諶性豪俠有氣調少與隋

〔三〕

誠王鐘利劣率騎度河連結党項率兵出鄯州趣青海邀
其歸路相遇於豐利山諶擊走之又破其所部來降詔授上柱
名王三十七人公侯十三人各率其所
別封一子縣公諶拜寧州刺史頗有威惠然性剛愎好排
誠不能取媚於左右嘗言於上曰臣一心事主不曲取人
意上曰宜終此言後以公事免時上柱國王誼有功於國
與諶俱無位任每相往來胡僧告諶誼謀及帝按其事無
狀慰諭釋之未幾誼謀漸被踈忌然以龍潛之舊每預
朝請恩禮無虧及平陳百寮大宴諶進曰陛下威德遠被
臣前請突厥可汗為候正陳叔寶又為令史今可用臣言帝

曰朕平陳國本以除逆非欲誇誕公之所奏殊非朕心突
厥不知山川何能驚言候叔寶昏醉寧堪驅使諶嘿然而退
後數歲有人告諶與從父弟上開府滂澤侯田纘為上儀
同綰等謀及帝令按其事有司奏諶謀令祁緒勒黨項
五即鄯巴蜀時廣平王雄左僕射高熲二人用事諶欲
去之云左執法星動巳四年矣一秦高熲必死又一秦太
白犯月光芒相照主殺大臣雄必當之諶與滂嘗同謁太
私謂滂曰我是主人殿上者賊也因令滂望氣滂曰彼雲
似蹲狗走鹿不怒我輩有福德雲帝大怒諶滂繼緒立伏
誅籍沒其家

〔四〕

虞慶則京兆櫟陽人也本姓魚其先仕赫連氏遂家靈武
世為北邊豪傑父祥周靈武太守慶則幼雄毅性倜儻身
長八尺有膽智善鮮卑語身被重鎧帶兩鞬左右馳射本
州豪俠皆敬憚之初以射獵為事中更折節讀書畧涉書傳
介子班仲升之為人仕周為中外府兵參軍事襲爵沁
源縣公越王盛討平稽胡將班師內史下大夫高熲與盛
謀須文武幹略者鎮遏之表請慶則於是拜石州總管其
有威惠稽胡慕義歸者八千餘戶開皇元年歷位內史監
吏部尚書京兆尹封彭城郡公諡新都揔監二年突厥入
我慶則為元帥討之部分失所士卒多凍墮指者十餘

人傷將達奚長儒軍六二千人別道之邀賊為虜所圍慶
則按晉不救由是長儒孤軍獨戰死者十八九上弗之責
也尋達奚堂書右僕射後突厥圭攝圖將內附請一重臣無
孫晟又說諭之攝圖及弟葉護請皆拜受詔因稱臣朝貢請
永為蕃附初慶則出使帝敕曰我欲存立突厥彼送公馬
但取五三匹攝圖見慶則贈馬千疋又以女妻之帝以慶
則功高皆無所問授上柱國封曹國公食任城縣千戶以
彭城公迴授第二子義平陳後帝幸晉王第置酒會醉臣
高頻等秦觴上壽帝曰高頻平江南虞慶則平突厥可謂
戎功矣楊素曰皆由至尊威德所被慶則曰楊素平長
武牢破石若非至尊威德亦無剋理遂互相長短射慶則
彈之帝曰今日計功為樂飲此酒慶則遂彈帝賜御史
進曰臣蒙賜酒盡歡御史在側恐醉被彈群臣賞慶則
道之出慶則奉觴上壽極歡帝謂諸公曰我與
公等子孫常如今世守宣貴九年轉為右衛大將軍尋
改為右武候大將軍十七年嶺南人李世賢據州反議欲
討之諸將二三請行皆不許帝顧謂慶則曰楊素
為上公國家有賊遂無行意同也慶則拜謝恐懼帝乃道
正為桂州道行軍擦管之婦第趙什柱為隨府長史什柱

與慶則慶妻通恐事彰乃宣言慶則不欲此行帝聞之先
是朝臣出征帝皆宴別禮賜道之慶則南討辭帝帝色未
悅慶則由是快快不得志既平世賢還歸桂鎮觀眺山川
形勢慶則曰此誠險固加以足糧若守得其人攻不可拔遂使
什柱馳詣京誠帝慶則有子孝仁幼家侯
按驗之於是伏誅帝觀帝額色大
住氣拜儀同領晉王親信坐父事除名楊帝嗣位以藩邸
之舊授候衛長史兼領金谷監歷禁苑有巧思頗委任之
業九年代達邊都水丞先使監運頗有功然性奢侈以駱
駝負水養魚而目給後或生旦至為不軌遂見誅
元胄河南洛陽人魏昭成帝之六代孫也祖順魏濮陽王
父雄武陵王甫少英果多武藝美鬚眉有不可犯之色周
齊王憲見而壯之引致左右數從征伐宜至大將軍隨文
帝初被召入將受顧託先呼胄次命陶澄並委以腹心恆
宿臥內及為丞相每典軍在禁中又引弟威俱入侍衛周
趙王招謀害帝招將之初唯揚弘與胄兄弟坐於戶側趙
寢室左右不得從唯揚弘與胄及酒肴詣其宅趙王令其
二子進瓜因將剌帝及酒酣趙王欲生變以佩刀子剌瓜
連噉帝將為不利胄進曰相府有事不可久留趙王呵之
曰我與丞相言汝何為者叱之使卻胄瞋目憤氣和刀入

衛趙王問其姓名胄以實對趙王曰汝非昔事齊王者乎
政亦以罪廢胄與和有舊因敕從之游酒酣謂和曰上官
誠壯士也因賜之酒曰吾豈有不善之意邪何猜擊如
是趙王僞吐將入閤胄恐其為變扶令上座如此者再
三趙王稱喉乾命胄就厨取飲胄不動會滕王逌後至帝
降階迎之胄耳語勸帝速去帝猶徊不悟曰彼無兵馬復何
戶王不得出帝及門胄自後而至趙王恨不時發彈指出
血及誅趙王賞賜不可勝計帝受禪封武陵郡公拜左衞
死何益邪復入坐胄閤屋後一先下手大事便去胄不辭死
能為胄曰兵馬悉他家物一先下手大事便去胄不辭死
公何得如此因扶帝下牀趣而去趙王將追帝胄以身敝

將軍尋遷右衞大將軍帝從容曰保護朕躬成此基業元
胄功也歷豫亳淅三州刺史時突厥屢為邊患朝廷以胄
素有威名拜靈州總管北夷甚憚焉微為右衞大將軍親
顧益隆嘗正月十五日帝與近臣登高時胄下直帝令召
之又見致禮焉房陵王之廢也胄預其謀帝正窮宴極歡王
廣每見致禮焉房陵王之廢也胄苦諫楊素乃譖之帝大怒勑旻於伏胄時
當下直不去因奏曰臣向不下直者為防元旻耳復以此
言激怒帝帝遂誅旻蜀王秀之得罪胄坐與交通除名為
帝即位不得調時慈州刺史上官政坐事徙嶺南將軍立

四百四十字

【北史列傳六十一】　〈七〉

軍拜和代州刺史
達奚長儒字富仁代人也祖俟魏定州刺史父慶驃騎大
將軍儀同三司長儒性懷節操膽烈過人十五襲爵樂安
公為周文帝引為親信以質直恭朴授子都督數有戰功
天和中除渭南郡守位驃騎大將軍開府儀同三司從武
帝平齊遷上開府進爵成安郡公別封一子縣公宣政元
年除左將軍勇猛中大夫後與烏九軌圍陳將吳明徹於
呂梁陳援軍至執令長儒拒之長儒取車輪數百繫以大
石沈之清水連亙相次以待之船艦礙輪不得進長儒縱
奇兵大破之獲吳明徹以功進位大將軍尋授行軍總管
北巡沙塞卒與虜遇大破之文帝作相王謙舉兵於蜀沙
氏楊永安扇動利與武文沙龍等六州以應謙詔長儒擊
破之謙二子自京師逃歸其父長儒並捕斬之文帝受禪
進位上大將軍封蘄郡公開皇二年突厥沙鉢略可汗開
弟葉護及潘那可汗寇掠西南詔以長儒為行軍總管擊
之遇於周槃眾寡不敵軍中大懼長儒慷慨神色愈烈為
廣所衝突散而復聚且戰且行轉鬪三日五兵咸盡士卒

四百四十四

【北史列傳六十一】　〈八〉　傳樓

山拳歐之手皆見殺傷萬計虜氣稍奪於是解去長儒
身被五瘡通中者二其戰士死者十八九厥本欲大掠
秦隴既逢長儒兵此乃戰虜意沮明日於戰虜秦公忿懟
哭而去文帝下詔褒美授上柱國餘勳迴授一子其戰亡
將士皆贈官三轉子孫龍之麻岂鄲二州刺史史弘毫表
長儒性至孝水漿不入口五日毀悴過禮殆將免又除襄
州總管轉賀若誼等發卒備胡旦受長儒節度使長儒率報
靈州總管賀若誼遣涼州總管獨孤羅原州總管元褒
嘉州總管賀若誼轉蘭州刺史文帝遣涼州總管滅性天子
喜嘉數起為夏州總管匈奴憚之不敢窺塞以病免又除襄
出祖連山北西至蒲類海無虞而還轉荊州總管帝謂曰
州總管賀若誼轉蘭州文帝遣涼州總管滅性天子

江陵國之南門今以委卿朕無慮也卒官謚曰威子晶大
業中位太僕少卿

賀婁子幹字萬壽本代人也隨魏氏南遷世居關右祖道
成魏侍中太子太傅父景賢右衛大將軍子幹少以驍武
知名仕周累遷少司水以勤勞封思安縣子太象中除秦
州刺史進爵為伯及尉遲迴為亂子幹從韋孝寬討之遇
賊圍懷州進爵子幹與宇文述等擊破之文帝受禪以佐
命功每戰先登及破鄴城與崔弘度逐迴至樓上進位上
開府每戰先登及破鄴城以忠安縣伯別封子
鉅鹿郡公其年吐谷渾寇涼州子幹以行軍總管從上柱

連結烽候相望人雖散居必有所處帝從之帝以子幹習
邊事複授榆關總管遷雲州刺史其年突厥寇邊子幹出
北道應接之還拜雲州總管以突厥所獻羊馬百餘萬口
以賜之乃下書曰自公守北門風塵不驚突厥所獻馬以
賜公母憂去職朝廷以榆關重鎮桑起視事卒官文帝遣以
惜久之贈懷魏等四州刺史謚曰懷子善柱嗣
子幹兄詮亦有才器位銀青光祿大夫鄭純深等三州刺
史比地太守東安郡公

田積穀以備不虞子幹上書曰比見屯田之所獲安但便鎮戎
頗被寇掠甚患之又彼俗不設村塢敕子幹勤人為堡營
渾後之遣優詔勞勉之子幹入朝令馳驛奉見破賊文
帝嘉之遣優詔勞勉之子幹請入朝詔令馳驛奉見破賊文
厥復犯塞以行軍總管從實榮定擊之子幹別路破賊文
冊授上大將軍徵授營新都副監尋拜工部尚書其年突
阻川為營賊軍不得水數日人馬其幾縱擊大破之於是
寇蘭州以營賊子幹拒之至可洛峽山與賊相遇賊眾其盛子幹
寇元諧擊之功最優詔褒美即令子幹鎮涼州其年突厥

騎射驍健若飛好讀兵書兼精占候年十五逢周齊戰於
芒山萬歲從父往軍旗鼓正相望萬歲令左右趣裝忽云
俄而周兵大敗其父由是奇之及平齊之役其父戰沒萬
歲以忠臣子拜開府儀同三司龍驤將太平縣公尉遲逈之
亂萬歲從梁士彥擊之軍次馮翊見羣鷹飛來萬歲謂士
彥請射行中第三者射之應弦而落三軍莫不悅服及與
逈軍過每戰先登鄴城之陣萬歲頗以功拜上大將軍開
皇初大將軍朱勣以謀反伏誅萬歲坐與相連除名配
敦煌為戎卒其戎主甚驍武每單騎深入突厥中輒大剠
殺數十人眾亦齊力官軍稍却萬歲乃馳馬奮擊之
言亦有武用戎主試令騎射笑曰小人定可萬歲與同行輒
獲突厥莫敢當其人深自矜負數罵辱萬歲萬歲忿之自
馬復掠突厥中大得六畜而還突厥大驚遂引軍去由是拜上
入突厥數百里名顯甚北表會突厥定之輕突厥萬歲詣軍門
請自效榮員突厥聞其名見而大悅因遣達人謂突厥當各道
一壯士決勝員突厥許諾因遣一騎挑戰榮定遣萬歲出
應之萬歲馳斬其首而還突厥大駭遂引軍去
儀同領車騎將軍平陳從揚素擊之萬歲自東陽別道而
進踰嶺越海攻陷溪洞不可勝數逈前後七百餘戰轉關子

里寂無聲聞者十旬遠近皆以萬歲為沒萬歲乃書竹
簡浮之水汲者得以言於素大悅上其事文帝歎嗟
還拜左領軍將軍先是南寧夷爨翫既降拜昆州刺史既而
復叛遂以萬歲為行軍總管之入蜻蛉川經弄凍次小
勃弄大勃弄至于南中賊前後屯據要害萬歲皆擊破之
行數百里見諸葛亮紀功碑銘其背曰萬歲後勝我者過
此萬歲令左右倒其碑而進度西二河入渠濫川行千餘
里破其三十餘部諸夷大懼遣使請降明珠徑寸於是
勒石頌美隋德萬歲遣使入朝詔許之竟朱班陰有二
心不欲詣闕因略取金寶萬歲乃捨翫而還蜀王在益
州知其受略遣使將索之萬歲聞而懼以所得金貝沈之
於江索無所獲以功進上柱國晉王廣甚欽敬之待以交
之禮上知為晉王所善令萬歲督晉府軍事明平爨翫
復反蜀王夫奏萬歲受略縱賊致生邊患上令窮之事皆
驗罪當死上數之萬歲曰臣留翫者恐其州有變留以鎮
撫臣還至瀘水詔書方到由是不將入朝實不受略上以
萬歲心有欺隱大怒顧有司曰將斬之萬歲懼而服罪頓
首請命左僕射高熲左衛大將軍元旻等進曰史萬歲雄
略過人每行兵用師之處未嘗不身先士卒雖古名將未
能過也上意稍解於是除名歲餘復官爵累拜河州刺史

復領行軍摠管以備胡開皇末突厥達頭可汗犯塞士金
晉王及楊素出靈武道漢王諒與萬歲出馬邑道萬歲率
柱國張定和大將軍李藥王楊義臣等出塞至大斤山遇
虜達頭遣使間曰隋將為誰候騎曰史萬歲也突厥復曰
得非敦煌戍卒乎曰是也達頭聞而引去萬歲馳追
百餘里乃及擊大破之逐北入磧數百里廣通逃而還楊
素害其功諸萬歲云突厥本降以悟上驚召還萬歲所在
數萬歲之悟會上從仁壽宮初還其功萬歲
子寮東宮黨與上間萬歲所在萬歲實在朝堂楊素見上
方怒因曰萬歲謁東宮矣以激怒上上謂曰吾今召萬歲
忭上士大怒命左右撾殺之既而追悔不及因下詔罪狀
汝極言於上及見上言將士有功為朝廷所抑詞氣憤厲
時所將士卒在朝堂稱冤者數百人萬歲謂曰吾今日為
犯睇陣對敵雁變無方號為良將子懷義嗣
為將不脩營伍令士卒各隨所安無警夜之備虜亦不敢
劉方京兆長安人也性剛決有膽氣仕周承御上士以戰
功拜上儀同隋文帝為丞相從韋孝寬破尉迴於相
州以功加開府賜爵河陰縣侯文帝受禪進爵為公開皇
三年從衛王爽破突厥於白道進位大將軍後歷甘瓜二

州刺史仁壽中交州俚人李佛子作亂據越王故城左僕
射楊素言方有將略於是詔方為交州道行軍摠管統
二十七營而進法令嚴肅然仁壽中愛士卒長史度支侍郎敬德
亮從軍至尹州疾甚不能進留之州館分別之際方敬其
壹篤流涕嗚咽感動路遇者皆為之稱為良將至都隆慰
遇賊方遣營主宋纂何貴嚴願等破之進兵臨佛子經
略林邑方遣欽州刺史寧長真驪州刺史李暈
斬之尋授驩佛子降送於京師其有桀黠恐為亂者皆令
人諭以禍福佛子乃降上嘉之稱為良將以尚書右丞綱為司馬經
雄以步騎出越常方親率大將軍張遜司馬李綱舟師趣
至大業元年正月軍至海口林邑王梵志遣兵守險方
擊走之師次闍利江賊據南岸立柵方盛陳旗幟金鼓
賊懼而潰既度江行三十里賊乘巨象四面而至方以弩
射象象中瘡卻蹂其陣賊奔潰因攻破之於其濟區粟進
邑王梵志棄城奔海獲其廟主金人汀人室刻石紀功
而還士卒脚腫死者十四五方在道遇患卒帝傷惜之
下詔曰美贈上柱國盧國公子通仁嗣閒皇中有馮昱王
摶楊武通陳永貴皆邊將名顯當時昱櫟耾不知
何許人豆多權略有武藝文帝初為丞相以行軍摠管與

王誼李威等討平叛蠻拜柱國開皇初又以行軍總管屯
乙弗泊備胡每戰常大剋捷摛驍勇善射每以行軍總管
屯兵江北以禦陳人所憚伐陳之役及高智慧反攻
討皆有殊績位柱國白水郡公武通弘農華陰人性果烈
善戰射敷以行軍總管討西南夷以功封白水郡公拜左
武衛將軍時項羌屢為邊患朝廷以其有威名使鎮邊
歷岷蘭二州總管復與周法尚討嘉州叛獠法尚軍初不
利知其孤軍無援傾部落而至武通轉鬭關數百里為賊所
拒四面路絕武通輕騎挑戰墜馬為賊所執殺而噉之求
貴隴右胡人本姓白以勇烈為文帝所親愛數以行軍總
管領邊每戰必單騎陷陣位柱國蘭利二州總管封北陳
郡公兆代人本姓屋引氏剛毅有武略頻為行軍總管政
胡以功位至柱國徐州總管竝史失其事
杜彥雲中人也父遷蔦榮之亂從家于岐彥性勇決善騎
射仕周以軍功累遷龍州刺史賜爵永安縣伯隋文帝為
丞相從韋孝寬擊尉遲迥以功進位上開府改封襄武縣
侯拜魏郡太守開皇初授丹州刺史進爵為公徵為左武
衛將軍平陳之役以行軍總管與韓擒相繼而進及陳平
賜物五千段粟六千石進位柱國賜子寶安爵昌陽縣公

高智慧等之作亂後以行軍總管從楊素討平之斬其渠
帥李陀擁眾據壹山彥襲擊破之斬其首又擊徐
州宜封二洞悉平賜奴婢百餘口拜洪州總管有能名及
雲州總管賀婁子幹卒上悼惜者久之因謂侍臣曰榆林
國之重鎮安得子幹之輩平後數日上曰莫過杜彥於是
徵拜雲州總管北夷畏憚胡馬不敢至塞後朝廷追錄前
功賜子寶慶爵承縣公二十八年遼東之役以行軍總管從
漢王至營州上以彥曉習軍旅令總統五十管事及還
拜彥雲州總管以疾徵還卒子寶慶大業末至文城郡
湖州總管突厥寇雲州上令楊素擊走之猶恐為邊患復
導法渡仕魏位開府儀同三司周閔帝受禪賜姓軍非氏
延歷臺僕射河南荊州人也其先與魏同源初姓普乃又
居洛陽改為周氏曾祖拔祖右六肱俱為比平王父怒
封金水郡公歷鳳楚二州刺史更人安之從平齊以戰功
超授柱國進封夔國公未幾拜晉州總管時隋文帝為定
州總管文獻皇后自京師赴州路經稻所主禮其薄既而
白后曰公廨其富於財限法不敢輒費又王臣無得効私
其貲直如此帝以其奉法每嘉之及為丞相從封濟北郡
公拜豫州總管帝受禪復姓周氏開皇初突厥寇邊葉蘭

多被其患前揔管李崇爲廣訥殺上思所以鎮之曰無以
加周摇拜爲幽州揔管六州五十鎮諸軍事摇循障塞謹
年候遏人安之從壽襄二州揔管俱有能名進上柱國以
老乞骸骨上勞之曰公歷仕三代保兹遐邇壽良豈善也賜
坐祿歸第終於家謚曰恭

獨孤楷字脩則不知何許人也本姓李氏父屯從齊神武
帝爲丞相進開府領親信兵及受禪拜右監門將軍進封
汝陽郡公仁壽初出爲原州揔管時蜀王秀鎮益州上徵
之猶豫未發朝廷恐秀生變拜楷益州揔管馳傳代之秀
果有異志楷諭父之乃就路楷察秀有悔色因勤兵爲
備秀至蜀樂去益州四十餘里將反襲楷密使覘之知
可犯而止楷在益州甚有惠政蜀中父老于今稱之煬帝
即位轉并州揔管遇疾喪明上表乞骸骨帝曰公先朝舊
臣卽以鎮之無勞躬親簿領也以其長子凌雲平雲身郡事
其見重如此轉長平太守卒謚曰恭子凌雲平雲監領
知名楷弟盛性剛烈有膽略以藩邸之舊累遷右屯衞

將軍宇文化及之亂襲虔通引兵至成象殿宿衞者比擇
仗交盛謂虔通同何物共形勢天異虔通曰事已然不預
將軍盛盛爲曰老賊何物語不及被甲與左右十餘人迎
拒之爲亂兵所殺越王侗稱制贈光祿大夫紀國公謚曰
武節

乞伏慧字令和馬邑鮮甲人也祖周魏銀青光祿大夫父
纂金紫光祿大夫慧爲第一領人酋長慧少慷慨有大節
便弓馬好鷹犬齊文襄時爲行臺左丞累遷太僕卿自永
寧縣公封冝夫郡王其兄貴和又以軍功爲王一門二王
册爲貴顯周武平齊授使持節開府儀同大將軍拜飛
右旅下大夫轉熊渠中大夫從韋孝寬擊尉遲悼於武陟
以功授大將軍及破尉遲迥進位柱國隋文帝受禪拜
以官爵讓兄朝廷不許論者義之隋文帝賜爵西河郡公請
史曹土舊俗人多姦隱户口簿帳恒不以實慧下車按察
得户數萬遷涼州揔管先是突厥屢寇抄慧嚴警烽燧
遠爲候虜竟不入境後爲荆州揔管又領潭桂二州揔
管三十一州諸軍事其俗輕剽慧躬行朴素以矯之風化
大洽曾見人以籖捕魚者出絹買而放之其仁心如此百
姓美之號其處曰西河公籖煬帝卽位爲天水太守大業
五年征吐谷渾郡瀕西境人苦勞役又遇帝巡坐御道不

整獻食蔬薄帝大怒命左右斬之見其無髮乃釋之除名卒于家

張威不知何許人也父琛農太守威少倜儻有大志善騎射嘗力過人仕周以軍功位柱國京兆尹封長壽縣公王謙作亂隋文帝以威為行軍摠管從梁睿擊之軍次通谷謙守將李三王拒守嚴以為先鋒奮擊三王閉壘不戰威令人激怒之三王果出陣威令壯士奮擊三王潰大兵乘進至關遂謙將走追至成都及謙平進位上柱國盧州摠管改封晉熙郡公尋拜河北

隋文帝受禪拜幽洛二州摠管改封晉

北史列傳卉一　八十九

道行臺僕射後督晉王軍府事遷青州摠管在青州頗事產業遣家奴於人間醫藥廬根其奴緣此侵擾百姓上深加譴責坐廢於家後從上祠太山至洛陽上責之因問威所執笏以見上曰臣雖不遵法度功効實多今還公笏於是復拜洛州刺史後改封皖城郡公轉相州刺史卒于家威勇烈過人也

和洪汝南人也勇烈過人仕周以軍功位車騎大將軍儀同三司時龍州蠻任公忻李國立等聚眾為亂刺史獨孤善不能禦朝議以洪有武略代善為刺史月餘斬公忻國立等皆平之

立等皆平之後從武帝平齊位上儀同賜爵北平侯拜左勳曹下大夫柱國王軌之甥吳明徹也洪有功焉加開府遷折衝中大夫尉遲迥作亂洪以行軍摠管從韋孝寬擊之以功封廣武郡公時東夏初平物情尚梗隋文帝以洪有威名令領冀州事甚得人和後拜泗州刺史屬隋文帝以寇邊詔洪為比道行軍摠管擊走之追虜至磧而還後遷

徐州摠管平

陸壽字羅雲武威人也父萬周夏州刺史壽少果烈有武幹性謹厚從周武帝平齊位開府隋文帝踐位拜為營郡公尉遲迥亂文帝以壽孝寬為元帥壽為臨時孝寬

臨州

北史列傳六十一　二十

有疾不能親拒戎事每旦帳中遣婦人傳教命三軍綱紀皆取決於壽以功進位上柱國尋拜為營州刺史壽性桀黠得先是齊之疲屬高寶寧據和龍武帝拜為營州刺史得華夷心及文帝為丞相遂連契丹靺鞨舉兵反帝以壽有威名多故未遑討之寶寧攻圍北平至是令壽討之寶寧棄城奔于磧北黃龍諸縣悉平壽班師留開府成道昂鎮之壽患忠寶寧遂攻陷昂乃重購獲之比邊遂安平官贈司空

子世師少有斯躁性忠厚多武藝以功臣子拜儀同楊帝嗣位拜張掖太守深為戎狄所憚後拜樓煩太守邊左翊

衛將軍與代王留守京師及義軍至世師自以世荷隋恩遂指斥不下及城平與京兆郡丞骨儀等見誅骨儀天姿胡人性剛鯁有不可奪之志開皇初為御史廔法平嘗不為勢利所迴煬帝嗣位選尚書左司郎于時朝政漸亂賄公行凡當樞要之職無閒貴賤拉家累金寶天下士大夫莫不變節而儀獨立帝嘉其清苦至玄光郡丞公方彌勵志玄雖不便之不能傷及義兵至京拜恐禍及辭老病儀與世師同心協勢以誅其後絕世行詭道報其親待之及為丞相尉遲迴亂崇以宗族故自遣便請罪帝下書慰諭之即令馳驛入朝悃置左右闕皇初封泰興公歲餘從行軍總管達奚長儒擊安歐於周盤力戰而死贈大將軍豫州刺史以義臣襲崇爵時義臣結納帝其親待之及為丞相尉遲迴亂崇以宗族故自兵鎮恆山時隋文帝為定州總管崇知帝相貌非常每自尚幼養於宮中未弱冠拜詔宿衛如干牛者數年賞賜甚厚上嘗言及恩舊顧義臣咩嘆久之因下詔賜義臣姓楊氏編之屬籍為皇從孫未幾拜陝州刺史義臣性謹厚能騎射有將領才後突厥達頭可汗犯塞以行軍總管出白

師有子弘智等各以年幼獲全

道大破之明年突厥文寇邊義臣擊之追至大斤山與虜遇時太平公史萬歲亦至與義臣合擊大破之萬歲為楊素所陷義臣功竟不錄煬帝嗣位漢王諒反時代州總管李景被諒將喬鍾葵所圍義臣時為朔州總管奉詔救之鍾葵見義臣兵少悉衆拒之時鍾葵亞將王拔驍勇善用矟射者不能當每以數騎陷陣義臣患之募能當拔者有車騎將軍楊思恩思恩之募雄勇顧之曰壯士也賜以卮酒思恩望見拔技立於陣後授拔所殺義臣衆之其懼三軍赴之再往不剋所從騎士皆斷義臣自以兵少悉取軍中牛臣軍北者十餘里於是購得思恩屍義臣衆之其懼三軍莫不流涕所從騎士皆斷義臣自以兵少悉取軍中牛驢得數千頭復令數百人持一鼓潛驅之硐谷間出其不意義臣晡後與鍾葵戰兵初合命驅牛驢者疾進一時鳴鼓埃塵張天鍾葵軍不知所以以為伏兵發因大潰縱擊破之以功進位上大將軍累遷太僕卿徵吐谷渾令義臣屯琵琶峽連營八十里南接元壽北連段文振合圍吐谷渾主於覆袁川復從征遼東以軍將指蒲惧道俱鴨漿水與乙支文德戰每為先鋒一日七捷後與諸軍俱敗竟坐免俄而復位明年以為軍副與大將軍宇文述趣平壤至鴨漿水會楊玄感作亂班師檢校趙郡太守祆賊

閬海公作亂寇扶風安定闡義臣奉詔擊平之桑從帝後
征遼東進位左光祿大夫時勒海高士達清河張金稱起
相聚為盜攻陷郡縣帝遣將軍段達討之不能尅詔義臣
率遼東還兵擊大破士達斬金稱又收降賊入豆子航討
賊格謙禽之以狀聞奏帝嘉其威名遠追入朝賊由是後
盛義臣以功進位光祿大夫尋拜禮部尚書卒于官
論曰昔韓信怨望於垓下之期則項王不滅英布無淮南之軍
之殊績而懷悖逆之心者乎梁士彥遘雲富之會以無古人
成名遂貪天之功以為已力報者儘矣施者未厭將生廬
階求逞其欲及逆顏陸百年之也元諧虞慶則元冑或襲
不已雖時主之刻薄亦言語以速禍乎然隋文佐命元功
鮮有終其天命配享清廟闃無聞斯蓋草創帝圖事出
權道本興同心故父而愈薄其牽牛蹊田雖則有罪奪之
非道能無怨乎皆深文巧詆致之刑辟帝沈猜之心固已
甚矣求其餘慶亦難哉長儒以步卒二千抗十萬之眾
師藏夫盡勇氣彌屬壯烈懷智勇善捕士卒人皆樂我
夷懾懼亦有可稱焉蔵寒窘智千幹西涉青海北臨玄塞胡
不渡勞比却凶奴南夷獠兵薛所指咸恐絕域論功伐

氣犯忤貴臣偏聽生釁死非其罪人皆痛惜有李廣之風
焉劉方號令無私臨軍嚴肅克翦林邑遂清南海徼外百
蠻無思不服杜彥東夏南服屢有戰功作鎮朔垂胡塵不
起無思以質直見知獨揹以恤人流興威鸇履之地可
以追蹤古人乞伏慧能以國讓亦云天矣而慧以快帳不
厚至於放黜君方逞欲罰深哉陰壽遘天所廢貪命無
改雖異先覺顧同後凋義臣時屬擾攘功成三捷而以
見忌得沒亦為幸也

北史列傳六十一

列傳第六十一

劉昉
柳裘
皇甫績
郭衍
張衡
楊汪
裴蘊
袁充
李雄

監本北齊　北史列傳六十二　〈一〉　三五八

劉昉博陵望都人也父孟良仕齊位大司農卿從武帝入
關為梁州刺史昉輕狡有姦數周武帝時以功臣子入侍
皇太子及宣帝嗣位以昉佞見狎出入宮掖寵冠一時位
小御正與御正中大夫顏之儀並見親信及帝不能言昉見帝
幼沖又素奇文帝時文帝固讓不敢當昉曰公若為當速
為之如不為昉自為也帝乃從之及帝為丞相以昉為司
馬時宣帝弟漢王贊居禁中每與帝同帳而坐昉飾美妓
進贊贊甚悅之昉因說贊曰大王先帝之弟時望所歸孺

監本北齊　北史列傳六十二　〈二〉

子幼沖豈堪大事令先帝初崩群情尚擾王且歸第待事
聲後入為天子此萬全計也贊時年未弱冠性識庸下以
為信然遂從之文帝以昉有定策功拜上大將軍封黃國
公與沛國公鄭譯皆為心膂前後賞賜鉅萬出入朝夕盈
門于時遲迴起兵帝令韋孝寬討之至武陟諸將不一
帝欲遣昉昉辭未嘗為將以母老為請帝不懌而高
頲請行遂遣譯一人往監軍因謂之曰須得心膂以統大軍
公兩人誰行昉譯遂遣之由是恩禮漸薄又王謙司馬消難相繼反
自衛野傾瞻眄為諸沛時人語曰劉昉牽前鄭譯推後
昉自恃功高溺於財利富商大賈朝夕盈
文帝憂之忘寢與食昉逸遊縱酒不以職司為意相府事
多所遺落帝深銜之以高熲代為司馬是後益見疎忌及
受禪進柱國被踈遠甚不自安後遇京師飢上命禁酒昉
命元功中被踈遠甚不自安後遇京師飢上命禁酒昉使
妾賃屋當壚酤酒治書侍御史梁毗劾奏之有詔不問昉
鬱鬱不得志時上柱國梁士彥宇文忻俱失職怨望時昉
逼與之交數相往來士彥妻有美色昉與私通士彥泄帝窺
知也昉自知不免黙然無所對詔問之
閉之昉自彌慚邊相與謀反許推士彥為帝後事泄帝窮
士彥把國公宇文忻柱國舒國公劉昉等朕受命之初並

晨勤力酬報效榮高祿重朝夕宴言備知朕意但心如
溪壑志等豺狼不荷朝恩忽謀逆亂士彥稱有相者云其
應錄年過六十必據九五初平尉遲迴臨相州已有反
心彰於道路朕即遣人代之不聲其罪刻期不遠欲於蒲
州起事即斷河橋擬陽之關塞河自謂一朝舊
州無人當者其第二子剛每常苦諫第三子叔諧圍深勤
發朕既聞知猶恐枉濫及授晉部之任欲驗蒲州之情士
彥得以欣然朕深念其功不計無禮任以武候授以領軍寄
猶恨貰薄朕深念其功不計無禮任以武候授以領軍寄

之爪牙委之心腹忻密為異計樹黨宮闈多蓄亡命入參
宿衛朕推心待物言必依許為而弗止心跡漸彰仍歐業
兵令其改悔而志規不逞愈結於懷乃與士彥情意偏厚
俱營賊逆逢則交謀委士彥河東自許關石蒲津重煙即
望從征討兩軍結東西之旅一舉合連橫之勢然此破
晉陽還圖宗社防入佐相府便為非法三麾其發二麾其
婦自論常云姓是卯金刀名是一萬日劉氏應王為萬日
天子朕訓之導之竭其悃改合請自新志存如舊亦與士
彥情好深重迎節藏心盡探肝腑嘗共士彥論太白所犯
閶東弁之開恩棄地之亂訪軒轅之裏顧謂己後之災唯待

蒲及事興欲在關内應接殘賊之策十端萬緒惟忻及防
名位並高寧肯北面曲躬臣妾於士彥乃是各懷不遜圖
亂階一得擾攘之基方遂呑并之事士彥忻防身為謀首
叔諧贊成父意議實難容拉已處盡士彥忻防兄弟叔姪
特懿其命賜刑至朝堂宇文忻見高頻向之叩頤求恭惠防
勃然謂忻曰事形如此何叩頤之有於是伏誅籍沒其家
後數日帝素服臨殺盡取三家資物置於前命百寮射
取之以為鑒戒云

柳裘字茂和河東解人義興太守惔少聰慧弱冠有
尚書左僕射父明太子舍人義興太守惔少聰慧弱冠有

令名在梁歷位尚書郎駙馬都尉梁元帝為魏軍所逼
遺裘請和於魏俄而江陵平遂入關中周明武間自解趾
學士累遷太子侍讀封昌樂縣侯宣帝即位進爵郡公轉
御飾大夫及帝不念治政劉昉皇甫績等謀
引隋文帝入輔裘時不可失今事已然宜早定大計天興不取反
受其殃帝從之進上開府内史大夫劉昉頗懷猶豫裘
忻亂天下騷動并州揔管李穆奉迎心以奉使功賜綵三百匹金九
發見穆盛陳利害穆遂歸心帝即令裘與穆淮南賜
環帶一貫時司馬消難阻兵陳帝即令裘隨便安集往喻
馬及雜物開皇元年進位大將軍殊許州刺史在官清簡

慶之轉曹州刺史後帝思襄定策功欲加榮秩將徵之顧
朝臣曰曹州刺史何當入朝或曰即今冬也乃止襄義卒
帝傷惜者久之謚曰安子惠童嗣
皇甫績字功明安定朝那人也祖穆魏隴東太守父道周
湖州刺史雍州都督績三歲而孤為外祖韋孝寬所鞠養
孝寬字諸子隨業督以嚴訓慰績孤幼特拾之績歎曰我
無庭訓養於外氏不能剋勵己何以成立績歎感涉
左自杖三十孝寬聞而對之流涕於是專精好學略
經史自雲龍陽宮時宣帝為太子監國儒剌王作亂城門
帝常避暑雲陽宮引為侍讀建德初轉宮尹中士武
已開百察多有遁者績聞難赴之於玄武門遇皇太子下樓
執績手悲甚交集帝聞而善之遷小宮尹宣政初錄前後
功封義陽縣賞累轉御正下大夫進封郡公拜大將軍開之
馬加上開府轉內史中下宣帝崩隋文帝摠己績有力
年出為豫州刺史尋拜都官尚書轉晉州刺史將之官摭
首言陳有三可滅帝問其狀績曰大吞小一也以有道代
無道二也納叛臣蕭巘於我有詞三也陛下若命鷹揚之
將臣請預我行上嘉勞而遣之陳平拜蘇州刺史高智慧
作亂江南人顧子元素感績恩於冬至日遣使奉牛酒遺之書子元得

書於城下頓首陳謝楊素摠兵至合擊破之拜信州摠管
俄以病乞骸骨詔徵還京師賜以御藥中使相望顧問不
絕卒於家謚曰安子懷嗣大業中位尚書主爵郎
郭衍字彥文太原介休人也父崇以舍人從魏孝武
帝入關位侍中衍少驍武善騎射建德中以軍功累遷儀
同大將軍又從周武帝平齊以功加開府封武強縣公
從皇孝寬討尉遲迴破之以功授上柱國封武山郡公屯平
賜姓叱羅氏宣政元年周宣帝為石州總管開皇元年行模傳
殺周室諸王衍行禪代由是大被親昵開皇元年行模
姓為郭氏突厥犯塞以衍為行軍總管領兵屯平涼數歲
虜不入境徵為開漕渠大監部率水工鑿渠引渭水經大
興城北東至潼關漕運四百餘里關中賴之名曰富人渠
五年授瀛州刺史遇秋霖大水其屬縣多致漂沒人皆上
高檐依大家衍親備船栰拯救之民多獲濟衍乃選
先開倉賑恤後始聞奏上大善之遷授湖州總管所部有
恒安鎮地接蕃境常勞轉運行乃選沃饒地置屯田歲
萬餘石人免轉輸之勞又築桑乾鎮皆稱其能
廣出鎮揚州遇江表構逆命衍討東陽永嘉宣城歙諸洞盡平之授
南與賊戰敗之仍討其餘黨上甚單晉王愛昵之宴賜隆厚
蔣州刺史衍臨下其居車上

遷洪州揔管至有奪宗之謀託衡心腹遣宇文述以情告
之衡大喜曰若諸事果自可為皇太子如此不諧亦須
據淮海復梁陳之舊副君酒令其如我何王因召衡陰共計
議文述人疑無故來往託以妻患纏王妃蕭氏有術能療
之以狀奏帝聽共討之由是大修甲伏陰飬士卒及王入
為太子徵衡行左監門率衡率文帝於仁壽宮將大
漸太子與楊素矯詔令衡宇文述領東宮兵帖上臺宿衛
門禁並由之及上崩漢王起逆而京師空虛使衡馳還揔
兵居守大業元年拜左武衛大將軍帝幸江都令統左軍

改授光祿大夫從征吐谷渾出金山道納降二萬餘戶
衡能捫上竟阿諛順旨帝每謂人曰唯郭衡心與朕同又
嘗勸帝取樂五日一視事無得効從高祖自勤勞帝從之
益稱其孝順初新令行衡封爵例除六年以囚舊封
定侯從往江都卒贈左衛大將軍謚曰襄長子臻武牙郎
將次子嗣本孝昌令

張衡字建平河內人也祖嶷魏河陽太守父允周萬州刺
史衡幼懷志尚有骨梗風十五詣太學受業研精覃思
同輩所推周武帝居大后憂頗多左出獵衡露髮扣馬
切諫帝嘉起為期衣一襲馬一匹擢拜漢王侍讀衡又就

沈重受二禮略究大旨累遷掌朝大夫隋文帝受禪拜司
門侍郎及嘗王廣為河北行臺衡歷刑部慶支二曹郎行
臺殿拜并一揔管據王轉牧揚州衡復為揔王其親任之
衡亦竭慮盡誠奪宗之計多衡所建遷揚州揔管司馬照
及王為皇太子拜衡右庶子衡帝嗣位除給事黃門侍郎
銀青光祿大夫遷御史大夫甚見親重大業三年帝幸榆
林郡還至太原謂衡曰朕欲過公宅可為朕作主人也衡
馳至河內與宗族具牛酒帝上太行開直道九十里以抵
其宅帝悦其山泉留宴三日因謂衡曰往從先皇拜太山

之始塗經洛陽瞻望於此深恨不得相過今日得諧
宿願衡俯伏辭謝奉觴上壽帝益歡賜衡宅傍田三十頃
良馬一匹金帶縑綵六百段衣一襲御食器一具衡固讓
帝曰天子所至稱幸者蓋為此也不足為辭衡復獻食於
帝帝令頒賜自宰相以下至衛士無不霑洽給衡以潘郎之舊
寵異甚厚比頻貴明年帝幸汾陽宮時帝欲大汾陽
宮令衡與紀弘整具圖奏之衡承間進諫以比年勞役百
姓疲敝為請帝意甚不平後帝曰衡謂我為此不時蕭
由其計畫令我有天下時蕭王晙失愛於上帝密令人求
其罪有人諧晙違制將伊闕令皇甫詡從之汾陽宮又錄

前幸涿郡及祠恒岳時父老謁見者衡以

憲司皆不能舉正出為榆林太守明年帝復幸汾陽宮衡

督役築樓煩城因而謁帝帝惡衡不損瘦以為不念咎因

謂曰公甚肥澤衡訟訟宮還郡衡復之榆林俄而敕衡督役江

都宮有人譖衡訟書監者帝惡衡不為理還以訟書付監其人

大為監所困禮部尚書楊玄感詣江都其人詣玄感

奏衡頻減頓具為拒死玄感具以衡為不可及與相見未有所言又先謂玄感

曰衡薄里帝每令親人覘衡所為八年帝自遼東還都妄言

衡心望讒訕朝政帝賜死于家臨死大言曰我為人作何物

而望久活監刑者塞耳促令殺之武德初以為死非其

罪贈大將軍南陽郡公謚曰忠子希玄

楊汪字元度本弘農華陰人也曾祖順居河東父琛儀同

三司及汪貴追贈平鄉縣公汪少凶疏與人羣鬪拳所毆

擊無不顛躓長更折節勤學專精左氏傳通三禮解周

里王侍讀王甚重之每曰楊侍讀德業優深孤之穆生也

後問禮於沈重受漢書於劉臻二人曰吾弗如也由是知

名累遷夏官府都上士隋文帝居相引知兵事遷掌朝下

大夫及受禪賜爵平鄉縣伯歷秦州摠管府長史每聽政

暇必延生徒講授時人稱之入為尚書兵部侍郎數年

帝謂諫議大夫王達曰卿為我覓一好左丞達遂私於汪

曰我當薦君為左丞若事果當以良田相報也汪以達言

奏之達竟獲罪卒拜汪尚書左丞尋守大理卿汪明習法令

當時號為稱職未幾坐事免後拜洛州長史轉荊州長史

煬帝即位追尊為尚書左丞尋守大理卿視事二日帝將親

省囚徒時繫囚二百餘人汪通宵閱案朝旦帝親

問一無遺誤帝甚嘉之曰

與汪講論天下通儒碩學多豈焉論難鋒起皆不能屈帝

光祿大夫及楊玄感反河南贊務裴弘策出師禦戰不

利汪邀擊之出為梁郡通守後煬帝崩宇文化及推越王侗

奏汪疑之之拜人交語既而留守樊子蓋斬弘策以狀

充平遂以冤黨伏誅

裴蘊河東聞喜人也祖之平父忌並江南史有傳忌往陳

吳明徹同見俘于周周賜爵江夏公以父在北陰奉表

於隋辭有史幹仕陳歷直閤將軍興寧令以父在北陰奉表

明辯有史幹請為內應及陳平上策聞江南校尉之士次至

蘊以鳳有向化心超授儀同僕射高熲不悟上旨諫曰蘊

無功於國寵踰輩臣未見其可又加上儀同頻復上曰可加開府頻乃不敢復言即日拜開府儀同三司禮賜優洽歷洋直棣三州刺史俱有能名大業初考績連最場帝聞其善政徵為太常少卿初文帝不好聲技遣牛弘定樂非正聲商及九部四儛之色皆能遺於百姓主是蘊掃萬餘帝大忱遷戶部侍郎時猶承文帝和平後禁網疎闊知帝意豪括天下周齊以來陳樂家子弟皆爲樂戶其六品已下至于凡庶有善音樂及倡優百戲者皆隸太常人至三異技雜戲咸萃樂府皆置博士遞相教傳增益樂人至三萬餘戶口多漏或年及成丁猶詐爲小未至於老已免租賦蘊歷爲刺史素知其情因是條奏皆令貌閱若一人不實則官司解職鄉正里長皆速流配又許民相告若糾得一丁者令被糾之家代輸賦役是歲大業五年也諸郡計帳進丁二十四萬三千新附口六十四萬一千五百皆臨朝覽此謂百官曰前代無好人致此閫員分進民口皆從實者全由裝蘊一人用心古語云得賢而理驗之信矣由是漸見親委拜京兆贊務摘織毫氂吏民愯慄未幾權授御史大夫與裴矩實世基參掌機密蘊善伺人主微意若欲罪者則曲法順情鍛成其罪所欲宥者則附從輕典因而釋之是後大小之獄皆以付蘊憲部大理莫敢與等必案

承進止然後決斷蘊亦機辯所論法理言若懸河或重或輕皆由其口剖析明敏時人不能致詰楊玄感之反也帝遣蘊推其黨與謂蘊曰玄感一呼從者十萬益知天下人不欲多多即相聚為盜耳不盡加誅則後無以勸蘊由是乃峻法理之所裁者數萬人皆籍沒其家帝大稱善賜奴婢十五口司隸大夫薛道衡以忤意獲譴蘊知帝惡之乃奏道衡負才恃舊有無君之心訕謗朝政帝下便殺不自安奏曰衡自知罪高頴等外擅威權自知罪當誅論其罪名似如隱昧源其情意深為悖逆帝曰公論其逆爾與此人相隨行役輕我少時與此人相隱昧推惡端自知罪惡帝曰我少時與此人相隨勃逆帝曰我少時與此人相隨行役輕我即位便憶昔時私議……推惡帝曰然我造禍外擅威權自知罪當誅論賴天下無事未得夾年公論其逆如體本心於是誅道衡又帝問蘇威以討遼之策威不願帝復行且欲令盜自可下多賊乃詭言今者之役不願發兵但詔赦羣盜自可得數十萬遣關內奴賊及山東歷山飛張金稱等一軍出遼西道諸河南賊王薄孟讓等十餘頭並給舟艫浮滄海道必善於免罪競務立功一歲之間可滅高麗奏帝不懌曰我去天下何慮有許多賊竊安能濟乎威出後蘊奏曰大不遜天下實無多賊帝悟曰老革多姦將賊脅我此本心欲撱其口但隱忍之誠極難耐蘊知上意遣張行本奏威罪惡帝付蘊推鞫之乃劾其死帝曰未忍便殺遂免父子及

孫三世並除名藉又欲重己權勢令虞世基以奏罷龍司隸刺
史以下官屬蜀增置御史百餘人於是引致姦黠共為朋黨京
郡縣有不附者陰中之于時軍國多務凡是興師動眾京
都留守及與諸番玄市皆令御史監之賓客附隸遍於郡
國侵擾百姓弗之知也以度遼之役進位銀青光祿大
夫及司馬德戡將為亂也江陽長張惠紹夜馳告之蘊共
惠紹謀欲詔發羽林殿腳遣范富婁等收在外
逆黨欲抑其計須史難作蘊嘆曰謀及播郎
基世基疑及者不實御史難作蘊嘆曰謀及播郎
取梁公蕭鉅及燕王勣力扣門援帝謀議已定道報虞世
基及諸將為蘊為明黨竟誤人事遂見害子憎為尚蓋直長亦同日死

表充字德符本陳郡陽夏人也其後寓居丹陽祖昂父君
正俱為梁侍中充必警悟年十餘歲其父黨至門時冬初
充尚衣莒衫客戲充曰表郎子綵兮綾其以風充應
聲苦曰唯絺與綌服之無斁以是大見嗟賞仕陳年十七
為祕書郎歷太子舍人晉安王文學吏部侍郎散騎常侍
及陳滅歸國時上將廢皇太子正窮東宮官屬充見上雅
是領太史令時上將廢皇太子當殿上然之充復
信符應因希旨進曰比觀玄象皇太子當廢上大悅漸長曰
表奏隋興以後日景漸長曰開皇元年冬至日影一丈二

尺七寸二分自爾漸短至十七年冬至影一丈二尺六寸
三分四年冬至在洛陽測影一丈二尺八寸二年夏
至影一尺四寸八分自爾漸短至十六年夏至影一尺四
寸五分周官以土圭之法正日影以土圭之法正日影尺有五寸鄭
玄云冬至之影一丈三尺今十六年夏至之影一尺四
五分十七年冬至之影一丈三尺七分夏至之影短於
而日長去極遠則影長而日短行內道則影短於
極遠堯典日永星火以正仲夏日短星昴以正仲冬
仲冬日在須女十度日短星昴昴星昏中則知堯時
十一度其間唐堯之代去極近謹案春秋元命包云日月
出內道琁璣得常天帝崇靈聖至相功京房別對曰太平
日行上道升平行次道霸世行下道伏惟大隋
乾元影短日長振古未之有也上大悅告天下將作役功
因加程課丁匠苦之仁壽初充言上本命與陰陽律呂合
黃六十餘條而奏之因上表曰皇帝載誕之初非止神光
瑞氣嘉祥應感至於卒命行年生月生日誕聖之異寶曆
陰陽律呂運轉相待表裏會合此誕聖之時迥同明合
與物更新改元仁壽歲月日子還共誕聖之時迥同明合
天地之心得仁壽之理故知洪基永永無窮上大悅
賞賜優崇僑董莫之比仁壽四年甲子歲煬帝初即位充

及太史丞高智寶奏言去歲冬至日景逾長令歲皇帝即
位與堯受命年合昔唐堯受命四十九年到上元第一紀
甲子天正十一月庚戌冬至陛下即位當其年即與唐堯同自放勛以
一紀乙丑天正十一月庚戌冬至陛下正與唐堯同符同唐
來凡經八上元其間綿代未有仁壽甲子之合謹案第一
紀甲子一在一宮天目居武德陰陽歷數並得符同唐
竟唐堯景辰生景子年受命止合三五紀未若乙丑甲子支
干並當六合五一元三統之期合五紀九章之會共帝堯
同其數與皇唐比其蹤信汸謂皇唐或唐皇哉者數矣
仍諷歷王陳率百官拜表賀後燦感守六微者數司時

繕修宮室征役繁重乃上表補陛下修德獎感退舍百
橐畢賀帝大言前後賞賜萬計時軍國多務六候帝意
欲有所為便奏稱天文見象須有改作以是取媚於上大
業六年遷內史舍人從征遼東拜朝請大夫秘書少監後
天下大亂帝初罹鴈門之厄又盜賊益起心不自安充復
託天文上表陳嘉瑞以媚上曰伏惟陛下握圖而馭黔
首攝萬善而化八絃以百姓為心匪　一人受慶先天罔
違所欲後天必奉其時是以初鴈寶曆正當二元之紀乾
之初九又與本命符會斯則聖人冥契故能動合經緯謹案
去年已來玄象星瑞臺臺無萊謹錄尤異上天降祥破突

厥等狀七事其一去八月二十八日夜大流星如斗出王
良北正落突厥營聲如崩牆其二八月二十九日夜復有
大流星如斗出羽林向北流正當突厥二占流星
隕賊所賊必敗散其三九月四日夜頻有兩星大如斗出
北三魁向東北流依占比斗主殺伐賊必破敗其四五月
主福德頻行京都二處分野依占比斗主國家之福其五月
內熒守羽林九月七日巳退舍依占比赤如火從東北向
散其六去年十一月二十日夜有流星赤如火從東北向
西南落賊帥盧明月營萬突厥將亡之應也依勘城錄河
通漢鎮北有赤氣亘北突厥破其種軍其七十二月十五日夜

南洛陽並當甲子與乾元初九爻及上元甲子符合此是
福地求無所庸旋觀往政側聞前古彼則異時間出今則
一朝揔萃豈非天贊有道助殲虐暴方清九夷於東穢沈
五狄於北溟告成岱岳無為汾水書奏帝大悅超拜秘書
令親待逾昵每欲征討充皆預知之乃假託星象獎成帝
意在位者皆切患之宇文化及弒逆之際并誅充
從周武帝平齊以功授師都督隋文帝作相從韋孝寬破
李雄勃海濟人也父棠名列誠義傳人慷慨有壯志弱冠
迥拜上開府賜爵建昌縣公代陳之役以功進位大將軍
歷柳江二州刺史並有能名後坐事免漢王諒之及煬帝

將發幽州兵討之時實抗為幽州總管帝恐其貳問可任
者於楊素遂進雄授上大將軍拜廉州刺史馳至幽州
止傳舍召尋得千餘人抗恃素貴不時相見雄遣人諭之
後二日抗從鐵騎二千來詣雄所雄伏甲禽抗悉發幽州
兵城斬三萬自井陘討諒遷使朝貢拜戶部尚書與
語因問其冠制所由其使者曰古弁遺象安有大國君子
雄明辯有器幹帝甚佳之新羅嘗遣使朝貢至朝堂與

從幸江都帝以伐儁不整顏雄部伍之雄立指麾六軍肅
然帝大悅曰公具武侯才也尋轉右候衛大將軍復坐事
使亡歸玄感玄感每與討焉及玄感敗伏誅籍沒其家
滄海會楊玄感反於黎陽帝疑之詔鎖雄送行在所雄殺
外未見無禮憲司以雄失醉奏劾其事竟坐俄而復此言
不識雄因

論曰隋文肇基王業劉昉實啟其謀千時當軸縶鈞物無
異論不能忘身急病以義斷圖方凡鹿難求全偷安懷祿
其在周也靡忠貞之節奉隋也愧竭命之誠非義攘其
前功著惡興其後賣而望不隕刑辟保貴全生難矣柳裘
皇甫績因人成事好亂樂禍大運光啟豈參樞要斯固在
人欲其悅已在我欲其罵人理自然也妥嬰有言曰一心

可以事百君百心不可以事一君於昉等見之矣郭衍文
皇締構之始當以牙之寄煬帝經綸之際可亦曰可焉君所謂不亦曰
如脂如韋以水濟水君所謂可亦曰可焉君所謂不亦曰
不焉功雖居多名不見重然則立身行道可不慎張衡奪
宗之計實兆其終令惜平裴蘊素懷姦險巧於附會作威
非其人尚或不可況託足邪徑又不得其人者歟楊汪以學
業自許其終不令惜平裴蘊素懷姦險巧於附會作威
福唯許是視亂本令惜平裴蘊素懷姦險巧於附會作威
悟見許本質兆其終隋氏更以玄象自矜要求時幸干進附入蠱
動皇占讖增昬景厚誣天道亂常侮蔑刑茲捨其在斯
平李雄斯言為玷取譏夷狄以亂從亂何救誅夷

列傳第六十二

北史七十四

趙肸
趙汾
王韶
元巖
宇文弼
伊婁謙
李圓通　陳茂
龐晃
郭榮
蘇孝慈
元壽
李安
楊尚希
張煚
元壽

北史列傳六十三

趙肸字通賢天水西人也祖超宗魏河東太守父仲熱尚
書左丞肸少孤養母至孝年十四有人盜代其父墓中樹
者肸對之號慟因軟送官見魏右僕射周惠達惠達奇不拜
自述孤苦淒涼交集惠達為之隕涕歎息者久之父長沈
深有器局略涉書記周文帝引為相府參軍軍後破洛陽

北史列傳六十三

及班師肸請留撫納亡叛從之肸於是師所領與廬人前
後五戰斬獲甚衆以功封平定縣男累轉中書侍郎周閔
帝受禪還陝州刺史蠻酋向天王以兵攻信陵柿歸肸醜
擊破之二郡獲金時周人於江南岸置安蜀城以禦陳遣
霖雨數旬城頹者百餘步蠻益惰守禦不從乃遣使說誘江
外生蠻安蜀向武陽令乘虛接襲南鄉所居獲其父母妻子南
鄉聞之其衆各散陳兵亦遁明年兵明徹屋為寇惠肸與
前後十六戰每挫其鋒以功授開府儀同三司再遷戶部
中大夫周武帝欲收齊河南地肸諫曰河南洛陽四面受
敵縱得不可以守請從河北直指太原傾其巢穴可一舉
以定帝不納師尋從上柱國于翼自三鵶道伐陳
剋十九城而還以讒毀功不見録累遷齊州刺史坐事下獄自知
宗伯斛斯徵素不協徵後出為齊州刺史坐事下獄自知
罪重逃避走帝大怒購之其急肸密奏曰徵自以罪重
懼死遁逃若不北走自知
顯奔而免肸卒不言隋文帝為丞相
徵賴而免肸卒不言隋文帝為丞相再遷大宗
伯及踐阼拜授璽破進位大將軍賜爵金城郡公再拜相州
刺史朝廷以肸習故事徵拜尚書右僕射未幾以忤旨出

為陝州刺史轉異州刺史甚有威惠興為有疾百姓奔地

軍為祈禱其得人情如此其州市多姦詐興為銅斗鐵尺

置於肆中焉百姓便之帝聞而嘉焉頒之天下以為常法當有

人盜畟田中菽為吏所執興曰此乃刺史不能宣風化被

何罪也愿諭遣之令人載菽一車賜盜者監愧過於重刑

帝幸洛陽興求朝帝勞之卒于官子義臣嗣位至太子洗

馬後同楊諒反誅

同三司性彊濟所居之職皆有聲續周武帝親捴萬機拜

頒涉經史周文王引為相府鎧曹軍廔記室累遷開府儀

趙芬字士茂天水西人也父諒周泰州刺史芬少有辯智

內史下大夫轉小御正明晉故事每朝廷有所疑議眾不

能決者芬輙為評斷莫不稱善後為司會及甲申國公季種

討鄴引為行軍長史封淮安縣男再遷東京小宗伯鎮洛

陽隋文帝為丞相芬為東京左僕射進爵郡公開皇

之密白帝由是深見親委遷東京左僕射進爵郡公開皇

初罷東京官拜尚書右僕射與鄖公韋孝寬內

史令甚見信任未幾以老病出為蒲州刺史加金紫光祿

大夫仍領關東運漕賜錢百萬粟五千石而遣之後數年

上表乞骸骨徵還京師賜以三驪軺軍几杖被褥歸于家

皇太子又致巾帨後數年卒帝遣使致祭鴻臚監護喪事

于元愷嗣位揚州揔管司馬左遷候衛長史少子元楷興

元愷皆明幹世事元楷大業中為歷陽郡丞與廬江郡丞

徐仲宗俱蜀百姓之產以貢於帝仲宗遷南郡丞元楷超

拜江都丞兼鎮江都宮監

王韶字子相自云太原晉陽人也世居京兆祖諧原州刺

史父諒早卒韶自幼而方雅頗好奇節有識者異之在周累

以軍功官至車騎大將軍儀同三司後轉軍正下大夫宣帝即位拜豊州刺

拔晉州喜欲旋師韶諫曰取亂侮亡正在今日方欲釋之

而去臣竊惑及為平陳行臺右僕射賜綵五

百匹韶性剛直壬甚憚之每事諮詢不敢違法度韶常奉

使檢行長城後王安池起三山龍旣還自鎮而諫王謝而

罷之帝聞而嘉嘆賜金百兩陳之役以平陳師留韶

官為元帥府司馬及剋金陵韶即鎮焉晉王廣班師以平

史改封晉昌樂縣公隋文帝受禪進爵項成郡公轉靈州刺

公賜口馬雜畜萬計遷內史中大夫宣帝即位拜晉陽縣

上謂曰自朕至此公顯顯漸曰無乃憂勞所致柱石之

三百口錦絹五千段及上幸并州以其

出石頭遂能剋平其戍王子相之力也於是進位柱國賜如

望唯在於公努力勉之詔斷謝上勞而遣之秦王俊為并
州揔管乃為長史歲餘馳驛入京勞慰而卒帝其傷惜之
謂秦王使者曰爾前令子相緩來如何乃遣馳驛之
殺我子相宣不由汝言甚慷慨使有司為立宅曰往者何
用宅為但以表我深心耳又曰子相死乎子相
始不易寵章未拯舍我而死乎子相發言流涕因命取子相
封事數十紙傳示群臣即位追贈司徒尚書令靈國公贈王
史魏公子士隆嗣知書計亢便弓馬慷慨有父風
大業世頻見親重備身將軍改封耿國公贼王侗稱帝

尚書右僕射憂憤頓發背卒
士隆率數千兵自江淮而至曾王世充僭號其禮重之署
元巖字君山河南洛陽人也父禎魏敷州刺史藏好讀書
不守章句剛鯁有器局即自許少與勃海高熲太原
王韶同志友善仕周為武貢給事大冢宰宇文護見而器
之以為中外記室參遷內史中大夫封昌國縣伯周宣帝
嗣位為政嚴暴京兆郡丞運忤詣朝堂陳帝八失言
甚切至帝大怒將戮之朝臣莫有救者嚴諫人曰臧洪同
日尚可俱死其況比干乎若嚴將與之俱斃詣
開藺見言於帝曰樂運知書奏必死所以不顧身命者欲

取後世名陛下若殺之乃成其名落其術內不如勞而遣道
之以廣聖慶運因獲免後帝將誅烏丸軌不肯署詔御
正顏之儀切諫不入嚴進繼之脫巾頓顙三拜三進帝曰公
汝欲黨烏丸軌耶嚴曰臣非黨軌正恐濫誅失天下望帝
中大夫及受禪拜兵部尚書進爵平昌郡公嚴為丞相加開府戶部
連世務每有奏議悅然正色延爭面折無所迴避上及公
卿皆敬憚之時帝懲周代諸佞微弱以致滅亡由是分王
怒便閣豎王室以幼選良臣重望為之寮佐時嚴與王
諸子權侔王室為盤石之固遣晉王廣鎮并州蜀王秀
鎮益州二王年並幼選貞良有重望為之寮佐時嚴與王

詔為河北道行臺僕射帝謂曰公宰相大器今屈輔我兒
亦如曲阜伯禽之意及嚴到官法令明蕭吏人稱焉蜀王
好畜聚欲取獠口為閹人又欲生剖死囚取膽為藥嚴皆
不奉教每排閣切諫王輒謝而止憚嚴為人每循法蜀中
獄訟嚴所裁斷莫不悅服有得罪者嚴謂曰平昌公與罪吾
何怨焉上甚嘉之實賜優洽後嚴卒于官上悼惜父之益州
老莫不隕涕淨于公思之嚴卒後蜀王為非法造渾天儀文
共妃出微以彈彈人多捕山獠充宦者靡佐無能諫止及
秀得罪上曰元嚴若在吾兒豈有是乎子弘嗣歷給事郎
司朝謁者此平通守

字文敬字公輔河南洛陽人也其先與周同出祖為直力勤
魏鉅鹿太守父珍周岩州刺史敬懍慨有大節博學多通
仕周嘗奉使鄧至國及黑水龍涸諸羌前後降附三十餘
部及還奉詔惰定五禮書威奏之賜田二頃粟百石累遷
小吏部擢八人為縣令皆有異績世以為知人轉內史都
上士武帝將謀出其河陽以代齊敬進策曰齊氏建國于
齊辛用敬策於具募三輔豪俠少年數百人為別隊從帝

今累世雖難用武之地也帝不納師竟無功建德五年大舉伐
衝精兵所聚盡力攻圖恐難得志彼此彼小山平攻
祈連之西賊若收軍必自棄泉之北此地險臨兼下濕度
寇甘州刺史令侯莫陳昶擊之敬謂監軍曰宜選精騎直趨
功拜上儀同封武威縣公宣帝嗣位為守廟大夫時突厥
攻拔晉州身被三瘡苦戰不息帝奇而壯之因從平齊以
其人馬三日方廢被劈勞我送破之必矣若邀此路貢上策又從
也昶不能用西取合黎大軍行運虜已出塞其年敬又從
梁士彥攻拔壽陽改封安樂縣公除滄州刺史轉南司州
刺史司馬消難之亂陳將樊毅殺戰於漳
口自旦及午三戰三捷除黃州刺史轉南定州刺史開皇
初以前功封平昌縣公入為尚書右丞時西羌內附部敬

持節安集置鹽澤蒲昌二郡而還遷左丞嘗官正色為百
寮所憚三年突厥寇甘州以行軍司馬從元帥竇榮定擊
破之敬還除太僕少卿轉吏部侍郎陳之役楊素出信州
道令敬持節為諸軍節度仍領行軍摠管劉仁恩之破陳
將呂仲肅也敬有謀焉加開府儀同行軍摠管仍領行軍
摠管臨釋奠與博士論議詞致清遠上大悅謂
羣臣曰聯今親釋奠者實欲敦獎朕心時
朝廷以晉陽為重鎮并州摠管必屬親王長史司馬亦
一時高選前長史王韶卒以敬有文武幹用出為并州長
史十八年遼東之役授元帥漢王府司馬仍領行軍摠管

軍還歷朝代吳三州摠管皆有能名煬帝即位拜刑部尚
書仍持節巡省河北還除泉州刺史徵拜刑部尚書轉
禮部尚書敬既以才能著稱歷職顯要屢經要重物議多
見推許帝頗忌之時帝漸好聲色之
昔周天元好聲色亡國以今方之下亦甚矣平文言高類曰
役辛非急務有人奏之坐誅天下寬之所著辭賦二十餘
萬言為敬尚書經注行於世有子儇瑗
伊婁謙字彥恭本鮮卑人也其先世為酋長隨魏南遷祖
中部太守父靈相隆三州刺史謙性忠直善辭令仕周
累還宣納上士使持節驃騎大將軍武帝將代齊召入內

殿問以兵事對曰偽齊僭擅拔邑不恭沈溺倡優耽昏麴
蘖縱其析衝之將斛律明月已斃讒人之口上下離心若命
六師薺進臣之願也帝大笑因使謙與小司寇拓跋偉聘
齊觀釁齊主發兵齊主知之令其僕射陽休之責謙曰貴
朝盛夏發兵馬首何向苔曰僕按王之始未聞興師設復
西增白帝之城東益巴丘之戍豈足怪哉謙參軍高遵以
情輸齊遂留謙不遣帝之責帝既克并州召謙勞之乃執遵付謙
任令報復謙頓首請赦之帝善其言而止謙覓待遵如
謙跪曰遵罪又非唖面之責帝曰卿可聚眾大夫
初謙賜爵濟陽縣伯累遷前驅中大夫象中進爵爲侯位

開府隋文帝作相授亳州摠管俄徵還京恥與逆人王謙
同名因謁稱字文帝受禪以爲恭爲左武候將軍俄拜大
將軍進爵爲公後出爲澤州刺史清約自處甚得人和以
疾去職吏人攀戀行數百里不絕卒于家子傑嗣
李圓通京兆涇陽人也少孤賤給使隋文帝家又爲帝
公擢授家軍事初帝少時每宴客恒令圓通監厨圓通性
嚴整左右婢僕咸所敬憚唯世子乳母特寵輕之賓客未
供每有干請圓通不許或輒持去圓通大怒叱厨人揭之
數十叫聲徹於閤內僚吏或左右代其失色賓去後帝知之
召圓通命坐賜食從此獨善之以爲堪當大任帝作相賜

將懷昌男授師帥帽進爵新安子委以心腹圓通多力勁捷
長於武用周氏諸王素憚帝伺便圓通爲之不利賴圓通保護
獲免者數矣帝深感之由是參預政事授相國外兵曹仍
領左親信尋授上儀同帝受禪拜內史侍郎領左衛長史
進爵爲伯歷左右庶子給事黃門侍郎尚書左丞攝刑部
尚書深被任信代陳之役以本官摠揚州摠管從揚素平
仁柔自喜復爲并州長史行軍摠管進爵郡公揚帝嗣位拜
部尚書後復爲幷州長史陳之役以勳舊進爵郡公揚坐免毒
檢校刑部尚書後復爲幷州長史以功進位大將軍攻封萬安縣公揚州摠管

兵部尚書帝幸揚州以圓通留守京師判宇文述田還百
姓述訴其受賂帝怒坐是免官圓通憂懼發病卒贈柱國
封悉如故子孝常襲末爲華陰令武德初以應義旗
功封義安王又有陳茂者河東猗氏人家世寒微質直恭
謹爲州里所稱文帝爲隋國公引爲僚佐遇隆興圓通等
每令典家事常稱旨後從帝與齊師戰於晉州賊甚盛帝
將挑戰茂固止不得因挺馬輕帝與齊帝戰帝怒拔刀斫其額流血被
面詞氣不撓帝感而謝之厚加禮敬帝戰遇興圓通
及受禪拜給事黃門侍郎封魏城縣男每典機密轉益州摠
管司馬遷太府卿進爵爲伯卒官子政嗣政字弘道倜儻

有文武大略善鐘律便弓馬以養宮中年十七為太子千
牛備身京都大俠劉居士重政才氣敷從之遊圓通子尊
常與政相善遊與居士伏誅政及孝常從坐
上以功臣子捷之二百而赦之由是不得調煬帝時歷位
恊律郎通事謁者兵曹承務郎及帝以其才甚重之（文化及
之亂以為太常卿後歸大唐為梁州揔管遇賊見殺
郭榮字長榮自云太原人也父徽仕魏為同州剌史安
元皇帝為剌史由是與隋文帝有舊徽後位洵州剌史武
城縣公及帝受禪拜太僕卿卒官榮容貌魁岸跣內密
與交甚愛之周大冢宰宇文護引為親信護察榮謹愿擢
為中外府水曹參軍兼冠軍將軍復護令榮於汾州觀城勢時
汾州與姚襄鎮相去懸遠榮以二城孤迴勢不相救請於
州鎮間更築城以相控攝護從之俄而齊將段孝先攻陷
姚襄汾州二城唯榮所立者獨能自守護作浮橋出兵孝
先於上流縱大筏擊浮橋護令榮收取其筏以
功搜大都督護以稽胡數為寇亂使綏集之榮於上郡
延安築周昌弘信廣安招遠寧等五城以遏其要路稽胡
由是不能為寇周武親揔萬機拜宣納中士後從平齊以
功封平陽縣男遷司水大夫榮少與隋文帝親狎帝嘗與
夜坐月下謂榮曰吾仰觀玄象俯察人事周歷已盡我其

代之榮深自結納未幾周宣帝崩文帝揔百揆召榮撫其背
笑曰吾言驗未即拜相府樂曹參軍俄以本官復領藩部
大夫文帝受禪引為內史舍人以龍潛之舊進爵蒲城郡
公位上儀同累邊通州剌史壽初西南夷獠多叛詔榮
領八州諸軍事行軍揔管討平之煬帝即位入為武候驃
騎大將軍以嚴正聞後黔安首領田羅駒阻清江作亂夷
陵諸郡人夷多應者詔榮擊平之遷左候衛將軍作寮東
征吐谷渾軍銀青光祿大夫遼東之役以功進左光祿大夫
明年帝復事遼東榮以中國疲弊奏東城榮親冒矢石晝夜不
帝請止行帝不納復從軍攻遼東城榮親冒矢石晝夜不
解甲冑帝知之大悅每勞勉之帝後以榮年老欲令出為郡
榮陳請不願京師之拜右候衛大將軍後數日帝謂百僚曰
誠心純至如郭榮者固無比矣楊玄感之亂帝令馳守太
原明年從帝至柳城卒於懷遠鎮帝為廢朝賻物甚
諡曰恭子福善
龐晃字元顯榆林人也父虯周驃騎大將軍晃少以良家
子召補州都督周文帝署大都督領親信兵常置左右晃
因徙居關中後遷驃騎將軍龍襲爵比陽侯衛王直出領襄
州晃以本官從尋與長湖公元定擊江南孤軍深入沒於
陳數年衛王直遣晃弟車騎將軍元儁賷絹八百四贖焉

乃得歸拜上儀同復事衛王時隋文帝出為隨州刺史路
經襄陽衛王令晃詣文帝晃迎見於襄邑帝甚歡與晃同飯晃因曰公
去官歸京師晃非常人深自結納及帝
相貌非帝名在圖錄九五之日帝幸頹不忘帝笑曰何妄言
也頃之有一雄雉鳴於庭帝令晃射之曰中則有賞然嗚
貴之日持以為驗襄之言上笑曰公此言何得忘也尋加
君臨府拜右衛將軍進爵為公河間王弘之擊突厥晃性
上關府時廣平王雄嘗途用事勢傾朝廷晃與高熲有隙二人屢譖晃
剛悍時廣平王雄嘗途用事勢傾朝廷晃與高熲有隙
軍中臥見雄不起雄甚銜之復與高熲有隙二人屢譖晃

由是宿衛十餘年官不得進出為懷州刺史遷原州總管
卒於官帝為廢朝謚曰敬子長壽頗知名位驃騎將軍
李安字玄德隴西狄道人也父蔿仕周為相燕恒三州刺
史襄武縣公安姿美容善騎射天和中龍驤爵襄武公授儀
同小司右上士隋文帝作相引之左右遷職方中大夫復
拜安弟哲為儀同應哲謂安曰丞相父也其不忠言之則不
王謀害帝誘哲以立身加官賞安曰豈可將叔父遂陰白
義失忠與義何以立身安曰
之及趙王等伏誅將加官賞
以求官賞於是俯伏流涕悲不自勝帝為之改容曰我為

沒持存瑋子乃命有司罪止瑋身帝亦為安隱其事而不
言尋授安開府進封趙郡公哲上儀同黃臺縣男文帝即
位歷內史侍郎平陳之役為楊素司
馬仍領行軍總管率蜀兵順流東下時陳人屯白沙安謂
諸將曰水戰非北人所長今陳人依險泊船必輕我無備
夜襲之賊可破也安率眾先鋒大破陳師詔書勞勉進位
上大將軍鄧州刺史轉鄧州刺史求為內職帝重遷其意
除領左右將軍還領大將軍拜哲為開府儀同三司備
身將軍兄弟俱典禁衛恩信甚重八年突厥犯塞以安為
行軍總管從楊素擊之安別出長川會虜渡河與戰破之

仁壽元年出安為寧州刺史哲為衛州刺史安平瑗哲子
瑋始自襁褓乳養宮中至是年八九歲始命歸家其親顧
如是帝嘗言及作相時事因愍安兄弟滅親奉國乃下詔
曰先王立教以義斷恩因心之愛親愛之情盡事君之道用能弘
獎大節體此至公社者朕登庸補佐惟始王業初其志
趙郡公李安其叔瑋潛結蕃枝包藏不逞安與弟哲深知
逆順披露丹心凶謀既彰罪人斯得每念誠節嘉之無
已但以事涉其親猶有疑惑今更詳案聖典本有差降志私
地朕常為思審遂致淹年今更詳案聖典本有差降志私
天性忠孝猶不並立況復叔姪恩輕情禮本有差降志私

奉國深正得理宜錄舊勳重弘賞命於是拜交哲俱為柱
國賜縑各五十四馬百四羊千口以哲為備身將軍進封
順陽郡公安謂親族曰雖家獲全而叔父遭禍今奉此詔
悲愧交懷因歡欣悲感不能自勝先愚水病於是疾甚而
卒諡曰懷子瓊嗣少子孝恭最知名哲煬帝時工部尚書
後坐事除名配防嶺南道卒

親臨釋奠尚希時年十八令講孝經詞旨可觀文帝之
楊尚希弘農人也祖真魏天水太守父承寶商直漸三州
刺史尚希齠齔而孤年十一辭母請受業長安詣陽盧辯
見而異之令入太學專精不倦同輩皆共推服周文帝嘗

〔北史列傳六十三〕 十五 先

賜姓普六如氏擢為國子博士累轉舍人上士明武世歷
太學博士太子宮尹計部中大夫賜爵高都侯東京司憲
中大夫撫慰山東河北至相州而宣帝崩與相州揔管尉
遲迴發喪於館尚希出謂左右曰蜀公哭不哀而視不安
將有他計吾不去將及於難遂夜遁及明迴方覺令數十
騎追不及遂歸京師隋文帝以尚希宗室之望又持迴而
至待之甚厚及迴北並陝道尚希領宗室兵三千人鎮
潼關尋授司會中大夫文帝受禪拜度支尚書進爵公
歲餘出為河南道行臺兵部尚書加銀青光祿大夫尚希
時見天下州郡過多上表以為今郡縣倍多於古或地無

百里數縣並置或戶不滿千二郡分領寮以眾資寡日多
吏卒又倍租調歲減清幹良材百分無一動須數萬如何
可充所謂人少官多十羊九牧今存要去閒併小為大國
家則不虧粟帛官少選用則易得賢子帝覽而嘉之遂罷天下
諸郡後歷位瀛州刺史兵部禮部二尚書授上儀同尚希
謂曰蒲州出美酒足堪養病屈公臨之於是拜蒲州刺
史仍領本州宗團驃騎尚希在州甚有惠政復引瀍水
碎之務非人主所宜親上歡然曰公愛我者尚希有足疾
臨朝日側不倦尚希諫以為陛下宜舉大綱責成宰輔繁
性悼厚兼以學業自通甚有雅望為朝廷所重上時每旦

〔北史列傳六十三〕 十六 先

隋防開稻田數千頃人賴其利卒官諡曰平子旻嗣後封
丹水縣公位安定郡丞
張煚字士鴻河間鄭人也父羨少好學多所通涉仕魏為
蕩難將軍從武帝入關累遷銀青光祿大夫周文引為祕
事中郎賜姓叱羅氏歷司織大夫雍州中從事應州刺史
儀同三司賜爵鄉縣公復入為司成中大夫典國史周
代公卿類多武將唯羨以素業自通甚為當時所重復以
年老致仕隋文帝受禪欽其德望以書徵之及謁見敕令
勿拜扶杖升殿上降榻執手與之同坐宴語父之賜以几
杖會遷都龍首羨上表勸以儉約上優詔答之卒贈滄州

刺史諡曰定所撰老子莊子義名道言五十二篇暇好學
有父風仕魏位員外侍郎周文引為外兵曹明武世位冡
宰司錄賜爵比平縣子宣帝時加儀同進爵為伯隋文帝
為丞相暇深自推結帝以其有幹用甚親遇之及受禪拜
為尚書右丞進爵為侯遷太府少卿領管新都監丞丁父
憂去職柴毀骨立未暮授儀同三司龍韶鄉縣公歷太
府卿尚書晉王廣為揚州總管授司馬加銀青光
禄大夫暇性和厚有識度甚有當時譽及後拜冀州刺史晉王為皇
太子復為冀州刺史位上開府吏人悅服稱為良二千石

卒官子慧寶官至絳郡丞闗皇中有劉仁恩者政績為天
下第一擢拜刑部尚書以行軍總管從楊素伐陳與素破
陳將呂仲肅於荊門仁恩計功居多授上大將軍其有當
時譽馮翊郭均上黨馮世基並明悟有幹略相繼為兵部
尚書此三人俱顯名於世然事行闕洛史莫能知
蘇孝慈扶風人也父武周兖州刺史孝慈少沉謹有器幹
美容儀仕周位至工部中大夫封臨水縣公隋文帝受禪
進爵安平郡公拜大府卿初基微天下匠繕微
之巧無不畢集孝慈搃其事出以為能歷位兵部尚書大
遇愈密時皇太子勇頗知時政上欲重宮官之望多令大

臣領其職拜孝慈太子右衛率尚書如故及於陝州置常
平倉轉輸京下以渭水多沙乍深乍淺乍決渭水為渠以
屬河谷孝慈督其役渠成上善之又領太子左衛率仍判
工部戶部二尚書稱為幹理進位大將軍轉工部尚書率
如故先是以百寮供費不足臺省府寺咸置廨錢收息取
給職田各有差上並納焉及廢太子憚其在東宮出為
浙州刺史太子以孝慈去形於言色遷洪州總管俱有惠
政後會昌孝慈兄順周眉州刺史子沙羅字子粹仕周以
官子曾昌孝慈兄順周桂林山越相聚為亂詔孝慈為行軍總管擊平之卒
于家子康嗣

破尉遲迴功授開府儀同三司封通秦縣公闗皇中歷位大
資邛二州刺史檢校益州總管從史萬歲擊西爨進位大
將軍氣檢校利州總管長史及蜀王秀廢沙羅坐除名卒

元壽字長壽河南洛陽人也祖敏魏侍中郢陵王父寶周
涼州刺史書少孤性仁孝九歲喪父哀毀骨立宗族鄉黨
咸異之事母以孝聞及長方直頗涉文史周武成初封隆
城縣侯保定四年封儀同三司隋開皇初議
伐陳以壽有思理使於淮浦監脩船艦以彊酒見福累遷
尚書左丞文帝嘗出死觀射文武立從闗府蕭歷詞辯惠

且死奏請遣子向江南收其家產御史見而不言壽義劾
之曰御史之官義存糾察直繩莫舉憲典誰示今月五日
觀盛禮奏稱請遣子世略暫往江南重收家產妻安遇患
彌留有日安若長逝世略不合此行竊以人倫之義伉儷
為重貪愛之道烏烏弗觀摩詞速念資財近忘四好一言
緣發名教頓盡而兼殷內侍御史臣韓徵之等親所聞見
竟不彈糾若知非不舉情涉阿縱如不以為非豈關理識
儀同三司太子左庶子撿校重傳御史臣劉行本觀慮
體何所逃違臣諫噎朝寄恭居左轄無容寢嘿謹以狀聞

上嘉納之後授太常少卿出為基州刺史有公廉稱入為
太府少卿進位開府煬帝嗣位漢王諒及左僕射楊素為
行軍元帥壽為長史事平以功授大將軍遷太府卿為大業
四年拜內史令從帝西討吐谷渾壽卒衆匹金山東西連
啓三百餘里以圍渾主還拜右光祿大夫七年兼左翊
衛將軍從征遼東在道卒帝哀之甚慟贈尚書右僕射光
祿大夫諡曰景子敏頗有才辯而輕險多詐壽卒帝追思
之擢敏守內史舍人交通惇徒數泄省中語化及之反敏
剋其謀偽授內史侍郎為沈光所殺
論曰二趙明習故事當世咸推及居端右無聞殊績故知

人之分器各有量限大小云異不可相踰晉蜀二王帝之
愛子擅以權寵蔓拘憲法王韶元巖佳當彼役相逆見嚴憚
莫敢為非謇諤之風有足稱矣字文弼寧量宏遠蔚茲雅操
歸斯言不密以致傾殞惜矣伊婁謙志識弘深不念舊惡
請救高熲之罪有君子風焉李圓通郭榮見異龍潛或陳力
經綸之際或自結龍潛之始其所以高位厚秩隆與殊寵
豈徒然哉李安雖則滅親而於義亦疎矣楊尚希譽望
隆重張煚蘇孝慈咸稱貞幹韓洪權自開皇之初蓋當時之
選也元壽揲之贈則為優矣
足云端撰之彈行本有意存夫名教然其計功稱伐蓋不

列傳第六十三

北史七十五

列傳第六十四

段文振
來護兒
樊子蓋
周羅睺
周法尚
劉權
衛玄
李景
薛世雄

藍山左院刊　▲北史列傳六十四　一▶

段文振北海期原人也祖壽魏滄州刺史父威周洮河甘
渭四州刺史文振少有膽力智過人明達世務初為周
宰宇文護親信護知其有器局幹用權授中外府兵曹
後從周武帝攻齊歷海昌王尉相貴於晉州其亞將侯子欽
崔景嵩為內應文振梯與崔仲方等數十人先登城文
振擁景嵩至相貴所技佩刀劫之相貴不敢動城遂下及
攻幷州陷東門而入齊安德王延宗懼而出降錄前後勳
授上儀同賜爵襄國縣公進平
鄴都又賜綺羅二千段從滕王逌擊稽胡破之又以天
官都上士從韋孝寬經略淮南俄而尉遲逈作亂時文振

藍山左院刊　▲北史列傳六十四　二▶

老母妻子俱在鄴城迴遣人誘之文振不顧隋文帝引為
丞相掾司馬消難之奔陳文帝令文振安集淮南還除衛
尉少卿兼內史侍郎尋以行軍長史坐
加上開府遷鴻臚卿衛王爽以行軍長史坐
勳薄不實免官後為石河二州刺史其後有威惠邊蘭州揔
管啟封龍崗縣公突厥犯塞以行軍揔管擊破之遂北至
居延塞開皇九年大舉伐陳為元帥秦王揔管司馬
揔管後拜雲州揔管遷太僕卿轉幷州揔管司馬別領行軍
愍至職後拜雲州揔管遷太僕卿十九年突厥犯塞先與王
軍揔管破達頭可汗於沃野文振先與王世積以行
振北征世積遺以駞馬比還世積以罪誅文振坐與交關
功遂不錄後平越巂叛蠻賜奴婢二百口仁壽初為嘉州揔
反文振以行軍揔管司引軍山谷間為賊所襲大敗
文振復收散兵竟破之文振性素剛直無所隆下初軍次
亂右調衛卅王秀貌頗不恭秀甚銜之及此秦除名及秀廢黜
益州調衛卅王秀貌頗不恭秀甚銜之及此秦除名及秀廢黜
文振上表自申帝慰諭之授大將軍拜靈州揔管賜帛
位徵為兵部尚書待遇甚重從征吐谷渾文振督兵屯雪
山連營三百餘里東接楊義臣西連元壽合圍渾主於覆
袁川以功進位右光祿大夫帝幸江都以文振行江都郡

事文振見文帝時容納突厥啟人居子塞內妻以公主賞
賜甚重及大業初恩澤彌厚恐為國患乃上表請以時喻
導令出塞外然後明設烽候緣邊鎮防務令嚴重此乃萬
世之長策時兵部侍郎斛斯政專掌兵事文振知政險薄
不可委以機要屢言於帝帝並弗納及遼東之役授左候
衛大將軍出南蘇道在軍疾篤上表以為遼小醜未服嚴
刑但夷狄多詐深潭防擬口陳降款心懷背叛誑速多端
勿得便受水潦方降不可淹遲唯願陛下嚴勒諸軍星驅
脫渦秋潦深為釁釁兵燼又媿強敵在前韓輒出後遲疑
則平壤孤城勢可拔也臣若傾其本根餘城自冣如不時定

三 ▼

不決非上策也卒於師省表悲歡父之贈光祿大夫尚
書右僕射北平公諡曰襄長子詮位武牙郎將次子綸少
以俠氣聞文振弟文操大業中為武賁郎將性甚剛嚴帝
令俟秘書省學士時學士頗存儒雅文操輒鞭撻之前後

或至千數時議者鄙之
令祖戎魏新野縣侯後歸梁徙居廣陵因家焉位終六合
曾祖戎魏新野縣侯後歸梁徙居廣陵因家焉位終六合
令祖敬步兵校尉泰郡太守長寧縣侯父法敏仕陳終於
海陵令護兒幼而孤養於世母吳氏吳氏提攜鞠養甚
有志操幼而孤躬牽初讀詩至擊鼓其鏜踴躍用兵羨采芑

飾孔武有力因捨書歎曰大丈夫在世當如是安能區區專事筆硯也羣輩驚其言而壯其志
以取功名安能區區專事筆硯也羣輩驚其言而壯其志
及長雄略秀出志氣英遠沈湎書史不為章句學始為候景
之亂護兒世父為鄉人陶武子所害吳氏每流涕為護兒
言之武子宗數百家厚自封植護兒每思後恕因其有婚
禮乃結客數人直入其家引武子斬之賓客皆懼不敢動
乃以其頭祭伯父墓因潛伏數歲會周師定淮南乃歸鄉
里所住白土村地居疆場被江鼓譟而進護兒言於素曰
名之志及開皇初宇文忻賀若弼等鎮廣陵遂深相禮重
除大都督領本鄉兵破陳將曾永以功授儀同三司平陳

四 ▼ 壽

之役護兒有功焉進位上開府賞物一千段十一年高智
慧據江南反以子揔管統兵隨楊素討之賊據浙江岸為
營周亘百餘里船艦被江鼓譟而進護兒言於素曰
輕銳利在舟楫必死之賊難與爭鋒公且嚴陣以待之勿
與接刃請假奇兵數千潛度江掩破其壁使退無所歸進
不得戰此韓信破趙之策也素以為然護兒乃以輕銳
百直登江岸襲破其營因縱火煙焰張天賊顧火而懼素
因是進一鼓破之智慧將逃於海護兒追至閩中餘黨皆
平進位大將軍除泉州刺史封襄陽縣公食邑二千戶賜
物二千段奴婢百人護兒招懷初附威惠兼舉鹽書券陶

前後相屬時智慧餘黨盛道延阻兵為亂護兒又討平之
遷建州總管又與浦山公李寬討平之
柱國封永寧郡公文帝嘉其功黜逆黨汪娑進位
年詔追入朝賜以宮女寶刀駿馬錦綵等物仍留長子楷
為千牛備身使護兒以善政聞
頻見勞勉煬帝嗣位被追入朝百姓攀戀累日不能出境
詣闕上書致請者前後數百人帝謂曰昔國步未康卿為
名將今天下無事文為良二千石可謂兼美矣日不除右驍
衛大將軍尋遷左又改上柱國為光祿大夫從石湖衛大
將軍進封榮國公恩禮隆密朝臣無比大業六年車駕幸

江都謂護兒曰衣錦晝遊古人所重卿今是也乃賜物二
千段并牛酒令謁先人墓宴鄉里父老仍令三品已上並
集其宅酣飲盡日朝野榮之遼東之役以護兒為平壤道
行軍總管乘樓船指滄海入自浿水
去平壤六十里高麗主高元掃境內兵以拒之列陣數十
里諸將咸懼護兒笑謂副將周法尚及軍吏曰吾本謂其
堅城清野以待王師今來送死當殄之而朝食高元子建
驍勇絕倫率敢死數百人來致師護兒命武賁郎將費青奴
及第六子左千牛整馳斬其首乃縱兵追奔直至城下保
斬不可勝計因破其邪嘗於城外以待諸軍高麗晝閉城

門不敢出會宇文述等眾軍皆敗乃旋軍以功賜物五千
段以第五子弘為杜城府鷹揚郎將以先封襄陽公賜其
子整明年又出滄海道師次東萊會揚玄感反攻洛陽
護兒聞之召裨將周法尚等議旋軍計逆法尚曰洛陽被圍心腹之
疾高麗逆命猶疥癬耳公家之事知無不為擅在吾當
不關諸人也有沮議者軍法從事即日迴軍令子弘及整
馳驛奏聞帝見弘等甚悅曰汝父擅國難乃誠臣也授
弘通議大夫整公路府鷹揚郎將乃降國書於護兒曰公
旋師之時是朕敕公之日君臣意合遠同符契乃於元惡

期在不遙勒名太常非公而誰也於是護兒與宇文述破
玄感於閶鄉斬平之還加開府儀同三司賜物五千段黃
金千兩奴婢百人贈父法敏東陽郡太守永寧縣公十一
年又率師渡海破高麗奢卑等二城高麗舉國來戰護兒
大破之將趣平壤高元震懼使執叛臣斛斯政詣遼東城
下請降帝許之詔護兒旋軍護兒集眾軍謂曰三度出兵
未能平賊此還也不可重來今高麗困弊野無青草以我
眾戰不日剋之吾欲進兵徑圍平壤取其偽主獻捷而歸
也於是拜表請行不肯奉詔長史崔君肅固爭之以為不
可護兒曰賊勢破矣吾在閫外事合專決寧得高元還

而復謹捨此成功所不能矣君肅告狼曰若從元帥違拒
詔書必當奏聞諸將懼乃同勸還師方始奉詔及帝於鴈
門為突厥所圍將選精騎潰圍而出護兒諫曰自皇家受命將四十
諫乃止十二年駕幸江都護兒諫曰陛下興軍旅百姓
翁薄賦輕徭戶口滋殖陛下以高麗逆命稍興軍旅百姓
無知易為咨怨在外羣盜往往聚結車駕遊幸深恐非宜
伏願駐駕洛陽與時休息出師命將掃清羣醜上稟聖筭
指日剋除陛下今幸江都是臣衣錦之地臣荷恩重不
敢專為身謀常恐問之廬色而起數日不得見後怒解方被
引入謂曰公意乃爾朕復何望護兒因不敢言尋代宇文
述為左翊衛大將軍及宇文化及構逆深忌之見日日將
朝見護兒曰陛下今何在左右曰今被執護兒嘆曰
吾備位大臣荷國重任不能肅清逆亂遂令王室至此抱
恨泉壤知復何言乃遇害護兒重然諾敦交契廉謹財利
不事產業至於行軍用兵特多謀筭每覽兵法曰此亦豈
異人意也善撫士卒部分嚴明故咸得其死力子十二人
措通議大夫弘金紫光祿大夫整左光祿大夫整尤驍勇
善撫御討擊羣盜所向皆捷諸歌曰長白山頭百戰場
十五五把長鎗不畏官軍千萬眾戶怕榮公第六郎至
是並遇禍子姪死者十人唯少子恒濟二人免

樊子蓋字華宗廬江人也祖道則越州刺史父儒侯景
之亂奔齊仕仁州刺史子蓋仕齊位東海北陳二郡太守
貞分散騎常侍封富陽侯周武帝平齊授儀同三司鄆州
刺史隋文帝受禪以儀同領鄉兵後除楀陽太守平陳之役
以功加上開府改封上蔡縣伯歷嵩南地圖賜以良
馬雜物加統四州令還任所遣光祿少卿柳謇之餞於灞
州擁管許以便宜從事十八年入朝奏嵩南地圖賜以良
上煬帝即位轉涼州刺史改授光祿大夫武威太守
以善政聞大業三年入朝加金紫光祿大夫五年車駕西
巡將入吐谷渾子蓋以彼多瘴氣獻青木香以禦霧露及
帝還謂曰人道公清定如此不子蓋謝曰臣安敢清止是
小心不敢納賄耳於是賜之口味百餘解加右光祿大夫
子蓋曰顧丹陛帝公侍朕則一人而已委以西方則
萬人之敵耳識此心帝曰公侍朕則一人而已委以西方則
帝遷謂曰人道公清定如此不子蓋謝曰臣安敢清止是
子蓋傾望鑾輿願巡郡境帝知之下詔慰勉之是歲朝於
江都宮帝謂曰富貴不還故鄉真衣繡夜行耳因敕廬江
郡設三千人會賜米麥六千石使謁墳墓宴父老當時榮
之還除戶部尚書時處羅可汗及高昌王款塞復以子蓋
檢校武威太守應接二蕃遼東之役攝左武衛將軍出長
岑道後以宿衛不行加左光祿大夫其年帝謀東都使子

蓋涿郡留守九年駕復幸遼東都留守屬楊玄
感作逆逼城子蓋遣河南贊務裴弘策逆擊之反為所敗
遂斬弘策以徇楊汪小不恭子蓋又斬之汪
拜謝頓首流血久乃釋免於是三軍莫不戰慄將吏無敢
仰視玄感每盡銳攻城子蓋兄所誅殺萬人又撿校河內
禄大夫封建安侯賜女樂五十人謂曰朕遣越王留守東
都示以皇枝盤石社稷大事終以委公特宜持重戈甲五
百人而後出此勇夫重閑之義無賴不軌者便誅鉏之凡

可施行無勞形迹今為公別造玉麟符兴代銅獸又指越
代二王曰今以二孫公與衛文昇耳宜選貞良宿德有
方幅者教習之於是賜以良田甲第十年駕還東都帝謂
子蓋曰玄感之反神明故以良公言其功濟天下特為立名無此郡
令讓是日進爵為齊公後動即以此盃賜公用以金盃屬子蓋
國也良弉嘉謀為突厥所圍帝欲選精騎潰圍出子
十一年從駕至鴈門為突厥所圍帝欲選精騎潰圍出子
酒曰良弉嘉謀垂泣願暫得遼東之役以慰眾望聖躬親
出慰撫厚為勳格人心自舊不足為憂帝從之後援兵至

虞為去納言蘇威追論動格太重宜在斟酌子蓋執奏不
宜失信帝曰公欲收物情邪子蓋默然不敢對從駕還東
都時絳郡賊敬槃陀柴保昌等咀兵數萬汾晉苦之詔子蓋
進討時人物殺曰子蓋善惡無所分別汾水比村塢盡焚
之百姓不能破賊詔徵還又將兵擊宜陽賊以疾停卒于
東京上悲傷者久之顧黃門侍郎裴矩曰子蓋臨終何語
矩曰子蓋病篤恨鴈門之恥帝聞之歎息令百官就弔死
贈開府儀同三司諡曰景會葬萬餘人武威人吏聞其敗
莫不嗟痛立碑頌德子蓋無他權略在軍持重未嘗負敗

往官明察下莫敢欺嚴酷少恩果於殺戮臨終之日見斷
頭見前後重沓為之屬云
周羅睺字公布九江尋陽人也父法喜仕梁至南康內史
臨蒸縣侯羅睺年十五善騎射好鷹狗任俠放蕩收聚亡
命陰習兵書從祖景矛誠之曰吾世恭謹汝獨放縱若不
喪身必將滅吾族羅睺終不改仕陳為司容令後從大都
督吳明徹與齊師戰於江陽為流矢中左目齊師之圍吳
明徹也諸軍相顧莫有鬥心羅睺躍馬突進救之於重圍之
雅太僕卿蕭摩訶斬首不可勝計進師徐州與周將
梁士彥戰於彭城摩訶臨陣隕隊為羅睺進救之於重圍之

內褒先三軍明徹之敗羅睺全衆而歸後以軍功除右軍
將軍封始安縣伯　授檢校揚州中外諸軍事勳金銀三千
兩盡散之將之士　分賞驍雄陳宣帝深歎美之出為晉陵太
守進爵為侯　　除使手人懷其惠立碑頌德至德中除持
史獄訟庭決不關吏　節都督南川諸軍事江州同馬吳世興密奏羅睺其得人
之外有知者或勸其反　羅睺拒絕之還陳太子左衛率信
任愈重時豪宴帝陳王曰周羅睺詩每前成文士問

為後也都官尚書孔範曰周羅睺執筆製詩還如上馬入
陣不在人後自具益見親禮及隋代陳羅睺都督巴峽緣
江諸軍事以拒秦王俊及被禽入江徜牛下晉王廣
遣陳王千書命之羅睺與諸將大臨三日放兵士散然後
乃降文帝慰諭之許以官貴羅睺垂泣對曰本朝淪亡臣
無即可紀墜下忻賜撰全為幸　富貴殊祿非臣所望帝甚
嘉之賀若弼謂曰聞公郡漢捉兵即楊州知得王師利
亦果如所量羅睺荅曰若得與公周旋勝負未可知也其
年秋拜上儀同三司鼓吹送之丁宅先是陳禪將羊翔歸
降使為鄉導位至開府班在羅睺上韓禽於朝堂戲之曰
不知機變位在羊翔下羅睺荅曰昔在江南父承令問謂

公天下節士今日竹言殊眠人臣之論僑有媿色羅睺涇二
州刺史茲有能名開皇十八年征遼東徵為水軍總管自
東萊泛海趣平壤城遭風船多漂沒無功而旋十九年突
厥達頭可汗犯塞楊素致討羅睺先登大破之進大將
軍仁壽元年入為東宮右虞候率賜辭義寧郡公縚右衛
率煬帝即位授右武候大將軍副楊素討平漢王諒進兵圍
城將晉等還　帝嘉尚之世論神其有禪時諒餘黨
之中流矢卒送　樞還京行數重無故墜馬自止策之不動

有飄風遶遶焉絳州長史郭雅稽首呪曰公恨小冠未平邪
桑即除殘無為懟恨是時風靜焉行見者莫不悲歎其年
七月于仲隱夢羅睺曰我明日當戰其靈墜所有弓箭刀仞
無故自動若人帶持之狀絳州城陷是其日也贈柱國君翊
衛大將軍諡曰壯子仲安從上關府
周法尚字德邁汝南安成人也祖靈起梁廬桂二州刺史
父炅定州刺史平北將軍法尚少果勁有風稔好讀兵書
其先卒後監定州事賢父本兵敢有戰功為散騎常侍領
都昌郡事封山陰縣侯既而其兄武昌縣公法僧代為定
州刺史法尚與長沙王叔堅不相能叔堅言其將及陳宣

帝執禁法僧發兵欲取法尚其下將吏皆勸之歸比法尚
未決長史殷文則曰樂良不獲已也法尚遂
歸周拜開府順州刺史封歸義縣公賜良馬五匹女妓六
人綵物五百段加以金帶陳將樊猛濟江討之法尚遂
曲督韓朗詐為背己奔陳偽告猛曰法尚部兵大散之
若得軍來必無遺文帝為丞相司馬消難作亂陰遣上開府段珣
以身免隋文帝授法尚棄城走消難虜其母弟及家累三
攻圍之外無救援法尚受禪拜巴州刺史破三鶪叛蠻復從柱
國王誼擊走陳冠遷衡州揔管改封譙郡公後上幸洛陽
百人歸陳及文帝

召之賜金釦酒鐘一雙綵五百段良馬十五四奴婢三百
口給之一部法尚固辭上曰公有大功於國特給鼓吹
者欲公卿知朕之寵公也轉黃州揔管經略江南及伐
陳之役以行軍揔管隸秦孝王轉鄂州刺史遷永州揔管
安集嶺南仍給黃州兵三千五百人為帳內前後賞賜甚
厚轉桂州揔管仍嶺南道安撫大使後數年入朝以本官
宿衛未幾發嶺南兵世積徵領比令法尚獨討之與上柱
國王世積所部多
遇瘴不能進頓于衡州法尚獨討之捕得其弟世積所部多
追斬光仕平之仁壽中遂州獠叛復以行軍揔管討平之

嶲州烏蠻反詔法尚便道討擊破之軍還撿校潞州事煬
帝嗣位轉雲定襄太守進金紫光祿大夫時帝
幸榆林法尚朝于行宮內史令元壽言於帝曰漢武出塞
旌旗千里今御營千里請分為二十四軍日別道一軍發相
去三十里旗幟相望鉦鼓相聞首尾連注千里不絕法尚
曰兵亘千里動間山谷卒有不虞四分五裂腹心有事首
尾未知雖有故事此取敗道也帝不懌曰卿以為如何法
尚曰請為方陣四面外拒六宮及百官家口並在其間若
有變當頭分抗車為壁壘重設鈎陳此與據城何異臣謂
牢固萬全策也帝曰善因拜左武衛將軍明年黔安夷向

思多反殺將軍鹿愿圍太守蕭造法尚與將軍李景分路
討之法尚破思多于清江及還從討吐谷渾別出松州道
逐捕亡散至于青海出為燉煌太守還會楊玄感反與衛
役以舟師指朝鮮道會楊玄感反與宇文述來護等為破
以功進授右光祿大夫時齊郡人王薄孟讓等為盜保長
白山法尚擊破之明年復臨滄海往征遇疾卒贈武衛
大將軍諡曰僖有子六人紹範最知名
衛玄字文升河南洛陽人也祖悅魏司農卿父攬侍中左
武衛大將軍玄少有器識周武帝在藩引為記室遷給事
上士龍獎爵興勢公武帝親揔萬機拜益州揔管長史賜以

萬釘寶帶稍遷開府儀同三司太府中大夫攝內史事仍
領京兆尹稱為強濟隋文帝作相檢校熊州事及受禪遷
淮州總管進封同軌郡公坐事免未幾拜嵐州刺史會起
以玄為資州監牧之後為衞尉少卿仁壽初出擦作迎
長城之役詔玄監營之後為衞尉⋯天子詔安養汝等
玄守勿驚諸賊莫敢動於是訖以利害渠帥感悅解兵歸
附者十餘萬口⋯⋯禦藝總數百里不
波云云⋯⋯
劍南安撫煬帝即位復徵為太尉⋯尚書後拜魏郡太守尚
絕及與之決⋯⋯

書如故未幾拜右候衞大將軍檢校左候衞事轉刑部尚
書遼東之役檢校右禦衞大將軍師出增地道詣軍
多不利玄獨全衆而還還擇金紫光祿大夫九年駕幸遼東
便宜從事敕代王侑留守京師拜為京兆內史尚書如故許以
使玄與代王侑⋯至華陰掘楊素冢焚其骸骨麋至圣城宗士
卒以必死既出潼關議者恐於陜縣汾流
東下直趨河陽以攻其背玄曰此計非愚子所及也乃敕軍
行而進既度函谷卒如所量乃遣武賁郎將張峻為疑軍
於南道玄以大兵直趨城北玄感逆拒之且戰且行也軍

金谷於軍中掃地而祭文帝曰若社稷靈長賞令醜徒冰
碎如或大⋯去矣臣死國氣激揚三軍莫不淨
咽時衆寡不敵與賊頻戰不利死傷太半玄苦戰賊稍却
進屯共⋯宇文述⋯援兵至玄感西逼玄通議曰
大夫尉斯萬善監⋯直閣龍王前鋒追之及于閿鄉宜率
褫臣也使⋯得無西顧之憂進右光祿大夫賜以良田甲
第資物鉅萬還鎮京師帝謂曰關右之任一委於公安
社稷乃安公危社稷亦危出入須有兵衞坐臥恒宜自牢
也今特給千兵以充侍從與樊子蓋俱賜以玉麟符以代銅

獸十一年詔玄撫閿中時盜賊蜂起百姓飢饉玄竟不能
救恤而官方壞亂貨賄公行自以年老上表乞骸骨帝遣
內史舍人封德彝馳喻之曰京師國本宗廟園陵所在籍
公臥以鎮之玄乃止義師入關自知不能守憂懼成疾
知政事城陷歸于家義寧中卒子尊則位通事舍人兵部
承務郎卒
劉權字世略彭人也祖軌齊⋯羅州刺史權以有⋯氣
重然諾藏亡匿死吏不敢過門後更折節好學動循法度
仕齊位行臺郎中⋯周武帝以為假淮州刺史開皇中
以車騎將軍領鄉導陳⋯授開府儀同三

司宋國公賀若弼其禮之十二年拜蘇州刺史賜爵宋城
縣公時江南初平權撫以恩信甚得人和煬帝嗣位拜衛
尉卿進位銀青光祿大夫大業五年從征吐谷渾權出伊
吾道逐賊至青海乘勝至伏俟城帝復令權過蔓頭赤水
置河源郡積石鎮大開屯田留鎮西境帝在邊五年諸羌懷
附貢賦歲入吐谷渾餘燼遠遁道路無雍徵拜司農卿加
金紫光祿大夫尋為南海太守行至鄯陽會募兵益不得
進詔權召募討之權率兵遇賊不戰先乘單舸詣賊營說
以利害數君賊感悅一時降附帝聞而嘉之及至南海其有
異政數歲遇盜賊羣起聚豪多顧推權為首權竟固守以
拒之子世徹又密遣人齎書詣權稱四六擾亂諷令舉兵
權召集佐寮對斬其使竟無異圖守之以死卒官世徹個
懷不羈頗為時人所許大業末羣雄並起世徹個
見恩多拘禁之後竟為兖州賊帥徐圓朗所殺權從叔列
字子將美容儀有器局應揚郎將有子德威知名於世
李景字道興天水休官人也父超周驃我二州刺史景容
貌奇偉膂力過人美鬚髯善射平齊之役頗有功授
儀同三司後以平尉遲迴進位柱國所賜爵平寇縣公隋開
皇九年以行軍揔管從王世積伐陳以功進上開府及高
智慧等反復行軍揔管從楊素擊之還授鄜州刺史十七

年遼東之役為馬軍揔管及還配事漢王文帝奇其壯武
使袒而觀之當位極人臣尋從史萬歲擊突厥
於太斤山別路邀賊大破之後與上明公楊紀送義城公
主於突厥至恒安遇突厥來寇時代州揔管韓洪為虜所
敗景率所領數百人力戰三日殺虜甚眾景亦身被重創
發立拒之諒遣劉嵩喬鍾葵等攻之景奉漢王諒作亂景
屬挫賊鋒司馬馮孝慈司法參軍呂玉趙子開勇善戰儀同
三司侯莫陳乂多謀畫工拒守之術景推誠此三人無所
關預唯在閤持重時出撫循而已及朔州揔管楊義臣援
兵至合擊大破之先是府內井中甃上生花如蓮并有龍
見時蒙為鐵馬甲士又有神人長數丈見城下跡長四尺
五寸景問巫者巫曰此不祥之物來食血耳景大怒推
出之旬日而兵至死者數萬景再被徵進拄國拜右武衛
大將軍帝賜女樂一部加以珍物景智略多明年擊吐谷渾於
青海破之進位光祿大夫五年車駕西巡至天水景獻食
時所許帝其信之又擊破叛蠻向思多明年攻高
於帝帝曰公主人也賜坐齋王陳上至隴川宮帝大獵
景與左武衛大將軍郭衍俱有難邑為人妻帝大怒令撻
之竟以坐免歲餘復位與宇文述等從喜幸遼舉明年攻高

麗武列城破之賜爵姓丘侯八年出渾彌道九年復出遼
東及旋使景殷高麗退兵大至景擊走之進爵滑國公楊
玄感反朝臣子弟多預焉至景擊走之進爵滑國公楊
然我梁棟也賜以美女預景遂召募遼東戰員於北平賜御馬一匹名師
此十二年帝令景營遼東每呼李大將軍而不名見重如
與景有陳謀某無疑也後為高開道所圍獨守孤城士卒忠殺
子縊千時盜賊蜂起景遣召募以備不虞武賁郎將羅藝
搖京都吾無私焉及帝朋於江都遼西太守鄧暠救
腥死者十六七景無所私焉及帝崩於江都遼西太守鄧暠救
粟常山橫景無所私焉及帝朋於江都遼西太守鄧暠救

之遂歸柳城州選幽州遇賊見害執丹韓軾素感其恩
雄兒童時與群輩戲輒畫地為城郭令諸兒攻守勢不
道弘仕周位涇州刺史閻慶初封舞陰郡公領漕渠監世
薛世雄字世英本河東汾陰人也其先寓居敦煌父回字
之莫不流涕弟幽燕人士于今傷惜之子世謨

將從征吐谷渾進位通議大夫世雄性廉慎行軍破敵之
隋開皇中累選右親衛車騎將軍煬帝嗣位為右監門郎
曰此見當與吾家年十七從周武帝平齊以功拜都督
從令者輒捷之諸兒畏憚莫不齊整其父見而奇之謂人

識否感曰不測聖心帝以我欲擊薛世雄君臣皆稱善於是
超拜右翊衛將軍歲餘為玉門道行軍大將軍與突厥啟
人可汗連兵擊伊吾師次玉門啟人背約兵不至世雄孤
軍度磧伊吾懼謂降世雄遂於漢舊伊吾城東築城號新
伊吾留銀青光祿大夫王威鎮之而還進位正議大夫遼
東之役為沃沮道軍將與宇文述同敗績於平壤還次白
石山為賊所圍四面矢下如雨世雄以贏師為方
陣選勁騎二百縱擊平破之而還所亡失多竟坐免明年帝
復征遼東拜右候衛將軍仍領涿郡太
玄感反班師帝至柳城以世雄為東北道大使行燕郡太
守鎮懷遠十年復從帝至遼東遷左御衛大將軍仍領涿郡
留守未幾李密逼東都詔世雄率幽薊精兵擊之次河
間營於城南賨建德率精銳數百夜來襲之大敗世雄與
左右數十騎遁入河間城慚恚發病歸涿郡卒子萬述萬
淑萬鈞萬徹萬備並以驍武知名

論曰段文振有周之日早以武毅見知隋氏之初又以幹
力受任兼文武稱為諒直其昌言厚秩米虛致也來護
兒懷倜儻猛氣抑揚曉達勤王驅馳畢力樓船制勝掃勳
敵如拾遺陵鄉討寇前兵魁如摧朽位上將顯居大國
道消適難忠至不渝惜矣子蓋雅有幹局質性方嚴見義

蹟良有命乎

而勇臨機能斷保全邦邑勤亦懋哉羅睺忠亮之性所在
稱重送往之節義感人臣死而有知乃結草之義法尚征
伐四夷亦足嘉焉文昇東都解圍頗亦宣力西京居守政
以期成鄴亦鄙哉夫何足數劉權淮英傷族雄名早著時
逢揩攘任等尉他遂能拒子邪言足驍誠臣之節李薛加
以驍武之用當于有事之秋致茲富貴可謂自取時运遭

臨山列
一○四十

裴政
李諤
鮑宏
高構
榮毗
陸知命
梁毗
柳彧
趙綽
杜整

北史列傳六十五　一　先

裴政字德表河東聞喜人也祖邃父之禮並南史有傳政
幼聰明博聞強記達於從政為當世所稱仕梁以軍功封
夷陵侯給事黃門侍郎及魏軍圍荊州以見獲蕭
詧謂政曰我武皇帝之孫不可為爾君乎爾何煩殉身於
七父若從我計則貴及子孫不然分齏領矣鎖之送至城
下使謂元帝曰王僧辯聞臺城破已自為帝王琳孤弱不
能復來許之既而告城中曰援兵大至吾以開使被禽
當以碎身報國監者繋其口終不易辭誓怒命趣行戮蔡
大業諫曰此人之望也殺之則荊州不可下因得釋舍江

陵平與城中朝士俱送京師周文聞其忠授員外散騎侍
郎引入相府命與盧辯依周禮建六官并撰次朝儀軍
器用多遵古禮革漢魏之法事立施行尋授刑部下大夫
轉少司憲政明習故事又參定周律能飲酒至數升不亂
簿案盈几剖決如流用法寬平無有寃濫囚徒犯極刑者
死死無所恨又率更令裴政善鍾律晉齊梁議論樂事在紹遠傳
乃許其妻子入獄就之至冬將行決皆取決於政進位散騎常侍轉左
隋開皇元年為率更令加上儀同三司詔與蘇威等修定
律令採魏晉刑典下至齊梁沿革重輕取其折衷同撰著
者十餘人凡疑滯不通皆取決於政進位散騎常侍轉左

北史列傳六十五　二　先

庶子多所匡正見稱純慤東宮凡有大事皆以委之右庶
子劉榮性甚專固時武職交番通事舍人趙元愷作辭見
帳未及成太子再催促榮令元愷作辭見奏不須造帳及奏
太子問榮便拒諱太子付政推問未及奏狀阿附榮者先言
詰榮榮便拒諱太子推事不實及奏狀阿附榮曰凡推事
於太子曰政欲陷榮推事不實以定是非臣察榮位高任
有兩一察一察情偽蓋是繳介之徒許不須譚又察元愷
重繼實語元愷蓋是繳介之行計不須譚又察元愷受制
於榮豈敢以無端之言妄相點累二人之情理正相似元
愷引左衛率崔蒨等證諝款狀乃與元愷符同察情既敵

須以證定臣謂樂語元愷非虛太子亦不罪榮而稱政平
直政好面折人短而退無後言時雲定國數入侍太子為
奇服異器進奉後宮又緣女寵來性無節政數切諫太子
不納政謂定興曰公所為不合禮度文元如婁道路籍
籍此於太子太子益踈政由是出為襄州揔管妻子不之官
所受秩奉散給寮史人犯罪者陰云知之或竟藏不發至
殆無誶訟卒於官著承雲賈實錄十卷及太子廢文帝追憶
再三犯乃因都會時於飛中召出親案其四非五人處死流
之曰向遣裴政劉行本在共匡弼之猶應不令至此子南

金佐歷部郎學浙有文藻以興財貢我相
李諤學士悚趙郡人也博學解屬文往焉為中書舍人有
口辯每接對陳使周平齊為祖焚拜天官都上士諤見隋文帝有
辯王志操深自結納及帝為丞相親待訪以得失時兵
華屢動國用工莒侍郎賜爵南和伯諤性公方明時務遷書
比部考功上謂羣臣曰昔為大司馬每求外職之力也
侍御史上謂羣臣諤不許朕遂決意在內今此事業諤之力也
二千段諤見禮教彫弊公卿薨亡其愛妾侍婢子孫輒嫁

賣之遂成風俗乃上書曰臣聞追遠慎終人德歸厚三年
無改方稱為孝如聞大臣之內有父祖亡沒日月未久父子
孫無顏引其效妾取財有一於此實傷風化姜微
賤親爭衣優服斬三年古今通式覆露踰衰經隆傳銘
平泣辭靈几之前送付他人之室凡在見者猶致傷心況
若弟兄及其亡沒有朝廷重臣位望通貴平生交舊情
好得為限無廉恥之心棄友朋之義規其妾妓可移
烁以得為限何能積父務上覽而嘉之五品已上妻妾不
得改醮始於此也諤又以時文體高郡清淳流宕志反上書

曰臣聞古先哲王之化人也必變其視聽防其嗜慾塞其
邪放之心示以淳和之路五教六行為訓人之本詩書禮
易為道義之門故能家復孝慈人知禮讓正俗調風莫大
於此其有上書獻賦制誄鎸銘皆以褒德序賢明勳證理
苟非懲勸義不徒然降及後代風教漸落魏之三祖更尚
文詞忽君人之大道好雕蟲之小藝下之從上有同影響
競騁文華遂成風俗江左齊梁其弊彌甚貴賤賢愚唯務
吟詠遂復遺理存異尋虛逐微競一韻之奇爭一字之巧
連篇累牘不出月露之形積案盈箱唯是風雲之狀世俗
以此相高朝廷據茲擢士祿利之路既開愛尚之情愈篤

於是閭里童昏皆知好學矣六甲先製五言至如羲皇

舜禹之典伊傅周孔之說不復關心何嘗入耳以傲誕為

清虛以緣情為勳績指儒素為古拙用詞賦為君子故文

筆日繁其政日亂良由棄大聖之軌模構無用以為用也

損本逐末流徧華壤遞相師祖久而愈扇及大隋受命聖

道聿興屏黜浮詞遏止華偽自非懷經抱質志道依仁不

得引預搢紳家絕其綠開皇四年普詔天下公私文翰並

宜實錄其年九月泗州刺史司馬幼之文表華豔付所司

推罪自斯公卿大臣咸知正道莫不鑽仰墳素棄絕華綺

擇先王之令典行大道於茲世如聞外州遠縣仍踵獎風

簿之篇章委曲煩碎罕歸仁學必興謗交不

苟合則擯落私門不加收齒其學不稽古逐俗隨時作輕

選舉輕人未遵典則宗黨稱善鄉曲歸仁學必興謗交不

今刺史未行風教猶挾私情不存公道臣既忝憲司職當

糾察若聞風節勁軌以當官者多頗自守復上奏具陳其

此者具狀送臺推譽又以當官者多頗自守復上奏具陳

奬請加罪黜以懲風軌臣以當官者務存大體不尚嚴猛由

是無剛塞之譽而有清平之志邪公蘇威以臨道歸農有

乃求利之徒棄本業汗雜非載本之義遂奏約道歸店舍有

殷戰死上嘉之將賜姓金氏訟又擊下宏曰昔項伯不同
項羽漢高賜其姓劉氏秦眞父能死難魏武賜姓曹氏請
賜以皇族帝曰善因賜義臣姓揚後均州刺史以目疾
兒卒于家初周武帝救方修皇室譜一部分為帝緒屬籍
賜姓三篇有集十卷行於世

高構字孝基北海人也性滑稽多智辯累遷戶部侍郎
更事仕齊歷阝陵平原二郡太守齊滅周武帝以為許州
司馬隋文帝受禪累遷戶部侍郎時內史侍郎晉平東與
兄子長茂爭嫡當晝省不能斷朝臣三議不決構斷而合
理上以為能召入內殿勞之曰我聞尚書郎上應列宿觀
卿才識方知古人之言信矣嫡庶者禮教之所重我讀卿
判輒爲編詞理愜當累所不能及也賜米百石由是知名馮
翊武鄉女子焦氏旣疫又聾嫁之不售賣菜於野爲人
所犯而有孕遂生一男年六歲莫知其姓於是申省構判
曰母不能言窮究理絕案風俗通姓有九種或氏於爵或
氏所居此兒生在武鄉可以武爲姓尋遷雍州司馬以明
斷見稱歲餘轉吏部侍郎號爲稱職復拜雍州司馬仁壽初又
左轉盩厔令其有能名上善之復令時爲吏部者多
爲吏部侍郎以公事免煬帝即召令復役選之官皆出其下時
以不稱去職唯構最有能名召前後典選之官皆出其下時

人少構好劇談頗輕薄然於其內懷方雅特爲吏部尚書
牛弘所重後以老病解職弘時典選尤多所攜引遺
人就問其可不河東辭道衡子高當世每稱構有清鑒
初爲文筆必先以草呈構而後出之構有所詆訶道衡未
甞不嗟伏大業七年終于家所舉薦壯如晦房玄齡等後
皆自致公輔論者稱構有知人之鑒閈房中昌黎呂慶等
爲黃門侍郎稱爲愼密河東裴秀爲右丞多所糾正河內
士爕平原東方舉安定皇甫無逸等並爲令僕如晦京
兆韋焜爲戶卯郎屬連讜言南陽韓則爲延州甚有惠政此
等事行遷闗皆有吏幹爲當時所稱

樊叔略子孫諱北平無終人也父懽魏兵部尚書此少剛鯁
有吾量游儌羣言仕周仕內史下士隋開皇中累選殿內
局監時以華陰多盜賊妙選長史楊素薦爲華州長史
世號爲能素之田宅多在華陰左右放毗以法絕之無
所寬貸毗因朝集素謂之曰前言戲耳毗以自詈也毗答
曰奉法一心者但恐累公所舉素笑曰前言戲耳毗之奉
衡於路次往往置馬坊以蓄牧爲解實給私人也州縣莫
法犯王壟也時晉王在揚州每令人密現京師消息道張
敢違毗獨過絕其事上聞而嘉之賚絹百匹轉蒲州司馬
漢至諒之反也河東豪傑以城應諒剌史丘和闚變適歸

關中長史渤海高義明謂毗曰河東國之東門若失之則
為難不細城中雖復匈匈非卷反也但收獲縣者十餘人
斬之自當定耳毗於之義我明馳馬追將與恊計至城
西門為渤海所殺毗亦被執及諒平拜書侍御史毗在朝沆然
今日之舉馬坊之事也無改汝沈帝謂曰
正色為百寮所憚後以母憂去職歲餘起令視事帝謂之曰
贈鴻臚以卿毗兄建緒性甚亮直兼有學業仕周為戴師
之官時帝隆有禪代之計因謂建緒曰且躇躇當共取富
卷建緒與文帝有舊及為丞相加開府拜息州刺史將

廬山州

貴年建緒自以周之大夫因義形於色曰明公此言非僕
所聞帝不悅建緒遂行開皇初來朝上謂之曰朕雖不悔不
達緒稽首曰臣非徐廣情類楊彪上笑曰朕雖不解書
語亦知卿此言不遜也兼始洪二州刺史俱有能名
陸知命字仲通吳郡富春人也父教陳散騎常侍知命性
好學通識大體以貞介自持仕陳為太學博士南獄正及
陳滅歸於家會高智慧等作亂于江左晉王廣鎮江都以
其三吳之望召令諷諭及者以功拜儀同三司賜以田宅
復用其弟恪為汧陽令知命以恪非百里才上表陳讓朝
廷許之時見天下一統令知命以恪詣朝堂上表請使高麗以宣

示皇風使彼君臣面縛關下書奏天子與之歲餘授普寧
鎮將人或言其正直者由是待詔於御史臺煬帝嗣位拜
書侍御史沆然正色為百寮所憚帝甚敬之後坐事免歲
餘復職時齊王暕頗驕縱眤近小人知命奏劾之暕竟得
罪百寮震懾遼東之役為東暆道受降使者辛於師贈御
史大夫
梁毗字景和安定烏氏人也祖越涇豫洛三州刺史部
陽毗父茂周澄兗二州刺史毗性剛嚴頗有學涉仕周
累遷布憲下大夫宣政中封易陽縣子遷武藏大夫隋文
帝受禪進爵為侯關皇初以鯁正拜書侍御史名為稱職

轉大興令遷雍州贊務毗既出憲司復典京邑直道而行
無所回避頗失權貴心由是出為西寧州刺史改封邯鄲
縣侯在州十一年先是蠻夷皆服金冠以金多者為豪
豪帥由是遞相陵奪每尋干戈邊境略無寧歲毗患之
因諸酋長相率以金遺之於是置金座側對之慟哭謂曰
此饑不可食寒不可衣汝等以此相滅甚可悲哉帝聞
邪一無所納悉以賚之其蠻夷感悟遂不相攻擊自此殺我
而善之徵為散騎常侍大理卿蜀法平允時人稱之歲餘
進位上開府毗見左僕射楊素貴寵擅權百寮震懾恐為
國患因上封事曰竊見左僕射越國公素志氣雄遠兼懷重權勢

日隆所私皆非忠謹所進是親戚子弟布列兼州連縣
天下無事容息忿圖四海稍虞必為禍始夫姦臣擅命有
漸而來王莽資之於積年桓玄基之於易世而卒殄漢祀
終傾晉祚陛下若以素為阿衡臣恐其心未必伊尹也帝
大怒命有司禁止親自詰之極言曰素既擅權寵作威作
福將傾之處殺戮無道又太子蜀王罪廢之曰百寮無不
震悚唯素揚眉奮肘喜見容色利國家無事以為身幸而
發言曰素擅寵有誠亮乎卽帝無以屈也乃釋之素自此恩寵
漸衰素任寄隆重多所折挫當時朝士無不惴伏有敢
與相是非辭氣不撓者獨毗與柳彧及尚書左丞李綱而
已後上不復專委於素蓋由寋毗之言煬帝即位遷刑部
尚書升攝御史大夫奏劾不避私役部兵帝議免述罪
毗固事囚忤百遂令張衡代為大夫毗憂憤卒帝令吏部
尚書牛弘弔其子敬真位大理司直時煬帝欲成光祿大
夫魚俱羅罪令敬真案其獄遂希旨陷之極刑未幾敬真
有疾見俱羅為崇而死

柳或子幼文河東解人也世居襄陽父仲禮南史有傳仲
禮敗見四十周禠家洶洶經史周大家
宰字文護引為中外府記室又出為寧州揔管掾武帝
親揔萬機或詣闕求試帝異之以為司武中士轉鄭令平

齊之後帝賞從官留京者不預或上表曰今太平告始信
賞宜明酬勳報勞務先有本居城破邑出自聖規斬將搴
旗必由神略若負戈壞甲征扞劬勞至於鎮撫國家宿衛
為重祺稟成卒非專已能留從事同功須等於是留守
不行頒閒而歎伏後遷書侍御史當朝正色其為百寮敬
立加品級隋文帝受禪歷尚書虞部屯田二侍郎時制三
品已上門皆列戟左僕射高熲子弘德封慶國公申尊有
厭甲之義子有遊父之禮豈容外閒既設內閣又施事竟
戰或判曰僕射更不異居父之戰樂已列門外尊敬
渾上嘉其婞直謂曰大夫當立名於世無容而已賜
錢十萬米百石時刺史多任武將類不稱職或上表曰伏
見詔書以上柱國和千子為杞州刺史其人年垂八十鍾
鳴漏盡前在趙州闇於職務政由群小賄賂公行百姓吁
嗟歌謠蒲道乃云老禾不早殺餘種穢良田古人云耕當
問奴織當問婢此言各有所能也干戈戎馬武用是其所
長臨人從政非其所解如謂優老尚年自可厚賜金帛若
令剌舉所損殊大臣死而後已敢不竭誠上吾之干子竟
免有雁州刺史唐君明居母喪娶雍州長史庫狄士文之
從父妹或劾之曰君明忽勿勞之痛慰嬿爾之親目此首
喪命波禠羅不義之曰君不昵春秋載其將亡無禮無儀詩人欲

其端死士交氣貪務神州名位通顯棄二姓之重四達六禮
之軌儀請禁錮終身以懲風俗二家竟得罪隋承喪亂
之後風俗頹壞或多所矯正上甚嘉之又見上勤於聽受
百家奏請多有煩碎因上疏諫曰人君出令誠在勤於天
以舜任五臣咎四岳設官分職各有司存垂拱無為是
下以文所謂勞於求賢逸於任使比見事無大小咸關聖
聽陛下留心政道無憚疲勞至乃營造細小之事出給輕
微之物一日之內酬答百司至乃旰食宵夜未寢動
以文薄憂勞躬伏願思臣至言火減煩務上賢而嘉之
以其家貲敕有司與之築宅因曰柳彧正直之士國之龜

北史列傳六十五 十三 先

寶也其見重如此右僕射楊素當塗顯貴百寮憚憚無敢
忤者皆以火譴救送南量素恃貴坐或牀或從分來見素
如此於階下端笏整容曰奉敕推公罪坐或牀素遽下或據案坐
立素於庭前辯詰事狀素由是銜之或時方為上所信任
故素未有以中之或見近代以來都邑百姓每至正月十
五日作角抵戲遠相誇競至於靡費財力上奏請禁絕之
曰竊見京邑爰及外州每以正月望夜充街塞陌鳴鼓聒
天燎炬照地人戴獸面男為女服倡優雜伎詭狀異形
外內共觀曾不相避貴賤頗破產競此一時盡室并孥無間
貴賤賤男女混雜緇素不分稱行因而生盜賊由斯而起非

征於代實損於人請頒天下並即禁斷詔可其奏是歲持
節巡河北五十二州奏免長吏贓汙不稱職者二百餘人
州縣蕭然莫不震懼上嘉之賜絹布二百匹氈三十領拜
儀同三司歲餘加負外散騎常侍仁壽初持節巡省所撰
道十九州歲餘還賜絹百五十四或管得博陵李文博撰
政道集十卷蜀王秀遣人求之或送以內臣交通諸侯除名配成
婢十口及秀得罪楊素奏或以內臣交通漢王諒作亂道使
懷遠鎮行達高陽有詔徵還至晉陽遇漢王諒作亂道使
馳召或入城而諒怒不得已露或入城度以心懷兩端以
不食自稱危篤諒怒因之及諒敗或乃自申理有

北史列傳六十五 十四 九

候事變亦雖不及心寶同途坐徙敦煌素辛於道有子紹爲介休令
詔徵還辛於道有子紹爲介休令
趙綽字士悼河東人也性質直剛毅周初為天官府史以
恭謹恪勤補雉授夏官府下士稍以明幹見知其清正
父難志職叟畐骨立世稱其孝隋文帝為丞相知其清正
引為錄事參軍遷掌朝大夫從行軍揔管官雲云暉較多叛釁
以功拜儀同文帝受禪授大理丞勳法平允考績連最歷
大理正尚書都官侍郎每有奏讞正色侃然漸見禮重上
以盜賊不禁將重其法綽進諫曰律者天下之大信其可
失乎上忻然納之因謂曰君更有聞見宜盡言之遷大理

少卿。故陳將蕭摩訶，其子世略在江南作亂，摩訶當從坐。上曰：世略年未二十，亦何能爲，以其名將之子，爲人過耳。因赦摩訶。綽固諫不可，上不能奪，欲待綽去而赦之，因命綽退食。綽曰：臣奏獄未決，不敢退朝。上曰：大理其爲朕特赦摩訶也。因命左右釋之。刑部侍郎辛亶嘗衣緋禪，俗云利於官，上以爲厭蠱，將斬之。綽曰：據法不當死，臣不敢奉詔。上怒謂綽曰：卿惜辛亶而不自惜也。命左右斬之。綽曰：陛下寧可殺臣，不可殺辛亶。至朝堂解衣當斬，上使人謂綽曰：竟如何。對曰：執法一心，不敢惜死。上拂衣入禁中，良久乃釋之。明日謝綽，勞勉之，賜物三百段。時上禁行

惡錢，有二人在市以惡錢易好者，武候執以聞，上悉令斬之。綽諫曰：此人坐當杖，殺之非法。上曰：不關卿事。綽曰：陛下不以臣愚暗，置在法司，欲妄殺人，豈得不關臣事。上曰：撼大木不動者當退，汝當退矣。對曰：臣望感天心，何論動木。上復曰：啜羹者熱則置之，天子之威，欲相挫邪。綽拜而益前，呵之不肯退。上遂入。書奏柳或復上切諫，上乃止，以綽有誠直之心，每引入閣中，或遇上，與皇后同榻，即呼綽坐，前後賞賜以萬計。後坐事贈其父爲蔡州刺史。評論得失，每引入閣，或遇上，常侍御史柳或俱名平如然冑斷獄以情，而綽守法俱爲稱職。上每謂綽曰：朕於卿無所愛惜，但卿骨相

史時河東薛冑爲大理卿，俱名平恕，然冑斷獄以情，而綽守法俱爲稱職。

不當貴耳。仁壽中卒官，上爲之流涕，中使弔祭，鴻臚監護喪事。二子方、元龍。

杜整字皇育，京兆杜陵人也。祖盛，魏潁川太守。父文慶，滑州刺史。整少有風槩，九歲丁父憂，哀毀骨立，事母以孝聞。及長，驍勇有膂力，好讀書。起家同三司，尋遷儀同。武帝伐齊，以整爲刺史。文司爲親信，累遷儀同三司。武帝時爲州刺史，從武帝平齊，加上儀同，進爵平原縣公，爲勳曹中大夫。隋文帝爲丞相，進位開府。及帝受禪，加上開府，進封長廣郡公，拜左武衛將軍。開皇六年，突厥犯塞，詔以整爲行軍總管，鎮襄陽，卒。上傷之，諡曰襄子，嗣位開府。整兼元帥長史，至合川，無虜而還。尋進取陳策，上善之，以爲行軍總管，鎮襄陽，卒。上傷之，諡曰襄子，嗣位開府整。蕭亦有志行，位北地太守。

論曰：大廈之構，非一木之枝，帝王之功，非一士之略。長短殊用，大小異且桢榦，梁莫奇兼也。裴政、李諤、鮑宏、高搆故事，留臺於臺閣衆之，有隋多士，取其開物成務，皆廊廟之業。毗此陸知命等，或文能道義，或才兼武藝，各竭時宜，顯於當年，摶桶亦比辰之衆星也。趙綽居大理，圖圜無冤，柳或之司直，柳或憲臺文邦，自肅然不畏強禦，梁毗此得之矣，邦之司直柳或近之矣。杜整以聲績著美，其有以取之乎。

張定和

張奫

麥鐵杖

權武

王仁恭

吐萬緒

董純

魚俱羅

王辯

陳稜

趙才

蕭山劉氏　比史列傳六十六　一

張定和字處諡京兆萬年人也家少貧賤有志節初為侍
官隋開皇九年平陳定和當從征無以自給其妻有嫁時
衣服定和求鬻之妻不與定和遂行以功拜儀同賜帛千
匹遂棄其妻後數以軍功加上開府驃騎將軍從上柱國
李充征突厥先登陷陣虜刺之中顱定和以草塞創而戰
神氣自若虜遂敗走上聞而壯之遣使齎藥馳詣定和所
勞問之進位柱國封武安縣侯賞物二千段良馬二四金
百兩煬帝嗣位歷宜州刺史河內太守頗有惠政遷左屯

衛大將軍從帝征吐谷渾至覆袁川時吐谷渾主顕數騎
遁其名王詐為渾主保軍我真山帝命定和擊之既與賊
遇輕其眾少呼之令降賊不肯下定和不被甲挺身登山
中流矢而斃其亞將柳武達連擊賊乘斬之帝為之流涕
光禄大夫時舊爵例除於是復封武安侯諡曰壯武子世

立嗣尋拜光禄大夫

張奫字文懿清河東武城人也本名犯廟諱七代祖沈石
李龍末自廣陵六合度江家焉仕至桂陽太守孫晉佐
著作郎坐外祖楊全期除名徙于南譙因寓居之諡好讀
兵書長於騎射尤便刀楯父雙自清河太守免歸周時鄉

蕭山州氏　比史列傳六十六　二

人郭子巽密引陳冠雙欲率子弟擊之徇豫未决奫贊成
其謀竟破賊由是以勇决知名起家州主簿都及隋文帝作
相援丞相府大都督領鄉兵賀若弼之鎮江都也特救奫
從安縣子歲餘率水軍破逆賊竿子游於京口俘子建
文安縣子歲餘率大將軍命升御坐宴之謂曰卿可為
於和州州徵士拜大將軍文帝命升御坐宴之謂曰卿可為
朕兒朕為卿父今日聚集示無外也後賜綠沈甲獸文具
裝綺羅千四尋從楊素征江表別破高智慧於會稽進又
華於臨海進位上大將軍文帝歷撫濟二州刺史軍及物故奫
皇十八年為行軍揔管從漢王諒征遼東諒軍及物故奫

跟隨全帝善之仁壽中卒於瀘州物管諡曰莊子孝廉

麥鐵杖始興人也貧賤凡驍勇有膂力日行五百里走及
奔馬性疎誕使酒好交遊重信義以漁獵為事不恂生
業陳大建中結聚為羣盜每邀劫廣州刺史歐陽頠俘之以獻沒
為官戶配執織每罷朝後行百餘里夜至南徐州踰城
而入行光火劫盜然後還及牙時仍又執織如此者十餘度
主識之州數告書變高書蔡徵曰此可驗矣於伏下時購以百金求
人送詔書與南徐州刺史鐵杖出應募賣蔡而往明旦友
奏事帝曰信然為盜明矣惜其勇捷誠而釋之

陳亡後徙居清流縣遇江東反揚素不遣鐵杖頭戴草束夜
浮度江覘賊中消息具知還報後復往性為賊所禽帥
本後縛送高智慧行至慶亘衛者競食其餼解手以給
杖坎追之每夜則同宿素見而偉其驍特奏授儀同三司以不
歸素食大奇之後叙戰勳不及鐵杖之旨盡悲割其鼻懷之以
其素食鐵杖取賊刀亂斬衞者殺之
識書放還煬帝即
京師除車騎將軍仍從揚素北征突厥加上開府煬帝即
位漢王諒及從楊素擊之每戰先登進位柱國除萊州刺
史無佐政名轉汝南太守稍習法令臺盜屏迹後因朝集

考功郎寶威嘲之曰麥是何姓鐵杖應聲曰麥豈不殊何
忽相怪威赧然無以應時人以為敏捷尋除左屯衛大將
軍帝之伐遼請為前鋒顧謂醫者曰深重每懷竭命之志及
有所在豈能艾炷灸炙
遼東之役請為前鋒顧謂醫者曰景賢曰大丈夫性命自
手中乎將度遼呼其三子曰阿奴當備貴唯誠與孝爾吾荷國
恩今是死日我得被殺爾當富貴唯誠與孝爾勉之及
濟橋未成去東岸尚數文賊大至鐵杖跳上岸與賊戰死
武賁郎將錢士雄孟叉亦死之左右無及者帝為之
流涕贈得其死贈光祿大夫宿國公諡曰武烈子孟才嗣

授光祿大夫孟才二弟仲才季才俱拜正議大夫贈賵鉅
萬賜轀輬車給前後部羽葆鼓吹命平壤道敗將宇文述
等百餘人皆為執紼將至郊外士雄贈左光祿
大夫右屯衛將軍武強侯諡曰剛子傑嗣金叉贈右光祿
大夫子恩善諸龍官至字智稜東列有父風王公以下送至
將子恩錫殊厚拜武賁郎及江都之難慨然有復讎志與
武牙郎將錢傑素交友二人相謂曰吾等世荷國恩門著
誠節令賊臣弒逆社稷淪亡無節可紀何面目視息世間
哉乃流涕扼腕相與謀於顯福宮擊宇文化及事臨發
陳藩之子謙知而告之與其黨沈光俱為化及所害忠義

之士哀焉光字摠持吳與人也父居道仕陳為吏部侍郎
陳滅從家長安皇太子勇引置學士後為漢王諒府掾諒
敗除名光必驍捷善戲馬為天下之最略綜書記微有詞
藻常慕五功名不拘小節家貧父兄竝以傭書為事光獨
跅弛為肉飛仙業中燭帝惡少年所附人多贈遺得以養親
每致甘食美服未嘗困匱初建禪定寺寺其中幡竿高十餘
丈適值繩絕非人力所及光謂僧曰當相為上繩諸僧驚
喜光因取索口銜拍竿而上直至龍頭繫繩畢手足皆放
透逸而下以掌拓地倒行十餘步觀者駭悅莫不嗟異時

馬同類數萬人皆出其下光將詣行在所蜀客送至霸上
百餘騎光醉酒曰是行若不建功立名當死於高麗不
復與諸君相見及從帝攻遼東以衝梯擊城竿長十五丈
光升其端臨城與賊戰短兵接敵殺傷十數人賊競擊而
墜未及地遇竿有垂絙光接而復上帝望見壯而異之
馳名與語大悅即日拜朝散大夫賜寶刀良馬恒置左右
親顧漸密未幾以為折衝郎將每推食解衣
隊之同輩莫比光自以荷恩深重恩眄官奴名為給使宇文
化及以光驍勇方任之使摠統營於帷內時麥孟才鐵俱

宰陰圖化及因謂光曰我等衛國厚恩不能死難又倣首
事讎受其驅率何用生為吾必欲殺之死無所恨公義士
也肯從我乎光泣下露袴曰是所望於將軍也僕領給使
數百人應荷先帝恩今在化及內營以督將發時晨
起烏望孟才為將軍領江淮衆數千人期以督將發時晨
也及沈光並勇決不可當須避其鋒是夜即與腹心走
起龍興化及光語泄陳謙告其妻華化及大懼心走
內護聲智軍發不及被甲即馳來化及營無所獲逢舍人
出營外留人告司馬德戡等遣兵馬逮捕孟才光聞營
閧之莫不為之隕涕

斬首數十級賊皆披靡德戡輒復遣騎翼而射之光身無
介胄遇害時年二十八麾下百人皆鬭死一無降者壯士
鬭之莫不為之隕涕

權武字武弃天水人也祖超魏秦州刺史父能慶住周為
開府時武元皇帝之為周將也與武州龍驤郡公武慶住周
從被圍地向賊大罵日何不來斫頭賊遂殺之武以忠臣
祝冒揪地向賊大戰矢盡短兵接戰殺傷甚衆刀稍皆折
介身遇害時年二十八麾下百人皆鬭死一無降者壯士
子起家拜開府龍驤郡公武少果勁勇力絕人能重甲
上馬嘗倒投於井未及泉復躍而出其拳捷如此頻以軍
功增邑周宣帝時拜勁捷左旅上大夫進位上開府隋文
化及以光驍勇方任之使
潛構義勇將為帝後繼先是帝寵眄官奴名為給使宇文

帝為錄相引置左右陳之役以行軍揔管從晉王出六
合還拜豫州刺史以創業之舊進位大將軍揔檢校潭州揔
管其年桂州人李世賢作亂武以行軍揔管與武候大將
軍真慶則擊平之慶則以罪誅功竟不錄復還于州多造
金帶遺嶺南領其俗務適便以寶物擅藏所部獄囚武常
以南越邊逮政從其俗務適便
後武晚生一子與親客宴集酒酣授太子右衛率煬帝即位
法急官不可為上令有司案之皆驗令斷之武於獄中上
書言父為武元皇帝封邑如舊未幾授太子右衛率煬帝即位
中復拜大將軍坐事免後為右屯衛大將軍坐事除名卒
于家子弘

拜右武衛將軍坐事免後為右屯衛大將軍坐事除名卒

比史列傳六十六 七

王仁恭字元實天水上邽人也祖建周鳳州刺史父猛鄯
州刺史仁恭少剛毅循謹工騎射奉孝王引為記室後為
車騎將軍從楊素擊突厥於靈武以功拜上開府以驃騎
將軍典蜀王軍事蜀王以罪廢官屬多羅其責上以仁恭
素質直置而不問後從楊素討平漢王諒以功進位大將
軍歷呂衛二州刺史尋政為汲郡太守有能名上徵入朝
尉免不得出境遼東之役以仁恭為將軍及班師仁恭為
數日不得出境遼東之役以仁恭為將軍及班師哭於道

殿遇賊敗之進左光祿大夫明年復以軍將指扶餘道帝
謂曰往者諸軍多不利公擁以一軍破古人云敗軍之
將不可以言勇諸將其可往乎今委公為前軍前軍之
甚重仁恭遂進軍至新城破其軍因圍之帝聞之大悅遣仲
伯預為珍物由是坐免東壽而突厥為冠詔以仁恭南過時郡
賜珍物馬邑復令一將勒兵南過時郡
太守其年始畢可汗來寇馬邑復令一將勒兵南過時郡
兵不滿三千仁恭簡精銳逆擊破之斬二將後仁恭頗改
入定襄仁恭復大破之并斬二將開倉賑恤百姓其麾下校尉劉
舊節受納貨賄又不敢輒開倉賑恤百姓其麾下校尉劉
武周與仁恭侍婢姦通恐其事泄遂害之武周於是開倉
賑給郡內貧乏縣公聚眾自稱天子置百官轉攻傍郡

比史列傳六十六 八

武略在周龍裝爵元壽城郡公轉青州揔管頗有政名從朝
禪拜襄州揔管封穀城郡公累遷大將軍小司武隋文帝受
州揔管其甚為此狄所憚後帝有吞陳志轉晉王廣為太子引為右虞
吐萬緒字長緒代郡鮮卑人也父通周開府儀同轉徐州揔管令
脩戰具及大舉濟江緒以行軍揔管與西河公紀豆陵洪景
屯兵江北及陳平拜夏州揔管晉王廣為太子引為右虞
候率及帝即位恐漢王諒為變拜緒晉絳二州刺史未出
關諒已舉兵詔緒從楊素擊破之拜左武候將軍大業初

轉光祿卿賀若弼遇讒引緒為證緒明其無罪由是免官
後守東平太守帝奉江都路經其境遣使迎謁道傍帝命殺龍
舟緒因頓首謝往事帝大悅拜金紫光祿大夫太守如故
及遼東之役請為先鋒拜左屯衛大將軍指彭馬道及還
留鎮懷遠緝擊破元緒進位左光祿大夫時劉元進作亂攻潤州
緒討之緝穀擊破元緒進解潤州圍賊窮蹙請降元進及其將軍陸
僕射朱燮突身以免於陣斬其偽射管崇及其偽陸
顗等五千餘人進解會稽圍元進復據建安帝令進討之
緒以士卒疲弊請息申待來春帝不悅密求緒罪有司奏
緒怡懊違認詔除名配防建安尋徵詣行在所緒慚憤不得志

還至永嘉以發疾而卒

董純字德厚隴西成紀人祖和魏太子左衛率父昇周上士典駀下大夫從
國純少有膂力便弓馬仕周位司御上士典駀下大夫從
武帝平齊拜儀同進爵大興縣侯隋文帝受禪進爵漢曲
縣公後從楊素平漢王諒以功復拜柱國進爵郡
改封順政縣公後從楊素紀以功進位上開府開府將軍
公再遷左驍衛將軍齊王暕之得罪純坐頠交通帝譴之
子及齊王詣齊上謂純曰汝好看此二兒勿志吾言臣誠
紲曰比數遷詣齊王者以先帝先后往在仁壽寄官置元德太
不敢志先帝言時陛下亦侍先帝側帝改容曰誠有斯言

於是捨之數日出為汶山太守歲餘突欮寇邊轉榆林太
守會彭城賊帥張大虎宗世模等保懷戎山帝令純討破
之斬萬餘級築京觀又破賊魏麒彭孝才轉入沂水雖伍
遼東復以純為壹城留守東海賊彭孝才轉入沂水雖伍
不及山純擊之禽孝才於陣車裂之時盜賊日益雖雖有
捷而所在蜂起有諧純怯懦不能平賊帝遣鎖詣東郡有
司見帝怒其盲致純死罪竟誅
魚俱羅馮翊下邽人身長八尺膂力絕人聲氣雄壯言聞
數百步從晉王廣平陳以功拜開府及沈玄憎
高智慧等作亂江南楊素以俱羅壯勇請與同行有功加

臨州

開府封高唐縣公拜疊州揔管以母憂主職還至扶風會
揚素將出靈州道擊突欮逢之遂與俱羅俱與
數騎奔擊瞋目大呼所當皆披靡以功進位柱國拜豐州
揔管突欮入境輒報禽斬之自是不敢畜牧於塞下初
煬帝在藩俱羅弟贊以左右從及帝嗣位拜
車騎將軍贊凶暴令左右炙肉遇不中意以籤刺瞎其眼
溫酒不適口者立斷其舌帝以藩邸之舊不忍加誅謂近
臣曰弟贊朕如此兄亦可知因召俱羅責之出贊於獄令自
為計贊至家飲藥而死帝恐俱羅不安應生邊患轉安州
刺史遷趙郡太守後因朝集至東都與將軍梁伯隱有舊

數相往來又從郡多將雜物以貢獻帝不受因遺欄貢御
史劾俱羅以郡將交通內臣帝大怒與伯隱俱坐除名未
幾越巂飛山蠻及詔俱羅白衣領將千餘蜀郡都尉段鍾
葵討平之大業九年重征高麗以俱羅為碛石道軍將及
還江南劉元進作亂詔俱羅將兵向會稽諸郡逐捕之時
然賊勢浸盛敗而復聚俱羅擊賊非歲月可平諸子並在
百姓思亂從盜如市俱羅師朱燮管崇等戰無不捷時
京洛又見天下漸亂終恐不免有異志棻帝復令大理司
子朝廷徵知之恐有異志棻帝復令大理司
真來敬真就鎮將詣東都俱羅相表異人目有重瞳陰為
帝之所忌敬真希旨義鎮師徒敗嗣斬東都市家呂籍沒

藍山州

王辯字警略馮翊蒲城人也祖訓以行商致富魏世出粟
助給軍粮為假清河太守辯少習兵書尤善騎射慷慨有
大志在周以軍功授帥都督仁壽中東遷車騎將軍後從
楊素討平漢王諒賜爵武當縣男累以軍功加至通議大
夫尋遷武賁郎將及山東盜賊起帝引辯升御榻問以方
略辯論取賊勢善帝曰誠如此賊不足憂於其發縱行
宏騎三千聲敗之賜黃金三百兩勃海賊帥高士達自號
東海公眾以萬數令辯擊之屢挫其銳帝在江都宮聞而

藍山州

召之及見禮賜甚厚復令往信都經略士達復戰破之優
詔褒顯時賊帥郝孝德孫宣雅時李康竇建德魏刀兒等
往往屯聚大者十數萬小者數千寇掠河北辯攻之所向
皆捷及翟讓寇徐豫辯頻擊走之讓尋與李密屯據洛口
倉辯與王世充討密阻洛水相持經年辯攻敗密乘勝將
入城世充不知忍將士勞倦鳴角收兵辯逐徒徙洛水為
人所隆馬竟溺死三軍莫不痛惜之時有河南斛斯萬善
善驍勇勇果毅與辯齊名從密討楊玄感萬善與數騎追
又之玄悲窘迫自殺由是知名拜武賁郎將突厥始畢之
圍鴈門辯萬善舊勇擊之所向皆破由是突厥莫敢逼城
曰勇退萬善力也後頻討羣盜累功至將軍又有將軍鹿
愿范貴馮孝慈俱為將師數從征伐亦有名於世事皆亡

失故史官闕云

陳稜字長威廬江襄安人也祖碩以漁釣自給父峴少驍
勇事奇章慧汪文進及廬江豪傑亦舉兵相應以峴舊將
千家高智慧為帳內部曲告大寶及授誰州刺史陳城廢
共推為主峴欲拒之峴謂曰報亂既作拒之禍且及己
不如偽從徐別為後計峴然之後潛使秾至桂國李徹所請
為內應徹上其軍拜上大將軍宣州刺史封誰郡公詔徹

應接之徹軍未至謀泄為其黨所殺稜僅以獲免上以其
父之故拜開府尋領鄉兵大業三年拜武賁郎將後與朝
請大夫張鎮周自義安泛海擊流求國月餘而至流求人
初見船艦以為商旅往往詣軍貿易稜率衆登岸遂鎮周
為先鋒其主歡斯渴剌遣兵拒戰鎮周頻破之斯渴剌兵
敗而朝霧昏霧其子島

光祿大夫遼東之役以宿衛遷左光祿大夫明年帝復征
遼東稜為東萊留守楊玄感反稜擊平黎陽斷玄感所署
剌史元務本尋奉詔於江南營戰艦至彭城賊帥孟讓擁
衆都宮阻淮進為固稜潛以下流而濟至江都襲破讓以功
進位光祿大夫賜爵信安侯後帝幸江都忽俄而李子通
據海陵左才相掠淮北杜伏威屯六合帝遣稜擊之往見
剌捷超拜右禦衛將軍復清江擊宣城賊俄而帝以弒
崩宇文化及引軍北上召稜守江都稜集衆縞素為煬帝
發喪備儀衛葬於吳公臺下衰杖送喪慟感行路論者
深義之稜後為李子通所陷杜伏威人也祖隗魏銀青光祿大夫樂浪
趙才字孝才張掖酒泉人也祖隗魏銀青光祿大夫樂浪

太守父壽周順殷太守才少驍武便弓馬性麤悍無威儀周
為興正上士隋文帝受禪以軍功至上儀同後配事晉王
為右虞候率楊帝即位轉左備身驃騎右驍衛將軍帝以
才藩邸舊臣漸見親待才亦恪勤匪懈所在有聲轉右候
衛將軍秩征岵渾以為行軍摠管率衆先屯金紫光祿大夫及遼
東之役再出碛石道進右候衛大將軍時帝每事巡幸
才旬為侯雅等出合河道破賊以功進金紫光祿大夫及遼
禁者才輒言大罵多所援及時人雖患其不遜然才守正
無如之何十一年帝將幸江都才見四海土崩諫請還京
師安兆庶帝大怒以才屬吏旬日乃出之遂率江都待遇
逾昵時江都糧盡內史侍郎虞世基等多勸
帝幸丹楊才極陳入京策世基慶度江便帝無言才與
世基相忿而出宇文化及殺逆之際才時在死北化及遺
驍果席德方執之謂曰今日之事抵得如此才默然不對
化及忿才曾對化及宴請勸其同謀逆者十八人楊士覽等
得志才許之才執盃曰十八人止可一度作惡勿復餘剩更
酒化及許之才飲之三日乃釋以本官秩事撩雜不對
為諸人黙然不對行止聊城遇疾俄而化及為寶建德所
破才復見虜心彌不平數日而卒仁壽大業間有蘭興洛

賀蘭蕃番俱為武候將軍剛嚴正直不避彊禦綜咸以稱職知名

論曰虎嘯風生龍騰雲起英賢奮發亦各因時張定和張

孫淵猛鷙釛杖當一時壯士而困於貧賤當其撇鬱抑未遇亦安

知有鴻鵠志哉終能振拔汙泥申其力用符馬董之願快

生平之心得丈夫之節矣孟子錢慓沈光等感懷恩舊臨

難立身雖功無所成其志有可稱矣權武素無行撿不拘

刑憲終取黜辱不亦宜哉仁恭武毅見知文以取撿初在

汲郡清能可紀後居馬邑貪慘而亡鮮克有終斯言乃驗

吐萬緒董純崔湩不前遼嬰殄身勳敵大業之季盜賊盍乎

俱羅欲加之罪非其生父豐王辯殘王陳稜

縞素發喪家感行路義之所動固已深乎趙才雖人而無

儀志在強直拒世基之諂可謂不苟同矣

列傳第六十六　　　　北史七十八

宇文述
　雲定興
　　司馬傳戢　趙行樞　裴虔通
王世充
段達
　　　　述子化及

▲北史列傳六十七　　一　帝

宇文述字伯通代郡武川人也高祖俟逗敦曾祖長祖
孤仕魏兹為沃野鎮軍主父盛仕周位上柱國大宗伯
以驍銳便弓馬年十一時有相者謂曰公子善自愛後當
位極人臣周武帝時以父軍功起家拜開府述性謹密周
大冢宰宇文護甚愛之以本官領護親信及武帝親揔萬
機召為左宮伯累遷英果中大夫賜爵博陵郡公改封濮
陽郡公尉遲迴作亂述以行軍揔管從韋孝寬擊之破迴
將李儁軍於懷州又與諸將破尉惇於永平橋以功超拜
上柱國進爵褒國公明皇初拜右衛大將軍平陳之役以
行軍揔管自六合而濟時韓擒賀若弼兩軍趣丹陽述領
石頭以為聲援陳主既為二將所得而蕭瓛蕭巖擁東吳地述領
行軍揔管元契張默言等討之落叢公燕榮以舟師自東
海至亦受述節度於是吳會悉平以功授子化及為開府
述拜安州揔管時晉王廣鎮揚州甚喜於述以奏為壽州揔管
述至時陰有奪宗之志請計於述述與內宮咸所鍾愛四海
大王才能蓋世數鎮經將領主上之與內宮咸所鍾愛四海

▲北史列傳六十七　　二　帝

之望實歸大王然發立國家大事能移主上者唯楊素耳
移素謀者唯其弟約述雅知約請京師與約共圖廢立
晉王大悅多齎金寶賂述入關述數請約盛陳器玩與之
酣暢因共博戲每陽不勝所輸金寶約大驚曰何為者以
述情好益密命以此晉王賜述令與公約素亦從之於是晉王與
述因為王申意約然其說退言於素曰以述後官第四品以
謝述述因曰此晉王賜令既已多稱以
述及晉王為皇太子以述子士及尚南陽公主擢令率官拜左衛大
計及晉王遂進率品第三其見重如此煬帝嗣位拜左衛大
將軍參掌武官選事後改封許國公尋加開府儀同三司
每冬正朝會輒給鼓吹一部從李淵採時鐵勒契弊歌楞
攻敗吐谷渾其部攜散遂遠遁便請降求救帝令述以兵撫
納降附吐谷渾見述擁強兵懼不敢降遂西遁至曼
頭城攻拔之乘勝至赤水城復拔之其餘黨走屯丘尼川
進擊大破之獲其王公尚書將軍二百人渾王南走雪山
其故地皆空帝大悅明年從帝西巡至金山登燕支述
為斤候時渾賊復寇張掖述進擊走之還至江都宮敕述
納蘇威常典選舉李預朝政述時貴重委與威等其親
愛則過之帝所得遠方貢獻及四時口味輒見班賜中使
相望於道述善於供奉俯仰折旋容止便辟宿衛咸取則

馬又有巧思凡所服飾皆出意表數以奇服異物進宮
挾由是帝彌愛焉言無不從勢傾朝廷左衛將軍張瑾與
述連官嘗有評議偶不中意張目瞋之瑾惶懼而走文
武百寮莫敢違忤性貪鄙知人有珍異物必求取富商大
賈及隴右諸胡子弟皆接以恩意因意之為兒由是競加餽
遺金寶累積後庭羅綺將千餘人皆控良馬
被服金玉及征高麗虜獲帝謂曰禮七
十者行役以婦人從公宜以家累自隨古稱婦人不入軍
謂臨戰時其至軍中無所傷也項籍虞兮即其故事述
與九軍至鴨淥水糧盡議欲班師諸將多異同述文不測

帝意會乏于文德來詣其營述先與于仲文俱奉密旨令
誘執文德既而緩縱文德逃歸述內不自安遂與諸將度
水追之時文德見述軍中多饑色欲疲述衆每鬭便北述
一日中七戰皆捷既恃驟勝又內遏羣議遂進東濟薩水
去平壤城三十里因山為營文德復遣使偽降請述曰若
旋師者當奉高元朝行在所述見士卒疲弊不可復戰又
平壤險固卒難致力遂因其詐而還衆半濟賊擊後軍於
是大潰不可禁止九軍敗績一日一夜還至鴨淥水行四
百五十里初度遼九軍三十萬五千人及還至遼東城唯
二千七百人帝怒除其名明年帝文東復述官爵待

之如初從至遼東與將軍楊義臣率立復臨鴨淥水會楊
玄感作亂帝召述馳驛討玄感時玄感逼東都聞述軍至
西遁將圖關中述與刑部尚書衛玄右驍衛大將軍來護
兒武衛將軍屈突通等躡之至閿鄉皇天原與玄感相及
斬其首傳行在所復從東征躓之至懷遠而還突厥之圍
也帝大懼述請清圍而出來護見帝還京師帝有難色固諫曰
止及圍解述議者多勸帝乘江都宮述於江都遇疾及薨
從官妻子多在東都請便道向洛陽自潼關入帝從述乃
至東都又觀述望帝意勸幸江都宮述謂述有何言述曰顧陛下
帝令中使相望于第謂述有何言述曰顧陛下能降臨

帝遣司宮魏氏謂述曰公危篤朕懍相煩動必有言可陳也
述流涕曰臣子化及早預藩邸顧陛下哀憐之士及風家
天恩亦塗墁驅柴臣死後智及不可父留顧早除之望不破
門戶魏氏返命述親臨之宮人百餘小諫乃止及薨帝為廢朝
曰述憶我耶將親臨之因詭對曰述唯憶顧陛下耳帝泣然
贈述司徒尚書令十郡太守班劍四十人輬輬車前後部鼓
吹諡曰恭詔黃門侍郎裴矩祭以太牢鴻臚監護喪事雲
定興者附會於述初定興女為皇太子勇昭訓及勇廢朝
名配少府定興每時節必有賂遺幷以音樂干述素好聲服
交游定興每時節必有賂遺幷以音樂干述素好聲服

炫燿時人定與為製馬鞴於後角上缺方三寸以露白色
世輕薄者率倣學之謂為許公缺勢又遇天寒定興曰入
內宿衛必當耳冷述曰製袱頭巾令深袱耳又學
之名為許公袱勢必能變俗我聞作
事可法故不虛取其節度述大悅乃曰雲兄將事四夷大造兵器述薦之因敕
以府工匠伏茲合上心而不得官者為長寧兄弟猶未死耳茲成立
今欲動兵征討若將從駕則守掌嘗為難若留一劇又恐不
此無用請何不勸上殺之因妻曰房陵諸子年茲成立
可進退無用請早奧分因鴆殺長寧又遣以下七第分配

嶺表於路盡殺之其年大閱帝稱甲仗為佳述奏茲雲定
興之功也擢授以府丞十一年累遷屯衛大將軍又有通
行樞者本太常樂戶家財儲計述謂為兒受其賂遺稱為
驍勇挾彈馳教道中由是長子也性兇險不循法度
好東肥挾彈馳教道中由是長安謂之輕薄公子煬帝為
太子時常領千牛出入卧內累遷至太子僕以受納貨賄
再三免官太子嬖昵公卿間言辭不遜多所凌轢見人子女
公主由此益驕蹇公卿間言辭不遜多所凌轢見人子女
狗馬珍翫必請託求之常與屠販者游以規其利煬帝即
位拜太僕少卿恃舊恩貪冒無其煬帝幸榆林化及與

弟智及運禁與突厥交市帝大怒囚之數月還京師欲斬
之而後入城解縛爇髭訖以主救之乃釋并賜及智述
為奴述後煬帝之起化及為右屯衛將軍智述
監時李密擁兵旅見帝於東城風聞兵士欲逃關中人人有逃歸之心帝無西還意欲築宮丹陽
司馬德戡扱領驍果於東城屯兵士欲逃
閣裴虔通互相扇惑曰聞陛下欲築宮丹陽將
尉元武達陰間知情共謀將兵士欲逃
之何遽通曰主上實爾德戡又謂兩人曰我開關中
去我言之恐先事見誅今知而不言後事發覺族將如

李孝常以華陰叛陛下四其二弟將盡殺之吾輩家屬在
西安得無此慮度通等曰誠如公言計無所出德戡
曰驍果若走可與俱去度通等曰誠如公言計無所出
直長許弘仁薛世良鷹揚郎將孟秉符璽郎牛方裕
又轉告內史舍人元敏鷹揚郎將孟秉符璽郎牛方裕
博約為內史舍人元敏唐奉義醫正張愷等日夜聚謀
約長告內史舍人元敏所謀無不文趙行樞先
李質在蔡令驍果覽者宇文氏之甥二人同以告智及智及
交智及勳待楊士覽者宇文氏之甥二人同以告智及
及素往勃聞之甚即共見德戡期以三月十五日舉兵同
叛卻十二衛武馬虜掠居人財物西歸智及曰不然今天

實襲閻與英雄並起因行大事此帝王業也德戡然之行樞
世良請以化及為主約定方告化及性駑怯初聞之
大懼色動流汗久之乃定義寧二年三月一日德戡告
衆人恐心未一更謔詐以脅驍果謂許弘仁張愷曰君是
良醫國家所使出言惑衆衆必信君可又備身府編告所
仁宣坊宣希此言驍果遞相告又諭急德戡等知計行遂
以十日抛召故人諭以所為衆皆伏至夜三更德戡於東城內集兵
義至爾城門門皆不下鑰至夜三更奉

得數萬人舉火與城外相應帝聞有聲問是何事虔通偽
曰草坊被燒外人救火故喧嘩嚻耳中外隔絕帝以為然盂
景智又於城外得千餘人刼候衛武賁馮普樂共布兵捉
郭下街巷至五更德戡授虔通兵以換諸門衛士虔通因
自開門領數百騎至成象殿殺將軍獨孤盛武賁郎將元
禮遂引兵進宿衛者皆走虔通進兵排左閤馳入永巷問
陛下安在有美人出房指云在西閤從往執帝帝謂虔通
曰卿非我故人乎何恨而反虔通曰臣不敢反但將士思
歸奉陛下還京師耳帝曰朕為汝歸虔通自勒兵守之至
旦子景以甲騎迎化及及未知事果戰慄不能言人有

謂之但低頭據案荅曰罪過時士及在公主第弗之知也智
及遣家僮莊桃樹就第殺之桃樹不忍輒詣智及曰將帝乃
見釋明德戡迎謁以入朝堂號為丞相及令將帝
出江都門以示羣賊因復將入遣人舟機從水帝
路西歸至顯福宮宿公麥孟子折衝郎將沈光等謀殺化
及反為所害化及於是入據六宮其自奉一如煬帝故事
每帳中南面端坐羣臣有白事者默然不對下牙時方收取
内史侍郎虞世基等決之行至徐州水路不通

復奪人車牛得二千兩載宮人珍寶其戈甲器悉令
軍士負之道遠疲極三軍始怨德戡失策毛翁嶲謂行樞曰君
大誤我嘗令撥亂必藉英賢化及庸暗事將必敗若何行
樞曰廢之何難因共丟本宇文導師尹正卿等謀以後
軍萬餘兵襲殺化及立德戡為王弘仁知之密告化及盡
收德戡及支黨殺之
文都推越王侗為主拜本密為太尉令繫于弘達淇
與徐世勣以烽火相應之化及敦戰及糧盡度水渡渠與
密所禽送於侗所鑲尊之化及糧盡度水渡渠與密決戰
於童山遂入汲郡求軍糧又遣使拷掠東郡人更賣米粟

王軌怨之以城歸李密化及大懼自汲郡將圖以此諸州
其將陳智略率嶺南驍果萬餘人張童兒率江東驍果數
千人皆叛歸密本密化及尚有衆三萬北走魏縣張慹與其
將陳伯謀志之事覺為化及所殺腹心稍盡左輒自感其兄
弟更無他計但相聚酣宴奏女樂醉後尤智及曰感主之名天下所
不納滅族豈非由汝為計彊來文我今所向無成員秣之怒曰感我所
知由汝為計但相聚酤宴奏女樂醉後尤智及曰感主之名天下所
目都不賜反其兩子而泣而不殺我以降建德兄
弟數相關覩言無長醒而復飲以此為恨自知必敗乃
歎曰人生故當死豈不一日為帝乎於是鴆殺浩惜皇帝
位於魏縣國號許建元為天壽置百官攻元寶藏於魏州
反為所敗乃東北趣聊城將招攜海內諸賊遣士及徇濟
北徵求以餉餽大唐遣淮安王神通安撫山東神通圍之十餘
日不剋而退寶建德乘衆攻之先其江都賊帥王薄開其
城禽化及及枲虜其妻兒及元武達孟景楊士覽許弘
仁等皆斬之乃以檻車載化及至於大陸縣城下數其弑逆
并二子承基承趾皆斬首於突厥義城公主臬之虜
庭士及自濟北西歸以父功賜爵郳陽郡公燕泩醜穢無所不為
智放鷹狗初以父功賜爵郳陽郡公燕泩醜穢無所不為

其妻長孫氏姃而告述述雖為隱而大忿之纖芥之忿必
加鞭箠兄弟士及特尚主又輕忿之唯化及及軍事營護父冊
三欲殺輒救免由是頗相親昵遂勸化及及遺人入蕃私為
交易事發當誅述獨諧智及罪惡而為化及及請命帝因兩
釋之弁其死抗表言其光勳必且破家帝後思述請命帝因而
斬之弁其黨十餘人皆暴屍街首
司馬德戡扶風雍人父元謙為都督德戡幼孤以屠
羊自給有桑門釋粲通曉相術謂德戡當富貴而
為君僕射領十二衛大將軍及僭號封蒲王寶建德獲而
將作少監其江都弑事皆智及之謀也化及及為丞相以
司馬德戡扶風雍人父元謙為都督德戡毋娥氏遂撫教之因解書計
閻皇中為侍官漸選至大都督從楊素出討漢王諒充內
營左右進止便捷俊辯多姦數計素大善之以勳授儀同三
司大業三年為鷹揚郎將從討遼左進位正議大夫遷武
賁郎將煬帝甚昵之從至江都領左右備身驍果萬人譽
於城內因隋末大亂之率驍果及語在化及及事中既撼煬
帝與黨曇顆等推化及及為禮部尚書外示美選實舉其兵
加光祿大夫仍統本兵化及及延相化及及意甚忌之後數日化及及署諸
將分配士卒乃以德戡為禮部尚書外示美選實舉其兵
也由是懷怨所獲賞物皆略於智及智及為之言行至徐
州拾冊登陸本德戡將後軍乃與趙行樞李孝本尹正卿

宇文導師等謀襲化及遣人使于孟海公結為外助遷延
未發以待使報許弘仁張愷知之以告化及因遣其弟士
及陽為遊獵至于後軍德戡不知事露出營突詣因命執
之并其黨與化及責之曰與公戮力共定海內出於萬死
今始事成願得同守富貴員公又何為反也化及德戡日本皆昏
主苦其毒害立足下而又甚之逼於物情不護已也化及
不對命送至幕下縊而殺之

裴虔通河東人初煬帝為晉王以親信從遷至監門校
尉帝即位權舊是若授宣惠尉累從征役至通議大夫與
司馬德戡同謀作亂先開官門驍騎至成象殿殺將軍獨孤
盛執帝于西閤化及以虔通為光祿大夫莒國公化及引
兵之比也令鎮徐州化及敗後歸於大唐即授徐州揔管
轉辰州刺史封長蛇男尋隨隋朝弒逆之罪除名徙於嶺
表而死

王世充字行滿本西域胡人也祖支頹褥徙居新豐頹
褥死其妻少寡與儀同王粲野合生子曰瓊粲愛納之以
為小妻其父收幼孤隨母嫁粲粲愛而冒姓王氏官
至懷汴二州長史世充捲髮豺聲沈猜多詭詐頗窺書傳
尤好兵法曉龜策推步盈虛然未嘗為人言也開皇中為
左翊衛後以軍功拜儀同授兵部員外郎善敷奏明習法

律而儒弄文墨高下在心或有駮難之者世充利口飾非
辭義鋒起眾雖知其不可而莫能屈稱為明辯煬帝累遷
至江都郡丞時帝數幸江都世充善候人主頗巴阿諛順
旨帝又言軍帝善之又郡丞領江都宮監乃彫飾池臺
陰奏遠方珍物以媚於帝由是益昵之大業八年隋始亂
世充內懷僥倖身禮士陰結豪俊及收眾心江淮間人
表輕薄又屬賊盜羣起多犯法有繫獄抵罪者世充枉
法出之以樹私恩及楊玄感反吳人朱燮晉陵人管崇起
兵江南以應之自稱將軍擁眾十餘萬帝遣將軍吐萬緒
魚俱羅討之不能剋世充募江都萬餘人擊頻破之每有
剋捷必歸功於下所獲軍實皆推與士卒身無所取由此
人爭為用最後多十年齊郡賊帥孟讓自長白山寇掠
諸郡至盱眙有眾十餘萬世充以兵拒之而羸師示弱保
都梁山為五柵相持不戰後因其懈弛出兵奮擊大破之
乘勝盡滅諸賊讓以數十騎道去斬首萬人六畜軍資莫
不盡獲帝以世充有將帥材略始遣領兵討諸小盜所向
破之然性多矯偽詐為善能自勤苦以求聲譽十一年突
厥圍帝於鴈門世充盡發江都人往赴難在軍中垢面悲
泣曉夜不解甲藉草而坐帝聞之以為愛已益信任之十
二年還為江都通守時厭次人格謙為盜數年兵十餘萬

在豆子航中世充破斬之威振羣賊又擊盧明月破之於
南陽後遷江都帝大悅自執杯酒以賜之時世充又知帝
好內乃言江淮良家多有美女願備後庭無由自進帝愈
喜因密令世充閱觀諸女資買瑞麗合法相者取正庫及
應入京物以聘納之所用不可勝計帳上所云剳數敗
不顧其實有合意者則厚賞使者苦役於淮泗中沈船溺殺
之者前後十數或有發露典世充為祕之又遠簡闕以供進
是後益見親眤遇遇東都嘗營數敗
光祿大夫裴仁基其以武牢降于密帝惡之大發兵將討焉

特發中詔遣世充為將於洛口以拒密前後百餘戰互
有勝負世充乃引軍度洛水過倉城李密與戰世充敗績
赴水溺死者萬餘人時天寒大雨雪兵既度水亥皆沾濕
在道凍死者又數萬人比至河陽纔以千數屯於含嘉城
請罪越王侗遣使赦之召令還都收合亡散屯於含嘉城
中不敢復出宇文化及殺帝於江都世充與太府卿元文
都將軍皇甫無逸右司郎盧楚奉侗為主侗以世充為吏
部尚書封鄭國公及侗用元文都盧楚之謀拜李密為太
尉尚書令密遂稱臣及侗用兵拒化及於黎陽遣使獻捷報
皆悅世充獨謂其麾下諸將曰文都之輩刀筆吏耳吾觀

其勢必為李密所禽且吾軍人馬每與密戰殺其父兄子
弟前後已多一旦為之下吾屬無類矣出此言以激怒其
眾文都知而大懼與楚等謀因世充入內伏甲而殺之世充夜
期有日矣將軍段達遣女壻張志以楚等謀告之世充
勒兵圍宮城將費曜與戰於東太陽門外曜
軍敗世充遂攻門而入無逸以單騎遁走獲楚殺之時
命開門以納世充世充悉遣人代宿衛者明旦入謁頓首

流涕而言曰文都等無狀謀相屠害事急為此不敢背國
門尚開世充遂知而以告臣曰元文都等欲執皇帝降
于本密達知而以告臣曰非敢反叛反誅反者十文都等欲
入奉侗於乾陽殿陳兵衛之令將帥乘城以拒難兵敗侗
賀內與之盟世充尋遣韋節等諷侗命拜為尚書左僕射
密破化及還其勁兵良馬多戰死士卒皆勤於世充欲乘其
弊而擊之恐人心不一乃假託鬼神言夢見周公乃立祠
於洛水之上遣巫宣言周公欲令僕射急討李密當有大
功不則兵皆疫死世充兵多楚人俗信妖妄故出此言以
惑之眾皆請戰世充簡練精勇得二萬餘人馬千餘疋普
洛水南密軍偃師北山上時密新得志兵驕及有輕世充
之心不設壁壘世充遺二百餘騎潛入北山伏溪谷中令

軍秣馬蓐食既而宵濟人馬奔馳比明而薄密密出兵應
之陣未成列而兩軍合戰其伏兵藏山而上潛登北原乘
高而下馳壓密營中亂無能拒者即入縱火密軍大驚
而潰降其將張童兒陳智略進于優師初世充兄偉及子
玄應隨化及至東都密得而四之於城中至是盡獲之又
軌密長史景元真妻子司馬德戡虜象之母又諸將子弟皆
撫慰之各令潛呼其父兄道逖世充收其衆報而還東盡于
海南至于江采來歸附世充文令韋節諷侗拜己爲太尉
僉城官屬以尚書省爲其府尋自稱鄭王遣其將高略帥

師攻壽安不利而旋又帥師攻圍殺州三日而退明年自
冊相國受九錫備法物是後不朝侗矣有道士桓法嗣者
自言解圖讖世充昵之法嗣乃上孔子閉房記畫作大夫
持一干以驅羊法嗣云楊隋姓也干一者王字也王居楊
後明相國代隋爲帝世充大悅曰此則天命矣當德被
人閒而應符命爲天子也世充又羅取雜鳥書帛係其頸
之即以法嗣爲諫議大夫世充惡聞之於空或有彈射鳥而來獻音亦拜官
自言符命而廢侗陰殺之借即皇帝位建元曰開明國號鄭大
爵既而廢侗陰殺之借即皇帝位建元曰開明國號鄭大

唐太宗帥師圍之世充頻出兵戰輒不利諸城相繼降欸
世充窘迫遣使請救於竇建德建德率兵援之至武牢太
宗破之禽建德以詣城下世充潰圍而出諸將莫有應
之者於是出降至長安爲讎家所殺

段達武威姑臧人父嚴周朔州刺史達在周年始三歲還
爵襄垣縣公及長身長八尺美鬚顧便弓馬隋文帝爲丞
相以爲大都督領親信兵常置左右及踐祚爲左直齋遷
車騎將軍督晉王府軍事以擊南智慧功授上儀同又破
汪文進等加開府壽初爲太子左衛副率大業初以藩
邸之舊拜左翊衛將軍從征吐谷渾進位金紫光祿大夫

帝征遼東平原郝孝德清河張金稱等立起爲盜帝令達
擊之數爲金稱等所挫賊之號爲段姥後用郫令楊
善會謀更與賊戰方致克捷還京師以公事坐免明年帝
征遼東使達留守涿郡俄復拜左翊衛將軍高陽魏刀兒
聚衆自號歷山飛寇掠趙達率涿郡通守郭絢擊敗之
時盜賊既多達不能因機決勝唯持重自守時人皆謂之
爲怯懦十二年帝幸江都宮詔達與太府卿元文都等留
守東都李密縱兵侵掠城下達與監門郎將龐玉武牙郎
將霍世舉衛之以功遷左驍衛大將軍王世充之敗也密
進據北芒來薄上春門達臨判戶部尚書崇津拒之達見

賊不陣而走軍大潰津沒于溜及帝崩于江都達頭丈都
等推越王侗為主署開府儀同三司兼納言陳國公元文
都等之謀誅王世充達預焉既而陰告世充達成之內應
及事發迫越王送文都於世充世充甚德於達既破妻子
調越王楻讓世充僣號以達為司徒及東都平坐斬妻子
籍沒

論曰宇文述便辟足恭柔頗取悅君所謂可亦曰可為君
所謂不亦曰不焉無所是非不能輕重默默苟容偷安高
位甘素餐之責受後己之譏此固君子所不為亦丘明之
深恥化及以此下才員因累藥時逢崩拆不能竭命乃因
利乘便先圖干紀弒君不逞職為亂堦拔本塞源裂冠毀
冕舉賢賣深指鹿事切食蹈天地所不容人神所同憤矣世
充學覽羣礼綜核名實越儁舊臣而躬為我首
親行鴆毒竟而虵豕醜類縱謀夷梟鏡况料覆尋類戮
垂炯戒於來葉義於當年為人臣者可無勵鑒哉

蒲山公

比史列傳六十七

晉十二

列傳第六十七

比史七十九

賀訥
姚黃眉
杜超
賀迷
閭毗
馮熙
李惠
高肇
胡國珍 微曾孫 長粲

楊騰
乙弗繪
趙猛
胡長仁
隋文帝外家呂氏

北史列傳六十八

夫左賢右戚尚德尊功有國者所以御天下也殷肇王基
不藉莘氏爲佐周成王業未聞姒姓爲輔然歷觀累代外
戚之家秉母后之權以取高位厚秩者多矣而鮮能有克
終之美必罹顛覆之患何哉皆由乎子君上不以至公任物
在下徒用私寵要榮蘭懷引大車升賀任厚棟無德而尊

不知紀極忽於蒲盈之戒闇念高危之條故鬼瞰其室憂
必及之所以殺身傾族相繼於西京也夫誠著艱難功宣
社稷不以謙沖自牧未免顛蹶之禍而況乎道不以爲時
仁不足以利物自於己以富貴驕人者乎魏道武初賀
訥有部衆之業翼成皇業其餘或以勤或以緣恩澤發民
被殺俱非女謁盈家之所致也妻昭自以佐命之功崇其
右妃之族全胡長仁以譖訴貽禍斛律光以地勢
名器且霸業權與時方同德陵暴之費因茲而起其非繼
昭訓二門近良家遺醇守死無暇固不足涉言又子非繼
世權難妄假昭信非惟素門覆道記構戾屬戚望之地自

致無由有周御歷右門初無與政旣而末跡竊鼎權竟移鼎
聖斯乃西漢覆車之轍魏文所以深誡隋文潛躍之初獻
右便相推輶煬帝大橫方兆蕭妃密勿經編具以恩禮網
緫始終不易然外內親戚莫預朝權昆弟在位亦無殊寵
至於居擅玉堂家稱金穴暉光戚里薰灼四方將三司以
比儀命五侯而同拜者終始一代寂無聞焉考之前王可
謂矯其弊矣故雖時經擾攘無有陷於不義市朝遷就顛
皆得以保全比夫憑藉寵恩階澤乘其非據樸旋就顚
隕者豈可同日而言哉此所謂愛之以禮者也案外戚魏
書有賀訥劉羅辰姚黃眉杜超賀迷閭毗馮熙李惠

高肇干勁國珍李延實等書有趙猛裴假尔朱文暢鄭
仲禮李祖昇元螺胡長仁周書不立此篇雋有獨孤羅
蕭祇今以劉羅辰李峻干勁李延實妻叔尔朱文暢鄭仲
禮李祖昇元螺獨孤羅蕭歸命附其家傳其餘並入此篇
又檢楊騰乙弗繪附之魏末以備外戚傳云

賀訥傳

賀訥代人魏道武皇帝之舅獻明后之兄也其先世為君
長祖紇尚平文女父野干尚昭成女遼西公主昭成崩諸
部非亂獻明后與道武及衛秦二王依訥會符堅使使劉庫
仁分掌國事道武還君獨孤訥揔攝東部為大人遷居大
帝笑咨曰誠如舅言要不亡也訥中弟染干兒龕暴忌帝常
圖為逆每為皇姑遼西公主擁護故染干不得肆其禍心
諸部大人請進道武發代王位千牛川及帝討吐突衛部訥大
人勸進道武兄求舉道武為主染干不從遂奥諸大
遂懷異圖卒殺諸部救之帝擊之大潰訥西遣衛辰部訥直
力觀征訥告急請降道武間精騎二十萬救之遂徙訥部
落及諸弟熟之東界訥又通於慕容垂垂以訥為歸善王
染干謀殺訥而代立訥遂與染干相攻垂遣子麟討之敗

染干於牛都破訥於赤城道武遣師救訥麟乃引退訥從
道武平中原安遠將軍其後離散諸部分土定居不聽
遷徙其君長大人晉同編戶訥以元舅其見尊重然無統
領以壽終於家訥弟盧赤從平中原以功賜爵遼西公帝
為幷州刺史廣寧王廣圖敗訥弟盧亦沒訥從父弟悅初
居賀蘭部下人情未甚附惟悅舉部隨從初道武
達盧會備王儀伐鄴而盧自以帝之舅不肯受儀節度
帝遣使切責之盧遂恐恨與儀構成其嫌彌加
猜忌會道武敕盧去鄴盧亦引歸道武以盧為廣川太守
盧性雄豪恥君莫州刺史王輔下襲殺訥從父弟悅以
天神讚成大業出於誠至帝嘉之其見寵待後平中原以
功賜爵鉅鹿侯進爵比新辛子泥龍爵後降為肥如侯道
武崩京師草草泥出舉烽於安陽城北賀蘭部人皆往赴
之明元即位乃罷詔泥與元渾等八人拾遺左右與比新
侯安同持節行并定二州劾叅并州刺史元六頭等皆伏
罪州郡蕭然後從太武征赫連昌以功進爵琅邪公軍
國大議每叅豫焉又征蠕蠕為別道將坐逐賊不進詐增
虜獲當斬贖為庶人久之拜光祿勳為外都大官後本爵卒
官子醍建襲

姚黃眉傳

姚黃眉姚興之子明元昭哀皇后之第也姚泓滅黃眉間
來歸魏元厚禮待之賜爵隴西公尚陽翟公主拜駙馬
都尉隸尸二百太武即位遷內都大官後拜太常卿卒贈
雍州刺史隴西王諡曰獻陪葬金陵黃眉寬和溫厚希言
得失大武悼惜之故贈禮有加

杜超傳

杜超字祖仁魏郡鄴人密皇后之兄也少有即操太常中
為相州別駕光中太武思念舅氏以超少有陽平公尚南
安長公主拜駙馬都尉位大鴻臚卿軍駕幸其弟賞賜巨
萬神麚三年以超行征南大將軍太宰進爵為王鎮鄴追
加超父豹鎮東大將軍陽平景王母曰鉅鹿惠君真君五
年超為帳下所害太武臨其喪慟哀念之諡曰威王長
子道生賜城陽侯後為秦州刺史進爵河東公道生弟
鳳凰龍襲爵加侍中特進太武追思超不已欲以鳳凰為定
州刺史鳳凰辭讓違離闕庭乃止鳳凰弟道儁賜爵鄴子
候鎮枋頭除兗州刺史超既薨復授超從弟遺爵鄴子
將軍開府相州刺史入為內都大官進爵廣平王遺性忠
厚頻歷州郡所在著稱薨贈大傅諡曰宣王長子元寶位
司空元寶弟儇寶司祿校尉贈元寶又進爵京兆王及歸而
父遺襄明當入謝元寶欲以表闕文成未知道薨怪其違

召之元寶將入時人止之曰宜以家豪自辭元寶不見其
寵不從遂冒哀而入未幾以謀反伏誅親從皆斬唯元寶
孤父兄近親唯迷故蒙賜爵長鄉子卒贈光祿大夫五原
之後兗州故吏沒宗謙等以道儁薨認義在人前從坐爵受誅
柔髭土壞求得收葬書奏詔聽之賜散騎常侍爵南
將軍南康公諡曰昭世衡襲遺公爵

賀迷傳

賀迷代人太武敬哀皇后之從父也皇后生景穆初后少
父兄近親唯迷故蒙賜爵長鄉子卒贈光祿大夫五原

閭毗傳

閭毗代人蠕蠕主大檀之親屬太武時自其國來降毗即
恭皇后之兄也毗生文成文成大安二年以毗為平北將
軍賜爵河東公第紇為富北將軍賜爵豪陵公其年並加
侍中進爵為王征東將軍評尚書事紇征西將軍中都
大官自餘子弟賜爵為王者二人公五人侯六人子三人
同時受拜所以隆崇舅氏和平二年追諡毗祖父延襄康
公辰定襄懿王毗薨贈太尉追贈毗妻河東王妃子惠襄
紀襲兗贈司空子豆後賜名莊太和初立三長以莊為定
公籍大使甚有時譽十六年例降爵後為七兵尚書卒紀

弟染位外都大官冀州刺史江夏公卒先是文成以乳母
常氏有保護功既即位尊為保太后後尊為皇太后興安
二年太后前兄英字世華自肥如令超為散騎常侍鎮軍
大將軍賜爵遼西公弟喜為鎮軍大將軍祠曹尚書帶方公
三妹皆封縣君妹遼西公夫王于晬為平州刺史遼東公追贈英祖
遣兼太常盧度世持節改葬獻王于遼西樹碑立廟置守
父符堅妹風太守亥為鎮西將軍遼西獻王英母許氏博陵郡君
為侍中征東大將軍太宰遼西獻王英蘭公勃海追贈英伯
家百家太安初英字亥為侍中征東大將軍太宰進爵為王喜
為安東將軍朝鮮侯許子
左光祿大夫改封燕郡從兄泰為
伯夫散騎常侍選部尚書次子貞金部尚書喜子振太子
庶子三年英領太師評尚書事內都大官伏寶泰等州刺
史五年詔以太后母宋氏為遼西王太妃和平元年喜為
洛州刺史初英事宋不能謹而晬奉宋甚至就食於和龍
無車牛宋疲不進負宋於英等薄如晬
之篤謂太后曰何不王晬而黙英雖盡力故是他姓奈何
主也家內小小不順何足追計晬雖盡力故是他姓奈何
在英上本州郡公亦足報耳天安中英為平州刺史訢為
幽州刺史伯夫進爵范陽公英濁貨從敦煌諸常自興為
及至是皆以親疏受爵賜田宅時為隆盤後伯夫為洛州

刺史以贓汙數斬於京師承明元年徵官爵諡
遼西平王始英之徵也要目隊其所居黃山下水中村人
以車牛挽致不能出英獨抱載而歸聞者異之後又貞興伯
夫子翕可共為飛書誣謗朝政事發有司執憲刑及五族一
孝文以明太后故罪止一門訢年老赦免歸家翕其孫一
人扶養之給奴婢田宅其家僅入者百人金錦布帛數萬
計賜尚書已下宿衞已上其女婿及親從在朝皆免官前
後沒入婦女以喜子振試守正平郡卒
本鄉十一年孝文明太后以文昭太后故恚出其家前

馮熙字晉國長樂信都人文明太后之兄也祖弘北燕王
太武平遼海熙父朗內從官至秦雍二州刺史宣西郡公
坐事誅文明太后臨朝追贈假黃鉞太宰燕宣王宣西郡公
安熙生於長安為姚氏魏母惡其所養以叔父樂陵公遜因戰
入蠕蠕魏母攜熙逃避至氐羌中撫育年十二好弓馬有
勇幹氐羌皆歸附之魏母惡其如此將還長安遊辛陰河東
學閭從師受經論語好陰陽兵法事及長遊辛陰河東
二郡間性泛愛不拘小節人無士庶來則納之熙姊先入
掖庭為太武左昭儀妹為文成帝后即文明太后也使人
外訪知熙所在徵赴京師拜冠軍將軍賜爵肥如侯尚景

穆女博陵長公主拜駙馬都尉出為定州刺史進爵昌黎
王獻文即位為太傅累拜內都大官孝文即位文明太后
臨朝帝乃承旨以熙為侍中太師中書監領祕書事熙以
頻復師傅又中官之寵為臺情所駭心不自安乞轉外住
文明太后亦以然而以熙為督洛州刺史侍中太師如故洛
陽雖經破亂而舊三字石經宛然猶在至熙與常伯夫相
繼為州因取人子女為奴婢有容色者幸之為妾有子女數
十人號為貪虐後母卒乃散髮徒跣水漿不入口三日詔不聽
如事所生為魏母聽服齊衰期後以
服熙表求依趙氏之孤帝納其女為后以熙情難奪聽服
臣敢有三焉妻之父母抑言其一此所謂供承宗廟不欲
奪私心然吾李著於春秋配棟陰政既數未聞有司陳奏斯
用關至尊之敬比長秋

一切經延致名德沙門日與講論精勤不倦所費亦不貲
而營塔寺多在高山秀阜儉殺人牛有沙門勸止之熙曰
自出家財在諸州鎮建佛圖精合合七十二處寫十六部
繼為州因取人子女為奴婢有容色者幸之為妾有子女數
成就後人唯見佛圖焉知殺人牛也其北芒寺碑文中書
侍郎賈元壽詞文頻登北芒寺親讀碑文稱為佳作熙
為州因取人子女為奴婢有容色者幸之為妾有子女數

式可詔太師輒臣從禮又勒集書造儀侍外孝文前後納
熙三女二為后一為左昭儀由是馮氏寵貴益隆賞賜累
巨萬帝每詔熙上書不臣入朝不拜熙雖上書如舊熙於後
遇疾綿寢四載詔遣監關道路相望重駕系石昌公主遇曰
洛帝親與熙別見其困篤歔欷流涕敕斷有司預辦凶儀并
太師閔還至徐州乃舉哀為制緦服詔有司預辦凶儀并
臺表聞還至徐州乃舉哀為制緦服詔有司預辦凶儀并
開魏志墓令公主之柩俱向伊洛凡所營送皆公家為
備又敕代給綵帛前後六千四百以供凶用皇后諸代趁
哭太子悼亦赴代哭弔將葬贈假黃鉞侍中都督中外諸
軍事大司馬太尉冀州刺史加黃屋左纛羽葆鼓吹皆依晉
太宰安平獻王故事有司奏謚曰可

靈悲慟而拜焉葬日送臨墓作誌銘主生二子誕悟
誕字思正悟字寶業皆姿貌妍麗年縟十餘文明太后俱
引入禁中申以教誡然不能冒讀經史弟並無學術徒
整飾容儀貴遊子雅恭謹而已誕與孝文同歲紹侍書學仍蒙
親待高帝娣妹樂安長公主拜駙馬都尉侍中征西大將軍
南平王悟侍中鎮北大將軍尚書東平公又除誕儀曹尚
書知殿中事及罷燕姓王誕為侍中都督中外諸軍事中

軍將軍特進改封長樂郡公諡拜官孝文立於庭遣受其
拜既毓遣堂之後諡拜卒官禁而性浮薄為惰乃辛別諡
性浮薄為惰乃辛親諡亦未能誨其過然時言於太后孝
文毓尊父之至於楚梓由是陰懷毒恨遂結左右有憾於諡
毓欲圖食宮樂章事畢還第由旻隆惶毒恨遂結左右有憾於諡
毓全備命帝以諡父老又重其女亦求離婚謝免官帝引諸
奈平城百姓情豈不致於法棄之具得情狀誚引過詰
己不許毓情豈以誕父老又重其意不致於法棄之百餘藪
為司徒帝既愛誕除官目親為制三讓表并啟將拜又為
彭城王勰北海王詳離真蔡中然親近不及十六年以諡
　　　　　　　　　　　　　　恭章諡拜如軍騎大將軍太子太師十八年帝謂其無師
傅欵導事感諷自誨青從駕南伐十九年至鍾離諡過疾
不能侍從帝日省閻顏藥備加帝銳意臨江乃命六軍發
坐視帝悲而諡不能下言慶太后來呼臣誕時諡已憊然強
鍾離南輜與誕泣訣左右皆入無犄潸時鳴咽慘然而
出遂行是日去鍾離五十里許帝告誕諡實闊常裹不自
勝時崔慧景崑秋業軍在中淮去所火不過百里帝乃輕
駕西還從者數千人夜至誕薨音帝以所服舉衣幗充槥親自
視徹樂去膳宜敕六軍止臨江之駕馬帝親北度慟哭極哀
旦聲淚沒不絕從者亦送薨至諡喪盡至臧連

喪至洛陽車駕猶在鍾離詔留守賜贈物帛五千四
五十斛以供葬事諡假黃鉞使持節大司馬領司徒侍中
都督太師駙馬公如故加以殊禮備錫九命依古大司馬
齊王後故事昔身黃ꞏ兼爱愛三諡之榮忠武雙徽錫兩號之
有光曰懿昔身黃門兼爱愛三諡之榮忠武雙徽錫兩號之
茂武孝子前訓且契其騰既自少嫗緝知之惟朕案行定名
諡曰元懿帝又親為誕作碑文及挽歌詞比寫朕美誼事過
其厚軍駕還京遂親臨諡貴者示以朋友微音示
官賽佐公主貞厚有禮慶產三男長子穎字稚和薨麻
如賽佐公主貞厚有禮慶產三男長子穎字稚和龔襲爵
避皇子愉封改封扶風郡公尚孝文女順陽長公主拜駙
馬都尉厥質外通直散騎常侍穆方高車良馬恭愛不和輔興亡
贈都尉厥質外通直散騎常侍穆方高車良馬恭受職命言宴
滿堂所笑自書為御史中尉平王臣所勁後位金紫光
祿大夫尋過害河陰贈司空雍州刺史謚曰漢廚受禪爵馬
黎王尋位第顯前父諡長樂郡公惰弟鎮克免為長樂百姓宜武時
例降穆第顯前父諡長樂郡公仍龔扶風郡公子峭字子寶興廢爵禪
側降穆第顯前父諡長樂郡公仍龔扶風郡公子峭字子寶興廢
兄也位至黃門郎信都伯後坐本妹讖克免為長樂百姓宜武時
辛於河南君事同產第伯父諡長樂郡公幼養於宮文明太后特加愛念
數歲賜爵至北平王拜太子中庶子出入禁闥寵侔二兄

孝文親政後因寵稍衰降爵為侯學后立乃後敘用后死
亦冗散卒贈青州刺史崔光之兼黃門也與辜俱直光每
謂之曰君家富貴大盛終必衰敗云我家何負四海乃
呪我也光云以古推之不可不慎時熙為太保誕司徒太
子太傅惰侍中尚書黃門廢后在位禮愛來弛是後歲
餘惰以罪葉熙誕喪亡后廢辜退時人以為盛必衰也

李惠傳

李惠中山人思皇后之父也盖少知名歷位殿中都官
二尚書左將軍南郡公初太武妹武威長公主故涼王沮
渠牧犍之妻太武平涼州頗以公主通密計之助故寵遇
差隆詔盖尚焉盖為尚妻與民以是出後盖加侍中征南大將軍定州刺
史中都大官尚書右僕射卒官贈征南大將軍定州刺中
山王諡曰莊惠弱冠龍父爵尚書尚襄城王韓頹女生二女長
即后也惠歷位散騎常侍中征南大將軍加長安鎮大將惠
史進尉為王轉雍州聽事有職為辜必掌關已累日惠令人掩獲試
命網紀斷之立辭惠乃卒以弱竹彈兩堀已惠令人掩獲試
長於思察雍州聽事有職為辜必掌關已累日惠令人掩獲試
理無回心畢下伏其深察人有負瞳賀新者同釋重捶息
樹陰二人將行爭一羊皮各言籍將之物惠遣爭者出顧

〔十三〕

州綱紀曰此羊皮可拷知主乎君下咸無答者惠令人置
羊皮席上以杖擊之見少鹽屑曰得其實矣使爭者視之
負薪者乃伏而就罪凡所察究多如此類由是吏民莫敢
欺犯後為開府儀同三司青州刺史南叛謀王如故歷政有美績
惠素為文明太后所忌誣惠將南叛賜死青州盡沒其家財惠本無釁
惠諸子同戮後重深氏亦死青州盡沒其家財惠本無釁
故天下冤惜焉惠從弟鳳為定州中山王長樂王薄
後長樂王以罪賜死時卜筮者河間邢瓉辭引鳳云鳳不
輭鳳為樂安謀主伏誅唯道念與鳳子及兄弟之子皆逃
免後遇赦乃出太和十二年孝文將爵鳳男氏詔訪存者而
惠諸從以罪離斥戮難於應命唯道念敢先詣關乃申后
妹及鳳兄弟子女之存者於是賜鳳子屯爵栢人侯安祖
浮陽侯與祖安喜侯道念貞定侯從弟寄生高邑子屯加
將軍十五年安祖昆第四人以外戚蒙見詔謂曰卿之先
世內外有犯得罪於時然官必用才以親非興邦之選先
氏之寵超於末葉從今已後自非奇才木不得復爵外家為伯並
去軍號帝奉馬氏過厚於李氏過薄安祖等改侯為伯並
抽舉既無殊能今且可還後倘降爵外家婦野
人士所以稿議太常高閭顯言干祿不中及宣武寵隆外家
並名顯位乃惟孝文男氏存已不露恩澤景明末特詔與

〔十四〕

祖篡爲中山太守正始初詔追崇真爲使持卹驃騎將軍開
府儀同三司定州刺史中山公太常考行上言案諡法武
而不遂曰壯諡曰壯公典與祖自中山遷燕州刺史卒以兄
安祖子侃晞爲後襲先封南郡王後以庶姓罷王改爲博
陵郡公晞侃爲莊帝所親幸拜散騎常侍賞典御帝之
圖介朱榮侃晞與曹安辇持刃於禁宗内殺榮及莊帝蒙塵
侃晞奔梁

高肇傳

高肇字首文文昭皇太后之兄也自云本勃海蓨人五世
祖顧晉永嘉中避亂入高麗父颺字法脩孝文初與弟弟

飇率晷明初宣武追思舅氏徵肇兄弟等錄尚書事北海
王詳等奏颺宜贈左光祿大夫賜爵勃海公諡曰敬其妻
蓋氏宜追封清河郡君詔可又詔颺嫡孫猛龍襲勃海公爵
封肇平原郡公肇弟顯澄城郡公三人同日受封是年肇
未與男氏相接將拜爵乃賜衣幘引見肇顯于堂王禧
皆甚惶懼肇動失儀軌之閒貴賤夾是年肇爲尚書右僕射
誅財物珍寶奴婢田宅多入高氏未幾肇爲尚書令肇出自夷土
冀州大中正尚書武姑高平公主遷高

先朝舊制減削封秩抑黜勳人由是怨聲盈路矣延昌初
遷司徒雖貴登台鼎猶以去要任已本無學識動違禮度好改
見寵信肇既專衡軸每事任已本無學識動違禮度好改
下忽恣譖大至紛紜太尉高陽王雍清河王懌於雲門外廂
惡之擅逐至不軌肇與肇意又譖殺彭城王勰由是朝野
恣擅遂至不軌肇與肇志百及京兆王愉出爲冀州刺史裏肇
顯失於醫療求至肇京兆王愉出爲冀州刺史裏肇
同四禁時順皇后暴崩世議言肇爲之皇子昌又暴死衆謂
罪以北海王詳位名其上構殺之者旬月超昇背之者陷以大
肇既專親族頗結朋黨門之者陷以大肇爲宣武防衛諸王始
能宣武初六輔專政後以咸陽王禧無軍構遇由是委肇爲

甄琛等二十餘人俱面斥宣武於東堂親奉規略是日肇
所乘駿馬傳於神獸門外無故驚倒韓臥渠中鞍具兎解
及大舉征蜀以肇爲大將軍都督諸軍以肇無識哂而不責也
兄子猛改詣代遷時人以肇無識哂而不責也
贈雖久竟不改應三年乃詔令還葬肇不目臨赴唯道其
征南將軍元遙等言以吾山崩赦罷征永明帝與肇及
衆咸怪暴隊傳於四年宣武崩赦罷征肇征永明帝與肇及
皆悼怪暴隊馬傳於四年宣武崩赦罷征肇征永明帝與肇及
亦憂身禍朝又悲泣至于羸悴將至宿澄潤驛惟家人夜

迎省之皆不相視直至闕下線服號哭昇太極殿盡哀太
尉高陽王先居西堂專決庶事與領軍于忠密欲除之
潛備壯士直寢邢豹伊盆生等十餘人於舍人省下肇哭
梓宮記於百官前引入西廊清河王懌任城王澄及諸王
等皆以為竊言目之肇入省肇使持節侍中外諸軍事
者皆以為不祥吾還也靈太后臨朝令特贈營州刺史永
乃於側門出其尸歸家初肇西征行至函谷車軸中折從
熙二年孝武帝贈使持節侍中外諸軍事大丞相
太尉公錄尚書事冀州刺史肇子植自中書侍郎為灃州

【十七】

剌史率州軍討破元愉別將有功當家封賞不受云家荷
重恩為國致効是其常節何足以膺進陟之報懇惻發於
至誠歷青相朔怛四州刺史卒植頻在五州皆清能著稱
當時號為良刺史贈安北將軍冀州刺史肇長兄琨早卒
龔繫鳳封勃海郡公贈都督五州諸軍事鎮東大將軍冀州
刺史詔其子猛嗣猛字豹見高長樂公主即宣武帝母妹
也拜駙馬都尉歷位中書令出為雍州刺史有能名入為
殿中尚書卒贈司空冀州刺史事武帝時後贈太師大丞
相錄尚書事公主無子猛先在外有男不敢令主知臨終
方言之年幾三十矣乃召為喪主卒無後琨弟懌字仲

【雷】

游太和十年卒正始中贈安東將軍都督青州刺史謚曰
莊侯景明四年宣納其女為貴嬪及于順皇后出朋永平
元年立為皇后母王氏為武邑郡君早卒
弟壽早卒第即肇也肇孕顯侍中高麗國大中正早卒

胡國珍傳

胡國珍字世王安定臨涇人也祖略興勃海公姚遠平
北府諮議參軍父深赫連屈丐給事黃門侍即太武冠統
萬深以降欵之功賜爵武始侯後拜河州刺史國珍少好
學雅尚清儉太和十五年龔爵倒降為伯女以選入掖庭
生明帝即靈太后也孝明帝踐祚以國珍為光祿大夫靈

【十八】

太后臨朝加侍中封安定郡公追崇國珍妻皇甫氏為京
兆郡君置守冢十戶尚書令任城王澄奏安定公宜出入
禁中參詔大務詔屈公入決萬機尋進位中書監儀同三
司侍中如故賜絹歲八百疋妻梁四百四十男女姊妹各有
差國珍與太師高陽王雍太傅清河王懌太保廣平王懷
入居門下同豢庶政詔依漢車千秋故事給步
挽一乘自掖門至于宣光殿得以出入并備几杖後與侍
中崔光俱授帝經侍直禁中國珍上表陳刑政之宜詔皆
施行延和初加國珍使持節都督雍州刺史驃騎大將軍
開府靈太后以國珍年老不欲令其在外且欲示以方面

之榮竟不行還司徒公侍中如故就宅拜之靈太后明帝
辜百寮莫不其第宴會極歡又追京兆君為秦太上君太
上君昌明三年薨於洛陽於此十六年矣太后母曰靈
墳瑩車局更增廣為起塋域門闕碑表侍中崔光等奏按
漢高祖母始謚曰昭靈夫人後為昭靈后薄太后母曰靈
文夫人皆置園邑三百家守令丞奉守全秦太上君未有尊
謚陵瑩孤立即秦權置園邑三十戶立長丞奉守太后從之
上尊諡曰秦繼室梁氏為趙平郡君設掃備以慰情典請
封國珍又徙封馮翊君國珍子祥妻長安縣公主即清河

〈十九〉雷

王懌女也國珍年雖篤老而雅敬佛法時事漂齋自禮拜
至於出入侍從猶能跨馬據鞍神龜元年四月七日少從
所建佛像發第至閶闔門四五里八日又立觀像晚乃肯
坐勞熱增甚因遂寢疾靈太后親侍藥膳十二日薨年八
十給東園溫明祕器五時朝服各一具衣一襲贈布五千
四錢一百萬蠟十斤大鴻臚持節護喪事太后還宮成
服於九龍殿又君九龍寢室明帝服小功服舉哀於太極
東堂文詔自始薨至七七皆為設千僧齋令七人出家
百日設萬人齋又七人出家先是巫覡言將有凶有定
厭勝法國珍拒而不從云吉凶有定分唯修德以禳之臨

死與太后訣云母子善臨天下殺勤至於再三又及其子
祥云我唯有一子死後勿如比來威抑之靈太后以其好
戲時加威訓國珍故以為言始國珍欲就祖父四葬舊鄉
後緣前世諸胡多在洛葬之心崔光曾對太后前
閭國珍國公萬年後為歸長安國珍言還安定語甚富
葬天子山陵及病危太后請以後事屬崔光等議夫圍慟悼
忽太后閒清河王懌與崔光昔言與國珍遂皆塋於洛陽太后
從先言太后猶記崔光與國珍之遠慕二親亦吾
之思父母也追崇假黃鉞使持節侍中相國都督中外諸

〈二十〉秋

軍事太師領太尉公司州牧驃太上秦公加九錫葬以殊
禮給九旒鑾輅武賁班劍百人前後部羽葆鼓吹輼輬車
諡曰文宣公賜物三千段束一千五百石又詔贈國珍祖
父迎太上君神主入廟詔太常權給以軒縣之樂初國
珍神主入廟詔太常權給以軒縣之舞初國
珍無男養兄真子僧洗為後納趙平君生子祥守元吉
國珍同及
禮襲封故事世襲例皆減邑唯祥獨得全封趙平君薨給
龍襲祕器明帝服小功服舉哀于東堂靈太后薨給葬
園祕器明帝服小功服例皆減邑唯祥歷位殿中尚書中書監侍中
於太上君墓左不得祔合祥歷位殿中尚書中書監侍中

改封平涼郡公薨贈開府儀同三司雍州刺史諡曰孝景

僧洗字湛輝封襄德縣公位中書監待中欧封濮陽郡公

僧洸自永安後發業不預朝政天平四年薨詔給東園秘

器贈太師太尉公錄尚書事雍州刺史諡曰孝昭元义為

剌史卒贈太尉公諡曰孝穆女為清河王置妃生壽靜皇帝武定初

宇惠歸龍國公先發覺改為尚書事雍州刺史諡曰孝敬元义之

贈太師太尉公錄尚書事臨涇伯後進爵公歷歧涇二州

廢靈太后虔時廢為千牛備身與備軍渥淶等謀之事發

义薨軍渠等虔坐徙靈太后及政徵為吏部郎中太后

好以家人禮與親族宴戲虔常致諫由是後宴譴多不預

焉出為涇州刺史封安陽縣侯興和二年以帝元舅超遷

司空公薨贈太傅太尉公高密僕射徐州刺史諡曰旦薨

曰百官會葬輿送於郭外子長粲長粲徙晉累遷章武

不以介意後主踐祚受拜皆彈糺之旁深等頗有恨言長粲

便番左右以毁閭受尚書左僕射趙彦深密勿樞要中書舍人裴澤

典所回避尚書左僕射趙彦深密勿樞要中書舍人裴澤

太守為政清靜頗得人和除兼并省尚書左丞嘗官正色

從武成還鄴仍敕在京省判度支尚書監議五禮武成崩後主

專典數奏武成還鄴仍受敕留後主

與領軍婁定遠錄尚書趙彦深左僕射和士開高文遙領

軍幕連猛高阿那肱右僕射唐邕同知朝政時人號為八

貴於後定遠文遙並出唐邕專典外兵參連猛高阿那肱

別攝武任後長粲景在左右兼宣詔令從幸晉陽後主既富

於春秋庶事皆相歸委長粲盡心毗奉甚得名譽又正為

侍中十毋憂盈假驛尋有詔起前任隴東王長

仁心欲入處機要之地為執政不許長仁疑長粲通謀义

以為恨言於太后發其陰私請出為州刺史太后為言後主

不獲已從除為趙州刺史及辭春戀流涕後主亦惻然慰

勉之至州後主聞而傷悼在朝文武嗟嘆咸惜之贈司空公

卒於州

尚書左僕射瀛州刺史諡文貞公長粲性溫雅在官清潔

但始居要密便為子叔泉取清河王崔德儉女為妻在晉

陽奧分用妻六弟主迯與德儉對為司徒主簿時論以此譏

之又性好內有一侍婢其妻王驕妬手剌殺之為此怨恨

數年不相見親表惡之父語曰自我不見于今三年後納妾

李氏仍與王氏別宅亦無朝拜之禮鞏婦公孫氏也已殺

三夫長粲不信彊取之令與李氏同住未幾而亡子仲操

伍陳留太守次叔泉通直散騎侍郎先是望氣者言太

白食卯法當大赦和士開奏聞詔降罪人以應之尚書左

僕射徐之才諧綝往事語士開曰天垂象見吉凶有成災

者有不成災者案昂趙分或云趙地有以谷名者王侯各在
封邑故分野有災善田其君長今吾等慶名竟不之國刺史
皆令一境善惡所歸比來多以刺史爲臉未幾而長粲死
爲軍弟盛宁歸興位左衛將軍賜爵江陽男縣幽瀛二州
刺史爲政清靜興愛之轉冀州刺史卒贈司徒公錄尚
書重定州靜頹毒每與人言自稱僕射追封陽平郡公妻宇文元會
六六諡曰靜集弟度宇文亮封安縣公累遷尚書左僕射
涇陽縣公位儀同三司雍州刺史右衛大將軍贈侍中司
領左衛將軍度頹毒每與人言自稱僕射時人方之毛嘉

【北史列傳六十八】

【二三】

正光初元義出之爲都督瀛州刺史度不願出頻表固辭
乃除右光祿大夫孝昌元年爲司空領軍將軍加侍中元
義之見出也恐朝夕誅滅慶與妻陳氏多納其貨爲之左
右度無子養兄集子子熙爲子子熙後爲子子熙之左
氏閒而惡之又攝吏部事遷司徒兼尚書令不拜尋轉太
取元義而惡之又攝吏部事遷司徒兼尚書令不拜尋轉太
他還京師廢閒他外何消息他曰行路所閒唯道明公多
尉孜玫營利老而彌甚遷授之際皆自請乞靈太后知其
無用以舅氏難達之然所歷官最爲貪蟲尒朱榮入洛西
泰兄子華州刺史邑尋與邑爲人所殺

楊騰傳

楊騰弘農人文帝之舅也父貴琅
邪郡守封華陰男騰妹
爲京兆王愉妃故騰得處貴游景明初龍裴爵後爲襄城太
守其有聲梅文帝即位位開府儀同三司出鎮河東夢贈
司空雍州刺史諡曰貞襄子盛

乙弗繪傳

乙弗繪河南洛陽人文帝皇后之兄也文帝即位位開府
儀同三司侍中中書監魏昌縣公又爲吏部尚書
累遷南營州刺史卒贈司空公

趙猛傳

趙猛太安狄那人也姊爲齊文穆皇后繼室生趙郡公琛
猛性方直顧有器幹齊神武舉義以預義勳封信都縣伯

【北史列傳六十八】

【二四】

胡長仁傳

胡長仁字孝隆安定臨涇人齊武成皇后長兄也父延之
魏中書令兗州刺史大盛中贈司空公長仁以內戚歷位
尚書左僕射兗州刺史及武成朋預參朝政封隴東郡王左
丞鄰孝裕郎中陸仁惠盧元亮厚相結託長仁每上首孝
裕必方駕而來省務既繁簿案堆積令史欲諮都坐者日
有百數孝裕屏人私話朝退亦相隨仁惠元亮又伺閒而
往候斷公事人號爲三佞長仁私遊乃密貌厥廟追嘉孝裕

勸其求進和士開深疾之於是奏除孝裕為章武郡守元
亮為淮南郡守仁惠為幽州長史孝裕又說長仁曰王陽
臥疾和士開知其謀更殺之入見太后不過一百日失官便
代其處士開知其謀更從孝裕為北營州建德郡守長仁
每千執事求進故抑而不許以領軍將相文武以主上富於家
不可專政故抑而不許以本官攝選鄭夜發淫口帝以夜漏高
右出之天統五年從駕鄴宮長仁疑長仁性好威福意猶
未盡先是尚書胡長粲奏事內省長仁疑黎闇已苦請太
早傳於路傍長仁後來謂是從行諸貴逐遣門客程牙馳
騎呼問帝遣中尚食陳德信問是何人牙不荅而走帝命
左右追射之既而捉獲因令壯士撲之決馬鞭二百牙一
宿便死士開因此遂令德信列長仁倚親驕豪無忌憚由
是除喬州刺史及離於昭陽列伏引見長仁不敢發語唯
泣涕橫流到任啓求軄歸所司不為奏怨憤謀令冀州人
李揝引漢文帝殺薄昭為故事於是敕遣張固劉桃枝馳
驛詣喬州責長仁謀害宰輔遂賜死先是太白食昴卯占者
曰昴為趙分不利胡王長仁未幾死長仁性好歌舞飲酒
至數斗不亂自至喬州每進酒後必長仁歌歡流涕不自
勝左右莫不悽之年卒而後主納長仁女為右重加贈長仁

子君璧君襲爵隴東王君璧弟君璋及長仁弟長雄等前後
七人竝賜爵合門貴盛右廢後稍稍黜退焉

隋文帝外家呂氏傳

隋文帝外家呂氏其族蓋微平齊後求訪不知所在開皇
初濟南郡上言有男子呂永吉自稱有姑字苦桃嫁為楊
諱妻勘驗知是舅子始追贈外祖雙周為上柱國太尉八
州諸軍事青州刺史封齊郡公謚曰敬外祖母姚氏為齊
敬公夫人詔立齊郡太守家十家以守廟置守家十家以永吉襲
爵留在京師及大業中授上黨郡太守性識庸鄙職務不
理後去官不知所終從父道貴性尤頑騃言詞鄙陋初自
鄉里徵入長安上見之悲涕道貴略無感容但連呼帝名
云種未定不可偷大似苦桃姊後數犯忌諱動致違忤上
甚恥之乃命高熲厚加供給不許接對朝士拜上儀同三
司出為濟南太守令即之任斷其入朝道貴還至本郡高
自矜重每與人言自稱皇舅數將儀衛出入閭里從故人
游宴庶僚咸苦之其後郡發終於家子孫無聞焉

論曰三五哲王防深慮遠舅甥之國罕執鈞衡母后之家
無聞傾敗矣及漢晉頗覆繼軌皆由乎進不以禮故其斃
亦速自魏至隋時移四代得失之迹斯文可睹苟不偱宗
終致亡國周隋之際可為鑒焉若使開皇創業不取戀於

已往獨孤權侔呂霍必敗於仁壽之前蕭氏數均梁竇豈

全於大業之後今或不隕權基或更隆先構豈非處之以

道遠權之所致乎

列傳六十八　　　　　　北史八十

北史列傳六十九

儒者其為教也大矣其利物也博矣以篤父子以正君臣開政化之本原鑿生靈之耳目百王損益一以貫之雖世或汙隆而斯文不墜自永嘉之後宇內分崩禮樂文章掃地將盡魏道武初定中原雖日不暇給始建都邑便以經術為先立太學置五經博士生員千有餘人天興二年春增國子太學生員至三千人豈不以天下可馬上取之不可以馬上臨之故尊孔子為先聖蓋為遠矣四年春命樂師入學習舞釋菜于先師明元時改國子為中書學立教授博士太武始光三年春起太學於城東後徵盧玄高允等而令州郡各舉才學於其人多砥尚儒術轉興獻文天安初詔立鄉學郡置博士二人助教二人學生六十人後詔大郡立博士二人助教四人學生一百人次郡立博士二人助教二人學生八十人中郡立博士一人助教二人學生六

十人下郡立博士一人助教一人學生四十人太和中改
中書學為國子學建明堂辟雍尊三老五更開皇子之
學及遷都洛邑詔立國子太學四門小學孝文欽明稽古
篤好墳籍坐輿據鞍不忘講道劉芳李彪諸人以經書進
崔光邢巒之徒以文史達其餘涉獵典章閒集詞翰莫不
縻以好爵動貽賞眷於是斯文鬱然比隆周漢宣武時復
詔營國學樹小學於四門大選儒生以為小學博士員四
十人雖黌宇未立而經術彌顯時天下承平學業大盛故
燕齊趙魏之間橫經著錄不可勝數大者千餘人小者猶
數百州舉茂異郡貢孝廉對揚王庭每年逾眾神龜中將

明 趙書隱外

立國學詔以三品以上及五品清官之子以充生選未及
簡置仍復傅巖正光三年乃釋奠於國學命祭酒崔光講
孝經始置國子生三十六人督孝昌之後海內清亂四方
校學所在無幾齊神武遷鄴之後馬校義建摭掃
清河縣因魏氏喪亂蕩然朱殄文章咸減禮樂同奔弦
歌之音且絕姐豆之容將盡永熙中孝武後釋奠於國學
又於顯陽殿詔祭酒劉廞講孝經黃門李郁說禮記中書
舍人盧景宣講大戴禮夏小正篇復置生七十二人及永
熙西遷天平北徙雖庠序之制有所未達而儒雅之道遜
形心虛時初選都於鄴國子置生三十六人至興和武定

之間儒業後盛矣始天平中范陽盧景裕同從兄仲禮於
本郡起逆齊神武執之置之賓館以經教授太原公以
下及景裕卒又以趙郡李同軌繼之二賢並大蒙恩遇待
以殊禮同軌卒又以中山張彫武勃海李鉉刀求中山
石曜等遞為諸子師友及天保大寧武平之朝亦引進名
儒授皇太子諸王經術然菱自始基督於季世唯濟南之
由焉夫帝王子孫習性驕逸況義方之情不篤邪僻之路有
動違禮度日就月將無聞焉爾鏤冰彫朽遂用無成蓋有
在儲宮性識聰頗自砥礪以成其美自餘多驕恣懷狠
競開自非得自生知體包上智而內縱聲色之娛外多大

馬之好安能入則篤行出則友賢者也徒有師傅之資終
無琢磨之實貴游之輩飾以明經可謂糟粕山竹箭加之括
羽俯拾青紫斷可知焉而齊氏之盛存或失其守師保疑丞
皆賞勳篤國學博士徒有虛名國子一學生徒數十人
耳胄子以通經進仕者唯博陵崔子發廣平宋游卿而
自外莫見其人幸朝章寬簡政綱踈闊游手浮惰十室而
九故橫經受業之侶偏於鄉邑負笈之徒不遠千里
入閭里之內乞食為資懷桑梓之陰動逾十數燕趙之俗
此眾尤甚焉齊制諸郡並立學置博士助教授經學生
差逼充員士流及豪富之家皆不從調備員既非所好墳

籍固不關懷又多被州郡官人驅使縱有游惰亦不檢察
皆由上非所好之所致也諸郡俱得察孝廉其博士助教
及游學之徒通經者亦蒙推擇充舉射策十條通八以上聽九
品出身其尤異者亦蒙抽擢周文令命雅重經于時西
都板蕩我馬生郊先王之遺訓掃地盡矣於
是求闕文於三古得之理於千載黜魏晉之制度復姬旦
之茂典宣學通聖脩五禮之缺長孫紹遠才稱洽
聞正六樂之壞由是朝章漸備學者嚮風慕明皇纂歷敬尚
學藝內有崇文之觀外重成均之職擇素懷鈎重席解頤
之士間出於朝廷員冠方領執經負笈之生著錄於京邑
濟濟焉足以踰於向時矣洎保定三年帝乃下詔尊太保

北史列傳六十九　五　▼

燕公為三老帝於是服袞冕乘碧輅陳文物備禮容清蹕
而臨太學祖割以食之奉觴以酳之斯固一世之盛事也
其後命輶軒而致王帛徵沈重於南荊及定山東降至尊
而勞萬乘待熊安生以殊禮是以天下慕鄉從師之
志守專門之業辭親戚甘勤苦者成市雖通儒盛業不遂
魏晉之臣而風移俗變抑亦近代之美也自正朔不一將
三百年師訓紛綸無所取正好爵以縻之設庠序以
天網以掩之賁帛以禮之於是四海九

州強學待問之士靡不畢集焉天子乃整萬乘率百僚遵
問道之儀觀釋奠與之禮博士祭酒於河之辯待中謁重差遷
奧考正亡逸研覈異同積滯群縣河之辯待於是超擢奇
儁厚賞諸儒京邑達乎四方皆啟黌校異於魏晉者矣
多負笈追師不遠千里講誦之聲道路不絕中州之盛自
漢魏以來一時而已及帝暮年精華稍竭不悅儒術專高
刑名執政之徒咸非篤好賢臣寄間遂廢天下之學唯存
國子一所弟子七十二人煬帝即位復開庠序國子郡縣
之學盛於開皇之初徵辟儒生遠近畢至使相與講論得
失於東都之下納言定其差次一以聞奏為于時舊儒多

北史列傳六十九　六　▼

悽愴徒令後生鑽仰所制表綴紳威師宗之既而
外事四夷戎馬不息師徒怠散盜賊蜂起禮義不足以防
其風漸隆以至滅亡方領矩步之徒亦轉死溝壑弘道之
君子刑罰不足以威小人空有建學之名而無弘道之實
已洎士性信都劉士元河間劉光伯拔萃出類學通南北
博極今古後生鑽仰所制
皆懷撲藏之心相與陷於不義傳曰學者將殖不學者將
落然則盛衰是繫興亡攸在有國有家者可不愼與漢世
鄭玄並為報經注解服虔何休各有所說安易詩書禮論
語孝經虞左氏春秋林公羊傳大行於河北王肅易亦間

行並爲晉世杜預注左氏遭玄孫坦弟驥於宋朝並爲青
州刺史傳其家業故齊地多習之自魏末大儒徐遵明門
下講鄭玄所注周易遵明以傳盧景裕及清河崔瑾景裕
傳權會郭茂權會早入鄴都郭茂遵明受業諸儒者多能
言易者多出郭茂之門河南及青齊之間儒生多講王輔
嗣所注師訓蓋寡齊時儒士罕傳其業徐遵明兼講之
之遵明受業於屯留王聰傳授浮陽李周仁及勃海張文
敬李鉉河間劉子猛博士平原崔門田元下里諸生畧
不見孔氏注解河平末劉光伯劉士元始得費甝義疏乃
留意焉其詳所注禮春秋尤爲當時所尚諸生多兼通之三禮
並出遵明之門徐傳業於李鉉祖門田元鳳馮偉紀顯敬
己吾黃龍夏懷敬李鉉又傳授刀仲堅張買奴鮑季詳邢峙劉
書熊安生安生又傳孫靈暉郭仲堅仍德其後生能通
禮經者多其安生門人諸生盡通小戴禮於周儀禮兼通
者十二三焉通毛詩者多出於魏朝劉獻之傳本周
仁周仁傳董令度程歸則傳劉敬和張思伯劉軌
其後能言詩者多出二劉之門河北諸儒能通春秋者並
服子愼所注亦出徐生之門張買奴馬敬德邢峙張思伯
張奉禮張彫劉書鮑長宣至元則並得服氏之精微又有姚文
衛觀陳達潘叔虔雖不傳徐氏之門亦爲通解

安秦道靜初亦學服氏後兼講杜元凱所注其河外儒
生俱伏膺應杜氏其公羊穀梁二傳儒者多不厝懷論語孝
經諸學徒莫不通講諸儒如權會李業興熊安生劉軌
思馬敬德之徒多自出義疏雖曰專門亦皆相祖習也大
抵南北所爲章句好尚互有不同江左周易則王輔嗣尚
書則孔安國左傳則杜元凱河洛左傳則服子愼尚
易則鄭康成詩則並主於毛公禮則同遵於鄭氏南人約
簡得其英華北學深蕪窮其枝葉考其終始要其會歸其
立身成名殊方同致矣自魏末已下遭講議者甚衆
今各依時代而次以備儒林云爾

梁越傳

梁越字玄覽新興人也博通經傳性純和魏初爲禮經博
士道武以其謹厚遷上大夫令授諸皇子經書明元初以
師傅恩賜爵祝阿侯出爲鴈門太守獲白雀以獻拜光祿
大夫卒

盧醜傳

盧醜昌黎徒何人也襄城王魯元之族也太武監國醜以
博學入授經後以師傅舊恩賜爵濟陰公位尚書如敬騎
常侍卒於河內太守

張偉傳

張偉字仲業太原中都人也學通諸經鄉里受業者常數百人
儒謹沈訥雖有頑固問至數十傳告喻殷勤曾無慍色常依附
經典教以孝悌門人感其化又如父性清雅非法不言太
武時與高允等俱被徵命授中書博士遷為中書侍郎本國
太中正使酒泉恩勢迫潔無譽又使宋賜爵成皇子出為營州
刺史進爵建安公平贈并州刺史諡曰康

梁祚傳

梁祚北地泥陽人也父邵皇始二年歸魏位濟陽太守至祖君
週郡秩勤志好經術覽傳誦之與先賢公羊春秋鄭氏易常以教授
有儒者風而無當世之才與幽州別駕平恒有舊恒時以與論
經史辭秘書中散稍遷秘書令為李訢所採摘退為中書博士
祚出為陳壽三國志曰國統又

平恒傳

平恒字繼叔燕郡薊人也祖視仕慕容氏為通官恒聰勤
好學博覽群書仕慕容備位燕郡通官恒聰勤
明習...八世帝王傳八之由貴臣升降
之緒皆撰品第商略號曰略注合百餘篇補綴貫穿道之以
晝夜探微旨為中書博士累遷...出為幽州別駕樂道不以
依代郡賦頌於世數賣卒十元言有父風
河間邢祐比正陽故河東裴宗廣平程駿金城趙元順等皆著

陳奇傳

陳奇字脩奇河北人也少孤貧而奉母至孝幽微讀之引入秘省
孝經論語頗傳於世為搢紳所稱與河間邢祐同及趙京時秘
書省游雅素聞其名姑頗好之引入秘省欲授以史職後與奇
論典誥至易卦天道行推日月五星...在著述
之義愛敬斷經典常非馬鄭玄解經失旨意在著述五經始注
太和十年以恒為秘書令...而固請為郡求安平贈幽州刺史
都昌侯諡曰康

此而言自熱嶺西曰東向望天岳雅性護短因以為嫌衆
論奇詬至易訟卦天道行推日月五星皆西流推
奇或爾汝之或指為小人奇曰公身為君子奇身且小人雅曰
言身且小人君祖父其何人也奇曰祖燕東部侯難雅賞奇曰
官聲何宦火也正先馬師之名以斯而言軍則
書奇異時易則禮饌公為皇魏東宮...
此付雅令鈴補秘書雅既惡之遂不復敘用為奇沈壅雅曰君朝望其
允母嘉其遠致稱奇通識非凡學所及允嗟歎雅曰君朝望其

瞻何昌嘏與野儒辯問懷章句雅謂元有秋於奇曰君豈黨小人
也乃取奇注論語並經燒於庭內奇不之譙新制乃
然奇論語愈爇因吾京師後生不聽傳授而奇無之禇忘亦評
擢之失雅制非逹論語並經燒於庭內奇名字之美比諭前魏之甄石
奇刺發言并逹閭於上詔下司徒撿對雅有黜為人為謗書
多處時之言頗褊奇見禇文造謗書有自及舉載遂抵奇不逹謗
是平原毛陸靈將盖得還延經年莫得寬宥獄
感奇致之獄遂又盖其奇見禇文造謗書尤長在獄嘗自證卦未交成乃睡
矯之傳嘗未能行於世其義多奧鄭玄往往與司徒撿造浩
之傳嘗觀眾輯見名法之言掩卷而笑若徒揚匡之流不足此
書子戟誰知其亦曾謂其所絹由觀出原離騷作自見往
死其亘宜矣孔子曰無可無不可實懷我心時人有從獻之學者屬
若能心毋出恌思諸在讀不待出乃天下自知儒不能然雞僕下
之輔謂之曰人之立身雅百行殊塗唯以德行為首子

劉獻之傳

劉獻之博陵饒陽人也少而孤貧雅好詩傳曾受業於勃海程女

惟針股蹋蹻從師正可傳聞多識不過為土龍乞雨眩惑將來
其於立身之道有何益乎孔門之徒初亦未悟見旱魚之歎方
乃歸而養親罕交人事先達何自覺之晚也由是四方學者莫不高
其行義希造其門獻之善春秋毛詩每講左氏盡隱公八年便
止云義旣有滯心誠未曉至於後講徵典內校書籍不
通經之主於其有識者撿其優劣魏故喪亂之後五經大義
唱然歎曰吾不如往山張吾貴頭獻之齊赴海皆撿宗其可冊乎固以
疾辭時中山張吾貴與獻之齊名海內皆稱儒宗吾貴每一
講唱門徒千數實可稱者獻之著錄數百而已皆
雖有師說而海內諸生多有疑滯咸決於獻之六藝之文雖
不悉注所撰宗旨義記傳略注三禮大義四卷三傳略例三
卷注毛詩序義一卷行於世并注涅槃經未
就而卒四子放古及古及古循古

張吾貴傳

張吾貴字吳子中山人也少聰慧口辯身長八尺容貌奇
偉年十八本郡舉為太學博士吾貴先未多學乃從酈詮
受禮牛天祐受易詮祐粗為開發而已吾貴覽讀一遍便
即別構戶牖世人競歸之曾在夏學聚徒千數而不講傳
生徒竊竊云張生之於左氏似不能說吾貴聞之謂曰我今

吾曹講暫罷後當說傳君等來日皆當持本生徒怪之而已
吾曹請劉蘭遂為講傳三旬之中吾貴兼讀杜服隱括
兩家具同悲舉諸生後集便為講之義例無竊皆多新異
蘭仍伏聽學者必此益奇之而辯能飾非好為詭說由是
業不久傳而氣陵牧守不屈王侯竟不仕而終

劉蘭傳

劉蘭武邑人也年三十餘始入小學書志就篇家人覺其
聰敏遂令從師受春秋詩禮於中山王保安家貧無以自
資目耕且學三年之後便自其兄求講說其兄笑而聽之
為立學堂教授徒二百蘭讀左民五日一遍兼通五經先是
所宗瀛州刺史裴植徵蘭講書於州南館植為學主故生
徒甚盛海內稱焉特為中山王英所重英引在館令校
其子熙誘略等蘭學徒前後數千成業者衆而排毀公年
又非董仲舒由是見讒於世後為國子助教靜坐讀書有人
叩門蘭命引入蔀中單衣入與蘭坐謂曰君自是學士何
為每見毀辱理義長短竟在誰而過無禮見陵也今欲相
召當與君正之言終而出蘭少時患死

【十三】

孫惠蔚傳

孫惠蔚武邑武遂人也年十五粗通詩書及孝經論語十
八師董道李講易十九師程玄讀禮經及春秋三傳周流
儒肆有名於冀方太和初郡舉孝廉對策於中書省時中
書監高閭因相談為俄為中書博士轉皇宗博士閭命惠蔚
理定雅樂惠蔚參及樂成閭上疏請集朝士於太樂
共研是非祕書令李彪自以才辯立難於其前閭命惠蔚
與彪抗論彪不能屈黃門侍郎張纂常與游劇每表蔬論
事多參訪十七年孝文南征惠蔚議告類之禮及太師馮
熙薨惠蔚臨其喪禮上書令熙未冠之子皆服成人服惠

蔚與李彪以儒學相知及彪位至尚書惠蔚仍太廟令孝
文嘗從容言曰道固既登龍門而孫蔚猶沈涓澮朕常以
為恨矣雖父滯小官深體通塞無怨之望儒者以是尚
次而易兼御史中尉黃門侍郎邢巒以為太祖雖改昭穆
將袝神主於廟侍中崔光兼太常卿以太祖既改昭穆以
定祖宗以道武為太祖先是七廟以平文為太祖孝文
為二十二年侍讀東宮先是七廟以平文為太祖孝文
仍不應乃立彈草欲按奏光光謂惠蔚曰此深得禮變尋為
執法欲見彈劾思獲助於碩學惠蔚
書以與光讀明其事光以惠蔚書呈宰輔乃召惠蔚與纂

【十四】

庭議得失尚書令王肅又助鸞理終屈彈事遂寢宣
武即位之後仍在左右敷訓經典自宂從僕射遷祕書丞
武邑郡中正惠蔚旣入東觀見典籍未周及閱舊典先無
定目新故雜糅首尾不全有者累秦數十無者曠年不寫
或篇第襃落始末淪殘或文壞字誤諸子紛綸部帙
無本者廣加推尋搜求令足然記浩博諸子紛綸部帙
既多章第紕繆當非一二校書省專精校考參定字義詔許
全定者少請依前丞盧昶所撰甲乙新錄欲求為常式其省先
伴有無校練句讀以為定本次第均寫求為常式其省先
及在京儒生四十人在祕書省專精校考參定字義詔許
之後為黃門侍郎代崔光為著作郎才非文史無所撰著
遷國子祭酒祕書監仍知史事延昌三年追賞講定之勞
封棗強縣男明帝初出為瀛州刺史還京除光祿大夫魏
禁內夜論佛經有愜帝旨詔使加惠號惠蔚法師焉卒于
官贈瀛州刺史諡曰戴子伯禮襲封伯禮善錄書位國子
博士惠蔚族曾孫靈暉

靈暉傳

靈暉少明敏有器度得惠蔚手錄章疏研精尋問更求師
友三禮三傳皆通宗旨自然始就鮑季詳熊安生質問疑滯

其所發明能鮑無以異也舉冀州秀才射策高第仕齊累
至國子博士校南陽王綽府諮議參軍綽除定州刺史仍
隨綽之鎮所為猥褻靈暉唯默默顉頷不能諫止綽表請
靈暉為王師從管記馬子結為諮議朝廷以王師三品奏
啟不合後主於啟下手詔云但用之為儒者甚以為榮綽除
子結者其先扶風人世仕涼土魏太和中入洛父祖俱清
大將軍靈暉以王師領大將軍司馬綽誅綽傳廢從死後
官子結及兄子廉子尚三人皆涉文學陽休之牧西兗子
廉子尚子結與諸朝士各有贈詩陽休之為一篇酬答詩云三
馬皆白眉者也子結為南陽王綽管記隨綽定州每出
游獵必令子結走馬從綽旣儒緩衣冠落或叫或
嘯令騶驅之非墜馬不止綽以為笑由是漸見親狎啟為
諮議焉石曜字白曜中山安喜人亦以儒學進居官清儉
武平中為黎陽郡守時丞相咸陽王世子斛律武都出為
兗州刺史性食暴先過衛縣令斛律武都出為
至黎陽郡令五右諷動曜及縣令曜手持一縑謂武都曰此
物一毫不敢輕犯武都亦知曜清素純儒笑而不責曜著
石子十卷言甚淺俗位終譙州刺史靈暉子萬壽字仙期
是老石機杼聊以奉贈自此以外玅須出於吏人吏人之

一字遷年聰識機警慱涉經史善屬文諒笑父在齊仕為

陽休之開府行參軍及隋文帝受禪脉經穆王引為文學坐

衣冠不敦配防江南行軍撫管宇文述召典軍書毫獻本

自壽生從容文雅一旦從軍機慘不得志為五言詩贈京

邑知友詩至京盛為當時吟諷天下好事者多書壁上而

訊之後歸鄉里十餘年即為梁王文學當時諸王官屬多

非其好也王轉封于春即為𣥼王文學當時諸王官屬多

𣤢之後謝病免父之授大理司直卒於

官有集十卷行於世

徐遵明傳

北史列傳六十九 〈十七〉

徐遵明字子判華陰人也幼孤好學年十七隨鄉人毛靈

和等詣山東求學至上黨乃師屯留王聰受毛詩尚書禮

記一年便辭聰涉燕趙師事張吾貴吾貴門徒甚盛遵明

伏膺數月乃私謂友人曰張生名高而義無檢格凡所講

說不愜吾心請更從師遂與平原田猛略就范陽孫買德

受業一年復欲去之猛略謂遵明曰君年少從師每不終

業如此用意終恐無成遵明乃指其心曰吾今知真師所

在矣正在於此乃詣平原唐遷居於蠶舍讀孝經論語毛

詩尚書三禮不出門院凡經六年時彈箏吹笛以自娛慰

又知陽平館陶趙世業家有服氏春秋是晉世永嘉舊寫

遵明乃往讀之後經數載因手撰春秋義章為三十卷是

後教授門徒講學每臨講坐先持執疏然後敦講學徒至今浸

以成俗遵明講學於外二十餘年海內莫不宗仰願好聚

欲與劉獻之張吾貴皆河北聚徒教授懸納綜粟留衣物

以待之名曰影響有損儒者之風遵明見鄭玄論語序云

書以八寸策誤作八十宗焉因曲為之說其事夜至人間

之吾貴所害甚焉永熙二年遵明弟子通直散騎侍郎庫

為亂兵所害永熙二年遵明弟子通直散騎侍郎庫

顥入洛任城太守李湛將兵襲義兵遵明同其事夜至人間

表求加策命卒無贈諡

董徵傳

北史列傳六十九 〈十八〉

董徵字文發頓丘衛國人也身長七尺二寸好古學尚雅

嘉平十七師事清河監伯陽受論語毛詩春秋周易河內高

望崇受周官後於博陵劉獻之遍受諸經數年之中大義

精練講授生徒太和末為四門小學博士後宣武詔徵入

璇華宮後受孫惠蔚問以六經仍詔徵教授京兆清河廣平

汝南四王後累遷安州刺史徵因述職路次過家置酒高

會大且邑老乃言曰董龜返國昔人稱榮伏臘自

不樂因誠二三子弟曰此之富貴匪自天降乃勤學所致

耳時人榮之入為司農少卿光祿大夫後以老解職永熙

李業興傳

李業興上黨長子人也祖虯父玄紀竝以儒學舉孝廉玄紀卒於金鄉令業興少耿介志學晚乃師事徐遵明於趙魏之閒時有漁陽鮮于靈馥亦聚徒教授而遵明聲譽未高著錄尚寡業興乃詣靈馥黌舍類受業者靈馥乃謂曰李生久逐靈博士何所得也業興黙爾不言及靈馥說左傳業興問其大義數條靈馥不能對於是振衣而起曰聞弟子正如此耳遂便徑還自此靈馥生徒傾學而就遵明學徒大盛業興之爲也後乃博涉百家圖緯風角天文占候無不討練尤長算曆雖在貧賤常自矜負若禮待不足縱於權貴不爲之屈後爲王遵業門客舉孝廉爲校書郎以世行趙匪曆節氣後辰下筭延昌中業興乃爲戊子元曆上之于時屯騎校尉張洪盪寇將軍張龍詳等九家各獻新曆宣武詔令共爲一曆洪盪後遂共推業興曆爲王成戊子曆正光三年奏行之業興以殷曆甲寅黃帝辛卯有積元術數亡缺文脩之各爲一卷傳於世建義初敕典儀注朱義除著作郎永安三年以前造曆之勳賜爵長子伯後以孝武帝登極之初豫行禮事封屯留縣子除通直

明三十三 隋書院列

北史列傳六十九

◀ 十九 ▶

散騎常侍永熙三年二月孝武帝釋奠業興與魏李景溫子昇竇瑗為擿句後入爲侍讀遷鄴之始起部郎中辛術奏令皇居徒御百度剙始營構一興必詢訪今求就之披圖案記業興博聞多識萬門千戶屢有制詔從之於時尚書右僕射營搆大匠高隆之被詔繕脩三署樂器衣服及百戲之屬乃奏請業興共事天平四年與兼散騎常侍李諧吏部郎盧元明使梁梁散騎常侍朱异問業興曰魏洛中委粟山是南郊邪圓丘邪業興曰圓丘非南郊異曰洛京異聞郊丘異所是用鄭義我此中用王義業興曰然洛中異丘之處用鄭解异曰若然女子逆降傍親亦從鄭以不業興曰此之一事亦不專從若卿此閒用王義除禫應用二十五月何以王儉喪禮禫用二十七月也异曰异不苔業興曰我昨見明堂上圓下方裝唯除禪禮所制明堂上圓下方四柱方屋都無五九之室當是裝額所制俗說經典無文何怪於方業興曰圓方之言出處甚明卿自不見異曰卿錄梁王孝經義亦云上圓下方異曰明卿相矛楯異曰若然圓方竟出何經業興曰若不信靈威仰紀之類經典亦無出者卿復信不异不苔梁武閒業興詩異曰緯候之書何可信也業興曰卿若不信靈威仰叶光

隋書院列

北史列傳六十九

◀ 二十 ▶

周南王者之風繫之周公邵南仁賢之風繫之邵公何名
為繫業業與對曰鄭注儀禮云昔太王王季居于岐陽躬行
邵南之教以興及文王行今周南之教以受命作邑
於酆文王為諸侯之地所化之國今既登九五之尊不可
復守諸侯之地故分封二邦名為繫梁武又問梁武言以
賓所不知梁武又云寅賓出日是正月日中星鳥以敬仲
春即是二月此出堯典何得云堯時不知用何正業與對
曰雖三正不同言時節者皆據夏時正月周禮仲春二月
會男女之無夫家者雖自周書月亦夏時堯之日月堯與對
如此但所見不深無以辯析明間梁武又曰禮原壤母死
叩木而歌孔子聖人而與壤為友業與曰孔即自解言
親者不失其親故者不失其故又問原壤何廙人對曰注云
原壤孔子幼之舊故是魯人對曰有逆人倫何
以存故舊曾之小節廢不孝之大罪對曰原壤所行事自彰
著幼少之交非是今始既無大故何容棄之又問孔子聖
人何以書原壤之事亦法萬代業與對曰此是後人所錄
非孔子自制猶含葬於防如此之比禮記之中動有百數

又問易有太極是有無業與對曰所傳太極是有還兼
散騎常侍加中軍大將軍業與家世農夫雖學殖而舊音
不畋梁武問其宗門多少答曰薩四十家使還孫騰謂曰
何意為吳見所笑對曰業與猶彼笑試遣公去當被馬
邢子才云爾太癡但道此人
為信者牟誰檢看武定元年除國子祭酒乃侍讀神
武以業與明術數軍行常問焉業與曰彼若告勝自然實吾彼若山敗安能罪吾芒山之役
有風從西來入營業與曰小人風來當大勝神武曰若勝
以爾為本州刺史既而以為太原太守五年齊文襄引為
中外府諮議參軍後坐事禁止乃造九宮行棊曆以
五百為章四千四百為蔀九百八十七為升分還以已未
為元始終相維不復移轉與今曆法術不同至於乘序交
分景度盈縮不異也文襄之征潁川業與曰往必剋對後
凶文襄既剋欲以業與愛好墳籍將山而殺之業與所有垂
不已手自補修躬加題帖其家所有重憂萬卷讀不息
多有異聞諸儒服其深博性豪俠有乩忤便即詆毀乃
歸之便能容匿異其好合傾身無忿有乖忤性命
至聲色加以謗罵性又躁隘至於論難之際無儒者之風
每語人云但道我好雖知妄言故勝道惡務進忌前不顧

崇祖傳心業

後患時人以此惡之至於學術精微當時莫及業與二子

崇祖字子述文襄集朝士命盧景裕講易崇祖時年十一
論難往復景裕憚之業與助成其子至於忽閱文襄色甚
不平姚文安難服虔左傳難七十七條名曰駁妄崇祖申
明服氏名曰釋謬齊文宣營構三臺材尾工程皆崇祖所
葬也封屯留縣侯遵祖齊天保初難景歷甚精崇祖為
元子武卜葬地醉而告之曰敗葬後當不異孝文武成或
告之兄弟伏法

李鉉傳

李鉉字寶鼎勃海南皮人也九歲入學書急就篇月餘便
通家素貧常春夏務農冬乃入學年十六從浮陽李周仁
受毛詩尚書章武劉子猛受禮記常山房蚖受周官儀禮
漁陽鮮于靈馥受左氏春秋以鄉里無可師者遂與州
里楊元懿河間宗惠振等結友詣大儒徐遵明受業居徐
門下五年常稱高第年二十三便自潛居討論是非撰定
孝經論語毛詩三禮義疏及三傳異同周易義例合三十
餘卷用心精苦曾三秋冬不畜枕席每睡假寐而已年二十
七歸養二親因教授鄉里生徒恒數百人燕趙間能言經
者多出其門以鄉里墳籍來游京師讀所未見書舉秀

才除太學博士及李同軌卒齊神武令文襄在京妙簡碩
學必教諸子文襄以鉉應旨徵詣晉陽時中山石曜北平
陽絢北海王晞清河崔瞻廣平宋欽道及工書人韓毅同
在東館師友諸王晞刪正六藝經注中諸字多有乖謬於講授
之暇遂覽說文倉雅刪正六藝經注中諸字名曰字辨律仍
保國初詔鉉與殿中尚書令魏收等參議禮律天
兼國子博士時詔北平太守宋景業西河太守綦母懷文
等草定新曆錄尚書平原王高隆之令鉉與通直常侍房
延祐國子博士刁柔參考得失尋正國子博士廢帝之在
東宮文宣詔鉉以經入授甚見優禮卒特贈廷尉少卿及
還葬王人將送儒者榮之楊元懿宗惠振官俱至國子博
士

馮偉傳

馮偉字偉節中山安喜人也身長八尺衣冠甚偉見者蕭然
少從李寶鼎學本重其聰敏恒別意試問之多所通解尤
明禮傳後還鄉里閉門不出將三十年不問生產不交賓
客專精習誦恵無所不通蓋趙郡王出鎮定州必禮迎接命
書三至縣令親至其門猶辭疾不起王將命駕致請佐更
前後星馳報之無所至王自為其整冠復不得已而出王將
廳事迎之止其拜伏分階而上留之賓館甚見禮重王將

舉充秀才固辭不就歲餘請還王知其不顧拘束以禮發

遣贈遺甚厚

守縣令每視至歲時或置羊酒亦辭不納門徒束脩一毫

不受躬衣耕而飯簞食瓢飲不改其樂以壽終

仕齊歷太學博士國子助教卒

張買奴傳

張買奴平原人也經義該慱徒千餘人諸儒咸推重之

劉軌思傳

劉軌思勃海人也說詩甚精少事同郡劉敬和敬和事同

郡程師則故其鄉曲多為詩者軌思仕齊位國子博士

鮑季詳傳

鮑季詳勃海人也甚明禮兼通左氏春秋少時恒為李寶

鼎都講後亦自有徒衆諸儒稱之仕齊卒於太學博士從

弟長暄兼通禮傳為任城王湝丞相掾恒在都教授貴游

子弟喬三卒於家

邢峙傳

邢峙字士峻河間鄚人也少學通三禮左氏春秋初仕齊

為四門博士遷國子助教以經入授皇太子峙方正純厚

有儒者風厨宰進太子食菜有邪蒿峙令去之曰此菜有

不正之名非殿下宜食文宣聞而嘉之賜以被褥縑纊拜

國子博士皇建初除清河太守有惠政年老歸卒于家

劉晝傳

劉晝字孔昭勃海阜城人也少孤貧愛學伏膺無倦常閉

戶讀書暑月唯恃嚼麵穄與儒者李寶鼎鄉甚相親愛寶鼎

授其三禮又就馬敬德習服氏春秋俱通大義恨下里少

墳籍便校第入都知鄚令宋世良家有書五千卷乃求為

其子博士方複緝綴辭藻言甚古拙制一首賦以六合為名

學屬文遍披覽晝夜不息還舉秀才策不第乃恨不

自謂絕倫乃歎儒者勞而寡功曾以賦呈魏收而不拜收又

恣之謂曰賦名六合已是太愚文又愚於六合君四體又

甘於文畫不似文以示邢子才子才曰君此賦正似嶠駱

駞伏而無嫵媚畫求秀才十年不得發憤撰高才不遇傳

奧州刺史鄭伯見之始舉晝時年四十八刺史隴西李

璵亦嘗以書應詔先告之曰公自為國舉才何勞語晝

齊河南王孝瑜聞晝名每召見輒與促席對飲後過有密

親使且在齊坐書須更徑去之終不復屈孝昭即

位好受直言畫聞之喜曰董仲舒公孫弘可以出矣乃步

詣晉陽上書言亦切直而多非世要終不見收編錄所

上之書為帝道河清中又著金箱璧言盖以指機政之不

良晝夜常憂憤人若吏部著金箱者補交州興俊令瘦而密

馬敬德傳

書記之卒後旬餘其家幼女鬼語聲似書云我被用爲興
俊每言使我數十卷書暫來辭別言書行於後世常不易舊景之千駟也容止
舒緩舉動不倫由是竟無仕卒於家

馬敬德河間人也少好儒術負笈隨徐遵明學詩禮略通
大義而不能精遂留意於春秋左氏沈思求晝夜不倦
教授於燕趙間生徒隨之者甚衆乃詣州求秀才將以其
純儒無意推薦敬德請試方略五條皆有文理乃欣然舉
送至都唯得中第請試經業問十條並通擢授國子助教

道二書院列 ◆北史列傳六十九◆ 二十七 ◇田

再遷國子博士齊武成爲後主擇師傅趙彥深進之入爲
侍講其妻夜夢猛獸將來向之敬德走超蓁蕀事伏地不
敢動敬德占曰吾當爲大官超蓁蕀過九卿也爾伏地人
也後主旣不好學敬德侍講甚跪時以春秋入授儕以
師傅恩拜國子粢酒儀同三司金紫光祿大夫瀛州大中
正卒其徒曰馬生勝孔子孔子不得儀同羣贈開府瀛州
刺史其後侍書張景仁封王趙彥深云何谷侍書封王侍
講翻無封爵亦追封敬德滄漢郡王令子元熙襲

元熙傳

元熙字長明少傳父業兼長文藻以通直郎詔文林館武

平中皇太子將請尋經有司請擇師帝曰馬元熙朕師之
子文學不惡於是必孝經入授皇太子儒者榮其世載性
和厚在內甚得名譽開皇中卒於秦王文學

張景仁傳

張景仁濟北人幼孤家貧以學書爲業遂工草隸祿選補內
書生與魏郡姚元標潁川韓毅同郡表貴京榮陽李超等
齊名文襄竝引爲書遂被引擢小心恭謹後主愛之呼
爲博士登祚累遷通直散騎常侍在左右與語猶稱博士
胡人何洪珍有寵於後主欲得通婚朝士以景仁在內官

道二書院列 ◆北史列傳六十九◆ 八十八

位稍高遂爲其兄子取景仁第二息瑜之女因以表裏相
接因遇日隆景仁多疾帝每道徐之範等療之繒采物珍
羞中使問疾相主於道宿奧帝敕有司恒就宅送御食軍駕
或有行幸在道宿奧每旦須參即在東宮傳止及立文林館
加開府侍書如故每送步障爲遮風寒進位儀同三司
死後長顚猶存舊館希旨奏令德判館事除侍中封建安王洪
中人鄧長顚五州刺史司空公景仁爲見童時在洛京曾詣國
學羹右經許子華遇之學中執景仁手曰張郎風骨必當
通貴非但官爵遷達乃與天子同筆硯傳衣覆子華卒二

十餘年景仁位開府數賜衣冠筆硯如子華所言出自寒
微本無識見一旦開府侍中封王其婦姓奇莫知氏族所
出容制音辭事事庸僅既除王妃與諸公主郡君同在朝
調之列見者為其斷悚景仁性本卑謙及用胡人巷伯之
勢坐致通顯志操頗改漸成驕傲良馬輕裘徒從擁宼高
門廣于當衢向術諸子不思其本自許貴游自倉頡以來
八體取進一人而巳

權會傳

權會字正理河間鄭人也志尚沈雅動導禮則少受鄭易
妙盡幽微詩書二禮文義該洽兼明風甬妙識玄象佳齊

〈二十九〉

初四門博士僕射崔逷引為館客其敬重焉命世子達挐
盡師傳之禮遷欲薦會與馬敬德等為諸王師會性恬靜
不慕榮勢耻於左官固辭進識其高遂罷薦舉彔追循國
史監知太史局事後遷國子博士會家雖繁教授不闕
性甚儒懷似不能言及臨機答難酬報如響由是為諸偏
所推而責游子弟慕其德義者或就其宅或寄宿隣家晝
夜承間受其學業會欣然演說未嘗懈怠雖明風甬玄象
至於私室都不及言學徒有請問者終無所說每云此學
可知不可言諸君並貴游子弟不由此進何煩問也唯有
一子亦不授此術會曾遣家人遠行父而不反其行還將

至乃逢寒雲雪奇貪他舍會方盛學堂講說忽有旋風吹雪
入戶會笑曰此中傳人至何意中傳遂追嘉果如其語會每
占筮大小必中但用交辭彖象以辯吉凶易占之屬都不
經口會本貧生無僮僕初任助教日唯乘一驢其職事處多
非晚不歸曾夜出城東門會獨坐有二人一人牽
頭一人隨後有似相助其迴動輕漂有異生人漸失路不
由本道心甚怪之遂誦易經上篇第一卷不盡前後二人
忽然離散會亦不覺墮驢迷悶至明始覺方知墮處乃是
郭外纏去家數里有一子字子襲聰敏精勤有成人之
量先亡自府還送者為其傷慟會唯一哭而罷時人尚其達命
一部行於世會生平畏馬位望既至不得不乘果以此終
武平末自府還第在路無故馬倒遂不得語因慕三注易

張思伯傳

張思伯河間樂城人也善說左氏傳為馬敬德之次樸列
例十卷行於時亦為毛詩章句以二經敎授齊安王廓位
國子博士文有長樂張奉禮善三傳與思伯齊名位國子
助敎

張彫武傳

張彫武中山北平人也家世寒微其兄蘭武仕尚書令史
微有資產故護軍長史王元則時為書生傳其毛彫武少

美兒為元則所愛悅故偏被教因好學精力絕人負挈從
師不遠千里遍通五經先明三傳弟子遠方就業者以百
數諸儒服其強辯解神武召入霸府令與諸子講說乾明
初累遷平原太守坐贓賄失官武成即位以舊恩除通直
散騎常侍琅邪王儼求博士有司以彫武應選時號得人
歷涇州刺史加散騎常侍及帝侍講焉敬德卒乃入授經書
帝甚重之以為侍講與侍書張景仁並被尊禮同入華元
殿共讀春秋加國子祭酒假儀同三司待詔文林館以景
仁宗室自託於其親何洪珍公私之事彫武常與其指南
與張景仁號二張博士時穆提婆韓長鸞當朝洪珍為其

〈三十一〉

除侍中加開府奏慶支事大被委任言多見從特敕拳事
幄知彫武為洪珍諫主忌惡之洪珍又奏彫武監國史事
有匪躬之節議論無所迴避左縱恣之徒必加禁約數
讒切寵要獻替惟展帝亦深倚仗之方委以朝政彫武便
以激清為已任意氣甚高嘗在朝堂謂鄭子信曰向入省
中見賢家唐令居機分極無所以若作數行兵帳彫武不如
邑若致主堯舜身居稷契則邑不如我長鸞等陰圖之及
與侍中崔季舒等言諫之彫武曰臣起自諸生沐寵隆洽今
臨刑帝使段孝言諭之彫武曰臣起自諸生沐寵隆洽今

者之諫臣實首謀首善功亞無所逃死額隆下玲愛金玉
開發神明數引賢諭之倫語其政道今聽覽之間無所擁
蔽則臣雖死猶生之年因歔欷流涕俯而就戟左右莫不
怜而壯之子德沖等從此遵南安王思好之反德沖及弟
德揭俱免德沖聰敏好學以帝師之子早見旌擢位中書
舍人其父俱歎德沖並在殿廷執目見寬酷號哭殞絕
於地父之乃蘇

郭遵傳

郭遵者鉅鹿人也齊文宣為太原公時為國常侍帝家人
有蓋豐洛者典知家務號曰盖將遵因其劇刀曾抗拒為
京畿父之除并省尚書都令史建州別駕為會稽韓長鸞求
朱讖父之除官謂啓文宣報之二百付

〈三十二〉

高德正所貴齊受揮由是擢為主書專令令訪察中書舍人
曖微易為剝史因此遂相參附後擢為黃門侍郎被誅遵出自
率省於宮門牽韓長鸞諸貴輒呼姓字語言布置極為輕
不規諫何名大臣長鸞為嫌其翠爾便擘手而去由是不加
接故及於禍

列傳第六十九

楊　遜

校正

北史八十一

列傳

張沖　王孝籍

沈重傳

北史列傳七十

沈重字子厚吳興武康人也性聰悟弱歲而孤居喪合禮及長專心儒學從師不遠千里遂博覽羣書尤明詩及左氏春秋梁武帝欲高置學官以崇儒教中大通四年乃革選以重補國子助教後除五經博士梁元帝之在藩也甚欽異之及即位乃遣主書何武迎重西上觀平江陵重乃留事梁主蕭詧累遷都官尚書領羽林監督文令重於合歡殿講周禮武帝以重經明行修乃遣宣納工士柳裘致書禮聘文敕襄州揔管衛公直致喻遣之在途供給務從優厚保定末至于京師詔令討論五經并校定鍾律天和中復於紫極殿講三教義朝士儒生東門道士至者二千餘人重辭義優洽樞機明辯凡所解釋咸為諸儒所推六年授驃騎大將軍開府儀同三司露門博士仍於露門館

為皇太子講論語建德末表請還梁武帝優詔不許重固
請乃許焉為遺小司門上士楊汪送之梁王蕭歸拜重散騎
常侍太常卿大象二年來朝京師開皇三年卒年八十四
隋文帝遺含人蕭子寶以少牢贈使持節上開府儀同
三司許州刺史重學業該博為當世儒宗至於陰陽圖緯
道經釋典無不通涉著周禮義三十一卷儀禮義三十五
卷禮記義三十卷毛詩義二十八卷喪服經義五卷周禮
音一卷禮記音二卷毛詩音二卷

樊深傳

樊深字文深河東猗氏人也事繼母甚謹弱冠好學負書
從師於河西講習五經晝夜不倦魏永安中隨軍征討以
功累遷中散大夫嘗讀書見吾丘子遂歸侍養孝武遷
樊王二姓舉義為魏所誅深父保周叔父歡並被害深
因避難墜崖傷足絕食再宿於汾晉間晝尋覓母得見一簞餅欲食之然
念繼母老痺或免虜掠乃弗食夜宿於神祠中輒得因
以餽母還復過去改易姓名遊學於汾晉閒習天文及筭
曆之術後為人所告因是便得逃隱周文平河東贈保周南
其儒學延深至家歡周儀同三司深歸葬其父負土成墳尋而于
郢州刺史歡周儀同
謹引為府參軍事令在館教子孫周文置學東館教諸

將子弟以深為博士深經學通贍每解書多引漢魏以來
諸家義而說之故後生聽其言者不能曉悟皆背而譏之曰
樊生講書多門戶不可解然儒者推其博物性好學老而
不息朝暮還往常讀書至馬驚墜地損折支體終身
大夫加開府儀同三司建德元年表乞骸骨詔許之朝廷
有疑議常召問焉後以疾辛深既專經文讀諸史及蒼雅
篆籀陰陽卜筮之書學雖博瞻訥於辭辯故不為當時所
稱撰孝經喪服問疑各一卷文撰七經異同三卷子義綱

熊安生傳

熊安生字植之長樂阜城人也少好學勵精不倦從陳達
受三傳從房虯受周禮事徐遵明服膺曆年後受禮於李
寶鼎遂博通五經然專以三禮教授弟子自遠方至者千
餘人乃討論圖緯捃摭異聞先儒所未悟者皆發明之齊
河清中陽休之特奏為國子博士時西朝既行周禮公卿
以下多習其業有宿疑碩滯者數十條皆莫能詳辯天和
三年周齊通好兵部尹公正使焉與齊人語及周禮齊人
不能對乃令安生至賓館與公正言公正有口辯安生語
所未至者便撮機要而騁問之安生曰禮義弘深自有條
貫必欲升堂觀奧寧可汨其先後但能留意當為次第陳

之公正於是閭所疑安生皆為二一演說咸究其根本公
正嗟服還具言之於武帝帝大歡重之及入鄴安生曰遠令
掃門家人怪而聞之安生曰周帝重道尊儒必將見我矣
俄而帝幸其第親執其手引與同坐謂安生曰朕未
能去兵以此為愧安生曰黃帝尚有阪泉之戰況陛下冀
行天罰乎帝曰黃帝所與蚩尤戰百姓之粟豈三百
思葦其斃欲以府庫及三臺雜物散之百姓公以為何如
安生曰昔武王克商散鹿臺之財發巨橋之粟以賑首白
異代同美齊文曰朕何如武王安生曰武王伐紂懸首白
旗陛下平齊兵不血刃愚謂聖略為優帝大悅賜帛三百

匹米三百石宅一區并賜象笏及九鐶金帶自餘什物稱
是又詔所司給安車駟馬令隨駕入朝弟敢所在供給至
京敕令於大乘佛寺參議五禮宣政元年拜露門博士下
大夫時年八十餘尋致仕卒於家安生既學為儒宗常受
其業禮名於後者有馬榮伯張黑奴竇士榮孔籠劉焯劉
炫等皆其門人焉所撰周禮義疏二十卷禮記義疏三十
卷孝經義一卷並行於世安生與同郡宗道暉張初臨報
敬徐遵明等為祖師道暉好著高翅帽大屐州將初臨
服以謁見仰雨舉肘拜於庭上自言學士比三公後齊任
城王湝報之道暉徐呼安偉安偉出謂人曰我受鞭不漢

體復蹲展而去冀州人之語曰顯公鐘宋公鼓宗道暉後李
洛媪肚謂之四大顯公沙門也宋公安德太守也洛媪婦
人也安生在山東時歲歲遊講從之者傾郡縣舊有碑為村
某村古塚是晉河南將軍熊光去七十二世舊有碑為村
人埋匿古塚具掘地求之不得連年訟乃冀州長史鄭大護
判之曰七十二世乃是皇上人河南將軍晉無此號訴
非理記安生率其族向塚而號通見徐之才諱雄和士開
二人相對以徐之才諱雄和士開譚名見開
嗛之

樂遜字遵賢河東猗氏人也幼有成人之操從徐遵明於
趙魏間受孝經喪服論語詩書禮易左氏春秋大義而
山東寇亂學者散逸遜於擾擾之中猶志道德不倦大統七
年太尉李弼請遜教授諸子既而周文盛選賢良授以弟
子之禮遜以經術教授甚有訓導之方及衛公直鎮蒲州
官府上士轉小師氏下大夫自讜王儉以下並東脩行弟
令相府戶曹柳敏行臺郎中盧光河東郡丞辛蔡相繼率
遜稱有牧人之才弼請遜儒分授經業講孝經論語毛詩及
授諸子在館六年與諸儒講禮易左氏周閤帝踐阼以遜教
服喪所注春秋左氏傳周閤帝踐阼以遜教

遜為直士蕩武成元年六月以霖雨經時記百官上封事
遜陳時宜十四條其五條切於政要其一崇教方其二省
造作其三明選舉其四重戰代其五禁奢侈保定二年以
剖導有方頻加賞賜遷遂伯中大夫天和元年詔魯公誕畢公
賢等俱以東脩之禮同受業為天和五年在縣軍上表致仕優詔不許
純業遂以粟帛及錢等授湖州刺史封安邑縣子人多蠻
於是賜以粟帛反錢等授湖州刺史封安邑縣子人多蠻
蠻俗生子長大多與父母異居遜每加勸導多董前弊在
左末習儒風遜被褒錫秩滿選朝拜皇太子諫議後在露門教
任數載頗被褒錫秩滿選朝拜皇太子諫議後在露門教
授皇子大象初進爵崇業郡公又為露門博士三年進位
開府儀同大將軍出為汾陰郡守遜以老病固辭詔許之
乃改授東揚州刺史仍賜安車衣服及奴婢等又於本郡
賜田十頃加蒲陝二州刺史遜性柔謹慕女遊立身以忠信為
本官加蒲陝二州刺史遜性柔謹慕女遊立身以忠信為
本不自矜尚每在衆言論未嘗為人之先學者以此稱之
所著孝經論語毛詩左氏春秋序論十餘篇又著春秋
義通賈服說發杜氏違辭理並可觀初周又有黎景熙以

古寧嗣

黎景熙傳

黎景熙字季明河間鄭人少以孝行聞於世曾祖嶷魏太
武時以軍力賜爵容城縣男後為燕郡守祖父嶷並襲
爵季明少好讀書性強記默識而無應對之能其從祖
太武時尚書郎善古學常從吏部尚書清河崔宏受字義
又從司徒崔浩學楷篆自是家傳其法至洛頗不車生業有書
千餘卷雖窮處獨立不以飢寒易操與范陽盧道源為奢
與許氏有異又好玄象頗知術數而落魄不車生業有書
逞交求安中道源勸令入仕始為威烈將軍孝武西遷季
明乃寓居伊洛候景徇地河外召季明從軍秒遷黎陽郡
守季明從至懸瓠瓢察景終不足恃遂去之客於潁川時王
思政鎮潁川累使召季明留於內館月餘周文又徵之遂
入關乃令季明正定古今文字於東閤大統末拜著作佐
郎於時倫輩皆位兼常伯車服華盛唯季明獨以貧素居
之而無愧色又勤於所職著述不息然性尤專固不合於
時是以一為史官遂十年不調武成末遷外史下大夫保
定三年盛營宮室春夏大旱季明上疏曰臣聞成湯遭旱以六事自責宣王太甚而珪璧
上封事曰臣聞成湯遭旱以六事自陳宣王太甚而珪璧
定三年盛營宮室春夏大旱黎庶辛農要之月時兩猶衍率
土之心有懷渴仰陛下垂重情萬類子愛群生觀禮百神猶
未豐洽豈或作事不節有違時令舉措失中當遷斯旱春

秋君舉必書動為典禮水旱陰陽莫不應行而至孔子曰

言行君子之所以動天地可不慎乎春秋莊公三十一年

冬不雨五行傳必以為是歲一年而三築臺奢侈不恤人也

傳公二十一年夏大旱五行傳以為時作南門勞人興役

年夏大旱五年夏大旱江河水少谿澗水絶五

行傳以為先是發十四萬六千人城長安漢武帝元符三

土木之功動人與役天輒應之以異典籍作誡懍或可思

上天譴告改之則善若息人省役以答天譴庶靈然則

降嘉穀有時則年登可觀子來非晚詩云人亦勞止迄可

小康惠此中國以綏四方或恐極陽生陰秋多雨水年復

不登人將無覷如又㐲飢為饉更甚時豪富之家竸為奢

麗季明又上書曰臣聞寬大所以兼覆慈愛所以懷衆故

天地稱其高厚者萬物得其容養焉四時著其寒暑者庶

類資其忠信焉是必帝王者寬大象天地忠信則四時招

搖指天下識其春人君布德率土懷其惠㐲性下資

乾御萬物咸耳時乘六龍自強不息好問受規天下幸

甚自古至道之君亦皆廣延訪詢採翦堯置鼓樹木以

求其過頃者元旱踰時人懷望歲陛下爰發明詔廣求六

瘝同禹湯之罪已高求景之守正渝雨應時年穀斯稔剋

已節用纂質去革此則尚矣然而朱紫仍耀於衢路綺縠

猶侈於豪富短褐未充於編戶此則勸

導之理有所未周故也今錐道之以禮齊之以刑風俗固

難以一矣昔漢文帝集上書之橐以作帷帳惜十家之產

不造露臺後宮所幸衣不曳地方之今日富室之飾尚不

如婢隸之服然而以身率下國化成于清朝稱太宗良有以

也臣聞聖人久於其道而天下化承魏氏衰亂之後

貞信未興宜先尊五美屏四惡革浮華之俗抑流競之風

蔡鴻都之小藝焚雉頭之異服無益於時康哉人

之器勿陳於側則人知德矣臣又聞之為政之要在於選

舉若差之毫釐則有千里之失後來居上則致積新之議

是以古之善為政者量能以任其用得其才任當其用不以

私愛簡才以授其官量能以任其用得其才任當其用

六鄉既調坐致千里虞舜選衆不仁者遠則庶車康哉人

知其化矣帝覽而嘉之時外史廨宇憂移未有定所李明

又上言曰外史之職漢之東觀帝王所實此焉攸在自魏

及周公館不立臣錐愚贊猶知其非是以去年十一月中

敢昌奏陳特降中旨即遣修營葺縟一周未就功力臣職

思其憂敢不重請帝納焉於是解宇方立天和二年進車

騎大將軍儀同三司後必疾卒文周文初屬天下分崩時

學術之士蓋寡故曲學末俗咸見引納至若冀儁趙文深
之徒雖才愧昔人而名著於世並見收用

異儁傳

異儁字僧儁太原陽邑人也性沈謹善隸書特工模寫初
為賀拔岳墨曹參軍岳被害周文引為記室時周文志平
齊討悅儁乃令儁偽作敕書及代人主書等署與真無異周
文大悅費也頭見敕不以為疑遂遣兵襲爵度大統
文討悅儁乃令儁偽作敕書與費也頭令將兵受署
倭費陳悅乃令儁偽作敕模寫及代合人主書等署
為賀後岳墨曹參軍岳被害周文引為記室時周文志平
初封長安縣男從征弘農戰於少苑隸書時俗入書學者亦
郡守尋徵還教明帝及宋獻公等隸書時俗入書學者亦
為昌樂侯卒

趙文深傳

趙文深字德本南陽宛人也父遐以醫術仕魏為尚藥典
御文深少學楷隸年十一獻書於魏帝後立義歸朝除大
丞相府法曹參軍雅有鍾王之則筆勢可觀當時碑牓唯
文深異儁而已大統十二年追論立義功封白石縣男文

行末俗之禮謂之謝章儁以書字所興起自蒼頡若同常
俗未為合禮遂啟周文釋奠書頡及先聖先師除黃門侍
郎本州大中正累遷湖州刺史靜退每以清約自處前後
所歷頗有聲稱尋加驃騎大將軍開府儀同三司後進爵

時以隸書紕繆命文深與黎李明沈遐等依說文及字林
刊定六體成一萬餘言行於世及平江陵之後王褒入關
貴遊等翕然並學文深之書然竟無所成轉被褒之書被遐見
於是後知好尚難及亦改習褒書然竟無所成轉被遐見
議謂之學步邯鄲焉至於碑榜餘人猶莫之逮王褒亦每
推先之宮殿樓閣皆其迹也遷縣伯下大夫明帝令至江
陵書景覆等碑漢南人士亦以為工梁王蕭詧觀而美之
賞遺甚厚天和元年露寢等初成文深以題牓之功除趙
興郡守文深雖居外任每須題牓輒復追之後以疾卒

辛彥之傳

辛彥之隴西狄道人也祖世叙魏涼州刺史父靈補周渭
州刺史彥之九歲而孤不交非類博涉經史與天水牛弘
同志好學後入關遂家京兆周文見而器之引為中外府
禮曹賜以衣馬珠玉時國家草創朝貴多出武人惰於儀
注唯彥之而已尋拜中書侍郎及周閔帝受禪彥之與小
宗伯盧辯專掌儀制歷祀太祝樂部御正四曹大夫開
府儀同三司封五原郡公宣帝即位拜小宗伯時帝立五
皇后彥之以為非禮固諫由是忤旨免官隋文帝受禪除
太常少卿改封任城郡公進位開府歷國子祭酒禮部尚書與秘書
監牛弘撰新禮帝嘗令彥之與沈重論議重不能抗避席

而謝曰辛君所謂金城湯池無可攻之勢帝大悅後除隋
州刺史時州牧多貪珍玩性彥之所廉恭之類上謂
朝臣曰人安得無學彥之又崇信佛道於城内立浮圖二所並
前後俱有惠政彥之又珍稽古之力也遷潞州刺史
十五層開皇十一年州人張元暴死數日乃蘇云遊天上
見新構一堂制極崇麗元問其故云潞州刺史辛彥之有
功德造此堂以待之彥之聞而不悅其年卒諡曰宣彥之有
撰墳典[一部]六官[一部]祝文[一部]禮要[一部]新禮[部五]
經異義[一部]並行於世子孝諝仲龍並早有令譽

何妥傳

何妥字栖鳳西城人也父細腳胡通商入蜀遂家郫縣事
梁武陵王紀主知金帛因致巨富號為西州大賈安以機
警人歲遊國子學助教顧良戲之曰汝姓何是荷葉之荷
為河水之河妥應聲答曰先生姓顧是眷顧之顧為新故
之故衆咸異之十七以伎巧事湘東王後知其聰明名為
誦書左右時蘭陵蕭眘亦為儁才住青楊慎妥住白楊頭
時人為之語曰世有兩儁白楊何妥青楊蕭眘眘年十七
此江陵平入周仕為太學博士宣帝初立五后問儒者辛
彥之對曰妃舜又二妃亦何常數由是封襄城縣男文帝受禪除國

子博士加通直散騎常侍進爵為公安姓勁急有口才好
是非人物納言蘇威嘗言於上曰臣先人每誡臣唯讀
孝經[一卷]足可立身經國何用多為上亦然之安進曰蘇
威所學非止孝經威若信有此言威不從具其不孝
若無此言面欺陛下具不誠不誠不孝無以立身安因奏威不
子文云不讀禮無以立具又云不讀詩無以言蘇威
反聖人之訓平威兼領五職上甚親重之安因奏威不
可信任又以掌天文律度皆非其長上以諫其
事曰臣聞知人則哲帝難之孔子曰舉直錯枉則人服
舉枉錯直則人不服由此言之政之安危必慎所舉故
賢受上賞賢顯榮裁察今之舉人良異於此無論諂直
莫擇賢愚心欲崇高則起家喉舌之任須抑屈必白首
即署之官人於市與衆集之伏見留心獄訟愛人如子每應決獄
刑人於市與衆棄之伏見留心獄訟
無不諮訪羣公刑人於市君之明也刑人
若有赦過宥罪便可擢用自斯以降若選重官必
參以衆議勿信一人之舉則人之明也舉
曰孔子云其察阿黨則罪無隱蔽又曰君子周而不比小
人比而不周所謂比者即阿黨也謂心之所愛既已光華
榮顯猶如捧摯心之所惡既已沈滯屈辱薄言必怒揑摯

既成必相掩蔽則欺上之心生矣屈辱既加則有怨恨謗
讟之言出矣伏頌廣加訪察勿使朋黨路開廣恩自任有
國之患莫大於此其三事曰臣聞舜舉十六族所謂八元
八凱也計其賢明理優今日猶復擇才授任不相侵濫故
得四門雍穆庶績咸熙今官員極多用人甚少一身
乃兼數職為其國無人也為是人不善也今萬東大國
彥不少繼有明哲無由自達東方朔言曰尊之則為將卑
之則為廣斯言信矣今當官之人不慶愛德量力既無曰望
傳說之能自負傅嚴渭水之氣不應愛深責重唯畏總領
不多安斯寵任輕彼權軸頗沛致歷實此之由易曰鼎折
足覆公鍊其形渥凶言不勝其任也臣聞窮力舉重不能
為用伏願更任賢良分才參掌使各行其力則庶事康哉
其四事曰臣聞禮云析言破律亂名改作執左道以亂政
者殺孔子曰仍舊貫何必改作伏見比年以來改作者多
矣如范威刻漏十載不成趙翊尺秤七年方決公孫濟迂
誕醫方費逾巨萬徐道慶迴互兩儀欹傾破律
多歷歲時王渥亂名曾無紀極張山居未知星位前已
籍太常曹魏祖不識北辰令復轉輳太史莫不用其短見
便自考眈邀射名譽厚相誣罔請今日已後有如此者若
其言不驗必加重罰庶令有所思忌不敢輕奏狂簡其餘

文多不載時蘇威權兼數職先嘗隱武功故安言自負傳
嚴渭水之氣以此激上書奏威大街之二年威定考文學
安更相訐誣勃然曰無何妾不應無博士安令安考定鍾
蘇威亦何憂無執事於是與威有隙其後上令安考定鍾
律威又上表曰臣聞明則有禮樂幽則有鬼神然則動天
地感鬼神近於禮樂又云樂至則無怨禮至則不爭揖
讓而臨天下者禮樂之謂也臣聞明則有二曰姦聲二曰
正聲夫姦聲感人而逆氣應之正聲感人而順氣應之順
氣成象故樂行而倫清耳目聰明血氣和平移風易俗天
下皆寧孔子曰放鄭聲遠佞人故鄭衛宋趙之聲出內則
發疾外則傷人是以宮亂則荒其君驕離亂則破其官壞
角亂則憂其人怨徵亂則哀其事勤羽亂則危其財匱五
者皆亂則國亡無日矣魏文侯問子夏曰吾端冕而聽古
樂則欲寐聽鄭衛之音而不倦何也子夏對曰夫古樂者
始奏以文復亂以武俗身及家平天下鄭衛之音者姦
聲以亂也夫姦雜子女不知父子今君所問者樂也
所愛者音也夫樂之與音相近而不同為人君者謹籍其
好惡案聖人之作樂也非止悅耳目而已矣苟悅在宗
廟之內君臣同聽之則莫不和順在鄉里之內長幼同聽
之則莫不和順在閨門之內父子同聽之則莫不和親此

先王立樂之方也故知聲而不知音者
不知樂者眾是也故黃鍾大呂弦歌干戚童子皆能舞
之能知樂者其惟君子乎知聲而不知音者不可
不可與言音不知音者不可與言樂者其惟君子乎知
樂則幾於道矣紂為無道太師抱樂器以
奔周晉君德薄師曠固惜清徵上古之時未有音樂戴殷
擊壤樂在其閒易曰先王作樂崇德殷薦之上帝以配祖
考至于黃帝作咸池顓頊作六莖帝嚳作五英堯作大章
舜作大韶禹作大夏湯作大濩文王作大武從夏以來年
代久遠唯有名字其聲至如伏羲減瑟文王足琴仲尼擊
磬子路鼓琴蔡邕漢高擊筑元帝吹簫漢祖之
自聖賢已下多習樂者至如

樂人制宗廟之樂迎神于廟門奏嘉至之樂以行步之節猶古降神之
樂也皇帝入廟門奏永至以為行步之樂猶古采薺肆夏也乾豆上薦奏登歌之樂猶古清廟之歌也登歌再
終奏休成也其休成乃叔孫通所制也漢高廟奏
武德文始五行之舞當春秋時陳公子完奔齊陳是舜後
美禮成也其休成求至二曲叔孫通因奏
故有韶樂傳於秦漢高祖滅秦韶樂傳於漢漢高祖改名
文始以示不相襲也五行舞者本周大武樂也始皇改名
藏齊有韶樂傳於孔子在齊聞韶三月不知肉味是也秦始皇

五行及于孝文後作四時之舞以示天下安和四時順也
孝景采武德舞以為昭德孝宣又采昭德以為盛德雖變
其名大抵皆因秦舊事至於晉魏皆用古樂辭之三祖並
制樂辭自永嘉播越五都傾湯樂聲南度以追大備江東
宋齊已來至于梁代所行樂事猶皆傳古三雅四始實稱
大盛及侯景篡逆樂師分散其四舞三調悉度偽齊齊氏
慧紀絙年景景皂頗皆記憶之於東土克定樂人悉返問其逗
輝知傳受得曲而不用之於宗廟朝廷少好音律留
亦頗具雅聲君令教習授庶得流傳古樂然後取其會
歸撮其指要因循損益更制嘉名歌盛德於當今傳雅正
於來葉登不美歟謹具錄三調四舞曲名又製歌辭如別
其有辭曲流宕不可以陳於殿庭者亦悉附之於後書奏
別敕太常取安節度於是作清平瑟三調聲文作八佾

鐸巾拂四舞先是太常所傳宗廟雅樂數十年唯作大
呂歷黃鍾安又以深平古意乃奏請用黃鍾詔下公卿議
從之俄而子尉為祕書郎有罪當刑上哀之復遊學者妄皆為
恩禮漸薄六年出為龍州刺史時有頻婆復死論是後
誚說教授之又為刺史藏勒于州門外在職三年以疾請
選詔許之後知學軍時上方使蘇夔在太常參議鍾律變

有所建議朝士多從之妄獨不同每言優劣之短帝下其議
臺臣多排妄妄後上封事指陳得失大抵論時政損益开
指斥當世明當然是蘇威及吏部尚書盧愷侍郎薛道衡
等皆坐得罪除伊州刺史不行尋為國子祭酒卒官諡曰
蕭撰周易講疏三卷孝經義疏二卷莊子義疏四卷與沈
重等撰三十六科鬼神感應等大義九卷封禪書一卷樂
要一卷文集十卷並行於世于時學士之自江南來者蕭
該包愷並知名

蕭該傳

蕭該蘭陵人梁鄱陽王恢之孫少封攸侯荊州平與何妥

同至長安性篤學詩書春秋禮記立通大義尤精漢書甚
為貴遊所禮開皇初賜爵山陰縣公拜國子博士奉詔與
妄正定經史然各執所見遂相是非父而不能就上讓而
罷之該後撰漢書及文選音義咸為當時所貴

包愷傳

包愷字和樂東海人其兄愉明五經愷悉傳其業及從王
仲通受史記漢書尤稱精究大業中為國子助教于時漢
書學者咸以蕭包二人為宗遠近聚徒教授者數千人卒門
人起墳立碣焉

房暉遠傳

房暉遠字崇儒恒山真定人也世傳儒學暉遠幼有志行
明三禮春秋三傳詩書周易兼善圖緯恒以教授為務遠
方負笈而從者動以千計齊南陽王綽為定州刺史聞其
名召為博士周武帝平齊搜訪儒俊暉遠首應辟命授小
學下士隋文帝受禪遷太常博士未幾授國子博士會上令
國子生通一經者並悉薦舉將擢用之既策問訖博士不
能時定臧否祭酒元善怪問之暉遠曰江南河北義例不
同博士不能遍涉學生皆持其所短稱己所長博士各各

自疑所以不決也祭酒因令暉遠考定之暉遠覽筆
便下初無疑滯或有不服者暉遠問其所傳義疏輒為始
末誦之然後出其所短自是無敢飾非者所試四五百人
數日便決諸儒莫不推其通博自以為不能測也皆奉
詔領脩令式文帝嘗謂臺臣曰自古天子有女樂乎楊素
以下莫知所出遂言無女樂暉遠曰臣聞窈窕淑女鍾鼓
樂之此即王者之樂有女樂也於雅頌不得言無帝大悅仁
壽中卒官朝廷嗟惜焉贈賵甚厚贈員外散騎常侍

馬光傳

馬光字榮伯武安人也少好學從師數十年晝夜不息圖

書讖緯莫不畢覽尤明三禮爲儒者所宗隋開皇初徵山
東義學之士光與張仲讓孔龍寶竇士榮張買奴劉祖仁等
俱至並授太學博士時人號爲六儒然皆鄙野無儀範朝
廷不之貴也自云此書若奏必爲宰相又數言玄象事州縣列上竟坐
誅孔籠張買奴劉祖仁未幾亦被譴亡唯光獨存當因釋
奠帝親幸國子學王公已下畢集光升坐講禮啟發章門
已而諸儒生以次論難者十餘皆當時碩學光剖析疑滯
雖辭非俊辯而義理弘瞻論者莫測其淺深咸共推服上
嘉而勞焉爲山東三禮學者自熊安生後唯宗光一人初教
授瀛博間門徒千數至是多負笈從入長安後數年丁母
憂歸鄉里以疾卒于家

劉焯傳

劉焯字士元信都昌亭人也犀額龜背望高視遠聰敏沉
深弱不好弄少與河間劉炫結盟爲友同受詩於同郡劉
軌思受左傳於廣平郭懋常問禮於阜城熊安生皆不卒
業集十載雖衣食不繼晏如也遂以儒學知名爲州博士隋
開皇中刺史趙煚引爲從事與著作郎
王劭同修國史兼參議律曆仍直門下省以待顧問俄除

〈二十一〉 北史列傳七十 通志堂書院刊

員外將軍後與諸儒於祕書省考定羣言因假還鄉里縣
令韋之業引爲功曹後入京與左僕射楊素吏部尚書
牛弘國子祭酒蘇威國子博士蕭該何妥等於國子共論古今滯義前賢
所不通者每升坐論難無能屈者楊素等莫不服其
精博六年運洛陽石經至京師文字磨滅莫能知者奉敕
與劉炫二人論義深挫諸儒咸懷妒恨遂爲飛章所謗除
名於是優游鄉里專以教授著述爲務孜孜不倦賈馬王
鄭所傳章句多所是非九章算術周髀七曜曆書十餘部
椎步日月之經量度山海之術莫不覈其根本窮其奧

〈二十二〉 北史列傳七十 通志堂書院刊

著稽極十卷曆書十卷五經述議並行於世劉炫聰明博
學名亞於焯故時人稱二劉焉天下名儒後進質疑受業
不遠千里而至者不可勝數論者以爲數百年已來博學
通儒無能出其右者然懷抱不曠又嗇於財不行束脩者
未嘗有所教誨時人以此少之廢大子勇聞而召之未及
進謁詔令事蜀王防其後典校書籍王以罪廢焯又與諸
儒修定禮律除雲騎尉煬帝即位遷大學博士俄以品卑
去職數年後被徵以待顧問因上所著曆書與太史令張
冑玄多不同被駁不用卒劉炫爲之請諡朝廷不許

劉炫字光伯河間景城人也少以聰敏見稱與信都劉焯
閉戶讀書十年不出炫眸子精明視日不眩強記默識莫
與為傳左畫圓右畫方口誦目數耳聽五事同舉無所遺
失周武帝平齊瀛州刺史宇文亢召炫為戶曹從事後刺史
王劭同修國史儀同下省以待顧問又詔諸術者修天
李繪署禮曹從事韓知名隋開皇中奉敕與著作郎
文律曆兼於內史送詣吏部尚書韋世康問其所能炫自為狀曰
內史炫雖遍直三省竟不得官為縣司責其賦役炫自陳於
之炫遍直三省竟不得官博陵李德林甚禮
周禮禮記毛詩尚書公羊左傳孝經論語孔鄭王何服杜
等注几十三家雜義有精粗並堪講授周易儀禮穀梁用
功差少史子文集嘉言故事誦於心天文律曆窮覈微
妙至於公私文翰未嘗假手更事既成誦在朝知名
之十十餘人保明炫所陳不謬於是除殿內將軍時牛弘
奏購求天下遺逸之書炫遂偽造書百餘卷題為連山易
魯史記等錄上送官取賞而去後人有訟之經赦免死坐
除名歸于家以教授為務發太子勇聞而召之既至京師
敕令事蜀王秀遠延不住秀大怒枷送益州既而配為帳
內每使執仗為門衞俄而釋之典校書史炫因擬屈原上

居為箋塗以自寄及秀廢與諸儒修定五禮授旅騎尉吏
部尚書牛弘建議以為禮諸侯絕傍朞大夫降一等今之
上柱國雖不同古諸侯比大夫可也官在第二品宜降傍
親一等雖不以為然炫駁之曰古之仕者宗一人而已
庶子不得進由是先王重嫡其宗子有分祿之義族人與
宗子雖疎遂猶服衰三月良由受其恩也今之貴者多忽近親
才升不限嫡庶與古既異何降之有之貴者多忽近
若或降之人道之疎自此始矣遂寢其事開皇二十年廢
國子四門及州縣學校唯置太學博士二人學生七十二人
炫上表言學校不宜廢情理甚切帝不納時國家殷盛皆
以遼東為意炫以為遼東不可伐作撫夷論以諷焉當時
莫有悟者及大業之季三征不尅炫言方驗煬帝即位牛
弘引炫脩律令始文帝時以刀筆吏類多小人年久長姦
勢使然也又以風俗陵遲婦人無節於是立格州縣佐吏
三年而代之九品妻無得再醮炫著論以為不可弘竟從
之諸郡置學官及流外給稟皆發於炫弘皆問炫故何
士多而府史少今令史百陪於前判官減則不濟其故何
也炫曰古人委任責成歲終考其殿最不重校文不繁
悉府史之任掌要目而已今之文簿恒慮覆鍛若其
不密萬里追證百年舊案故諺云老吏抱案死今古不同

若此之相懸也車煩政弊職此之由弘又問魏齊之時令

史從容而已今則不遑寧舍其事何由

過數十三府行臺選相統領文書行下不過十條今州三

百其僚一也往者州唯置綱紀郡置守丞縣唯令而已其

所具僚則長官自辟受詔赴任每州不過數十今則不然

大小之官悉由吏部纖介之迹皆屬考功其繁一也省官

不如省事省事不如清心官省事省而望從容其可得乎

弘其善其言而不能用納言楊遵彥舉炫博學有文章射策

高第除太學博士歲餘以品甲去任還至長平時盜賊蜂起毅

北史列傳七十　共五　肅

行在所或言其無行帝遂罷之歸于河間時盜賊蜂起

食踊貴經籍道息教授不行炫與妻子相去百里聲聞斷

絕縈懷不得志乃自為贊曰通人司馬相如揚子雲馬季

長鄭康成等皆自敘美傳芳來葉余登敢仰均先進贈

笑後昆徒以日迫桑榆大命將近故友飄零門徒雨散溘

死朝露寬埋朝野親故莫照其心後人不見其迹殆及餘

喘薄言肯臆貽及行邁傳之州里使夫將來俊哲知余郡

志耳余從綰髮以來迄於白首嬰孩為慈親所恕撻未

嘗加從學為明師所矜楨楚弗之及暨乎敦敘邦族交結

等美重物輕身先人後己昔在幼弱樂參長者往羨著艾

數掊後生學則服而不猒誨則勞而不倦幽情寡適心事

多違內省生平顧終始其大幸有四深恨有一性本愚

蔽家業貧簞為父兄所饒劉緝紳之末遂得博覽典誥人

涉今古小善著於立圓虛名閞於邦國其幸一也隱顯人

間沈浮世俗數喬徒勞之職久執城旦之書名不挂於白

簡事不染於丹筆立身行惡而實多啓手啓足庶幾可

免其幸二也以此庸席屢動宸眷以散

輔造請羣公厚禮殊恩增㮣改價其幸三也晝漏方盡大

鷰驥鶤比翼鶴整鴻恩增㮣改價言動宸眷以散

臺已嗟退反初服骸骨故里齠齔文史以怡神閞魚鳥以散

盧觀省野物登臨圓沼緩步代車無事為貴其幸四也仰

北史列傳七十　二十六　肅

休明之盛世慨道校之陵遲蹈先儒之逸軌傷雅言之蕪

穢馳騖墳典藨政僻謀俶撰始畢事業適成天達人顧途

不我與世路未夷學校盡廢道不備於當時業不傳於身

後衡恨泉壤實在茲乎其深恨一也時在郡城糧餉斷絕

其門人多隨盜為所將過下城堡未幾盜賊為官軍所破

之炫為賊所將盜敗炫竄郡官乃出炫與

所依後投縣官縣意多自炫與賊相知恐為變遂開門不

納時夜冰寒因此凍餒而死其後門人諡曰宣德先生炫

性躁競顏好俳諧多自矜伐好輕侮當世為執政所醜由

是官途競顏不遂著論述議十卷春秋攷昧十卷五經正名

十二卷孝經述議五卷春秋述議四十卷尚書述議二十
卷毛詩述議四十卷注詩序一卷纂術一卷幷所著文集
並行於世時儒學之士又有褚暉顧彪魯世達張沖王孝
籍並知名

褚暉傳

褚暉字高明吳郡人以三禮學稱於江南煬帝時徵天下
儒術之士悉集內史省相次講論暉辯博無能屈者由是
擢為太學博士撰疏一百卷

顧彪傳

顧彪字仲文餘杭人明尚書春秋煬帝時為祕書學士撰
古文尚書義疏二十卷行於世

魯世達傳

魯世達餘杭人煬帝時為國子助教撰毛詩章句義疏四
十二卷行於世

張沖傳

張沖字叔玄吳郡人仕陳為左中郎將非其好也乃覃思
經典撰春秋義略興於杜氏七十餘事喪服義三卷
義三卷論語義十卷前漢音義十二卷官至漢王侍讀

王孝籍傳

王孝籍平原人少好學博覽書年言遍習五經頗有文翰與

河間劉炫同志友善開皇中召入祕書助王劭脩國史劭
不禮在省多年不免輸稅歟鬱不得志奏記於吏部尚
書牛弘曰竊以安貧固窮則申旦不寐饑寒切體亦卒歲
無聊何則痛苦難以安貧妍媸為惑況懷抱之內冰火交
脂膏朦理之間風霜侵骨髓安可鮨哉惟明尚書公動憙
呻吟之響咳唾足以活涸鱗吹噓可用飛窮羽山川綿遠
氣噯布帛之詞許小人之請聞大君之聽雖後山川綿遠
鬼神在茲信而有徵言無不獲循恐拯溺遲於援手救跌
綏於扶足待越人之舟檝求魯之雲梯則必懸於喬樹之
枝沒於深泉之底夫以一介貧人七年直省課役不免慶
賞加以慈母在堂光陰遲暮春秋迭謝關山阻遠有弱子之累可以
產不霑賣賈禹之田供釋之費有弱子之累可以
免發梅福之狂非仙所能避秩來甚平萬見人生異夫金
期前途逾邈倚閭之望朝夕傾對謝相如之病無官可以
石管龜且散恐筮亭無微癃恨入冥則虛緣恩顧此乃王
稽所以致言應侯為之不樂也涕謦之內居眉睫之間
子野未曾聞離朱所未見久論東觀留滯南史終無薦引
永同埋痕三世不移雖由寂寞十年不調實之知己夫不
世出者聖明之君也不萬一者誠賢之臣也以夫不世出

而達不萬一小人所以為明尚書華也坐人物之源運銓
衡之柄反被狐白不好緼袍此小人為明尚書不取也昔
荊玉未剖刖下和之足百里未申其屈一夫竊議語流天
地有能用之資懵耳目之明無首足之戚懼而不為孰知
其解夫官或不稱其能士或未死狂還克念汗窮愁之
下勞不見圖安能無望儻苟未及死哲使千載之
簡屬離愛之詞託志於前脩通心於求哲使千載之下哀
之罪方且未刑願少加怜愍留心無忽弘亦知其學業而
其不遇方且未刑願少加怜愍留心無忽弘亦知其學業而
竟不得調後歸鄉里以教授為業終于家注尚書及詩遷

亂寥洛

論曰古語云容體不足觀勇力不足恃族姓不足道先祖
不足稱然而顯聞四方流聲後胤者其惟學乎信哉斯言
也梁越之徒篤志不倦自來諸己遂能聞道下風稱珍席
上或眾徒千百或服冕東軒咸稽古之力也然遠惟漢魏
碩學多清通逮乎近古巨儒多鄙俗文武不墜弘之在人
豈獨愚蔽於當今而皆明哲於往昔用與不用知與
不知耳然叢之彌諧庶績必舉德於鴻儒近代左邦家
咸取士於刀筆縱有學優入室勤踦剌股名高海內權第
甲科若命偶時來未有望於青紫或數將運外必見棄於

草澤然則古之學者禄在其中今之學者困於貧賤明達
之人志識之士安肯滯於所習以求貧賤者哉此所以儒
罕通人學多鄙俗者也至若劉焯德冠搢紳數窮天象既
精通博洞究幽微鉤深致遠源流不測數百年來斯一人
而已劉炫學實貫通儒才堪成務九流七略無不該覽雜
憤索隱不達於焯裁成義說文雅過之時不我與餞
溝壑斯乃千古所謂死生有命富貴在天之所與者聰
明所不與者貴仕上聖且猶不免焯炫其如命何孝籍徒
離騷其文尚何救也

列傳第七十

北史八十二

聶則邊校正

道書院刊

北史列傳七十一

温子昇

苟濟

祖鴻勳

李廣

樊遜

荀士遜

王晞

庾信

顏之推 弟之儀

虞世基

柳䛒

許善心

李文博

劉臻

明克讓

諸葛潁

王貞

虞綽

王冑 兄胤

道書院刊

北史列傳七十一

庾自直

潘徽常德志 祖君彥 劉臻
尹式 劉善經
孔德紹

文苑序

易曰觀乎天文以察時變觀乎人文以化成天下然則文
之為用其大矣哉逖聽三古彌綸百代若乃墳素所紀莫
得而云典謨可述至於制禮作樂騰實飛聲二代
以正其源關里之性與天道藏用於六經以維其末用於百代
知化稱首於千古經邦緯俗藏用於百代至哉斯固聖人
之述作也遠乎兩周道喪七十義乖淹中稷下八儒三墨
其異滌圓桼谷名法兵農之別雖雅誥奧義或未盡善考
其遺跡亦賢達之流乎其離讒放逐之臣耕俗後門之士
道藏軒而未遇志鬱紆而不申憤激委約之中飛文振關
之下奮迅泥滓自致青雲振藻沈溺於一朝流聲於千載
者往往而有矣漢自芬武之後雅尚文楊蓊振藻者如
林而二馬王楊為之傑東京之朝好蟲篆金行動典
成市而班傅張蔡為之雄當塗命世連衡孔門張
無替前烈曹王陳阮負宏行之思挾棟幹於鄧林潘陸
左擅後曼之才飾羽儀於鳳兄斯並高視當世連衡
雖時運推移質文屢變霸霸聲猶六代並奏易俗之用無斁九

源競逐一致之理同歸選前英於斯為盛既而中州板
蕩戎狄交侵僞僞相屬生靈塗炭故文章黜焉其能潛思
於戰爭之間揮翰於鋒鏑之下亦有時而間出矣若乃曾
徵杜廣徐光尹弼之儔知名於二趙宋詵封昇朱彤衆薰
之屬見重於燕秦然皆迫於倉卒牽於戰陣章奏符檄則
粲然可觀體物緣情則寂寞於世非其才有優劣時運然
也至於朔方之地最爾夷俗胡義周之頌國都足擅宏麗
區區河右而學者埒於中原劉延明之銘酒泉可謂清典
子曰十室之邑必有忠信豈徒言哉洎乎有魏定鼎沙朔
南包河淮西吞關隴當時之士有許謙崔宏子浩高允

高閭游雅等先後之間聲實俱茂詞義典正有求嘉之遺
烈焉及太和在運銳情文學固以頡頏漢徹跨躡曹丕氣
韻高遠藻麗獨搆衣冠仰止咸慕新風律調頗殊曲度遂
改辭罕泉源言多曾臆潤古彌今有所未遇是故雅言懸
則之奇綺合縟聯之美眇歷歲年未聞獨得既而陳郡袁
翻河內常景晚挾疇類稍革其風及明皇御歷文雅大盛
學者如牛毛成者如麟角孔子曰才難不其然也千時陳
郡袁翻翻第躍河東裴敬憲第莊伯族弟茂范陽
盧觀第仲宣頓立李諧勃祀梓竝爲龍光俱稱鴻翼樂
琢瑰瑤刻削杞梓竝爲龍光俱稱鴻翼樂安孫彥舉濟陰

溫子昇趙自孤竈勁躁於特起咸能綜採繁興蜀清華比
於建安之徐陳應劉元元之潘張左東各一時也齊目
霸業云啓廣延髦俊開四門以賓八紘以掩之鄴都
之下煙霏霧集河間邢子才鉅鹿魏元明鉅鄴都人編
輔魏季景清河崔長儒河間邢子明范陽盧祖鴻勳亦參文士
鹿魏季廣藝孫李德林盧詢祖盧思道始以文章著者名工
諧其李廣藝孫李德林盧詢祖盧思道以文章著名
建之朝常侍王晞獨擅其美河清天統之辰杜臺卿劉逖
魏騫亦參詔勅自李情已下在省唯撰述陰詔旨其關

魏軍國文翰多是魏收作之及在武平李孝貞遜李德
林薛道衡竝爲中書侍郎典司綸綍後王錐溺於羣小然
頗好詠詩幼時嘗讀詩賦語人云終有解作此理不初因
薔昇風勅自蕭帝時以充圖畫帝彌重之後後王孝式
代輕鹽諸詩以充圖畫帝彌重之後晉陵王孝式錄古賢烈士及近
蕭愨趙川功曹參軍重之推同人文撰録猶依霸朝謂之館
客放及之推意欲更廣其事因祖珽輔政家重之推又
託鄧長顒漸說後王屬意斯文三年祖班又奏立文林館於
是更召引文學士謂之待詔文林館焉斯文三年祖班又奏立文林館於
斑及特進魏收太子太師徐之才中書令崔勁散騎常侍

張彫中書監陽休之監撰琕等奏追通直散騎侍郎草道
遜陸乂太子舍人王劭衛尉丞殿中侍御史魏濟
中散大夫劉仲威袁聿國子博士朱才奉車都尉眭道
孝功郎中佳子樞左外兵郎薛道衡并省主客郎中盧思道
司空東閣祭酒徳立太傅行參軍李德林太學博士諸
漢奉朝請鄭公超殿中侍御史鄭子信等入館撰書并勑
放懃之撰例復命散騎常侍楊訓前幽冀
守鄭元禮衛尉少卿通直散騎常侍楊訓前兗
州長史羊通直散騎侍郎李奉車都尉眭道
開府行參軍李師上溫君悠入館亦令撰書後後命特進
崔劼舒前仁州刺史劉逖散騎常侍李孝貞中書侍郎李
德林續入待詔尋又詔諸人各舉所知又有前濟州長史
李若前廣武太守魏騫前西兗州司馬蕭汲前幽州長史
陸仁惠鄭州司馬江旰前通直散騎侍郎辛德源陸開明
通直郎封孝騫太尉掾張德沖并省右戶郎元行恭司徒
戶曹參軍古道子前司空功曹參軍劉顗襓并令崔德儒
給事中李古楷晉州司空士曹參軍太尉中兵參軍劉儒
行司空掾酒陽辟強司空中從事陽師孝太尉中兵參軍
軍周子深開府行參軍王友伯崔君洽魏師譽並入館待
詔又勑僕射段孝言亦入焉御覽成後所撰錄人亦有不

得待詔付所司慮分者者凡此諸人亦有文學庸淺附會苟親
識妄相推薦者十三四焉雖然當時操筆之徒搜求略盡
其外如廣平宋孝王信都劉善經等三數人論其才性入
館諸賢亦十三四不逮之周氏剣業連屬鄴下更繁遺文於
既喪聘舊士如弗及是以蘇亮蘇綽盧柔唐瑾元傳李昶
之徒咸著聲績然雖蜀車電邁窅撤梁荊之風翕於關
魏晉憲章虛夏雖焕乎有師古之美矯枉非適時之用故
莫能常行焉既斐然成俗流宕忘反無所取裁夫人有六情
稟五常之秀情感六氣順四時之序蓋文之所起情發
於中而自漢魏以來迄乎晉宋其體屢變前世並論之詳矣
暨永明天監之際太和天保之間洛陽江左文雅尤盛彼
此好尚雅有異同江左宮商發越貴於清綺河朔詞義貞
剛重乎氣質氣質則理勝其詞清綺則文過其意理深者
便於時用文華者宜於詠歌此其南北詞人得失之大較
也若能掇彼清音簡兹累句各去所短合其兩長則文質
彬彬盡善盡美矣梁自大同之後雅道淪缺漸乖典則爭
馳新巧簡文湘東啟其淫放徐陵庾信分路揚鑣其意淺
而繁其文匪而彩詞尚輕險情多哀思格以延陵之聽蓋
亦亡國之音也隋文初統萬機每念斷彫為樸發號施令

咸去浮華然時俗詞調猶多淫麗故薰蕕法屢飛霜簡
煬帝初習藝文有非輕側鮮乎即位一變其體與越公書
建東都詔冬至受朝詩及擬飲馬長城窟並存雅體歸於
典則雖意在驕淫而詞無浮蕩故當時綴文之士遂得依
而取正為所謂能言者未必能行蓋亦君子不以人廢言
也爰自東帝歸藩遂平青蓋入洛四隩咸九州攸同江
漢英靈奇才並遠平青蓋入洛四隩咸九州攸同江
之文人見稱當世者則范陽盧思道安平李德林河東
薛道衡趙郡李元操鉅鹿魏澹陳郡袁世基河東
柳𧦬高陽許善心等或鷹揚河朔或獨步漢南俱騁龍光
並驅雲路矣魏書序表躍敘慮觀封祖庾裴伯戊
邢昕温子昇為文死傳今唯取子昇其餘並各附其家傳
齊書叙祖鴻勳李廣樊遜劉逖荀士遜顏之推為文死傳
今唯取祖李樊荀之推莫從齊之推為文苑傳
之下顏之儀既列於此篇顏之弟故亦列在王庾
取王襃庾信列於此篇其餘各附其家傳周書亦立此傳
為文學傳今檢崔儦王頖孫萬壽廣綏王南庾自直潘徽
崔儦王頖諸高潁王貞孫萬壽廣綏王南庾自直潘徽
此篇并取虞世基許善心柳𧦬明克讓冠之於此以備文

苑傳云

温子昇傳

温子昇字鵬舉自云太原人晉大將軍嶠之後也世居江
左祖恭之宋彭城王義康户曹避難歸魏家于濟陰鄉寬句
因為其郡縣人焉父暉兗州左將軍長史行濟陰郡事子
昇初受學於崔靈恩劉蘭精勤以夜繼晝晝夜不倦長乃
博覽百家文章清婉為廣陽王淵賤客在馬坊教諸奴子
書作侯山祠堂碑文常景見而善之故詣深謝之景曰顧
見温生深體問之景曰温郎辭人以充御史同時射策者
平初中尉東平王匡召辭人以充御史同時射策者
百餘人子昇與盧仲宣孫搴等二十四人為高第於是
選者爭相引決匡使子昇當之貨受屈而去搴謂人曰朝
來靡旌亂轍者皆子昇遂補御史時年二十二臺中
彈文皆子昇為之以憂去任服闋為朝請後領神儁行荊州
事引兼録事參軍被徵赴省神儁行
獎退表不許曰昔伯瑜之不應留王朗所以發歎宜速道
赴無踟躇雲前失於是還負及廣陽王深以東北道行臺
召為郎中黃門郎徐紇受四方表啟各可意敏速於深獨沈
思曰彼有温郎中才藻可畏高軍破走珍寶盈滿子昇取
絹四十疋深軍敗子昇為葛榮所得榮下郡督和洛興與

子昇舊識以數十騎潛送子昇得達冀州還京李楷執其
手曰卿今得免夷甫惠德自是無復官情閉門讀書
屬稍不已及孝莊即位以子昇為南主客郎中儁起居注
魯一日不直上黨王天穆妻人代之莊帝曰當世才子不過數人豈
逃遁天穆甚怒妾及天穆將討邢杲召子昇遂
曾容為此便須南走越北走胡耳子昇不得已而見小之加
今復不來須敢放默乃寢其奏及天穆將討邢杲召子昇同
伏波將軍為顯任使者多被廢黜而子昇還洛顥以為中書舍
王惜之天穆善之而不能用遣子昇還洛顥以為中書舍
人莊帝還宮為顥任使者多被廢黜而子昇還洛顥以為中書舍
王若剋復京師奉迎大駕相文之舉也捨此比度羈為大
守致此狼狽元顥新入人情未安令往討之必有征無戰
穆每謂子昇曰恨不用卿前計除正負即仍舍及帝殺
余朱榮也子昇須謀當時救詔子昇詞也槃入內遇子昇
把詔書問是何文字子昇顏巳不變曰勑榮不視之余朱
兆入洛子昇懼禍逃匿永熙中為侍讀兼舍人鎮南將軍
金紫光祿大夫遷散騎常侍中軍大將軍後領本州大中
正梁使張皋寫子昇文筆傳於江外梁武稱之曰曹植陸

機復生於北土恨我辭人數弱百六陽夏守傳標使吐谷
渾見其國王琳頭有書數卷乃是子昇文也濟陰王暉業
嘗云江左文人宋有顏延之謝靈運梁有沈約任昉我子
昇足以陵顏轢謝含任吐沈楊導彥作文德論以為古今
辭人皆負才遺行沈約只謝彧邢子才王元景溫子昇彬
彬有德素非此例引子昇為大將軍諮議推子昇等作亂文襄
郎嘗詣梁客館受國書自以不偕容止謂人曰詩章易作
通峭難為子襄館客元僅劉思逸荀濟等作亂文襄
昇父恆忱乃推陸操焉及元僅劉思逸荀濟等作亂文襄
疑子昇知其謀方使之作神武碑文既成乃餓諸晉陽獄

食糵襦而死兼屍路隅沒其家口太尉長史宋游道收葬
之又為集其文筆為三十五卷子昇外恬靜與物無競言
有準的不妄毀譽而內深險事故好豫其間所以終
致禍敗又撰永安記三卷無子弟子盛州主簿有文才年
二十餘卒

荀濟

荀濟字子通其先潁川人世居江左濟初與梁武帝布衣
交知梁武當王然負氣不服謂人曰會楷上厲黃作檄文
或稱其才於梁武梁武曰此人好亂者也會濟又上書譏佛
法言營費太甚梁武將誅之遂奔魏館于崔懷家及是見

執楊愔曰遲暮何為然濟曰吒吒氣耳何關暮
辯曰自傷年幾摧頹恐功名不立舍見女之情起風雲之
事故挾天子誅權臣郟文襄惜其才將不殺親謂曰荀公
何意反濟曰奉詔誅將軍高澄何為於是播殺之郟下
士大夫多傳濟音韻

祖鴻勳傳

祖鴻勳涿郡范陽人也父慎仕魏歷鴈門咸陽二郡太守
政有能名卒於金紫光祿大夫贈中書監幽州刺史諡惠
侯鴻勳弱冠與同郡盧文符並為州主簿射臨淮王彧
表薦其文學除奉朝請人曰臨淮舉卿竟不相謝不非其
炎軍事及赴洛徵謂曰臨淮舉鄉竟不到門今來何也鴻
勳日今來赴職非為謝恩轉廷尉正去官歸鄉里齊神武
開而喜曰吾得其人矣後咸陽王徽奏鴻勳為司徒法曹
嘗徵至并州作晉祠記好事者皆酰其文位至高陽太守
官清事閑著子不免寒餒時議高之齊天保初卒官

宜鴻勳曰為國舉才臨淮之務祖鴻勳何事從而識之或

李廣傳

李廣字弘基范陽人也其先自遼東徒焉廣博涉群書有
才思少與趙郡李騫齊名為邢魏之亞而詠於言敏於行
中尉崔暹精選御史詑是世冑廣獨以才學兼侍御史修

國史南臺文表多其辭也戀文宣初祠霸業命掌書記天
保初欲以為中書郎遇其為篤而止廣嘗欲卑朝假寐忽
驚覺謂其妻曰吾向似睡非睡忽見一人出吾身中語云
君用心過苦非精神所堪今辭君去因而怳忽不樂數日
便遇疾積年不起廣雅有鑑識度量弘遠坦率無私為士
流所宗時共贍遺之賴以自給以疾終竟不昔慕遂少於
崔逸廣卒後義雲集其文筆七卷詭魏收為之序

崔逸傳

崔逸進宇孝謙河東北狗氏人也祖琰父衡並無官而衡
性至孝喪父母負上成墳植栢方數十畝朝夕號慕遂少好
學其兄逸感以造種為業亦常儉餒之逸自貴曰汝欲謹
愛安逸可不愧於心乎欲同勳事業毋馮氏謂曰汝為人第獨
小行邪逸感母言逐專心典籍恬悵時見賢思齊四字
以自勸逸貌醜陋有才氣本州倫陶寓居鄴中為臨漳
小吏縣令裴賜在官清苦致白雀等瑞逸上清德頌十首
鑒大加賞重權在右僕射崔瑞與逸東李
為主人擬客難制客海以自廣後崔逸大會名天司馬襄
廣勤海封羊琛等為主簿仍薦之於右僕射崔瑞射
避常服東方朔之言陸沈世俗避世金馬涿偕陸東李公子
成王旭時亦在坐欲命府僚進指逸曰此人學富才高兼之

佳行可為王參軍也旭目之曰豈能就耶遜曰家無應第
不敢當此武定七年齊文襄崩遷為文宣從事遜實咸
散遜遂從居陳留梁州刺史劉殺鬼以遜兼錄軍參事
遜仍舉秀才尚書案舊令下州三載一舉秀才為三年已
右丞陽斐不能却尚書令高隆之曰雖別駕王聰抗辯爭議
年非遠遜還本州天保元年本州復召舉秀才三年春
會朝堂對策策罷中書郎張子融奏入至四年五月遜與
貢開封人鄭祖獻計至此年未合兼尚書右外上書請從
定州秀才李子宣等以對策三年不調被付外上書請
罷詔不報溉州重舉遜為秀才五年正月制詔問焉尚書

擢弟以遜為當時第一十二月清河王岳為大行臺率報
南討以遜從軍明年文宣貞陽侯蕭明為梁圭岳假
遊大行臺郎中使于江南與蕭脩侯瑱和解遜往還五日
得脩等報書岳因與修盟付尚書考為清平勤幹送部官
令校定群書供皇太子遜與異州秀才高乾和瀛州秀才
尚書崔昂舉薦詔付尚書與邢子才傳懷德鮑長暄陽平郡孝廉
南書郡孝廉許散愁韓同寶洛州秀才古道
子廣平郡孝廉李漢子勃海郡孝廉鮑長暄陽平郡孝廉
馬敬德許散愁韓同寶洛州秀才古道
景孫前梁州府主簿王九元前開府水曹參軍周二深
十一人同被尚書召共刊定時祕府書籍紕繆者多遜乃

議曰案漢中壘校尉劉向受詔校書每一書竟表上輒言
臣向書長水校尉臣參書大常博士書中外書合若干本
以相比校然後殺青今所讎校供擬極重出自蘭臺御諸
甲館向之故事見本參校秘書監尚書都坐凡所得別本三千
子太子少傅魏收吏部尚書辛術司農少卿穆子容前
黃門郎司馬子瑞故國子祭酒李業興並是多書之家請
牒借本參校五經諸史殆無遺闕于時魏收作庫狄干碑序
餘卷五經諸史殆無遺闕于時魏收作庫狄干碑序
謙為之銘刻印不知以為收曰作也陸操伏渾卒揚愔使
孝謙代印作書以告晉陽朝士令魏潤色之收不能改一

字八年減東西二省官更定選員不過三百參者二三千
人楊愔言於報曰後生清俊莫過崔成之遂以恩道長兼員外郎三
樊孝謙幾案斷割莫過崔成之遂以恩道長兼員外郎三
人並員外將軍孝謙辭曰門族寒陋訪第必不成乙補員
外司馬督天統元年加員外郎居七八日行遇轜車頓眉
參典詔策天統元年加員外郎居七八日行遇
下淚指方相曰何日更相煩君一到數日而卒催方相送
葬仍前所逢者孝謙死後定州舉秀才遜繼為主書才
名相亞如贍字孝博東安人南州舉秀才清朗剛直揚愔
將用之曰今日之選不可無茲生卒於侍御史

荀士遜傳

荀士遜廣平人也好學有思理為文清定見賞知音武定
末舉司州秀才至齊天保十年不調皇建中馬敬德薦為
主書轉中書舍人狀貌甚醜以文辭見重嘗有軍須奏遇
武成在後庭因左右傳出士遜曰必士遜也云云醜
舍人帝曰此人傳通者不得見內人莫不歡笑果是士遜姓名乃云醜
書侍郎競為稱職與李若等撰典言行於世齊乙年卒

王襃傳

王襃字子深琅邪臨沂人也曾祖儉祖騫父規並南史有傳
襃識量淵通志懷沈靜美威儀吾談笑傳覽史傳七歲能
屬文外祖梁司空袁昂愛之謂賓客曰此兒當成吾宅相
弱冠舉秀才除秘書郎太子舍人梁國子祭酒蕭子雲相
之姑夫也特善草隸襃少以姻戚去來其家遂相模範而
名亞子雲並見重於時武帝嘉其才藝遂以弟鄱陽王恢
女妻之襃爵南昌縣侯除秘書丞宣城王文學安城內
史及侯景陷建鄴襃輯寧所部咸共推挹故位望隆重龍遇
元帝嗣位襃有舊召拜吏部尚書右僕射仍遷左丞兼
掌襃旣名家文學優贍當時咸共推挹故位望隆重龍遇
日甚而愈自謙損不以位地矜物時論稱之初元帝平侯
景及禽武陵王紀後以建鄴凋殘時江陵殷盛便欲安之

又其政府臣僚皆楚人也並顧即都鄙剟督召群臣議之
鎮軍將軍胡僧祐吏部尚書宗懍大府卿黃羅漢御史中
丞劉穀等曰建鄴王氣已盡又荊南地有天子氣弗敢公言
其非宜後因清閒密諫言辭甚切元帝意好荊南多積忌弗敢公言
非宜元帝深以為然襃性謹慎知元帝已從僧祐
等策竟不用及魏徵江陵元帝授襃都督城西諸軍事襃
于謹禮之襃遂入金城俄而元帝出降襃遂與王克劉
等俱至長安周文書曰昔平吳之利二陸而已今定楚之
文士並和之而競為悽切之辭至此方驗平吳之言吳之
設宴懷惋不害等數十人俱至長安周文書曰首平吳之
及王克曰吾即王氏甥也卿等並吾之舅氏當以親戚為
情勿以去鄉介意於其授襃及殺不害等車騎大將軍儀
同三司常從容上席資餼甚厚襃等亦並荷恩眄志羈旅
馬周孝閔帝踐阼封石泉縣子明帝即位篤好文學時襃
與庾信才名最高特加親待帝每遊宴命襃賦詩談論當
在左右襃加開府儀同三司保定中除內史中大夫武帝作
象經令襃注之引據該洽甚見稱賞襃有器局雅識政體
既累世在江東為宰輔帝亦以此重之建德以後頗參朝
議凡大詔冊皆令襃具草東宮旣建授太子少保遷少司

空仍掌綸誥乘輿幸襄常侍從初襲爵與諸弟士汝南周
弘讓相善及讓兄弘正自陳來聘帝許襲等通親知音問
襲贈弘讓詩并書為尋出為宣州刺史卒於位子玉鼎

庾信傳

庾信字子山南陽新野人祖父肩吾並南史有傳信幼
而俊邁聰敏絕倫博覽群書尤善春秋左氏傳身長八尺
腰帶十圍容止頹然有過人者父肩吾為梁太子中庶子
掌管記東海徐摛為右衛率摛子陵及信並為抄撰學士父
子東宮出入禁闥恩禮莫與比隆既文並綺豔故世號為
徐庾體焉當時後進競相模範每有一文都下莫不傳誦

通書院刊 北史列傳七十一 〔十七〕

累遷通直散騎常侍聘于東魏文章辭令盛為鄴下所稱
還為東宮學士領建康令侯景作亂梁簡文帝命信率宮
中文武千餘人營於朱雀航及景至信以眾先退臺城陷
後信奔於江陵梁元帝承制除御史中丞及魏平江陵
將軍封武康縣侯加散騎侍郎聘于西魏屬大軍南討遂
留長安江陵平累遷儀同三司周孝閔帝踐阼封臨清縣
子除司水下大夫出為弘農郡守遷驃騎大將軍開府儀
同三司憲中大夫進爵義城縣侯俄拜洛州刺史信為政
簡靜吏人安之時陳氏與周通好南北流寓之士各許還
其舊國陳氏乃請王褒及信等十數人武帝唯放王克殷

不害等信及襄遊惜而不遣尋徵為司宗中大夫明帝武
帝並雅好文學信特蒙恩禮至於趙滕諸王周旋欵至有
若布衣之交群公碑誌多相託焉唯王褒頗與信埒自餘
文人莫有逮者信雖位望通顯常作鄉關之思乃作哀江
南賦以致其意大象初以疾去職隋開皇元年卒有文集
二十卷文帝悼之贈本官加荊雍二州刺史子立嗣

顏之推傳　弟之儀傳附

顏之推字介琅邪臨沂人也祖見遠父協並以義烈稱世
善周官左氏學俱南史有傳之推年十二遇繹湘東王自
講莊老之推便預門徒虛談非其所好還習禮傳博覽書

通書院刊 北史列傳七十一 〔十八〕

史無不該洽辭情典麗甚為西府所稱湘東王以為其國
右常侍加鎮西墨曹參軍好飲酒多任縱不修邊幅時論
以此少之湘東遷江陵時方諸鄧州以之推為中撫軍府
外兵參軍掌管記軍旅倥傯書翰往還略
中王則以免景平遠江陵時頻被顧眄後從至天泉池以為中書
郎奏舍人事後為周軍所破大將軍李穆重之送往弘農
今掌其兄陽平公遠書翰時人稱其勇決文宣見悅之即除奉朝請引
於內館中侍從左右頗被顧眄後從至天泉池以為中書
舍人令中書郎段孝信將勅示之推之推營外飲酒孝信

還以狀言文宣乃曰且俟由是遂寢後待詔文林館除司
徒錄事參軍之推聰慧强識有才辯工尺牘應對閑
明大為祖珽所重令掌知館事判署文書遷通直散騎常
侍俄領中書舍人時有取索恆令中使傳旨之推隨事
宣告館中皆受進旨所捃常欲害之崔季舒等將諫也
之待報乃出兼善於文字監繕寫頗爲稱職
帝甚加恩接嘗爲周兵陷晉陽帝輕騎還鄴仍勸
之推取急還宅故不連署及召集諫人勘
急計無所從之推因宦者侍中鄧長顒進奔陳策仍勸
無名得免尋除黃門侍郎

送珍寶累重向青州且守三齊地若不可保徐浮海南度
雖不從之推從焉猶以為平原太守令守河津乙入周
其士千餘人以為左右取青徐路共投陳國帝納之以告
丞相高阿那肱等阿那肱不願入陳乃云吳士難信勸帝
大象末為御史上士隋開皇中太子召為文學深見禮重
尋以疾終有文集三十卷撰家訓二十篇並行於世之推
在齊有二子長曰思魯次曰敏楚蓋不忘本也之推集
第之儀字升幼頴悟三歲能讀孝經及長博涉群書好為
詞賦嘗獻梁元帝荊州頌辭致雅贍帝手勅曰枝陳二陳
甞自為序

十九

俱得游梁應員兩世稱文學我求才子鮑尉良深江陵
平之儀隨例遷長安周明帝以為麟趾學士稍遷司書上
士武帝初建東宮盛選師傅以之儀為侍讀太子後征吐
谷渾在軍有過行鄭譯等並以不能匡弼坐謹唯之儀以
累諫獲賞即帝小宮尹封平陽縣男宣帝即位遷上儀同
大將軍御正中大夫進爵爲公帝後刑政乖僻數誅殺王軌
之儀犯顏驟諫雖不見納終不止深為帝所忌然以累
舊每優容之及帝殺王軌之儀固諫帝怒欲并致之法
隋文帝爲丞相輔少主之儀知非帝旨拒而弗從防等草
詔署訖逼之儀令署之儀厲聲謂防等曰主上升遐嗣子幼
沖阿衡之任宜在宗英方今賢戚之內趙王最長以親以
德合膺重寄公等備受朝恩當盡忠報國奈何一旦欲以
神器假人之儀有死而已不能誣罔先帝於是防等知不
可屈乃代之儀署而行之隋文帝後索符璽之儀又正色
曰此天子之物自有主者宰相何故索之於是文帝大怒
命引出將戮之然以其人望乃止出為西疆郡守及踐極
詔徵還京師進爵新野郡公開皇五年拜集州刺史在州
清靜夷夏悅之明年代還遂優游不仕十年正月之儀例
入朝文帝望而識之命引至御坐謂之曰見危受命臨大

二十

節而不可奪古人所難何以加卿乃賜錢十萬米一百石
十一年卒有文集十卷行於世

虞世基傳

虞世基字懋世會稽餘姚人也父荔為南史有傳世基幼恬
靜喜慍不形於色博學有高才兼善草隸陳中書令孔奐
見而歎曰南金之貴屬在斯人少傅徐陵聞其名召之世
基不往後因公會陵一見奇之曰當今潘陸也顧言博學有才空所推謝
因以弟女妻為仕陳累遷尚書左丞陳主嘗於坐奏之陳主嘉之
獵令世基為講武賦於坐奏之陳主嘉之賜馬一匹及陳滅
入隋為通直郎直內史省貧無產業每傭書養親快快不
平昔為五言詩以見情文理懷切世以為工作者無不吟
詠未幾拜內史舍人煬帝即位顧遇彌隆秘書監河東柳
顧言博學有才空所推謝至是與世基相見歎曰海內當
共推此一人非吾儕所及也俄遷內史侍郎以母憂去職
哀毀骨立有詔起令視事拜見之日殆不能起令左右扶
之哀其羸瘵詔令進肉世基食輒悲哽不能下筯帝重其
曰方相委任宜為國惜身前後敦勸者數矣帝重其才親
禮逾厚專典機密與納言蘇威左翊衛大將軍宇文述黃
門侍郎裴矩御史大夫裴蘊等參掌朝政時天下多事四
方表奏日有百數帝方凝重事不廷決入閣之後始召世

基口授節度世基至省為敕書日且百紙無所遺謬遼
東之役進位金紫光祿大夫後從幸鴈門為突厥所圍戰
士多敗世基勸帝為賞格親自撫循乃下詔停遼之詔由是言
其詐衆朝野離心帝幸江都次鞏縣世基以盜賊日盛請
發兵屯洛口倉以備帝不從但答云卿是書生定猶
怯于時天下大亂世基知帝不可諫正又以高熲張衡
等相繼誅戮懼禍及已雖居近侍詔取容不敢忤意
日甚郡縣多沒世基知帝惡聞之後有告敗者乃
損表狀不以實聞是後外間有變帝弗之知也嘗遣太僕
鄉楊義臣捕盜河北賊數十萬列狀上聞帝歎曰我初
不聞賊頓如此義臣降賊何多也世基曰鼠竊雖多未
足為慮義臣克之權兵不少久在閫外此最非宜且帝曰卿
言是也遂遣義臣放散其兵越王侗遣太常丞元善達
閒行賊中詣江都奏事稱李密有衆百萬圍逼東都決
洛口倉城內無食若陛下速還乘輿所至賊必散不然者東都決
沒因歔欷嗚咽帝為改容世基見帝色憂進曰越王年小
此輩詆之若如所言善達何緣得至帝勃然怒曰善達小
人敢廷辱我因使經城中向東陽催運善達遂為群盜所
殺此後外人杜口莫敢以賊聞表世基氣貌沈審言多合

殺之

柳䛒傳

意是以將見親愛朝臣無與為比其繼室孫氏性驕溢世基
惑之恣意每為彫飾器服無復素士之風孫復挾前夫子
夏侯儼入世基舍而頑嚚無賴為其聚斂彌當貨獄賄賂
公行其門如市金寶盈積其弟世南素國士而清貧不立
未曾有所贍由是見害長子蕭好學才藝時人稱有家風
化及將亂蕭乂熙大業末為行軍郎次子柔晦並蚤
弱冠早沒蕭乂熙曰事勢已然吾將濟卿義郎
卿南慶且得免禍同死何益熙曰棄父背君求生何地感
尊之懷自此訣矣及難作兄弟競讀先死刑人先世基
之弒逆也世基乃見害

柳䛒字顧言河東人也世仕江南居襄陽祖悱南史有傳
䛒少聰敏解屬文好讀書所贍將萬卷仕梁為著作佐郎
後蕭詧擢據荊州以為侍中領國子祭酒吏部尚書及梁國
廢拜開府儀同三司為內史侍郎以無更幹轉晉王諮議參軍王好
文雅招引才學之士諸蕭潁世南王胄朱瑒等百餘人
以充學士而䛒為之冠王以師友處之每有文什必令其
潤色然後示人嘗朝京師還潘賦詩䛒為之序詞甚典麗
初王屬文敕慶信體及見䛒後文體遂變仁壽初引為東

十卷行於世

許善心傳

宮學士加通直散騎常侍檢校洗馬其見親重每名入曰
內與之宴言充辯多在侍從有所顧問應答如響性
嗜酒言雜詭諧由是彌為太子所親狎以其好內典令撰
法華玄宗嗣位為二十卷上之太子大悅賞賜優濟蕃莫比
至與同榻共席恩比友朋常伏枕見帝傷惜
宴諷讀終日而罷帝每月下召乃命匠刻木
令宮人置於座與相酬酢而為歡笑後辛楊州辛帝傷惜
為偶人施機關能坐起拜伏以像䛒帝每
者父之贈大將軍諡曰康䛒撰晉王北伐記十五卷有集

許善心字務本高陽北新城人也祖茂父亨並南史有傳
善心九歲而孤為母范氏所鞠養幼聰明有思理所聞輒
能記多聞默識為當世所稱家有舊書萬餘卷皆徧通涉
十五解屬文為儀上父友徐陵大奇之謂人曰此神童
也太子詹事江摠舉秀才對策高第授度支郎中補撰史
學士禎明二年加通直散騎常侍聘隋遇文帝伐陳禮成
而不獲反命累表請辭上不許留繫賓館及陳亡上遺使
告之善心素服號哭於西階下藉草東向經三日敕書喻

焉明日有詔就館拜通直散騎常侍賜衣一襲善心器畫
哀入房改服母出又世弟再拜受詔明日我平陳國唯撥此人既能
於殺下悲不能興上顧左右敕以本官直門下省賜物千段卓
懷其舊君即我誠臣也敕以本官直門下省賜物千段卓
馬二十匹從幸太山還授貴部侍郎十六年有神雀降於
崔頌奏之上甚悅曰我見神雀共皇后觀之今且召公等
入過述此事善心於坐請紙筆製神
毫常聞此言今見其事因賜物二百段十七年除祕書丞
時祕藏圖籍尚多淆亂善心放阮孝緒七錄更制七林各

惚叙冠於篇首文於部錄之下明作者之意區分類例焉
又奏追李文博陸從典等學者十許人正定經史錯謬仁
壽元年攝黃門侍郎二年加攝太常少卿與牛弘等議定
禮樂祕書丞黃門並如故四年留守京師帝崩于仁壽宮
不之任大業元年轉禮部侍郎奏薦儒者徐文遠為國子
博士包愷陸德明褚徽會甘達之輩並加品秩授為學官
煬帝祕不發喪先易留守出除巖州刺史逢漢王諒反
其年副納言楊達為冀州道大使以善心為副賜物五百段左
衛大將軍宇文述每日借本部兵數十人以供私役常半
日而罷御史大夫梁毗奏劾之上方以腹心委述初付法

官推千餘人皆稱被役經二十餘日法官候伺上旨乃言
役不滿日其數雖多不合通計縱今有實亦無罪諸兵士
閣之更云初不被役上欲釋之付議虛實百寮咸議為虛
善心以為述於仗衛之所抽兵私役雖不滿日闕於宿衛至
不謀同餅令殺一月方始翻覆妄狀分明此何可捨蘇威
與常役所部情狀乃殊又兵多下番散還本府分道追至
楊汪等二十餘人同奏善心議其餘皆議免罪煬帝可免者
之奏後數月述謀善心曰陳叔寶亦善心共周羅睺虞世
基表充察徵等同往送葬善心為祭文謂陳
日加叔寶尊號召問有實自撰古例事得釋而甚惡之文

太史奏帝即位年與発時符合善心議以國哀甫爾不宜
稱賀述諷御史劾之左遷給事郎降品二等四年撰方物
志奏之七年從至涿郡帝方自御我以東討善心上封事
忤旨克俄徵守給事郎帝嘗言及文帝受命之符善心
因問鬼神之事敕善心與崔祖濬撰靈異記十卷初善心
父撰著梁史未就而殁善心述成父志修續家書其序傳
末述制作之意曰謹按太素將萌洪荒初判乾儀資始辰
象所以王時坤載厚生品物於焉播氣參三才而育德肖
二儀而降靈有黎人為之君長有貴賤矣為其示極保
上天之睠命膺下土之樂推莫不執大方振長策感召風

【上欄】

雲驅熊羆英俊干戈揖讓取之也殊功鼎主龜符成之也一
致革命翊制竹素之道稍彰紀事記言筆墨之官漸著炎
農以往存其名而漏其迹黃軒以來晦其文而顯其質登
丘納麓具訓誥及典謨賁卽八房傳夏正與殷祀泪辨方
正位論時計功南北左右兼四名之別橋杌棄車檀一家
之稱國惡雖諱君舉必書故賊子亂臣天下大懼元龜明
鑑昭然可察及三郊遞襲五勝之興君臨天下江
十八載祚五十六年武皇帝出自諸生愛升寶曆虛拯百
王之敝救萬姓之危反澆季之末流登上皇之獨道朝多
君子野無遺賢禮樂必備憲章咸舉弘深慈於不殺澗大
忍於無刑湯湯轙藝乃爲稱首屬陰我入潁鶏胡侵洛沸
騰埃黷三季之所未聞掃地淪天二元之所巨厄廊廟有
序前成狐兔之場珪帛有儀豈人事歟當別論之在於序
祸仁義存而國士豈天道歟豈人事歟當別論之在於序
書記傳隨事勒成及阙而未就者目錄注爲一百八卷梁
論之卷先君在前代早懷述作凡撰齊書爲五十卷梁
室交喪墳籍銷盡家壁所殘不準無所盜惟蠹同毀陳農
何以求秦儒既坑先王之道將隊漢臣提請口授之文亦

【下欄】

絕所撰之書一時之散有陳初建詔爲史官補闕拾遺心
誠口誦依舊目錄更加修撰且成百卷已有六帙五十八
卷上祕閣記善心早嬰榮弗克荷薪太建之末頻抗表
聞至德之初蒙授史任方願繕素探訪門庭記錄俯覆他
才仰成先志而單宗少強近虛室類原頹屏無所交游
栖遲不求進益假班嗣陋末學家職郎署兼撰陳史致此
其人加以庸瑣涼能孤末學家職郎署兼撰陳史致此
鄉槁遷行人失時將命不復皇都學而長慟遷近別館而懸
壺家史舊書在後湯盡今止有六卷獲存文竝錄洛失次
書延聞未卽成繢禎明二年必臺郎入聘兼撰陳史致此

自入京邑以求隨見補茸略成七十卷四帝紀八卷后妃
一卷　太子列錄一卷　爲一帙十卷　宗室至王侯列傳一帙十
卷　其臣列傳二帙二十卷　外戚傳一卷　孝德傳一帙十
傳一卷文苑傳二卷儒林傳二卷逸人傳一卷孝
卷藩臣傳一卷鶏賊傳二卷逆臣傳一卷叙臣
卷合一帙十卷凡稱史臣者皆先君所言下稱名案
述一卷合一帙十卷凡稱史臣者皆先君所言下稱名案
者皆善心補闕別爲叙論一篇託于叙傳之末十年又從
幸一卷傳一卷列女傳一卷戴術傳一卷權
至懷遠鎮加授朝散大夫突厥圍鴈門攝左親侍武賁郎
將領江南共宿衛殿省駕幸江都追叙前勳授通議大夫

詔還本品行給事郎十四年化及弒逆之日隋官盡詣朝
堂謁賀善心獨不至許弘仁馳告曰天子已崩宇文將軍
攝政合朝文武莫不咸集天道人事自有代終何預叔而
低佪若此善心怒曰我不肯隨去弘仁返走上馬泣而言曰
將軍於叔全無惡意汝自求死豈不痛哉還至朝奉議以
狀白化及遣人就宅執來罵云我好欲放你
而出化及目送之曰此大貪氣命捉來罵云我好欲放你
敢如此不遜其黨輒牽曳遂害之及越王稱制贈左光祿
大夫封高陽縣公謚曰文節善心母范氏將太子中舍人
菩才之女也少寡養孤傳學有高節隋文帝知之救尚食
君及善心遇禍范氏九十有二臨喪不哭撫柩曰能死國
難我有兒矣因臥不食後十餘日亦終

李文博傳

李文博博陵人性貞介鯁直好學不倦至於教義名理
開皇中為羽騎尉特為吏部侍郎薛道衡所知恆令在聽
事惟中被檢書史并察已行事若遇政教善事即抄撰記
錄如遇用踈謬即委之臧不道衡每得其語莫不忻然從
之後直祕書內省典校群籍道居貧素如也雖衣食之

絕而清操愈厲不妄通賓客恆以禮法自處儕輩莫不敬
焉道衡每延于家給以資費文博商略古今政教
得失如指諸掌然無吏幹稍遷出為縣丞逐下
考數歲不調道衡為司隸大夫遇之東都尚書省甚歎
之奏為從事因謂齊王司馬李綱曰今日遂遇文博得奏
屬聲應有會素比來激濁揚清所為多少文博遂舊啟
用之以歡笑其見賞知音如此必綜其流者必綜其本分政
源混亂雖曰免十貪郡守亦何所益其率直疾惡不知忌
譚皆如此類時朝政浸壞人多贓賄唯文博不改其操論
者以此貴之遭亂播遷不知所終初文博在內省校書虞
世基子亦在其內盛飾容服而未有所知文博因從容問
之年紀苍云十八文博乃謂曰昔賈誼當此之年議論何
事君今徒事儀容何為者乎其悅王妃生男文帝大嘉
頒賜群官各有差於時文博家居廩空人謂其悅賞二宮賞罰
之設功過所歸今王妃生男於群官何事乃妄受賞也其
猶名責實錄過計功必使賞罰不濫功過無隱豈獨文博
本為經學後讀史書於諸子及論尤所該洽性長議論亦
善屬文著政道集十卷大行於世開皇中文有魏郡侯白

明克讓傳

字君素好學有捷才性滑稽言兌辯俊舉秀才為儒林郎通
優不持威儀好為俳諧雜說人多愛狎之所在虚觀者如
市揚素甚狎之素嘗與牛弘退朝白謂素曰之名曰參系
大笑曰以我為牛羊下來邪文帝聞其名曰典語悅之令
於祕書修國史每將權用輙曰曰不勝官而止後給五品
食月餘而死時人傷其薄命著挺異記十五卷行於世

明克讓字弘道平原南人也世仕江左祖僧紹父山賓遊
南史有傳克讓少儒雅善詞論博涉書史所覽將萬卷三
禮論語九所研精起業歷多咸得其要年十四釋褐湘東

王法曹參軍時含人朱异在儀賢堂講老子克讓預焉堂
邊有偏竹异令克讓詠之克讓賦筆輙成卒章曰非君多
愛賞誰貴此貞心已并甚奇之仕梁位中書侍郎梁滅歸
安引為僻趾殿學士周武帝即位為露門學士令與太史
官屬正定新曆累遷司調大夫賜爵歷城縣伯禮甚厚每有
禪位率更令進爵為侯太子以師道處之時東宮盛徵天下才學之
四方珍味輙以賜之下詔與太常牛弘等修禮議嵗富朝典故多
治闕皆出其手詔常侍牛弘至甚惜之三宮贈
賻甚厚所著者總義疏一部古今帝代記一卷文類四卷

〖北史列傳七十一〗 〖三十一〗

續名僧記一卷集二十卷子餘廉益司門郎越王侗稱制
為國子祭酒克讓叔少避傳涉群書有詞漢仕梁位都官
尚書入齊為名流王元景陽休之等所禮皇建中拜中
庶子卒贈中書令揚州司馬

劉臻傳

劉臻字宣摯沛國相人也父顯南史有傳臻年十八舉秀
才為邵陵王東閣祭酒元帝時遷中書舍人江陵平歸魏
為中書侍郎周家宇文護辟為中外府記室軍書羽檄
多成其手後為露門學士大都督饒陽縣子歷藍田
令畿伯下大夫隋文帝受禪進位儀同二司左僕射高熲
之伐陳也以臻隨軍主文翰進爵為伯皇太子勇引為學
士甚親狎之臻性惚悅就經重思至於世事多
所遺忘有劉訥者亦任城人與臻同俱為太子學士情好甚篤臻
住城南訥住城東臻常欲尋訥謂從者曰汝知劉儀同家
扣門迎門臻從旁讀謂謂家因答曰知於是引之而去既
至訥家乃悟此從者曰汝來邪其子答曰此是大人家於是
顧眄父之乃謂訥曰汝亦來邪引出矣
其子迎門臻猶未悟謂爲訥家乃據鞍大呼曰劉訥儀同
蚖以音同父譚呼爲蝙蝠其踈放乃此訥也精於兩漢書
時人稱爲漢聖開皇十八年卒有集十卷行於世

〖北史列傳七十一〗 〖三十二〗

諸葛穎傳

諸葛穎字漢丹陽建康人也祖銓梁寒陵太
守穎年十八能屬文起家邵陵王參軍事轉記室侯景之
亂奔齊歷事七太子合人周氏平齊不得調杜門不出者
十餘年習易圖緯醫卜之書
廣武聞其名引為參軍掌書記室及王為太子除藥藏郎
煬帝即位遷著作郎甚見親倖出入臥內帝每賜之曲宴
輒與皇后嬪御連席共榻穎因間隙多所譖毀是以時人
謂之冶葛後錄恩舊授朝散大夫帝嘗賜穎詩恣討論實錄
及輔長洲玉洲死待講蕭成門名理窮研敷采華恣討論實錄
資平允傳芳道俊氏其待遇如此從征吐谷渾加正議大
天從駕北巡卒於道穎性褊急與柳誓每相忿閱帝屢責
怒之而猶不止於後帝亦薄之有集二十卷撰鑾駕北巡
記三卷洛陽古今記一卷馬名錄二
卷並行於世有子嘉會

王貞傳

王貞字孝逸梁郡陳留人也少聰敏七歲好學善毛詩禮
記左氏傳周易諸史百家無不畢覽善屬文不事產業每
以諷讀為娛開皇初汴州刺史樊叔略引為主簿後舉秀
才授縣尉非其好也謝病于家煬帝即位齊王暕鎮江
都

閱其名以書召之及至以客禮待之索其文集貞上三十
三卷寫啓陳謝帝聘集甚善之賜良馬四匹貞復上江
都賦王賜錢十萬賈良馬二匹未幾以疾甚還鄉終於家

虞綽傳

虞綽字士裕會稽餘姚人也父孝曾陳始興王諮議綽身
長八尺姿儀甚偉博學有俊才尤工草隸陳左衛將軍傳
縡有盛名於世見綽詞賦歎美之仕陳為太學博士遷永
陽王記室及陳亡晉王廣引為學士大業初轉為秘書學
士奉詔與秘書郎虞世南著作佐郎庾自直等撰長洲玉
鏡等書十餘部綽所筆削帝未嘗不稱善而官竟不遷初
為校書郎以藩邸左右授宣惠尉遷著作佐郎與虞世南
庾自直蔡允恭等四人常直禁中以文翰待詔恩盼隆洽
從征遼東帝舍臨海頓見大鳥異之詔綽為銘帝覽而善
之命有司勒於海上以度遼功授建節尉綽恃才任氣無
所降下著作郎諸葛穎以學業倖於帝每輕侮之由是
有隙帝嘗問綽於潁曰虞綽多倨薄人也帝頷之時禮部
尚書楊玄感稱其貴踞虛已禮之與結布衣之友帝幸
之遊其族人虞世南誡之曰上性猜忌而君過宴玄感若
與絕交者帝知君改悔可以無咎不然終當見禍綽不從
尋有告綽以禁內共書借玄感帝甚銜之及玄感敗其妓

妾並入宮帝因閒之曰玄感平常時與何人交往其妾以
虞綽對帝令大理卿鄭善果窮理其事綽曰羈旅薄游與
玄感文酒談款實無他謀帝怒不解綽至長安與
而亡逮之急於是潛度江變姓名自稱吳卓游東陽松
信安令誅羣盜甚得人和與人爭田相訟因有識綽
者而告之竟為吏所執坐繫餘歲綽於世大
團脫長者乃為人告之吾罪也當死不哀哉我本
得以擊賊自効信安矣使者留之以討賊帝怒斬使者大德獲
不然亦典信安矣使者留之以討賊帝怒斬使者大德獲
全

王冑傳　兄頍傳附

王冑字承基琅邪臨沂人也祖筠父祥並南史有傳冑少
有逸才仕陳歷太子舍人東陽王文學及陳滅晉王廣引
為博士仁壽末從劉方擊林邑以功授帥都督大業初
為著作佐郎以文詞為煬帝所重帝甞自東都還京師賜
下大酺四日為五言詩詔羣官應詔者自奏之帝覽冑詩而
善之因謂侍臣曰氣高致遠歸之於冑詞清體閎歸其在世
其意密理新惟庚自直過此者未可以言詩也帝所有篇

什多令繼和與虞綽齊名同志友善千時後進之士咸以
二人為進的彼從征遼東進授朝散大夫冑性踈率不倫自
恃才伐藝輕於朝貴每負氣陵傲忽暮時人為諸薄頗所嫉
屢譖之於帝帝愛其才而不罪禮部尚書楊玄感虛襟與
交數游其第及玄感敗其弟俱虜交綽徙邊冑遂亡匿潛遷江左
為吏所捕坐誅所著詞賦多行於世
兄頍字元恭博學多通少有盛名於江左仕陳歷太子洗
馬中舍人陳亡與冑俱為學士煬帝即位授祕書郎辛於

官
庚自直

庚自直潁川人父持南史有傳少好學沈靜寡欲仕陳歷
豫章王府外兵參軍記室陳亡入關不得調晉王廣聞
引為學士大業初授著作佐郎自直所愛有篇章必先示
其性恭慎不妄交游特為帝所愛有作郎自直令
善性恭慎不妄交游特為帝所愛有篇章必先示自直後
其訊訶自直所難帝輒改之或至於再三俟其珊善感後
方出其見親禮如此後以本官知起居舍人事化及作逆
與之北上自載冀軍中感激發病卒有文集十卷行於世

潘徽傳　常得志
祖君彥　尹式　劉善經
孔德紹　劉斌

潘徽字伯彥吳郡人也性聰敏少受禮於鄭灼受毛詩於
施公受書於張沖講莊老於張譏並通大義尤精三史音

屬文能持論中書令江總引致文儒之士徽一詣總甚敬
之釋褐新蔡王國侍郎選為客館令隋遣魏澹聘于陳陳
人使徽接對之澹將反命為啟於陳主曰敬奉弘慈曲垂
餞送徽以餞送為重敬奉為輕却其啟而不奏澹曰敬奉
云主敬客謂之悖禮孔子敬天之怒敬止孝經宗廟致敬又云
不敬其親謂之悖禮桑與梓必恭敬止此是通言猶
極重工天極高父極尊君極貴四者咸同一敬五經未有
異文不知以敬為輕竟何所據徽難之曰向所論敬字本不
全以為輕但施用處殊義成通別禮主於敬止春秋有莫敵夫妻

北史列傳七十一 〔三十七〕

復竝謂之相敬於子則有敬名之義在夫亦有敬妻之說此可
亦云相敬極高極尊君之敬尊地公子敬愛
如男子冠而字之注云成人敬其名也
止施賓交敬問諸公固非尊地公子敬愛
敬之為義雖是不輕但敬之於語則有時混漫今云敬本
所以成疑難舉一隅末為深擯澹不能對遂從而改焉及
陳滅為川博士秦王俊聞其名召為學士嘗從俊朝京師
在途令徽於馬上為賦行驅而成其名曰述恩賦從俊及
善之後令徽為萬字文又遣撰集字書名為頫藻徽為之序而
俊覽晉王廣從引為揚州博士及全典諸儒撰江都集禮一
郡復令徽為序煬帝嗣位徽與著作郎陸從典撰國史太常博士

褚亮歐陽詢等助越公楊素撰魏書會奏一然而止授京兆
郡博士楊玄感兄弟重之數相往來及玄感危見凡所父關
多權其惠徽以玄感意甚不平行至隴頭發疾而卒隋時
西海郡威定縣主簿遇玄感之亂與主人有司一百出徽為
有常得志尹式劉善經祖君彥孔德紹劉斌並有才名其
尹式河間人仁壽中官至漢王記室至漢王阻兵自殺其
理德壯其為時人所重後為兄弟論義理可稱
常得志京兆人隋秦王記室及王薨過自為五言詩解
多遺逸
諸劉譜三十卷四聲指歸一卷行於世

北史列傳七十一 〔三十八〕

劉善經河間人歷著作佐郎太子舍人著酬德傳三十卷
祖君彥見其父琳傳
孔德紹會稽人有清才官至景城縣丞寶建德署為中書
令專典書檄及蓮德敗伏誅
劉斌南陽人祖之遴南史有傳斌頗有詞藻官至信都司
功書佐寶建德署為中書含人建德敗復為劉黑闥中書
侍郎與黑闥亡歸突厥不知所終
論曰古人之所貴名不朽者蓋重言之尚存王裦庾信顏
之推虞世基柳䛒許善心明克讓劉臻王頒虞綽王胄等

並極南土譽望又加之以才名其為貴顯固其宜也自餘
或位下人微居常亦何能自達及其靈虵可握天綱俱頓
並編緗素咸賈辭林雖其位可下其身可殺千載之外貴
賤一焉非此道也軌云能致九百士子可不務乎

陳　志仁　校正

北史列傳七十二　一

孝經云夫孝天之經也地之義也人之行也論語云君子
務本本立而道生孝悌也者其為仁之本歟呂覽云夫孝
三皇五帝之本務萬事之綱紀也執一術而百善至百邪
去天下順者其唯孝乎然則孝之為德至矣其為道遠矣
其化人深矣故聖帝明王行之於四海則與天地合其德
與日月齊其明諸侯卿大夫行之於國家則求保其宗社
長守其祿位定夫婦行之於閭閻則播微烈於當年楊
休名於千載是以堯舜湯武君帝王之位乘至德以敦其
風孔墨荀孟眾聖賢之資弘正道以勵其俗觀其所由在
此而已矣然而淳源既往澆風愈扇禮義不樹廉讓莫修
若乃縉紳黃列鐘鼎立於朝廷之間非一族也積龜貝實
倉廩居於閭巷之內非一家也其於愛敬之道則有未能
備焉哀思之節罕有得其中焉斯乃詩人所以思素冠孔
門有以責衣錦也且生盡色養之方終極哀思之地厥迹

北史列傳七十二　二

多緒其心一焉若乃誠達泉魚感通鳥獸事匪常倫斯蓋
希矣至如溫床扇席灌樹負土苟或加人咸為疾俗斯固
仁人君子所以與歡哲后曜辜所宜屬心如令明教化以
救其弊傷優爵實以勤其心存懇以誘其進積歲月以求
其終則令之所謂必者可以為多矣古之所謂難者可以
為易矣長孫慮等闕稽古之學無俊逸之才或任其自然
情無矯飾或篤於天性勤其四體並竭股肱之力咸盡愛
敬之心自足膝下之歡志懷軒晃之貴不言而化人神通
感雖或位登合輔爵列王侯祿積萬鍾馬跡四馳死之日
曾不得與斯人之徒隸齒孝之大也不其然乎安乎觀書列

〈三〉占

玉山縣□州 〈北史列傳七十二〉

趙琰長孫慮乞伏保益德董洛生楊引閻元明吳悉達
王續生李顯達倉跋張昇王崇郭文恭為孝感傳周書列
李棠柳檜杜叔毗剌可秦族皇甫遐張元為孝義傳隋書
列陸彥師田德懋薛濬王頒田翼楊慶郭世俊紐因劉仕
儁郎方貴瞿羅林李德饒華秋徐孝蕭為孝義傳今趙琰
李棠柳檜杜叔毗陸彥師李德饒入別傳及其家傳其餘
並從此編輯以備孝行傳云
長孫慮代人也母因飲酒其父呵叱之誤以杖擊便即
致死真為縣囚執處以重坐慮列辭尚書古父咎母忿事本
無餘惡直以謬誤一朝橫禍今母要未殯父命旦夕慮兄

第五人竝沖幼庸身居長今年十五有一女第向始四歲
更相鞠養不能保全父若就刑交隆藩彀乞以身代老父
命使嬰弱衆孤得瞻存高書奏云庸於父為孝子於弟
為仁兄尋情究狀特可矜感孝文帝詔特恕其父死罪以
從遠流
乞伏保高車部人也父居獻文時為散騎侍領牧曹尚
書賜爵寧國侯以忠謹慎密常在左右出內詔命賜宮人
河南宗氏云後賜以宮人申氏宋太子左率申坦兄女也
歲餘居卒申撫養伏保性嚴肅捶罵切至而伏保奉事孝
謹初無恨色龔父侯爵例降為伯稍遷左中郎將每請祿
賜任外公私尺丈所用無不自知為無善鎮將申年踰
八十伏保手製馬聲親自扶接申欣然隨之申云伏保解
官奉喪還返後復為長兼南中郎將卒
孫益德樂安人也其母為人所害益德童幼為母復仇遂
家突於殯以待縣官孝文明太后以其幼而孝決文不
逃罪特免之
董洛生代人也居父與過禮認遣祕書中散溫紹伯奉詔
書慰之令自抑割以全孝道文詔其宗親使相喻獎勿令
有滅性之譏
楊引鄉郡綦垣人也三歲喪父為叔所養母年九十二終

三百八十字 〈北史列傳七十二〉 〈四〉占

北史列傳十二 〔五〕

引年七十五哀毀過禮三年服甲恨不識父追服斬衰食
粥廬服誓終身命經十三年哀慕不改為郡縣鄉閭三百
餘人上狀稱美有司奏宜旌賞復其一門樹其純孝詔別
敕集書揚引至行又可假以散貞之名
闔元明河東安邑人也少而至孝行著鄉閭太和五年除
喪明悲號上訴許歸奉養一見其母目便開剌史呂壽
恩列狀上聞詔下州郡表為孝門復其母祖調兵役令終母
年母亡服終心喪積載每忌日悲動傍鄰昆第雍和尊單
諧穆安貧樂道白首同歸又狩氏縣人令狐仕兄第四人

早喪父泣殞十載奉養其母孝著鄉邑而力田積粟戶皇甫奴
不已又河東郡人楊風等七百五十人列稱樂戶
兄第鉗沉砨兵伍而操尚彌高奉養絕親甚著恭孝之稱
又東郡小黃縣人董吐渾兄第三世同居閭門
有禮景明初畿內大使王凝奏請標異詔從之
吳恭達河東聞喜人也兄第三人年幼小父母為人所
殺四時號哭悲感鄉隣及長報仇避地永安昆第同居四
十餘載閭門和睦讓逸競雄於儉年糊饘不繼賓客經
過必傾所有每守宰殯喪私辦車牛迭終葬所隣人孤經
窶困者莫不解衣輟糧以相賑恤鄉閭五百餘人諧州稱

北史列傳十二 〔六〕

頌焉剌史以恭達兄第行著鄉里板贈恭達父勃海太守
悲達後欲改葬亡失墳墓推梁弗獲號泣晝夜不止
叫訴神祇忽於悲達足下地陷得父銘記因遷葬曾祖已
下三世九喪傾盡貲業不假於人哀感毀禮有過初喪有
司奏闔標閭復役以彰孝義時有沂州人崔承宗性
至孝萬里投險偷路黃門侍郎孫惠蔚聞之
曰吾於斯人見廉范之情矣於是弔贈盡禮如舊相識
宋世仕漢中母喪因殯彼後青徐歸遂為隔絕孝性
制髭髮墨盡落有司奏聞宣武詔標旌門甄其徭役

王績生榮陽京縣人也遭繼母憂居喪杖而後起及終禮
王雍榮陽京縣人也喪父飲水漿不入口七日影簿隨落
金跣達潁川陽翟人也父喪水漿不入口五日吐血數升居
李顯達潁川陽翟人也喪母水漿不入口七日影簿枯悴
形體枯悴六年廬於墓側哭不絕聲姑於滅性州牧高陽
王雍以狀奏靈太后詔表其門閭
張昇榮陽京縣人也喪父飲水絕鹽哀毀過度州表以聞
骨立而已髮落始盡聲閭鄉里盜賊不侵其閭州表以聞
標其門閭
王崇字乾邑陽夏雅立人也兄第並以孝稱身勤稼穡以
養二親仕梁州鎮南府主簿母亡杖而後起躬耕隋落來

及薶攢彌宅西崇祭廬柰殯所晝夜哭泣鳩鴿群至有一小
烏素質黑眼聯形大於雀棲於崇廬朝夕不去母喪闋復丁
父憂哀毀過禮是年夏風雹所經崇廬禽獸暴死草木摧折
至柰崇田畔風雹便止禾麥十頃竟無損落及過崇屋地風雹
如初咸稱至行所感崇雖除服仍居墓側於其室前生草
一根蓝葉其葉茂人莫能識至冬中復有鳥巢崇屋乳養三
子毛羽成長馴而不驚守令聞之親自臨視州以聞奏標
其門閭

郭文恭太原平遥人也仕為太平縣令年踰七十父母喪
亡文恭孝墓圉極乃居祖父墓次晨夕拜跪跣足負土培
標其門閭
祖父二墓寒暑竭力積年不已見者莫不哀歎尚書聞奏

荊可河東猗氏人也性質朴容止有異於人能苦身勤力
供養其毋隨時甘旨終無闕之毋喪水漿不入口三日悲
號擗踴絕而後蘇者數四葬毋之後家居墓側晝夜悲
哭負土成墳蓬髮不櫛菜食飲水而已然可家舊墓坐域
極大榛蕪近至深荄家十餘里而可鄉人以可孝行足以勸勵
言家感遠近邑里稱之大統中可鄉人以可孝行足以勸勵
風俗乃上言為周文令州縣表吞之及服終之後猶若居
喪大冢宰晉公護聞可孝行特乃見為與可言論時有會

袷護意而護亦至孝其母閭民没於敵境不測存亡每見
可自傷人乘膝下而重可至性可平後護猶思其純孝收
可妻子於京城恒給其衣食

秦族上郡洛川人也祖白父雚並有至性聞於閭里魏太
和中板白頼州刺史大統中板鄜城郡守族性至孝事
親竭力及父喪哀毀過禮每一慟哭酸感行路既以母在
恒抑割哀情以慰其母意四時珍羞專圉之與弟樂先
復相友愛閭門之中怡怡如也尋而其母又没哭泣無時
唯飲水食菜而已終喪之後猶蔬食不入房室二十許年
鄉里咸歎異之其邑人王元達等七十餘人上其狀有詔
表其門閭棠先亦至孝遭父喪哀毀骨立遂以毀卒邑里
化其孝行周文嘉之乃下詔褒美其行贈涼州刺史以旌
厥異

皇甫遐字求賢河東汾陰人也累世寒微而鄉里稱其和
睦遐性純至少喪父毋以孝聞後遭母喪乃廬於墓側
負土為墳復於墓南作一禪窟陰兩則穿窟晴則營墓
曉夕勤力未嘗暫停積時長墳高數丈周廻五十餘步
禪窟重臺兩而開廈十有二室中間行道可容百人退食
粥枕塊櫛風沐雨形容枯悴家人不識富其營墓之初乃
有鴟烏各一徘徊悲鳴不離墓側若助遐者經月餘日乃

遠近聞，臺至，妻競以米麵遺之，遣使乃不食，悲以縈
傅者甚繁。縣表上其狀，有詔旌異之。
張元字孝始，河北芮城人也。祖成，假平陽郡守。父延俊，仕
郡功曹、主簿，並以純至為鄉里所推。元性謙謹，有
孝行。微涉經史，然精釋典。年六歲，其祖以其
夏中熱甚，欲將於河邊洗浴。元對曰：「不可。」祖問其故，對曰：「天氣盛熱，恐傷和氣。」祖異而舍之。南隣有二杏樹，杏熟落
元園中，諸小兒競取而食之。元即收而養之。其叔父怒曰：「何用此為？將欲
棄之。」元對曰：「有生之類，莫不重其性命。若天生天殺，自
然之理。今棄人所養而死，深非其道也。」遂許焉。未幾乃有狗母
銜一死兔，置元前而去。及元年十六，其祖喪明三年。元恒
憂泣，晝夜讀佛經，禮拜以祈福祐。後讀藥師經，見「盲
者得視」之言。遂請七僧，然七燈，七日七夜，轉藥師經行道。每言：
「天人師乎！元為孫不孝，使祖喪明。今以燈光普施法界，願
祖目見明，元求代暗。」如此經七日。其夜夢見一老翁，以金
鎞療其祖目。於夢中驚覺，乃遍告家人。三日，祖
目果明。其後祖臥疾，重周，元恒隨祖所食多少，衣冠不解

旦父扶侍。及祖沒，號踴絕而後蘇，隨其父水漿不入口三
日，鄉里咸歎異之。縣博士楊軌等二百餘人上其狀，有詔
表其門閭。
王頒字景彥，太原祁人也。父僧辯，梁平侯景，留鎮荊州，遇梁元帝為周師所陷，
文武幹局。僧辯平侯景，留鎮荊州，遇梁元帝為周師所陷，
頒因入關，聞其父為陳武帝所殺，號慟而絕，食頃乃蘇，哭
不絕聲，毀瘠骨立，至於服闋。常布衣蔬食，藉草而臥。周明帝
嘉之，召授左侍上士。累遷漢中太守。尋拜儀同三司。隋開
皇初，以平蠻功加開府，封蛇丘縣公。歔歎上為之，改容。又大舉伐陳，頒自請行，
異之，召見。言畢歔歎，上為之改容。又大舉伐陳，頒自請行，
率兵數百人，從韓擒虎先鋒夜濟，力戰被傷，恐不堪復戰，
悲感嗚咽。夜中睡夢，有人授藥，比寤，瘡不痛。時人以為
孝感。及陳滅，頒密召父時士卒，得千餘人，對之涕泣。其
間壯士或問曰：「即君雠恥已雪，而悲哀不止者，將為霸
先早死，不得手刃之邪？請發其丘隴，斷櫬焚骨，亦可申孝
心矣。」頒頷之，而其人密發陳武帝陵，剖棺，見陳武帝鬚髮皆不落，其
夜發掘，剖棺見陳武帝鬚髮皆不落，其本皆出自骨中。頒
取骨，燒為灰，投水而飲之。既而自縛歸罪。晉王表其狀，文帝
曰：「朕以義平陳，王頒所為，亦孝義之道，何忍罪之？」舍而不

問有司錄其戰功加柱國賜物五千段固辭曰臣緣
國威靈得雲愍耽本心徇私非是為國所加官賞終不敢
當帝從之拜代州刺史其有惠政卒於齊州刺史
弟頗字景文年數歲而汪陵亡同諸兒入關少好游俠年
二十尚不知書為其兄顗所責怒於是感激始讀孝經論
語晝夜不倦遂讀左傳禮易詩書乃歎曰書無不可讀者
勤學累載遂徧通五經究其旨趣大為儒者所稱解文
善談話年三十周武帝引為露門學士每有議決多頗所
為性識甄明精力不倦好讀諸子徧記異書以博物稱文
曉兵法尤有從橫之志每歎不逢時常以將相自許開皇

五年授著作佐郎尋令於國子講授會帝親臨釋奠國子
祭酒元善講孝經頗與相論難詞義鋒起善往往見屈帝
大奇之顧謂國子博士後坐事解職配防嶺南數授瀼
王諒府諮議參軍王甚禮之時諒見房陵及秦蜀二王相
次廢黜頗潛有異志頗陰勸諒緒甲兵及文帝崩諒遂舉兵
反多頗之計也頗後歎進高熲諒不能用楊素至高澤將
戰頗謂其子曰氣候殊不佳兵必敗汝可隨我既而兵
敗頗將歸突厥至山中徑路斷絕必不免謂其子曰吾
之計謀不滅楊素但為言不見從遂至於此此不能坐受戮
執以成豎子之名也吾死後汝慎勿過親故於是自殺受食

之石窟中其子數日不得食遂過其故人竟為所禽楊素
求頗得之斬首系於太原所撰五經大義三十卷有集
二十卷並因兵亂無復存焉
楊慶字伯悅河間人也祖玄父剛並以至孝知名慶美姿
止性辯慧年十六齊國子博士徐導明見而異之及長頗
涉書記年二十五郡察孝廉以侍養不赴母有疾不解襟
帶者七旬及居母憂哀毀骨立身土成墳齊文宣表其門
閭賜縑帛及綿粟各有差隋文帝受禪屢加優賞擢授儀同
三司板平陽太守辛於家
田翼不知何許人也養母以孝聞其後母臥疾歲餘翼親
易燦濕母食則食母不食則不食隋開皇中母患暴痢而
謂中毒藥遂親嘗穢惡母終翼一慟而絕妻亦不勝哀而
死鄉人厚共葬之

紐因字孝政河東安邑人也性至孝周武成中父母俱
葬於墓側孝政負土成墳廬於墓前麻一株高丈許圍之合拱枝葉
欝茂冬夏恒青有烏巢樹上因舉聲哭烏即悲鳴時少質直
攝衞茂冬夏恒青有烏樓上因舉聲哭烏即悲鳴時少質之
周武帝表其閭擢授甘棠令隋開皇初辛丑士雄少質直
孝友喪父復廬於墓側貞土成墳其庭前有一株樹
懃茂及士雄居喪廬於樹遂枯服闋還榮隋文帝
聞之歎其父子至孝下詔褒揚號其居為累德里

劉仕儁彭城人也性至孝丁母喪絕而復蘇者數矣勺飲
不入口者七日廬於墓側負土成墳列植松柏虎狼馴擾
為之取食隋文帝受禪表其門閭

翟普林楚丘人也事親以孝聞州郡辟皆不就躬耕色養
鄉閭謂為楚丘先生後父母疾親易燥濕不解衣者七旬
毀瘠骨立父母俱終哀慕將滅性廬於墓側負土成墳盧
哀臨犬亦悲號見者嗟異焉有一鵲巢其廬前柏樹入廬
伺無所驚懼司隸奏其孝感擢授孝陽令

華秋汲郡臨河人也幼喪父事母以孝聞家貧傭債教養
冬不衣絮父母俱終哀毀殆將滅性遂絕櫛沐髮盡禿落
其母患秋容貌毀悴鬢顱盡改母終遂絕櫛沐髮盡禿落
業初調狐皮郡縣大獲有一兔逐之奔入秋廬中匿秋勝
下僬人至秋廬所異而免之自謂此兔常循廬中馴其左右
郡縣嘉其孝感貝以狀聞降使勞問而表其門閭後舉盜
起常往來廬之左右咸相誡曰勿犯孝子鄉賴秋全者甚

狼

徐孝肅汲郡人也宗族數十家多以豪侈相尚唯孝肅
約事親以孝聞雖在幼小宗黨間每有爭訟皆至孝肅所
平論短者無不引咎而退孝肅早孤不識父及長問其母

〈北史列傳七十二〉 〈十三〉

父狀因畫工圖其形播廟置之而定省焉朝夕孝養母
至孝數十年家人未見其忿恚色母老疾羸親易燥濕
憂悴數年見者莫不悲悼母終負土成墳廬于墓所四十餘
毀瘠骨立祖父母父墓皆負土成墳廬于墓側
載被髮徒跣遂以終其身弟德備終子處黙父廬於墓側
亦世稱孝焉

論曰塞天地而橫四海者其唯孝乎然則孝始愛敬之
方終極哀思之道厥亦多緒其心一也若上智票自然之
質中庸有企及之義及其成名其美一矣至若長孫盧等或出
公卿之緒藉禮教之資或出弗蕘之下非獎勸所得立因
心乘理不踰禮敬感通所致貫之神明乃有負土成墳致
毀滅性雖乖先王之典制亦觀過而知仁矣

列傳第七十二　　　　北史八十四

　　　　　　　鄭　道寧　王　烈　校正

〈北史列傳七十二〉 〈十四〉

于什門
段進
石文德
汲固
王玄威
壼提
劉渴侯
朱長生
馬八龍

玉山縣季刊
六十五期
北史列傳七十三

文門愛
晁清
劉侯仁
石祖興
邵洪拓
王榮世
胡小彪
孫道登
李几
張安祖

一

占

王聞
郭琰
沓龍超
乙速孤佛保
李棠
杜叔毗
劉弘
游元
張須陀
楊善會

玉山縣季刊
一百字
北史列傳七十三

盧楚
劉子翊
堯君素
陳孝意
張季珣
杜松贇
郭世儁
郎方貴

易稱立人之道曰仁與義章士之成名在斯二者故古人
以天下為大方身則輕生為審奏比義則輕然則死有重

二

占

於太山賣其理全毛生有輕死鴻毛重其義全也故生無
再得死不可追而仁道不遠則殺身以徇義重於生則捐
軀而賤逢殊命於夏癸比干竭節於商辛削斷臂於
顏隊弘演納肝於懿漢之紀信變布晉之向雄稅紹延
不憚於危亡以蹈忠貞之節雖功未存於社稷力無救於
外貞陵霜之節執能行之若命赴蹈如歸者乎自親詫隋
年餘二百若㛠歲寒見松栢疾風知勁草千載之後懍懍
行之蓋暴固知士之所重信在兹乎非夫內懷鐵石之心
士莫不瘵幾然至臨難忘見危授命雖斯之徒貫三光而
顏隊然視彼苟免之徒難志見危授命者幾

觀書序于什門 段進石文德汲固王玄威提劉渴侯朱
長生馬八龍文門愛晃清侯仁石祖與邵洪哲王榮世
胡小彪孫道登李几張安祖王閭以爲鄭義傳今文檢得
郭琇查龍超乙速孤佛保及周書孝節傳李棠並附
之文案齋書不立此篇而隋書序劉弘皇誕游元文檢得
張須陀楊善會獨孤盛元文都各附其家傳其餘並附此
節傳今馮慈明獨孤盛元文都盧楚劉子翊克素爲誠
篇又檢取隋書孝義傳郎方貴郭世儁亦附之以備節義
傳云

段進不知何許人也太武初爲白道守將蠕大檀入塞
千口帛千四進爲上大夫策告宗廟班示天下
乃送什門歸拜書侍御史太武下詔襃美比之蘇武賜年
披袴後襠以衣服拒而不受歷二十四年後馬弘上表稱臣
屬然初不挽屈而跋既而跋止什門什門遍與跋上表稱臣
拜受詔吾自必賞何須苦見逼也與跋徙後復聲氣
跋使人牽過令入見跋不拜跋令人案其項什門曰馮主
外不入使謂跋曰大魏皇帝有詔須馮主出受然後敢入
于什門代人也魏明元時爲謁者使喻馮跋及至和龍住

圍之力屈被執進抗聲大罵遂爲賊所殺帝悠之追贈安北
將軍賜爵顯美侯謚曰莊
石文德中山蒲陰人也有行義眞君初縣令黃宣在任喪
王賓單貧無葬文德父苗以家財殯葬持服三年奉
養宣妻二十餘載及亡制服送之五世同居閨門雍睦又梁
德剌史守令卒官著制服送之五世同居行著
州上言天水白石縣人趙令安並蘭強等四世同居行著
州里詔並標牓門閭
汲固東郡梁城人也爲兗州從事剌史李式坐事被收吏
人皆逃至河上時式子憲生始滿月式大言於獄曰程嬰

許曰何如人也固曰今古豈殊遂便潛還不顧徑來入城

於式婦團抱憲歸藏及捕者收憲屬有一婢產男母以婢

兒授之事尋泄固乃攜憲逃遁遇赦始歸憲即為固長育

至十餘歲恂呼固夫婦為郎婆後高祐為兗州刺史嘉固

郭義以為主簿

帝澤被苍君生玄威不勝悲慕戀心如此不知禮武詔問玄

威欲有所訴聽姦為表劾玄威云固謟悲號籲謂臣子同例

無所求謟及至百日乃自竭家財設四百人齋會忌日又

州今表異焉

設百僧供至大除日詔送白紬袴褌一具與玄威釋服下

王玄威恂農比陝人也獻文崩玄威立草廬於州城門外

衰裳疏粥哭踴無時刺史苟頹以事表聞詔令問狀云先

晝奭代人也獻文時為內三郎獻文暴崩挹謂人曰聖主

早遷安用活為遂引佩刀自刺幾死文明太后詔賜帛二

百匹時有敕勳部人蛭拔寅兄地干坐盜食官馬依制命

死拔寅自誣巳殺兄又云實非弟殺兄弟爭死辭不能定

孝文詔原之

劉渴侯不知何許人也禀性剛烈大和中為徐州後軍以

力死戰眾寡不敵遂禽瞋目大罵終不降屈為賊所殺

文贈立忠將軍平州刺史上庸侯賜絹千匹穀千斛有嚴

〈五〉

季者亦為軍校尉與渴侯同殿勢窮被執終不降屈後得

逃還除立郎將軍賜爵五等男

朱長生干提人也孝文時長生為員外散騎常侍

與提俱使高車既至高車王阿伏至羅責長生等拜長生

拒之阿伏至羅乃不以禮待長生等獻其下大恕曰帳中

不拜呼出帳命眾中拜阿伏至羅大怒殺其叢石共

何不教我拜而厚我於大衆奪長生等獻物內之叢聲

貴之曰為我臣則活汝長生與干提瞋目厲聲

責乃曰我為鬼不為汝臣阿伏至羅大怒絕其飲食從者

三十人皆求阿伏至羅乃給以肉酪長生與提又不從乃

各分徙之三歲乃放還孝文以長生等守節遠同蘇武拜

長生河內太守提隴西太守並賜爵五等男從者皆為令長

馬八龍武邑人也輕財重義友人武遂縣尹寶哲在

軍喪二八龍聞即奔赴負屍而歸以家財殯葬為制緦麻

撫其孤遺恩如所生州郡表列詔表門間

文門愛汲郡山陽人也早孤供養伯父母以孝謹聞伯父

云服未終伯母又亡文愛居喪持服六年哀毀骨立鄉人

魏仲賢等相與標其孝義

冗清遼東人也祖暉濟州刺史潁川公清襲祖爵例降為

〈六〉

殺宣武賈美贈樂陵太守梁師攻圍城陷清抗節不屈為賊所

劉侯仁豫州人也城人白早生殺刺史司馬悅據城南叛

悅息朓走投侯仁賊雖重加購募文嚴其捶撻侯仁終無

漏泄朓逐免禍事寧有司奏其操行請免府籍敘一小縣

詔可

石祖興常山九門人也太守田文彪縣令和員等喪云祖

興自出家絹二百餘匹營護喪事州郡表列孝文嘉之賜

爵二級為上造後拜寧令平吏部尚書李韶奏其節義

請加贈諡以奬來者靈太后令如所奏有司諡曰恭

邵洪哲上谷沮陽人也縣令范道榮先自晰城歸歎以除

縣令道榮鄉人徐孔明妄經公府訟道榮非動道榮坐除

名罷旅孤貧不能自理洪哲不勝義憤遂代道榮詣京師

明申曲直經歷寒暑不憚劬勞道榮平得復雪又比鎮反

亂道榮孤單無所歸附洪哲兄伯川復率鄉人來相迎接

送達幽州道榮感其誠卻訴省申聞詔下州郡標其里閭

王榮世陽平館陶人也為三城戍主方城縣陷梁師戍圍

力窮知不可全乃先焚府庫後殺妻妾及賊陷城與戍副

鄧元興等俱以不屈被害明帝下詔褒美忠節進榮世爵

為伯贈齊州刺史元興開國子贈洛州刺史

胡小彪河南河陰人也少有武氣正光末為統軍於晉壽

孝昌中梁將樊文熾等寇邊益州刺史邴蚪道長史和安

固守小劍文熾圍之糾命小彪與統軍崔珍寶同往防拒

文熾掩襲小彪珍寶並禽之文熾攻小劍未陷乃將珍寶

至城下使謂和安曰南軍強盛此救不來豈若歸款取其

富貴和安命射之乃遽遍小彪與和安言小彪乃慷

慨謂安曰我擁不防為賊所虜觀其兵士勢不足終努力

堅守魏臺傳梁州遣將巳至賊以刀歐擊言不得終遂

害之三軍無不歎其壯節鄧哀其次將

蕭世澄購其屍秘乃獲骸骨歸葬之

孫道登彭城呂縣人也永安初為梁將韋休等所虜面縛

臨刃然逺村攜令其招降鄉曲道登屬臺宗唱叫但當努力

賊無所能賊遂屠殺之文荊州被圍行臺宗靈恩遣使宗

女等大言天軍垂至堅守莫降賊怒各割其腹然後斬首

女等四人入城曉喻為賊將所獲執女縱然城令其改解

二州表其節義道登等並賜五品郡五等子嚻聽子弟承

襲遣使詣所在弔祭

李几博陵安平人也七世共居同財家有二十二房一百

九十八口長幼濟濟風禮著聞至於作役甲幼競集鄉里

嗟美標其門閭

張安祖河陽人也襲世爵山北侯時有元承貴曾爲河陽
令家貧且赴尚書求選逢天寒路側一子年幼
俱屍門巷棺殯無託安祖悲哭盡禮買木爲棺手自營作
瘞殯周給朝野嘉歎尚書聞葵標其門閭

王閭北海密人也數世同居有百口又太山劉業與四世
同居曾郡蓋舊六世同居並共財産家門雍睦鄉里敬異
有司申奏皆標門閭

郭琰字神寶京兆人也少喪父事母以孝聞孝武帝之居
藩邸琰以通俠被知及即位封新豐縣公除洛州刺史孝
武西入改封馮翊郡公授行臺尚書潼關大都督大統中
齊神武遣大都督竇泰襲恠農時琰爲行臺衆少戰敗乃
奔洛州至刺史泉企城守力窮城將陷乃仰天哭曰天乎
天乎何由縱此長蛇而不助順也言發涕流不能自止兵
吉見之咸自屬憤竟爲東魏將高敖曹所禽復謂敖曹曰
天子之臣乃爲賊所執曷素聞其名義士不殺之送於并
州見齊神武言色不屈見害

賀龍超晉壽人也性尚義俠少爲鄉里所重熙中梁將
樊文熾來寇益州刺史傳和孤城固守龍超每出戰輒破
之時攻圍既久糧矢方盡刺史遣龍超夜出請援於漢中

遂爲文熾所得許以封爵使告城中曰外無援軍宜早降
乃置龍超於攻樓上龍超乃告刺史曰援軍數萬近在大
寒文熾大怒火炙殺之至死辭氣不撓大統二年詔贈龍
驤將軍巴州刺史

乙速孤佛保比秀容胡首也少驍武善射孝武帝時爲直
閣將軍俠入關封蒲子縣公并賜弓矢大統初梁將蘭欽
來寇遂陷漢中佛保時爲都督統兵力戰知將敗乃先城
未陷遂仰天大哭曰此馬吾常所乘此弓矢天恩賜我豈可
今賊得吾弓馬乎遂斬馬及弓自刎而死三軍莫不壯之
黃門郎趙僧慶使漢中聞乃收運其屍致長安天子歎

李棠字長卿勃海蓨人也祖伯貴魏宣武時官至魯郡守
有孝行居父憂毀過禮遂以毀卒
父元買外散騎侍郎棠幼孤好學有志操高仲密爲比
豫州刺史請棠爲掾仲密謀殺壽興率其衆據城道棠詣
關中歸款周文嘉之封廣宗縣公位給事黃門侍郎加車
騎大將軍儀同三司散騎常侍從魏文公尉逢迴伐蜀棠
壽興典兵事仲密遂與棠謀殺壽興及其衆據城遂
乃應慕喻之旣入成都蕭撝問週軍中委曲棠不對撝乃
菩辱之棠曰我王者忠臣有死而已羌我不爲爾移志也遂

害之子敏嗣

杜叔毗字子弼其先京兆杜陵人也徙居襄陽父漸梁邊
城太守叔毗早歲而孤事母以孝聞仕梁為宜豐侯蕭循
府中直兵參軍周文令大將軍達奚武圍南鄭循為宜豐侯
叔毗詣闕請和周文見而禮之使未及還而循中直兵曹參
軍曹策參軍劉曉謀以城降武時叔毗兄君錫為循中記室參
軍從子映錄事參軍映弟晰中直兵參軍各領部曲策等
忌之懼不同已遂誣以謀叛擅加害焉尋討築等禽之城
降築至長安叔毗朝志在復讎然恐坐及其母母曰汝

四百十一字　北史列傳七十三　〈十一〉　王

之前不可追罪叔毗朝夕號泣具申冤狀恐坐及其母母曰汝
橫羅禍酷痛切骨髓若曹策朝死吾以夕殞亦所甘心汝
何疑焉叔毗拜受母言後遂白日手刃策於京城斷首刳
腹解其支體然後面縛請就戮焉周文喜加志氣特命赦
之遭母憂毀骨立殆不勝喪服闋晉公護辟為中外府
樂曹參軍累遷硤州刺史後從衛國公直南討軍敗為陳
人所害陳人將降之叔毗辭色不撓遂被害焉子廉卿
劉弘字仲遠彭城叢亭里人也少好學有驅幹重鄧縣卿
蕭位西荊州刺史齊亡周武帝以為本郡太守及隋文帝
平陳以行軍長史從總管吐萬緒度江加上儀同封汝澤
縣公拜泉州刺史會高智慧亂以兵攻州弘城守糧盡食

犀甲腰帶及剝樹皮食之一無離叛賊欲降之弘抗鄧彌
廬城陷為賊所害文帝聞而嘉歎者久之賜物二千段子
長信龔襲其官爵

游元字楚客廣平任城人也父寶藏位至郡守元少聰敏
仕周歷春官誰州司馬俱有能名開皇中為殿內侍御
史煬帝嗣位遷
度支郎遷東之役領左驍衛長史為
蓋車道監軍拜大夫兼書侍御史述等九軍敗
績帝令元之見仍以屬
請屬元不之見他日案述逾急仍以屬請狀劾之帝嘉其
公正賜朝服一襲後奉使黎陽督運楊玄感作逆告以情

四百三十字　北史列傳七十三　〈十二〉　王

元引正義責之遂困竟不屈鄧見害帝甚嘉之贈銀青
光祿大夫拜其子仁宗為正議大夫　阳郡通守
張須陀弘農閿鄉人也性剛烈有勇略弱冠從史萬歲討
西爨以功授儀同後從楊素擊平漢王諒加開府大業中
為齊郡赤務會興遼東之役歲饑須陀將開倉賑給官屬
咸曰須待詔敕須陀獨曰如待報至當委溝壑吾若以此獲
罪死無所恨先開倉而後狀帝嘉而不責天下既承平日
久多不習兵賊帥主簿比連豆子航賊孫宣雅石祗闍郡等
名將時賊帥十餘萬攻章丘須陀大破之露布以聞帝大悅優詔

頭揚今使者圖畫其形容奏之其年賊裴長才石子河等
奄至城下須陀與戰長才敗走後數旬賊帥秦君弘郭方
預等圍北海須陀倍道而進大敗之後之司隸刺史裴操之上
狀帝遣使勞問之十年賊左孝友屯蹲猗山須陀列八營
以逼之孝友窘迫面縛來降其黨解象王良鄭大彪李院
等衆各萬計須陀乘平之咸振東夏以功遷齊郡通守領
河南道十二郡黜陟討捕大使俄而賊盧明星衆十餘萬
寇冠河北次祝阿須陀邀擊殺數千人賊呂明星師仁泰
齊小漢等報各萬據清比須陀擊走之尋將兵拒東郡
賊翟讓諫前後三十餘戰每破走之輔榮陽通守時李密說
讓取洛口倉遂運衆榮陽須陀拒之議懼而退須陀乘之密
先伏數千人邀擊之須陀敗被圍潰報出在石不能盡出
復入救之往來數四衆皆敗乃仰天曰兵敗如此何面見
天子乎乃下馬戰死其所部兵晝夜號哭數日不止帝令
其子元備撓父弘晨華陰人也父初位眦陵太守善會大
業中為郇字敬二弘俄而百姓聚起為盜善會每挫其鋒煬帝遣
將軍段達後賊帥張金稱屯于縣界善會每挫其鋒煬帝道
皆別撓後賊帥金稱善會進討於迎達不能用軍竟敗後進
業止一以謀之乃大剋金稱復引勃海賊孫宣雅高士雅等

破黎陽而還善會邀破之權拜朝請大夫清河郡丞千時
山東郡縣陷沒相繼能抗賊者唯善會而已前後七百餘
陣未嘗百敗會太僕楊義臣討金稱見敗取善會定策與
金稱戰賊乃退走善會捕斬之傳首行在所帝賜以尚方
甲稍弓劍進拜清河通守復從楊義臣斬漳南賊帥高士
達傳首江都宮帝下詔褒揚善會拜臨之以兵辭乘不撓乃
而禮之用為貝州刺史善會實建德所陷建德拜
害之清河士廉莫不傷痛
盧楚涿郡范陽人也祖景祚魏司空掾楚少有才學性嚴
急楚吃言語澀難大業中為尚書左郇當朝正色甚為
公卿所憚及帝奉江都東都官寮多不奉法楚每存糾舉
無所回避越王侗稱尊號以楚為內史令左備身將軍雷
書左右光祿大夫封涿郡公與元文都等同心戮力以
輔侗及王世充作亂兵犯太陽門式衛將軍皇甫無逸斬
關逃難呼楚同去楚曰僕與元公有約若社稷有難當以
俱死今捨去不義及世充入楚匿太官署執之世充喬秋
劉子翊彭城叢亭里人也父開皇中為秦州司法參軍因入
令斬於是鋒刃交下支體麋碎
頗解屬文性剛塞有吏幹開皇中齊徐州司馬子翊少好學
考楊素奏為侍御史時求寧縣令李公孝四歲喪母九歲

外繼其後父更別娶後妻至是而云河間劉炫以為無撫
育之恩議不解住子翊駁之曰傳云繼母同母也當以配
父之尊居母之位齊衰之制皆如親母文為人後者為其
父母碁服者自以本生之情猶須隆其本重是以今云為人
之地於子之情猶須隆其本重是以今云為人後者雖不服亦申心
母逝解官申其心喪父卒母嫁為父後者雖不服亦申心
之室則制同親母若謂非有撫親之恩生文耳將知繼母在父
喪其母既有心喪何獨異之省令盲其義其明今言
有乎不解何其其謬且後人者為其父母碁未有變以
令許不解何其其謬且後人者為其父母碁未有變今言

親繼親既等故心喪不得有殊服間云母出則為繼母之
黨服豈不以出母族絕推而遠之繼母配父引而親之乎
子思曰為伋也妻是為白也母不為伋也妻是不為白也
母定知服以名重情以父親所以聖人敢之以孝慈弘之
以名義是使子以名服同之親母繼母以義報等之經傳未見
如謂繼母之來在子出之後制有淺深者考之經傳未見
其文譬出後之人所後者初亡後之者至此後可以無撫
育之恩而吳魏隔絕尚在內國更娶生子昌斐死後為東平相
既而吳魏隔絕尚在內國更娶生子昌斐死後時議者不以為
始知吳之母亡便情繫居重不攝職事子昌時議者不以為

非然則繼之與前於情無別若要以撫育始生服制王昌
復何足云乎文曾鎮南將軍羊祜無子取弟子伊為子祜
薨伊不服重祜妻表聞伊辭曰伯生存養已伊不敢違然
無父命故還本生尚書彭權議子之出養必由父命無命
而出是為叛子於是下詔從之然則心服不得緣恩論
而生也論云禮篤敬苟以姆養之義者為子之義勿定然後能
彼之情稱情者如母之情杖而立文杖義而設教勿定然後能
尊父命崇禮篤敬苟以姆養之義始成子繼母慈母本實
至服自己來則慈母如母何待父令又云繼母慈母本實
路人臨己養己同之骨血若如母何待父令又云子不由父縱有恩育
得為如律云母卒其文慈繼雖在三年之下而居齊衰之上禮有倫
例服以稱情繼母本以名服豈藉恩之厚薄也至於兄弟
之子猶子也私昵之心實殊禮服之制無二彼言以輕如
重因以不同此謂如重之辭即同之重法若使輕重不等何
得為如律云枉法者但准其罪以枉法論者即同真法
律以弊刑禮以設教准者者擬之名一將此明彼足見其義以
二字義用不殊禮律兩文所防是一將此明彼足見其義以
取譬代柯何遠之有論云取子為後者將以供承祧廟奉
養已身不得使宗子歸其故宅以子為後者道事本父亦可無心喪
然本父後妻因父而得母稱若女來皆本父亦可無心喪

平何已直父之後妻也論又云禮言舊君且尊後君乎已
去其位非復純臣須言舊以殊之別有所軍非復純臣故
言之已見之目以其舊訓殊所用亦別舊者易新之稱其者因彼以
安得以相類哉至如禮云其父析薪其子不克負荷傳云
衛雖小其君在焉君之傷飾非於明世有異其君復有異乎斯不然
矢令炫耿違違禮乖令侮聖干法使出後之子無情於本生
欲揚已露才有衒於風俗徇情非理事奏竟徙子頊之議歷薪豐
名義之分有虧於禮經雖令大理正並有能名擇授書侍御史每朝廷競議子頊為引
之辯析多出衆人意表從幸江東屬天下大亂帝猶不悟
子頊因侍切諫由是忤旨令子頊為丹揚留守尋遣於上
江督遷遠為賊其桼子所虜子頊說之因以衆降帝復遣賊又
賊知而告之子頊弗信斬所言者首領
請渡江遇煬帝被殺知而告之子頊弗信斬城下使告城中云帝崩子頊又
乃易其言於是見害
堯君素親郡湯陰人也煬帝為晉王時君素為左右帝嗣
位累遷鷹揚郎將大業末從驍衛大將軍屈突通拒義師
於河東俄而通引兵南逬署君素領河東通守義師
目紹宗章義節等改之不及通軍敗至城下呼之君素見

通歔欷流涕悲不自勝左右皆硬咽通亦泣下露襟因說
君素卑降以取富貴君素曰名義貴之曰公縱不能遠慮
主上公所乘馬即代王所賜也公何面目乘之哉通曰噫
君素我力屈而來君素曰方今力猶未屈何用多言通慙曰
而退時圍甚急行李斷絕君素乃為木鵝置表於頸具論
事勢浮之黃河沿流而下河陽守者得之達于東都越王
侗見而歎息乃承制拜君素為金紫光祿大夫密遣行人
勞之監門直閤龐玉武衛將軍皇甫無逸前後自東都歸
義俱造城下為陳利害朝廷又賜金券待以不死君素卒
無降心其妻又至城下謂曰隋室已亡何苦取禍君素曰
天下事非婦人所知引弓射之應弦而倒君素亦知事必
不濟有一言及隋國未嘗不歔欷常謂將士曰吾是藩邸舊
臣至於大義不得不死今穀支數年食盡乃知天下之事
必隋室傾敗天命有歸吾當斷頭以付諸君後頗得江都
傾覆消息又糧盡男女相食衆心離駭白虹降於府門兵
器之端夜光見月餘君素為左右所害
陳孝意意張季珣杜松贇以誠節顯孝意河東人大業初
為晉郡司法書佐郡內號為廉平太守蘇威嘗欲殺一
孝意意固諫不許孝意因解衣請先受死良久威意乃解謝
而遇之漸加禮敬及威為納言奏孝意為侍御史後以父

憂去職居喪過禮有白鹿馴擾其廬時人以爲孝感尋起
授鴈門郡丞在郡萊食齋居朝夕哀臨每一發聲聞者莫不
絕倒柴毀骨立見之時長吏多贓汚孝意清節彌厲
發姦摘伏動若有神吏人稱之煬帝幸江都馬邑劉武周
之每致剋捷但孤城無援而孝意誓以必死亦知帝必拒
殺太守王仁恭作亂前郡丞楊長仁鷹門令王確等謀應
賊孝意知之族滅其家郡中戰慄俄而武周來攻孝意嬰
反每旦夕向詔教庫俯伏涕流悲動左右糧盡爲捉尉張
世倫所殺以歸武周

張季珣京兆人父祥少爲隋文帝所知引爲丞相象軍累
遷并州司馬及漢王諒反遣其將劉建攻之縱火燒其郭
下祥見百姓驚駭其城西有王母廟登城望之再拜號泣
曰百姓何罪致此焚燒神其有靈可降兩相救言訖廟上
雲起兩降而火遂滅士卒感其至誠莫不用命援軍至賊
退以功授開府後卒於都水監季珣少慷慨有志節大業
末爲鷹揚郎將所居攘其山爲固與洛口接及李密陷倉
城遣兵揚郎將所居攘其山爲固與洛口連年不能剋經三年資
用盡無新徹屋而爨人皆六畜季珣撫之一無離叛後士
卒飢羸飄爲密所陷季珣曰吾雖敗軍將猶是天子爪牙臣何
舉賊曳令拜密季珣曰　　送之

容拜賊密壯而釋之翟讓從求金不得殺之其弟弟仲
上洛令及義兵起城守之翟部下殺之以歸義仲琰弟幼琰爲
千牛左右宇文化及亂遇害季珣世忠烈兄弟俱死國難
論者賢之

杜松贇北海人也性剛烈重名義爲石門府隊正大業末
楊厚來攻北海縣松贇晛與被執使謂城中云郡兵已破
宜早歸降軍大來賊旦暮食前賊言未卒賊以刀築其口
力屈也官軍大來賊旦暮食前賊言引之去松
莫不流涕扼腕銳氣益倍北海卒完賊傳贈朝請大夫本郡
通守

郭世儁字弘义太原文水人也家門雍睦七世同居大义
同乳烏鵲同巢時人以爲義感之應大業
遣平昌公宇文敬詣其家勞問尚書侍御史榭或巡省河
北表其門閭漢王諒爲并州總管開而嘉歡賜其兄弟二
十餘人衣各一襲

郎方貴淮南人也少有志尚與從父弟雙貴同居隋開皇
中方貴常於淮水所寄渡舟人怒之搁方貴臂折至家
雙貴聞知之志恨遂向津歐殺船人津者執送之縣以方
貴爲首當死雙貴從坐當流兄弟爭爲首坐縣司不能斷

送諧州兄弟各引死州不能定二人爭欲赴水死州以狀
聞上闔異之特原其罪表其閭間賜物百段後爲州主簿
論曰于什門等或臨危不撓視死如歸或赴險如夷唯義
有所在其大則光國隆家其小則損己利物故其盛烈所
著與河海而爭流嶷鄭所標共竹柏而俱茂並蹈履之所
致身沒名立豈徒然也

列傳第七十三　　北史八十五

鄭道邕　王烈　校正

張膺
路邕
閻慶胤
明亮
杜纂
竇瑗
蘇淑
張華原
孟業
樊叔略
路去病
梁彥光
公孫景茂
辛公義　郭絢　敬肅
柳儉
劉曠
王伽
魏德深

北齊隋等列　六十四傳列　北史列傳七四

先王疆理天下同司牧黎元刑法以禁其姦禮教以防其欲
雖爲政以德理寔殊塗百慮一致在斯而已書云知人則
哲又云無曠庶官言非其人爲空官也厥後必致清
明之臣昏亂之朝多有貪殘之吏晴欲所召影響從之故
五帝三王不易人而化之而已蓋有無能之吏位
世相循所以寬猛爲用庶人調俗但廉平常迹實有難高
適時應務招響必速於前世矣後之爲吏與世沈浮叔季
錄用無時此則已然於前世後之爲吏官拯職
澆漓姦巧多緒居官拯職道各不同故往籍述其瞥能以
彰懲勸之道案魏立良吏傳有張恂鹿生張膺宋世景路
邑閻慶胤明亮杜纂裴佗竇瑗蘇淑齊五循吏傳有
張華原宋世良郎基孟業崔伯謙蘇瓊房豹路去病周書
不立此篇隋循吏傳有梁彥光趙軌房恭懿公孫
景茂辛公義柳儉劉曠王伽魏德深其張恂鹿生宋世景
裴佗羊敦宋世良崔伯謙房豹趙軌各附其
家傳其餘皆依時代編緝以備循吏篇云
張膺不知何許人也延興中爲魯郡太守履行貞素妻女
樵採以自供芋文深嘉之遷京兆太守履行貞素著稱得吏人
之忻心焉

路當陽平人也宣武時除東魏郡太中佐政清勤經年俄

日出家粟賑賜窮靈太后下詔襄美賜龍廄馬一四衣

一襲被褲一具稍遷南青州刺史卒

閻慶亂不知何許人也為東秦州敷城太守頻年飢儉慶

千餘人申頌美政有司以閻靈太后卒無襄賞

明亮字文德平原高昌人也有識幹歷貧外常侍延昌中

宣武臨朝堂親自黜陟授甚勇武將軍甚進曰臣本官常

亂歲常以家粟千石賑賜窮窮人賴以濟部人陽竇龍一

授帝曰九流之內人咸君子鄉獨欲班眾妄相清濁所請

侍是第三清今授臣勇武其號至濁且文武又殊請更改

未可亮曰今江左未賓書執宜一方為陛下投命前驅拓

北史列傳七十四

定是吳會官爵陛下之所輕賤命微臣之所重陛下方收所

重何惜所輕因請改授平遠將軍帝曰運籌用武然後遠

【三】

人始平鄉但用武之何患不得平亮乃為陳謝而退

除陽平太守清白愛人其有惠政轉汲郡太守為政如前

舉是遠近卒二郡人吏迄今追思之

杜纂字榮祿常山九門人也少以清苦自立時縣令齊羅

喪亡無親屬收殮纂以私財殯葬由是郡縣標其門閭後

居父喪盡禮郡舉孝廉稍除積弩將軍從征新野及南陽

平以功賜爵井陘男賞帛五百四數日之中散之知友時

人稱之歷武都漢陽二郡太守並以清白為名明帝初拜

清河內史性儉約尤愛貧老閭人疾苦至有對之泣涕勤

督責桑親自檢視勤者賞以物帛惰者加以罪譴弗死閭

生甚有恩紀休除東益州刺史末清河人房通等三百人頌

人和微還遷太中大夫正光末清河人房通等三百人頌

以為常山太守詔許之孝昌中為葛榮所陷遂住好行小惠蔬食

德政乞重臨郡榮滅卒於家纂所歷任好行小惠蔬食

衣食涉誕矯而輕財潔己終無受納為百姓所思號為良

守天平中贈定州刺史

竇瑗字世珍遼西陽洛人也自言本出扶風平陵漢大將

北史列傳七十四

軍武曾孫崇為遼西太守遂家焉曾祖堪慕容氏漁陽太

守祖表馮弘城周太守入魏父問舉秀才早卒普泰初瑗

啟以身階級為父請贈詔贈平州刺史瑗年十七便荷帙

從師遊學十載始為御史後兼太常博士拜太原王余朱

榮官榮紹田為北道大行臺左丞以拜容城伯謹兄叔珍

【四】

東平萬榮封容城伯瑗乞以容城伯讓叔珍詔聽以

新昌男轉授之瑗叔珍由是位至太山大守余朱世隆以

長廣王曄為主南赴洛陽至東郡外世隆等遣瑗奏廢之

瑗魏鞭獨入禁內奏顧行尭舜事曄遂禪廣陵由是除給

軍黃門侍郎孝武帝時為廷尉卿及釋奠開講瑗與溫子

北史列傳七十四

右側上欄：

昇魏季景李業並為櫃句天平中除廣宗太守政有清
白之稱廣宗人情凶戾政咸見告訟唯瑗一人終始
潔轉中山太守聲與譽其美為吏人所懷及齊神武班書州
郡稱瑗政績以為勸勵後授平州刺史在州政如臨郡又
為神武丞相府右長史瑗無軍府斷割才不甚稱職又行
晉州事及還鄴上表曰臣伏讀麟趾新制至三公曹第六
十六條母殺其父子不得告者死又漢宣云子匿大父
何者案律子孫告父母祖父母者死又漢宣云子匿大父
母皆勿論蓋謂父母祖父母小者攘羊其者殺害之類恩
須相隱律抑不言法理如是足見其直未必指母殺父止
子之天二天頓毀豈容頓默此母之罪義在不赦下手之
野人義近禽獸且母之於父作合義天既殺已之天後殺
子不言也今母殺父而子不告便是知母而不知父識此
日母恩即離仍以母道不告鄙臣所以致惑如或有之可
臨時議罪何用豫制斯條用為訓誡恐千載之下談者不取
謹以明明大朝有孕母甲父之論以臣管見實所不敢詔
付尚書三公郎封君義判云母殺其父子復告母由
告死便是子殺天下未有無母之國不知此子將欲何之
既於法無違於事非害宣布有司謂不宜改瑗復難云若
判云母由告死便是子殺天下未有無母之國不知此子

下欄：

將欲何之瑗案典律未聞母殺其父而子有隱母之義既
不告母便是與殺父同天下可有無父之國此子獨得
所之乎事錐傳寢除大宗正卿以其寒士相與輕之
二千石武定初贈衛大將軍都官尚書瀛州刺史諡曰懿
守卒淑清心愛下所歷三郡皆為吏人所思當時稱為良
守賜爵晉陽男及全壽興將卒遂冒養淑子淑熙平中襲
其爵後除樂陵內史在郡綏撫其有人與冐後謝病乞解之
蘇淑字仲和武邑人也兄壽興坐事為閹官後拜河間太
史謐回明
時所重領本州大中正兼廷尉卿卒官贈太僕卿瀛州刺
瑗案法推正其義見解獲官罐通顯貴者如初清尚之操為
詔聽之人吏老幼許乞淑者其眾後歷滎陽中山二郡太
齊神武追美清操與羊敦同見優賞
張華原字國滿代郡人也少明敏有膽度初為爾朱榮
騎府法曹參軍賜爵新城伯累遷天丞相府屬深被親待
每號令三軍怕令宣意旨臺除散騎常侍周文妃姑雍
州神武使華原入關說為周文謂曰若能屈驥足於此當
共其富貴華原不爾命懸今日若能屈驥足於此當
文嘉其亮正乃使東還尋悔追不及神武以華原久而
不返每歎惜之及聞其來喜見於色後除相府右長史遷

驃騎大將軍特進爵為公仍從封新安後為兗州刺史
華原有幹略達政體至州乃廣布耳目以威禁境內大賊
及隣州亡命三百餘人皆詣華原歸款咸自信放歸
田里於是人懷感附寇盜寢息州獄先有繫囚數十人華
原科簡輕重隨事決遣至年暮唯有重罪者數人華原
各給假五日曰期盡速還也四等旦君如是何忍竹之
七十里飢山中忽有六駭食猛獸咸以為化感所致卒官
州人大小莫不號慕為樹碑立祠四時祭焉贈司空公尚

孟業字敬業鉅鹿安國人也家本寒微少為州吏性廉謹
同僚諸人侵盜官絹分三十匹與業拒而不受行臺即中
郭秀相禮接方欲薦之會秀卒魏彭城王韶齊神武之壻
也拜定州刺史除業為典籤長史劉仁之謂業曰我處其
外君居其內同心勠力庶有濟乎未幾有孟業唯有一餘
臨路啟韶云殿下左右可信任者唯有孟業願君專任之
人不可信也又與業別執手曰令我出部君便失援恐君
在後不自保全唯正與直願君自勉業有一馬瘦死韶
以業貧令州府官人同食馬肉欲令厚相酬償業固辭不
敢韶乃戮業曰卿邀名人也對曰業為典籤州中要職諸

人欲相賄贍止患無方便令喚食肉恐致聚斂有損聲
名所以仰違明教後旬日韶左右王四德等惟金並以
馬死託囚為長史裴英啟神武書韶大致誚讓業
暴被譖出外行縣事後神武書韶云典籤姓蓋者極能
用心何乃為西兗州臨別謂吏部郎中崔暹遷曰貴州人士唯
仁之後為西兗州如此歆歎業養曰唯知自修也韶為并州刺
有孟業銓擊之次不可忘也遷間業往在定州有何
政使劉西兗州形貌短小及謁見岳心鄙其耶小笑而不言
史業後為典籤仍兼長史齊天保初清河王岳拜司州牧
召為法曹業形貌短小及謁見岳心鄙其耶小笑而不言

後尋業斷決獄謂曰卿斷決之明可謂有過軀貌之用補
河間王國郎中令清貧自守未曾有失文宣謂侍中裴英
起曰卿識河間王郎中孟業不一昨見其人清素自居世
好人對曰昔與臣同事魏彭城王元韶其人清忠正直世
所希有帝曰如公言是大屈除中書舍人文宣
初唯得姓名及因奏事見其嬴老又質性敦朴無升降之
容加之平緩寡於方便有一道士由吾道士不食五
將入內業為通名於眾中抗聲奏云失所帝遣人以馬
穀帝命推而下之又令點檢百官敷奏失所帝遣人以馬
鞭撲業頭至于流血然亦體其衰老非力所堪皇建二年

累遷東郡太守以寬惠著名其年夏五官張濟因出使得

麥一莖五穗其餘或三穗四穗共一莖者合郡咸以政化

所感因即申上至秋後有東燕縣人班映祖送嘉禾一莖

九穗河清三年敕人閒養驢惟買甚切業曰吾既為父

母豈可坐看此急令權出庫錢貿之取辦後日有罪吾

自當之後為憲司所劾被攝之日郡人皆泣而隨之送相

號哭悲動行路詣闕訴寬者非一人全黎陽郡西方得辭決聚接

扥尉迎接武成親戎自洛還鄴道由東郡業具牛酒宰人

更拜調路旁自稱葬其王臣孟業伏惟聖駕親行有征無戰

謹上微禮便與人吏俱唱萬歲導引前入帝大嘉之後除

廣平太守年既老理政不如在東郡時武平九年為太中

大夫加衛將軍尋卒業志不尚浮華為子結婚為

朝肺腑叱羅氏其子以陰得為平原王叚孝先相府行參

軍乃令作今世服飾綺襦絝吒羅家文特姻婭炫曜矜

蘇瓊字珍之長樂武強人也父備仕魏至衛尉少卿瓊幼

時隨父在邊嘗謁東荊州刺史曹芝戲問曰鄉欲官不

對曰設官求人非人求官芝異其對署為府長流參軍

文襄以儀同開府引為刑獄參軍每加勉勞并州嘗有強

（北史列傳七十四　玉山鄭筆刊　四百二十六字　九）

盜長流參軍張龍推其事所疑賊徒巡迴已拷伏失物家並

識認唯不獲盜贓文襄付瓊更令窮審乃別推得元景融

等十餘人并獲贓驗文襄付賊者曰爾輩若

不遇我好參軍幾致枉死除南清河太守郡多盜及瓊

至姦盜止息或外境姦非輒從界中行過者無不捉送零

陵縣人魏雙成失牛疑其村人魏

子賓列送至郡一經窮問知實非盜而便放之雙成訴云府

從此畜牧去百姓何處可得瓊不理其語密遣訪獲盜者

內以避盜冀州緯幕縣人成氏太富為賊攻急告曰我物

已寄蘇公矣賊遂去平原郡有妖賊劉黑苟構結徒侶通

於滄海瓊所部人連接村邑無相染累隣邑於此伏其德

續郡中舊賊一百餘人悉充左右人閒善惡及長吏飲人

一盃酒無不即知常得郡縣為徵欲求調

沙門統資產巨富在郡多出息常得郡縣為徵欲求調

度知其意每見閒玄理研雖為債數來無由啟其

第子閒其故研曰每見府君徑將我入青雲閒何由得論

地上事徒還焚責券郡人趙頴官至樂陵太守年

餘八十致事歸五月中得新瓜一雙自來奉頴恃年老苦

請迺便為留乃致於聽事梁上竟不割人閒受趙頴餉瓜

（北史列傳七十四　玉山鄭筆刊　四百四十字　十）

欲貢新果至闕問知穎瓜猶在相顧而去有百姓乙普明
兄弟爭田積年不斷各相援據乃至百人瓊召普明兄弟
對眾人諭之曰天下難得者兄弟易求者田地假令得地
失兄弟心如何因而下淚諸證人莫不灑泣普明兄弟叩
頭乞外更思分異十年遂還同住每年春抱集大儒衞觀
隆田元鳳等講於郡學朝更文案之暇悉令受書時人指
調役事必先辦郡縣更長恂無十杖稽失當時州郡無不
驚嘆頂下綿絢處
遣人至境訪其政術天保中郡界大水人災絕食者千餘
家瓊普集郡中有粟家自從貸粟悉以給付飢者州計戶
徵相復欲推其代貧粟綱紀謂瓊曰雖矜飢餒恐罪累府君
瓊曰一身獲罪且活千室何所怨乎遂上表陳狀使檢皆
免人戶保安此等相撫兒子感言府君生汝在郡六年人
庶懷之遂無一人經州前後四表列為尤最遭憂解職故
人贈遺一無所受尋起為司直廷尉正朝士嗟其屈尚書
辛術曰既直且正名以定體不慮不申初瓊佳清河太守
裴獻伯為濟州刺史酷於用法瓊固於養人房延祐
為樂陵郡過濟州裴閒其外聲延祐云唯聞太守善刺史
惡裴云得人譽者非至公若爾黃霸龔遂君之罪人

〈十一〉

也後有敕州各舉清能裴以前言恐為瓊陷遂申其往濟
議者尚其公平毋義密云為御史中丞以猛暴任職理官心
懍莫敢有違瓊按察務在得情密云者其眾牽臺囊素贈
於瓊還三公郎中趙州及清河南中有人頻告謀屋前後
皆付瓊推事多申審高書崔即謂瓊曰若欲立功名當
更思餘理仍數雪反身命何輕瓊正色曰所雪者冤枉
不放反逆即大馳京師為之語曰斷決無疑蘇珍之皇甫
級寺忽被盜銅像一百軀有司徵撿四隣防伯及蹤跡所
中賜爵安定縣男徐州行臺左丞行徐州事徐州城中五
疑速繁數十八人瓊一時放遣寺僧怨訴不為推賊瓊遣信
謝曰但且還寺得像自送爾後十日抄賊姓名及賊處所
徵收掩來獲其賊黨引道俗歎伏舊制以淮禁不聽
商販輒度淮盜廢境偽茂遂聽淮北取羅後淮北人飢篠請通
羅淮南遂得商估往還兼濟水陸之利通於河北後
為大理卿而齊亡仕周為博陵太守隋皇初卒
路去病陽平人也風神踈朗儀表瑰異蒯河清初為殿中
侍御史彈劾不避貴戚以正直知名敕用士人為縣宰以
去病為定州饒陽縣令時務頗嚴毅殺人不敢
欺然至廉平為吏人歎伏武平四年為成安縣令都下有
鄴臨漳成安三縣轄轂之下舊號難為重以政亂時棡綱

〈十二〉

紀不立近臣內戚請蜀百端去病消息事宜以理抗答勢

要之後雖漸養小人莫不憚其風格亦不至嫌恨自遷難

以還三縣令政術去病獨為稱首周武平齊重其能官與

濟陰郡守公孫景茂二人不被替代發詔襃揚去病後以

尉遷過事隋大業初卒於冀氏縣令

梁彥光字脩芝安定烏氏人也祖茂魏秦華二州剌史父

顯周荊州剌史彥光少歧嶷有至性其父每謂所親曰此兒

有風骨當興吾宗七歲時父遇篤疾醫言餌五石可愈

時求紫石英不得彥光憂瘁不知所為忽於園中見一物

彷彿是石彥光所不識怪而持歸即紫石英也親屬咸異之以為至

孝所感魏大統末入學略涉經史有規檢造次必以禮解

褐秘書郎周受禪遷舍人上士武帝時累遷小馭下大夫

母憂去職毀瘁過禮未幾起令視事帝以其罴甚嗟歎父

之後釜為御正下大夫從帝平齊以功授開府陽城縣公宣

帝即位拜華州剌史進封華陽郡公以陽城公轉封一子

後拜柱國青州剌史屬隋文帝受禪以岐州其俗頗質嘉其

能下詔襃美賜粟五百斛物三百段御傘一枚以彰清正

州剌史兼領宮監其有惠政嘉禾連理出於州境上嘉其

後轉相州剌史彥光前在岐州其俗頗質以靜鎮之合境

大安奏課連最為天下第一及居相部如岐州法紀都雜

俗人多變詐為之作歌稱其不能理政上聞而譴之竟坐

免歲餘拜趙州剌史彥光曰臣前待罪相州百姓呼為戴

帽餳臣自分廢黜無復衣冠之望不謂天恩復收採擢

復為相州改絃易調庶有以變其風俗上從之復為相

剌史豪猾者聞彥光自請來牧莫不嗤笑彥光下車發摘奸

隱有若神明狡猾之徒莫不潛竄合境大駭初齊亡後衣冠士

人多遷關內唯技巧商販及樂戶之家移實州郭由是人

情險詖妄起風謠訴訟官人萬端千變彥光欲革其弊乃

用秩俸之物招致山東大儒每鄉立學非聖哲之書不得

教授常以季月召集之親臨策試有勤學異等聰令有聞

者升堂設饌其餘並坐廊下有好諍訟惰業無成者坐之

庭中設以草具及大成當舉行賓貢之禮又於郊外祖道

并以財物資之於是人皆剋勵風俗大改有滏陽人焦通

性酗酒事親禮闕為從弟所訟彥光弗之罪將至州學令

觀孔子廟中有韓伯瑜母杖不痛哀母力衰對母悲泣之像

通遂感悟悲愧若無自容彥光訓諭而遣之後改過勵行

卒為善士吏人感悅略無諍訟彥光卒官贈冀定瀛三州

剌史諡曰襄子文謙嗣弘雅有父風以上柱國世子例授儀

同歷襄鄧二州剌史遷鄱陽太守稱為天下之最徵拜戶

部侍郎遼東之役領武賁郎將為盧龍道軍副會楊玄感

作亂其弟武賁郎將玄縱先隷文謙玄感反聞未至而玄縱逃走文謙不之寘坐是配防桂林而卒少子文謙初封陽城縣公後為鷹揚郎將從衛玄擊楊玄感於東都力戰而死贈通議大夫

樊叔略陳留人也父歡仕魏為南兖州刺史河陽侯為高氏所誅叔略被刑給使興宦身長九尺有志氣頗見忌內不自安遂奔關西周文護引置左右授都督賜以器玩侯大象辛字文護執政引為圖苑監進兵謀意凜奇之從武帝平齊以功加上開府封清鄉縣公拜汴州刺史號為明法即帝營建東都以叔略有巧思拜管構監營室制度皆叔略所定尉遲迥之亂鎮大梁以軍功拜大將軍復為汴州刺史隋文帝受禪加位上大將軍進爵安定郡公在州數年其有聲稱遷相州刺史政為當時第一上降璽書褒讓夫之賜以乘帛班示天下百姓為之語曰智無窮清鄉公上下正樊安定任司農卿所種植蔬果瓜菰別有條制皆出人意表朝廷有疑滯公卿所未能決叔略輒為評理雖無術有所依據然師心獨見聞奧理合甚為上所親委為高頻楊素禮遇之叔略雖為司農往往參督九卿事性頗豪侈

每食方丈備水陸十四年從祠太山至洛陽上令錄囚徒將奏晨至獄門於馬上暴卒上嗟悼久之贈亳州刺史諡曰襄

公孫景茂字元蔚河間阜城人也容貌魁梧少好學博涉經史在魏察孝廉射策甲科稍遷太常博士多所損益時人稱為書庫歷周武帝令大理正俱有能名齊滅周武帝聞而召見與語器之授濟北太守以母憂去職開皇初拜汝南太守郡廢為曹州司馬遷息州刺史法令清靜德化大行邼劉平陳之役征人往路病者景茂減俸祿為饘湯藥多方振濟之賴全活者千數上聞嘉之詔宣示天下十五年上幸洛陽景茂謁見時年七十七上命升殿坐問其年哀其老嗟嘆久之景茂再拜曰呂望八十而遇文王臣踰七十而逢陛下上甚悅下詔讓美之加上儀同三司伊州剌史明年以疾徵吏人號泣於道及疾愈詔復還前郡父不許轉道州刺史秋俸半情豬散東孤幼不自存者好單騎巡人家至戶入閱視百姓產業有修理者於都會時乃襃揚稱述如有過惡即訓導之而不彰也由是人數百戶皆如一家之務其後請致仕上優詔聽之仁壽中行義讓者無均通過男子相助耕耘婦女相從紡績大村或上明公楊紀出使河北見景茂神力不衰退以狀奏於是

就拜淄州刺史賜以馬轡便道之官前後歷職皆有德政
論者稱為良牧大業初卒官年八十七諡曰康身死之日
諸人吏赴喪者數千人或不及葬皆望墳慟哭野祭而
去

史公義早孤為母氏所養親授書傳周天和中選良家子
任太學生武帝時召入露門學令受道義每月集御前令
與大儒講論上數嗟異之建德初授宣納中士
平齊累遷掌洛上士掃寇將軍隋文帝作相授内史上士
夾泉掌機要開皇元年除主客侍郎攝内史舍人賜爵安陽

縣男轉駕部侍郎使勾檢諸馬牧所獲十餘萬上喜曰
唯我公義奉國家耳從軍平陳以功除岷州刺史土俗畏
病若一人有疾病即合家避之父母夫妻不相看養
孝義道絕由是病者多死公義患之欲變其俗因分遣官人
部内凡有疾病皆以牀輿來安置聽事廳事暑月疫時病人或
至數百聽廊悉滿公義親設一榻獨坐其間終日連夕對
之理事所得秩俸盡用市藥迎醫療之躬勸其飲食於是
悉差方召其親戚而諭之曰死生由命不關相著前汝棄
之所以死耳今我聚病者坐臥其間若言相染那得不死
病見後差多汝等勿復信之諸病家子孫慚謝而去後人有

過疾者爭就使君其家親屬固留養之始相慈愛此風遂
革合境之内呼為慈母後遷并州刺史下車先至獄中因
露坐牢側親自驗問十餘日間決斷盡方還大聽受領
新訟皆不立文案遣當佐寮一人側坐訊問事若不盡
應須責者公義即宿聽事不還閤人或諫之曰此事有
程使君何自苦也答曰刺史無德可以導人尚令百姓
於圄圉宣自安乎罪人聞之咸自款服
後有訟者鄉閭父老遠相曉曰此蓋小事何忍勤勞
使君訟者多兩讓而止時山東森兩自千渚至于滄海皆
苦水災境内大牙獨無所損山出黃銀獲之以獻詔付
水部

郎襄前就公義禱焉乃開空中有金石絲竹之響仁壽元
年遷充揚州道黜陟大使豫章王暕恐其部内官寮犯法
未入州境豫令使屬之公義曰不敢有私及至揚州皆
無所縱捨睟衡之及煬帝即位揚州長史王弘入為黄門
郎因言公義之短竟去官吏守闕訴冤相繼不絕後數
歲帝悟除内史侍郎丁母憂未幾起為司隸大夫檢校右
禦衛武賁郎將從征至柳城郡卒子融
柳儉字道約河東解人也祖元璋魏司州大中正相華二
州刺史父裕周閤喜令儉有局量立行清苦為州里所敬
雖至親昵無敢狎侮仕周歷宣納上士畿伯大夫及隋文

帝受禪擢拜水部侍郎封率道縣伯未幾出為廣漢太守
其有能名俄而郡廢時帝勵精思政妙簡良能出為牧宰
儉以仁明著稱擢拜蓬州刺史獄訟者庭決遣之佐吏從
容而已獄無繫囚蜀王秀時鎮益州秀之得罪也儉坐與交通
免職及還鄉妻子衣食不贍見者咸嘆伏焉煬帝嗣位徵
史在職十餘年人夷悅服牧州領郡者並帶戎資唯儉清自
良吏嘉其績特授朝散大夫拜弘化太守儉清節愈勵
大業五年入朝集帝謂納言蘇威等以儉對帝又問其次
曰其中清名天下第一者為誰威等以儉對帝嗟異之
威以涿郡贊務郭絢潁川贊務敬肅等二人對帝賜儉
二百四絢肅各二百四令天下朝集使送至郡邸以旌異
焉論者美之及大業末盜賊蜂起數被攻逼儉撫結人夷
卒無離叛竟以保全及義兵至長安尊立恭帝儉與留守
段就拜上大將軍歲餘卒於家時年八十九郭絢河東安
邑人家世寒微初為尚書令史後以軍功拜儀同歷數州
李粲編素於州南同慟哭既而歸京師相國賜儉物三百
司馬長史皆有能名大業初刑部尚書宇文弼訪可任者聞
引絢有幹局拜涿郡贊務吏人悅服載遷為通守兼領圖

守及山東盜起絢逐捕之多所尅獲時諸郡無復完者唯
涿郡獨全後以擊賊戰死人吏哭之數月
不息敬肅字弘儉河東蒲坂人少以貞介知名釋褐州主
薄開皇初敬肅為安陵令有能名擢拜秦州司馬轉幽州長史
仁壽中為衛州司馬俱有異績煬帝嗣位遷潁川郡贊務
大業五年朝東都帝隷大夫薛道衡時左翊衛大將軍宇文
狀稱肅曰心如鐵石老而彌篤時左翊衛大將軍宇文述
當塗用事其邑在潁州每有書屬肅肅未嘗開封輒令使
者持去述賓客有放縱者以法繩之無所寬貸由是述銜
之八年朝於涿郡帝以其年老有能名擢為太守者數
家無餘財歲餘終于家
劉曠不知何許人也性謹厚每以誠信待物開皇初為平
鄉令單騎之官人有諍訟者輒丁寧曉以義理不加繩劾
各自引咎而去所得俸祿賑施窮乏百姓感其德化更相
勵曰有君如此何得為非在職七年風教大洽獄中無
繫囚諍訟絕息圄圉皆生草庭可張羅及去官吏人無少
長號泣於路將送數百里不絕遷臨潁令清名善政為
天下第一尚書左僕射高熲言狀上召之及引見勞之曰
天下縣令固多矣卿能獨異於眾良足美也顧謂侍臣曰

若不殊獎何以勸人於其下優詔擢拜莒州刺史
王伽河間章武人也開皇末為齊州參軍初無足稱後被
州使送犯流囚李參等七十餘人詣京師時制流人並枷鎖
傳送又榮陽懶其辛苦悉呼而謂之曰卿輩既犯國刑應
擯名身嬰縲絏此其職也今復重勞援卒獨不媿於
心哉吾當為汝解脫枷鎖鎖集能不違期不皆拜謝曰必
敢違伽於是悉脫枷傳援卒與期曰某日當至京師如致
前卻吾當為汝受死眾皆歡悅依期而至一無
離叛上聞而驚異召見與語稱善父於是悉召流人並

四百光七字

令攜負妻子俱入賜宴於殿庭而赦之乃下詔曰凡在有
生含靈稟性咸知好惡迫迮以至誠明加勸導
則俗必從化人皆遷善往以海內亂離德教殷絕官人無
慈愛之心兆庶懷姦詐之意所以獄訟不息淺薄難理朕
受命上天安養朕意誠心冀導德以化人朝夕孜孜志本
如此而伽深識朕意思導聖法以德化令率
之人非為難教良是官人不加示曉致令陷罪無由自
新若使官盡王伽之儔人皆李參之輩刑措不用其何遠
哉於是權伽為雅令政有能名
魏德深本鉅鹿人也祖沖仕周為刑部大夫建州刺史因

家弘農父毗鬱林令德深初為隋文帝挽郎後歷馮翊郡
書佐武陽郡司戶書佐以能遷貴鄉長為政清靜不嚴而
肅會興遼東之役徵稅百端所在徵斂人不堪命唯德深
綱弛紊吏多賕賄所求皆給而百姓不擾于時盜賊起武
陽諸城多被淪陷唯貴鄉獨全郡丞元寶藏受詔逐捕盜
賊每戰不利則器械必盡輒於人聚發於人動以軍法從事如
此者數矣其鄰城營造皆聚其人欲住隨便修營須臾即就
貼若無事唯約束長吏所修不須過勝餘縣使百姓勞苦

四百四十字

然在下各自竭心常為諸縣之最尋轉館陶長貴鄉吏人
聞之相與言及其事皆歔欷流涕語不成聲及將赴任傾
城送之號泣之聲道路不絕既至館陶闔境老幼皆如見
其父母也號泣之聲未有不受其指麾者君實與郡丞元寶藏相交結
前後令長未有不受其指麾者君實與郡丞元寶藏相交結於
室未嘗輒敢出門逃竄之徒歸來如市貴鄉父老冒涉艱
險詣闕請留德深有詔許之館陶父老復詣郡相訟以貴
鄉詐為證會持部使者韋霽等至兩縣
詣使訟之乃斷從貴鄉貴鄉吏人歌呼滿道互相稱慶館
陶眾庶合境悲泣因從而居住者數百家寶藏深害其能

會越王侗徵兵於郡寶藏遂令德

而寶藏以武陽歸李密德深所領皆武陽人也以本土從

賊念其親戚輒出都門東向慟哭而反人或謂之曰李密

兵馬近在金墉去此二十餘里汝必欲歸誰能相禁何為

自苦如此其人皆垂泣曰我與魏明府同來不忍棄去豈

以道路艱難乎其得人心如此後與賊戰沒於陣貴鄉館

陶人庶至今懷之

論曰為政之道寬猛相濟暑迭代俱成歲功者也然

存夫簡父必藉寬平大則致鼓腹之歡小則有息肩之惠

故詩曰雖無德與汝式歌且舞張舊等皆有寬仁之心至

誠待物化行所屬蜀愛結人心故得所去見思所居而化詩

所謂愷悌君子人之父母豈徒然哉

列傳第七十四　　　　北史八十六

鄭道率　王烈　校正

于洛侯

胡泥

李洪之子神

張赦提趙霸

崔暹

郎珍

田式

燕榮

元弘嗣

王文同

三本刊　三百四十卷刊　北史列傳七十五　（一）　王

夫為國之體有四焉一曰仁義二曰禮制三曰法令四曰刑罰仁義禮制教之本也法令刑罰教之末也無本不立無末不成然教化違而不可以達用刑罰近可以助化而不可以專行可以立威而不可以繁用老子曰其政察察其人缺缺又曰法令滋章盜賊多有然則刑之煩苛更之嚴酷不可致化百世可知矣昔晁錯見前載有時而用之矢昔秦住獄吏赭衣滿道漢章其風矯枉過正禁網踈闊道淪舟邪故太姦巨猾犯義博禮郅都寗成之倫猛氣鷙發擁拉山邪一切以救時弊雖乖教義或有所取焉于洛侯之徒前書編之酷

云

于洛侯代人也為秦州刺史貪酷安忍部人富田熾棒人呂

嗣王文同今撤高遵羊祉郅道元谷楷宋游道盧斐義雲

立此篇隋書有庫狄士文趙仲卿崔弘度各從其家傳其餘並列於此

崔暹郅道元谷楷齊有邸珍胡泥宋游道盧斐義雲

故編於此魏有于洛侯胡泥李洪之高遵張赦提羊祉

狼之不若也其禁姦除猾殄殪劉剄窘之倫異乎君子賊之

善加人之罪事非疾惡其所貪厚多在無辜察其所為犴

者視之如蛇虺過其境者逃之如寇讎冀不懷然居其下

行無禮君子小人咸罹其毒凡所偃職翼不懷然居其下

吏或因緒或必微功遭遇時求恚竊高位肆其褊性多

北史列傳七十五　（二）　王

于洛侯代人也為秦州刺史貪酷安忍部人富田熾棒人呂

勝胵緹一百截其右腕百姓王隴客呂

剌殺人王羌奴王愈二人依律罪死而洛侯生拔隴客舌

剌其本并剌曾腹二十餘癰隨客不堪苦痛隨刀戰動乃

五四柱礫其手足命將絕始斬其首支解四體分懸道路

見者無不傷憤數愕百姓王元壽等一時反叛有司糾劾

孝文詔使者於州常刑人處宣告兵人然後斬洛侯以謝

百姓

胡泥代人也歷官至司衛監賜爵求成侯泥率勒禁中不

憚豪貴殿中尚書叔孫侯頭內直而闕於一時泥以法
繩之侯頭悵與口諍孝文聞而嘉焉賜泥衣服一襲
出為幽州刺史以暴虐范陽以北平陽尼碩學遂表薦之轉為
定州刺史太華殿引見遣侍臣宣詔責之遂就家賜盡
孝文親征命洪之與侍中東郡王陸定捴統諸軍事至
獻文親勤勤務本盜賊止息誅鉏姦黨過為酷虐後為懷
州刺史封汲郡公微拜內都大官河西羌胡領部落反叛
加重賞勳勸務本盜賊止息誅鉏姦黨過為酷虐後為懷
城侯威儀一同刺史河內地連上黨南接武牢地險人悍
后平生故事計長幼為昆季以外戚為河內太守進爵任
為獻文親賜賚太安中珍之等兄弟至都與洪之相見敘元
與相訣經日具條列南方諸兄珍之等手以付洪之遂號
革於文成生獻文元后臨崩太后問其親因言洪之為兄
后在文成生獻文元后臨崩太后問其親因言洪之為兄
后姊妹二人洪之及仁坐事誅元后入宮得
為狄道護軍賜爵安陽男會永昌王仁隨太武南征得元
李洪之本名文通恒農人也少為沙門晚乃還俗賜盡
定州刺史太華殿引見遣侍臣宣詔責之遂就家賜為

（中欄）三　王

大信聽其復業胡人遂降獻文嘉之遷拜尚書外都大官
後為使持節安南將軍秦益二州刺史至州住設禁姦姓之制
有帶刃行者罪與劫同輕重品格各有條章於是大饗州
中豪傑長老示之法制乃夜密遣騎分部覆諸要路有犯
禁者輒捉送州宣告斬決其中枉見殺害者至有百數亦
範渴郎羌深居岩險雖相羈縻而不可道
廣十餘萬步自其里閭撫其妻子間所入十倍於洪之微
將數十騎至其里閭撫其妻子間所入十倍於洪之喜
喜悅求編課調所入十倍於洪之喜御戎夷頗有威惠
而刺吏之聲聞於朝野初洪之微時妻張氏亦聰強婦人
自貧賤至富貴多所補益有男女幾十人洪之後得劉芳
姊女重之踈張氏亦多所產育為兩宅別居偏厚劉室由
是一妻姊競兩宅往來如讎及往西州以劉自隨洪
之素非廉清每有受納時尋文姝建祿制法甚嚴峻遂領
洪之赴京親臨太華庭集群臣于時孝文姝建祿制在家自
裁洪之志性慷慨多所堪忍時孝文姝之以其大臣聽在家自
足十餘奧一時俱下言笑自若接賓不輟及臨盡沐浴衣
帽防卒扶持出入遍怨家庭如是再三泣歎良久乃臥而
是一妻姝競兩宅往來如讎及往西州以劉自隨洪
引藥始姝洪之託為元后兄公私自同外戚至此罪後孝文
乃稍對百官辨其誣假而諸李彌善相視恩紀如親洪之

（中欄）四

始見元后訏年為兄及珍之等至洪之以元后僕定長幼
其呼坐皆如家人暮年數延攜之宴歐醉酌之後時或
言及本末洪之等起而加敬笑語目若富貴赤亦貴賤之
家遂棄本宗附之則珍略以氣尚為名以軍功封長樂縣男
四子長子神少有膽略之等居中行相州事尋正加撫軍
累遷平東將軍太中大夫孝昌中除殿中尚書仍行相州
葛榮盡銳攻之父不能剋會葛榮禽以功進爵為公元
顯榮入洛莊帝比狨以神為侍中又除司徒公元
事軍駕還宮改封安康郡公普泰元年進驃騎大將軍儀
同三司相州大中正薨贈司徒公冀州刺史子士豹襲受
禪例降

張歆提中山安喜人也性雄武有規畫初為武賁中郎時
赦免其暴酷如此軍騎掩捕久弗能獲行者患為赦提為
京畿盜賊斬首稱豹子彪子並善弓馬於靈丘應門間聚為
劫害至乃斬人首剌人膈引腸遶樹而共射之以
於闕下目自見立羅思祖宗門豪溢家盡送京師斬
止三命與之為劫獻文怒之婪裁其家而思祖家黨祖率
寇盜赦提募求捕逐以赦提為遊徼軍將前後擒獲殺之
略盡因此瀛有屠害亢為忍酷既貧且搆文籍此功除幽

州刺史假安喜侯赦提克巳屬約遂有清稱後頗縱妻段
氏多有受內命僧尼因事通請貪虐流聞中散李員香出
使幽州採訪牧守政績員香鹼其罪赦提懼死欲逃其
妻姑為太尉東陽王丕妻恃丕親貴自許詣丕申訴求助
謂赦提曰當為訴理幸得申雪顯寛慶不為異計赦提以
有好牛從索不果令臺使止挾前事故威逼部下拷楚過
極橫以無辜證成誣罪執事恐有不盡使駕部令史趙泰
重往究訊事狀如前奥赦提大辟孝文詔賜死於第將就
盡命妻而責之曰貪濁穢吾者卿也安吾而不得免禍
九泉之下當為仇讎矣又有華山太守趙霸酷暴非理大
使崔光奏霸云不遵憲度威虐任情至乃手聲吏人寮屬
奔走不可以君人字下納之軌物輒禁止在州詔免所居
官

崔暹字元欽本云清河東武城人也世家于滎陽潁川之
間性猛酷少仁恕姦猾好利能事執家初以秀才累遷南
兗州刺史盜用官物貪臧污狼籍為御史中尉李平所糾免
官後行豫州事尋即真道子析戶分隸三縣廣占田宅藏
匿官奴障懷曼侵溢公私為御史中尉毛顯所彈免官
後累遷瀛州刺史貪暴安忍庶患之嘗出獵州北單騎

至人村有汲水婦人退令飲馬因問曰崔瀛州何
不知是邊苦百姓何罪得如此瀛兒不敢默然而去
以不稱職被解還京武川鎮反詔還為都督李崇討之違
崇卽度為賊所敗單騎潛還禁於延尉以女妓園田貨元
義獲免建義初遇害位於河陰贈司徒公冀州刺史追封武
津縣公子瓘字結珍兼尚書左丞年瓚妻莊帝姊也後
封襄城長公主故特贈瑪瑞冀州刺史子茂字祖昇襲祖爵
郎珍字安寶本中山上曲陽人也魏太和中徙居武州鎮
莘昌中六鎮兵起珍逢從杜洛周為賊洛周為榮所吞珍
入榮軍榮為尒朱榮所破珍與其餘黨俱徙并州從齊神

北史列傳七十五 〈七〉 王

武出山東神武起義信都拜珍長史封上曲縣侯除殿州
刺史珍求取無猒大為州人所疾苦後兼尚書右僕射大
行臺節度諸軍車騎梁州將成景攜等解東行圍回軍彭
城珍御下殘酷士眾離心至於土人豪族遇之無禮遂為
州人所害後贈定州刺史司空公
田式字顯標馮翊人也祖安興父長樂仕魏俱為本
郡太守式性剛果多武藝奉勇絕人住周位渭南太守政
尚嚴猛吏人重足而立無敢違法遷本郡太守親故屏跡
請託不行周武帝聞而善之進位儀同三司賜爵信都縣
公擢拜延州刺史從平齊以功授上開府徙為建州刺史

改封梁泉縣公後從韋孝寬討尉遲迥以功拜大將軍進
爵武山郡公及隋文帝受禪拜襄州總管專以立威為務
每視事于外必盛氣以待之其下官屬慄慄無敢仰視有
犯禁者雖至親昵無所容貸其女婿京兆社寧自長安省
之式誠寧無出外寧父之不得遽竊上比樓以暢羇恩式
知之式寧五十其所愛奴曾詣式白寧有蟲上其衣裕揮
袖拂去之式以為慢已立捧殺之或簿吏姦贓部內劫盜
者無問輕重悉禁地牢中寢處糞穢令受苦毒自非身死
終不得出每赦書到州式未暇省讀先召獄卒殺重囚然
後宣示百姓其刻暴如此由是為上所譴除名式慙恚不

食妻子至其所輒怒唯侍僮二人給使左右從家中索板
欲自殺家人不與陰遣侍僮詣市買毒藥妻子又奪棄之
式臥其子信時為陰遣侍儀同至式前流涕曰大人既是朝廷
重臣又無大過比見公卿放辱者多矣旋復升用大人何
能自殺乎乃至於此式欻起抽刀斫信信避之刃中於門上
知之以式為罪已之深復其官爵尋拜廣州總管卒官
燕榮字貴公華陰弘農人也父伉周大將軍榮性剛嚴有
武藝仕周為內侍上士從武帝伐齊以功授開府儀同三
司封高邑縣公隋文帝受禪進位大將軍進封落叢郡公
拜晉州刺史尋從河間王弘擊突厥以功拜上柱國遷青

州揔管在州選絕有力者爲伍伯吏人過之者必加詰問
輒楚撻之劍多見膓姦盜流昇跡境內蕭然他州縣人經其
界者畏若寇讎不敢休息後因入朝覲特加恩遇榮以母
老請毎歲入朝上許之伐陳之役以爲行軍揔管率水軍
自東萊傍海入太湖吳郡旣破丹陽之賊敗吳後除幽州揔管榮所
宇文述所敗保包山榮率精甲踰之賊敗吳共立蕭瓛爲
性嚴酷有威容長吏見者莫不憚懼自失范陽盧氏世爲
事平檢校揚州揔管尋徵爲武候將軍後除幽州揔管榮所執
著姓榮皆署爲吏卒以屈辱之鞭笞左右動至千數流血
及有前飲啗自若官按部道次見叢荊堪爲笞吏命取之輒

北史列傳七十五
〔九〕
弓

而淫之貪員放縱曰其時元弘嗣除幽州長史懼榮恣曰竪子何
邪榜捶如舊榮毎巡省管內開人吏妻有美色輒舍其室
禍之人曰前日被杖許有罪當免及後犯細過將
以試人人或自陳無辜榮曰後有罪自無過尚餘況有過
上知之勅榮曰弘嗣杖十已上罪皆奏聞榮忿曰竪子
敢弄我及遣弘嗣監納倉粟賜得一糠一粃罰不
滿十然一日中或至三數如是歷年怨隙日搆榮遂收付
獄禁絕其糧弘嗣飢抽衣絮雜水咽之其妻詣闕稱冤
遣考功侍郎劉士龍馳驛鞫問奏榮毒虐無狀榮遂
徵還京賜死先是榮家曩室無故有蛆數斛從地境出未

幾榮死於蛆出之處有子詢
元弘嗣河南洛陽人也祖剛魏漁陽王父經周漁陽郡公
弘嗣少龍襲爵十八爲左親衛開皇元年從晉王平陳以功
授上儀同後除觀州長史必嚴峻任軍州人多怨之轉幽
州時揔管燕榮虐厲於弘嗣毎笞囚多以酢灌鼻或楔弋
及榮誅弘嗣爲政酷又甚之毎鞭人皆令長杖以酢灌鼻或楔
其下斂無敢隱情發僞舛息仁壽末授木工監修造船諸
大業初煬帝潜有遼東意遣弘嗣於東萊海口監造船東都
州役丁苦其捶楚官當作畫夜立水中略不敢息自腰
已下皆生蛆死者十三四尋遷黃門侍郎轉殿中少監
遼東之役進位金紫光祿大夫後奴賊寇隴西詔弘嗣擊
之及玄感反弘嗣屯兵安定或告之謀應玄感代王侑遣
執送行在所以無反釋帝疑之除名徙日南道死有子仁

北史列傳七十五
〔十〕

王文同京兆頻陽人也性明辯有幹用開皇中爲
儀同授桂州司馬煬帝嗣位爲光祿少卿以忤旨出爲
山郡贊務有一豪猾每持長吏短前後守令咸憚之
尺餘四面各埋小橛令其人踣心於木橛上纏四支於小
文同下車聞其名而數之因令剡木爲大橛埋之於庭出
橛以棒打其背應時潰爛郡中大駭吏人慴氣及帝征遼

東令文同巡察河北諸郡文同見沙門齋戒采食者以為
祅妄皆收繫之比至河間召郡官人小有遲違者輒覆面
於地而捶殺之求沙門相聚講論及長老共為佛會者數
百人文同以為聚結惑眾盡斬之又裸僧尼驗有淫狀
非童男女者數千人後將殺之郡中士女號哭於路諸郡
驚駭各奏其事帝聞大怒遣使者逮善意馳鎖之斬於
河間以謝百姓慊人剖其棺臠其肉啖之斯須咸盡

玉山講堂刊
三百八十字
北史列傳七十五
〈十一〉

論曰士之立名其途不一或以循良進或以嚴酷顯故寬
猛相資德刑平設然不嚴而化君子所先干洛侯等為惡
不同同歸於酷肆其毒螫多行殘忍賤人肌膚同諸木石
或憂惠俱殞異術皆虐各其宜焉凡百君子以為有天道
輕人性命甚於芻狗長惡不悛鮮有不及故或身嬰罪戮
矣

列傳第七十五　　　　北史八十七

鄭道章　王烈　校正

眭夸

馮亮

鄭脩

崔廓　子賾

徐則

張文詡

蓋兼濟獨善顯晦之殊其事不同由來久矣昔夷齊獲全

於周武華畜不容於太公何哉求其心者許以激貪之用

督其迹者矯以教義之風而肥遯不歸代有其人矣故易

稱遯世無悶不事王侯詩云皎皎白駒在彼空谷禮之儒

有上不臣天子下不事諸侯語曰舉逸民天下之人歸心

焉雖出處殊途語默異用各言其志皆君子之道也洪崖

北其始箕山扇其風七人作乎周年四皓光乎漢日魏晉

以降賤貧或與世同塵隨波瀾以俱逝或違時矯俗望江

湖而獨往狎玩魚鳥為左右琴書拾遺粒而織落毛飲石泉

而庇松柏放情宇宙之外自足懷抱之中然皆欣欣於獨

善鮮汲汲於兼濟夷情得喪志懷夷有比夫邁德弘道匡

俗庇人可得而小不可得而忽也而受命哲王守文令主

北史列傳七十六〈一〉

莫不束帛交馳蒲輪結轍奔走巖谷唯恐不逮者何哉以

其道雖未弘志不可奪縱無舟檝之功然有堅貞之操足

以立懦夫之志息貪競之風與苟得之徒不可同年共日

所謂無用以為用也無為而無不為自叔世澆淳浮風殆

盡求友千齡亦異人矣何必御霞乘雲而追日月窮極天

適求錐刀之末競入成羣而能冥心物表而無不為之流涕

地始為超逸哉案書列本士謙崔廓廓子賾徐則鄭脩為隱逸傳今以

隋書列本士謙附其家傳其餘眭夸馮亮李謐張文詡為隱逸傳云

李謐附其家高邑人也祖邁晉東海王越軍謀掾後

眭夸一名旭趙郡高邑人也祖

沒石勒為徐州刺史父遂字懷道慕容寶中書令夸必有

太慶不拘小節好書傳未嘗以世務經心好飲酒浩然

物表年三十遭父喪號籲致白毎悲哭聞者為之流涕

高尚不仕寄情丘壑同郡李順願與之交夸拒而不許邦

國少長莫不歎願與浩相見浩為司徒奏徵

為中郎辭疾不赴州郡逼遣不得已入京都與浩相見經

留數日唯飲酒談敘平生不及世利浩每欲論屈之竟不

能發言其見敬憚如此浩後敗浩投詔書於夸懷亦不開口

琴曰桃簡簡浩小名浩慚夸即還時浩為司徒奏徵內

北史列傳七十六〈二〉

子

在桑榆乎遂著知命論以釋之及卒葬者如市無

情同朋好或人謂峯曰吾聞有大才者必居貴仕子何獨

更容眭峯父鉅鹿魏攀當時名達之士未嘗備婚之禮

為之素服受鄉人弔峯謝之峯更不受其驟馬亦不復書及浩沒

以所乘路馬為書謝之峯仍左右始得無坐經年送峯本驛馬還將

有私歸之峯乃辭以謝也時朝法甚峻峯既私還

人杖策復路吾當何辭以謝也時朝法甚峻峯既私還

關浩知而歎曰峯獨行士本不應以小職辱之又使其

之廁中冀相纏縶峯遂託鄉人輸租者謬為御車乃得出

馮亮字靈通南陽人梁平北將軍蔡道恭之甥也以博覽

諸書又篤好佛理隨道恭至義陽會中山王英平義陽獲

馬英素聞其名以禮待接亮性清靜後隱居嵩山感英之

德以時展觀英亡亮奔赴…甚哀慟宣武嘗以亮為羽林

監領中書舍人將令侍講十地諸經固辭不許又欲使衣

憒入見若求以幅巾就朝遂不強逼還山數年與僧禮誦

為業蔬食飲水有終焉之志會逆人王敞事發連山中沙

門法而亮被執赴尚書省十餘日詔特免雲亮不敢還山

遠寓居景明寺勅給衣食及其從者數人後思其舊居後

遂寓山室亮飢雅愛山水又兼工思結架巖林其得栖遊之

適頎以此闡宣武給其工力令與沙門統僧暹河南尹甄

深等同視高山形勝之處造閑居佛寺林泉既奇營制又

美曲盡山居之妙亮時出京師延昌三年冬因遇篤疾宣

武敕以馬輿送令還山居嵩高道場寺數日卒詔贈帛二

百四以供凶事遺誡兄子綜殮以衣帢左手持板右手執

孝經一卷置尸盤石上去人數里外積十餘日乃焚於山

灰燼處起佛塔經藏初亮以盛冬喪連日驟雪窮山荒澗

馬獸飢窘僵尸山野無所防護時有壽春道人惠需每旦

往看其屍自地屬天彌朝不絕山中道俗營助者百餘人莫不

服其如本唯風帽巾又以亮識舊南方法師信大棄十枚言

食皮穀在地而亦不傷肌體焚燎之日有素霧翁鬱回繞

期之將來十地果報開亮手以置中經宿乃為蟲鳥盜

雅好經史專意玄門前後將每徵不至岐州刺史魏蘭

根遣致命惝不得已暫出見蘭根尋還山舍蘭根申表

薦惝明帝詔付雍州刺史蕭寶夤訪實以聞會寶夤作逆

鄭惝比海人也必隱於岐南凡谷中依巖結字不交世俗

事不行

崔廓字士玄博陵安平人也父子元齊燕州司馬廓少孤

異焉

資母賤由是不為邦族所齒初為里佐國屢屈於是感
激逃入山中遂博覽書籍多所通涉山東學者賢宗之既
還鄉不應辟命與趙李士謙為忘言友時稱崔李士謙既
死郿哭之慟為之作傳翰之秒府士謙妻盧氏寡居每家
事輒令人諮郿取定郿嘗著論言刑名之理其義甚精文
多不載隋大業中終于家子頵字潛七歲能屬文容貌
授校書郎轉悟律郎太常卿蘇威雅重之毋憂去職性
短小有口辯開皇初秦孝王薦之射策高第詔與諸儒定
至孝水漿不口者五日後微為河南為晉王轉記室參軍自此去
更日來往二王之第及河南為晉王轉記室參軍自此去
豫章王重之不已遺贖書曰昔漢氏西京梁王建國平臺
史傳嘗竊怪之何乃脫略官榮栖遲藩邸以今望古方知
雅志彼二子者豈徒然或足下博聞強記鈎深致遠視漢
臣之三篋似隴蒙山對梁相之五車若吞雲夢吾兄歟賢
重士敬愛忘疲先築郭隗之宮常買駿生之醢今者重開
土宇更哲山河地方七百半龍曲阜城兼七十包舉臨淄
大啓南陽方開東閤想得奉飛蓋曳長裾籍甚其風流也
歌山柱之僊蹇賦竹之檀欒其崇貴也如彼風流也
如此幸甚幸甚何樂如之高視上京有懷德祖才謝天人

多勤子建書不盡意寧俟繁辭顧答曰一昨伏奉教書榮
既非怡心靈自失若乃理高象敷累思而不解事富山
海郭璞注而未詳至於五色相宣八音繁會鳳鳴不足喻
龍章莫之比吳札之論周頌詎盡揄揚郭客之奏陽邁於東
能起節伏惟令王殿下票潤天漢承輝日觀雅道邁於東
平文藝高於北海漢則馬遷蕭望晉則裴頠張華櫛騰
聲鴻池播美望我清塵戀戀路絕祖游燕賞榆漸暮藜霍屢
游本無意於希顏豈有心於慕藺未嘗蔡螢映雪懸
空舉燭無成穿楊盡棄但以燕求馬首辭養雞鳴諫齒鴻
股讀論唯取一篇披莊不過盈尺況復森森間唐水承家門有將相樹
抑揚損上益下誰好有名濫吹先逃何須別聽但慈旨
宣桃李真龍將反易忽屬周桐錫瑞唐水承家門有將相樹
閣高論則不殞令名揚愔若稱王立陵為之不逮曹植德僮豫
荷戴之至謹奉啓以聞豫章書亦求五十石并衣服錢
帛時晉太子薨以疾歸于家後微起居舍人大業四年
人及元德太子薨次河陽鎮藍田令王曇於臨田山得一王人
從駕汾陽宮次河陽鎮藍田令王曇於臨田山得一王人
長三四寸者大領衣冠幘奏之詔問群臣莫有識者頵答

曰謹案漢文帝巳前未有冠幘即是文帝以來所製也臣
見魏大司農盧元明撰嵩高山廟記云有神人以王為形
像長數寸或出或隱出則令世延長伏惟陛下賀天順人
定鼎嵩岳神自見臣甫敢稱慶因再拜百官畢賀天子大
悅賜縑二百匹從駕往太山詔問憒曰何處有羊腸坂
又答曰臣案皇甫士安撰地理志云太原北九十里有羊腸
坂帝曰是也因謂弘崔潘所謂北二五年受
詔與諸儒撰區字圖志二百五十卷以父憂去職尋起令視事遼
真世基許善心演為六百卷

東之役授鷹揚長史置遼東郡縣名皆隨之議也奉詔作
東征記九年除越王長史于時山東盜賊蜂起帝令撫慰
高陽襄國歸首者八百餘人十二年從駕江都宇文化及
之弒帝也引為著作郎稱疾不起在路發疾卒於彭城年
六十九隋與河南元善河東柳䛒晉太原王邵吳興姚察琅
邪諸葛潁都劉焯河間劉炫相善每因休假清談竟日
所著詞賦碑誌十餘萬言撰洽聞志七卷八代四科志三
十卷未及施行江都傾覆感為爐燼
徐則東海郯人也幼沈靜寡嗜欲受業於周弘正善三玄
精於論議聲擅都邑則歡曰名者實之賓吾其為實乎遂

懷栖隱之操杖策入縉雲山後學者數百人苦請教授則
謝而遣之不要事常服中褐陳太建中應召來憩於至真
觀苫月文辭入天台山因絕粒養性所資唯松水而巳錐
隆冬沍寒不服綿絮太傅徐陵為之刊山立頌初在縉雲
山太極真人徐君降之曰汝年出八十當為王者師然後
得道也晉王廣鎮揚州聞其名手書召之曰夫道之妙者
法體自然包涵二儀混成萬物人能弘道道不虛行悟性沖玄
履德之養空齋玄齊物深曉義理頗味法門悅性沖玄恬神
虛白凝松餌朮栖息煙霞望赤城而待風雲游王堂而駕
龍鳳雖復藏名岳竇且騰實江淮藉甚嘉猷有滌素氣
歆承素道父積虛襟側席幽人學想巖宗霜風巳冷海氣

將寒偃息茂林道體休念昔商山四皓輕舉漢庭淮南八
公來儀潘郢古今雖異山谷不殊市朝之隱前賢巳說導
凡述聖思不待蒲輪去彼空谷使人性彼延請想無勞東帛貴
然來思不非先生而誰故道使人性彼延請想無勞東帛貴
人曰吾今年八十一王來召我徐君之旨信而有徵於是
遂詣揚州晉王將請受道法則辭以時日已不便其後夕中
命侍者取香火如平常朝禮之儀至于五更而死支體柔
弱如生停留數旬顏色不變晉王下書曰天台其隱東海
徐先生虛懷凝碓居宗沖玄成德齊物奧外撝行安身草褐蒲

衣飡松餌木栖隱靈岳五十餘年卓矣仙才飄然騰氣千尋萬頃莫測其涯寡人欽承道風久饗德素頻遣使千此延屈虔受上法式建良緣至止甫爾未淹旬日奄塵羽化反眞靈府身體柔軟顏色不變經方所謂屍解羽仙者哉誠復師禮未申而心許有在雖志恒化猶憶千懷喪事所資隨須供給雲裳羽蓋既且騰雲空椰餘衣詭籍壇龍恒杖爲在爾可同俗法宜遣便人送還天台定葬是時自江都至天台在道多見則徒步云得放還至其舊居之於此然後跨石梁而去不知所之須更屍柩至知其靈

四百四十七字

化時年八十二晉王聞而益異之贈物千段遺畫工圖其狀令梛普爲之讚時有建安宋玉泉會稽孔道茂冊陽王遠知等亦行辟穀道以松水自給皆爲煬帝所重

張文詡河東人也父琚開皇中爲涇水令以清正聞文詡博覽群書特精三禮隋文帝方引天下名儒碩學之士文詡游太學特精三禮房暉遠等莫不推伏之書侍御史皇甫誕一時朝身恃執弟子之禮以所乘馬就學邀屈文詡遂每步進意在不因人自致也右僕射蘇威聞而召之與語大悅勸令從官文詡固辭仁壽末學廢文詡策杖而歸灌園爲業州郡頻舉皆不應命事每以孝聞每以德化

人鄉黨頌移風俗嘗有人夜中竊刈其麥者見而避之盜因感悟棄麥而謝文詡慰諭之自誓不言固令持去經數年盜者向鄉人說之始爲遠近所悉鄉家築牆心有不直文詡因毀其牆以應之文詡常有疾累晝者自言善禁文詡令禁之遂爲之所傷至於頓伏枕柁醮所叩頭請罪文詡遽遣之因爲隱謂妻子曰吾昨風眩落坑所致其掩人短皆此類也州縣以其貧素將加賑恤輒辭不受晉閑居無事從容自樂常有處所時人方之閔子騫爲緦於家鄉人爲立碑頌號曰張先生

三百七十九字

論曰古之所謂隱逸者非伏其身而不見也非閉其言而不出也非藏其智而不發也蓋以恬淡爲心不皦不昧安時處順與物無私者也睠言往哲志懷繾綣見毋志立園或隱不違親貞不絕俗或不敢而勸虛徃志歸非有自然純德莫能至此然文詡見傷無慍崔廓感於沈冥不可親踈莫能貴賤皆可謂抱樸之士矣至於肥遯見志在沈冥不可稱祖潛文籍之美足以克隆堂構父子雖動靜殊方其於成名一也美哉

列傳第七十六

北史八十八　　鄭道學　王烈　　校正

晁崇

張深

殷紹

王早

耿玄

劉靈助　沙門靈遠

李順興　檀特師

由吾道榮

顏惡頭

王春

信都芳

宋景業

許遵　麴紹

吳遵世

趙輔和

皇甫玉

解法選

魏寧

綦母懷文

北史列傳七十七

〈一〉

張子信

陸法和

蔣昇

強練

庾季才　子質

盧太翼

耿詢

來和

蕭吉

楊伯醜

臨孝恭

劉祐

張冑玄

北史列傳七十七

〈二〉

夫陰陽所以正時日順氣序者也卜筮所以決嫌疑定猶
豫者也醫巫所以禦妖祥養性命者也音律所以和人神
節哀樂者也相術所以辯貴賤明分理者也技巧所以利
器用濟艱難者也此皆聖人無心因人設教救恤災患禁
止淫邪自三五哲王其所由來久矣昔之言陰陽者則有
箕子裸篦祥慎子韋曉音律者則師曠師摰伯牙杜夔叙
卜筮則史扁史蘇嚴君平司馬季主論相術則內史叔服

姑布子卿傳嘗許負語醫巫則文摯扁鵲季咸華他其巧
思則奚仲墨翟羅平子馬德衡凡此諸君莫不探靈入妙
理洞精微或弘道以濟時或隱身以利物深不可測固無
得而稱矣近古涉乎斯術者鮮有存夫貞多肆其淫僻
厚誣天道或變亂陰陽曲成君欲或假託神怪熒惑人心
遂令時俗祅訛不獲返其真性身罹災毒莫得壽終而死
藝成而下意在茲乎歷觀經史百家之言無不存夫藝術
或叙其迂而玄妙或記其迂誕非徒用廣異聞將以明乎勸戒
是以後來作者咸相祖述自魏至隋年移四代至於遊心
藝術亦爲多矣在魏則有晁崇張深殷紹王早耿玄劉靈

四百三十六字 北史列傳七十七 (三) 占

助江式周澹李脩徐謇王顯崔或薛少遊以術藝擅在
齊則有由吾道榮王春信都芳宋景業許遵吳遵世趙輔
和皇甫王解法選魏尊蔡母懷文張子信嗣明爲方伎
傳在周則有蔣昇姚僧垣黎景熙趙褚該強練以
以爲藝術傳在隋則有庾季才盧太翼耿詢韋鼎來和蕭
吉張胄玄許智藏萬寶常爲藝術傳令撿江式崔或其偽
黎景熙趙文深各編別傳又撿得沙門靈遠興檀特
師顏惡頭并以陸法和徐之才何稠附此篇以備術藝傳
前代著述皆混而書之但道苟不同則其流異今各因其
事以類匯分先載天文數術次載醫方伎巧云

晁崇字子業遼東襄平人也善天文術數爲慕容垂太史
郎從慕容寶敗於參合皆爲道武所獲從平中原拜太史令
詔崇造渾儀還申書侍郎令如故天興五年月暈左角崇
奏占爲角蟲將死旣而牛果大疫興駕數百頭亦同日
斃諸軍焚車而反牛果死帝旣克姚平以崇言之徵遂命
亦多死牛崇弟懿明辯而才不及崇以善比人語爲黃門侍
郎懿好矜容儀被服僭度言音類崇帝左右每聞其聲莫不
鷙慄帝知而惡之後其家奴告懿叛崇引姚興及典冠
平陽帝以奴言爲實執崇兄弟並賜死

四百三十三字 北史列傳七十七 (四) 占

張深不知何許人也明占候自云嘗事佯堅欲征晉深
勸不行堅不從果敗仕姚興爲靈臺令姚泓滅入赫連
昌昌復以深及徐辯對爲太史令統万平深辯見獲以
深爲太史令神䴥二年將討蠕蠕深辯皆謂不宜行與崔
浩爭於太武前深專守常占而不能鈎深辯賾遂故不及浩
後爲驃騎軍謀祭酒著觀象賦其言文多其備遂多不載
又明元時有容城令徐路善占星流計赦須更應至隆宗
宗就禁慰問之路曰昨夜驛馬流星坐爲俄而赦至文道武明元時太史
先信之遂遣人出城候焉而救至文道武明元時太史
令王亮蘇坦太武時破赫連龍得馮弘太史令閔盛孝文時

太史趙攬生並知天文後太史令趙勝趙翼趙洪慶胡世
榮胡法通等二族世業天文又永安中詔以恒州人高崇
祖善天文每占吉凶有驗特除中散大夫永熙中詔通直
散騎常侍孫僧化與太史胡榮太史令張龍趙洪慶及
中書令人孫子良等在門下外省校比天文書集甘石二
家星經及漢魏所來二十三家經占集五十五卷後集諸
家要前後所上雜占以類相從日月五星二十八宿中
外官及圖合為七十五卷僧化東莞人也識星分案文占
以言災異時有所中尒朱兆惡其多言遂繫於廷
尉免官永熙中孝武帝召僧化與中散大夫孫安都共撰

北史列傳七十七　四三十五字

五　王

兵法未就而帝入關遂罷元象中死於晉陽
殷紹長樂人也達九章七曜太武時為算生博士給事東
宮西曹太安四年上四序堪輿表言以姚氏之時行學伊
川遇遊遁大儒成公興從求九章要術興字廣明自云膠
東人也山居隱跡希在人間將臣到陽翟九崖巖瀆沙門
釋曇影聞興即比還臣獨留住依止影所求請九章影復
將臣向長廣東山就道人法穆法稛時共影為臣開述九
章數家雜要復以先師和公所注黃帝四序經文三十六
卷合有三百二十四章專說天地陰陽之本其第一孟序
九卷八十一章說陰陽配合之原第二仲序九卷八十一

章解四時氣王休殺吉凶第三叔序九卷八十一章明日
月辰宿交會王休殺吉凶為表裏第四季序九卷八十一章真釋
六甲刑禍福德以此經文傳授於臣山居嶺嶮不得齎出
尋究經年粗得舉綱要山居嶮難無以自供不堪著迷出
懈怠以甲寅之年日維雞火感物懷歸自爾至今二十五
載臣前在東宮以狀奏聞奉被景穆皇帝詔敕臣撰錄
集其要最仰奉明旨謹審先所見四序經文抄撮要當
世所須吉凶舉動集成一卷上至天子下及庶人貴賤等
級尊卑差別吉凶所用困不畢備未及內呈先帝晏駕
先撰錄謹以上聞其四序堪輿遂大行於世其從子玖亦

北史列傳七十七　四百二十三字

六　王

以學術著名
王早勃海南皮人也明陰陽九宮及兵法善風角明元時
喪亂之後有人詣早求問陰陽術早為設法令各無由是
州里稱之時有東莞鄭氏執勝術得饒人趙氏兇明晨會宗族
當就墓所之時趙氏求救於早早為占候并授以一符曰
君今且還選取七人令一人為行主者佩此符於雞鳴時
伏在仇家宅東南二里平旦當有十人相隨向西北行中
有二人乘黑牛一黑牛最在前一黑牛應第七但捉取第
七者將遽事必無他趙氏從之果如其言乃是鄭氏男五
父也諸子並為其族所宗敬故和解二家趙氏竟免後早

北史列傳七十七

〈七〉

與客清晨立於門內遇有卒風振樹早語客曰依法當有
千里外急使日中時有兩四馬一白一赤從西南來至即
取我通我不聽與妻子別語便入召家人隣里辭別仍
沐浴帶書裹日中出門候使如期果有馬一白一赤從州
而至即促早上馬遂詣行營時太武圍涼州未拔故許彥
薦之早彥師也及至詔問何時當剋帝從之如期而剋與駕還郡又
不兩帝問早日今日申時必大雨比至未猶無片雲帝
召以疾辭乞歸鄉里詔許之遂終於家或言許彥以其術
苦

勝恐終妨己謫令歸之耳
耿玄鉅鹿宋子人也善卜占有客叩門玄在室已知其姓
字弇所貴持及來問之意其所卜第二□□八九別有林占
時或傳之而性不和俗時有王公欲求其筮者玄則拒而
不許每云今既貴矣何所求而復卜也欲望意外乎代京
法禁嚴切王公聞之莫不驚悚而退故玄多見憚忿恐不為
貴勝所親官上鉅鹿太守
劉靈助燕郡人也師事范陽劉弁而蠡跛無賴或時負販
或後劫盜貨於市後事介朱榮信卜筮靈助所占屢
中遂被親待為榮府功曹參軍建義初榮於河陰害王公

北史列傳七十七

〈八〉

鄉士時奉車都尉盧道虔兄弟亦相率朝行宮靈助以其
州里衞護之由是朝士與諸盧相隨兄害者數十人榮入
京師超拜光祿大夫封長子縣公從上黨王元天穆討邢
杲元顥入洛天穆度河會介朱榮於介朱榮於太行及將攻河內令
靈助筮之靈助曰未時必剋時已向中士眾疲怠靈助曰
時將至矣榮鼓之即剋時詔及至北中榮攻城不獲為時
盛暑議欲還靈助曰便剋陷及至北中榮攻城不獲為
十八九間果如言車駕還宮進爵爵燕郡公贈其父僧安為幽
幽州刺史尋兼尚書左僕射慰勞幽州流人北還與都督
侯深等討葛榮餘黨韓婁滅之於薊州務又為幽并

營安四州行臺及介朱榮死莊帝幽崩靈助本寒微一朝
至此自謂方術堪能動衆又以介朱有誅滅之兆遂自號
燕王大行臺以待書作詭道厭祝法人多信之時西河人
讖言劉氏當王又云欲知避世人象書
桃木為待書遂晉陽介朱兆頻戰不利故靈助唱言介朱自
步藩舉兵過晉陽介朱兆頻戰不利故靈助唱言介朱自
然當滅不須我兵由是幽瀛滄莫不惑從之者夜舉
火為號不舉火者諸村共屠之普泰元年率眾至博陵之
安國城與介朱羽生戰戰敗被禽斬於
定州傳首與叱列延慶侯深介朱羽生分其體初靈助每云三月末我必入定

州介朱亦必滅及將戰靈助自筮卦不吉以手折蓍棄之

地云此何知尋見禽果以三月入定州而齊神武以明年

閏三月滅兆等於韓陵山永熙二年贈尚書左僕射開府

儀同三司幽州刺史諡曰恭時又有沙門靈遠者不知何

許人有道術嘗言介朱榮成敗預知其時又言代魏者高

葛榮聞之故自號葛及齊神武至信都靈遠與勃海李嵩

來謁神武待靈遠後殊禮聞其天文人事對曰齊當興東

海出天子今王據勃海是森地又太白與月並宜速用兵

遲則不吉靈遠後罷道姓荊字次德求之不知所在

李順與京兆杜陵人也年十餘乍愚乍智時莫識之其言

未來事時有中者盛冬單布衣跣行冰上及入洗浴略不

惡寒家嘗為齊方食器用不周順與言昆明池中有大荷

葉可取盛餅食其所居池十數里日不移影順與負荷

而歸脚猶泥舉坐驚異後稍出城市常冠道士冠人有

憶者不過數日輒至其家號為李練好飲酒但不至醉

賊並敬之得人所施輒散乞貧人蕭寶寅召順與問曰

朕王可幾年對曰為天子自有百年者十年者一年者

日者事由可知及寶寅敗裁百日也有侯終德者寶寅之

黨寶寅敗後收集反者順與稱其必敗德乃棒殺順與之

城隍中項之起活如初後賀拔岳北征順與與魏收書上

為毛鴻賓等九人姓名者悉放貴遠順與從後提一河東

酒訛以繩繫之於城巷牽行俄而蒲坂降又無何至太傅

梁覽見家庭中即以布衫到覆身上後覽於趙崔反通使東

魏事洩被誅覽以衣到覆覽果如順與之形周文聲至溫泉

順與求乞溫泉東閭驪山下二副地周文曰李練用此何

為對曰有用未幾至溫泉遇惠萃於其地周文象於老君

周文滅周文憶語遂作順與象於老君側

檀特師者名惠豐身為比丘不知何處人飲酒啖肉語嘿

無常逆論來事後皆如言居於涼州宇文仲和為刺史請

之至州內蔴觀既庫乃云何意玄相他官馬官物仲和怒不

聽住涼州未幾仲和拒不受代令獨孤信討之仲和

身死資財沒官周文遺書召之檀特發至岐州會齊神武

來冠王壁檀特曰狗豈能至龍門也神武果不至龍門而

還候景東魏之前勿挺一枝杖頭刻為獼猴復其面

常向西日夜弄之文索一角弓挽之俄而景啟降藝復

背叛人皆以為驗至大統十七年春初勿著一布帽周文

左右鱉問之檀特曰汝亦著王亦著也至三月而魏文帝

崩復取一白絹帽著之左右復閒之檀特云汝亦著王亦

著也未幾丞相夫人薨後又著白絹帽左右復問之云汝
不著王亦著也尋而丞相第二兒武邑公薨其事驗多如
此也俄而疾死

由吾道榮琅琊沐陽人也少為道士入長白山太山又遊
燕趙間聞晉陽有人大明法術乃尋之是人為人家備力
無名者久求訪始得其人道家符水禁呪陰陽厤數天文
藥性無不通解以道榮好尚乃悉授之歲餘是人謂榮云
我本恆岳仙人有少罪過為天官所謫今限滿將歸卿宜
遂吾至汾水及至汾河遇水暴長橋壞船渡艱難是人乃
臨水禹步以一符投水中流便絕俄頃水積將至天是人
徐自沙石上渡唯道榮見其如是傍人咸云水如此長此
人遂能浮過共驚異之如此法道榮所不得也道榮仍歸
本郡隱於琅邪山中辟穀餌松术茯苓求長生之祕又善
洞視蕭軌等之敗於江南其日道榮與道榮言之如目見
人從役得歸者勘問敗時形勢與道榮所說符同尋為文
宣追往晉陽道榮悕野宿不入逆旅至遼陽山中夜初馬
驚有猛獸去馬止十餘步所追人及防援者並驚怖將走
道榮徐以杖畫地成火坑猛獸遽走道榮至晉陽文宣見
之甚悅後歸鄉里隨開皇初備禮徵辟授上儀同三司諫
議大夫沐陽縣公從晉王平陳遂苦辭歸至鄉卒年八十

五又有張遠遊者文宣時令與諸術士合九轉金丹及成
帝置之玉匣云我貪人間作樂不能飛上天待臨死時取
服

顏惡頭章武郡人也妙於易延遊州市觀卜有婦人負橐
粟來卜歷七八皆不中而強索其上粟惡頭尤之上者曰君
若能中何不爲上惡頭因筮之曰登高臨下水洞洞唯聞
人聲不見形婦人曰姓身已七月矣向井上汲水忽聞胎
聲故卜惡頭曰吉十月三十日有一男子詣卜者乃驚服
曰是顏生邪相與具羊酒謝爲有人以三月十三日詣惡
頭求卜遇尨之履惡頭占曰君卜父巳上當上天聞哭
聲勿復歸而有言其人曰父卧疾三年矣昨日雞鳴時氣
盡舉家大哭父勿驚籍云我死惡頭曰卜言如此人來迎欲升天
哭聲遂隆地張頭頭曰更三日當永去果如言人間其故惡
頭曰沇上天下土是今日庚辛本官火故知卜變來言故父言
土入墓又見宗廟文發故知死變見生氣故知蘇死爲口
聲音聲故知哭先乾天也故升天死爲言故言惡頭
故知有言未化入成為土三月土墓成又曰本樂王某年未
後三日至成知三日復死聞又語人曰長樂王某某
其月某日當爲天子有人姓張聞其言數以寶物獻之豫
乞東益州刺史及期果爲天子及姓張擢用之惡頭自言厄在

彭城後遊東都逢彭城王余仲遠將伐番神武於鄴召

惡斬之

惡頭令慈惡頭野生不知避忌高聲言大惡仲遠怒其沮

王春河東邑人也少精易占明陰陽風用蓍神武引為

館客韓陵之戰四面受敵從寅至午三合三離將士皆懼

神武將退軍春叩馬諫曰比至未時必當大捷遂縛其子

諸軍門為質若不勝請斬之賊果大敗後從征討恒令占

其言多中位東徐州刺史賜爵安夏縣公卒贈泰州刺

史

信都芳字王琳河間人也少明筭術兼有巧思每精心研

究或隧坑坎常語人云筭歷玄妙機巧精微我每一沈思

不聞雷霆之聲也其用心如此後為安豐王延明召入賓

館有江南人祖暅者先於邊境被獲在延明家舊明筭歷

而不為王所待芳諫延明禮遇之暅後還留諸法授芳由是

彌復精密延明家有群書欲抄集五經筭及

古今樂事為樂書文張渾天欹器地動銅為漏刻俟風諸

巧事并圖畫為器準平令芳筭之會延明奔芳乃自撰

注後隱於并州樂平之東山太守慕容保樂聞而召之芳

不得已而見焉於是保樂薦之於齊神武為館客

授中外府田曹參軍芳性清儉質撰不與物和紹宗給其

羸馬不肯棄騎夜遣婢待以試之芳忿呼歐擊不聽近已

狷介自守無求於物後亦相注重差勾股後撲擽史宗芳精甚

不已又多所關涉丞相倉曹祖珽謂芳曰律管吹灰術甚

微妙絕來既女思所不至卿試思之芳留意十數日便

得河內葭莩灰用術應節便飛餘灰即不動也為時所重竟不

報珽云吾得之矣然終須河內葭莩爾祖對珽之無驗後

行用故此法遂絕又著樂書近世以靈

漢成帝時學者問蓋天楊雄曰蓋無象之幾乎莫之息吳此言

閎為之鮮于妄人度之耿中丞象之幾千家之息矣此

蓋差而渾密也蓋器測影而造用之日又不同於祖故云

未幾也渾器量天而作乾坤大象隱見難變故云幾乎良

時太史令尹咸窮研晷景蓋易古周法雄乃見之以為難

自昔周公定影仰觀以周髀為法覆仰難殊大歸是一古之

制者所表天效玄象芳以渾筭精微術機萬首故約本

人憲為文蓋天仰觀以周髀為法覆仰雖殊大歸是一古之

為之省要凡述二篇合六法名四術周髀宗又上蓋象芳難兼

興撰新曆自以為長於趙歐何承天亦為此法而不能精靈蠶靈

典五　闕　又私撰歷書名曰靈憲曆筭月頻大頻小食必

以朔諳揚甚甄明每云何承天亦為此法而不能精靈蠶靈

若成必當百代無異議者書未成而卒

宋景業廣宗人也明周易為陰陽緯候之學兼明歷正數魏
武定初任北平太守齊文宣作相在晉陽景業因高德政
上言易稽覽圖曰鼎五月聖人君天位與延年歲東北水中
庶人王高得之謹案東北水謂勃海也高德之明高氏得
天下也時魏武定八年三月也高德政徐之才並勸文宣
應天受禪乃之鄴至平城景業謨乾我宋景業當為帝王
云宋景業誤王宜斬之以謝天下帝曰宋景業當為帝王
師何可殺也還至并州今景業遇乾之鼎景業曰
乾君也天也易曰時乘六龍以御天飛書五月不可入官犯之卒於
夏吉辰順天受詔或曰陰陽書五月不可入官犯之卒於
其位景業曰此乃大吉王為天子無復下期豈得不終於
其位帝大悅天保初封長城縣子受詔撰天保歷李廣為
之序

許遵高陽新城人也明易善筮兼曉天文風用占相逆刺
其歐若神齊神武引為館客自言祿命不富貴不橫死是
以任性疎誕多所犯忤神武常借之芒陰之役遵謂李為
業與曰眠為水陳我為火勝火我必敗果如其言清
河王岳以遵為開府記室岳後將救江陵遵曰此行必致
後凶宜辭疾勿去岳曰勢不免去與君同行遵曰
好與生人相隨勿與死人同路岳彌給其馬以行至都

尋薨三臺初成文宣以上三日不出許遵妻李
氏憂之以問遵遵曰明日當得三百匹絹李氏以若然當
奉三東遵曰不滿十匹既而皆如言文宣無道曰甚遵語
人曰不出冬初栽乃不見文宣以十月崩遵以九月死
言曰多劤筭來喜筮甚此夫何時得死於吳布筭蒲床大
子暉亦學術數遵謂曰汝聽明不及我不勞復舉唯我授以
婦人產榮陽紹者亦善占俠景業欲試之便與郭生俱卜
焉又有榮陽郭生曰火兆郭生曰赤牛先起紹曰青牛
二伏牛何者先起卜得火兆郭生曰赤牛先起紹曰青牛
先起煙先起煙上色青故知青牛起既而如紹言
然景業問其故郭生曰火色赤故知赤牛先起紹曰火將

吳遵世字季緒勃海人也少學易入恒山勿見一老翁授
之開心符魏孝武帝之將即位使之筮遇否之革曰先否後喜
帝曰喜在何時遵世曰剛決乘剛春末夏初也文宣遇明
夷之貞曰初登于天後入于地若能敬始慎終不失法度
無憂矣人地矣終如其言後齊文襄引為大將軍府墨曹恭
軍從遊東山有雲起恐雨遵世候歷剝李業興六坤
上良下剝艮為山山出雲故知有雨遵世云坤為地土制
水故知無兩文襄便催達書之云遵世若筭實絹十四不

著罰杖十業與若著無實不著副杖十業與曰同是著何
獨無賞文襄曰導世著會我意故賞也須更雲散二人各
受賞罰皇建中武成以丞相在鄴下居守自致猜疑甚懷
憂懼謀起立六毎宿輒令導世筮導世云自有大慶由是不
決俄而趙郡王等奉太后令以遺詔追武成更令筮之導
世云比巳作十餘卦其占自然有天下之徵及即位除中
書舍人固辭老疾授中散大夫和士開封王妻元氏無子
以側室長孫為妃令導世筮此卦偶與占同於是起叫
其占書云元氏無子長孫開喜於妙中於占同乃出
而舞導世著易林雜占百餘卷後預尉遲迴亂死焉

〈十七〉　占

武朋於晉陽舜有日矣文襄令與吳導世等擇地頻
卜不吉又至一所筮過章卦凶唯王家用之大吉章家辭云湯
進云章圭於天下人皆凶輔和少年最在敷後
坤上則父入土矣宜得言吉果凶問卜後輔和謂筮者
遇泰筮者云此卦其吉是人出後至有人父疾
陵也有人父為刺史得書云宣館別託相知者筮
武革命應天順人文宣顧云以此地為定即義平
遇乾之晉尉謝令去後告人云乾之遊魂乾為天為父
笠坤上則父入土矣
父變為魂而升於天能無死乎亦如其言大寧武平中笠
趙輔和清都臨漳人也少以明易善筮為齊神武館客神

後宮誕男女及時日多中遂至通直常侍入周亦為儀同
隋開皇中卒
皇甫玉不知何許人也善相人齊文襄之自潁川歸文宣
從後玉於傍縱觀謂人曰大將軍不作物指文宣曰會道
比垂臯演者及文宣即位試玉相術故以帛巾裹其眼使
歷摸諸人至文宣曰此最大貴至石動筩曰當至二
於常山長廣二王竝曰此王亦富貴至高歸彦相曰位極人臣
供膳曰正得好歡食而已王當為高歸彦賜死令復何慮帝以
但及歸亦自我何為反曰公有及骨孝昭曰位極人臣
十死不問王喜曰皇甫玉相臣云當惡死令後何慮帝以
妻以告舍人斛斯洪慶妻洪慶以啓帝怒曰尚婦女小兒
我今去不迴若過日午時當得活既至正中遂斬之文襄曰
時有吳士雙盲妙於聲文襄歷試之聞刀桃枝聲曰有所
評論萬乘主敕召王每照鏡自言兵死及被召謂妻曰
王輒為諸王相心不平之王謂其妻曰殿上者不過二年

〈十八〉　占

崔遇私指之乃謬言亦國王也文時有御史賈子儒亦能相人崔進骨將子
貴況吾身也文襄以為我家奴猶極
使聞趙道德聲相似開太原公亦當為人主聞文襄聲不動
聲與道德相似開太原公當國王也亦繫屬人富貴翕赫不及前人
繫屬蜀然當大富貴王侯將相多死其手壁如鷹大為人所

儒私視文襄子儒曰人有七尺之形不如一尺之面一尺
之面不如一寸之眼大將軍臉薄迫速非帝王相也竟如
言齊代善相者有館客趙瑒其婦權寄弓弓已轉在人處
盡知之時人疑其別有假託不然則姑布子卿不如也初
魏正始前有沙門學相遊懷朝興目見人皆有富貴之表
以為必無此理燼其書而後皆如言乃知言相法不虛也
解法選河內人也少明相術又受易於權會筮亦頗工陳
郡袁叔德以太子　闕
　　　行博陵太守不願之官以親老
言於執政楊愔愔語云既非正除桼當遣代叔德意欲留
後皆如言又為叔德相云公邑邑終為吏部尚書鑒照人物
家而行又頻為和士開相中士開牒為開府行參軍
魏寧鉅鹿人也以善推禄命為館客武成已生年月
託為異人問之寧曰若帝王自有法又有陽子術語人曰是我寧
變辭曰若帝王自有法又有陽子術語人曰是我寧
雄十四犍子拍頭三十二且四八天之大數太上之祚恐
不過此既而武成崩年三十二
蔡母懷文不知何許人也以道術事齊神武武定初齊軍
戰芒山時齊軍旗幟盡赤西軍盡黑懷文曰赤火色黑水
色水能滅火不宜以赤對黑土勝水宜改為黃神武遂改

〈十九〉　引

為趙黃所謂河陽幡者也懷文造宿鐵刀其法燒生鐵精
以重柔鋌數宿則成剛以柔鐵為刀脊浴以五牲之溺淬
以五牲之脂斬甲過三十札今襄國治家所鑄宿柔鋌是
其遺法作刀猶甚快利但不能頓截三十札也懷文又云
廣平郡南幹子城是千將劍處其土可瑩刀懷又云昔在
晉陽為監館館中有一蠕蠕客同館胡沙門指語懷文云
此人數年刀箭當滅阿保當為天子至高德之承之當滅
其實少一子箭若必不少但更箭者干純赤若干純赤自相半於其數
之唯少一子箭若必不少但更箭者干純赤若干純赤自相半於其數
信州刺史又有孫正言謂人曰我昔聞曹普演有言高王
德之謂德昌也滅年號承光即承之矢
諸兒阿保當為天子至高德之承之當滅阿保謂天保也
時出遊京邑甚善魏收文學崔李舒所重當竟為尚藥典
張子信河內人也頗涉文學少以醫術知名恂隱白鹿山
御武平初以太中大夫徵之聽其所志還山又善易筮
及風角之術武衛奚永洛與子信對坐有鵲鳴庭樹翩而
則有口舌事琅邪王五使切召求洛且云辭子信
去後果有風如其言是夜有人喚求洛欲起其妻苦留之稱隆馬脊折不堪動詰朝而難

〈二十〉　引

陸法和不知何許人也隱於江陵百里洲衣食居處一與
戒行沙門同考其自幼見之容色常定人莫能測也或謂
出自嵩高遍遊遍覲既入荊州汝陽郡唯縣之紫石山
無故捨所居山俄有蠻賊文道期以為預見萌
兆及侯景始吉降於梁法和謂南郡朱元英曰貧見檀
越侯景去元英曰侯景為國立効師云擊之何也法和
曰正自如此及景度江法和時在青谿山元英往問之曰景
今圍城亦其事云何法和果宜待熟時固問之曰景
亦剋亦不剋果遣將任約擊梁湘東王於江陵法和乃詣

【湘東王蕭繹傳】【北史列傳七十七】〈二十一〉王

湘東乞征約召諸蠻蜑子八百人在江津二日便殺湘東
遣胡僧祐領千餘人與同行法和登艦大笑曰無量兵馬
江陵多神祠人俗恒所祈禱自法和軍出無復一驗人以
為神皆從行故也至赤沙湖與約相對法和將士曰
一人而破賊歘然有惡劇遂縱火船而迎風不便法和執白
羽角麾風風即返約衆皆見梁兵步步於水上於是大潰皆
投水約逃竄不知所之法和曰吾前於此洲水乾時建一剎語檀越等
得人間之法和曰吾明日午時當得及期而未

此雖為剎實是賊標今不向標下求賊也如其言果死於
水中見約抱剎仰頭裁出鼻遂禽之約言求就師目前死
法和曰檀越有相必不兵死且於王有緣決無他慮王於
後嘗得檀越力戰焉法和既平約往見王僧辯於巴陵約以
兵赴救力戰焉法和謂平湘東果釋用為郡守及魏圍江陵
貧道已邦侯景自然平矣無足可庸能為檀越宜即遂取乃請守
湘東王曰侯景自然平矣無足可慮蜀賊將至遂取乃請還
巫峽待之乃揔諸軍而往親運石以填江二日水遂不流
橫之以鐵鎖武陵王紀果遣蜀兵度峽口勢慮進退不
可王琳與法和經略一戰而殄之軍次曰帝謂人曰諸蠻

【湘東王蕭繹傳】【北史列傳七十七】〈二十二〉王

孔明可謂為名將吾自見之此城旁有其理弩箭鏃一斛
許因插表令掘之如其言又嘗至襄陽城北大樹下畫地
方二尺令弟子掘之得一龜長尺半以杖叩之曰汝欲出
不能得已數百歲不逢我者豈見天日乎為採藥之不過三眠皆
入草初八疊山多惡疾人法和為採藥療之不過三眠皆
差即求為弟子山中多毒虫猛獸法和授其禁戒不復噬
蠻所泊江湖必於峯側結表云此劇處慎勿安止晚雖將
才或少獲報有大風雷船人懼而放生漁者皆無所得
兵猶禁諸軍漁捕有竊違者中夜猛獸必來詣
其船纜有小弟子戴蛇頭來詣法和法和曰汝何意殺

因指以示之弟子乃見蛇頭齧袴襠而不落法和使懺悔
為蛇作功德又有人以牛試刀一下而頭斷來詣法和法
和曰有一斷頭牛就卿徵命殊急若不為作功德一月內
報至其人佛信火日果死法和又為人置宅圖墓以避禍
求福嘗謂人曰勿繫馬於雄其人行過鄉曲門側有碓因
繫馬於其柱上中憶法和戒走出將解之馬已蹷矣梁
元帝以法和為都督郢州刺史封江乘縣公法和不稱臣
其啓文朱印上自稱居士後稱司徒梁元帝謂其僕射
王褒曰我未嘗有此自用陸為三公而自稱何也褒曰彼既
以道術自命容是先知梁元帝以法和功業稍重遂就加

司徒都督剌史如故剖曲數千人通呼為弟子唯以道術
為化不以法獄加人又列肆之所不立而丞牧佐之法無
人領受但以空槛客需在道間上開一孔以受錢買客店人
隨貸多少計其佑限自委槛中所掌之司夕方開取條其
孔目輸之於庫文法和平常言若不出口時有所論則雄
辯無敵然猶帶蠻音善為攻戰具在江夏大聚兵艦欲襲
襄陽而入武關梁元帝使止之法和曰法和是求佛之人
尚不希釋梵天王坐處豈規王位於空王佛所與主上
有香火因緣見主上應有報至故救援其今既被疑是業
定不可改也於是設供食具大餉薄餅及觀舉兵法和自

郢入漢口將赴江陵梁元帝使人逆之曰此自能破賊師
但鎮郢州不須動也法和乃還州堊其城門著衰白布衫
袴布邪巾大繩束髮坐葦席終日乃脫之及聞梁元帝敗
復取前盛服著之哭泣受弔梁人入觀梁柱曰後四十許
始於百里洲造壽王寺既架佛殿更載梁平河王岳進軍
年佛法當遭雷電此寺幽僻可以免難及魏剋周氏滅佛
焚燒按管欲發取壽王佛殿嫌其材短乃傳後河氏滅佛
法此寺獨在陳境破不及難天保六年春清河王岳進軍
臨江法和舉州入齊文宣以法和為大都督十州諸軍事
太尉公西南大都督五州諸軍事荊州刺史安湘郡公宋

往為郢州刺史邑爵如故位弟遣為散騎常侍儀同三司
湘州刺史餘官爵如故位弟遣為散騎常侍儀同三司來過江夏聚軍棄城而退
法和與宋弘宗兄入朝文宣聞其有奇術虛心想見之備
馬禹步宰羊於城南十二里供帳以待之法和遙見鄴城下
三公鹵簿身持百人詣闕通名不稱臣但云荊山
居士文宣宴法和及其徒屬於昭陽殿賜法和錢百萬物
絡網車仗身持百人詣闕通名不稱爵不稱臣但云荊山
萬段甲第一區田一百頃奴婢二百人生資什物稱是宋
往千段其餘儀同剌史以下各有差法和所得奴婢盡免

之曰各隨緣去錢帛散施一日便盡以官所賜宅營佛寺

自居一房與凡人無異三年間再爲太尉世猶謂之居士

殄疾而告第子宛期至時焼香禮佛坐繩牀而終浴訖將

殄兔小縮止三尺許文宣令開棺而視之空棺而已法和

書其所居屋壁而塗之及剝落有文曰十年天子遞代坐又曰一母生三天兩

天共五年說者以爲如火周年天子遞代坐又曰一母生三天兩

百日天子急如火周年天子自孝昭即位至武

天共五年說者以爲如火周年天子自孝昭即位至武

自稱越姓身披法服不肯嫁娶恒隨法和東西或與其私

成傳位後主共五年爲業列更恠謠有司考驗竟實越姝因

通十有餘年今著賜葉列

爾改適生子數人

蔣昇字鳳起雄平河人也少好天文玄象之學周文雅

信待之大統三年東魏潼關開周文出師爲牧澤

時西南有黄紫氣抱日從未至西周文謂昇曰此何祥也

昇曰西南未地主土王四李秦分今大軍既出喜氣下

臨必有大慶於是與秦戰禽之自後遂降河東剋弘農破

沙苑由此愈被親禮九年春王在東榮惑又在井鬼分行軍來附周文欲

遣兵援之昇曰將軍至芒山不利而還太師賀拔勝怒曰將軍非便合

文不從軍文曰將昇固諫曰師出不利此敗也孤自取之恭

萬死周文曰將昇固諫曰師出不利此敗也孤自取之恭

帝元年以前後功授車騎大將軍儀同三司封高城縣子

後除太中大夫以年老請致事詔許之加定州剌史卒於

家

強練不知何許人也亦不知其名字先是李順興與語黙不

怡好言未然之事當時號爲李練世人以強類之故亦呼

爲練爲容貌長壯有異於人神情敬悅莫之能測意欲有

所說達人輒言若值其不欲言縱苦加祈請不相酬答初

聞其言略不可解事過後徃徃有驗恒寄住諸佛寺好行

人家兼歴造王公郎第所至人皆敬信之晉公護未誅前

練曾手持一瓢到護第門外抵破曰瓢破子苦時柱國平

高公侯伏龍恩深被任委強練至龍恩呼其妻元氏及

其妾滕并婢僕等並令坐而護呼夫人苦辭不

肯強練曰汝等一例人耳何有貴賤遂逼就坐未幾而護

誅諸子竝死龍恩亦伏法仍籍没其家建德中每夜上街

衢邊摣大哭繞迦年尼佛或至申旦如此者累月聲甚哀

苦俄而廢佛道二教大象末文以一無底囊盛廚長安市肆

告乞市人爭以米麥遺之強練張囊受之隨即漏之於地

人或問之強練曰但欲使諸人見盛空耳至隋開皇初果

移都於龍首山城遂空廢後莫知其所終又有蜀郡衛元

嵩者亦好言將來事蓋江左寶誌之流天和中遂著詩預

極論之

庾季才字叔奕新野人也八世祖滔隨晉元帝過江官至
散騎常侍封遂昌侯因家于南郡江陵縣祖詵南史有傳
父曼倩光祿卿季才幼穎悟八歲誦尚書十二通易好占
玄象居喪以孝聞梁湘東王繹引授外兵參軍西臺建累
遷中書郎領太史封宜昌縣伯季才固辭太史卿何憚為賤
漢司馬遷歷世居業高堂隆猶領此職卿何憚焉梁元帝曰
顧明星歷謂曰朕猶慮禍起蕭牆季才曰秦將入郢陛下
宜留重臣作鎮荊陝還都以避其惠帝初然之後與吏部
尚書宗懍等議乃止俄而江陵覆滅周文帝一見深加優
禮令象掌太史曰卿宜盡誠事孤當以富貴相答初荊覆
云衣冠士人多沒為賤季才散所賜物購求親故周文問
何能若此季才曰郢都覆敗君信有罪搢紳何咎皆為賤
謙誠編泵之故購贖耳周文乃悟曰微君信言之失天下之望
因出令梁俘為奴婢者數千口武定二年與王褒庾信
同補麟趾學士累遷稍伯大夫後宇文護執政問以天道
徵祥對曰頃上台有變不利宰輔公宜歸政天子請老及
門護沈吟久之目吾本意如此但辭未獲免是漸踈及
護英威閱其書記有假託符命妄造異端者皆誅唯得季

（北史列傳七七　二十七）

才兩紙盛言緯候宜免政歸權帝謂少宗伯斛斯徵曰季
才甚得人臣之禮因賜粟帛遷太史中大夫詔撰靈臺秘
苑封臨潁縣伯宣帝嗣位加驃騎大將軍開府儀同三司
及隋文帝為丞相嘗夜召問天時人事季才曰天道精微
難可恐察竊以人事卜之符兆已定季才縱言不可公得
為箕穎事乎帝默然父之曰吾今譬騎猛武誠不得下矣因
賜以綠帛五十愧公此意大定元年正月季才上言今月戊
戌平旦青氣如樓闕見國城上俄而變紫逆風西行氣經
云天不能無雲而兩皇王不能無氣而立今王氣已見須
即應之二月日出卯入酉居天之正位謂之二八之門日
者人君之象人君正位宜用二月其月十三日甲子甲為
六甲之始子為十二辰之初甲數九子數又九九為天數
其日即是驚蟄陽氣壯發之時昔周武王以二月甲子定
天下享年八百漢高帝以二月甲子即帝位享年四百故
知甲子甲午為得天數今月甲子宜應天受命上從之開
皇元年授通直散騎常侍帝遷都與高熲蘇威二人
定議季才及太史上奏臣仰觀玄象俯察圖記龜兆允襲必有遷
都漢嘗此城經今將八百歲水皆鹹鹵不甚宜人願為遷
徙計帝愕然謂熲等曰是何神也遂發詔施行賜季才
絹布及進爵為公謂曰朕自今已後信有天道於是令季

（北史列傳七七　廿八）

才與其子質撰垂象地形等志謂曰天道秘奧推測多途
執見不同不欲令外人干預此事故令公父子共為之及
書成奏之賜米帛甚優九年出為均州刺史時議以季才
術藝精通有詔給還季才局量寬弘術業儻博篤於信義志好
會張胄玄歷行及表充言曰景長上以問季才因言不許
為仁壽三年卒季才局量寬所有祥異常令人就家訪
上大怒由是免職給半祿歸河東裴政及宗
寶遊常吉曰良辰與琅邪王襃彭城劉轂河東裴政後進
人言等為文酒之會火有劉臻明克讓梆晋之徒雖後進
亦申逖欽撰靈臺秘苑死　一百二十卷垂象志一百四十二
卷地形志八十七卷竝行於世

子質字行脩早有志尚八歲誦梁元帝玄覽言志等十賦
拜董子郎佳隋累遷隴州司馬大業初授太史令操履貞
懿立言忠鯁每有災異必指事面陳煬帝多忌劉齊王暕
亦被猜嫌賀子儉時齊王由是出為合水令八年帝親伐遼東徵
我乃使兒事齊王由是出為合水令八年帝親伐遼東作
至臨渝閱東伐剋不對曰未見賊而自退賀曰願安駕住
此色曰朕今授規兵剋至此豈可未見賊而自退賀曰願安駕住
住此命將授規事宜在速緩必無功帝不悅曰汝既難行今段何如

對猶執前見帝怒曰我自行尚不能剋遣人豈有成功帝
遂行既感反斛斯政及高麗帝大懼遽歸謂賀曰
卿前既不許我行當成此耳今玄感平賀曰今天下一家
未易可動帝曰然入斗楚分玄感之封今
火色衰謝終必無成十年帝自西京將往東都賀諫宜鎮
悅賀辭疾不從帝聞之怒道馳傳鎖賀詣行在所至東都
撫關內使百姓歸農三五年業兼有學識住歷裏武元
德太子與士齊王儉義寧初為太史令
盧太翼字協昭河間人也本姓章仇氏七歲詣學日誦數
千言州里號曰神童及長博綜羣書尤善占候筭歷之術
隱於白鹿山徙居林慮山茱萸澗受業者自遠而至初無
所拒後憚其煩迺逃於五臺山地多藥物與弟子數人廬於
巖下以自致隋太子勇聞而召之太翼知太子必
不為嗣謂所親曰吾拘迫而來不知所稅駕也及太子廢
坐法當死文帝惜其才配為官奴父乃釋其後目盲以手
摸書而知其字仁壽末帝將避暑仁壽宮太翼固諫曰恐
是行鑾輿不反帝大怒繫之長安獄期還斬之帝至仁壽
疾臨崩命皇太子釋之及煬帝即位漢王諒反帝問之答曰
何所能為未幾諒果敗帝從容言天下氏族謂太翼曰卿

姓韋仇岳之胄與盧同源於是賜姓盧氏大業九年從
駕至遼東太冀言黎陽有兵氣後數日而楊玄感反書聞
帝甚異之數如實賜太冀所言天文之事不可稱數關諸
祕密時莫能闚後數歲卒於雒陽

耿詢字敦信丹楊人也滑稽辯給巧絕人陳後主時以
客從東衡州刺史王勇於嶺南勇卒詢不歸會重率僅反叛
推詢字柱國王世積於之富僧季有巧思世積
釋之以為家奴父之見其故人高智寶以象直太史詢之
死於閒室中使智寶外候天時動合符契世積知而奏之
死帝配詢為官奴給太史局後賜蜀王秀從姓益州秀罾

四百十八字

信之及秀廢後當誅何稠言耿詢之巧思若有神上於是
特原其罪詢作為上刻漏世稱其妙嘗即位進歇器帝
善之免其奴歲餘授右尚方署監事七年車駕東征詢上
言曰遼東不可討師必無功帝大怒命左右斬之何稠苦
諫得免及平壤之後從至黎陽謂其妻曰近觀人事遠察天文
化及敗李氏當王吾知所歸笑誅欲去之為化及所殺

宇文弘順京兆長安人也少好相術所言多驗周大冢

來和字弘順京兆長安人也少好相術所言多驗周大家
著為情占一卷行於世

宰宇文護引之左右累遷儀伯下大夫封渭水縣男隋文
帝微時詣和曰公當王有四海又為丞相拜儀同既受禪
進爵為子開皇末上表自陳龍潛所言普陛下在周
與永富公宇定語臣曰我聞有行聲即識其人臣當時
即言公眼如曙星無所不照當王有天下願忍誅殺建德
四年五月周武帝在雲陽宮謂臣曰諸公皆汝所識隋公
即言公止於隋公止於鄭公可鎮一方若為
將領陣無不破臣即於帝前奏聞陛下謂臣此語不忘
明年烏丸軌言於武帝曰隋公非人臣相干時王誼房光等
相有疑臣詭報曰是鄭臣更無異相干時王誼房光等
帝有疑臣詭報曰是鄭臣更無異相
知臣此語大象二年五月至尊從永巷東門入臣在永巷
門東北面立陛下問臣曰我得無災郭不臣奏陛下曰公
骨法氣色相應天命已有付屬未幾遂撫攬覽之大
悅進位開府和同郡韓則宣詣和相謂
大官人初不知所謂則至開皇十五年為三五加以五月
此類著相經三十卷道士張賓焦子順董子華等
和曰十五年為三五加以五月五日終人問其故
及踐位以賓為華州刺史班私謂帝曰公當為天子善自愛受
此三人當文帝龍潛時並私謂帝曰公當為天子善自愛受
蕭吉字文休梁武帝兄長沙宣武王懿之孫也博學多通

四百三十九字

尤精陰陽等術江陵復二歸于魏為儀同司宣帝時吉以
朝政日亂上書切諫帝不納及隋受禪進上儀同以本官
太常考定古今陰陽書吉性孤峭不與公卿相浮沈又與
楊素不協由是擯落檃鬱為開皇十四年上書曰今年歲
没自進遂矯其迹為悅媚為閉皇十四年上書曰今年歲
在甲寅十一月朔旦以辛酉為冬至之來年乙卯正月朔旦
以庚申為元旦日冬至之日即在朔旦至樂汁圖徵云天元十
二月朔旦冬至聖王受享祚今聖王在位居天元之首而
朝旦冬至此慶一也辛酉之日即至於本命辛德在寅正月建寅為本命與月合德而
在甲寅十一月朔旦以辛酉為冬至之來年乙卯正月朔旦
以庚申為元旦日此慶二也庚申之日即是行年乙卯德在庚卯
居元朔之首此慶二也庚申之日即是行年乙卯德在庚卯
德在申來年乙卯是行年與歲合德而在元旦之朝此慶
三也陰陽書云元命與歲月合德者必有福慶洪乾傳云
歲之朝月之朝主者經書並謂三長應之者延
年福吉況乃甲寅部首十一月陽之始朔旦冬至是聖王
之朝日之先嘉辰之會而本命為九元之先行年為三月
上元正月具正陽之月歲月之首月之始朔旦冬至是聖王
之首並與歲月合德所以審寶經云角音龍楠其祚曰強
來歲年命納音俱角歷之與經如合符契又甲寅乙卯以天
地合也甲寅之年以辛酉冬至來年乙卯以甲子夏至冬

至陽始郊天之日即是至尊本命此慶四也夏至陰始祀
地之辰即是皇后本命此慶五也至尊德並會乾本辰之覆育皇
后仁同地之載養所以二儀元氣並會本辰上聖之悅賜
物五百段房陵王時為太子東宮多鬼魅鼠妖數見上
今吉詣東宮襄邪氣於宣慈殿設神坐有回風從艮地鬼
門來入門升赤帝坐還從人門而出行數步忽然不見上
土於掃太子坐以桃湯葦火驅逐之風出宮門而止謝
之異之賞賜優洽又言太子當不安位上十陰欲廢立
得其言吳之由此每被顧問及獻皇后崩太吉卜擇葬
所吉歷筮山原至一處云卜年二千世二百具圖而奏
之上曰吉凶由人不在於地高緯父葬豈不平國尋亦滅
亡正如我家墓田若云不吉朕不當為天子若云不凶我
第不當戰没竟從吉言表上去十六日皇后山陵西
北雞未鳴前有黑雲方圓五六百步從地屬天東南又有
雄旗車馬帳幕布滿七里并有人往來檢校部伍甚整
日出乃滅從見者十餘人謹案葬書云氣王與姓相生大
吉今氣表復表云云大吉利子孫無疆之候也
上大悅其後上將親臨發殯吉復奏曰至尊本命辛酉今
歲斗魁及天岡臨卯酉謹案陰陽書不得臨喪上不納退

而告族人蕭平仲曰皇太子遺宇文左率深謝余云前
稱我當為太子竟有驗終不忘也今卜山陵務令我早立
我立之後當以富貴相報吾記之曰後四載太子得政隋其御天下
今山陵氣應上又臨喪北益見矣且太子得政隋其云乎
當有真人出矣前給云卜年二千者是三十字也卜世
二百者取世二運也吾言信矣汝其誌之及煬帝嗣位拜
太府少卿加位開府嘗行經華陰見楊素家上有白氣屬
天密言於帝帝聞其故吉曰其候素家當有兵禍滅門之
象敗葬者庶可免乎帝後從容謂楊素曰公宜早改葬
玄感亦微知其故以為吉祥託以遼東未滅不遑私門之
事未幾而玄感以反族滅帝彌信之後歲餘卒官著金海

四百二十 北史列傳七十七 ◢三十五◣

三十卷相經要錄一卷宅經八卷葬經六卷樂譜二十卷
及帝王養生方二卷相手版要決一卷太一立成一卷並
行於時
楊伯醜馮翊武鄉人也好讀易隱於華山隋開皇初徵入
朝見公卿不為禮無貴賤皆汝之人不能測也文帝召與
語竟無所答賜衣服至朝堂捨之而去於是被髮陽狂游
行市里形體垢穢未嘗櫛沐時有張永樂者賣卜京師伯
醜每從之游永樂嗟服自以為非所及也伯醜亦開肆賣卜

有人嘗失子就伯醜筮者卦成伯
醜曰汝子在懷遠坊南
門東道北壁上有青幕女子抱之可往取也如言果得或
有金數兩夫妻莊藏之於後失金其夫意妻有異志將逐
之其妻稱冤以詣伯醜為之筮曰金在矣呼其
人指一人曰可就取果得之文將軍許知常問吉凶常
曰汝勿東北行必不得已當速還不然者楊素斬汝頭未
幾上令知常與楊素有隙俄卒并州先訪知常知常逃歸京
師知常畏事漢王諒兵及知常將斬之賴
此獲免又有人失馬來詣伯醜上者時伯醜為卦成曰向西而
召在途遇之立為作卦成曰我不遑為卿說且向西
更有一人牽所失馬而至遂禽之崔州嘗獻徑寸珠其使
東壁門南第三店為我買角作鱠當得馬矣其人如教須
上如言薄責之果得本珠上賜帛二十四匹用鄭玄王弼
何妥嘗詣之論易聞汝之言悠爾而笑曰何用鄭玄王弼
質圓而色光是大珠也令為人所隱具言隱者姓名容狀
著陰易之上心疑焉召伯醜令筮曰有物出自水中
之言乎久之微有辯答所說辭義甚異先儒之旨而思理
玄妙故論者以為天然獨得非常人所及也竟以壽終
臨孝恭京兆人也明天文算術隋文帝甚親遇之每言災
祥之事未嘗不中上因令考定陰陽書官至上儀同著歙

四百三十九 北史列傳七十七 ◢三十六◣

北史列傳七十七

器圖三卷地動銅儀經一卷九宮五墓一卷道甲錄十卷元辰經十卷元辰尼百九卷百怪書十八卷祿命書二十卷九宮龜經一百二十卷太一式經三十卷孔子馬頭易卜書一卷並行於世

劉祐榮陽人也隋開皇初爲大都督寀封蓐縣公其所占候合如符契文帝甚親之初與張賓劉輝馬顯定歷後奉詔撰兵書十卷名曰金韜上善之復著陰策二十卷觀臺飛候六卷玄象要記五卷律歷術文一卷婚姻志三卷産乳志二卷式經四卷四時立成法一卷安歷志十二卷歸正易十卷並行於世

張胄玄勃海脩人也博學多通尤精術數冀州刺史趙煚薦之隋文帝徵授雲騎尉直太史參議律歷事時董壽劉暉馬顯鄭元偉劉宜等甚忌之然暉言多不中胄玄所推步甚精密上異之令楊素與術士數人立議六十一事皆舊法久難通有令暉與胄玄辯析之暉杜口一無所答胄玄通者五十四焉由是擢拜員外散騎侍郎兼太史令賜物千段暉又黨與八人皆斥逐罷攻定新歷言前歷差一日內史通事顏敏楚上言曰漢時落下閎改顓項歷作一日云後當差一日八百年當有聖者定之計今上大去七百一十年術者舉其成數聖者之謂其在今乎上大

三十七　王

悵漸見親用胄玄所謂歷法與古不同者三事其一宋祖沖之於歲周之末創設差分久之漸移不循舊軌每四十六年却差一度至梁虞劇歷法嫌沖之所差太多因以百八十六年却差一度胄玄以此二術年限懸隔迢檢古注所失極多遂折中兩家以爲度法太宗當其二周移八十三年却行一度則上元時日永星火次寅元歷宿起牛初明其前後迢皆密當其二周馬顯造景寅元歷有陰陽轉法加減章分退蝕餘乃推定日劇開此數當時術者多不能曉張賓因而用之莫能考正胄玄以爲加時先後遂因氣象差就月爲斷於理未可乃因二十四氣列

北史列傳七十七

其盈縮所出實由日行遲疾則月逐日易及令合朔加時早日行速則月逐月少遲令合朔加時晚檢前代加時早晚以爲損益之率日行自秋分已後至春分已前即其率八十二日而行一百八十度自春分已後至秋分已前計二百八十二日而行一百七十六度每氣之下即其率也其三自古諸歷朔望日逢交不蝕不閏內外入限便蝕張賓立法劍有外限應蝕猶未能明胄玄以行黃道內十三日有奇而出又行道外十三日有奇而入周天月行月道二十七日有餘而行一周天月道交絡黃道歲一終而復始月經黃道謂之交朔望去交前後各五度以下

三十八　王

即為當蝕若乃行內道則在黃道之北蝕多有驗月行外
道在黃道之南也羅遇正人無由揜映蝕多不驗因前
法別立定限隨及逐氣求差損益蝕分毎事皆明著其
超古獨異者有七事其一古歷一五星行度皆守恒率見伏
盈縮悉無格準胄玄積候之各得真率合見之數與古不同
其差多者至加減三十許日即如熒惑平見在雨水氣
均加二十九日見在小雪氣則均減二十五日加減平見即
以為定見諸星各有盈縮之數甘如此例俱差數不同特
其積候所知時人不能原其日其二辰星舊率一終再見
凡諸古歷皆以為然見不見人未能測而出即如辰星
星一終之中有時一見及同類感召相隨而出即如辰星
平晨見在雨水者應見即不見若平晨見在啟蟄者去當
十八度外三十六度内最長有木火土金一星在啟蟄者亦相隨見
其三古歷步術行有定限自見已後依率而推進退之期
莫知多少胄玄積候知五星遲速留退真數甘與古法不
同多者差八十餘日留所在亦差八十餘度即如熒惑
前疾初見在立夏初則行二百五十日行一百七十七度定
見夏至初則一百七十日行九十二度追步天驗今古皆
密其四古歷五星食分依平即用推驗多少胄玄數率符胄玄積
候知月從木火土金四星行有向背月向四星即速背之

則遲皆十五度外及循本率逐於交分限其多少其五古
歷加時朔望同術胄玄積候知所在隨方改變傍正
高下毎厥不同交有淺深遲速亦異約時立差皆會天象
其六古歷交分即為蝕數去交十四度皆食交
三度食二分去交十度皆食三分每近交皆食益
即蝕既其應多少自古諸歷未悉其原胄玄積候知當交
之中月掩日便盡故其蝕乃既自此以後更遠者其蝕又少
之前後在交至昏胄二分即蝕分
最為詳密其七古歷二分晝夜皆等胄玄積候知其有差
春秋二分晝多夜漏半刻皆由日行遲疾盈縮便其然也
凡此胄玄獨得於心論者服其精密大業中卒于官

鄭道寧　　王烈　　校正

周澹

李脩

徐謇　從孫之才

王顯

馬嗣明

姚僧垣

褚該

許智藏

萬寶常

蔣少游

何稠

二百卅字【北史列傳七十八】　〈一〉

周澹京兆鄭人也多方術尤善醫藥遂為太醫令明元帝
苦風頭眩澹療得愈由此位特進賜爵成德侯神瑞二年
京師飢朝議遷都於鄴澹與博士崔浩進計言不可
明元曰唯此二人與朕意同詔賜澹浩妾各一人卒諡曰
恭

李脩字思祖本陽平館陶人也父亮少學醫術未能精究
太武時寄宋文就沙門僧坦略盡其術針灸授藥固不有
效徐究間多所救恤亮大為聽事以舍病人死者則就而

棺殮親弔視其仁厚若此累遷府佐督護本郡士門
宿官咸相交昵車馬金帛酬賚無貲朝請略與兄同晚
赴平陽亦導父業令以功賜爵下蔡子遷給事中太和中
入代京歷位中散令以功賜爵下蔡子遷給事中太和中
常在禁內文明太后時有不豫脩侍針藥多効賞賜累加
車服第宅號為鮮麗集諸學士及工書者百餘人在東宮
撰諸藥方百卷皆行於世先是咸陽公高允年且百歲
而氣力尚康孝文文明太后時令脩診視之一旦奏言脉
竭氣微大命無遠未幾果亡後灤於太醫令贈青州刺史

徐謇字成伯丹楊人也家本東莞與兄文伯等皆善醫藥
謇因至青州慕容白曜平東陽獲之送京師獻文欲驗其
能置病人於幕中使謇隔而脈之深得病形兼知色候遂
被寵遇為中散稍遷內行長文明太后時問經方而性秘
李脩之見任用謇合和藥劑攻療之驗精於脩而性稍
悋承奉不得其意雖貴為王公不為措療也孝文遷洛中
加春待體小不平及所寵馮昭儀有病旨令療文除中
散大夫轉待御師謇欲為孝文合金丹致延年法乃入居
萬高採營其物歷歲無所成遂罷二年上幸縣瓠有疾大
漸乃馳驛召謇令水路赴行所一日一夜行數百里至諮
省有大驗九月車駕次于灄濱乃大為謇設太官珍膳因

四百卌字【北史列傳七十八】　〈二〉

集百官特坐養于上席遍陳餚膳于前命左右宣養救攝
危篤振濟之功宜加酬資乃下詔襄美以養為大鴻臚卿
金鄉縣伯又賜錢絹雜物奴婢牛馬事出豐厚具經內呈
諸親王咸陽王禧等各有別資延至千四從行至鄴上猶
自發動養曰夕左右明年從詣馬圉上疾遂逐其盛盛不
怡每加切諭又欲加之鞭捶幸而獲免帝崩後養隨梓宮
還洛養常有將餌及吞服藥年垂八十而顏貌疑不白力未
史謐曰靖子踐字景昇歷爵位建與太守文伯仕南齊位
多衰正始元年以老辛光祿大夫卒贈安東將軍齊州刺
東莞太山非闻陵三郡太守子雄貧外散騎侍郎術為江
左所稱事並見南史雄子之才幼而僬發五歲誦孝經八
歲略通義旨曾與從兄康造梁太子詹事汝南周捨宅聽
老子捨為設食乃戲之曰徐郎不用心思義而便食乎
之才答曰蓋聞聖人虛其心而實其腹捨嗟賞之年十三
召為太學生粗通禮易及喪服儀如嚮感共歎曰此神童
也孝綽又云徐郎鷰鷰領有班定遠之相陳郡袁昂領丹楊
尹辟為主簿人務宜皆被顧訪郡解遇火之才起望夜
嶮等每共論周易及喪服儀昂所見功曹白請免職
中不著衣披紅眠帕出房映光為昂所見功曹白請免職
昂重其才術仍特原之豫章王綜出鎮江都復除豫章王

國左常侍文轉綜鎮比圭簿及綜入魏三軍散走之才退
至呂梁橋斷路絕遂為魏統軍石茂孫所虜綜入魏句月
位至司空魏聽綜收斂衛屬乃訪知之才還宅多效
云之才大善醫術兼有機辯詔徵之才孝昌二年至洛帝
居南館禮遇甚優養子踐啟求之才還宅藥石多效
文闗涉經史發言辯捷朝賢競相要引為之延譽武帝時
封昌安縣侯天平中齊神武徵赴晉陽帛在內館禮遇稍
厚武定四年自散騎常侍轉秘書監文宣作相普加黜陟
楊愔以其南土不堪典掌功程且多暗往全廢易務轉授
金紫光祿大夫以魏收代之之才甚快怏不平之才少解天
文兼圖讖之學共館客宋景業来校吉凶知午年必有革
易因高德正啟之文宣聞而大悦時自妻太后及勲貴臣
咸云關西既勃敵恐其有挾天子令諸侯之辭不可先
行禪代事之才獨云千人逐兔一人得之諸人咸息須定
大業何容翻欲學文援引讖緯有條目帝從之登祚
後彌見親密之才非惟醫術尋除侍中封池陽縣文戲謔
滑稽言無不至於戝大被狎昵進亦為首唱禪代文戲諧
文宣政令轉嚴求出除趙州刺史未之官竟不獲述職猶為弄臣
皇建二年除西兗州刺史武明皇太后不豫之才
瘵之應手便愈昭賜綵帛千段錦四百匹之才既善醫

術雖有外授頃即徵還既博識多聞由是於方術尤妙大
寧二年春武明太后又病之才弟之範為尚藥典御敕令
診候內史皆令呼太后為石婆蓋有俗忌故改名以厭制
之之範出告之才曰童謠云周里政求伽豹祠嫁石婆蓋有好事斬家
家作媒人唯得一量紫綖靴今太后忽改名私所致恠之
才曰靴者革旁化寧是父物至四月何者紫之
人但今合葬舁自斬家唯得紫綖靴者得至四月何者紫之
為字此下系繼者熟當在四月之中之範問之才曰蛤精疾也由乘船入海垂
脚跟腫痛諸醫莫能識之才曰蛤精疾也由乘船入海垂
脚水中疾者曰實曾如此之才為剖得蛤二大如榆莢
又有以骨為刀子把者五色斑爛之才曰此人瘤也問得
處云於古冢見髑髏額骨長數寸試削視有文理故用之

其明悟多通如此天統四年累遷尚書左僕射俄除兖州
刺史特給錢吹一部之才醫術最高偏被命名武成酒色
過度悅忽不怡曾病發自云空中有五色物稍近變為觀世音
成一美婦人去地數丈亭亭而立食頃變服一劑便覺稍遠又
云此色欲多大虛所致即劇湯方服一劑便覺稍遠又服
還變成五色物數劑湯疾愈帝每發動暫遣騎追之針
藥所加應時必致故頻加端執之舉入秋武成小定更不

發動和士開欲俟次轉進以之才附籍兖州即是本屬遂
奏附除刺史開云浪用之才外任使我辛苦及十月
帝又病動語士開云浪用之才外任使我辛苦其月八日
敕驛追之才帝以十日崩之才十一日方到既無所及復
還赴州在職無所侵暴但不甚閑法理頗亦跥慢用捨自
由五年冬後主徵之才曰自可復離母之
績武平元年重除尚書左僕射之才尋還闕
郡王祖斑靴政除之才侍中太子太師之才自野沙
汰我斑目疾故以師曠比之之才聰辯強識有兼人之敏
子曲盡甲狎二家若疾救護百端左僕射之才恨曰子野沙

尤好劇談體語公私聚多相嘲戲鄭道育常戲之才為
師公之才曰既為汝師又為汝公在三之義頓居其兩又
嘲王昕姓王云有言則誑近犬便狂加頸足而為馬施尾
而成羊元明因戲之才云姓是未人名是子之誤
虜配馬則為驢又常與朝士出游遙望羣犬競走諸人試
之當為之也即云鵡為是韓盧為逐李斯東
令目之之才即應聲云邊鵲是末嫗生男則為
走為貞帝文宣時又嘗於廣坐因稱其父名曰卿者熊白
生不 之才曰平平耳又諧盧出避之
道逢其甥高德正德正曰舅顏色何不悅諧告之故德正

徑造坐席邊索熊白之才謂坐者曰面人譚底親莫之應
之才曰生不為人所知死不為人所譚此何足問臺邑曰
建方貴時人言并州赫赫唐臺與白之才歲之元曰對邑
為諸令史祝曰卿等位當作唐白又以小史好嗚筆故常
執管就元文遇口曰借君諷其不遜如此歷事諸帝以實
犴得寵武成顧于問諸殿曰尚樂典御都言文以實對武
成怒而撻之後以聞之為僕射時語人曰我在江東見徐
明長壽朝士莫不安之今我亦是徐僕射無一人使我和
勉作僕射朝士成悅而貴之才拜賀曰此是智乎生智乎者聰
何由可活之才莫不安之今我亦是徐僕射求得為妻和

士開知之乃淫其妻之才遇見而避之退曰妨少年戲笑
其縱之如此年八十卒贈司徒公錄尚書事諡曰文明長
子林字少卿太尉司馬次子同卿太子庶子之才以其無
學術每歡曰然恐同廣陵散矣第之範亦醫術見知位太
常卿特聽龍之才爵西陽王入周授儀同大將軍開皇中
卒

王顯字世榮陽平樂平人也自言本東海郊人王朗之後
也父安上少與李亮同師俱受醫藥而不及身顯少歷本
州從事雖以醫術自通而明敏有決斷初用初文昭太后
之懷宣武夢為日所逐化而為龍而繞后后寤而驚為悸遂

成心疾文明太后敕徐謇及顯等為后診脈僉云是微風
入藏宣進湯加針顯言第三部脈非有心疾將是懷妊生
男之象果如顯言人言顯自幼有微疾出入禁攝
療有效因稍蒙眄識又罷六輔之初顯為領軍于列間通
規策顯有密功累遷廷尉卿仍在侍御營進御藥出入禁
內累顯前後居職所在著稱糾折庶獄究其
軒回出內惜憤愛國如家及領軍宣尉多所彈劾百寮畏
而顯所舉或有請屬未皆得人於具衆議曰譽聲望致損
又以中尉屬官不悉稱職諷求改革詔委改選務盡才能
後宣武詔顯撰藥方三十五卷班布天下以療諸疾東宮
建以為太子詹事委任甚厚上每幸東宮顯常近侍出入
禁中仍奉勸藥賜詔加為立館宇寵振當時以營療功
封衛國縣伯及宣武崩明帝踐阼顯參奉璽策隨從臨哭
微為受懼顯既家任遇兼為法官時勢威為時所疾朝
宰託以侍療無效執之禁中詔削爵位徒朔州臨執呼冤
直閤伊盆生以刃鐶撞其脇下傷中吐血至右衛府一宿
死子曄尚書儀曹郎中懼走後被獲撻百餘宅沒於官
初顯攜會元景就刑南臺及顯之死在右衛府唯隔一卷
相去數十步世以為有報應之驗始顯布衣為諸生有沙
門相顯後當富貴誡其勿為吏為吏必敗由是宣武時或

欲令其兼攝吏部每殷勤辭避及宣武崩帝夜即位受璽

策於儀須兼太尉及吏部省平百官不具以顯兼吏部行

事文顯未敗之前有嫗上相於市者言吉凶頗驗時子

曄已為郎聞之微服就嫗閭已然至何官嫗言君今既有

位矣不復更進當受父寬竝如其語

馬嗣明河內野王人也少博綜經方為人診脈一年前知

其生死邢邵子才兇大不惡我欲乞其隨近一郡揚以年

殷文宣云邢子才傷寒不療自差然脈候不

為其診脈退告楊愔云大寶其年十七八患傷寒嗣明

出一年便死寬之少脫不可復療數日後楊邢近侍宴內

若其出郡醫藥難求遂嫚大寶未幾而卒楊愔所重作練石法以

明以練石塗之便差因此大為楊愔惠瞽腫嗣

黃色石如鵝卵大猛火燒令赤內淳醋中自有石屑落

醋裏煩燒至一石盡取石屑曝乾擣下篩和醋以塗腫上無

不愈武平中為通直散騎常侍針灸孔穴性與明堂不

同嘗有一家二奴俱患身體遍青漸虛羸不能食訪諸醫

無識者嗣明為灸兩足跌上各三七壯便愈武平末從駕

往晉陽至遼陽山中數處見栢莊槃至是人家婦病狀若能差之

者購錢十萬至鄴文諸名醫多委榜至是人家女病狀俱不下

手唯嗣明為之療問其病由云曾以手持一麥穗即見一

赤物長二尺許似蚰入其手指中因驚倒地即覺手辭疼

腫月餘日漸及半身肒即俱腫痛不可忍呻吟盡夜不絕

嗣明即為燒鈹刀鈹其肒示其即度前後服十劑

湯一劑散比嗣明年從駕邊此女平復如故嗣明藝術

精妙多如是隋開皇中卒於太子藥藏監然性自矜大輕

諸醫人自徐之才崔叔鸞以還俱為其所輕

姚僧垣字法衛吳興武康人吳太常信之八世孫也父菩

提梁高平令嘗謂族疾歷年乃留心醫藥居喪盡禮年

論方術多會意宙是頗禮之僧垣幼通洽梁武帝名與討

二十四即傳家業仕梁為太醫正加文德主帥梁武帝嘗

因發熱服大黃僧垣曰大黃快藥至尊年高不宜輕用帝

弗從遂至危篤太清元年轉鎮西湘東王府中記室參軍

僧垣少好文史為學者所稱及梁簡文嗣位僧垣兼中書

舍人梁元帝平侯景召僧垣赴荊州改授晉安王府諮議

梁元帝嘗有心腹病諸醫皆請用平藥僧垣曰脈洪實宜

用大黃元帝不從十乃賜十萬貫賓百萬也及魏軍剋荊州

一當十乃賜十萬貫賓百萬也及魏軍剋荊州周文遣使

馳驛徵僧垣僧垣既與公子謹固留不遣詔使人曰吾年暮染疾

病嬰沉痾今得此人望與之俱老周文以謹勳德隆重乃止

明年隨謹至長安武成元年授小膳伯下大夫金州刺史

伊妻穆以疾還京請僧垣省疾乃云自膏至膝似有三縛

兩脚緩縱不復自持僧垣即為處湯三劑穆初服一劑上

縛即解次服一劑中縛復解又服一劑三縛悉除而兩脚

疼痺猶自縛急更為合散一劑稍得屈申僧垣曰終待霜

降此患當愈及至九月遂能起行大將軍襄樂公賀蘭隆

先有氣疾當愈更為合散奔急使服便即氣通更服一劑諸

命大散相當即為處勸急便服謂此患不

與大散加以水腫喘息乃問僧垣曰意決

知醫先視者皆云已不可救僧垣後至曰困矣終當不死

患忿愈犬將軍樂平公賓集感風疾精神昏亂無所覺

而不損殿朝謂燕公大將軍永世公叱伏列椿苦瀕積時

為合湯散所患即瘥大將軍永世公叱伏列椿俱有痼疾

意永世差輕對曰夫患有深淺時有危殺樂平雖困終當

保永全雖輕必不免死謹曰當在何時對曰不出四月

果如其言謹歎異之天和六年遷遂伯中大夫建德三年

文宣太后寢疾醫巫雜說各有同異武帝引僧垣坐問之

對曰臣準之常人竊以憂懼帝泣曰公既決之矣知復何

言尋而太后期其後復因召見乃授驃騎大將軍開府儀

同三司敕傳朝謂若非別敕不勞入見四年帝親戎東討

至河陰遇疾口不能言唇垂覆目不得視一足短縮又不

得行僧垣以為諸藏俱病不可並療軍中之要莫過於語

乃勵方進藥帝遂得言次又療目疾便能視及足疾

亦瘥比至華州帝已痊復即除華州刺史仍詔隨入京

不令在鎮宣政元年表請致仕優詔許之是歲帝幸雲陽

遂寢疾乃召僧垣赴行在所內史柳昂私問曰至尊貶候

何如對曰天子上應天心或當非愚所及若凡庶如此萬

無一全尋而帝崩宣帝初在東宮常苦心痛乃令僧垣療

之其疾即愈及即位恩禮彌隆謂曰嘗聞先帝呼公為姚

公有之對曰臣曲荷殊私實如聖旨帝曰此是尚齒之辭

醫下大夫帝尋有疾至于大漸僧垣宿直侍疾帝謂隋公

曰今日性命唯委此人僧垣知帝必不全惟詐之又靜帝嗣位遷上開府儀

壽縣公冊命之日又賜以金帶及衣服等大象二年除太

恐庸短不逮敢不盡心帝初進爵

同大將軍隋開皇初進爵北絳郡公三年卒年八十五遺

誠衣帢入棺朝服勿歛靈上唯置香奩每日設清水而已

贈本官加荊湖二州刺史僧垣醫術高妙為當時所推前

後效驗不可勝紀聲譽既盛遠聞邊服至於諸蕃外域咸

請託之僧垣乃參校徵劾者為集驗方十二卷又撰行記
三卷行於世長子察南史有傳次子最字夫會博通經史
尤好著述年十九隨僧垣入關明帝盛聚學徒校書於麟
趾殿最亦預為學士俄授齊王憲府水曹參軍掌記室事
特為憲所禮接最幼在江左迄于入關未習醫術天和中
中略盡其妙每有人告請劾驗甚多始受家業十許年
不存心且天子有敕彌須勉勵最於是始受家
僡王慶名重兩國吾視之茂如接待資給非亦家比也勿
門大夫以父愛去官哀毀骨立既免喪襲爵北絳郡公復

為太子門大夫俄轉蜀王秀友秀鎮益州遷秀府司馬及
平陳察至最自以非嫡讓封於察隋文帝許之秀後陰有
異謀隋文帝令公卿窮其事閉府慶整郝璦等並推過於
秀最獨曰凡有不法皆最所為王實不知也榜訊數百辛
無異辭竟堂誄論者義之撰梁後略十卷行於世
褚該字彥通河南陽翟人也父義昌梁鄱陽王中記室諮
幼而謹厚尤善醫術仕梁歷武陵王府參軍隨府西上後
與蕭撝同歸周自許襄死後詼稍為時人所重賞客迎候
亞於姚僧垣天和初位縣伯下大夫進授車騎大將軍儀
同三司該性淹和不自矜尚但有請之者皆為盡其藝術

時論稱其長者後以疾卒子則亦傳其家業
許智藏高陽人也祖道幼常以母疾遂覽醫方因而究極
時號名醫誡諸子曰為人子者嘗膳視藥不知方術豈謂
孝乎由是遂世相傳授仕梁位員外散騎侍郎父景武陵
王諮議參軍智藏少以醫術自達仕陳為散騎常侍陳滅
隋文帝以為員外散騎侍郎使詣揚州會秦王俊有疾上
馳召之俊夜夢其亡妃崔氏泣曰本來相迎如聞許智藏
將至其人若到當必相苦為之奈何明夜俊又夢崔氏曰
妾得計矣當入靈府中以避之及智藏至為俊診脉曰疾
已入心即當發癇不可救也果如言俊數日而夢上曰其
妙賚物百段煬帝即位智藏時致仕帝每有苦輒令中使
就宅詢訪或以輿迎入殿扶登御床智藏為方奏之用無
不效卒於家年八十宗人許澄亦以醫術顯澄父奭仕梁
為中軍長史隨柳仲禮入長安與姚僧垣齊名拜上儀同
三司澄有學識傳父業尤盡其妙歷位尚藥典御諫議大
夫封賀川縣伯父子俱以藝術名重於周隋二代史失其
事故附云

萬寶常不知何許人也父大通從梁將王琳歸齊後謀還
江南事泄伏誅由是寶常被配為樂戶因妙達鍾律遍工
八音與人方食論及聲調時無樂器寶常因取前食器及

雜物以箸扣之品其高下宮商畢備諸於絲竹大為時人
所賞然歷周隋俱不得調開皇初沛國公鄭譯等定樂初
為黃鐘調寶常為伶人譯等每召與議然言多不用後
譯樂成奏之上召寶常問其可不寶常曰此亡國之音豈
陛下所宜聞上不悅寶常素以水尺為律以調樂器其聲
之音讀以水尺為律以調樂器其聲率下鄭譯調二律升
撰樂譜六十四卷且論八音旋相為宮法改絃移柱之變
為八十四調一百四十律變化終於一千八百聲時以周
禮有旋宮之義自漢已來知音不能通見寶常特剏其事
皆晒之至是試令為之應手成曲無所凝滯見者莫不嗟
異於是損益樂器不可勝紀其聲雅淡不為時人所好太
常善聲者多排毀之又太子洗馬蘇夔以鐘律自命尤忌
寶常夔父威貴用事凡言樂者皆附之而短寶常數詣公卿
怨望蘇威因詰寶常所為何所傳受有一沙門謂寶常曰
學云佛家菩薩所傳音律則上必悅之先生當言從胡僧受
上雅好符瑞言祥者皆悅之先生當言從胡僧受
之樂非中國宜行其言競募寶常以善威怒曰胡僧所傳
以行矣寶常聽太常所奏樂泫然泣
之樂非中國宜行天下不久將盡時四海全盛聞言者皆
曰不然大業之末其言卒驗寶常貧而無子其妻因其卧
曰樂聲淫厲而裹天下不久將盡

（十五）

疾遂竊其資物而逃寶常竟餓死將死取其所著書焚之
曰何用此為見者於火中探得數卷見行於世開皇中鄭
譯何妥毛爽蘇夔蕭吉並討論墳籍撰著樂書皆為當時
所用至於天然識樂不及寶常遠矣煬帝將幸江都令言
通鄭令樂等能造曲為一時之妙文曹妙達王長
皆歸於雅此聲雖公議不附寶常然皆心服謂以為神時
樂人王令言亦妙達音律大業末煬帝將幸江都令言
子嘗從於戶外彈胡琵琶作翻調安公子曲令言時卧室中
聞之驚起曰變變急呼其子曰此曲興自早晚其子曰
反子問其故令言曰此曲宮聲往而不反宮君也吾所以
來有之令言言訖欷歔流涕謂其子曰汝慎無從行帝必不
知之帝竟被弒於江都

蔣少游樂安博昌人也魏慕容白曜之平東陽見俘入於
平城充平齊戶後配雲中為兵性機巧頗能畫刻有文思
吟詠之際時有短篇遂留寄平城以備書寫為業而名猶
在鎮後被召為中書寫書生與高聰俱依高允並薦之
與聰俱補中書博士自在中書恆兼欲畫刻有文思
門始北方不尚青州蔣族或謂少游本非高允少游微
因工藝自達具以公私人望不至相重唯高允李沖兄弟子姪
體練孝文文明太后常因密宴謂百官曰本謂少游作師

（十六）

〔十七〕王

耳高允老公乃言其人士然猶驥被引命以規矩刻繢爲

務因此大蒙恩賜而位亦不遷陞也及詔尚書李沖與馮

誕游明根高閭等議定衣冠於禁中少游巧思令主其事

亦訪於劉昶二意相班時致諍競積六載乃成班百

官冠服之成少游有劾焉後於平城將營太廟太極殿遣

少游乘傳詣洛量準於晉基趾後爲散騎侍郎副李彪使

江南孝文脩船乘以其多有思力除都水使者遷兼將作

大匠仍領水池湖泛戲舟撤其具及華林殿詔脩舊增新

改作金墉門樓皆所指意競爲之其又章林殿脩舊增新

其才用恒以剗劇繩尺碎劇忽忽從倩園湖城殿之側識

者爲之歎慨而乃坦爾爲已任不告疲恥又兼太常少卿

都水如故卒贈龍驤將軍青州刺史謚曰質有文集十卷

餘少游又爲太極立模範與董爾王遇等象建之皆未成

而卒初文成時郭善明甚機巧北京宮殿多其製作文

時青州刺史侯文和亦以巧聞爲要舟水中立射滑稽多

智辭說無端尤善淺俗委巷之語至可觀笑樂陵濟南

二郡太守宣武明帝時豫州人柳儉殿中將軍關文備郭

安興並機巧洛中製永寧寺九層佛圖安興爲匠也始孝

文時有范寧兒者善圖碁與李彪使郡齊令江南上品

王抗與甯兒制勝而還又有浮陽高光宗善樗蒲趙國李

〔十八〕王

幼序洛陽立何奴並工擺類此蓋胡戲近入中國云胡王

有弟一人遇罪將殺之弟從獄中爲此戲以上之意言孤

則易死也宣武以後大盛於時

何稠字桂林國子祭酒安之兄子也父通善琢玉稠年十

餘遇江陵平隨安入長安仕周御飾下及至隋文帝爲丞

相召補象軍兼掌細作署開皇中累遷太府丞稠博覽古

圖多識舊物波斯嘗獻金線錦袍組織殊麗上命稠爲之

稠錦成踰所獻者上甚悅時中國久絕琉璃作匠人無敢

措意稠以綠瓷爲之與真不異尋加員外散騎侍郎開皇

末桂州俚李光仕爲亂詔稠募討之師次衡嶺遣使招其

渠帥洞王莫崇解兵降款桂州長史王文同鎖崇詣稠所

稠詐宣言曰州縣不能綏養非崇之罪命釋之引共坐與

從者四人爲設酒食遣之大悅歸洞不設備稠至五更掩

及其洞衆發僮兵以臨賊餘黨棩暱討叛夷

羅壽洞羅州刺史馮暄討賊帥杜條遼羅州逆帥龐靖等相

繼降款分遣建帥李大檀並平之承制署首領爲州縣官

而還疲甚皆悅服有欽州刺史寧猛力帥衆迎軍初猛力欲

圖爲逆至是惶懼請身入朝稠以其疾篤示無猜貳放還

州與約八九月詣京師相見稠還奏狀上意不懌其年十

月猛力卒上謂稠曰汝前不將猛力來今竟死矣稠曰猛

力共臣約俱令身死當遣子入侍越人性直其子必來初
猛力臨終誡其子長真曰我與大使期不可失信於國士
汝葬我乃即宜上路長真如言入朝上大悅曰何稠與字
靈夔乃至於此以勳授開府仁壽初文獻皇后崩與宇
文愷參典山陵制度稠性少言善候上旨由是漸見親昵
太子頸曰何稠用心我後事動靜當共平章大業初煬帝
上疾篤謂稠曰汝既曾葬皇考今我方死亦宜好安置嘱
此何益但不能忘耳魂而有知當相見於地下因擥
太府少卿獨於是營黃麾三萬六千人仗及車輿輦皇
將幸揚州勅稠計閱圖籍造與服羽儀遠至江都其日錄
后國簿百官儀服依期而就送于江都所役工十萬餘人
用金銀錢物巨億計帝使兵部侍郎胡雅選部郎薛邁等
勾覆數年方竟毫髮無外稠參會今古多所改剏魏晉已
來升有綬而無紐導稠曰此古田獵服也又從省之服以入朝
宜變其制故升施象笏導帝自稠始也又從省之服初無
佩綬稠曰此乃晦朔小朝之服安有人臣謁帝而除去印
綬兼無佩玉之節乎乃加獸頭小綬及佩一雙帝弗制五綬
於轄上起箱天子與參會同在箱內稠曰君臣同所乘為
相通乃廣為盤輿別攝楯楷侍臣立於其中於內復起須
彌平坐天子獨居其上自餘麾幢文物增損極多帝復令

稠造戎車萬乘兼鈎陳八百連帝善之以稠守太府卿後兼
領少府監遼東之役攝右屯衛將軍領驍營驍手三萬人
時工部尚書宇文愷造遼水橋不成師未得濟左屯衛大
將軍麥鐵杖因而遇害帝遣稠造橋二日而就初稠制行
殿及六合城至是帝於遼左與賊相對夜中施之其城周
迴八里城及女垣合高十仞上布甲士立仗建旗四隅置
闕面列一觀觀下三門比明而畢高麗望見謂若神功稱
大唐授少府監卒文齊時有河間劉龍者性強明有巧思
加至右光祿大夫從幸江都遷為工部尚書舒國公建德敗歸于
書及敗陷于竇建德復為工部尚書文化及亂以為工部尚
齊後主令脩三雀臺秤旨因而歷職通顯及隋文帝踐阼
大見親變位右衛將軍作大匠遷都之始與高熲參
掌制度世號為能大業中有南郡公黃亘及弟袞俱巧
絕人煬帝每令其兄弟亘少府將作于時改創務皆亘袞
宜參典其事凡有所為何稠先令亘袞立樣當時工人莫
有所損益亘位朝散大夫袞散騎侍郎
論曰陰陽卜祝之事聖哲之教爲雖不可以專亦不
得而廢也徇於是者必有其害詩書
禮樂所失也淺故先王重其德方術伎巧所失也深故往
哲輕其藝夫能通方術而不詭於俗晉使巧而必蹈於禮

者幾千大雅君子故昔之通賢所以戒乎妄作晁崇張深
殷紹王早耿玄劉靈助李順興檀特師由吾道榮顏惡頭
王春信都芳宋景業許遵吳遵世趙輔和皇甫玉解法選
魏寧恭母懷文張子信陸法和蔣昇劉祐張胄玄等甘魏來術
耿詢來和蕭吉楊伯醜臨孝恭劉強練庚卒干盧太翼
藝之士也觀其占候卜筮推步盈虛通幽洞微近知鬼神
之情狀其聞有不涉用於龜筴而究人事之吉凶如順興
檀特之侫法和強練之輩將別粟數術詎可以智識知及
江陵失守前巧盡華還吳無路入周不可因歸事齊唇蒙

斯亦得道家之致矣信都芳所明解者乃是經國之用乎
周澄本脩徐謇兒孫之才王顯焉嗣明姚僧垣褚該許

智藏方藥特妙各一時之美也而僧垣詠候精審名冠一
代其所全濟固亦多焉而弘慈義力皆為令器故能享眷
壽瘳好爵可稱寶常聲律之奇足以追蹤牙曠各一時
之妙也將何以剗劂見知沒其學惠藝義成為下其近是乎
運針石百載可稱
周時有樂茂雅以陰陽顯史元華以相術並所關也

列傳第七十八　　北史九十　　鄭道章　王刾

魏崔覽妻封氏
封卓妻劉氏
魏溥妻房氏
胡長命妻張氏
平原女子孫氏
房愛親妻崔氏
涇州貞女兒氏
姚氏婦楊氏
張洪祁妻劉氏
董景起妻張氏
陽尼妻高氏
史映周妻耿氏
任城國太妃孟氏
苟金龍妻劉氏
貞孝女宗
河東姚氏女
刀思遵妻魯氏
西魏孫道溫妻趙氏
孫神妻陳氏

北史列傳七十九

一

隋蘭陵公主
南陽公主
襄城王恪妃
華陽王楷妃
譙國夫人洗氏
鄭善果母崔氏
孝女王舜
韓覬妻于氏
陸讓母馮氏
劉昶女
裴倫妻柳氏
元務光母盧氏
孝婦覃氏
鐘士雄母蔣氏
趙元楷妻崔氏

北史列傳七十九

盖婦人之德雖在於溫柔立節垂名咸資於貞烈溫柔
无以成其仁非溫柔无以
顯其義盖義貞之詩書所記風俗所存圖象冊青流聲竹素其
无本也貞烈義之資也非溫柔无
不守約以居正殺身以成仁者也若文伯王陵之母白公
妃殖之妻魯之義姑梁之高行俛君靈王之妾真侯文姜

之女或抱信必會其或貽忠而踐義不必存亡易心不以
盛衰改節其佳名彰於阮沙徽音傳於不朽不亦休乎或
有王公大人之妃偶肆情於滛僻之俗雖衣文食珍膳
坐金堂乘玉輦而不入彤管之書不霑青史之筆將草木以
俱落與麋鹿而同死者可勝道哉無此篇今又得武功孫
也魏隋二書竝有列女傳豈周竝思寔燕姞之恥孫
道溫妻趙氏河北孫神妻陳氏附魏隋二傳以備列女篇
云

魏中書侍郎清河崔覽妻封氏者勃海人散騎常侍封愷
女也有才識聰辯記多所宽知時李敷公孫文叔雖已
貴重近世故事有所不達者皆就而諮請焉
勃海封卓妻劉氏者彭城人也成婚一夕卓官於京師後
以事伏法劉氏在家忽然夢想知卓已死時人比之
止經旬凶問果至遂憤歎而死時人比兩儀正位人倫肇甄
高允念其義高而名不著為之詩曰異族猶自然生則同室終
姜制夫婦統業承光雖有華宗殊列山川乖互
配克應其選實有卓為時彥內協黃中外兼三變誰能作
黃泉其封生令達卓為時彥內協黃中外兼三變誰能作
刀奉王命載馳在路公務旣弘私義獲著因媒致幣遘止一
幕其率我初冠眷彼弱辨形由禮比情以趣諧忻頓難常

影跡易乖修慾言邊戚威長懷其時遇險逆橫懼塵綱伏
資就刑身分土壤十里避應如影響良嬪洞感義深於畢志守窮
想祺仰惟親命俯尋嘉好誰謂淺淺世情到感深情
誓不一　爾何以驗之勁身是劬六人之處不厚生必
存於義所重則輕結憤鍾心甘就幽冥求捐堂宇長辭母
兄其芒芒中野驪驦孤立葛藟冥冢荊棘四周理苟不昧
神必俱遊異哉員婦曠世蓁傳其八

鉅鹿魏溥妻房氏者慕容垂貴鄉太守常山房湛女也幼
有烈操年十六而溥遇疾且卒顧謂之曰死不足恨但痛
母老家貧赤子蒙眇抱怨於黃壤耳房垂泣而對曰幸承
先人餘訓出事君子義在偕老有志不從蓋其命也今夫
人在堂弱子襁褓顧當以身少相感永深長性之恨俄而
溥卒及將大歛房氏操刀割左耳投之棺中仍曰鬼神有
知相期泉壤流血滂然助喪者哀懼姑劉氏輟哭而謂曰
新婦何至於此對曰新婦少年不幸早寡實慮父母未量
至情彊持此自誓耳聞者莫不感愴於時子緝生未十
旬鞠育於後房之內未嘗出門遂終身不聽絲竹不預坐
席縑紝年十一房父母仍存於是歸寧父兄尚有異議緝
聞之以啟其母房母命緝以他行因而遂歸其家弗之知
也行數十里方竟兄弟來追房氏哀嘆而不反其執意如此

訓導一子有母儀法度緝所治遊有名勝者則身其酒饌有

不及巳者輒卑卽不殞頳其悔乃食善誘殺訓類皆如

是年六十五而終緝子悅後為濮陰太守吏民立碑頌德

金紫光祿大夫高閭為其文曰愛及處士邁疾夙凋仇儼

東志識戊行高殘形顯撰誓敦久要溥未仕而卒故云處
士焉

樂部郎胡長命妻張氏者不知何許人也事姑王氏甚謹

太安中京師禁酒張以姑老且患私為醞之為有司所糾

王氏詣曹自首由巳私醞張氏曰姑老抱患張主家事姑

不知釀主司不知所處平原王陸麗以狀奏文成義而赦
之

平原郝縣女子孫氏男玉者夫為寒陵縣人所殺男玉親

執讎人欲自殺之其弟止而不聽男玉曰女人出適以夫

為天當親自復雪云何假人之手遂以杖毆殺之有司處

死以聞獻文詔曰男玉重義輕身必殺讎犯法緣情定皇理

在可原其特恕之

清河房愛親妻崔氏者同郡崔元孫之女也性嚴明有高

節歷覽書傳多所聞知親授子景伯景先經義學行修明立

當世名士景伯為清河太守每有疑獄常先諸焉景伯為郡

列子不華吏欲案之景伯為之悲傷入白其母母曰吾聞

刺殺之取其衣服女尚能言臨死謂老生曰生身何辜典

君相遇我所以執節自固者寧更有所邀正欲奉給君耳

今友為君所殺若魂靈有知自當相報言終而絕老生持

女衣服珠纓至其叔宅以告叔曰此是汝婦柰何殺之天

不祐汝遂執送官太和七年有司劾以死辜詔曰老生之

仁僾陵貞淑原其強暴便可戮之而女守禮殞節沒身不

改雖鳳草莘行合古跡宜賜美名以顯風操其標墓榜善
號曰貞女

姚氏婦楊氏者閻人符承祖姨也家貧及承祖為文明太

后所寵貴親姻皆求利潤唯楊獨不欲常謂其姊曰姊雖

有一時之榮不若姊妹有無憂之樂姊每遺其衣服多不受
強與之則云我夫家世貧好衣美服則使人不安與之奴
婢云我家無食不能供給終不肯受常著破衣自執勞事
每見其寒悴深恨其家謂不供給之乃啟其母曰今承祖
一身何所之少而使姨如是母其以語之乃遣人乘
車往迎之則云大家強為賢姨及承祖乃遣人乘
殺我也由是得法以姚氏婦衣裳弊陋特免其皁其執機
二姨至毀庭致法以姚氏婦衣裳弊陋特免其皁其識機

雖呂類亦不如也

榮陽京縣人張洪祁妻劉氏者年十七夫亡遺腹生一子
三歲又沒其舅姑年老朝夕奉卷率禮無遺兄亡於其少寡
欲奪嫁之劉自誓不許以終其身

陳留重景起妻張氏者景起早亡張時年十六痛夫少喪
哀傷過禮蔬食長齋又無見息獨守貞操期以閨棺鄉曲
高之終見標異

漁陽太守陽尼妻高氏者勃海人也學識有文翰孝文敕
令入侍後宮幽后表啟先其辭也

榮陽史映周妻耿氏者同郡耿氏女也年十七適於映周
大和二十三年映周卒耿氏恐父母奪其志因葬映周哀

哭而殞者莫不悲嘆驚大使觀風以狀具上詔標門閭
任城國太妃孟氏者鉅鹿人尚書任城王澄之母也澄為
揚州之日率眾出討於後賊帥姜慶真陰結逆黨襲陷雉
城長史韋繢君卒孟乃勒兵登陣激厲文武喻之通順於
是咸有舊志賊不能克卒以全城靈太后敕有司樹碑

梓潼太守苟金龍妻劉氏者平原人也廷尉少卿劉叔宗
之姊也宣武時金龍為郡帶關城戍主城人攻圍會金龍
疾病不堪部分劉遂厲城戍主事夜登城拒戰百
有餘日兵士死傷過半副高景陰圖叛逆劉斬

景又其黨與數十人自餘將士分衣減食勞逸必同莫不
畏而懷之并在外城中絕水渴死者多劉乃
集諸長幼諭以忠勸遂相率告訴於天俱時號叫俄而澍
兩劉命出公私布絹及至衣服懸之城內絞而取水所至
雜器悉儲之於是人心益固會益州刺史傅豎眼將其子
人乃遣豎眼嘆異之具狀表聞宣武嘉之正光中賞其子
慶珍平昌縣子又得二子出身

貞孝女宗者趙郡栢人人趙郡太守李叔胤之女范陽盧
元禮之妻也性至孝父卒號慟幾絕者數四顧母崔氏慰
勉之得全三年之中形骸銷瘠非人不起又歸夫氏與母

分閉便飲食日損沸泣不絕日就羸篤廬氏合家慰喻不

鮮因遣嬬寧還家乃復故如此者八九焉及元禮卒李追

亡撫遺事姑以孝謹著母崔終於洛陽凶問初至舉聲慟

絕一宿乃蘇水漿不入口者六日其姑慮其不濟親送弄

衾面氣力危殆自泛陽向都八旬方達攀欄號踊遂卒有

司以狀聞詔追號員孝女宗易其里為孝德里樹李廬二

門以惇風俗

河東姚氏女者字女勝少喪父無兄第母憐而守養年六

七歲便有孝性人言其父者閭輒垂泣隣伍異之正光中

母死勝年十五哭泣不絕聲水漿不入口者數日不勝哀

〔北史列傳七十九〕（九）

遂死太守崔遊申請為營墓立碑自為製文表其門閭比

之曹娥改其里曰上虞里墓在都城東六里大道北至今

名為孝女家

榮武陽乃思遊妻者曾氏女也始笄為思遊娉娉未踰月而

思遊亡其家矜其少寡許嫁已定曾聞之以死自誓父母

不達其志遂經郡訴柵刀氏怯護當嫁不使歸寧曾乃與

老姑徒步詣司徒府自告情狀普泰初有司聞奏即閭詔

本司依式標榜

西魏武功縣孫道溫妻趙氏者安平人也万俟醜奴之反

圍岐州父之無援趙乃謂城中婦女曰今州城方陷義在

奉上世以此稱之及宇文化及弒逆公主隨至聊城而化

及為竇建德所敗士及自濟北西歸大重時隋代衣冠引

月建德莫不惶懼失常唯士及神色自若建德與語以至

國破家亡不能報怨雪恥泫下盈襟聲辭不輟情理切至

建德及觀聽者莫不為之動容陰涕咸故異焉為及建德

化及時主有一子名禪師年且十歲建德遣武賁郎將於

室貴臣此事何須見聞建德竟殺之主泣曰武賁既是隋

子法當從坐若不能割愛亦聽留之公主尋請建德剃髮

為尼及建德敗將歸西京復與士及遇於東都主不與相

士及就之請復為夫妻主拒曰我與君讎家今恨不能

手刃君者且謀逆之際君不預知士固與旨絕士及固請

主怒曰必就死可相見也士也女也妳姿貌端麗年十餘

襄城王恪妳合相見促從徒邊帝令使者殺之於道恪與辭決妳

父良家子合相見娉為妳未幾而恪被廢妳悄婦道事之

念敬娉帝恪妻合相見促從徒邊帝令使者殺之於道恪與辭決妳

曰君王死妾誓不獨生於是相對慟哭恪死妳欲訣妳謂

使者曰姜誓與楊氏同穴若身死得不別埋君之惠也遂

無棺殮慟自經而卒見者莫不流涕

華陽王楷妳者黃門侍郎龍涸縣公河南元巖女也巖明

【北列傳七十九 十一】

敏有器幹煬帝嗣位坐與柳求連事除名徙南海後會赦

還長安有人譖巖逃歸又殺之妃有姿色性婉順初以選

為妃未幾而楷被幽廢妃事楷愈謹每見楷有憂懼色報

陳義理以慰諭之楷甚敬焉及江都之亂楷遇害字文

及以妃賜其黨元武達初武達宗族之置之別舍後因醉

而逼之妃自挺其百餘詞色彌厲武達慈撻之百餘詞色彌厲

及妃誓不屈武達擇之妃謂其從曰我不能早死致命

將見侵辱我之皁也因不食而卒

譙國夫人洗氏者高涼人也世為南越首領部落十餘萬

家夫人幼賢明在父母家撫循部衆能行軍用師壓服諸

越每勸宗族為善由是信義結於本鄉越人俗好相攻擊

夫人兄南梁州刺史挺恃其富強侵掠傍郡嶺表苦之夫

人多所規諫由是怨隙止息海南儋耳歸附者千餘洞

大同初羅州刺史馮融聞夫人有志行為其子高涼太守

寶娉以為妻融本北燕苗裔也初馮弘之南投高父

業以三百人浮海歸宋因留于新會自業及融三世為守

牧他鄉羈旅號令不行至夫人誡約本宗使從禮每

與夫寶參決辭訟首領有犯法者雖是親族無所縱捨自

此政令有序人皆敢違後遇侯景反廣州都督蕭勃徵兵

接臺高州刺史李遷仕擾大皁口遣召寶寶欲往夫人疑

【北史列傳七十九 十二】

其反止之數日遷仕果反遣主帥杜平虜率兵入灨石寶以告夫人曰平虜驍將也領兵入灨石即與官兵相拒未得還援此時遷仕在州無能為也宜遣使詰之云身未敢出欲遣婦往然後必無防慮我將千餘人步擔雜物置言輸賧得至柵下賊亦可圖從之遷仕果大喜覘夫人眾皆擔物不設備夫人擊之大捷因挧兵與長城侯陳霸先會于灨石還謂寶曰陳都督極得眾心必能平賊後懷集百越數州晏然陳永定二年其子僕年九歲遣帥諸首領朝于丹陽拜陽春郡守後廣州刺史歐陽紇謀反召僕至南誘與為亂僕遣使歸告夫人夫人曰我為忠貞經今兩代不能惜汝員輒負國家遂發兵拒境帥百越酋長迎章昭達內外逼之紇徒潰散僕以夫人之功封信都侯加平越中郎將轉石龍太守詔使持節冊夫人為高涼郡太夫人賚繡幰油絡駟馬安車一乘給鼓吹一部并麾幢旌節一如刺史之儀至德中僕卒後遇陳國亡嶺南未有所附數郡共奉夫人號為聖母保境安民高祖遣總管韋洸安撫嶺外陳將徐璒以南康拒守洸不得進初夫人以扶南犀杖獻於陳主至此晉王廣遣陳主遺夫人書諭以國亡令其歸化并以犀杖及兵符為信夫人見杖驗知陳亡集首領數千人盡日慟哭遣其孫魂帥眾迎洸入至廣州嶺南悉定表魂為儀同三司冊夫人為宋康郡夫人

未幾番禺人王仲宣反首領皆應之圍洸於州城進兵至衡嶺夫人遣孫暄帥師救洸暄與逆黨陳佛智素相友善故遲留不進夫人知之大怒遣使執暄繫於州獄又遣孫盎出討佛智戰克之進兵至南海與鹿願軍會共敗仲宣夫人親被甲乘介馬張錦傘領彀騎衛詔使裴矩巡撫諸州其蒼梧首領陳坦岡州馮岑翁梁化鄧馬頭藤州李光略羅州龐靖等皆來謁見還令統其部落六州悉定至開皇九年詔追贈寶為廣州總管譙國公冊夫人為譙國夫人譙國夫人幕府長史以下官屬給印章聽發部落六州兵馬若有機急便宜行事降敕書曰朕撫育蒼生情均父母欲令率土安樂不有兵革之虞姱越絕域未經撫綏以夫人誠在本心故使原其反逆夫人年歲已高宜延約所部使廣布朝廷之恩敬奉子孫時遵臣子之禮賜夫人物五千段皇后以首飾及宴服一襲賜之夫人並盛於金篋并梁陳賜物各藏於一庫每歲時大會皆陳於庭以示子孫曰汝等宜盡赤心向天子我事三代主唯用一好心今賜物具存此忠孝之報也願汝皆思念之番州總管趙訥貪虐諸俚獠多有亡叛夫人遣長史張融上封事論安撫之宜並言訥罪狀不可鎮撫上遣推訥得其贓賄竟致於法降敕委夫人招慰亡叛夫人親載詔書自稱使者歷十餘州宣述上意諭諸俚獠所至皆降上大嘉之賜夫人臨振縣湯沐邑一千五百戶贈僕為崖州總管平原郡公仁壽初卒諡為誠敬夫人

鄭善果母崔氏者清河人也年十三適清河房謨誠生善果

周末誠討尉遲迴力戰死于陣母年二十而寡父身睦欲
奪其志母抱善果曰婦人無再男子之義且鄭君雖死幸
有此兒棄兒為不慈背死夫為無禮寧當割耳剪髮以明
素心違禮滅慈非敢聞命善果以父死王事年數歲以
持鄭大將軍龍爵開封縣公尋皇初進封武德郡公年十
四授沂州刺史轉景州刺史尋為貝郡太守母輒坐胡牀於
鄭操博覽書史通曉政事每還堂蒙袂而泣終日不食善
郡後察之聞其剖斷合理歸則大悅即賜之坐相對談笑
若行事不允或妻嗔怒母乃謂之曰吾非怒汝乃愧汝家
果伏於牀前不敢起母方起謂之曰吾非怒汝乃愧汝家

耳吾為汝家婦獲奉灑埽知汝先君忠勤之士也守官清恪
未嘗問私以身徇國繼之以死吾亦望汝副其此心汝既
年小而孤吾寡婦耳有慈無威使汝不知禮訓何可負荷
忠臣之業乎汝自童子龍爵至方岳豈汝身致
之邪不思此事而妄加嗔怒心緣驕樂墮於公政內則墜
爾家風或失亡官爵外則虧天下法以取辱庶吾死日何
面目見汝先人於地下乎母恒自紡績每至夜分而寢善
果封侯開國位居三品秩俸幸足母何自勤如此荅
曰吁汝年已長吾謂汝知天下理今聞此言公事何由濟
乎今秩俸乃天子報汝先人殉命也當散贍六姻為先君

之惠妻子奈何獨擅其利以為貨乎又絲枲紡績婦人之
務上自王后下及大夫士妻各有所制若隳業者是為驕
逸吾雖不知禮其可自敗名乎自寡便不御脂粉常服
大練性又鄭儉所得雖親族禮遺亦皆
不詣其門善果歷任州郡內自出饌於衙中食之公廨所供
許入門善果儉自手作及祭祀賓客之事酒肉不妾陳其靜室
端居未嘗報出門閭內外自出饌於衙中食之公廨所供
皆不許受悉用俸理公宇及分僚佐之考為天下最徵授光
為清吏熚帝遣御史大夫張衡卿漸驕恣公清平允遂不如
祿卿其母卒後善果為大理卿漸驕恣公清平允遂不如

孝女王舜者趙郡人也父子春與從兄長忻不協被二之
喬昔為曰
際長忻與其妻同謀殺子春時年七歲有二妹繫年五
歲瑋年二歲並孤苦寄親戚舜撫育二妹恩義甚篤而
舜陰有復讎之心長親賊欲嫁之舜不為備妹俱長親賊欲
拒不從乃密謂二妹曰我無兄弟汝竟何如二妹皆垂泣曰
女子何用生為我欲共汝報復汝意何如二妹皆垂泣曰
惟姊所命夜中婦妹各持刀踰牆入手殺長忻夫婦以告
父墓因詣縣請罪姊妹爭為謀首州縣不能決文帝聞而
嘉歎特原其辜

韓觀妻于氏者河南人也字茂德父寔周大左輔于氏年十四適於觀雖生長膏腴家門鼎貴而動遵禮度躬自儉約宗黨敬之年十八觀從軍沒于氏摧毀骨立慟感行路每朝夕奠祭皆手自捧持及免喪其父以其幼少無子欲嫁之誓不許遂以夫嬰子世隆為嗣身自撫育愛同己生訓導有方卒能成立自嬪居以後唯時或歸寧至於親族之家絕不來往衣不聽聲樂以此終身性有尊就省自隋文帝聞而嘉歎下詔襃美表其門閭長安中號為節婦終于家

陸讓母馮氏者上黨人也性仁愛有母儀讓即其尊子也開皇末為播州刺史數有聚斂贓貨狼籍為司馬所奏案覆得實將就刑馮氏蓬頭垢面詣朝堂數讓鼻於流涕嗚咽親持盂粥勸讓食既而上表求哀詞情甚切上愍然為之改容獻皇后甚奇其意致請於上書侍御史柳彧進曰馮氏母德之至有感行路如或戮之何以為勸上於是集京城士庶於朱雀門遣舍人宣詔曰馮氏以嫡母之德足為世範慈愛之道義感人神特宜矜免用獎風俗讓可減死除名復下詔襃美之賜物五百段集命婦與馮相識以旌寵異

劉昶女者河南長孫氏婦昶在周尚公主為上柱國彭國

公仪望甚顯與隋文帝有舊及愛禪甚見親禮歷左武衛大將軍慶州總管其子居士為千牛備身不遵法度數得罪上以昶故宥之居士慫慂每大言曰男兒要當橫行歸婦家及結逸少上作獠舞取公卿子弟及諸力雄健者輒將婦家之交黨輩括其頸而捧之殆死能不呻者稱為壯士釋而與轉隊相繼大連騎道中歐擊路人多所侵奪長安市里無賴賤見者辟易至於公卿妃主亦莫敢與較其後養甚士姊也每垂涕誨昶不改至破家產躬勤紡績少致其薄安時寡居哀昶如此每歸寧于家躬勤肥鮮有人告居士與其徒遊長安城登故未央殿基向南坐前後列隊意有不逾每相約曰當作一死耳又時有人言居士遣使引突厥令南寇當於京師應之上謂昶曰今日事當如何昶猶待舊黨因不自引咎直前曰黑白在于至尊上大怒下昶獄捕居士黨與憲司又案昶事毋不莠其女知昶必不免不食者數日每親調飲食手自捧持詣其賜餉父見獄卒跪以進之歔欷嗚咽見者傷之居士斬昶理餉父見獄卒臨視時其女絕而復蘇人皆歎傷居士公卿慰喻之其女言父無辜坐子及禍詞情哀切人皆不忍聞見之死于家詔百僚臨視遂布衣蔬食以終其身上聞歎曰吾聞義門之女興門之

男固不虛也

鍾士雄母蔣氏者臨賀人也士雄仕陳為伏波將軍陳主以士雄嶺南首領慮其反覆留蔣氏於都下及晉王廣平江南以士雄在嶺表欲以恩義致之遣蔣氏歸既而同郡虞子茂等作亂攻城時士雄將應之蔣氏謂曰汝若背德忘義我當自殺於汝前士雄遂止蔣氏復為書與子茂等諭以禍福子茂不從毒胡氏者不知上聞蔣氏其裏之封安樂縣君時伊州蒙婦何許人妻其有志節為郡族所重江南之亂諷諭宗黨率節不從叛迎封為密陵郡君

孝婦覃氏者上郡鍾氏婦也與夫相見未幾而夫死時年十八事後姑以孝聞數年間姑及伯叔皆相繼死覃氏家貧無以葬躬自儉約晝夜紡績十年而葬八喪為州里所敬文帝聞而賜米百石表其門閭

元務光母盧氏者范陽人也少好讀書造次必以禮感年方漢王諒反遣將綦良往山東略地良以務光為記室又死自誓言政凶悍怒其以燭燒其面盧氏執志彌固竟不屈良敗慈州刺史上官政遣籍沒其家見盧氏過之盧氏以節

非倫妻柳氏者河東人也少有風訓大業末倫為渭源令為賊薛舉所陷倫遇害柳氏時年四十有二女及兒婦三人皆冒美色柳氏謂曰我筆連逢禍亂汝父已死我自念不能全汝門風汝歸長安及汝等同死如何女等垂泣曰唯母所命柳氏遂自殺於井其女及婦相繼而下皆死井中

趙元楷妻崔氏者清河人也甚有禮度隋末宇文化之反元楷隨至河北將歸長安口遇盜僅以身免崔氏為賊所拘請以為妻崔氏大罵士大夫女為僕射子妻今日破亡自可即死不為賊婦群賊毀裂其衣縛於林箐之上將陵之崔氏懼為所辱許之曰今力已屈當受處分賊遂釋之妻因取賊刀倚樹而立曰欲殺我任加刀鋸若冤死可來相逼賊大怒亂射殺之元楷後得殺妻者支解以祭崔氏之柩

論曰婦人主織絍中饋之事其德以柔順為先斯乃舉其中庸未臻其極者也至於明識遠圖貞心峻節志不可奪唯義所高考之圖史亦何代而無之武魏隋所敘列女凡三十四人自王公妃主下至蕉人女妻蓋有質邁英松心踰匪石或忠壯誠狼或文采可稱雌子政集之於前元凱編之於後比其美節亦何以尚茲故知蘭玉芳貞蓋乃禀

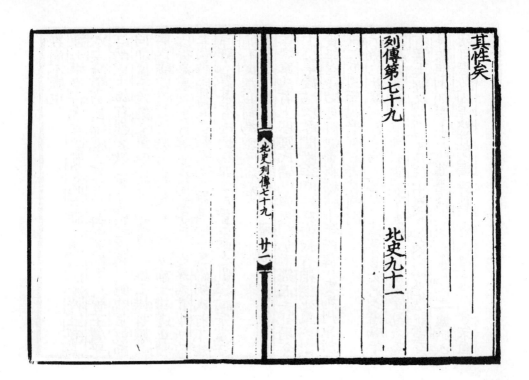

其性矣

列傳第七十九　　　　北史九十一

〔北史列傳八十　二〕

夫令色巧言，矯情飾貌，邀眄睞之利，射咳唾之私，乃苟進之常道也。況乃親由戚狎，恩生趣走，便佞俯仰，當寵擅權，斯乃夏桀殷紂所以喪兩代，石顯、張讓所以翦二京焉。魏世王叡寵幸於太和之初，鄭儼、賈龍寵於孝昌之季，宗愛之弑帝，劉騰之廢后，此蓋其尤著者。爾其間盜官賣爵，行于厚賂，閫閤者多矣，亦何可勝舉哉。斯乃心降以臨守，而舜末文有甚焉，乃自書奏以降，此有非直獨守將臣，盡泰運短促，固其宜矣。倖封王開府，接武此比，有非直獨守將臣，盡泰運短促，固其宜也。若乃心利錐刀之資，剝掠胡龜之賜，予之費，希藏以虛拆袖，西域醜胡千朝政賂佞幸之徒，唯郭秀、小人有景明德天保五年之後，蝗閉念作狂，所幸有通州刺史眾伯和陸翻兒之徒，唯左右驅馳內外，嬖狎其朝廷鴻基事，一不與聞故，不入此傳。後姦使漫繁嬖業之顯覆生靈，厄夫左柱米不幸也觀書有恩傳及閹必之屬，以為恩幸篇云舊書鄭儼官傳咸書有使幸傳，今用比次，以舊在恩幸中分，從例附其家傳，其餘並編於此，其事顯而不書尤是亡齊之一物醜聲穢跡千端，高緒其事而不書乃略存姓名附之此傳之末，其帝家諸奴及胡人樂工叩鍋貴幸者，亦附出焉。

王叡字洛誠自云太原晉陽人也六世祖橫張軌參軍晉
亂子孫因居於武威姑臧父橋字法生解天文卜筮涼州
平入京家貧以術自給歷位終於侍御中散初卒贈
平遠將軍涼州刺史顯美侯謚曰敬叡因緣見幸超
偉麗景穆之在東宮見而奇之興安初擢為太卜中散稍
遷為令領太史永明元年文明太后臨朝叡賜爵太原公於
是內參機密外豫政事受寵日隆方容臨寵獨執戰樂之猛獸
遷給事中俄為散騎常侍侍中吏部尚書賜爵太原公於
孝文及文明太后率百僚與諸方客臨軒叡獨執戰樂之猛獸
門閣道幾至御坐左右衛士皆驚靡叡獨執戰禦之猛獸

乃退故親任轉重三年春詔叡與東陽王丕同入八議永受
復除四年遷尚書令進爵中山王加鎮東大將軍置王官
又拜叡妻丁氏為妃及沙門法秀謀逆事發多所牽引叡
二十二人中書侍郎鄭羲為傅中郎令以下皆當時名士
孝文從之得免者千餘人叡出入帷幄太后密賜珍玩繒
緣人莫能知率常以夜帷載闊官防致前後鉅萬不可勝
敷加以田園奴婢牛馬雜畜盡良美大臣及左右因是
曰與殺不辜寧有辜叡有觖餘從原赦不亦善乎
以受賚賜外示不私所費又以萬計及疾病孝文太后每
親視疾侍官省問相望於道及篤上疏陳刑政之宜每尋

靈壽文文明太后親臨哀慟賜溫明秘器宅昌公主遇監
護喪事贈衛大將軍太宰并州牧謚曰宣王內侍長董醜
奴營墳墓將葬於城東孝文登城樓以望之京都文士為
作哀詩及誄者百餘人乃立碑於京邑士女詔稱叡美造
起廟以時祭薦并立碑銘置守廟五家又詔樹揪檟圖其
捍猛獸狀於諸殿壁令高允為之讚京都士女詔稱叡女
新聲而絃歌之名曰中叡女詔班樂府合樂奏之初叡女
妻李沖兄子㸒次女王女適趙國李恢子華女之將行先入
宮中其禮略如公主王女適趙國李恢子華殿寢其女
於帳中叡與張祐侍坐叡所親及兩李家夫婦人列於
東西廊及女子登車太后送過中路時人為稱謂天子太后
嫁女叡之葬也假親姻義舊衰絰冠送之喪者千餘人時
舉聲慟泣以要榮利時謂之義叡既貴乃言家本太原
晉陽遂移屬焉故其兄弈封爵多以并州郡縣叡後重贈
叡父橋侍中征西將軍在光祿大夫儀同三司武威王謚
曰定追遷洛後更徙葬太原晉陽故地子襲字元孫叡薨
去里餘遷洛後曹為尚書令領吏部曹後襲王爵例降
孝文詔襲代領都曹為妃立碑於墓左父子竝葬城東相
為公太后崩後襲禮遇稍薄不復關與時事後出為并州
刺史與太后駕詣洛路幸其州人庶多為立銘置於大路虛相

稱美或云襄所教也尚書奏免其官詔唯降號二等卒贈
豫州刺史諡曰質襄弟椿字元壽正始中拜太原太守坐
椿住者椿僅僕千餘圍宅廣聲伎自通無之於時或有勸
事免椿笑而不答雅有巧思九所營製可為後法由是
正光中元乂將管明堂辟雍欲徵為將作大匠椿聞而固
辭孝昌中尒朱榮以汾州胡逆表椿慰勞汾胡汾胡與椿
比州服其聲望所至降下事寧授太原太守以預立莊帝
功封溧陽縣子尋轉封真定縣永熙中除瀛州刺史時有
風雹之變詔書廣訪謹言椿乃上疏言政事之宜椿性嚴
蔡下不容奸所在吏人畏之重足天平末更滿還鄉初椿
於宅構起聽事極為高壯時人忽云此乃太原王宅宣是
王太原宅宅椿往為本郡世比岴為王太原未幾尒朱榮左
椿之宅榮封太原王焉至於泵神武之居晉陽霸朝所在
人上輻湊椿禮敬親知多所柩接後以老病辭疾客居趙
郡之西鯉魚祠山卒贈尚書左僕射太尉公冀州刺史諡
曰文恭及葬泵神親自吊送椿妻鉅鹿魏悅次女明達
有遠操多識住行前言往隨夫在華州兄子建在洛遇患
而馳赴膚損親歎尚之尒朱榮妻鄉郡長公主深
所禮敬求安中詔以為南和縣君內足於財不以華飾為
意撫兄子牧情同己子拯親類所在周給椿名位終始

魏有力焉卒贈鉅鹿郡君椿無子以兄孫叔明為後
王仲興趙郡欒人也父天德起自細微至殿中尚書仲
興幼而端謹以父住早綰事左右累遷越騎校尉孝文在
馬圈自不豫大漸近於崩仲興頗預侍護宣武即位轉左
中郎將親政與趙循並見寵任數年祿大夫領武衛
之出奔也當時上下微為驚駭帝遣仲興與先驅咸陽王禧
將軍雖與脩並而畏慎自退不若循傲傲無禮咸得
後興須軍于勁參機要因自廻馬圈侍疾及入金墉安慰
封上黨郡開國公自拜武衛及受封日車駕每臨饗其宅
宣武游幸仲興常侍不離左右外事得徑以聞百僚亦嘆
體而承望焉兄可久以仲興故自散爵為征虜府長史無
彭城太守仲興與世君趙郡自以寒微云舊出京兆霸城故
為雍州大中正尚書後以仲興賞報過優北海王詳以不
面啓奏請降減事久不決可父在徐州持仲興寵勢輕侮
司馬景郡太守李長壽乃令僮僕遨戲長壽遂折其賓州
以表開北海王詳因百僚朝集奏其名藩先
帝所重朝廷云何簡用上佐遂至此紛紜以徼荒外宣不
興為國醜辱仲興乃下詔奪其封邑後稍於
并州刺史宣武時又有上谷冠猛少以姿幹充武賁稍遷
至武衛將軍出入禁中無所拘忌自以上谷冠氏得補燕

州大中正而不能甄別士庶也卒贈燕州刺史

趙脩字景業趙郡房子人也父諡陽武令脩本給事東宮為白衣左右頗有膂力宣武踐阼遇日隆然天性闇塞不閑書疏宣武親政旬月間頗有轉授每受除設宴帝幸其宅諸王公卿悉從帝親見其母脩能剽飲至於過勤鵠爵雖北海王詳廣陽王嘉等比皆亦不免脩必致困亂每適郊廟脩常騾陪出入華林恒乘馬至禁内咸陽王禧誅其家財貲多賜脩及脩之葬父百官自王公已下無不弟祭酒擯祭奠之具填塞門街於京師為制碑銘獸石柱皆發人車牛傳致本縣財用之費悉自公家凶吉車乘將

百兩道路供給皆出於官時將馬射宣武留脩過之帝如射宮又縣乘輅車旒竿觸東門折脩恐不逮無感容或期左右求從及特遣者數十人儵路嬪戲始無感容或與賓客軒掾婦女裸觀從者嗻咶喧譁詭誓言無即莫不畏而惡之是年又為脩薔增宅舍多所并兼洞門高堂房廐周博崇麗擬於諸王其四面鄰居略入其地者佐天盛兄越次出補長史大郡脩起自賤伍衆自致富貴者傲無禮物情所疾因其在外左右或諷斜其皐自其葬父還也舊路弟越次出補寵小薄不軌又六與長安人趙僧標謀匿玉即事高肇甄中洼亂不軌又六與長安人趙僧標謀匿玉即事高肇甄

琛等攝成其皐乃密以聞始及李馮等曲事脩無所不至懼相連又乃爭共斜摘遂有詔按其皐惡鞭之一百徙敦煌為兵其家宅作徒仰傳罷所親在内者來令出禁是日脩詣領軍于勁第與之檽補嚴來交畢羽林數人相續而至冊詔呼之脩驚起隨出路中執引脩馬詣領軍府琛與顯監決其皐先具間事有力者五人更迭鞭之占令必死旨決百鞭其實三百脩素肥壯腰腹博碩甚忿楚毒了不轉動鞭訖即召駙馬促之令發出城西門不自勝要總置鞍中忌驅馳之其母妻有隨不得與語行八十里乃死初于后之入脩之力也脩死後領軍于勁猶追感舊意

遠焉

茹皓字禽奇吳人也父謙之本名要隨宋巴陵王休若為將至彭城遂寓居淮陽上黨年十五六為孝文白衣左右徐州刺史沈陵見而善之自隨入洛充兵縣令欲宣武踐阼侍直禁中稍被寵接宣武帝親政皓卷賚日引與同車黃門侍郎元匡切諫乃止及帝親政皓卷賚日隆時趙脩亦被幸皓之求出皓亦慮見危禍不樂資日遂超授濮陽太守脩之父因皓訟理舊勳先除兖州陽平太守賜以子爵父子剖符邦郡境相接皓忻於去内不以

經恤其家自餘朝士昔相宗承者悉棄絕之以不巳之疎

趹外為戒又趙修等敗竟擭全錐起微細為守力清簡蠢事
後授左中即將領直閤寵待如前皓既宦達自云本出鴈
門人謂附者乃因薦皓於司徒請為肆州大中正詔特依
許遷驍騎將軍領華林諸作皓性微工巧多所興立為山
於天泉池西採掘北芒及南山佳石徙竹汝潁羅蒔其間
之皓為貴寵日昃關預政事大傅北海王詳以下咸祗憚
臨幸皓射堂宴列於上下樹草栽木頗有野致帝心悅之以時
禮以馬物皓又為弟聘安豐王延明妹延明恥非舊情流不
許勸之云欲寬官職如何不與姊皓壻姻也延明乃從

高皓頗敏慧扪郎下人潛目經營陰有納受貨產多積起
宅官西朝貴弗及時帝親萬務皓率常居內留宿不還
傳可門下奏軍未幾轉光祿少卿意殊不已方欲東馬圈
從先帝勞更希榮擧初脩皓之寵北海王詳皆附之又直
閤劉胄本為詳薦常感恩高肇素嬖諸王詳規陷害既知
詳與皓等交關相昵乃搆之云皓等將有異謀宣武乃私
中尉崔亮令奏皓胄常賢陳埇靜四人摶挽納賄又私
亂諸事即日執皓等皆詣南臺豎日奏慮殺之皓妻被髮
出堂哭而迎皓別食椒而死宵宇元孫後位直
閤將軍李賢起於圭馬嘗武初好騎乘因是獲寵位司樂

承仍主疏闍埇靜徐義恭並彭城舊營人埇靜能為宣武
典櫛梳義恭執衣服並以巧便旦夕居中受幸相伴區
叙不異二人皆承皓前皓亦接養而埇靜偏為親密與皓常
任左右略不歸休倍亦死於家義恭是扶抱崩千懷中義
等死後彌見宣武不豫義恭書是小心謹慎皓
恭諂附元乂又有滋宴多在其宅位終左光祿大夫
諸子游蕠人有束帶謁中者時託之以自通太和中給事
左右至殿中監宣武即位及親政猶居本任微與趙脩結
趙邕字令和自云南陽人也潔白美髭眉司空本冲之貴
寵也邕少年端謹出入其家頗給按磨奔走之役冲令與
為宗援然亦不甚相附也邕父怡以邕寵乃拜太常少卿

尋為荊州大中正出為荊州刺史乃致其母喪葬於死
城之南趙氏舊墟後拜金紫光祿大夫卒贈相州刺史宣
武母出入郊廟中南趙恒以常侍兼侍中陪乘而邕奉車都
尉轉繪事中南陽中正以父為荊州大中正罷宣武崩邕
兼給事黃門後為幽州刺史會貴與范陽盧氏為婚女父早
亡其叔許之而母不從母比平陽氏攜女至家藏避規免
邕乃考掠陽叔逼至於死陽氏訴寃邕坐厲死會赦免孝
昌初卒

侯剛字乾之河南洛陽人也其先代人本出寒微少以善
於鞞俎得進膳出入積官至尚食典御宣武以其質直賜
名剛剛與待遷左中郎將領刀劍左右領太子千牛蔗子宣
武崩剛與待中崔光迎明帝於東宮蔗除衞尉卿封武陽
縣侯剛為待中撫軍將軍恒州大中正進爵為公熙平中
待中游肇言於靈太后曰昔高氏擅權游肇
一藩未盡其美宜還引入少輔聖主太
后箸之剛寵任既隆江陽王繼尚書長孫承業甘以女妻
其子司空任城王澄以其起由膳宰頗竊侮之云此近為
我與食然公坐對集敬遇不厝後剛坐掠殺貳射羽林為
御史中尉元匡所彈劾剛大辟尚書令任城王澄為之言
於靈太后令削封三百户解算食典御剛於是頗為失意
剛自太和進食遂為典御歷兩都三帝二大后將三十年
至此始解御史中尉元义之廢也剛為大傳清河王懌所
舉除車騎將軍領御史中尉义領軍元义執政剛長子义
之妹夫乃引剛為侍中左衞將軍還領賞食典御剛以為接
援復領御史中尉啟軍旅稍與國用不足求以已邑俸
粟賑給征人比至军下明帝許之孝昌元年除領軍初义
义之解領軍靈太后以义腹心尚多恐難卒制故權以剛
代之示安其意尋出為冀州刺史剛在道詔暴其明黨克

义逼脅內外降為征虜將軍餘悉削黜終於家永安中贈
司徒公剛以上谷先有侯氏於是始家焉
徐紇字武伯樂安博昌人也家世寒微紇少好學頗以文
詞見稱宣武初自書生除中書舍人謂附趙脩脩誅坐徙
抱罕雖在徒役志氣不挠故軍捉逃役流兵五人者聽免
紇以此得還久之復除中書舍人大傳清河王懌以文翰
待之及元义害懌出為鴈門太守紇為懌所顧待自母憂
义大得义意靈太后反政以紇胥為懌所顧待復自憂
中起為中書舍人曲事鄭儼是以特被信任俄遷給軍黃
門侍郎仍領舍人惣攝中書門下事軍國詔命莫不由之
時有急速令数更執筆或卧人別占之造次俱成文
失事理錐無雅才亦咸得濫用時黃門侍郎太原王遵業琅
邪王誦並稱文學亦不免為紇指授紇機辯有
智数公當斷決終日不以為勞長直禁中略無休息時疫
浮動蒸權講論或分宵達曙而心力無怠道俗既服已必相陵駕
生貞士矯意禮之其詭態若此有識鄙焉紇既處腹心參
断機密勢傾一時遠近填湊與鄭儼李神軌籠任相亞時
楙徐鄭焉然無經國大體好行小數說靈太后以鐵券間
尒朱榮左右榮知深以為憾啟求誅之榮將入洛既尅河

梁紇矯詔夜開殿中取驛騮御馬十餘匹定東走兗州羊侃

時爲犬山太守紇往投之說令舉兵內

共紇圍兗州孝莊初遣侍中于暉爲行臺與喬神武討之

紇慮不免說侃請乞師於梁侃信之遂奔梁文筆皎論十

卷多有遺落時或存於世焉

宗愛不知其所由來以善閹人歷碎職至中常侍正平

元年正太武大會於江上班賞羣臣以愛爲秦郡公景

穆之監國也每事精察愛天性凶暴行多非法景穆每銜

之給事中侯道盛侍郎任平城等任事東宮微爲權勢太

武翰閈之二人與愛並不睦愛懼道盛等案其事遂構告

之道盛等於都街時太武震怒景穆遂以憂薨延

後太武追悼不已愛懼誅遂謀逆二年春太武崩愛所

爲也尚書左僕射蘭延侍中吳興公和定侍中太原公

提等祕不發喪延欲以文成有嫡之重不可廢所宜立

王翰置之祕室提以延立二人議以文成冲幼欲立長君徵秦

延等以愛素惻乃密迎余自中宮便門入愛先使閹豎三十人持

吳王余素惻弗之疑皆隨之入愛矯皇后令徵延等

更來君延等猶豫未決愛知其謀始愛貟舉於東宮而與

伏於永巷而立余以愛爲大司馬大將軍太師都督中外

諸軍事領中祕書封馮翊王愛既立余位居元輔錄三省

兼總戎禁坐召公卿權恣日甚內外憚之羣情咸以爲愛

必有趙高閻樂之禍余文成立誅愛周等皆具五刑夷三族

買周等夜殺余文成立誅愛周等皆具五刑夷三族

仇洛齊中山人也本姓侯氏外祖父仇氏始出馮翊夷泉

欽仕石季龍末從鄴南杙頭仕慕容垂遷居中山位殿

校尉生二子長曰嵩小曰騰嵩位殿

中侍御史嵩有二子長曰廣小曰益嵩娶妹子洛齊生而非

男高齊撫爲子因爲仇姓初嵩父有姿色充冊閹破

入臺宗愛傳又傳賜盧豚生子魯曁元曁元有寵於太武而知

外祖萬巳死唯有三弟每三於帝爲訪其曁時東方牟

有仕者黃益皆不樂入平城洛齊獨請行曰我養子兼人

道不全當爲兄弟試禍福也乃乘驢赴京魯曁候知將入

結從者百餘騎迎于桑乾河見而下拜從者亦同致敬入

言于太武太武問其才用所宜魯曁不幸生爲閹

人唯爵文安子稍遷給事黃門侍郎魏初禁網疏闊人戶

用賜爵文安子守宮闈耳而不言其養子帝於爲引見叙

隱匿漏脫者多東州旣平綾羅戶人樂葵因是請採漏戶

供爲綸綿自後逃戶占爲綿綾羅穀者非一於是雜營戶

帥遍於天下不屬守宰發賦輕易人多私附戶口錯亂不

可擒括洛冢奏議龍之一屬郡縣從征平涼以功超遷散
騎常侍又加中書令進爵零陵公拜侍中奠州刺史內都
大官卒諡曰康養子儼龍襲爵太武時又有段霸以謹敏見
知歷中常侍殿中尚書定州刺史

王琚高平人也自云本太原人高祖始晉豫州刺史琚以
泰常中被刑入宮禁小心守節久乃見敘用稍遷禮部尚
書賜爵廣平公孝文以琚歷奉前朝志存公正授散騎常
侍後歷位奠州親幸其家還京以其年老拜散騎常
於家前後賜以車馬衣物不可稱計又降爵為公扶老自

史諡靖公
趙黑字文靜初名海本涼州隸戶自云其先河內溫人也
五世祖術晉末為西夷校尉因叛名黑有容貌恭謹小心賜
州平沒入而為闢人因酖酒泉安彌縣海生而雕
陽侯衆累遷選部尚書能自謹勵當任興頗得其人加侍
中進爵河內公獻文將傳位京兆王子推訪諸群臣百官
唯唯莫敢先言唯源賀辭義正直不肯奉詔獻文黑然良久
色復以問黑黑對曰臣以死奉戴皇太子獻文默然大怒
遂傳位孝文孝文立得幸兩宮祿賜優厚時尚書李訢亦

有寵於獻文與黑對綰選部訢奏中書侍郎崔鑒為東
州北部主書郎公孫叡顯為荊州選體遂爭於殿庭曰以
皆曰有能實有私焉黑叔其黠亂選體遂爭於殿庭曰以
功授官因爵與祿國之常典中書侍郎主書郎諸曹
射後兼選部如昔及訢將奉黑因搆成以誅之然後食
監勳能俱立不過列郡今訢皆以為州臣實為之定黑
與訢遂為深隙訢竟死黑為監藏因黑為門士黑廢羅志
食規報前怨卒嫡年還入為侍御散騎常侍中尚書左僕
甘藏安平於職事出為儀同三司定州刺史進爵為毛兄
己清儉重濟公私後覺於奠州刺史追贈司空諡曰康

孫小字茂魏咸陽石安人也父瑰姚泓安定護軍為赫連
屈正所殺小沒入宮刑會魏平統萬遂圖平城內侍東宮
以聰識有智略稱未幾轉西臺中散武幸瓜步應有北
冠之虜賜爵泥陽子除留臺將軍駕選都乃請父瑰贈
以隴識秦州刺史石安縣子諡曰戴小後拜并贈
諡求更改舞詔贈
州刺史進爵中都侯州內四郡百餘人詣闕頌其政化後
遷奠州刺史聲稱微少於前然所在清約當時牧伯無能
及也性頗忍酷所養重祚文才兼任以書記時人多之
張宗之字益宗河南華人也家世衰微父孟暠曾且將劉裕

西征枝假洛陽令初維氏宗文豈謀及船月孟舒等豺靜

敗走免宗之被執入京厲儀曹

賜爵鬱縣侯歷儀曹庫部二曹尚書領中秘書進爵彭城

公後例降為候卒於冀州刺史懷州刺史諡曰敬姑宗

之納南求殺孝祖事蕭氏宋儀同三司思弟思度女也

多惑婦人儀飾故事太和中初制六宮服章蕭被命在內

豫見訪採歎家賜資云

惑薛普薩也鵬密諫止之不從遂發憤卒

廚鵬高陽人也相覽經史閑曉吏事與王質等俱充官

性通率不以閭閻為恥孝文遷洛常為營官任事幽后之

誅祐充厲刑積勞至曹監中給事文明太后臨朝中官用

張祐字安福安定石唐人也父成扶風太守太武永坐事

為造甲第屯戍諸閹官特遷尚書進爵隴東公仍絁內藏曹

未幾監都曹加侍中與王叡等俱入八議太后嘉其忠誠

僕射進爵新平王王受職于太華庭備戚儀於宮城南觀者

以為榮孝文太后親幸其宅饗會百官祐歲月賞賜家累巨

禁二十餘年未嘗有過由是特被恩寵歲月賞賜家出入機

萬與王質等十七人俱賜金券許以不死薨孝文親臨之

詔鴻臚與議喪車贈司空諡曰恭孝日車駕觀送近郊祐

八七

養子顯明後名慶少歷內職有姿貌江陽王繼以女妻之

張爵降為隴東人也居於直谷自言其先姓杷漢

抱嶷字道德安定石唐人也居於直谷自言其先姓杷漢

而知也幼時杷匡為安定太守軍卓時懼誅易氏即家焉無得

靈帝時杷匡為安定太守軍卓時懼誅易氏即家焉無得

生逃免嶷獨與母沒入內宮張乾王反家深為崔小心慎密

遷中常侍中曹侍御尚書賜爵安定公自揣納言職當機

近諸所奏議必致抗直孝文明太后嘉之以為毅中侍

御尚書太后飢寵之乃徵其父睹生拜太中大夫將遂見

於皇信堂孝文執手曰老人歸途幾日可達好慎行路其

見幸如此睹生卒贈秦州刺史諡曰靖賜黃金八十斤繒

綵父綃八百定以供喪用并別使勞慰加右光祿大夫秋卿嶷

老疾乙外祿乃出為涇州刺史特加右光祿大夫將之州

孝文餞於西郊樂陽殿以御曰羽爭賜之二十九年以刺史

從為南征以老舊每見勞問數道補疑之王尋命乘馬出

入幼禁乃往法不能遵用新制侮優主族簡於禮接天性

為政多尚寬之閒與司徒馮誕同例軔還州貞以故老前官

酷薄雖弟姪甥壻疇田無仔潤卒於州先以從弟老壽為後

又養太師馮熙子為後次興疑死後二人爭立嶷妻張氏致訟

經年得以熙子為後老壽亦仍陳訴終獲紹爵次興遠於

魏史列傳八 十八

本族老壽几薄酒色肆情御史中尉王顯奏壹前洛州刺
史薩平子石榮射將軍抱老壽忿湧非軌易室而新臊
聲甚希於朝野醜音被於行路男女三人莫知誰子之老
未聞鳥獸之不若請以見事兒官付廷尉正糾詔可之老
壽死後其舊奴婢尚六七百人老壽及石榮祖父皆造碑
銘訖鄉建立言西方直谷出一貴人石榮自被効後遂慶
頴子長壹位南充州刺史與僚景及伏法

王遇字慶時本名他惡馮翊李潤鎮羌也與
為羌中強族自云其先姓王後改為鉗耳氏宣武時改為
之粵遂亢遇官奮其醫宣武初為光祿大夫復舊爵馮氏
言其過及後進辛孝文對李冲等申后無各而稱遇謗議
舊故遇性工巧強於部分北都文山靈泉道俗苍字及文
宅昌公出為華州刺史加散騎常侍幽后之前廢也遇頗
為宅也公私罕相供恤遇自以掌更奉接往祇謁不替
明大后陵朝洛京東郊馬射壇殿脩廣文昭太后墓園又
東西兩堂內外諸門制度皆遇監作雜年在耆老朝夕不
倦又長於人事留意酒食間每逢宴會舊賜膳精豐然競
於榮利趨求敕門趨侑之寵也遇深附之寵受敕為之造宅
增於本旨當擊作人莫不嗟怨卒於官初遇之疾太傅北

〈北列傳八十〉
十九

海王與太妃俱往臨問視其危憊為之泣下其書奏諸書
致相悲悼如此贈雍州刺史
符承祖略陽公歷吏氏人也因事為閹人太明大后所寵賜爵
略陽公歷吏尚書加侍中幷都曹事初太后以承祖居之命
腹心之任許以不死之詔後承祖坐贓應死孝文原之命
削職材銦在家授悖義將軍徙承祖坐贓死
王質字紹奴高陽易人也其家坐事幼下蠶室頗解書學
為中曹吏內典監稍遷秘書中散賜爵求昌子領監選部
尚書出為瀛州刺史風化粗行人庶畏服之而刑政峻刻
號為威酷孝文頗念其忠勤宿舊每行留太故馮司徒亡
廢馮后陸叡槊泰等事皆賜質又種書手筆莫不委至
之威青質皆日寶掌入為大長秋卿卒
李堅字次壽高陽人也文成初坐事為閹人稍遷給事
中賜爵魏昌伯小心謹慎常在左右雖不及王遇王質等
亦見任用宣武初為太僕卿出為瀛州刺史本州之榮
同於王質所在受納家產巨萬卒於光祿大夫贈相州刺
史大和末又有秦松白敬氏位並至長秋卿
劉騰字青龍本原城人也徙蜀南充州幼時坐事
受刑補小黃門轉中黃門孝文之在縣瓠間其中事騰其

〈北列傳〉
二十

言幽后秘隱與陳留公主所告侍恂由是進宄從僕射引
中黃門後與妳皓使召人女還遷中給事靈太后
臨朝以與子忠保護勳除崇訓大僕加侍中封長樂公
拜其妻魏氏為鉅鹿郡君每引入內受賞賚亞於諸主外
戚班養二子為郡守尚書郎騰齒疾篤靈太后應或不救
還衛將軍儀同三司後疾瘳騰之拜命孝明嘗為臨軒會
日大風寒甚乃遣使持節授之騰幼充官役手不解書裁
知署名而已而新謀有餘善射人意靈太后臨朝特蒙進
寵多所干託內外碎密栖栖不倦洛比求橋太上公太上
君及城東三寺皆主修管吏部崔望騰音奏其第為郡帶

〈北剡十〉　廿

成人資乘越清河王懌抑而不奏騰以為恨遂與領軍元
又言懽廢蠹太后於宣光殿官門晝夜長閉內外斷絕騰
自執管籥明帝亦不得見裁聽傳食而已太后服膳俱廢
不免飢寒又使中常侍賈粲假言侍明帝書密令防禁又
以騰為司空表裏擅權共相樹置義為外禦騰為內防送
直禁閣共裁刑賞騰燄與崔光同受詔乘步挽出入殿門
四年之中生殺之威決於義騰之手八坐九卿旦造騰宅
唯在財貨舟車之利水陸無遺山澤之饒所在固護剝削
篆其頗邑然後方赴省府亦有歷日不能見者公私屬請
六鎮交通底市歲入利息以巨萬計又頗役嶺御時有徵

求婦女器物公然受納邊奉瓣居廣開室宇天下咸苦之
囊子位中官為義息袁經者四十餘人騰之立宅也奉車
都尉周悕為之筮不吉深諫止之騰怒而不用悕告人曰
必困於三月四月之交至是果死廄軍甫感陳魏其下追
贈太尉冀州剌史葬閭官為義服杖經以百數朝
貴皆從軒蓋填塞相鄰郊野魏初以來權閹存亡之盛莫
及焉靈太后反政追奪爵位發其冢散露骸骨沒入財產
後騰所養一子叛入梁太后大怒悉從騰餘養於此齊尋
遣密使追殺之於汲郡

賈粲字季宣酒泉人也太和中坐事腐刑頗涉書記與元

〈北剡十〉　廿二

義劉騰等同其謀謀進光祿勳專侍明帝與義騰等伺
帝動靜石衞裴康生之謀殺父也靈太后明帝同升於宣
光殿左右侍臣俱立西階下廉生既被囚執粲給太后曰
侍官懷恐不安陛下且親安慰太后信之適下殿粲便扶
明帝出東序前御顯陽閤太后於宣光殿粲既義騰等威
福亦霸於時武威太守亳景永欲意必其兄緒為西平太
守靈太后反政欲謀粲時年
向七十未幾又以緒為西平太守靈太后反政欲謀粲時年
又騰黨與不一恐驚動內外方止出除魚洲剌史未幾以
遷武衞將軍乃宣馳騎殺之

楊範字法僧長樂廣宗人也文成時坐事宮刑為主璧所
養恩若父子累還為中尹靈太后臨朝為中常侍崇訓太
僕領中嘗藥御食典御賜爵華陰子出為華州刺史中侍
貴者靈太后皆許其為岳以範年長拜跪為難故遂其諸
父子納貨為御史所糾遂發於家後名崇訓太僕華州大
中正卒

成軌字洪義上谷居庸人也少以舉刑入事宮掖以軌謹厚
稱為中謁者僕射御賜爵華陰子出為華州刺史中侍
合帝心從第藥南征專進御食時孝文不豫常居禁中晝夜
無慚延昌末遷中常侍嘗食典御光祿大夫統京都將

孝昌二年以勤舊封始平縣伯明帝所幸潘嬪以軌為假
父頗為中官之所故憚後進為爵為侯卒於衛將軍贈雍州
刺史諡曰孝惠

王溫字桃湯趙郡欒城人也父龔高邑令坐事誅溫與
維叔俱充宦者猶遷中賞食典御中給事加左中郎將
武之崩群官迎明帝於東宮王雍既君家室慮卒明帝起
抱明群入踐帝位高陽王雍徵為中常侍賜爵欒城伯累
鉅鹿太守靈太后臨朝徵為中常侍賜爵欒城伯累遷左
光祿大夫光祿勳卿侍中進封欒城伯累溫自陳本陽平
武陽人攺封武陽縣侯建義初於河陰遇害

孟鸞字龍兒不知何許人也坐事為閹人靈太后臨朝為
左中郎將給事中秦被病面常黧黑於九龍殿下暴疾歸
家其死為之鸞初出靈太后聞之曰鸞必不漆我為之憂父
奏其死為之一泫曰其事我如此不見我一日忻樂時也
賜帛三百疋黃纊一十疋以供飛用七日靈太后為設

百僧榮

平李字幼穆燕國薊人也坐事為刑給事宮掖累選新興太守明帝
崩與小朱榮等議立莊帝即位超拜肆州刺史尋除
中侍中以參勳封元城縣侯求照中加驃騎大將軍卒除
封津字醜漢勃海蓚人也父令德要常賓女贄伏誅令德

冀州刺史諡曰孝惠
史元象初復為中侍中大長秋卿仍開府儀同三司懷州刺
右善侯初情號為機悟天平初除開府儀同三司懷州刺
靈太后令津侍明帝書邊常山太守津少長宮闈給事中
以連坐伏法律受刑給事宮掖累選奉車都尉中給事中

劉思逸平原人也以罪少充腐刑初為小史累選中侍中
武定中興元瑾等謀反伏誅又有張景嵩毛朝者咸以閹
寺在明帝左右靈太后亦密伏之通傳意計於明帝元又
之出景嵩暢頗有力焉靈太后及政又妹故未即戮以時
內外喧嚷云又選欲入知政事暢等恐禍及已乃啟明帝

欲詔右衛將軍楊津密往殺義諸書已成未及出外義妻
知之告太后萵暢與清河王息邵欲廢太后太后信之
責暢暢出詔草以呈太后太后讀之知無廢已狀意小觧
然義妻携之不已出暢為潁立太守景萵為曾郡太守尋
令捕殺暢景萵孝靜時位至中侍中坐事死
寵日隆爰受略遺進退人物張伯德祁仲彥張華原之徒
郡秀范陽涿人也事神武稍遷行臺水封壽陽伯親
皆深相附會秀疾神武親視之間所欲官乃啓為士兵尚
知其家資稟帛多少然後去贈儀同三司恬州刺史命其

【北列八十】 廿五

子孝義與太原公以下同學讀書初秀忌娛楊恬詿誼令
其逃亡秀死後悟還神武追忿秀即日斧遺孝義終身不
齒

和士開子孝通清都臨漳人也其先西域兩胡本姓素和
氏父安燕敏善事人稍遷中書令人魏靜帝嘗夜與朝賢
講集命安看斗柄所指安曰臣不識北斗齋神武聞之以
為滑直由是放除給事黃門侍即位儀州刺史諡文貞公士開
司空公尚書左僕射冀州刺史諡文貞公士開貴聦慧
選為國子學生解悟捷疾為同業所尚天保初武成封長
廣王辟士開開府行參軍武成好握槊士開善此戲由是

遂有斯舉加以傾巧便辟又能彈胡琵琶因我親寵當調
王曰殿下洪天人也是天帝也王曰卿非世人也是世神
也其深相愛重如此文宣知其輕薄不欲令王與小人相
親害責其戚狎過度徙之馬城乾明元年孝昭誅楊愔等
救追還長廣王請之也武成即位累遷給事黃門侍郎待
中高元海黃門郎高乾和及御史中丞畢義雲疾之將言
其事士開乃納賄於元海等交結朋黨欲擅威福乾和因
庄義雲及長廣王開除兗州刺史士開初封定州
縣子拜義狎進為伯天統元年加儀同三司尋除侍中加開府

【圖四十】 共六

夜扶侍并彌哀止哭又遺侍中韓長彎手敕慰諭務茲
之興卿本同心腹今懷抱痛然與卿無異當深思至理以
自開慰成服後呂芬等抱痛割髮還其日遣韓長彎以
過七日繡發其見重如此並諸第四人金起後本官四
再遷尚書右僕射帝先患氣疾因飲酒輒大發動士開每
諫不從後屬帝氣殘發又欲飲酒士開淚下歔欷而不能
言帝曰卿此是不言之諫因不飲酒及冬公主出降段氏
帝辛平原王第始飲酒焉又除尚書左僕射仍兼侍中武
成外朝視事或在內宴賞顏史之間不得不與士開相見

戎累月亦歸之數人或放還之後俄頃即追未至之間連騎催
喚軒詔曰至寵愛彌隆前賞賜不可勝紀之辭容止挾詭邪
親以後繼專畫無復君臣下宜又壯然為慕儀橫行之即是曰快活敢
張射免復同暴陛下宜必壯然為保攸攸約之世亦大悅於是姿
千年國事符於大臣何憂不辦無自動約之即建堂騎兵湇
子琮胡長粲堂東宮帝以武成射用是曰怏活敢
姓并在深堂元文遂堂臨崩弄其手曰見我也仍
開有伊霍之才後王以武成顧託深委任之又先得幸於胡
言演史罷人及帝寢殿殿士開入待喘噴帝謂士
絕永士開文手後王以武成顧託深委任之又先得幸於胡

▲北史列傳卌
〈廿七〉
支章

太后是以彌見親暱趙郡王叡與婁定遠元文遙等謀出
士開仍引任城馮翊二王及段詔安吐根并為計柬蜀蜀
暢朝貴欻前殺鄞南陳士開先帝弄臣城狐社
風受納士朝賄亂宮振臣等蟻無社曰冒以死陳太后曰先
帝色愈當安吐根繼進曰臣本高胡得在諸賈示未既受
厚恩武惜死不出士開朝野不定太后曰別曰論之王等
詞色愈當安吐根繼進曰臣本高胡得在諸賈示未既受
明目敕舉後欲投冠於地或拂衣而起言詞咆哮無所不至
呼胡長粲傳言以於太后曰持宮在殯事太恩遽猶欲王等

▲北刻十
〈廿八〉

伯今欲奉定別且送二女子一珠簾定遠大喜謂士開曰欲
必諸貴定遠謝曰諸貴士開就路士開家王特賜性命作方
史山陵軍叡等從士開欲殺士開家王特賜性命用作玩
后告叡等如其言以士開為兗州刺史文遙為西兗州刺
待過山陵然後發遣叡等謂臣其必出心必喜之後王及太
與臣同是任用並得一去一留並可少少為州且依舊出納
皆有覲覲今若出臣正是翦陛下羽翼宜諒陰始爾大臣
士開士開曰先帝群臣中待臣最重陛下諒陰始爾大臣
更恩童趙郡王叡等遂並拜謝長粲復命太后謂曰成妹母
子家計考究之力也厚賜叡等而寵之太后及後主名問

還入不士開曰在內久常不自安不願更入定遠信之送
至門士開曰今日遠出願一辭覲二宮定遠許之由是得
見後主及太后進說曰先帝一旦登遐遺臣以死觀
朝貴意勢欲以陛下為乾明臣出之後必有大戀後何
目見先帝於地下因慟哭後主及太后皆立面
士開曰臣已得入後何所慮正須數行詔書且於是認定
遠為青州刺史趙郡王叡以不臣名入敕之復除士開
侍中尚書左僕射除尚書令還錄當書事食定州常山郡
元年封淮陽王尋除尚書令還所遺加以餘珍賂之武平
幹武成時恒令士開與大后握槊又出入卧內遂與大后

為亂及武成崩後彌自放恣琅邪王儼惡之與領軍大將
軍庫狄伏連侍中馮子琮之伏連御史王子宜武衛大將軍
高舍洛等謀誅之伏連發京畿軍帖神武千秋門外並
私約束未聽士開入殿為領軍恒姓好內多早下
縱當直必須庫士開入殿晚始來門禁宿衛略不在意及旦士開
依式早參庫狄伏連就臺斬之晚把士開向臺遣軍士曰今有一大好事王子開
便授一函云有敕令士開入上臺至是果駮儀令御史李子幼業羊立
正將令史就先簿錄家口自領兵士從殿西北角出齣律
事儼遣都督馮永洛自領兵士防送禁治晝侍御饌
風堂推問死者十餘人帝哀悼不視事數日後追憶不已
詔起復其子道盛通直散騎常侍又敕其弟士休入內省
參典機密詔贈士開假黃鉞右丞相太宰司徒公錄尚書
事諡曰文定士開稟性庸鄙不窺書傳發言吐論唯以諂
媚自資自河清以後威權轉盛富商大賈朝夕填門
聚斂貨財不知紀極雖公府掾郡縣守長不拘階次啟
媵即成朝士不知廉恥者多相附會其名者為其假子與市
道小人丁鄒嚴興等同在昆季行列又有一人士曹參士

明月說後主親自曉告軍士軍士果散即斬伏連及王子
宜竝支解棄屍殿西街自餘皆辭頭及縛付趙彥深於涼

關疾患遇醫人云王傷寒極重應服黃龍湯士開有難色
是人云此物甚易王不須疑王先嘗之一舉便盡
士開深感此心為之強服遂得汗病愈其勢傾朝廷如此
雖以左道事之者不隔醫愚無不進擢而正理違忤者亦
頗能容之士開加刑戮多所營救既得免卑即
令諷論責其珍寶謂之贖命物雖有全濟皆非直道安
根能含怨入魏家於酒泉吐根密啟本蕃情狀神
留塞比天平初蠕蠕主使至晉陽吐根啟本蕃情因
武得為之備蠕蠕果遣兵入掠無獲而及神武以其忠欵
厚加賞賚其後與蠕蠕和親結成婚媾皆吐根為行人也
吐根性和善頗有計策蠕使入朝為神武親待在其本蕃
為人所譖奔投神武文襄嗣事以為假節涼州刺史卒義
安息胡人曾祖入魏末充使蠕蠕因
穆提婆本姓駱漢陽人也父超以謀叛伏法提婆母陸令
萱配入掖庭提婆為奴後主在襁褓中令
阿妳呼姊姊遂為胡太后昵愛參預朝政巧多機辯取媚百端
宮掖之中獨擅威福封為郡君
義子天統初奏引提婆入侍後主朝夕開府左右大被親昵無
將軍兼州大中正二年稍遷儀同三司又加開府食樂陵郡遇彌隆
所不為武平元年除侍中轉食樂陵郡

其父司徒公尚書左僕射城陽郡王贈
之爲女是以提婆改姓穆及穆氏定位號視第一品班在
長公主之上自武平三年之後令萱母子勢傾內外賣官
鬻獄聚斂無厭每一賜與動傾府藏令萱謂後主謂後宮也斛律
皇姬於帝前罵之曰奴輩我兒斷奴謂提婆掌有舉
太后之發也以提婆則自太后以下
皇后禮以求令萱令萱亦以胡氏寵幸方睫不得已而白
辭厚禮以求令萱令萱亦以胡氏寵幸方睫不得已而爲皇太
後主立之然其意在穆昭儀每私謂後主曰豈有男爲皇太
子而母爲婢妾又恐胡后不可以正義離間乃外求左道
行厭盡之術旬日之間胡氏遂即精神恍惚言笑無恒後
主遂漸相畏惡令萱一旦忽以皇后服御衣被穆昭儀又
先別造寶帳褥及枕席器玩異匯珍奇坐昭儀於帳中謂
後主云如此人不作皇后遣何物人作皇后於是立穆氏爲
右皇后以胡氏爲左皇后尋復黜胡以穆爲正嫡不可盡
左宰相殺胡長仁皆令萱所爲也自外殺生與奪不可
言祿婆雖庸品所溫而性乃和著不甚害士人亦由此稱
侈晚朝早退全不以公事關懷未嘗毒害士人亦由此稱

並因此非命

高阿那肱無善人也父市貴從神武以軍功封常山郡公
位晉州刺史贈太尉公及阿那肱貴龍贈成臯王阿那肱
初爲庫直每從征討以功封直城縣男天保初除庫直驃
騎大將軍領軍別封昌國縣侯後主即位除并省左僕射
武平元年封淮陽郡王仍遷并省尚書令尋除并省
尚書令領軍大將軍別封西河郡王又除領軍大將軍
三司武衛將軍那肱工於騎射便僻善事人每宴射之次
大爲武成愛重又諂悦和士開尤相親狎士開每見爲之
言由是彌見親待河清中除儀同三司食汾州定陽城
二郡幹以破突厥封冠軍縣伯天統初加開府除侍中驃
騎大將軍領軍別封昌國縣侯後主即位除并省左僕射
謂其識慶足繼士開死後主所以大龍遇之士開死令其錄尚書
幸多令在東宮侍衞後主所以大龍遇之武平四年令其錄尚書
識用无在士開下而新巧計數亦不逮士開既爲武成所
事又摠知外兵及內省機密頓不如和士開駑提婆母賣
獄賣官宜韓長鸞憎
辭不妄喜怒亦不察人

陰私虛相謗搆逐至司徒公右丞相其錄尚書刺史並如
故及周師逼平陽後主於天池校獵晉州頻遣馳奏從旦
至午驛馬三至那肱云大家正作樂邊境小小兵馬自是
常事何急奏聞向暮更有使至云平陽城已陷賊及軍赴
知明即欲引軍淑妃又請更合圍所以彌致遲緩及軍赴
晉州命那肱率前軍先進仍摠節度諸軍後主至平陽城
下謂那肱曰戰是邪不戰是邪那肱曰兵雖多堪戰者不
過十萬病傷及繞神武皇帝時不如勿戰且守高梁橋安
退令白將士皆勝火頭三分除一昔攻玉壁援軍來即
根曰一把子賊馬上刺取擲汾河中帝未決諸內參曰彼

亦天子我亦天子彼尚能縣軍遠來我何為于斟示弱帝
曰此言是也於是橋邊進軍使內參讓阿那肱曰爾富貴
足惜性命邪後主從之摠觀戰東偏頗有退者提婆引帝
曰大家去大家去帝與淑妃舞高梁開府美長樂諫曰半
進半退戰家常體今眾全敗未有傷敗豈下舍此安之
御馬一動人情駭亂顧瞻遠逐安尉少武衛張常山自後
亦曰軍尋收訖其整頓圍城兵亦不動至尊宜回此何可
言乞將內參往視帝將從之提婆引帝肘曰此言何可信
帝遂比馳內參有軍士雷相告稱阿那肱遣臣招引西軍行到
文侯城恐軍未果故還聞奏後主召侍中斛律孝卿令其

檢校孝卿固執云此人自欲投賊行至文侯城迷不得去
畏死妄語且事遂寢還至晉陽那肱腹心人馬子平告那
肱謀反又以為虛妄斬子平乃顧沛還鄴後主走庚河令那
肱及關寺等數十騎從行復除大丞相侍衛逃散唯那
肱以數千人投濟州關仍遣候周軍進止曰旦夕馳報那
肱每奏云周軍未渡河令人皆云那肱表款
且至闕首所部兵馬皆散那肱遂降時人皆云那肱表款
周武起兵誅死初天保中文宣自晉陽還鄴行及遼
長安授大將軍封郡公尋出為隆州刺史大象末在蜀後
王謙起兵誅死初天保中文宣自晉陽還鄴行及遼

路中大川呼文宣姓名云阿那瓖終破你國時蠕蠕主阿
那瓖在塞北疆盛帝不忠之所以每歲討擊後主亦遂
屬高阿那肱云雖作肱宇世人皆稱為瓖音斯回亡秦者
胡蓋縣定於兆其也

韓鳳字長鸞昌黎人也父永興與開府青州刺史高密郡公
鳳少聰察有膂力善騎射稍遷烏賀真大賢真正都督後
主居東宮年尚幼武成簡都督三十人送令侍衛鳳在其
數後主親就中牽鳳手曰都督看兒夾因此被識數喚
共藏龍盛賜高密郡公位開府儀同三司武平二年和士開
為庫秋伏連等矯害敕咸陽王斛律明月宜陽王趙彥深

在涼風堂推問支黨其事稍菱守令鳳口傳然後宣詔敕
號令交武禁掖防守悉以委之除侍中領軍摠知內省機
密斑與鳳於後主前論事斑語鳳云彊弓長鞘弘求相
推謀軍國謀筆何由得卑鳳荅云出言見皆在交武優
劣後主將誅斛律明月數日後主不與語尋得舊仍封護國昌黎郡王又
加特進及祖斑除比徐州刺史即今赴任既爵之後逢甚
其珍寶財物亦有不云敕而挫迴取音敕令領軍將軍摟
已分追斑還引入侍中省諞禁其事立自毛亞鳳約敕竟之
不行其省軍徐孝遠密言言祖斑誅斛律明月後矯稱敕賜
明月數日後主不與語尋鳳固靷不從祖斑因有讒言既誅

第一區其公主生男滿月駕幸鳳宅宴會盡日每日豆豢甲
進怱領軍大將軍餘悉仰敕見實行尚公主在晉陽賜甲
先被敕頻顧訪出後方引奏軍官若不視事內省急速者
皆付奏聞軍國要密並無不經手東西處辛及山水游戲射
獵獨在御傍與高阿那肱稱撥共臥衡駞曰三貴損
國昌政目月滋甚壽陽陷沒鳳與穆提婆聞告敗擺頷不
輒曰他家物從他去後常使於黎陽臨河築城戍急時
且守此作龜茲國子更可憐人生如寄唯當行樂何用愁
為君臣應和若此鳳恆帶刀走馬未曾安行瞋目張拳
唉人之勢每曰曰根不得到漢狗飼馬又曰刀止可刈賊

漢頭不可刈單其弟鳳歲父其二子寶信並開府儀同萬
歲文拜侍中亦頗機要實信尚公主駙後辛其宅親戚咸豪官
賞鳳毋辭千段孝言之從母子姊也為此備相綦附奏造監造
晉陽宮陳德信馳驛行見實妹言設宴役賞凡比自營宅既語僕射
為至尊起憂殿未記何用先自營造鳳及綦得提婆亦遣孝
言分王匹為已造宅媼信還具奏聞及辛晉陽鳳又以官馬
與他人乘騎因此發兮與提婆辛朝夕讒
宅公主離婚後殺道尚鄰吏郎叅名亦不露其事仍毀敕其
入內尋詔後主及開府領軍大將軍常在左右仍投敕唉
度河到青州并為周軍所獲鳳被龍要之中尤嫉士朝夕謀
遇曰其彌自飾於殺傷未曾與人相承接朝諫事莫敢仰
視動致呵叱輒置云狗漢天不可耐雖溟殺劫若見武職雎
官者韓寶業盧勒義齊紹子徵亞神武攟左右閤內
驅使不救恩遇歷天保皇建之朝亦不至寵幸但漸有職
任實業至長秋卿勒義等或為中常侍武成時有曹文操至
夏侯通伹長游魯悋武平中任朱軍相干預朝權如寶業
儀同食幹者唯長顥及寶業車亦有至
及勒義齊紹子徵後並封王俱自收斂不過侵暴又有陳

德信亦為時幸辛與長鸞並開府封王俱為侍中左右光祿

大夫領待中又有潘師正崔幸禮劉萬通硏脣光弁劉通

遠王弘遠王子立王玄昌高伯華左君才能純陸宮鍾楗

趙野又徐世凝奇子溢斛子慎宋元寶康德汪並於後主

之朝辟其斬傲敗政虐人古今未有多授開府窠止此二

亦有加光祿大夫金章紫綬者多乾帀中待中中常侍左右通習累

職乃至數十人恒出入門禁往來圍苑趨言一戲之賞動

曰承候顏色競進諂諛發言動意多會深宣戲諸

逾巨萬丘山之積貪惏無猒猶以波斯狗為儀同郡君分

其幹祿神獸門外有朝貴趨意之所時人號為解郖廳諸

閹或在内多曰暫放歸休所乘之馬羣至神獸門階然後

升騎飛鞭競走十數為羣馬塵必坌諸貴羣至唐趙韓略

曰隱聽趨避不敢為言蘇盧陳鄧之徒亦意屬尚書卿莊

宰相既不為致言時主亦無此命唯以工巧玪功用長顯

為大府卿為神武時有倉頭陳山提蓋豐樂曾食典御又有劉

僻頗家恩遇魏末山提通州刺史豐樂曾樂俱以驅馳便

郁亦趙道德並為神武驅使梅勝郎辛洛同高灣洛郭黑面李銅

鉸王恩洛並為神武驅使天保大寧之朝漸以貴盛至武

平時山提等皆以開府封王其不及武平者則追贈王爵

雖賜與無筭顧眄深重乃至陵勿宰輔然皆不得干預朝

政武平時有胡小兒俱是康阿馱穆叔兒等冨家子弟開

選艷嬖若干數十人以為左右恩眄出厩殆與閹官相埒富亦

有至開府儀同者其曹僧奴僧叔子妙達以能彈胡琵琶

為親要洪珍開府封王尤有何海及子洪珍開府閹官

其被寵遇俱開府封王又有何海及子洪珍開府多子徒

十載人咸以能舞工歌及善音樂者亦至大官倉頭始自

猶以宮掖驅馳便蕃左右漸因昵卿以至太官倉頭始自

家人情寄深密及於後主則是先朝舊人以勤舊之勞致

此叩竊貴無為人士之所疾惡其以音樂至大官者沈過見

官至開府儀同王長通年十四五便假節通州刺史時又

有開府蘚榮宗常自云能使鬼及周兵之過言於後主曰

臣已發遣蘚律明月將大兵在前去帝信之經古冢縈宗

調舍人行恭是誰家行恭戲之司林宗家復開林宗是誰

行恭曰郭元貞父榮宗前奏曰臣向見郭林宗從冢出著

大憒吉夏靴椎馬鞭問臣我阿貞來不是時羣妻多許類

忌之大則傾國工身小則傷賢害政率由斯也所宜誡焉

論曰古諂有之人之多辛國之不幸然則寵私為善自古

此

詩曰殷鑒不遠近在夏后之世觀夫魏氏以降亦後來之

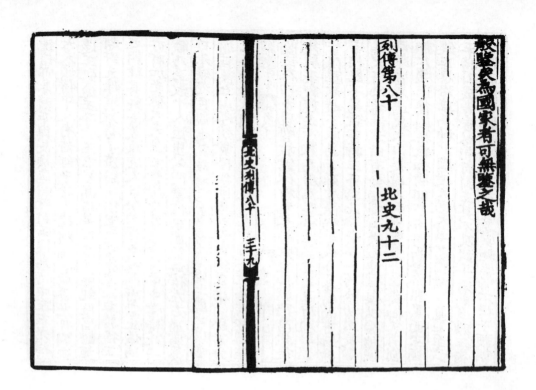

列傳第八十

北史九十二

北史列傳八十　三十九

僭偽附庸

夏　赫連氏

燕　慕容氏

後秦　姚氏

北燕　馮氏

西秦　乞伏氏

北涼　沮渠氏

梁　蕭氏

晉自永嘉之亂，寓縣瓜分，胡羯馮陵，積有年代，爰踵厥運，咸居大寶。竟而自相吞滅，終為魏臣。然魏目昭成已前王迹未顯，至如劉石之徒，時代不接，舊書為傳，編之。歟耳目無益，緗素且于胼五馬浮江，正朔未改，陽秋記注所吞併者，序其行事，其滅亡，其餘不相關涉，皆所不取。至迎晉宋齊梁命相承，雖云帝業，魏書所命島夷列之，於傳亦所不取，故此編次，為僭偽附庸傳。

具存紀錄，雖朝政叢脞而年代已多，太宗文皇帝爰動文大存列勳其時軍相接，已編之載記今斷自道武已來所吞併者序其行事其滅亡其餘不相關涉皆所不取至迎晉宋齊梁曰偏據不入今分隔蕭詧雖云帝業魏書所命島夷列之於傳亦所不取故此編次為僭偽附庸傳。

鐵弗劉武南單于苗胤閭左賢王去甲之孫北人謂胡父之孫鮮卑母為鐵弗因以獯為姓武父諱汁世領部落為鮮卑母死武弗從子居於新興虎意少北人謂胡父之孫比部帥劉猛之子務桓代領部落與魏和通務桓死弟閼陋頭代立密謀反叛後務桓子悉勿祈逐閼陋頭而立悉勿祈死弟衛辰

代立衛辰務桓第三子也既立遣子朝獻昭成以女妻之衛辰潛通符堅以為左賢王遣使請堅求田地春去後又衛辰為單于河以西諸軍事大將軍朔州牧衛辰使持節都督河西諸軍事大將軍朔州牧人為二部自河以西為衛辰自河以東萬之衛辰自河以東諸新類並干代來嘉祕永擾長復於昭成末衛辰導符堅寇魏南境王師敗績衛辰遂分國戍之昭成末衛辰討大破之逐走奔符堅堅送還朔方遣兵衛之昭成討衛辰堅自至朔方以衛辰為夏陽公統其部落衛辰義討衛之堅自至朔方以衛辰為左賢王遣使請堅求

秋來堅討之後乃背堅專心歸魏奉堅遣其將鄧代立衛辰潛通符堅以為左賢王遣使請堅求田地春去

子拜衛衛辰使持節都督河西諸軍事大將軍朔州牧乃王姚萇亦遣使結好拜衛辰使持節都督河西諸軍事

人為二部自河以西為單于督攝河西新類並干代來萬道武軍五六千人為其所圍衛辰遣子直力

事大將軍大單于河西王幽州牧登國中衛辰遣子直力鞮寇南部其襲八九萬道武軍五六千人為其所圍力

以車為方營並戰並前大破之於鐵岐山南直力鞮單騎而走帝乘勝追之乃分遣陳留公元虔南至

王走帝乘勝追之乃分遣陳留公元虔南至

而走帝乘勝追之乃分遣陳留公元虔南至

辰所居悅跋城衛辰父子驚遁南將軍伊謂自行宮先是河衛辰亦如

白鹽池虜衛辰家屬將軍伊謂自行宮先是河水根山禽直力

窟匿遁走為其部下所殺傳首行宮先是河水

辰惡之及衛辰之士誅其族類並投之於河衛辰第三子

屈丐本辭于部帥太悉伏屈丐本名教教明元改其名曰

屈丐北方言屈丐者卑下也太悲伏送之姚興興高平公
破多羅沒弈干妻之以女屈丐身長八尺五寸興見而奇
之拜驍騎將軍加奉車都尉常參軍國大議寵遇踰於勳舊
興弟濟南公觜言於興曰屈丐有濟世之才吾方收其藝用與
之共平天下有何不可乃以屈丐為安遠將軍封陽川侯與
太甚臣竊惑之興曰屈丐天性不仁難以親育寵之
使助沒弈干鎮高平屈丐龍驤沒弈干而并其眾僭稱大夏天王
持節安北將軍五原公曾以三交五部鮮卑二萬餘落鎮
朔方道武末屈丐恥姓鐵弗遂改為赫連
號年龍升置百官興乃悔之屈丐屈丐

三　四

氏自云徽赫與天連文號其支庶為鐵伐氏云疾剛銳如
鐵皆堪伐人晉將劉裕攻長安屈丐聞而喜曰姚泓雖能
拒裕裕必寇之待裕去後吾取之如拾遺耳於是赫連勃
兵伏養士卒及劉裕禽泓凱旋留子義真守長安屈丐伐之大
破義真積人頭為京觀號曰髑髏臺遂僭皇帝於灞上號
年為昌定都統萬城銘其功德以長安為南郡
性驕虐視人如草菅蒸土以築城鐵錐刺入一寸即殺作
鐵甲匠所造兵器匠呈必死射甲不入即斬弓人如其
而并築之所造兵器匠數千人常居城上置弓劍於側有所
入便斬鎧匠自殺之群臣忤視者鑿其目笑者決其脣諫者謂
嫌忿手自殺之

之誹謗先藏其舌而後斬之議廢其子璝璝自長安起兵
攻昌屈丐遣子太原公昌破璝殺之屈丐死昌諸子相攻屈丐之第二子
光二年屈丐死昌僭立昌字還國一名折屈丐以昌為太子始
也賑僭位改年承光太武聞屈丐死諸子相攻關中大亂
於是西伐乃以輕騎一萬八千濟河襲昌時冬至之日昌
實饗王師酒到上下驚擾軍駕次於黑水去其城三十餘
里昌乃出戰太武馳往擊之昌退走入城未閉門軍士乘城
勝而入其西宮焚其西門夜宿城北明日分軍四出摟萬餘
家而還後昌遣弟定與司空奚斤相持於長安太武乘城
西伐遣君子津輕騎三萬借道兼行群臣咸諫曰統萬城

堅非千日可接今輕軍討之進不可尅退無所資不若步
軍攻具一時俱往帝曰夫用兵之術攻城最下不得已而
用之如其攻具一時俱往賊必懼而堅守若攻不時拔則
食盡女疲外無所掠非上策也朕以輕騎至其城下彼先
聞有步軍步從見騎至必當心閑朕且羸師以誘之若得
一戰之必矣所以然者軍士去家二千里後有黃河之
難所謂置之死地而後生也以是決戰則有餘攻城則不
足遂行決于黑水分軍伏於谷而以少眾至其城下按兵
秋子玉來降說使人追其弟定曰城堅峻未可攻待
禽斤等然後徐往內外擊之有何不濟昌以為然太武悉

之退軍城北示昌以弱導求昌王褘及娥清等分騎五千
西掠居人會軍士召擊六入昌城言官軍糧盡士卒食來
輜重在後步兵未至擊二萬司徒長孫翰等咸言昌步陣難陷宜避其鋒且待步
彼舊我弱非計也遂收軍偽北引眾出城而不擊
兵一時奮擊帝曰不然遠求求賊言昌步陣難陷宜避其鋒且待步
而前舒方陣為翼行五六里帝奮擊之賊更待後日崔浩
風起方術官趙悅勸帝更待後日崔浩叱之帝乃分騎為
左右以掎之帝墜馬賊已逼馬刺殺其尚書斛黎文
殺騎賊十餘人流矢中帝帝奮擊不輟昌軍大潰不及

八城奔投上卻遂剋其城初赫連奢好脩宮室城高十仞
基厚三十步上廣十步宮牆五仞其堅可以礪刀斧台榭
高大飛閣相連皆雕鏤圖畫被以綺繡飾以丹青窮極文
采帝顧謂左右曰蕞爾小國而用人如此雖欲不亡其可
得乎侍御史安頡禽昌帝使中古弼迎昌至京師舍之
西昌門內給以乘輿之副又詔昌尚始平公主假會褚公
封為秦王坐謀反伏誅昌弟定奔於平涼自稱尊號改年
也凶暴無賴昌敗定曰先帝以朕承大業者豈有今日之
陰蘊山望其本國泣曰先帝以朕承大業者
聖子使天假朕年當與卿諸人建李興之業俄而群狐百

北列八十一　五

數鳴於其側定命射之無所獲惡之曰所見亦大不祥咄
咄天道後何言哉定遂與宋王連和遣分河北以東屬
宋恒山以西屬定太武親率輕騎襲平涼定方陣
自固帝四面圍之斷其水草定被創單騎走收其餘眾乃西保
上邽神䴥四年為吐谷渾慕璝所襲禽送京師伏誅諸
將軍士眷屬之定眾潰被創單騎道走收其餘眾
徒河入昌黎司馬宣王討公孫氏拜率義王始建
部落入君遼西從延昌黎有功始建左賢王
府於棘城之北遼義王始建
父涉歸以勳進拜鮮卑單于遷邑遼東涉歸死廆代領部

落以源東僻遠遷於徒河之青山穆帝世廆為東部之惠
宼死子廆嗣廆字元真號為元年自稱燕王建國二年
昭成納晃女為右四年晃城和龍而都焉為征高麗大破之
遂入丸都掘高麗王釗父利墓載其屍并其宮室毀九都
而歸釗後稱臣乃歸高麗王釗父
位號年為元年閭石氏亂乃礪甲嚴兵將嗣英既襲
都千薊建國十五年儁即皇帝置百官號年天璽國緒
大燕十六年自薊遷都於鄴號年光壽儁死第三子暐嗣
暐字景茂號曰建熙暐政無綱紀有神降於鄴曰湘女有
聲與人相接數日而去後猗盧追將王猛伐鄴禽舊封新

北列八十一　六　所

興後道武之七年符堅敗於淮南暐叔父垂叛堅攻符丕
於鄴暐弟泓先為北地長史聞垂攻鄴丕奔關東
還屯華陰自稱雍州牧泓泓弟北地王推垂為丞相大司馬吳王
堅遣子鉅鹿公叡伐泓泓弟中山王沖先為丞相大司馬吳王亦
起兵河東奔泓泓衆至十萬遣使謂泓分王天下堅大
怒責暐暐叩頭流血謝堅待之如初命暐以書招垂及泓
沖暐密遣使謂泓勉建大業可以吳王為相國中山王為
太宰領大司馬汝可為大將軍領司徒承制封拜聽吾勅
聞泓便即尊位泓進向長安號燕興泓謀臣高蓋宿勤
崇等以泓德望煇後沖且持法苛峻乃殺泓立沖為皇太弟

北列十一　十七

承制行事置百官進據阿房初堅之滅燕沖姊清河公主
年十四有殊色堅納之沖年十二亦有龍陽之姿堅又幸
之姊弟專寵長安歌之曰一雌一雄雙飛入紫宮堅又幸
諫出沖及其母年幼以燕后之禮長安又謠曰鳳皇
鳳皇止阿房時以鳳皇非梧桐不棲非竹實不食乃蒔梧
竹數千株於阿城少待鳳皇至是阿城終為
堅戰暐入見堅推蘆作濛除不成文章莫解是夜大雨晨不果
出軍發堅乃誅暐父子及崇族城內鮮卑無少長男女皆

殺之麁弟遵遵孫永字叔明暐既為符堅所并永徒於長
安永貧夫妻常賃舂於市及暐為堅所殺沖乃自稱尊號
以永為小將軍沖毒暴及堅出如五將山沖入長安縱兵
大掠死者不可勝計初堅之未亂關中忽然無水而煙氣
大起方數十里月餘不滅堅之長安為之
中謠曰長鞭馬鞭擊左股太歲南行
為白虜沖果據長安樂之忘歸以其次兒鳳著跨
煙於城北觀而錄之長安為之語曰

永曹屬彥列　北列全　四四四十　八

人之怨殺沖立沖將段隨為燕王改元年昌平沖之入長安
王嘉謂之曰鳳皇鳳皇何不高飛遠故鄉無故在此取滅
亡沖敗其左僕射慕容恒與永潛謀襲殺隨立宜都王子
顗為燕年號年建明率男女三十餘萬口棄與服御
禮樂器物去長安而東以永為武衛將軍恒弟護軍將軍
翰陰有貳志誘觀殺之于臨晉永與武衛將軍
刀雲率衆攻韜韜道司馬宿勤黎逆戰永斬而殺之韜懼出
奔恒管恒立慕容沖子望為帝改年建平永亦恭望奔永
永執望殺之立慕容凱子忠為帝改年建武忠以永為太
尉守尚書令封河東公東至聞喜知慕容垂稱尊號託以
農垂弗進築燕熙城以自固刁雲等文殺忠推永為大都

都督大將軍大單于雍涼涼四州牧河東王稱藩於垂
永進據襄長子僭稱帝親年中興垂攻丁零翟釗於滑臺劍
敗降永永以劍為車騎大將軍東郡王歲餘謀殺永永誅
之垂來攻永敗為前驅所獲垂數而裁之并斬永公鄉
巳下刀雲大逆豆歸等四十餘人求所統新舊人戶服御
圖書器樂珍寶垂來獲之垂字道明晃第五子也甚見寵
愛常自謂諸弟子曰此兒闊達好奇終能破人家或能成
人家故名霸字道業恩遇踰於僑儁弟能平及即王位以
垂墮馬傷齒故改名缺外以慕鄰歜為名內寶之尋以
諱記之文乃去夬以垂為名年十三為偏將所在征伐勇

[冠三軍儁平十中原垂為前鋒累戰有大功及儁尊號封
吳王後以軍騎大將軍敗桓溫於枋頭威名大震不容於
暐西奔苻堅堅其重之拜軍將封賓都侯堅敗淮南
入於中山盡有幽冀平州之地遣使朝貢三年道武遣九原
陽請求拜墓堅許之遂起兵攻洛不克垂稱燕王置百
官又遣使朝貢四年道武遣陳公虔使於垂
於軍跳燕元登國元年垂僭位號年馬建與繼宗廟社稷
公儀使於垂議討暴容永太史令剌安言於垂曰彗星經尾
絕行人垂議討暴容永太史令剌安言於垂曰彗星經尾]

九

世刻五十
祖刻吾列

箕之分熊當有野死之王不出五年其國必三歲在鶉火
必討長子垂乃止安出而謂人曰此眾既并終不能久安
蓋知道武之興也而不敢言先是丁零翟釗叛垂後遣使
謝暐不許遂自號大魏天王也滑臺劍奔長子垂議征長子諸將咸
寶來寇始寶之來自到五原道武斷其路父
之不復留寶以累子孫乃代永剋之十年垂遣其太子
固勸垂曰司徒議與吾同且吾將從之垂征長子諸將咸
諫以永國未有釁隙請他年垂怒叱之曰汝父巳死何不
子問絕垂乃詭其行人之辭臨河告之曰汝父巳死何不
遽還寶兄弟聞之憂怖以為信然於是士卒駭動初寶至
幽州其所乘車軸無故自折占工剌安以為大凶固勸令
還寶怒不從至是問安安曰速去可免寶愈恐安退告人
曰今將死於他鄉尸骸委於草野為烏鳶蟻所食不復
見家族十月寶燒船夜遁時河冰未成寶謂帝不能慶不
設斥候十一月天暴風寒冰合寶進軍濟河急追之至參
合陂西剌安言於寶曰今日西比風動是軍將至西為掎角之勢
兼行速去不然必危其枝無聲夜帝部分眾軍東西為掎角之勢
令陘西剌安言於寶曰今日西比風動是軍將至參
約勒士卒束馬口銜枚無聲夜帝部眾晨東引顧見軍至遂驚擾
臨其營寶眾晨將東引顧見軍至遂驚擾帝縱騎騰躍
於下

十

永刻吾列
先刻八十

15-1261

馬者蹶倒冰上寶及諸父兄弟軍馬迸散僅以身免寶
軍四五萬人一時放仗斂手就覊禽其王公文武數千垂
復欲來冠太史曰太白夕没西方數日後見東方此為躁
攻先舉之死者亡垂不從鑒山開道至寶前敗所見積骸如立
設祭弟之死者父兄子弟遂皆哽咽哭聲震山川垂慇忿嘔
血發病而還死者安已為太子寶僭立寶字道裕垂之第四子也
少輕果無志操好人女而不斷承平則為仁明之主處難則
非澆世之雄分託以大業未見克昌之美逐西高陽兒之
後賢者宜擇一以樹之趙王驎姦詐負氣常有輕寶之心

恐難作垂不納寶聞深以恨寶既僭位年號永康遣驎
樓吾當情死遂自殺段氏怒曰汝兄弟尚逼殺母之道不宜成
喪群臣咸以為然寶中書令謀廢嫡無母之道不宜成
始元年道武南伐又赴信都寶大懼來犯營帝擊破之寶
走中山遂奔龍城聞寶被圍率衆襲農
師會拜中央改寶分奪其軍以授弟遼西王農等會怒襲農
殺之勒兵於路寶走龍城會追圍之寶命雲為子封夕陽公會至中山為慕容普
隣所投寶至龍城垂舅蘭汗拒之寶南走薊汗復遣迎

寶以汗垂之季舅子盛愛汗之婿也必謂無二乃還龍城
汗殺之又子秦等百餘人汗自擁大都督大單于昌黎王
號年青龍以盛子婿良而有之盛字道運寶長子也垂封
為長樂公寶僭立王爵為王蘭汗之殺寶也以盛為侍中
左光祿大夫寶盛乃間汗兄弟使相疑雲早衛雙劉志張
真等皆醉夜龍殺之舊昵汗太子穆並引腹心李旱等因汗
穆等醉夜龍殺之間汗改年為建平又號年為長樂盛
改撫庶人大王盛以寶闇而不斷遂峻威刑於是上下
霜看前將軍段璣等夜鼓譟攻盛傷之遂輦昇殿召叔父
河間公熙驕以後事熙未至而死熙學道文小字長生垂

之長子也群臣與盛伯母丁氏議以其家多難宜立長君
遂廢盛子定迎熙立之熙立殺定年號光始始築龍騰苑起
雲山於死內又起逍遙宮甘露殿連房數百觀閣相交鑿
天河渠引水入宮又為其妻起承華殿曲光清涼池季夏盛
暑不得休息暍死者太半熙遊城南止大柳樹下有蛇長丈餘
呼曰大王且止熙惡之伐其樹下有人
諸子改年為建始又為其妻符氏鑿曲光海清涼池季夏盛
殺同價典軍杜靜載棺詣闕上書極諫熙大怒斬之熙妻
當季夏思凍魚膾仲冬須生地黄切責不得加有司大辟
符氏死熙擁其死僵仆絕息父而乃蘇悲號擗踊斬衰食

弟大歛之後復啟殯交接制百官哭臨沙門素服令有司
案撿有沒者爲之也無沒者皋之群臣莫不含辛以爲浚及
自驚熙被髮徒跣從輦車毀城門而出長老相謂曰慕容氏
殺之立夕夜公雲爲主雲實之養子也熙復姓高氏年號正
始跋又殺雲自立雲之立也熙幽州刺史上庸公慕容懿
以遠西歸降道武以懿爲征東大將軍平州牧年號後
德爲張撥太守垂偕號封范陽王位司徒賞即位以德鎮
坐二反伏誅少子僥字玄明雅爲兄垂所重符堅咸暕以
鄴大丞相寶既東走群僚勸德偁尊號德不從皇始二年
號挍中山道武道衛王儀攻鄴德南走滑臺自偁燕王
既挍元置置官德冠軍將軍符廣叛於乞活曜德覺
子和守滑臺衆攻廣斬之而和長史李辯殺和以城降
魏德無所據用其尚書潘聰計據青齊入都固偕而尊
號德年建平女水竭而惡之因以超爲太子超請祈
魏德曰君之命荳女水所知乃以超爲太子德死超
偕立超字祖明德兄比海王納之之子也既偕位號年太上
女水德曰人君之命豈女水之所知乃以超爲太子德死超
超南郊柴燎熖熖而煙不出靈臺令張光告之曰今火盛
而煙威拒之於大峴其亡乎天賜五年晉將劉裕伐超超將
樓勸拒之於大峴不從裕入大峴超戰於臨朐爲裕敗退

還廣固圍之廣固晝夜哭有流星長十餘大隕于廣固城
濆裕執超送建康市斬之
姚萇字景茂出於南安赤亭當之後也祖柯廻助魏偕
姜維於沓中以功假綬挍尉西羌郡督父弋仲晉永嘉
之亂東徙榆頭劉曜以弋仲爲平西將軍平公弋
李龍邊于清河灄頭勒以弋仲爲奮武將軍封襄平公弋
仲死子襄代也於譙城暴憍以襄爲豫州刺史封丹陽公
屯淮南自偁大將軍大單于西偽晉將桓溫所敗奔河東後
爲符眉所殺弋仲有子四十二人萇第二十四隨兄襄征
伐襄甚奇之襄敗降於符堅從堅征頻有功堅以
萇爲龍驤將軍賢益守梁州諸軍事謂萇曰朕本以龍驤
建業龍驤之號初未假人分特以相授山南之事一以委
卿堅左將軍竇衝進曰王者無戲言此亦不祥之徵也惟
陛下察之堅默然及慕容泓起兵華澤堅遣子叡大將軍
戮討之戰敗爲泓所殺時萇爲司馬懼皋奔馬牧襲殺
萬餘自偁大將軍大單于萬年秦王號年白雀數月之間
衆與慕容沖連和進屯北地符堅出五將山長
初政長安國元年偕偁皇帝置百官國號大秦年曰建
執而殺之登國常安以其太子興鎮之自擊符登於安定敗
之萇病夢符堅將天官使者鬼兵數百突入營中萇懼走

後宮宮人迎萇刺鬼誤中萇陰鬼相謂曰正中死處拔矛
出血石餘磑磑而驚悸遂惠陰腫刺之出血如夢長乃狂言
或稱萇殺陛下者臣兄襄非臣之辜願不枉法萇死乃興
鞔位祕不發喪興字子略長長子也既滅狩登然後發喪興
行服僭稱皇帝年號初天興元年興去皇帝之號降稱
天王號年洪始興遣詣洛陽以其弟張潛使於興天興
遣其弟義陽公平率衆四萬侵平陽攻乾壁六十餘日陷
之七月車駕親征八月次永安平募遺勇將率精騎二百

關軍為前鋒將長孫肥所禽匹馬不反平遂退走帝急追
平之出外以距興乃悉舉其衆救平帝增築重圍內以防
及於柴壁圍之興入又截汾曲為南北浮橋乘西岸築
營六軍卒至興救怖擾帝知興氣挫乃南絕蒙阬之口東
柱新坂北臨守天度屺賈山令平水陸路絕將坐甲而禽
之又令緣汾帶岡樹栅以衛芻牧者九月興徙從汾西北而
憑壑為圍以自固與將數千騎乘西橋宣軍鈎取以為薪
薰興還壘塞道武度其必攻西圍乃命脩塹增廣之至夜
果來攻梯短不及棄之壅中而還興內外隔絕士衆喪氣
叩過水門與平相望萇帝因截水中興與內外隔絕士衆喪氣

於是平糧盡衆急夜悉衆將突西南而出興列兵汾西要
烽鼓譟為平接應帝簡諸軍精銳屯汾西固守南絕水口
興夜聞聲望平力戰突免平聞外鼓譟興攻圍引接敲但
叫呼虛相應和莫敢逼圍平不得出窮遍乃將二妾赴水
死興安遠將軍不蒙世揚武將軍雷重等將士四千餘人
隨平投水帝令泗水鈎捕無得免者興還長安有雀數萬頭
救目觀其窮力不能免舉軍悲號震動山谷數日不止頻
手受執禽興與僕射狄伯交已下四十餘人興遠來
遣使請和帝不許乃班師興還長安有雀數萬頭於興
廟毛羽拆落多有死者月餘乃止識者曰今雀鬪廟上子

孫當有爭亂者乎文興殺有聲如牛呴有二狐入長安一
登興殿屋走入宮一入市求之不得永興三年興遣周實
來聘五年興遣使來聘并請進女明元許之神瑞元年興
遣兼散騎常侍東武侯姚敞尚書吏部郎嚴康來聘二年興
右禮納之泰常元年興死長子泓字元子僭位號年永和以
晉將劉裕伐泓長驅入關泓戰敗請降裕執之於建康斬
之
馮跋字文起小名乞直代本出長樂信都慕容永僭號長
子以政父安為將求為垂所滅安東徙昌黎家于長谷逐

慕容熙僭號以跋為殿中左監稍遷衞中將軍後坐事逃
亡既而熙政殘虐人不堪命跋乃與從兄萬泥等二十二
人結謀跋與二弟乘車使婦人御潛入龍城匿於孫護之
室以誅熙跋乃立夕陽公高雲為主雲以跋為侍中征北大
將軍開府儀同三司封武邑公事皆決於跋以跋兄弟明元
為左所殺跋乃自立為燕王置百官號年太平于時求
興元年也跋撫納契冊等諸落頗來附之明元遣謁者
什門諭之為跋所留跋遣兵勒跋還魏使奉惰職貢跋
至申跋大史令張穆以為兵

〔此列八十一〕
十七

不從明元詔征東大將軍長孫道生討跋與城固守道
生不剋而還神麚二年跋有疾其長子永先死立次子翼
為世子攝國事勒兵以備非常跋妾宋氏規立其子受居
深忌翼謂之曰主上疾病奈何代父臨國乎翼遂還宋
氏矯絕內外遣閹人傳詔翼及跋諸子大臣竝不得省疾
唯中給事胡福獨得出入跋驚怖而死弘襲位翼
勒兵出戰不利遂死跋立子男百餘人悉為弘所殺弘字
文通跋之少弟也跋立弘為尚書右僕射封中山公領中領
軍內掌禁衞外揔朝政歷位司徒及自立為與宋氏通和

延和元年太武親討之弘嬰城固守其營丘遼東戍同樂
浪帶方玄菟六郡皆降太武徙其人三萬餘家于幽州其
尚書郭淵勸之歸誠進女乞為附庸保守宗廟弘曰負罪
在前分形已露附降取死不如守志更圖所適也先東
廢其元妻王氏黜世子崇母弟廣平公朗樂陵公邈相謂曰禍將至
王仁為世子崇母王氏崇令鎮肥如以後妻慕容氏子王
矢於具遂出奔遼西勸崇來降崇納之會太武使征東中
王德陳示成敗崇遼邈入朝太武詔永昌王健督諸軍救之
書盧西十郡承制假授文官尚書令史武官征虜將軍下
弘遣其將封羽率衆圍崇太武詔永昌王健賢諸國尚

〔此列八十二〕
十八
四

封羽又以九城降徙其人三千餘家而還弘遣其尚書高
顯請舉乞以季女充庭帝許之徵其子王仁弘不
遣其散騎常侍劉訓諫弘大怒殺之太武又詔樂平王丕
等討之曰就徵弘上下危懼弘太常陽嶠復勸弘請舉乞
降令王仁入侍弘不聽乃密求迎於髙麗太延二年髙麗
遣將葛盧孟光率衆迎之弘乃擁其城內士女入于髙麗
先是其國有狼夜繞城群嘷如是終歲又有鼠集於城西
關滿數里西行至水則在前者銜馬矢迭相齧尾而度宿
軍地然一旬而滅觸地生蛆月餘乃止和龍城生白毛一
尺二寸弘至遼東髙麗遣使勞之曰龍城王馮君爰適野

次士馬勞乎弘勳怒稱杏讓之高麗乃慮之於平郭尋
徙比豐弘素侮高麗政刑賞罰猶如其國高麗乃奪其待
人竹任王仁弘忿怨之謀將南奔太武又徵弘於高麗弘
殺之於比豐子孫同時死者十餘人弘子朗遜朗子興在

外戚傳

乞伏國仁隴西人也其先弗如自漠北南出五世祖佑鄰
并兼諸部眾漸盛父司繁擁部落降符堅以為南單于
仁叔步頹叛於隴右堅令國仁討之步頹大悅迎而推之
又拜鎮西將軍勇士川司繁死國仁為將軍及堅敗圖
部眾十餘萬道武時私署大都督大將軍大單于秦河二
州牧虢年建義署置官屬分部內為十一郡築勇士城以
都之國仁死弟乾統統事自署大都督大將軍大單于河
南王改年為太初置百官登國中遷於金城閉自壞乾
歸惡之遷於苑川乞為姚興所破奔抱罕遂降姚興拜
為河州刺史封歸義侯尋遷苑川乾歸乃背姚興私
禰秦王置百官虢年更始遣使請接元許之田于五谿有
巢集其千尋為其兄子公府所殺子熾盤殺公府代統任
熾盤滅之乃私署大將軍河南王改年為永康後遂傳檀於
樂都者胡積射將軍乞伏又寅貢金三百斤請代赫連昌
郎莫者胡積射將軍乞伏又寅貢金三百斤請代赫連昌

太武許之及統萬事平熾盤乃遣其叔平遠將軍泥頭弟
安遠將軍安度質於京師又使其中書侍郎王愷丞相從
事中郎烏訥闕奉表貢其方物熾盤死子暮末統任暮末
字安石跋既立改年為永弘其尚書隴西辛進嘗隨暮末
遊後園進彈鳥丸誤傷暮末母面至是誅進五族二十七
人暮末弟殊羅蒸熾盤左夫人禿髮氏暮末知而禁之殊
羅與叔父什寅謀殺暮末使禿髮氏盜開篇篇誤閂不閂
門者以告暮末收其黨盡殺之欲鞭什寅什寅曰我負汝
死不負汝鞭暮末怒剮其腹投毘於河什寅母弟白養及
去列頗有怨言又殺之政刑酷濫內外朋離部人務叛後
為赫連定所逼遂王愷烏訥闕請迎於太武太武許以安
定以西平涼以東封之暮末乃焚城邑毀寶器率戶萬五
千至高田谷為赫連定所抯遂保南安太武遣師迎之暮
末至平公董代率暴萬人攻南安城內大飢人相食神麚
四年暮末及宗族五百餘人出降送于上邽遂為定所戕
其比平公董代五百餘人出降送于上邽遂為定所戕
大沮渠蒙遜本張掖臨松盧水人也匈奴有左沮渠官蒙
逯之先為此職羌遂以官為氏以大冠之世居
盧水為酋豪遂高祖暉仲歸曾祖遘皆雄健有勇名祖祁
復延封伏地王义法乳襲爵符氏以為中田護軍蒙遜代

父領部曲有勇略多計數曉天文為諸胡所推服呂光
自王於涼土使蒙遜自領營人配箱直又以蒙遜叔父羅
仇為乾太守後遣其子慕璝羅仇因伐乞伏乾歸屯與從兄金山
晉昌太守男成共推建康公太守段業為輔國將軍委以軍國之任業又自
稱涼王以蒙遜為安西太守蒙遜欲激怒甚眾為天興
太守封瞡池後遣男成為尚書左丞巳蒙遜欲復讎之意
密誣告男成叛逆業殺之蒙遜江而告眾陳欲復讎之意
四年蒙遜內不自安請為安西太守蒙遜
驃大將軍涼州牧張掖公稱神璽元年業以蒙遜為使持節大都督龍

男成素有恩信眾情怨憤江而從之蒙遜因舉兵攻殺業
私署大都督大將軍涼州牧張掖公年號永安居
張掖是月涼武昭王亦起兵庚子永興中蒙遜剋姑
藏遷居之改號玄始元年自稱河西王置百官燻道使朝
遊曰汝聞劉裕入關敢研研然也遂殺之尋稱藩于宋并求書
禽懷祖斬之及聞晉滅姚泓怒其有校郎言事於蒙遜妻孟氏
貢蒙遜寢於新臺闇人王懷祖研傷足蒙遜傷足蒙遜妻孟氏
常遊中蒙遜剋燉煌改年承玄後又稱藩于宋宋文
帝並給之蒙遜又就宋司徒王弘求搜神記弘與之神瑞
中遣尚書郎宗舒左常侍高猛朝貢上表稱臣前後貢使

相望後道子安周內侍太武遣兼太常李順持節拜蒙遜
為假節加侍中都督涼州西域羌戎諸軍事大將軍行征西
大將軍涼州牧涼王使持浩以後賞之蒙遜又遣
義和元年延和二年四月蒙遜死詔遣使監護喪事以蒙遜第三
子牧犍統任自稱河西王遣使奉表朝命并遣李順授
優詔先是太武遣李順迎蒙遜女為夫人會蒙遜死牧犍
崇奉遜妻遣送妹於京師拜為右昭儀改稱承和元年太
武又遣李順拜牧犍為使持節侍中都督涼沙河三州西
域羌戎諸軍事車騎將軍開府儀同三司領護西戎校尉

涼州刺史河西王牧犍以無功受賞乃留順上表乞安平
一號優詔不許牧犍尚太武妹武威公主遣其相宋繇表
謝獻馬五百匹黃金百斤縣文表請公主及牧犍相宋
定號朝議謂謂禮母以子貴妻從夫爵牧犍母宜稱河西國
太后公主於國內可稱王后於京師則稱公主詔從之牧
健遣建節將軍沮渠旁周朝京師太武遣侍中古弼觀遷
李順賜其侍衣服有差并徵世子封壇入侍牧犍乃遣
封壇朝京師太延五年太武遣尚書賀羅使涼州且觀釁
卿為書讓之數其辜十二官軍濟河牧犍曰何故亦也用
實帝以牧犍雖稱藩致貢而內多乖悖於是親征之詔公

其左丞姚永定國計不肯出迎求救於蠕蠕遣

餘人拒軍於城南戰退軍至姑臧遣使喻牧犍令出牧

犍聞蠕蠕內侵無善車駕返姑臧遂嬰城自守牧犍兄子萬

祖踰城出降其知其情太武乃引諸軍進攻牧犍請畢諸釋

年率麾下又來降城拔牧犍與左右文武面縛請罪牧犍兄子

書於燉煌城東門勿然不見其書紙八字文曰涼王三十

年若七年又於霆電所得石冊書曰河西三十年破

帶石樂七年帶青山名在姑臧南山祀傍泥陷不通牧

犍征南大將軍董來曰祖豈有知乎遂毀祀伐木通道而

【北列廿一】 【廿三】

行牧犍立果七年而滅初牧犍淫嫂李氏兄第三人傳嬖

之李與牧犍姊其妻公主上遣醫乘傳救公主得愈上徵

李氏牧犍不遣厚送居於酒泉上大怒既剋猶以妹婿待

之其母死之王太妃禮葬焉又為蒙遜置守冢三十家授

牧犍征西大將軍王如故初官軍未入之間牧犍使人所

開府庫取金銀珠玉及珍奇器物不更封閉百姓因之入

盗旦綱湯盡有司求賊不得真其君八年其所親人及守藏

者告之乃窮其事搜其家中悉得所藏器物又告牧犍

父子多畜毒藥前後隱竊殺人乃有百數姊妹皆為左道

朋行淫佚曾無慚顏始爾賓沙門曰曇無讖東入鄯善自

云能使鬼療病令婦人多子與鄯善王妹易頭陁林淫通

發覺亡奔涼州蒙遜龍之號曰聖人曇無讖以男女交接

術教授婦女蒙遜諸女子婦皆往受法太武聞諸行人言

曇無讖行乃召之蒙遜不遣遂發露其事拷訊殺之至武

帝知之於是賜昭儀沮渠氏死誅其宗族唯萬年及祖以

前先降得免是年又人告牧犍與故臣交通謀及詔

禮謚曰哀王及公主薨詔以牧犍合葬公主以王

國璽綬襲母爵為武威公主薨牧犍遂子季義位至

真君中與河東薛安都謀逆召至京師付其兄弟扼殺之萬

【北列廿一】 【廿四】

年祖並以先隆萬年拜張掖王祖廣武公後坐謀逆俱死

初牧犍之敗弟樂都太守安周南奔吐谷渾太武遣鎮南

將軍姿督討之牧犍第酒泉太守無諱弃晉昌乃使代陽

公元潔守酒泉真君初無諱圍酒泉陷之又圍張掖不能

剋退保臨松太武不伐詔諭之時求昌王犍鎮涼州無諱

使其中尉梁偉詣犍求奉酒泉又送潔又統師出于犍

軍二年太武道使拜無諱為征西大將軍涼州牧酒泉王

尋以無諱復叛规遣安周西擊鄯善鄯善王欲降會魏使者

安周不能剋退保東城三年春鄯善王比龍西奔且末其

世子乃從安周鄯善大亂無讎遂度流沙士卒渴死者大
半仍據鄯善先是高昌太守麴堅索李索嗣曩唐契所攻聞
善從焉耆善北趣高昌會蠕蠕殺唐契契拒無讎將安周住鄯
病死安周遂立為蠕蠕所并

梁帝蕭詧字理孫蘭陵人武帝之孫昭明太子統之第三

【此列十一】 【卅五】

子也幼好學善屬文九長佛義將為
封曲江縣公交昭明太子薨封詧岳陽郡王位東揚州刺
史領會稽太守初昭明卒梁武捨詧兄弟而簡文內常
愧之故寵亞諸子以會稽人物殷阜一都之會故有此授
以慰其心詧既以其昆季不得為嗣常懷不平又以梁武
表老朝多秕政有敗亡之漸遂蓄聚貨財交通賓客招募
輕俠朝不之其勇敢者多歸附焉左右遂至數千人皆
厚加資給大同元年除西中郎將雍州刺史創基之所時
軍事密邇校尉詧以襄陽形勝之地又梁武創基之所時
平足以摧根本時亂足以圖霸功遂務俯刑政大清二年
梁武以詧兄河東王譽為湘州刺史徙湘州刺史張纘為
雍州纘恃才輕與詧顧陵感纘精甲及詧於梁元帝元

帝令其世子方等及王僧辯相繼攻譽譽告於詧詧聞之
大怒及梁元將援薔業令所督諸州竝發兵赴都詧遣府
司馬劉方貴領兵為前軍出漢口及將發與梁元又使諸議
詧續遣朱貴領兵及發會詧自行詧不從而方貴潛與梁元相知剋期
貴續遣朱貴忿乃留詔議參軍蔡大寶守襄陽率伐江陵
時以譽邑忿乃留詔議參軍庾吳謂詧曰以姪伐叔通順
以救之梁元攻之而樊城已陷詧禽方貴兄弟黨與並斬之詧

【卅六】

襲殺詧未及發會詧以他事召方貴謀泄遂遁江陵
安在詧曰家兄無罪橫被攻圍七父若顧先恩豈應若是
也周文令丞相遣蠡大寶求附庸于西魏時西魏大統十年
平地四又眾頗心軍王杜岸山庫第幼安及其兄子龕以
如能退兵湘水吾便旋旆襄陽時戈柵不剋會大雨暴至
貴續遣朱邑忿乃留詔議參軍庾吳謂詧曰以姪伐叔通

【卅七】

恐不能自固乃遣蔡大寶夜遁歸襄陽器械輜重多沒於健水詧以
其屬降於江陵
襄陽發言乃遣妃王氏及世子嶚為質請救周文令榮權圖
仍遣開府楊忠為援十六年忠食仲禮平漢東西魏命詧
發喪嗣位使假散騎常侍鄭茂穆及榮權策命詧為梁
王乃於襄陽置百官承制封拜十七年留尚書僕射蔡大
寶守雍部而朝于京師周文謂曰王之來此顧由榮權乃
相見後聞俟景作亂顏陵感纘精甲及詧於梁元帝元

五

乃權見曰權吉凶也賈頡之從事未嘗見失信詧曰榮
常道一國之言無私故詧之者得歸誠魏頡其恭帝元
年周文命命柱國之謹伐江陵詧以至會之及江陵平周文
命詧王澄嗣居江陵東城資以江陵一州之地其襄陽所
統盡入於周詧入稱皇帝於其國年號大定追尊其父統
為昭明皇帝廟號高宗統妃龔氏為昭德王后又尊其所
生母龔氏為大后立妻王氏為皇后子巋為皇大子其慶
賞刑威官方制慶並同王者唯上疏則稱臣奉朝廷正朔
國等官文追贈叔父邵陵王綸太宰謚曰壯武贈兄河東

【北史列傳六十一】　【八七】

王譽永相謚曰武祖周文外云助詧備禦為實詧初江陵咸梁元
名曰武祖周文仍置江陵防主統兵居於西城
將王琳據湖州志圖巋復及詧立琳乃遣其將潘純陀侯
方兒來寇詧之純陀等退歸夏會詧之四年詧遣其大
人相持榜黃乙師於詧詧許之師未出而琳軍敗附於齊
遣其將甯文武等略取王琳之長沙武陵南平等郡五年王琳又
將軍王操略取王琳之監利郡大守大有死之尋而琳與陳
是歲詧其大子巋婦來朝京師六年四月大雨震前殿三
百餘人詧七年冬有服為鳴子寢殿八年二月詧級於前殿
時年四十四是歲周保定二年也八月葬于平陵謚曰宣

皇帝廟號中宗詧少有大志不拘小節雖多猜忌然知人
善任仁撫將士有恩能得其死力性不飲酒安於儉素事
母以孝聞又不好聲色尤惡見婦人雖相去數步亦一遍
聞其臭經御婦人之衣更不著並惡見婦人裙裾之一幸姬嘗病臥
累旬又惡見人髮白事之者必方便避之擔輿百餘領
須裹頭夏月則加蓮葉帽其在東揚州頗放誕好臨高
好為戲弄之行則加運華帽其在東揚州頗放誕好臨高
詧曰臣聞人主之行與定夫不同夫者飾小行競小廉
以取名與人主者定天下安社稷以成大功今魏虜貪林
周顧弟伐之義得因士無並充軍實然於此等戚為咸在江

【北史列傳六十一】　【八八】

東心恨之人可閉到戶說既塗茨至此咸謂殿下為之殺
下既殺人父兄孤人子弟人盡離也又誰與為國恒之殺之
精餘盡辜於此犄師之禮非無故事若欲殺人為說享會圖
請千謹等寫數級無我虜當相率而為預伏武士因而斃
之江陵百姓撫而安之文武官僚隨即銓敘魏人憚自未
敢送死僧辯之徒折簡一時詧謂德毅曰鄉此榮非不善也然魏人
尤復禹萬世一致然後朝服濟江人踐皇極績
待我甚厚未可背德若遽為鄉計則鄧祁侯所謂人將不
食五器餘既而闍城長幼被虜人關文夫襄陽之地詧恨乃
曰不用德毅之言以至於是又見邑居殘毀干戈日用耻

其威略不振常怏悵以見志焉居常快快
每誦老馬伏櫪志在千里烈士暮年壯心不已未嘗不附
衡抱歎呪者又之逐以憂憤發背而死嘗篤好文義兼能
文集十五卷內與華嚴般若法華金光明義疏三十六卷
並行於世武帝文命其太子巋嗣位年號天保
巋字仁遠譽之第三子也尊其祖母龔太妃姜氏為撫御能得其
下歡心嗣位之元年尊貴嬪曰宣靜皇后五年陳湘州刺史華皎
二年其皇太后龔薨謚曰元太后九月其太妃又薨謚曰孝皇太妃
皇太后曰皇太后所生曹貴嬪曰皇太妃廿六年五月其太

廿列全十　二十九　六卷

巴州刺史戴僧朔並來附敗送其子玄鄉為質於巋仍表請
兵代陳巋上言其狀武帝詔衛公直督荊州揔管權景宣
大將軍元定等赴之巋乃遣其柱國王操率水軍一萬會
彼於巴陵既而與陳將吳明徹等戰於沌口直軍不利元
定遂沒巋大將軍李廣等亦為陳人所虜巋雖以退敗不獨
茲陳衛公直乃歸罪於巋殺之桂國殷亮等巋雖以退敗不
皇亮然不敢達命遂誅之吳明徹乘勝攻圮巋河東郡守
其司將許孝敬明年明徹進寇江陵引江水灌城巋世骸
紀南以避其銳江陵副揔管高琳與其尚書僕射王操拒
守巋馬軍主馬武吉徹等擊明徹退保公安巋乃遷江陵

巋之八年陳文遣其司空章昭達來寇江陵揔管陸騰又
巋之將士擊走之昭達又寇青泥巋令其大將軍
許世武赴援大為昭達所破初華皎之敗為司空封江夏
陳人戰率其毫下數百人巋於巋以皎為司空封江夏
郡公僧朔為車騎將軍封豆盧勣縣侯巋平十年皎將卒平
至襄陽謂衛公直曰梁王既獨擅殺衛陳之美堊
二繼理宜賀賄宜使承相楚並獨擅殺衛陳之美堊
借歎州以禪梁國直然之乃遣使言狀帝雖許之然
未之重也巋知之後因宴間乃陳其父荷周文撫救之
郡三州巋之於巋之平承間乃歸朝於新帝雖以禮撫之然

廿列八十一　三十

恩并叔二國顏虞脅齒揥用之事辭理辯暢因涕泣交流
帝亦為之歔欷自是大加賞異禮遇日隆後帝與之宴
齊氏故臣叱列長义亦頭為帝指謂巋曰是宜為朕醉矣
也巋曰長义未能輔梁主翻敢吠堯巋起謝帝又命
琵琶自彈之仍謂巋曰當為梁主盡歡巋起請帝復曰
王乃能為朕彈之巋乃親撫五絲彈何敢不同百
帝所要五百里駿馬及起兵時巋將帥貨密請與師臣等為連
歡帝大悅賜雜綵萬段良馬數十足又帝執政尉遲迥等為連
帝亦消難等名起兵時巋將帥貨密請與師與迥等為連
衡之勢進可以盡郡於周氏退可以席卷山南巋以為不

可儀而消難奔陳迴等相次破滅隋文帝既踐柞恩禮彌
厚遣使賜金五百兩銀千兩布帛萬定馬五百定開皇二
年隋文帝備禮納歸女為晉王妃文欲以其子瑒尚蘭陵
公主由是寵江陵摠管專制其國四年來朝長安帝甚
敬待之詔歸位在王公之上歸被服端麗進退閑雅天子
矚目百僚傾慕帝賜歸綵萬定珍玩稱是及邊親執其手
謂之曰梁主久滯荊楚未復舊都朕當振旅長江相送旋
反金裝鐵劍賜而歸五年五月寢疾覺臨終上表奉辭并獻所
顯陵蓋曰孝明皇帝廟號世宗歸莘悌慈仁有君人之量

四時祭享未嘗不悲慕流涕性无倦約御下有方境內安
之所著文集及孝經周易義記及大小乘幽微並行於世
文帝又命其太子琮嗣位

琮字溫文性恢儻不羈博學有文義兼善弓馬道人伏地
持帖琮奔馬射之十發十中持帖者亦不懼初封東陽王
之所立為梁太子及嗣位帝賜以璽書敦勉之為字軍走
尋立琮奔走乎其年琮遣大將軍戚昕以舟師龍陳走
也吾懼書誠勉之時琮年號廣運有識者曰運之為言軍走
安不免而還文帝徵琮叔父岑入朝拜大將軍封懷義公
因留不遣復置江陵摠管以監之琮所署大將軍許世武

密以城召陳將宜黃侯陳紀謀泄琮誅之後二歲上徵琮
入朝率臣下二百餘人朝京師江陵父老莫不殞涕曰吾
君其不反矣上以琮求朝遣武鄉公崔弘度將兵戍之軍
至都州琮叔父巖及弟瓛等懼弘度掩龍襲之遂引陳人至
城下虜居人而叛於是發梁左僕射高頻安撫之至
國賜舜爵莒國公自謦初即位歲在乙亥至歲在丁未凡三
十三載而亡琮至煬帝嗣位甚親重用於是諸蕭氏子布列
朝廷琮性澹雅不以職務自嬰退朝纔酒而已內史令楊
約與琮同列帝令宣旨誠勵約後以私情諭之琮曰
公族之宗族緦麻以上並隨才擢用於是諸蕭氏子布列
若復重重則何異公私哉約笑而退約兄之族何乃適妹
琮嫁從父妹於鉗耳氏謂曰公帝王之族何乃適妹鉗耳
氏琮曰前已嫁妹於侯莫陳氏此復何疑素曰鉗耳鉗耳
止琮雖羈旅見此聞豪貴無所降下常與賀若弼深交既
誅復有童謠曰蕭蕭亦復起帝由是已忌之遂發於家
左光祿大夫子鉉位襄城通守復以琮弟子鉉為梁公鉉
小名藏煬帝甚昵之以為千午與字文晶出入宮掖伺
因內外帝每有遊宴鉅未嘗不從遂於宮中多行淫穢江

都之變為宇文化及所殺譽之岳帝位百僚追諡孝惠太
子巖封安平王出及封東平王岑封河間王後改封吳郡王
琮弟瓛義與王琛晉陵王璟臨海王珣南海王瑒義安王
以蔡大寶為股肱王操為腹心劉盈岑善方傳淮褚珪蔡典敬
薛宣為爪牙甄玄成魏益德尹正薛暉許孝敬
務張繢以舊齒勳顯位沈重以儒學蒙亨禮自餘多所獎
拔咸盡其器能及歸纂業親賢並用將相則華皎皦殺劉
忠義宗室則蕭欣蕭建文章則劉孝勝范迪沈居游君公
外戚則王洋王諝則蕭綸文望則蕭確謝温柳洋王湜徐岳
信言政事則袁敬柳莊蔡延壽甄玥皇甫兹故能保其
疆土而和其人焉今載譽子纂等及蔡大寶以下尤著者
附于左其在梁陳隋已有傳及歸諸子未任職者則不兼
錄

纂字道遠譽之長子也母曰宣靜皇后譽之為梁王立為
世子尋病卒及譽稱帝追諡焉
嚴字義遠譽第五子也性仁厚善撫接歷尚書令大尉太
傳入陳授東陽州刺史及陳亡百姓推嚴為主為楊宇
文述所破伏法於長安
巖字義遠譽第六子也性淳和位至侍中中衞將軍巖之五年卒
贈司空諡曰孝

岑字智遠譽第八子也位至大尉性簡貴御下嚴整及琮
嗣位自以望重屬尊頗有不法故隋文徵入朝拜大將軍
封懷義郡公

瓛字欽文歸第三子也幼有令譽能屬文位荊州刺史以
為侍中吳州刺史甚得物情三吳父老皆曰吾君之子陳
有能名崔弘度兵至郡州瓛懼與其叔父巖奔陳瓛中並
知歸興梁陳之際言無不驗瓛自以歸第三子深自秋負有謝異者
第二而踐尊位瓛自以歸第三子深自秋負歸宇文述之討瓛道王蔡守吳
禽異奔瓛由是益為梁所歸宇文述之討瓛道王蔡守吳
二吳人推之為主吳人見梁武簡文及譽歸等兄弟並
為侍中吳州刺史甚得物情三吳父老皆曰吾君之子陳
州自將拒述述進兵躡之長道士服棄城而遁瓛
敗將左右數人逃子大湖匿于人家被執述送長安斬之

河池太守
蔡大寶字敬位濟陽考城人祖點尚書祠部郎父點梁
尚書儀曹郎萬充州別駕大寶少孤而篤學不倦善屬文
初以明經對策第一解褐武陵王國左常侍以書干僕
射徐勉勉大賞異乃與其子游處所有墳籍盡以給之
遂博覽群書學無不綜譽初出第勉仍薦大寶為侍譽蕭
掌記室尋除尚書儀曹郎譽出鎮會稽大寶詞選曹東話

議不得以為記室大寶擁髻而出曰不為孫秀非人也營
往襄陽遠諸將謀衆軍謀議皆自大寶出及梁元素知大寶主
悅乃不所制玄覽賦令解焉三日而畢梁元大嘆賞之
贈遺甚厚大寶還之及營於江陵東必有異圖禍將作不可
下援臺城營納之及營於江陵稱帝為侍中尚書令衆掌
選軍進位柱國軍師將軍封安豐縣侯歸嗣位冊授司空
中書監中權大將軍領更部尚書固讓司空許之加特進
凱配食營廟大寶性最整有智謀雅達政事大辯贍遠舉
韓之三年卒及葬韓三臨其喪贈司徒進爵為公謚曰文
之章表書記教令詔冊並大寶專掌之營女宣城公主歷中書
謀主時人以營之有大寶猶劉先主之有孔明焉所著文
集三十卷及尚書義跳並行於世有四子次子延壽荷器
尚書石丞吏部郎御史中丞從琮入隋授開府儀同三司
識博涉經籍不善當世之務尚營敬道有至行位散
祕書永終於成州刺史大寶弟大業學敬道有至行位散
騎常侍衛尉鄉都官尚書太常卒贈金紫光祿大夫謚
曰簡有王子允兼最知名位太子令舍人陳為尚書
庫部郎陳士仕隋起居舍人
王操字子高其先大原晉陽人營母龍莫氏之外弟也性敦

厚有籌略初為營外兵參軍親任亞於蔡大寶及營稱帝
歷五任尚書郢州刺史進位柱國封新康縣侯韓嗣位授
鎮石將軍尚書僕射及吳明徹為冠韓出頻紀南操既遷
衛將軍尚書令開府儀同三司領州刺史之力也遷侍中
將士莫不用命明徹既退江陵獲全操之力也遷侍中
右每自把攬深得當時之譽及韓墨歿於朝堂流涕曰天
不使吾平蕩江表何奪吾賢相之速也及韓堂流涕曰天
門贈司空進爵為公謚曰康鄭有七子次子衡最知名有
才學位中書黃門侍郎
觀益德襄陽人也有材幹膽勇過人營稱帝進位柱國封
上黃縣侯卒贈司空謚曰忠壯進爵為公韓之五年以孟
德配食營廟
尹正其先天水人營位雍州正為其府中兵衆軍食張纘
獲杜岸皆正之力營稱帝除護軍將軍位柱國封新野縣
侯卒贈開府儀同三司謚曰剛韓之五年以正配食營廟
子德毅多權略位大將軍後以見疑賜死
甄玄成字敬平中山人博達經史善屬文少為簡文所知
以錄軍參軍隨營鎮襄陽轉中記室衆軍顧衆政事以江
陵甲兵殷盛迷懷貳心家書與元帝具申誠款或有得其
書送於營營深信佛法常願不殺誦決華經人玄成素誦

法華經遂以此獲免譽後見之常曰甄公好得法華經力
後位吏部尚書有文集二十卷子詡少沈敏閑習政事歷
中書舍人尚書右丞從琮入隋授開府儀同三司終於太
府少卿

岑善方字思義南陽棘陽人祖惠甫給事中父衍散騎侍
郎善方有器局博綜經史以刑獄參軍隨答至襄陽贊初
請內附以善方有器局博記室充使往來凡數十及魏恭帝二年
封長盛縣公及譽稱帝位散騎侍郎起部尚書譽送
慎有當世幹能故發委以機密送贈太常卿謚曰敬前著
文集十卷有七子並有操行之元之利之象最知名之元

太子舍人早卒之利仕隋位零陵郡丞之象仕隋尚書虞
部員外侍郎邵陵上宜渭南邯鄲四縣令

宗如周南陽人有才學以法華經頌善面不狹長常戲之曰鄉
面狹長譽以法華經云聞經頌善面不狹長常戲之曰鄉
何為謗經如周蹰踏自陳不謗答文謂之曰初如周惟出
告諼大寶知其旨笑謂之曰君當不謗餘經正應不
信法華耳如周乃悟又嘗有人訴事於如周謂之以經作如
敢呼我名其人勲謝曰祇言如州官作如州不知如州
名如周早知如州官名如周則不敢喚如州官作如州如

周乃笑曰令卿自責見侮及深衆感服其寬雅
衰敞陳郡人祖昂司空父士俊安成內史敞少有識量博
涉文史以吏部郎諮周時主者以敞班在陳使之後敞
固不從命曰昔陳之祖父乃梁諸侯諸侯下吏豈在陳之後便
朝宗萬國招攜以利若使元氏天所命方一函夏鐵
失亨當使臣之所望非為主者而進使遂以狀奏周武帝善
論曰自金行運不克中原喪亂元氏惟天所命方一函夏鐵
尚書後琮入隋授開府儀同三司終於譙州刺史
弗徒何之輩雖非行錄所歸觀其遞亦時之傑

然而卒至夷滅可謂魏之驅除梁主任術好謀愛賢養士
蓋有英雄之志霸王之略焉及雍海版湯骨肉猜貳摧殘
自翦藩款終能攝有全泰中夾頹運雖土宇殊於篤
邦而位號同於襄自貽斯釁自遠舉國雖短可不謂賢哉嗣
子纂業增修遺構賞罰得喪與應唐有方家業短可不謂賢哉
曩自驕朝宗上國則聲振獸遠當非纘世之令主子琮大
去其和因而不反遂為文戚不事自持蓋亦守蒲之道也

高麗

百濟

新羅

勿吉

奚

契丹

室韋

豆莫婁

地豆干

烏洛侯

流求

俀

北史列傳八十二

一

盖天地之所覆載至大日月之所照臨至廣萬物之內生
靈莫不禀而禽獸多兩儀之間中土高而殊俗曠人寓形天地
稟氣陰陽惠智本於自然剛柔繫於水土故霜露所會風
氣所出昧谷崵嵎夷孤竹北戶限以册徽紫蓋陽以滄海交
義所出睐谷崵嵎夷孤竹北戶限以册徽紫蓋陽以仁
河此之謂荒商感其氣者則以德行禀若夫九夷八狄種
落繁熾七戎六蠻无物邊鄙雖風土殊俗嗜慾不同至於

貪而無厭很而好亂強則稽服弱則稽伏其換一也秦皇
鞭笞天下贖武於遐方遐肆志馬強盛肆志於遠略匈奴
已却其國乃虛天馬既求其人亦困是知鷹海龍堆天所
以紀夷夏復劃逆天道以求其功疆夏狄伐哲垂範美
志甚嬴劃逆天道以求其功疆三百義高百代者
乎自魏至隋市朝屢革其四夷朝事亦各因時令各編次
備四夷傳云

高句麗其先出夫餘王嘗得河伯女因閉於室內為日所
照引身避之日影又逐既而有孕生一卵大如五升夫餘
王棄之與犬犬不食棄之與豕豕不食棄於路牛馬避之
野眾鳥以毛茹之王剖之不能破遂還其母母以物裏置
暖處有一男破殼而出及長字之曰朱蒙其俗言朱蒙者善
射也夫餘人以朱蒙非人所生請除之王不聽命之養馬
朱蒙私試知有善惡者減食令瘦駑者善養令肥夫餘
王以肥者自乘以瘦者給朱蒙後狩于田以朱蒙善射給
之一矢朱蒙雖一矢殪獸甚多夫餘之臣又謀殺之其母
以告朱蒙朱蒙乃與焉違等二人東南走中道遇一大水

欲濟無梁夫餘人追之甚急朱蒙告水曰我是日子河伯
外孫今追兵及如何得濟於是魚鱉爲之成橋朱蒙得
度魚鱉乃解追騎不度朱蒙遂至晉述水遇見三人一著
麻衣一著衲衣一著水藻衣與朱蒙至紇升骨城遂居焉
號曰高句麗因以高爲氏其在夫餘妻懷孕朱蒙逃後生
子始閭諧及長知朱蒙爲國王即與母亡歸之名曰閭達
諸郡但於東界築小城受之遂名此城爲幘溝漊溝漊者

四百○十四 北史列傳十二 （三）

漢武帝元封四年滅朝鮮置玄菟郡以高句麗爲縣以屬
之漢昭賜賜衣幘朝服鼓吹常從玄菟郡受之後稍驕恣
句麗城名也王莽初發高句麗兵以伐胡而不欲行莽強
迫遣之皆出塞爲寇盜遼州郡歸咎於句麗侯騶驅數大誘而
斬之莽大悅更名高句麗爲下句麗侯光武建武八年高句
麗遣使朝貢至殤安之間皇鷟爭孫宮數寇遼東玄
菟太守蔡風討之不能禁宮死子伯固立順和之間復數
犯遼東寇抄靈帝建寧二年玄菟太守耿臨討之斬首虜
數百級伯固乃降屬遼東公孫度之雄海東也伯固與之
通好伯固死子伊夷摸立伊夷摸目伯固時已數寇遼東
又受亡胡五百餘戶建安中公孫康出軍擊之破其國焚
燒邑落降胡亦叛伊夷摸伊夷摸更作新國其後伊夷摸復擊玄

菟玄菟與遼東合擊大破之伊夷摸死子位宮立始位宮
曾祖宮生而目開能視國人惡之及長凶虐國以殘破及
位宮亦生而視人高麗呼相似爲位以似其曾祖官故
名位宮位宮亦有勇力便鞍馬善射獵魏景初二年遣太
傅司馬宣王率衆討公孫淵位宮遣主簿大加將數千
人助軍正始三年位宮寇遼西安平五年幽州刺史毋丘儉
將萬人出玄菟討位宮位宮將步騎二萬人後
車東馬登九都山屠其所都位宮單將妻息遠竄六年
復討之位宮輕將諸加奔沃沮儉使將軍王頎追之絕沃
沮千餘里到肅慎南刻石紀功又刊九都山銘不耐城而

北史列傳十二 （四）

還其後復通中夏晉永嘉之亂鮮卑慕容廆據昌黎大棘
城元年授比平州刺史位宮玄孫乙弗利弗利頻冦遼東不
能制弗利死子釗代立魏建國四年慕容廆子晃代之入
自南陝戰於木底大破釗軍追至丸都釗單馬奔竄晃
劍父墓掠其母妻珍寶及曾男女五萬餘只焚其室毀丸都
城而還釗後爲百濟所殺及曾芳遣其弟武代句麗復
玄菟郡後燕慕容垂遣其子農代句麗復二郡垂子寶以
句麗王安爲平州牧封遼東帶方二國王始置長史司馬
叅軍官後略有遼東郡太武時釗曾孫璉始遣使者詣安
東奉表貢方物幷請國諱太武嘉其誠欵詔下帝系名諱

於其國使員外散騎侍即李敖拜璉為都督遼海諸軍事
征東將軍領東夷中即將遼東郡公高句麗王敖至其所
居平壤城訪其方事云去遼東南一千餘里至柵城南至
小海北至舊夫餘人尸象倍於前魏時馮弘率眾奔之太武遣散騎
黄金二百斤白銀四百斤時馮弘率眾奔之太武遣散騎
常侍封撥詔璉令送弘璉上書謂與弘俱奉王化竟不
道太武怒將討之樂平王丕等議待後舉太武乃止而
弘亦尋為璉所殺後文明大后以獻文六宮未備敕璉令
薦其女璉奉表云女已出求以弟女應旨朝廷許焉乃遣
安樂王真尚書李敷等至境送幣璉惑其左右之說云朝

廷昔與馮氏婚姻未幾而滅其國殷鑒不遠宜以方便辭
之璉遂上書妄稱女死朝廷疑其矯又遣假散騎常侍
程駿切責之若女審死聽更選宗淑璉云若天子恕其前
愆謹奉詔會獻文崩乃止至孝文時璉貢獻倍前其報
賜亦稍加焉時光州於海中得璉所遣詣齊使餘奴等送闕
惣文詔責白道成殺其君鶹跋江左朕方欲與滅國於
舊邦繼絕世而卿越境外交通寇賊豈是藩臣守
節之義令不以一過掩婘歚即送還藩其
承明憲輯寧所部動靜以聞太和十五年璉死年百餘歲
孝文舉哀於東如道詔若僕射李安上策贈車騎大將軍

大傅遼東郡公高句麗王謚曰康又遣大鴻臚拜璉孫雲
使持節都督遼海諸軍事征東將軍領護東夷中即將遼
東郡公高句麗王賜衣冠服物車旗之飾又詔雲遣世子
入朝令及郊立之禮雲上書辭疾遣其從叔升干隨使詣
關嚴責之自此歲常貢獻正始中宣武延其世
芮悉弗進曰高麗係誠天極累葉純誠地產土毛無愆
貢倍黄金出夫餘珂則涉羅所産人夫餘勿吉所逐涉
羅為百濟所井國王雲惟繼絕之義悉遷于境內二品
所興登二王府實貢得征之昔方貢之惣責往連率宣朕
海東九夷黠虜實得征之昔方貢之惣責往連率宣朕
旨也御王務盡威懷之略使

邑還復舊墟土毛無愆常
貢也神龜
大將軍領護東夷校尉遼東郡公高麗王又拜其世子安
為鎮東將軍領護東夷校尉遼東郡公高麗王又遣使策贈車騎
州又於海中執得梁所授安東將軍衣冠劍珮及使人
江法盛等送京師安延立孝武帝初詔加延使持節
散騎常侍車騎大將軍領護東夷校尉遼東郡公高麗
王天平中詔加延侍中車騎大將軍餘悉如故延死子成
立詔於武定已來其貢使無歲不至大統十二年遣使至
西魏朝貢及齊受東魏禪之歲遣使朝貢十齊齊文宣加

成使持節侍中驃騎大將軍領東夷校尉遼東郡公高麗
王如故天保三年文宣至營州使博陵崔柳使于高麗求
魏末流人敕柳曰若不從者以便宜從事及至不見許乃
張目叱之葦擊殆殞於床下成左右雀息不敢動乃謝服
柳以五千戶反命成死子湯立乾明元年齊廢帝拜湯為
使持節領東夷校尉遼東郡公高麗王周建德六年湯遣
使至周武帝受禪湯遣使詣闕進授大將軍改封遼東郡公遼東
王隋文帝受禪湯遣使詣闕進授大將軍改封高麗王自
是歲遣使朝貢不絕其國東至新羅西度遼二千里南接
百濟北隣靺鞨一千餘里人皆土著隨山谷而居衣布帛
及庾王因薄春螢蟲農不足以自供故其人節飲食其王好
脩宮室都平壤城亦曰長安城東六里隨山屈曲南臨浿
水城內唯積倉儲器備寇賊至日方入固守王別為宅於
其側不常居之其外復有國內城及漢城亦別都也其國
中呼為三京復有遼東玄菟等數十城皆置官司以統攝
與新羅每相侵奪戰爭不息官有大對盧太大兄大兄小
兄竟侯奢烏拙太大使者大使者小使者褥奢翳屬仙人
凡十二等分掌內外事其大對盧則以強弱相陵奪而自
為之不由王署置復有內評五部褥薩人皆頭著折風形
如弁士人加插二鳥羽貴者其冠曰蘇骨多用紫羅為之

飾以金銀服大袖衫大口袴素皮帶黃革履婦人裙襦加
襈書有五經三史三國志晉陽秋兵器與中國略同及春
秋校獵王親臨之稅布五匹穀五石游人則三年一稅十
人共細布一匹租戶一石次七斗下五斗其刑法叛及謀
逆者縛之桂藝而斬之籍沒其家盜則償十倍若貧不能
償者及公私債皆聽評其子女為奴婢以償之用刑既
峻寡有犯者樂有五絃琴箏篳篥簫鼓之屬吹蘆為曲
王以夷入水分為左右二部以水石相濺擲歡呼馳逐再
三而止俗潔淨自喜尚容止以趨走為敬拜則曳一脚立
多反拱供則必插手性多詭伏言辭鄙穢不簡親疏父子同
川而浴共室而寢好歌舞常以十月祭天其公會衣服皆
錦繡金銀以為飾好蹲踞食用俎机出三尺馬云本朱蒙
所乘馬種即果下也風俗尚淫不以為愧俗多游女夫無
常人夜則男女群聚而戲無有貴賤之節有婚嫁取男女
相悅即爲之男家送豬酒而已無財聘之禮或有受財者
人共恥之以爲賣婢死者殯在屋內經三年擇吉日而葬
居父母及夫喪服皆三年兄弟三月初終哭泣葬則鼓舞
作樂以送之埋訖取死者生時服玩車馬置墓側會葬者
爭取而去信佛法敬鬼神多淫祠有神廟二所一曰夫餘

神刻木作婦人像一曰高登神云是其始祖夫餘神之子
並置官司遣人守護盡河伯女朱蒙云及隋平陳後湯大
懼陳其積穀為守拒之策開皇十七年上賜璽書責以每
遣使人歲常朝貢雖稱藩附誠即未盡驅逼靺鞨禁固契
丹昔年潛行貨利小人私將弩手逃竄國豈非意
欲人怕自猜疑密覘消息怒朝稱善國使拜元自新湯得書慝
邊人怕自猜疑密覘消息怒勤曉示許其自新湯得書惶
恐將表陳謝會病卒子元嗣立文帝使拜元為上開府儀同
三司襲爵遼東公賜衣一龍襲元奉表謝恩并賀祥瑞因請
封王文帝優冊為王明年率靺鞨萬餘騎寇遼西營州總
管韋沖擊走之帝大怒命漢王諒為元帥總水陸討之
下詔黜其爵位時饋運不繼六軍乏食師出臨渝關後遇
疾疫王師不振及次遼水元亦惶懼遣使謝罪上表稱遼
東糞土臣元云云上於是罷兵待之如初元亦歲遣朝貢
煬帝嗣位天下全盛高昌王突厥啟人可汗並親詣闕貢
獻於是徵元入朝元懼藩禮頗闕大業七年帝將討元率
車駕度遼水止營於遼東地分道出師各頓兵於其城下
高麗出戰多不利皆嬰城固守帝令諸軍攻之又敕諸將
高麗若降即宜撫納不得縱兵入城陷賊輒言諸將奉旨
不敢赴機先馳奏比報賊守禦亦備復出拒戰如此者三

〈九〉

帝不悟由是食盡師老轉輸不繼諸軍多敗績於是班師
是行也唯於遼水西拔賊武厲邏置遼東郡及通定鎮而
還九年帝復征遼諸軍以便宜從事諸將分道攻城賊
勢日蹙會楊玄感作亂帝即日六軍並還兵部侍郎
斛斯政亡入高麗帝以事實歸斛斯政親帝許之頓懷遠
年又發天下兵會盜賊蜂起所在阻絕軍多失期重遼水
高麗亦困獎遣使乞降因囚斛斯政送至京師以高麗使親告太廟
鎮受其降仍以俘囚徵元入朝元竟不至帝更圖後舉會天下喪
亂遂不復行
百濟之國蓋馬韓之屬也出自索離國其王出行其侍兒
於後姙娠王還欲殺之侍兒曰前見天上有氣如大雞子
來降我故有娠故有娠王置之豕牢豕以口氣嘘
之不死後徙於馬閑亦如之後生男王以為神命養之名曰東明
及長善射王忌其猛復欲殺之東明乃奔走南至淹滯水
以弓擊水魚鱉皆為橋東明得度至夫餘而王焉東
明之後有仇台篤於仁信始立國于帶方故地漢遼東太
守公孫度以女妻之遂為東夷強國初以百家濟國號百
濟其國東極新羅西南俱限大海處小海南北東西四
百五十里南北九百餘里其都曰居拔城亦曰固麻城其

〈十〉

外更有五方中方曰古沙城東方曰得安城南方曰久知
下城西方曰刀先城北方曰熊津城王姓餘氏號於羅瑕
百姓呼為鞬吉支夏言並王也王妻號於陸夏言妃也官
有十六品左平五人一品達率三十人二品恩率三品德
率四品扞率五品奈率六品已上冠飾銀華將德七品紫
帶施德八品皂帶固德九品赤帶季德十品青帶對德十
一品文督十二品武督十三品佐軍十四品振武
十五品剋虞十六品皆白帶自恩率以下官無常員各有
部司分掌衆務內官有前內部穀內部內掠部外掠部馬
部刀部功德部藥部木部法部後宮部外掠部有司軍部司
徒司空部司寇部點口部客部外舍部綢部曰官部市
部長吏三年一交代都下有方分為五部回上部前部中
部下部後部部有五巷士庶居馬部統兵五百人五方各
有方領一人達率為之方佐貳之方有十郡郡有將三
人以德率為之統兵一千二百人以下七百人以上城之
內外庶及餘小城咸分隸焉其人雜有新羅高麗倭等亦
有中國人其飲食衣服與高麗略同若朝拜祭祀婦人不加
廂加裙襦戎事則不拜謁之禮以兩手據地為禮婦人衣兩
粉黛女辮髮垂後已出嫁則分為兩道盤於頭上衣似袍
而袖微大兵有弓箭刀稍俗重騎射兼愛墳史而秀異者

頗解屬文能吏事又知醫藥蓍龜與相術陰陽五行法有
僧尼多寺塔而無道士有鼓角箜篌箏竿篪笛之樂投壺
摴蒲弄珠握槊等雜戲尤尚弈棋行宋元嘉曆以建寅月
為歲首賦稅以布絹絲麻及米等量歲豐儉差等輸之其
刑罰反叛退軍及殺人者斬盜者流其贓兩倍徵之婦犯
姦沒入夫家為婢殺之禮略同華俗父母及夫死者三
年居服餘親則葬訖除之土田濕氣候溫暖人皆山居有
巨栗其五穀雜果菜蔬及酒醴肴饌之屬多同於內地唯
無駞驢騾羊鵝鴨等國中大姓有族沙氏燕氏刕氏解氏
真氏國氏木氏苗氏其王每以四仲之月祭天及五帝之神
立其始祖仇台之廟於國城歲四祠之國西南人島居者
十五所皆有城邑魏延興二年其王餘慶始遣其冠軍將
軍駙馬都尉弗斯侯長史餘禮龍驤將軍帶方太守司馬
張茂等上表自通云臣與高麗源出夫餘先世之時篤崇
舊款其祖釗輕廢鄰好親率士眾陵踐臣境臣祖須整旅
電邁應機馳擊矢石暫交梟斬釗首自爾以來莫敢南顧
自馮氏數終餘燼奔竄醜類漸
盛遂見陵逼搆怨連禍三十餘載財殫力竭轉自孱踧
速遣一將來救臣國當奉送鄙女執掃後宮并遣子弟
國外廄尺壤匹夫不敢自有今庚辰年後臣西界海中見
尸十餘并得衣器甲勒看之非高麗之物後聞乃是王人

來降臣國長蛇隔路以阻于海今上所得較一以為實矯
獻文以其僻遠冒險入獻禮遇邊優遣使者邵安與其使
俱還詔曰得表聞之無恙甚善卿與高麗不睦致被陵犯苟能
順義守之仁亦何憂然冠讎也前所遣使浮海以撫荒
外之國從來積年往而不反存否未能審以生必然之
過經略權要已其別有又詔曰高麗稱藩先朝供職日久
於彼雖有自昔之釁募於國未有犯令之愆似之您卿使始通明
卿至心以尋會理亦未周所獻錦布海物雖不悉達明

| 戊陽陽撰所 四百四十行 | 北史列傳八十二 | 〈十三〉 | 生 |

與餘慶有讎不令東過安等於是皆還乃下詔切責之五
年使安等從東萊浮海賜餘慶璽書襃其誠節安等至海
濱遇風飄蕩竟不達而還自晉宋齊梁據江左亦遣使
稱藩兼受拜封亦與魏不絕及齊受東魏禪其王隆亦通
使焉淹死子餘昌亦通使命於齊武平元年齊後主以餘
昌為使持節侍中車騎大將軍帶方郡公濟王如故二
年又以餘昌為持節都督東青州諸軍事東青州刺史周
建德六年齊滅餘昌始遣使通周宣政元年又遣使來獻
隋開皇初餘昌又遣使貢方物拜上開府帶方郡公濟
王平陳之歲戰船漂至海東躭牟羅國其船得還經于百

濟昌資送之其厚并遣使奉表賀平陳文帝善之下詔曰
彼國懸隔來往至難自今以後不須年別入貢使者亦勞
而去八年餘昌使其長史王辯那來獻方物屬興遼東之
役遣使奉表請為軍導帝下詔厚其使而遣之高麗頗知其
事兵侵其境餘昌又遣使王孝隣入獻請討高麗煬帝許之命
進朝貢高麗動靜餘昌內與高麗通和挾詐以窺中國七年
帝親征高麗餘昌使其臣國智牟來請軍期帝大悅厚加
賞賜遣尚書起部即席律詔百濟與新羅有隙每
餘璋亦嚴兵於境聲言助軍實持兩端尋與新羅有隙每
相戰爭十年復遣使朝貢後天下亂使命遂絕其南海行
三月有躭牟羅國南北千餘里東西數百里多麞鹿附
庸於百濟西行三日至貊國千餘里云

| 戊陽陽撰所 四百州三行 | 北史列傳八十二 | 〈十四〉 | 連生 |

新羅者其先本辰韓種也地在高麗東南居漢時樂浪地
辰韓亦曰秦韓相傳言秦世亡人避役來適馬韓割其東
界居之以秦人故名之曰秦韓其言語名物有似中國人
名國為邦弓為弧賊為寇行酒為行觴相呼皆為徒不與
馬韓同或弓辰韓王常用馬韓人作之世世相傳辰韓不得
自立王明其流移之人故也恒為馬韓所制辰韓之始有
六國稍分為十二新羅則其一也或稱魏將毋丘儉討高

麗破之奔沃沮其後復歸國故國有留者遂為新羅亦曰斯
盧其人辮有華及高麗百濟之屬兼有沃沮不耐韓獩之
地其王本百濟人自海逃入新羅遂王其國初附庸於百
濟百濟征高麗不堪戎役後相率歸之遂致強盛因襲百
濟附庸於迦羅國焉傳世三十至真平以隋開皇十四年
遣使貢方物文帝拜真平上開府樂浪郡公新羅王其官
有十七等一曰伊罰干貴如相國次伊尺干次迎干次破
彌干次大阿尺干次阿尺干次乙吉干次沙咄干次及伏
干次大奈摩干次奈摩干次大舍次小舍次吉士次大烏次
小烏次造位外有郡縣其文字甲兵同於中國選人壯健

北史列傳八十二　十五　生

者為人軍烽戍邏俱有屯管部伍風俗刑政衣服略與高
麗百濟同每月旦相賀王設宴會班賚羣官其日拜日月
神生八月十五日設樂令官人射賞以馬布其有大事則
聚官詳議定之服色尚畫素婦人辮髮繞頸以雜綵及珠
為飾婚嫁禮唯酒食而已輕重隨貧富新婦之夕女先拜
舅姑次即拜大兄夫死有棺斂葬起墳陵王及父母妻
子喪居服一年田甚良沃水陸兼種其五穀果菜鳥獸物
產略與華同大業以來歲遣朝貢新羅地多山險雖與百
濟構隙百濟亦不能圖之也
勿吉國在高句麗北一曰靺鞨邑落各自有長不相揔一

其人勁悍於東夷最強言語獨異常輕豆莫婁等國諸國
亦患之去洛陽五千里自和龍北二百餘里有善王山山
北行十三日至祁黎山又北行七日至如洛瓌水水廣里餘
又北行十五日至太岳魯水又東北行十八日到其國國
有大水闊三里餘名速末水其部類有七種其一曰粟
末部與高麗接勝兵數千多驍武每寇高麗其二伯咄部
在粟末北勝兵七千其三安車骨部在伯咄東北其四拂
涅部在伯咄東勝兵二千其五號室部在拂涅東其六黑
車西北其七白山部在栗末東南勝兵並不過三千而黑
水部尤為勁健自拂涅以東矢皆石鏃即古肅慎氏也東夷

北史列傳八十二　十六　生

中為強國所居多依山水渠帥曰大莫弗瞞咄國南有從
太山者華言太皇俗甚敬畏之人不得山上溲汙行經山
者以物盛去上有熊羆豹狼害人亦不敢殺地下濕
濕築土如堤鑿穴以居開口向上以梯出入其國無牛有
馬車則步雅相與偶耕土多粟麥穄菜有葵氣鹹生
鹽於木皮之上亦有鹽池其畜多豬無羊嚼米為酒飲之
醉婚嫁婦人服布裙男子衣豬皮裘頭插武豹尾俗以
溺洗手面於諸夷最為不潔初婚之夕男就女家執女乳
而姬罷其妻外淫人有告其夫夫輒殺妻殺後悔必殺告
者由是姦淫事終不發人皆善射以射獵為業角弓長

尺箭長尺二寸常以七八月造毒藥傅矢以射禽獸中者
立死煮毒藥氣亦能殺人其父母春夏死立埋之冢上作
屋令不雨濕若秋冬死以其尸捕貂貂食其肉多得之延
興中遣乙力支馬獻太和初又貢馬五百四乙力支榜初
發其國乘船渡難河西上至太泝河沈船於水南出陸行
度洛孤水從契丹西界達和龍自云其國先破高句麗十
落密共百濟謀從水道并力取高麗遣乙力支奉使大國
謀其可否詔敕三國同是藩附宜共和順勿相侵擾乙力
支乃從其來道取得本船汎達其國九年後遣使侯尼
文朝明年後入貢其傍有大莫盧國覆鍾國莫多回國庫

四百四十　【北史列傳八十二】　十七　生

蔓國素和國具弗伏國四黎介國拔大何國郁羽陵國庫
伏真國各蔓國羽真侯國前後各遣使朝獻太和十三年
勿吉復遣使貢楛矢方物於京師七年又遣使人婆非等
五百餘人朝貢景明四年復遣使侯力歸朝貢自此迄于
正光貢使相尋余後中國紛擾頻或不至于延興二年六月
遣使石文云等貢方物以至于齊朝貢不絕隋開皇初副朕懷
視介等如子不宜敬朕如父對曰臣等僻處一方聞內國
有聖人故來朝拜既親奉聖顏願長爲奴僕其國西此與
契丹接每相劫掠後因其使來文帝誡之使勿相攻擊使

者謝罪文帝因厚勞之令宴飲於前使者與其徒皆起舞
曲折多戰鬭容一顧謂侍臣曰天地間乃有此物常作用
兵意然其國與隋兵隔唯栗末白山爲近煬帝初與高麗
戰頻敗其衆渠帥突地稽率其部降拜右光祿大夫居之
柳城與邊人來往悅中國風俗請被冠帶帝嘉之賜以錦
綺而褒寵之及遼東之役突地稽率其徒以從每有戰功
賞賜甚厚十三年從幸江都尋放還柳城李密遣兵邀之
僅而得免至高陽沒於王須拔未幾道歸羅藝
奚本曰庫莫奚與庫莫奚東部胡宇文之別種也初爲慕容
所破遺落者竄匿松漠之間俗甚不潔淨而善射獵好爲
寇抄登國三年道武親自出討至弱水南大破之獲其馬

四百冊一　【北史列傳八十二】　十八　生

牛羊豕十餘萬帝曰此輩狄種不識德義鼠竊狗盜何
足爲患今中州大亂吾先平之然後張其威懷則無所不
服奚既而車駕南遷十數年間諸種與庫莫奚亦甚滋盛
庫莫奚歲致名馬文皮孝文初遣使朝貢太和四年輒入
塞爲辭以畏地豆干抄掠詔書切責之二十年入寇安州
及開遼海置戍和龍諸夷震懼各獻方物文成獻之世
易宣武詔曰庫莫奚去太和二十一年以前與安營二州
時營無幽三州兵數千人擊走之後稍附每來入塞交
邊人參居交易往來並無欵貳至二十二年叛逆以來遂

15-1284

企遠竄令雖來附猶在塞表每請入塞與百姓交易若抑
而不許卅其歸向之心信而不應或有萬一之驚及市之
日州遣士監之自此已後歲時朝獻至武定已來不絕齊
受魏禪歲時來朝其後種類漸多分為五部一曰辱紇主
二曰莫賀弗三曰契箇四曰木昆五曰室得每部〔千人
為其帥隨逐水草頗同突厥有阿會氏五部中遂盛諸部
皆歸之每與契丹相攻擊虜獲財畜因遣使貢方物

【北史傳八十二】 十九

破則竄竄於松漠之間〔登國中魏大破之遂逃迸與庫莫
分住經數十年稍滋蔓有部落於和龍之北數百里為寇
契丹國在庫莫奚東與庫莫奚異種同類並為慕容晃所
奚亦聞其莫不思服〔言國家之美心皆忻慕於是東
饗奚諸國之末歸而相謂言國家之美心皆忻慕於是東
此輩狄國之莫不思服何大何部伏弗郁部羽
陵部曰連部匹絜部吐六于部等各以其名馬文皮
獻天府遂求為常皆得交市於和龍密雲之間貢獻不絕
太和三年高句麗竊與蠕蠕謀欲取地豆干以分之契丹
舊怨其侵軼其莫賀弗勿于率其部落車三千乘眾萬餘
口驅徒雜畜求內附止於白狼水東自此歲常朝貢後告
饑孝文聽其入關市糴及宣武若明時悉遣使貢方物熙
平中契丹使人初真等三十人還靈太后以其俗嫁娶聘之

際以青鐵為上服人給青鐵兩匹實其誠欵之心餘依舊
武朝貢歲歲受東魏禪塞不斷絕天保四年九月契丹犯
塞文帝親戎討至平州遂西趣長塹詔司徒潘相樂帥
精騎五千自東道趣青山復詔安德王韓軌帥精騎四千
東趣斷契丹走路帝親踰山嶺奮擊大破契丹別部所虜生口
雜畜數十萬頭契丹後文於青山大破之虜十餘萬口
皆分置諸州其後復為突厥所遁又以萬家寄於高麗其
俗與靺鞨同好為寇盜父母死而悲哭者以為不壯但以
其屍置於山樹之上經三年後乃收其骨而焚之因酹酒
而祝曰冬月時向陽食若我射獵時使我多得豬鹿其無

【北史列傳八十二】 二十

禮頑嚚於諸夷最甚隋開皇四年率莫賀弗來謁五年悉
其衆欵塞文帝納之聽居其故地開皇末其別部出伏等
頓顙謝罪其後契丹別部出伏等背高麗率衆內附文帝
見來憐之上方與突厥和好重失遠之心不許令給糧遣
本部敕突厥撫納之固辭不去部落漸眾遂北徙逐水草
當遼西正北〔百里依託紇臣水而居東西亘五百里分為
十部兵多者三千少者千餘逐寒暑隨水草畜牧有征伐
則酋帥相與議之興兵動眾合如符契突厥沙鉢畧可汗
遣吐屯潘垤統之契丹殺吐屯而遁大業七年遣使朝貢
方物

室韋國在勿吉北千里去洛陽六千里室或為失盖契丹
之類其南者為契丹在北者號為失韋路出和龍北千餘
里入契丹國又北行十日至啜水又北行三日有善水又
北行三日有犢了山其山高大周回三百里又北行三日又
餘里有大水名屈利又北行三日至刃水又北行三百
其國有大水從北而來廣四里餘名檪水國土下濕語與
庫莫奚契丹豆莫婁國同頗有粟麥及穄女婦束髮作文
草多略其國少鐵貂盜盜一徵三殺人者責三百匹男女悉衣
手剺面用角弓其箭尤長女則逐水草

白鹿皮襦袴有麴釀酒俗愛赤珠為婦人飾穿挂於頸以
多為貴女不得此乃至不嫁父母死則男女衆哭三年尸則
置於林樹之上武定二年四月始遣使張焉豆伐等獻其
方物迄武定末貢使相尋及齊受東魏禪亦城時朝聘其
後分為五部不相總一所謂南室韋北室韋鉢室韋深末
怛室韋大室韋並無君長人貧弱突厥以三吐屯撼領之
南室韋在契丹北三千里地土下濕至夏則移向北貸勃
欠對一山多草木饒禽獸又多蚊蚋人皆樔居以避其患
漸分為二十五部每部有餘莫弗瞞咄猶酋長也死則子
弟代之嗣絕則擇賢豪而立之其俗丈夫皆被髮婦女盤
髮衣服與契丹同乘牛車以蕉藘為屋如突厥氈車之狀

庶水則東編為栰或有以皮為舟者馬則織草為韀結繩
為轡宿則屈木為室以蘧蒢覆上移則載行以腤皮為
席編木為藉婦女皆抱膝坐氣候最寒田收甚薄無羊少
馬多猪牛與蘇鞨同俗婚嫁之法二家相許竟輒盜婦將
去然後送牛馬為聘更將婦歸家待有孕乃相許竟輒盜婦將
婦人不再嫁以為死人之妻難以共居部落共相隨逐

死則置其上居喪三年年唯四哭其國無鐵取給於高麗
多貂南室韋北行十一日至北室韋分為九部落繞大山
山而居其部落渠帥乞引莫賀咄每部有莫何弗三人
以貳之氣候最寒冬則入山居土穴中而牛畜多凍
死饒麞鹿射獵為務食肉衣皮鑿冰沒水中而網取魚鱉
地多積雪懼陷阱坑騎木而行俗皆捕貂為業冠人以
狐貂衣以魚皮又北行千里至鉢室韋依胡布山而住人
衆多比室韋西南不知為幾部落用樺皮蓋屋其餘同北室韋
從鉢室韋西南四日行至深末怛室韋因水為號冬月
穴居以避太陰之氣言語不通尤多貂及青鼠比室韋
言語不通尤多貂及青鼠比室韋時遣使貢獻餘無至者
豆莫婁國在勿吉北千里去洛陽六千里舊北夫餘也室韋
海方二千餘里其人土著有居室倉庫多山陵廣澤於東
夷之城最為平敞地宜五穀不生五果其人長大性強勇

謹厚未冠抄其君長皆六畜名官邑落有豪帥飲食亦用
豆有麻布衣製類高麗而帽大其國犬人以金銀飾之用
刑嚴急殺人者死沒其家人為奴婢俗淫夫惡妒者殺之或言穢貊
尸於國南山上至腐文家始得輸牛馬乃與之
使不絶十四年頻來犯塞孝文詔征西大將軍陽平王
亦來朝貢
頤擊走之自後時朝京師迄武定末貢使不絶及齊受禪
之地也
地豆干國在室章西十餘里多牛羊出名馬皮為衣服無
五穀唯食肉酪延興二年八月遣使朝貢至于太和六年
穀麥無大君長部落莫弗世為之其俗緝髮皮服以珠
多霧氣而寒人冬則穿地為室夏則隨原阜畜牧多豕有
烏洛侯國在地豆干北去代都四千五百餘里其地下濕

為師人尚勇不為姦竊故慢藏野積而無冠盜好射獵
有墊樓木槽華面而施九弦其國西北有完水東北流合
於難水其小水皆注於難東入海又西北二十日行有
巳尼大水所謂比海也太真君四年朝稱其國西北有
魏先帝舊墟石室南北九十步東西四十步高七十尺室
有神靈人多祈請謂太武遣中書侍郎李敞告祭焉刊祝文
於石室之壁而還

流求國居海島當建安郡東水行五日而至土多山洞其
王姓歡斯氏名渴剌兜不知其由來有國世數也彼土人
呼之為可老羊冒曰多抜茶所居曰波羅檀洞塹柵三重
環以流水樹棘為藩王所居其大一十六間琱刻禽獸
諸洞洞有小王姓姓有村村有鳥了帥之下有小王往並
自相樹立一村之事男女皆以白紵繩纏髮從項後盤遶之
至頜其男子用鳥羽為冠裝以珠貝飾以赤毛形製不同
婦人以羅紋白布為帽其形正方織鬥鏤皮并雜毛以為
衣製裁不綴毛垂螺為飾雜色相間下垂小貝其聲如
珮綴璢施釧懸珠於頸織藤為笠飾以毛羽有刀矟弓箭
劍鈹之屬其處少鐵刃皆薄小多以骨角輔助之編紵為
甲或用熊豹皮王乘木獸令左右興之而導從者不過十數
人小王乘机几載獸形國人好相攻擊人皆驍健善走難
死耐創諸洞各為部隊不相救助兩軍相當勇者三五人
出前跳噪交言相罵因相擊射如其不勝一軍皆走遣人
致謝即共和解收取鬥死者聚食之仍以髑髏將向王所
王則賜之以冠便為隊帥無賦斂有事則均稅用刑亦無
常准皆臨事科決犯罪皆斷於鳥了帥不伏則上請於王
王令臣下共議定之獄無枷鏁唯用繩縛決死刑以鐵錐

大如筯長尺餘鑽頂殺之輕罪用杖
以紀時節草木榮枯以為年歲人深目長鼻類於胡亦有
小慧無君臣上下之節拜伏之禮父子同牀而寢男子拔
去髭鬢身上有毛處皆去之婦人以墨黥手為蟲蛇之文
嫁娶以酒珠貝為娉或男女相悅便相匹偶婦人產乳必
食子衣產後以火自炙令汗出五日便平復以不慎中暴
海水為鹽木汁為酢米麴
異味先進等者凡有宴會執酒者必待呼名而後飲上王
酒者亦呼王名後銜盃共飲頗同突厥歌呼蹋蹄死者氣將絶

北史列傳七十二　二十五

穀皆和晉頗哀怨扶女子上髆搖手而舞蹋蹄一人唱
舉至庭前親賓哭泣相弔男浴其屍以布帛纏裹之裹以葦
席闌土而甕上而壟梁禾黍麻豆胡黑豆等
牛驢馬砌田沃先以火燒而引水灌持一錩以石為刃
長尺餘闊數寸而墾稻梁禾黍麻豆赤豆胡黑豆等
俗少興人有死者邑里共食之有熊豹狼尤多猪雞無羊
木有楓桔樟松楠枌梓竹藤果藥同於江表風土氣候
與嶺南山類俗事山海之神祭以酒戰鬪關殺人以便將所
殺人祭其神或依茂樹起小屋或縣髑髏於樹上以前射
之或累石繫幡以為神主王之所居壁下多聚髑髏以為
佳人間門戶上必安獸頭骨角隋大業元年海師何蠻等

海春秋二時天清風靜東望依稀似有煙霧之氣亦不知
幾千里煬帝令羽騎尉朱寬入海求訪異俗何蠻言遂
與蠻俱往因到流求國言不通掠一人而反明年復令寬
慰撫之不從寬取其布甲而歸時倭國使來朝見之曰此
夷邪久國人所用帝遣武賁郎將陳稜朝請大夫張鎮州
率兵自義安浮海至高華嶼又東行二日至𪊽鼊嶼又一
日便至流求流求不從稜擊走之進至其都焚其宮室虜
其男女數千人載軍實而還自尔遂絶
倭國在百濟新羅東南水陸三千里於大海中依山島而
居魏時譯通中國三十餘國皆稱子夷人不知里數但計

北史列傳八十二　二十六

以日其國境東西五月行南北三月行各至於海其地勢
東高西下居於邪摩堆則魏志所謂邪馬臺者也又云去
樂浪郡境及帶方郡並一萬二千里在會稽東與憺耳相
近俗皆文身自云太伯之後計從帶方至倭國循海水行
歷朝鮮國歷南岸東七千餘里始度一海又南千餘里度
一海闊千餘里名瀚海至一支國又度一海千餘里名末
盧國又東南陸行五百里至伊都國又東南百里至奴國
又東行百里至不彌國又南水行二十日至投馬國又南
水行十日陸行一月至邪馬臺國即倭王所都漢光武時
遣使入朝自稱大夫安帝時又遣朝貢謂之倭奴國靈帝

光和中其國亂遞相攻伐歷年無主有女子名卑彌呼能
以鬼道惑衆國人共立爲王無夫有二男子給王飲食通
傳言語其王有宮室樓觀城柵皆持兵守衛爲法甚嚴魏
景初五年公孫文懿誅後卑彌呼始遣使朝貢魏主假金
印紫綬正始中卑彌呼死更立男王國中不服更相誅殺
復立卑彌呼宗女臺與爲王其後復立男王並受中國爵
命江左歷晉宋齊梁朝聘不絕及陳平至開皇二十年俀
王姓阿每字多利思比孤號阿輩鷄彌遣使詣闕上令所
司訪其風俗使者言俀王以天爲兄以日爲弟天未明時出
聽政跏趺坐日出便停理務云委我弟文帝曰此大無義

理於是訓令改之王妻姓雞 有女六七百人名太
子爲利歌彌多弗利無城郭內官有十二等一曰大德次
小德次大仁次小仁次大義次小義次大禮次小禮次大
智次小智次大信次小信貞無定數有軍尼一百二十人
猶中國牧宰八十戶置一伊尼翼如今里長也十伊尼翼
屬一軍尼其服飾男子衣裙襦其袖微小履如屨形漆其
上繫之腳人庶多跣足不得用金銀爲飾故時衣橫幅結
束相連而無縫頭亦無冠但垂髮於兩耳上至隋其王始
制冠以錦綵爲之以金銀鏤花爲飾婦人束髮於後亦衣
裙襦裳皆有襈襈樠竹爲梳編草爲薦雜皮爲表緣以

文皮有弓矢刀矟弩䂎籤斧漆皮爲甲骨爲矢鏑雖有兵無
征戰其王朝會必陳設儀仗伏其國樂戶可十萬俗殺人強
盜及姦皆死盜者計贓酬物無財者身爲奴自餘輕重
或流或伏每訊寃獄不承引者以木壓膝或張強弓以弦
鋸其項或置小石於沸湯中令所競者探之云理曲者即
手爛或置虵瓮中令取之云曲者即螫手頗恠靜爭
訟少盜賊樂有五弦琴笛男女皆黥臂點面文身沒水捕
魚無文字唯刻木結繩敬佛法於百濟求得佛經始有文
字知卜筮尤信巫覡每至正月一日必射戲飲酒其餘節
略與華同好棋博握槊樗蒲之戲氣候溫暖草木冬青土

地膏腴水多陸少以小環掛鸕鶿項令入水捕魚日得百
餘頭俗無盤俎藉以檞葉食用手餔之性質直有雅風女
多男少婚嫁不取同姓男女相悅者即爲婚婦人夫家必
先踰火乃與夫相見婦人不淫妬死者斂以棺槨親賓就
屍歌舞妻子兄弟以白布制服貴人三年殯仰庶人卜日而
瘞及葬置屍船上陸地牽之或以小輿有阿蘇山其石無
故火起接天者俗以爲異因行禱祭有如意寶珠其色青
大如鷄卵夜則有光云魚眼睛也新羅百濟皆以俀爲大
國多珍物並敬仰之恒通使往來大業三年其王多利思比
孤遣朝貢使者曰聞海西菩薩天子重興佛六故遣朝拜

兼沙門數十人來學佛法國書曰日出處天子致書日没
處天子無恙云云帝覽不悦謂鴻臚卿曰蠻夷書有無禮
者勿復以聞明年上遣文林郎裴世清使倭國度百濟行
至竹島南望耽羅國經都斯麻國迥在大海中又東至一
支國又至竹斯國又東至秦王國其人同於華夏以為夷
洲疑不能明也又經十餘國達於海岸自竹斯國以東皆
附庸於倭倭王遣小德何輩臺從數百人設儀仗鳴鼓角
來迎後十日又遣大禮哥多毗從二百餘騎郊勞既至彼
都其王與世清來貢方物此後遂絶

論曰廣谷大川異制人生其間異俗嗜欲不同言語不通
聖人因時設教所以達其志而通其俗也九夷所居與中
夏懸隔然天性柔順無横暴之風雖綿邈山海而易以道
御夏教之世時或來王暨箕子避地朝鮮始有八條之禁
疎而不漏簡而可久化之所感千載不絶今遼東諸國或
衣服參冠冕之容或飲食有俎豆之器好尚經術愛樂文
史游學於京都者往來繼路或没世不歸非先哲之遺風
其孰能致於斯也故孔子曰言忠信行篤敬雖蠻貊之邦
行矣誠哉斯言其俗之可採者豈括泅開皇之末方征遼
左天時不利師遂無功二代承基苞宇宙頻躋三韓之

四百二十字

地屬啓乎釣之弩小國懼亡敢同困獸兵不載提四海騷
然遂以王崩喪朞滅國兵志有之曰務廣德者昌務廣地
者亡然邊東之地不列於郡縣又矣諸國朝正奉貢無闕
於歲時二代震而矜之以為人莫已若不能懷以文德
動干戈内侮冨強外思廣地以驕取怨以怒興師若此而
不亡自古未聞也然四夷之戒安可不深念哉其豆莫妻
地豆干烏洛侯歷齊周及隋朝貢遂絶其事故莫顯云

代閉丹州

列傳第八十二

列傳第八十二　　　　北史九十四

蠻獠

林邑

赤土

真臘

婆利

蠻之種類蓋盤瓠之後在江淮之間部落滋蔓布於數州
東連壽春西通巴蜀比接汝潁往往有焉其於魏氏稍洛陽
為患至晉之末稍以繁昌漸為寇暴矣自劉石亂後諸蠻
無所忌憚故其族漸得北遷陸渾以南滿於山谷宛洛蕭
條略為丘墟矣道武既定中山聲教被于河淮泰常八年
蠻王梅安率渠帥數千朝京師求留質子以表忠欸始光
中蠻安侍子豹為安遠將軍江州刺史順陽公興光中蠻
王文武龍誕請降詔泰慰之拜南雍州刺史襄陽王聽自選
郡縣其俗及長多智謀請為前驅
屬孝文文苑之拜誕征南蠻中遂勿其民初玄西奔至攺迴洲被殺誕
時年數歲流算大陽居鄴太和四年王師南伐誕請為群蠻
所歸誕既內屬居朗陵西道大都督討義陽不果而還十年移
乃授使持節南征西道大都督討義陽不果而還十年移

居潁陽十六年依倒降王為公二十七年加征南將軍中道
大都督征竟陵遇邊洛師傅是時齊征虜將軍直閣將軍
一人率戶內從求居大和川內屬襄陽首靈渡思等十
有沔北之地蠻人安堵不為寇賊十八年詔入朝賞遇隆
厚卒諡曰剛子暉字道進位龍驤將軍東荊州刺史鎮蠻爵
景明初大陽蠻首田育丘等討平之徙萬餘家於河北諸州及
十八縣暉卒贈將軍李崇討平三年曾陽蠻首北叢等聚眾攻
通頻認左衛將軍李崇討平之徙萬餘家於河北諸州及
六鎮尋數南走所在追討比及河殺之昬盡四年東荊州
蠻樊素安及偕帝號正始元年秦安第秀安後反李崇陽
大眼悉討平之二年梁沔東太守田清喜擁七郡三十一
縣戶萬九千遣使內附乞師討梁其雍州以東石城以西
五百餘里水陸接路請率部曲斷之四年梁永寧太守文
雲生六部自漢東遺使歸附初東荊州表太守桓叔
興前後招慰大陽蠻歸附者一萬七百戶請置郡十六縣
五十詔前鎮東府長史酈道元檢行置之然興即暉第七也
延昌三年蠻南荊州刺史桓安昌於東荊三州梁遺兵
討江沔破掠諸蠻百姓擾動蠻目相帥率二萬餘人頻請
統帥蠻以為聲勢叔興給一統并威儀為之節度蠻人遂安

其年梁雍州刺史蕭繹遣其將蔡令孫等三將冠南荊之
西南沔襄沔上下破諸蠻首梁龍驤將軍樊石廉叛
梁來請援叔藻又遣與石廉督集蠻首夏二萬餘人擊之斬
令孫等三將藻又遣其新陽太守邵道林於沔水擊破之斬石
城東北立清水戍為抄掠之基叔興遣諸蠻擊破之四年
之正光中叔興擁所部南叛蠻首成寧率戶數千內附
權興上表請不許之梁人每有冠抄叔興必摧破
拜刺史蠻帥田牛生牽戶二十內徙揚州拜偽郡守梁義
州內屬拜蠻首僧明平南將軍西豫州刺史封開封
戶萬餘舉州內屬拜蠻首成寧

侯官德龍驤將軍義州刺史自餘封授各有差僧德
並入朝蠻出山至邊城建安者八九千戶義州尋為梁將
裴邃所陷梁定州刺史田超秀亦遣使求附請援歷年朝
廷恐輕致邊役未之許會超秀死其部曲相率內附
六鎮秦隴所在反叛二荊西郢蠻大擾動三鴉路殺都
督寇盜並為前驅自汝水以南多被其害梁遣將圍廣陵
城諸蠻並恣其暴掠連年攻討
後合其暴滋甚又有冉氏向氏田氏者陬落尤盛餘則大
者萬家小者千戶更相崇樹稱王侯屯據三峽斷遏水路
荊蜀行人至有假道者周文略定伊瀍聲教南被諸蠻果

威服然向風矢大統五年蔡陽蠻王魯超明內屬授南雍
州刺史仍世襲焉十一年蠻酋梅勒率來青其方物尋而
蠻帥田杜青及江漢諸蠻擾動大將軍楊忠擊破之其
後蠻帥杜青和自稱巴州刺史田雋嘉亦叛而授
之杜青和後遂反攻圍東梁州其唐州蠻田魯嘉自
驃豫州伯王田雄權景宣等前後討平之廢帝初蠻首梅
于謹等平江陵諸蠻騷動詔豆盧寧蔡祐等討破之蔡帝
二年蠻酋冉氏王田興等此三州諸軍事淮州刺史淮安郡公
附以興為行豳此季子昌立為開府儀同三司加季子昌洛州刺史賜
爵石臺縣公其後巴西人譙淹扇動群蠻以附梁蠻帥
向鎮侯向白彪等應之向五子王文攻陷信州田烏度田
唐等抄斷江路文子榮後徼荊州之政陽郡自稱仁州刺
史井鄰州刺史蒲微亦舉兵逆命詔田弘賀若敦潘和李
遷哲等討破之周武成初文帝而用
令賢向五子王等又攻陷白帝殺開府楊長華遂相率作
亂前後遣開府陸騰擊捴兵出討雖頗剪其類而
元惡未除天和元年詔開府陸騰督王亮司馬裔等討之
騰水陸俱進次于湯口先遣喻之而令賢方增修城池嚴
設扞禦遣其長子西黎次子南王領其支屬於江南要

之地置立十城遠結淡陽蠻為其聲援令賢率其卒固守

水邏城騰乃總集將帥謀進趣咸欲先取水邏金湯之險外託淡陽輔

江南騰言於衆曰令賢內恃水邏金湯之險外

車之援兼資粮充實器械精新以我懲軍湯口先取江南劉其毛羽

一戰不尅更成其氣不如頻軍湯口先取江南劉其毛羽

然後遊軍水邏旬日攻拔此制勝之計也衆皆然之乃遣開府王亮并

生口三千人降其部衆一千戶遂簡募驍勇數道分攻水

邐路經石壁城險峻四面壁立惟有一小路緣

梯而上□蠻以為峭絕非兵衆所行騰被甲先登衆軍繼

進備經虎阻累日乃得舊路且騰先住隆州揔管雅知其

路蠻帥并伯犁弁西與令賢有隙騰乃招誘伯犁等結

為父子又多遣錢帛以悅遂為鄉道水邏側又有石

勝城者亦是險要令賢使其兄龍真據之騰又密告龍真

云若平水邏使其代令賢勳之龍真大悅遣其子詣騰乃

厚加禮接賜以金帛蠻貪利既深仍請立效乃謂騰曰欲

翻所據城恐人力寡少騰許以三百兵助之既而道二千

人銜枚夜進龍真力不能禦遂平石勝城晨至水邏蠻衆

大潰斬首萬餘級令賢遁走而獲之司馬裔又別下其二

十餘城獲蠻帥并三公等騰乃積其骸骨於水邏城側為

京觀後蠻望見輒大哭自此狼戾之心輒爻失時向五子

王樓石黑軍城令其子寶勝據雙城水邏平後頻遣喻之而

五子王猶不從命騰又遣王亮屯牢坪司馬裔屯雙城以

圖之騰應雙城孤峭攻未可拔賊若委城道散又難追討

乃令諸軍周迴立柵遏其走路賊乃大駭於是縱兵擊破

萬餘口信州舊居白帝寶勝於雙城懲斷諸向領生禽

之禽五子王於石黑獲寶勝於劉備故宮慤斬歸並龍驤又反詔大將

臨江岸築城移置信州又以巫縣弁祖意弁龍驤又反詔大將

以為襟帶為天和六年蠻渠

軍越闌討平之自此群蠻懼息不後為冠

獠者蓋南蠻之別種自漢中達于卭笮川洞之間所在皆

有種類甚多散居山谷略無氏族之別又無名字所生男

女唯以長幼次第呼之其丈夫稱阿謩阿段婦人阿夷阿

等之類皆語之次第稱謂也依樹積木以居其上名曰干

闌干闌大小隨其家口之數性同禽獸至於忿怒父子不

遠相統攝父死則子繼若中國之貴族也獠王各有鼓角

一雙使其子弟自吹擊之好相殺害多死不敢遠行性同

水底持刃刺魚其口嚼食好飲酒歌婦人產乳必自

禽獸至於忿怒父子不相避唯手有兵刃者先殺之若殺

其父走避外求得一狗以謝不復嫌恨若報怨相攻擊必

殺而食之平嘗刼掠取諸狗而已親戚比隣指授相賣
被賣者號哭不服逃竄鼠避之乃將買人指捕逐若亡叛獲
便縛之但經被縛者即服為賤隷不敢稱良矣亡失兒女
一哭便止不復追思唯執楯持矛不識弓矢用竹為簧群
聚歌舞亦既薄且輕安賁中攻破建國中李勢在蜀諸獠始
出巴西渠川廣漢陽安資中攻破郡國為益州大患勢內

北史列傳八十三　七　生

其昆弟妻孥盡賣之乃自賣以供祭祀鑄銅為器大口寬腹
皮籠之於竹及煉鑼之曰銅獠鼓舞祀之以求福利至有賣
口其俗畏鬼神尤尚淫祀所殺之人美鬢鬚者乃剝其面
名曰銅爨既薄且輕
外受敵所以亡也自桓溫破蜀之後力不能制又蜀人東
流山陰之地多空荒遂挾山傍谷與夷人參居者頗輸租
賦在深山者仍不為編戶梁益二州歲伐獠以裨潤公私
頗藉為利正始中夏侯道遷舉漢中內附宣武遣尚書邢
巒為梁益二州刺史以鎮之近夏人者安堵樂業在山谷
者不敢為冠後以羊祉為梁州傅豎眼為益州祉性酷虐
不得物情梁輔國將軍范季旭與獠王趙清荊率衆屯深
獠人比南城梁州人王法慶與之通謀衆屯於固門川祉
遣征虜將軍討破之豎眼施恩布信大得獠和後以元法

僧代傅豎眼為益州法僧在任貪殘獠遂反叛勾引梁兵
圍逼晉壽朝廷憂之以豎眼先得物情複令還鎮豎眼
聞豎眼至莫不欣然拜迎道路於是而定及元桓元子真
相繼為刺史並無德績諸獠苦之其後朝廷以梁益二州
控攝險遠乃立巴州以統諸獠後以巴酋嚴始欣為刺史
又立隆城鎮所綰獠二十萬戶彼獠歲輸租布又與
外人交通貿易始欣之初諸獠亦不為寇後遂貪暴相率行
詔見刺史而已孝昌初諸獠以頻被討皆怨相率反叛
巴州山南行臺魏勔諭之始欣見中國多事文失彼心慮

北史列傳八十三　八

臺者相繼子建厚勢發之始欣見中國多事文失彼心慮
獲罪譙讓時梁南梁州刺史陰子春誘之時為隆城鎮將密知之嚴設邀候遂禽梁南
叛始欣族子愷時為隆城鎮將密知之嚴設邀候遂禽梁南
使人并封其始欣設書刀敕斬冠之屬表送行臺子建
乃啟以鎮為南梁州刺史愍為刺史發便執始欣囚於南鄭遇
子建以鎮為南梁州刺史愍為行臺豎眼父病其子敬紹
紹納始欣重賂使得還州始欣乃起衆攻陷隆城鎮將
南叛獠梁州刺史傅豎眼父病其子敬紹以傅曇表為刺史後元
巴州執始欣遂自此遂絕及周文平梁益之後令在所
羅在梁州為所陷自此遂絕及周文平梁益之後令在所
撫慰其酋豪華人雜居者亦頗從賦役然天性暴亂旅致攪

動每歲命隨近州鎮出兵討之獲其生口以充賤隸謂之
為壓獠為獲有南獠姓來者亦資以貨公卿達于人庶
之家有獠口者多矣恭帝三年陵州木籠獠反詔開府陸
騰討破之周保定二年鐵山獠又反抄斷江路陸騰文攻
拔其三城天和三年梁州恒陵獠叛總管長史趙文表討
之軍次巴州文表欲率輕進軍吏等曰此獠旅拒日久
遣奇兵恐併力於表未可制勝文表曰不然前
部衆甚強併刀於表又四面遣兵則獠走路絕理當相率以
死拒戰如從一道則吾得示威恩分道人以理曉諭為惡
者討之歸善者撫之善惡既分易為經略軍有變通奈何
欲導前轍也文表遂以此意遍令軍中時有從軍獠多
與相稜親識即以實報之相稜獠相與聚議猶豫之間文
表軍已至其界獠中先有二路一路稍平一路極險俄有生
獠酋帥數千來見文表曰我恐官軍不識山川請為鄉導
文表謂之曰此路寬平不須勞引卿但先去好慰喻子弟
也乃遣之文表謂其衆曰向者獠帥自離散吾貴路而行義
當設伏險要若從峻路出其不意獠衆自應望風高飛果見其伏
兵獠既失計爭攜妻子退保險要文表頻軍大蓬山下示禍
從險阻進其有不通之處即平之衆高望果見其伏

（版心）四四十字　北史列傳八十三　九

福遂相率來降文表皆撫慰之仍徵其租稅無敢動者後
除文表為蓬州刺史又大得人和建德初李暉為蓬渠州
刺管諸獠亦望風從附然其種滋蔓保據巖壑依伏叢林
若欲平地雖屢加兵弗可窮討性又無知殆同禽獸諸夷
之中最難以道招懷者也
林邑其先所出事具南史其國延袤數千里土多香木金
寶物產天抵與交趾同以磚為城蜃灰塗之東向戶尊官
有二其一曰西郍婆帝其一曰薩婆地歌其官三等其一
曰倫多次歌倫致帝乞地伽蘭外官分為二百餘部
其長官曰弗羅次曰可輪如牧宰之差也王戴金花冠形

（版心）戈陽爭州　四洲八字　北史列傳八十三　十　生

如章南衣朝霞布珠璣纓絡足躡革履時服錦袍良家子
侍衛二百許人皆執金裝刀有弓箭刀槊以竹為弩傳
毒於矢樂有琴笛琵琶五絃頗與中國同每擊鼓以警衆
吹螺以即戎其人深目高鼻髮拳色黑俗皆徒跣以幅中
纏身冬月衣袍婦人推髻施椰葉席每有婚媾令媒者齎
金銀釧酒二壺魚數頭至女家於是擇日夫家會親賓歌
舞相對女家請一婆羅門送女至男家夫家以函盛檳榔沉
之王死七日而葬有官者三日庶人一日皆以函盛屍中沉
舞導從輿至水次積薪焚之收其餘骨王則內金甖盛沉
之於海有官者以銅甖沉之海口庶人以瓦送之於江男

女皆截髮哭至水次盡哀而歸則不哭每七日然香散
花復哭盡哀而止百日三年皆如之人皆奉佛文字同於
天竺隨文帝既平陳乃遣使獻方物後朝貢遂絕時天下
無事群臣言林邑多奇寶者仁壽末上遣大將軍劉方為
驩州道行軍總管率欽州刺史寧長真驩州刺史李暈巨
府秦雄步騎萬餘及犯罪者數千人草覆其王梵志東巨
象而戰方軍不利方乃多掘小坑草覆其上因以兵挑之
走入其郡獲其廟主十八枚皆鑄金為之蓋其國有十八
世方班師梵志復其故地遣使謝罪於是朝貢不絕

四百八字 ▲北史列傳八十三 十一▼

赤土國扶南之別種也在南海中水行百餘日而達所都
土色多赤因以為號東波羅刺國西婆羅娑羅國南訶羅旦
國北拒大海地方數千里其王姓瞿曇氏名利富多塞不
知有國近遠稱其父釋王位出家為道傳位於利富多塞
在位十六年矣有三妻並鄰國女也居僧祇城有門三重
相去各百許步每門圖畫飛仙之象菩薩之容飾如佛塔邊
人數十人或奏樂或捧金花又飾金花鈴毦婦
金剛力士之狀夾門而立門外者持兵伏門內者執白拂
夾道垂素網綴花王宮諸屋悉是重閣北戶比面而坐三
重之榻衣朝霞布冠金花冠垂雜寶纓絡四女子立侍左

右兵衛百餘人主樹後作一木龕以金銀五香木雜鈿之
龕後懸一金光焰夾樹又樹二金鏡鏡前竝陳金甕甕前
各有金香爐當前置一金伏牛前樹一寶蓋左右皆有寶
扇婆羅門等數百人東西重行相向而坐其官薩陀加
羅一人陀拏達義一人迦利密迦三人共掌政事薩陀末
帝一人掌刑法每城置邪那迦一人迦陀鉢帝十八其俗敬佛
婦人作髻無蔽髮之禮以朝霞朝雲雜色布為衣男露
之室恣意華靡唯金鏁非王賜不得服用每嫁娶擇吉日
女家先期五日作樂飲酒父執女手以授壻七日乃配畢

四百卅字 ▲北史列傳八十三 十二▼

壻即分財別居唯少子與父居父母兄弟死則剃髮素服
就水上構竹木為棚棚內積薪以屍置上燒香建幡吹蠡
擊鼓以送火焚訖盡落於水貴賤皆同唯國王燒訖收灰
貯以金瓶藏於廟屋冬夏常溫雨多露少種植無時特宜
稻穄白豆黑麻自餘物產多同於交趾以甘蔗作酒雜以
紫瓜根酒色黃赤味亦香美亦以椰漿為酒
募能通絕域者大業三年屯田主事常駿虞部主事王君
政等請使赤土帝大悅遣齎物五千段以賜赤土王其年
十月駿等自南海郡乘舟晝夜二旬每日遇便風至焦石
山而過東南詣陵伽鉢拔多洲西與林邑相對上神祠焉

又南行至師子石自是島嶼連接又行二三日西望見狼
牙須國之山於是南達雞籠島至於赤土之界其王遣婆
羅門鳩摩羅以舶三百艘來迎吹蠡擊鼓樂隋使至金鎖
以纜船月餘至其都王遣其子那邪迦請與駿等禮見先
遣人送金盤貯香花并鏡鑷金合二枚貯香油金瓶二枚
又將象二頭持孔雀蓋以迎使人并致金盤金花以藉詔
函男女百人奏蠡鼓婆羅門二人導路至王宮駿等奉詔
書上閤王以下皆坐宣詔訖引駿等坐奏天竺樂事畢駿
等還館又遣婆羅門就館送食以草葉為盤其大方丈因
謂駿曰今是大國臣拜後赤土國夷後數日請駿等又宴
儀衛導從如初見之禮王前設兩床床上並設草葉盤方
一丈五尺上有黃白紫赤四色之餅牛羊魚鱉猪蝟蛤
肉百餘品延駿升床從者於地席各以金鍾置酒女樂選
奏禮遺甚厚毒遣那邪迦隨貢方物并獻金芙蓉冠龍腦
香以鑄金為多羅葉隱起成文以為表金函封之令婆羅
門以香花奏蠡鼓而送之既入海見綠魚群飛水上浮海
十餘日至林邑東南並山而行其海水色黃氣腥舟行一
日不絕云是大魚糞也循海北岸達交阯駿以六年春
與那邪迦於弘農謁帝帝大悅授駿等執戟都尉那邪迦

寧官賞各有差
真臘國在林邑西南本扶南之屬國也去日南郡舟行六
十日而至南接車渠國西有朱江國其王姓剎利氏名質多
斯那自其祖漸已強盛至質多斯那遂兼扶南而有之死
子伊奢那先代立居伊奢那城郭下二萬餘家城中有一
大堂是其王聽政所總大城三十所城有數千家各有部
師官名與林邑同其王三日一聽朝坐五香七寶床上施
寶帳其帳以文木為竿象牙金鈿為壁狀如小屋懸金光焰有
同于赤土前有金香爐二人侍側王著朝霞古貝瞞絡腰
腹下垂至脛頭戴金寶花冠被真珠瓔珞足履革屣耳懸
金璫常服白疊以象牙為屩若露髮則不加瓔珞臣下服
制大抵相類有五大臣一曰孤落支二曰相高憑三曰婆
何多陵四曰舍摩陵五曰髯羅婁及諸小臣朝於王者輒
於階下三稽首王呼上階則跪以兩手抱膊遶王環坐議
政軍訖跪伏而去階庭門閤侍衛有千餘人被甲持仗其
國與參半朱江二國和親數與林邑陀桓二國戰爭其人
行止皆持甲仗若有征伐因而用之其俗非王正妻子不
得為嗣王初立日所有兄弟並刑殘之或去一指或劓其
鼻別處供給不得任以人形小而色黑婦人亦有白者悉
拳髮垂耳性氣捷勁居處器物頗類赤土以右手為淨左

手焉微每旦澡洗以楊枝淨齒讀誦經呪又澡洒乃食食
罷還用楊枝淨齒又讀經呪飲食多蘇酪沙糖粳米餅
欲食之時先取雜肉羹與餅相和手擩而食嬰妻者唯送
女人女擇曰遣媒人迎婦男女二家各八日不出晝夜燃
燈不息男婚禮畢即與父母分財別居父母皆以五香木
剔髮而燒僧尼道士親故皆來聚會音樂送之以五香木
燒尸收灰以金銀缾盛送大水之內貧者或用瓦而以五
綵色畫之亦有不焚而委山中任野獸食者其國北多山
阜南有水浮地氣尤熱無霜雪饒瘴癘毒蠚宜粱稻少黍

粟棗菜與曰南九真相類異者有婆羅那㜑樹無花葉似
柿實似冬瓜菴羅花葉似東實似李毗野樹花似木瓜葉似
似苍實似楮婆田羅樹花葉似棗實並似李其大如升自餘多同九
花似林檎葉似榆而厚大實如象吸水上噴高五六
真海有魚名建同四足無鱗鼻如鸚鵡有八足多大魚半身於望
尺有浮胡魚形似鯷觜鼻如象吸水上噴高五六十
之如山每五六月中毒氣流行即以白臘白牛牟於城西
門外祠之不然五穀不登畜多死人疾疫近都有陵伽鉢
婆山上有神祠每以共二千人守衛之城東神名婆多利
祭用人肉其王年別殺人以夜祠禱亦有守衛者千其

敬鬼如此多奉佛法尤信道士佛及道士並立像於其館
隋大業十二年遣使貢獻帝禮之甚厚於後亦絕
婆利國自交趾浮海南過赤土丹丹乃至其國界東西
四月行南北四十五日行王姓剎利邪伽名護濫洲婆官
曰獨訶邪擘次曰獨訶氏擘國人善投輪其大如鏡中有
竅外鋒如鋸遠以投人無不中其餘兵器與中國略同俗
類真臘膊同於林邑其殺人及盜截其手數者鏁其足
期年而止祭祀必以月晦盤貯酒肴浮之流水每十一月
必設大祭海出珊瑚有鳥名舍利解人語隋大業十二年
遣使朝貢後遂絕于時南荒有丹丹盤盤二國亦來貢方
物其風俗物產大抵相類云

論曰禮云南方曰蠻有不火食者炎然其種類非一與華
人錯居其流曰蜑曰孃曰俚曰獠曰㑭居無君長隨山洞
而居其俗斷髮文身好相攻討自秦并三楚漢平百越地
窮冊懷景極曰南水陸可居咸為郡縣洎乎境分南北割
據各殊蠻獠之族遠為去就至於林邑亦王真臘膊婆利則
搆入荒甘心遠夷志求珍異故師出流求兵加林邑威振
殊俗過於秦漢遠矣雖有荒外之功無救域中之敗傳曰
非聖人外寧必有內憂誠哉斯言大業中南荒朝貢者
地隔江嶺莫通中國及隋氏受命剋平九宇煬帝暴興威

十餘國其事迹湮滅今可知者四國而巳

列傳第八十三　　　　北史九十五

北史列傳八十三　　　十七

氐
吐谷渾
宕昌
鄧至
白蘭
党項
附國
稽胡

氏者,四夷之別種,號曰白馬,三代之際,蓋自有君長而世一朝見。故詩稱「自彼氐羌,莫敢不來王」也。秦漢以來世居岐隴以南,漢川以西,自立豪帥。漢武帝遣中郎將郭昌、衛廣滅之,以其地爲武都。氐種類寖繁,或謂之白氐,或謂之故氐,各有侯王,受中國封拜。漢建安中,有楊騰者,爲部落大帥,勇健多計略,始徙居仇池,方百頃,因以爲號,四面斗絶,高七里餘,蟠道三十六回,其上有豐水泉,煮土成鹽。騰後有名千萬者,魏拜爲百頃氐王。千萬孫名飛龍,漸強盛,晉惠帝以爲平西將軍,無子,養外甥令狐茂搜爲子。惠帝元康中,茂搜自號輔國將軍、右賢王,群氐推以爲主。關中士人流移者多依之,愍帝以爲驍騎將軍、左賢王。

茂搜死,子難敵統位,與弟堅頭分部曲。難敵自號左賢王,屯下辨;堅頭號右賢王,屯河池。以難敵子盤爲使持節、冠軍將軍、龍驤將軍、左賢王、河池公。晉以堅頭子盤爲征南將軍,三年殺族兄,初襲殺兄子,开其眾自立爲仇池公,臣晉。於石季龍後,稱蕃於晉。永和十年,改初爲天水公。十一年,毅小弟宋奴爲姑子梁自立爲仇池公。桓溫表國爲秦州刺史,國率左,誅三王及宋奴,挍自立爲仇池公。桓溫初,初子世自立爲武都太守。十二年,國從叔俊復殺國自立爲仇池公。晉太和三年以俊爲秦州刺史。俊復稱蕃於晉。死,子世自立爲武都太守,國子安叛生,殺俊。俊子世爲泰州刺史,弟統爲武都太守。世死,統廢世子纂自立。纂一名德,聚眾黨,襲殺統自立爲仇池公。晉咸安元年,符堅遣楊安伐其人,於關中空百頃之地。宋之死,二子佛奴、佛狗逃奔符堅。堅以女妻佛奴子定,拜爲尚書領軍。符堅之敗,關右擾亂,定盡力於堅。堅死,乃率衆奔隴右,後居歷城,去仇池百二十里,置倉儲於百頃,招夷夏得千餘家,自稱龍驤將軍、仇池公,稱蕃於晉。孝武郎以其自號假之,後以爲秦州刺史。登國四年,遂有秦州之地,號隴西,後爲乞佛乾歸所殺,無子。佛狗子盛先爲監國守仇池,乃統事,自號征西將軍。

軍秦州刺史仇池公讁定為武王分諸氐羌為二十部護
軍各為鎮戍不置郡縣遂有漢中之地仍稱藩于晉天興
初遣使奉朝貢詔以盛為征南大將軍仇池王隴磌姚興不
得歲通貢使盛以兄子撫為平南將軍梁州刺史守漢中
宋武帝封盛為武都王盛死拙讁曰惠文王子
玄統位玄子黃眉號征西大將軍開府儀同三司秦州刺
史為玄著於宋仍奉晉永熙之號始光四年太武遣宋元嘉正
朔初盛謂玄曰吾年已老當終爾所懷始晉臣汝善事宋帝故玄
奉劄軱拜玄為征南大將軍督梁州刺史南秦王玄上表
公孫軱拜玄為征南大將軍督梁州刺史南秦王玄上表

請比內藩許之玄死私諡孝昭王子保宗統位 初玄臨終
謂第難當曰今境使未寧方須撫慰保宗沖昧吾授卿國
事其無墜先動難當固辭請立保宗以輔之保宗既立難
當妻姚氏謂難當曰國峻宜立長君反事孺子非久計難
當從之廢保宗而自立稱藩于宋難當拜保宗為鎮南將
軍鎮石昌以次子順為鎮東將軍秦州刺史守上邽保宗
謀襲難當事泄被繫先是四方流人以仇池險固多往
依附流人有許穆之郝惔之二人投難當並改姓為司馬
之自云名飛龍惔之自云名康之云是晉室近屬宋文帝遣刺
為人所殺時宋梁州刺史甄法護刑政不理宋文帝遣刺

史蕭思話詣代任難當以思話未至道將舉兵冀梁州破白
馬遂有漢中之地尋而思話使司馬蕭道成先驅進討
所向剋捷遂平漢中難當後遣保宗還復鎮葭萌
都王尚公主保顯為鎮西將軍晉壽公後遣保宗征南大將軍秦州牧武
保宗與兄顯歸京師太武拜保宗征南大將軍秦州牧武
州牧南秦王難當曾胃後自立為大秦王號年曰建義初難
王后世子為太子置百官具擬天朝然猶貢獻于宋不絕
尋而其國大旱多災異降大秦王復為武都王太延初難
當立鎮上邽又武都王楊平王玄等督河西諸
平諸軍取上邽又詔喻難當奉詔攝守尋而傾國南寇規
有蜀土襲宋益州攻涪城又伐巴西獲維州流人七千餘
家遷于仇池宋文帝怒遣將裴方明等代之方明
所敗棄仇池與千餘騎奔上邽又詔鎮隴右蘭定議之赴
行營方明既剋上邽以保宗第保熾守之河間公齊壽走
之先是詔保宗鎮上邽又詔鎮駱谷復其本國保宗送京師
德先逃匿中乃說保宗令叛事泄齊執保宗送京師
當殺之氐立文德屯子濁水文德自號征西將軍秦河
梁三州牧仇池公求援於宋封文德為武都王遣偏將房
亮之等助之奔逆擊禽亮之文德奔守葭蘆武都陰平氐

多歸之詔淮陽公皮豹子等率諸軍討文德走漢中收其
妻子寮屬資糧及保宗妻公主送京師賜死初公主勤保
宗反人問曰背父母之邦若何公主曰禮婦人外成因夫
而榮軍立撫守一方我亦一國之母豈比小縣之主以此
得罪文成時拜難當昌州刺史還為外都大官卒諡曰忠
子和隨父歸絕別賜爵俄公主德子襲難當爵早卒子
小眼襲倒降為公拜天水太守池公子大眼別有傳小眼子
公熙襲爵正光中尚書右丞張普惠以氏反不得進臺遣公
東益普惠啓公熙俱行至南秦以普惠為行臺遣祖於南秦
尉氏東益州刺史親子建以公熙嶮薄密令訪察公熙果

有潛謀將為叛亂子建乃報普惠今其撫錄普惠急追公
熙公熙竟不肯赴東出漢中普惠表列其事公熙大行隨
賂終得免罪後節別將與都督元志同守岐州公熙為秦
賊莫折天生所虜死於宋荊州刺史劉義宣所殺宗之
有陰平武興之地後為宋都白水太守元和攘城歸文
成也子元和拜征南大將軍武都王內徙京師元和從叔僧嗣
復自柵武王於啟盧僧嗣死從弟文度自立為武興王遣
使歸順獻文授文度武興鎮將旣而復叛孝文初征西將
軍皮歡喜攻啟盧破之斬文度首文度弟玧小名鼠名犯

獻文廟諱以小名稱鼠自為武興王遣使奉表謝罪首其
方物孝文納之以校尉遣子狗奴入侍拜都督南秦州刺史
征西將軍西戎校尉武都王鼠死後起為白水太守從子後起統位孝文授
以鼠爵授之鼠子集始為白水太守從子後起死以集始為征
西將軍武都王集始後朝千京師拜都督南秦州刺史安
南大將軍領護南蠻校尉漢中郡侯武興王賜以車旗戎
馬錦綵繒纊尋遣武興王加督寧湘五州諸
軍事後俊池集戍守武都王集始遂入齊景明初
集始來降授爵位歸守武興將軍集始死子紹先立拜都督南秦諸
軍大將軍漢中郡公武興王贈集始車騎大將軍
州刺史征虜將軍漢中郡公武興王賜集始車騎大將軍

開府儀同三司謚安王紹先年幼委事二叔集始起集義
侯道遷以漢中歸順也梁白馬戍王尹天保率眾圍之
選求援於集始起集義二人貪保邊蕃不欲救之唯集始起
大號集起集義並稱王外引梁為外藩遂扇動諸武推紹先僭稱
益旣定恐集始與不得父為天保全漢川朗之力也集始見梁
集朗心願立功率眾破天保全漢川朗之力也集始見梁弟
武將軍傳堅眼攻武與魁稱王外引梁為援安西將軍邢
以為武興鎮改鎮為東益州前後鎮將唐法樂刺史杜
纂邢豹以威惠失眾氐豪优石柱等相率及叛朝廷以西
南為憂正光中詔魏子建為刺史以恩信招撫風化大行

遠近欽附如內地焉後唐永代子建為州末幾氐人怨反
求棄城東走自此後為氐地而魏末天下亂紹先稱藩送妻子為奔還武興
復自立為王周文定秦隴紹先稱藩送妻子為質大統元
年紹先壽其女妻周文道武都自號太白王詔立四
莫陳順與渭州刺史長孫澄討降之九年清水氐酋李鼠
仁據地作亂氐帥梁道顯叛攻南由周文道典籤趙昶慰
諭之鼠仁等相繼歸附十一年於武興置東益州以昶慰
為刺史十五年安康氐復叛趙昶時為郡守收首逆者二
十餘人斬之乃定於是以昶行南秦州事氐帥蓋鬧等作
亂鬧據比谷其薫西結宕共推蓋鬧為主昶分
道遣使宣示禍福然後出兵討之禽蓋鬧散其餘眾又大
破之先是氐酋楊眾內附自稱帝元年以深為黎州
叛氐復侵擾過南岐州刺史叱羅協道使告急昶起兵又大
剌史二年楊辟邪據州反與群氐復與同逆詔叱羅協與趙
孝昌中舉眾破昌魘漢平自稱王亦盛以深為黎州
昶討平之周文乃以大將軍宇文貴為大都督與州刺史
貴威名先著群氐頗異服之歲楊陳法深從氐邏迴平蜀
討趙昶時賢成武沙三州諸軍事遣使和解之法深等從
軍迴法深尋賢與其宗人楊崇集楊陳坐各離其眾遠相攻

命乃分其部落更置州郡以處之蔡帝末武興氐反圍和
州鳳州固道氐魏天王等亦聚眾響應大將軍豆盧寧等
討之周明帝時興氐人段彡等後率廚中氐屬攻陷落聚郡以應之
破蘭皋戍酋姜喜等段彡等陰平護盧氏復侵與廚
趙昶討平二縣并斬段彡而入廚中至大竹坪連破
中相應昶乃簡精騎出其不意徑入廚中生氐為寇掠昶
七柵誅其渠帥二郡並降及昶還廚中討之於是群氐竝平及
又遣儀同劉崇義率文琦入廚中楊永安又據州應謙大將軍達奚
王謙舉兵沙氐帥開府楊永安又據州應謙大將軍達奚
儒討平之

吐谷渾本遼東鮮卑徒河涉歸子也涉歸一名亦洛韓有
二子庶長曰吐谷渾少曰若洛廆涉歸死若洛廆代統部
落是為慕容氏涉歸分戶七百以給吐谷渾與若
洛廆二部馬鬭相傷若洛廆怒遣人謂吐谷渾曰先公
分與兄異部何不相遠而馬鬭相傷吐谷渾曰馬食草飲
水春氣發動所以鬭關在馬而怒及人乖別其易今當去
汝萬里外若洛廆悔遣舊老及長史七郎樓謝之吐谷渾
曰我乃祖以來樹德遼右卜筮之言云有二子
當身福祚流子孫我是卑庶理無並大今以馬致怒始
天所啓諸君試驅馬令東我當隨去即令從騎

擁馬令廻數百步欻然悲鳴若頹山如是者
十餘輩一廻一迷樓力屈乃跪曰可汗此非復人事渾謂
其部落曰我兄乃玄孫間始當顯嵬當傳子及曾玄孫其
間可百餘年我子孫竝應昌盛處當顯耳於是遂西附陰山後
假道上隴若洛廆暫甘松兩界昂城龍涸從徘水西南
于也子孫僭號以此歌爲輦後鼓吹大曲吐谷渾遂從上
隴止於抱罕自抱罕暨甘松兩界昂城羌酉姜聰所剩劒猶
極百蘭數千里中逐水草廬帳而居以肉酪爲糧羥四北諸
雜種謂之阿柴虜吐谷渾死有子六十人長子吐延身長

七尺八寸勇力過人性刻暴爲昂城羌酉姜聰所剌劒猶
在體呼子葉延語其大將絕拔涎曰吾氣絕拔棺斂訖便速
去保蘭地既嶮遠又土俗儒弱易控禦葉延小兒欲授餘
人恐倉卒終不能相制今以葉延付汝竭股肱之力以輔
之孺子得立吾無恨也抽劒而死有子十二人葉延少而
勇果年十歲縛草爲人號曰姜聰每旦輒射之射中則嚘
叫泣涕其母曰誠知無益然罔極之心不
苦葉延鳴咽若母病母三日不食葉延亦未食頗視書傳
自謂曾祖弈洛韓始封昌黎公吾爲公孫
之子得以王父字爲氏遂以吐谷渾爲氏爲葉延死子碎

羥立性淳謹三弟專權碎奚不能制諸大將共誅之姜愛
哀不復攝事遂立子視連爲世子視連委多軍號曰莫賀郎奄
言父也姜遂死以憂死視連立以父憂哀思不遊娛酣宴十五
年死弟視羆立子樹洛干等竝幼第烏紇提一名大孩弟樹立
洛干母生二子慕璝利延烏紇提一名大孩樹洛干死弟
自號車騎將軍沙州刺史部內有黃沙周迴數百里號爲強國昇西
強山觀墊江源問於羣寮曰此水東流更有何名由何郡
木囚號沙州阿豺兼弁氏羌地方數千里號爲強國昇西
國入何水也其長史曾和曰此水經仇池過晷壽出宕渠
始號藝江至巴郡入江度廣陵入於海阿豺曰水尚智歸
吾雖塞表小國而獨無所歸乎遣使通宋少帝時爲宋少
帝封爲堯沙未及拜受宋文帝元嘉三年又加除命又
將遣使朝貢會暴病臨死召諸子第告之曰先公車騎捨
其子虔以大業屬吾吾敢忘先公之舉而私於緯代長子也阿豺又謂曰汝
慕瑪繼事阿豺有子二十人緯代長子也阿豺又謂曰汝
等各奉吾一隻箭折之地下俄而命母弟慕利延曰汝
取一隻箭折之慕利延折之阿豺曰汝曹知否單者易折眾則難摧戮力一心
不能折阿豺曰汝曹知不單者易折眾則難摧戮力一心
然後社稷可固言終而死慕璝立先是阿豺時宋會晷未

至而死暮瓊又奉表通宋文帝又授隴西公暮瓊招集
秦涼士業之人及羌戎雜夷眾至五六百落南通蜀漢北
交涼赫連部眾轉盛太武時暮瓊始遣其子為質
奉表歸魏尋討禽赫連定送之京師太武嘉之遣使者策
拜暮瓊為大將軍西秦王暮瓊表曰臣誠庸弱政鴣精款
得舍惜逆獻贄無鑒察亮其單歇臣須接冠通疆境之人為
荒存亡感戴太武詔公卿朝堂會議皆施行太尉長孫嵩
寒張華等三人家弱在此分垂可疑願并敕遣洽遐
賊所抄流轉東下令皇化混一求還鄉土乞佛連窟遐
及議郎博士二百七十九人議曰前者有司所慮以為秦
王荒外之君本非政教所及來則受之去則不禁皇威遠
被西秦王暮義昌眾稱臣納貢求覚受爵曉議者以為古者
要荒之君雖人土眾廣而爵不擬華夏陛下加寵王官乃
越常容容飾車旗班同上國至於綵帛多少舊典所無皆
當臨時以制豐厚自漢魏以來撫綏遐荒頗有故事己后
遺單于御車二乘馬二駟單于卷馬千四其後匈奴和親
敵國遺紿絮不過數百呼韓邪稽首身自入朝始乃至萬
匹分西遺紿絮王若以上無桑蠶便當上請不得言財不周賞之
也周室衰微舜侯小白二臣天下有賜脤之命無益王之

賞晉侯重耳破楚城濮唯受南陽之田為朝宿之邑西秦
所致唯定而已塞外之人因時乘便侵入秦涼未有經略
拓境之勳爵登上國統秦涼河沙四州之地而云可極乎西
聖朝於弱周而自同於五霸無厭少情其可致因致
廊此忠欽於朝廷其本情必不至此或左右不救因致
秦王忠欽於朝廷送詣京師臨後遣還折請乞佛三
斯累檢西秦流人賊時所抄悉在薄坂今既稱藩四海咸
秦天下一家可救秦州送詣京師臨後遣還折請乞佛勿聽至
人昔為賓國之使未為失體西秦王所收金城抱罕隴西
許制曰公卿議之非一四而已自昔暮瓊死弟暮利延
之地彼自取之朕即與之便是裂土何須復廊西秦乞佛至
縣絹隨便疏數增益之非一四而已自昔暮瓊死弟暮利延
又通于宋文封暮瓊為隴西王惠王後拜暮利延鎮西大將軍
立詔遣使者策暮瓊曰惠王後拜暮利延鎮西大將軍
儀同三司改封西平王以暮瓊子元緒為撫軍將軍時暮
利延又通宋宋封為河南王太武征涼州暮利延懼遂遣
利延遣兄子緯代懼暮利延害己與使者謀欲自歸暮利
其部人禹適沙漠後暮利延兄有禽赫連定之功遣
延覚而殺之緯代弟叱力延等八人逃歸京師請兵討暮
暮利延兄子緯代懼暮利延害己與使者奏乃下詔褒獎之
利延太武拜叱力延歸義王詔晉王伏羅率諸將討之軍

至大母橋慕利延兄子拾寅走河西伏羅遣將追擊之斬
首五千餘級慕利延走白蘭慕利延從弟伏念長史鶄鴻
黎部大崇娥等率衆一萬三千落歸降後遣征西將軍
高梁王邦等討之於白蘭慕利延遂入于闐國殺其王
者數萬人南征剋賓遣使通宋求援焉烏九帽女國金酒
器胡王金釧等物宋文帝賜以奉車七年遂還舊土慕利
延死樹洛干子拾寅立始邑於伏羅川其居止出入竊擬
王者拾寅奉脩真職受魏正朔又受宋封爵號河南王太
武遣使拜為鎮西大將軍西平王後拾寅自恃
嶮遠頗汎恭命通使于宋獻善馬四角羊宋明帝如之官

號文成時定陽侯曹安表拾寅今保白蘭多有金銀牛馬
若擊之可以大獲議者咸以先帝念拾寅兄弟不睦使晉
王伏羅高涼王邦兩征之竟無多剋拾寅雖復遠道軍亦
疲勞今在白蘭不犯王塞不為人患非國家之所急也若
遣使招慰必求為臣妾可不勞而定也王者之於四荒羈
縻而已何必屠其國有其地安曰臣昔為滉河戍將與之
相近明其意數若夕軍出其左在拾寅必走保南山戍將
十日斗馬草盡人無所食衆必潰叛可一舉而定也從之
詔陽平王新成建安王穆六頭等出南道南郡公李惠給
軍中公孫拔及安出比道以討之拾寅走南山諸軍濟河

追之時軍多病諸將議賊已遠遍軍容已振今驅疲病之
卒要難冀之功不亦過乎衆以為然乃引還獲駝馬二十
餘萬獻文復詔以黨王長孫觀等牽州郡共討拾寅軍至
曼頭山拾寅來逆戰縱兵擊敗之拾寅宵道於是思
悔後番來職道別駕康盤龍奉表朝貢獻文幽之不報其使
拾寅部落大饑屢寇澆河詔平西將軍廣川公皮歡喜率
敦煌州落大饑屢寇澆河其秋稼拾寅塞怖遣子詣
都督表求改過觀等以聞獻文乃下詔責之
軍表求改過觀望以重勞將士乃詔切責之
拾寅懼道子斤入侍獻文彝遣斤還拾寅後慶撫

掠邊人遣其將良利守洮陽抱罕所統也抱罕鎮將西郡
公楊鍾葵貽拾寅書以責之拾寅表曰奉詔聽臣還舊土
故遣良利守洮陽若不追前恩求令洮陽貢其土物謝易
懇切遣獻文許之自是歲脩職貢太和五年拾寅死子度易
侯立遣其侍郎時真貢方物提上表稱嗣事後度易侯易
宕昌詔讓之賜死子伏連籌立孝文欲令人朝
部送時還易侯並奉詔死子伏連籌鎮西郡
表稱疾病輒脩伏連籌和城而置成焉文明太后崩使人
告凶伏連籌稽首拜命不恭有司請代之孝文不許旱臣以其
受詔不敬不宜納所獻帝曰拜受尖禮乃可加以詰責所

獻主毛乃是臣之常道杜葉所獻便是絕之縱欲改悔其
路無由矣詔曰朕在哀疚之中未存征討而去春袍窄表
取其洮陽涇和二戍時此既邊將之常即便聽許及偏師
致討二戍望風請降執訊二千餘人又得婦女九百口子
婦可惡還之伏連籌乃遣世子賀魯頭朝千京師禮錫有加
拜伏連籌使持節都督西垂諸軍事征西將軍領蕃章授之
中郎將西海郡開國公吐谷渾王麗旗章授之飾皆備給
之後遣兼員外散騎常侍張禮使於伏連籌謂禮曰首與
宕昌通和怕見稱大王已有自名今勿名僕而拘執此使
將命偏師往問其意禮曰君與宕昌並為魏蕃而比輒有

北史列傳八十四 〈十五〉

興動殊違臣節當發之日宰輔以為君若返迷知罪則剋
保蕃業脫守愚不改則禍難將至伏連籌遂喋然及孝文
崩遣使赴哀盡其誠敬伏連籌內悃職貢外半戎狄狄塞表
之中虓為強富准擬矢朝樹置官司褊制諸國以自誇大
宣武初詔責之曰梁州表送卿報宕昌梁彌邕與卿違和故
邊將語其國則隆藩論其位則同列而褊書為表名報為
旨有司以國常刑殺勤請討朕廣隆遠多貢輕相構釁故
先遣此意善自三思伏連籌上表自申辭誠懇至終宣武
世至于正光犀牛罪馬及西南之珍無歲不至後秦州城
人莫折念生反河西路絕涼州城人萬于菩提等東秦州應念

生因刺史宋穎密遺求授於伏連籌伏連籌親率大軍
救之遂獲俱全自碉以後關徼不通貢獻遂絕伏連籌死
子夸呂立始自號為可汗居伏俟城在青海西十五里雖
有城郭而不居恒恃穹廬隨水草畜牧其地東西三千里
南北千餘里官有王公僕射尚書及郎中將軍之號夸呂
椎髻毦珠以皂為帽坐金師子牀號其妻為恪尊衣織成
裙披錦大袍辮髮於後垂以為飾其冠婦人皆貫珠貝束
髮以多為貴兵器有弓刀甲矟國無常賦須則稅富室商
人以充用焉其刑罰殺人及盜馬死餘則微物以贖罪亦
同於華夏多以羅幕為冠亦以繒為帽婦人皆貫珠束

北史列傳八十四 〈十六〉

量事決杖刑人以氈蒙頭持石從高擲之父兄死妻後
母及嫂等與突厥俗同至于婚貲不能備財者輒盜女去
死者亦皆埋殯其服制葬訖則除之性貪婪忍殺害好
射獵以肉酪為糧亦有種田有大麥粟豆然其此界氣候
多寒唯得蕪菁大麥故其俗貧多富少青海周回千餘里
海內有小山每冬冰合後以良牝馬置此山至來春收之
馬皆有孕所生駒號為龍種必多駿異吐谷渾嘗得波
斯草馬放入海因生驄駒能日行千里世傳青海驄者也
土出犛牛馬駮多鸚鵡饒銅鐵朱砂地兼鄯善且末興和
中齊神武作相招懷荒遠蠕蠕既附於國奇呂遣使致敬

神武喻以大義徵其朝貢李呂乃遣使人趙吐賚真假道
蠕蠕頻來東魏又薦其從妹靜帝納以為嬪遣貝外散騎
常侍傳靈攝使於其國李呂又請婚乃以濟南王臣孫女
為廣樂公主以妻之此後朝貢不絕　西魏大統初周文遣
儀同潘濤喻以逆順之理於是李呂再遣使獻能舞馬及
羊生等然寇抄不已緣邊多被其害廢帝二年周文遣
兵至姑臧李呂震懼使貢方物是歲李呂通使於齊大
州剌史史寧知其還襲之於州西赤泉獲其僕射李呂
觸狀將軍崔潘密兩二百四十人駞騾六百頭雜綵絲
絹以萬計恭帝三年史寧又與突厥木杆可汗襲毀李呂

代陽爭州　北史列傳八十四　十七

破之慮其妻子獲珍物及雜畜武成初李呂復寇涼州剌
史是云寶戰沒賀蘭祥宇文貴率兵討之李呂遣其廣定
王鍾留王拒戰祥等破之廣定等追走李技其洮陽洪和
二城置洮州而還保定中李呂前後三聾遣使獻方物天
和初其龍涸王莫昌率衆來降以其地為扶州二年五月後
遣使來獻建德五年其國大亂武帝詔皇太子征之軍至

政初其趙王他妻出來降自是朝獻遂絕及隋開皇初
弘州地曠人梗廢之遣上柱國元諧率步騎數萬擊之賊
悉發國中自曼頭至樹敦甲騎不絕其所署河西揔管定

城王鍾利房及其太子可悖汗前後來拒戰諧頻破之李
呂大懼牽親兵遠遁其名王十三人召率部落而降上以
其高寧王稷遠棄妻得報心瓋大將軍封河南王以統降
衆自餘官賞各有差未幾復來寇邊州剌史皮子信拒戰
死之汶州揔管梁遠以銳卒擊之李呂在位百年屢因喜怒廢殺太子其後太
子懼殺遂謀靴奔李呂而降請兵於邊吏秦州揔管河間王
為太子疊州剌史杜纂請兵迎接上謂其使者曰溥天之

代陽爭州　北史列傳八十四　十八　生

王詞後懼父誅謀歸國請兵迎接上謂其使者曰溥天之
下皆以朕臣妾各為善事即朕襧心兇王饒有好意欲來
投服唯教兇王為臣子法不可遠遣兵馬助為惡事兇王
乃止八年其名王拓拔木彌請以千餘家歸化上曰叛天
背父何可收納又其本意正自避死若今違拒又復不仁
若有昔信宜遣慰撫任其自拔不須出兵馬應接其妹天
文帝今其妹歸藩并獻方物請以女備後庭上謂無素曰君休來請他
及甥欲來亦任其意不勞勸誘也是歲河南王揔逃遁險
遠十一年李呂卒子世伏使其兄子無素奉表
國便當相學一許一塞是謂不平若並許之又非好法竟

不許十一年遣刑部尚書宇文弼撫慰之十六年以光化
公主妻世伏上表稱公主為天右上不許明年其國大亂
國人殺世伏立其弟允伏為主使陳廢立東弁謝專命罪
且請後俗尚主上從之自是朝貢歲至而常訪國家消息
上甚惡之煬帝即位伏允遣子順求朝時鐵勒犯塞帝遣
使謝罪請降帝即勤兵襲破吐谷渾以自效鐵勒即
遣門待郎裴矩慰撫之諷令擊吐谷渾以自效鐵勒即
將軍馮孝慈等之戰不利鐵勒遣使謝罪請降帝
遣黃門侍郎裴矩慰撫之諷令擊吐谷渾以自效鐵勒即
勤兵襲破吐谷渾伏允東走保西平境帝復令觀德王雄
出流河許公宇文述出西平掩之大破其衆伏允逃於
山谷間其故地皆空自西平臨羌城以西且末以東祁連
以南雪山以北東西四千里南北二千皆為隋有置郡
縣鎮戍發天下輕罪從居之於是留順不之遣伏允無以
自資率其徒數千騎客於黨項帝立順為主送出玉門令
統兵襲衆以其大寶王泥洛周為輔至西平其部下殺洛周
順不果入而還大業末天下亂伏允復其故地慶寇河右
郡縣不能制吐谷渾

千餘里衆有萬落風俗與吐谷渾同然不識五穀唯食魚
及蘇子蘇子狀若中國枸杞子或赤或黑有契翰一部風
俗亦同特多狼曰蘭山西北又有可蘭國風俗亦同目不
識五色耳不聞五聲曰是夷繼戎狄之中醜類也土燕所出

直大養群畜而戶落亦不可萬餘人頑弱不知戰忽見異
人舉國便走性如野獸體輕工走逐不可得曰蘭西南二
千五百里蘭七嶺又度四十里海有女王故國人燕萬餘落
風俗土著宜桑麻熟五穀以女為王故曰號焉譯使不至

其傳云然

宕昌羌者其先蓋三苗之裔周時與庸蜀微盧等八國從
武王滅商漢有先零燒當等世為邊患其地東接中華西
通西域南北數千里俗無文字但候草木榮落記其歲時
三年一相聚殺牛羊以祭天有梁懃者世為酋帥得羌豪
心乃自稱王焉懃孫彌忽太武初遣子彌黃奉表求內附
遣使拜彌忽為宕昌王賜彌黃爵甘松侯彌忽死孫虎子
立其地自㳂池以西東西千里南北八百里地
多山阜人二萬餘落世僑職貢頗為吐谷渾所斷絕虎子
死彌治立彪子弟子先弁吐谷渾遣兵送羊子欲奪彌
治位彌治遣使請救獻文詔武都鎮將宇文生救之羊子

退走彌詣死子彌機立遣其司馬利柱奉表貢方物楊文
度之薮圍武都彌機遣其二兄率眾救武都破走文度孝
文時遣使子橋表貢朱沙雌黃白石膽各一百斤自此後
歲以為常朝貢相繼後孝文遣馮膽劉歸誾者張蔡拜彌
機征南大將軍西戎校尉梁益二州牧河南公宕昌王以
助之同文命章武公遵率兵送之

邓至者白水羌也世為羌豪因地名號自稱鄧至其地自
亭街以東平武以西汶嶺以北宕昌以南土風習俗亦與
宕昌同其王像舒治遣使内附高祖拜龍驤將軍鄧至王
遣貢不絕鄧至之西有赫羊國初其部内有一羊形其天
色至鮮亦故因為國名又有東亭衞大赤水寒宕石河薄
陵下習山倉驥童水等諸羌國風俗麤獷與鄧至國不同
焉亦時遣貢使朝廷納之皆假之以雜號將軍子男渠帥
之名

白蘭者羌之別種也其地東北接吐谷渾西北利摸徒南
界郡鄰風俗物產與宕昌略同周保定元年遣使獻犀甲
鐵鎧

党項羌者三苗之後也其種有宕昌白狼皆自稱獮猴種
東接臨洮西平西拒葉護南北數千里處山谷間每姓別
為部落大者五千餘騎小者千餘騎織犛牛尾及艇羝毛

為屋服裘褐披氈為上飾俗尚武力無法令各為生業有
戰陣則屯聚無徭役不相往來養犛牛羊豬以供食不知
稼穡其俗淫穢蒸報於諸夷中為甚無文字但候草木以
記歲時三年一聚會殺牛羊以祭天人年八十以上死者
以為令終親戚不哭少死者則云夭枉共悲哭之有琵琶
橫吹擊缶為節周之際數來擾邊隋文帝為丞相時中
原多故因此大為寇掠平王王謙請因衆詣
詔發隴西兵討之大破其部衆人相率降遣子弟入謝罪帝
旭州内附授大將軍其部下各有等差十六年復寇會州
之開皇元年有千餘家歸化五年拓拔寧叢等各率衆詣
謂曰遠語彌父兄人生須有定居養老長幼乃尓還尓走
不著鄉里邪自是朝貢不絕

附國者蜀郡西北二千餘里即漢之西南夷也有嘉良夷
即其部所居種姓自相率領土俗與附國同言語少殊不
統一其人並無姓氏附近川谷傍山險俗好復讎故壘石
西四百五十里無城柵近川谷傍山險俗好復讎故壘石為
碉以避其患其碉高至十餘丈下至五六丈每級以木隔
之基方三四步碉上方二三步狀似浮圖於下級開小
門從内上通夜必關閉以防賊盗國有重罪者皆下蠶開小
輕捷便擊劍漆皮為甲弓長六尺竹為箭妻其群母及

嫂兒弟父兄亦納其妻好歌舞鼓簧長角有死者無服
制置甑高䖒之上沐浴衣服以牛申舞劍而呼云我父為鬼所取我欲報寃殺鬼子孫不哭
帶甲舞劍而呼云我父為鬼所取我欲報寃殺鬼自餘親
感哭三聲而止婦人哭必兩手掩面死家殺牛親賓宴
酒相遺共欲噉而癰之死後一年方始大葬必集親賓殺
馬動至數十立木為祖父神而事之其俗以皮為靴項繫鐵
鑊手貫鐵釧王與酋帥金為首飾曾前縣一金花徑三寸
圓如鉢或戴暴離毿多氈皮少蠶青裸山出金銀銅多自
雜水有嘉魚長四尺而鱗細大業四年其王遣使素福等

八人入朝明年文遣其弟子宜林率嘉良夷六十人朝貢
欲獻良馬以路險不通請開山道惺職貢物煬帝以勞人
不許嘉良有水闊六七十丈附國有水闊百餘丈西南流
用皮為舟而濟附國有薄緣夷風俗亦同西有女國其東
北連山綿亘數千里褒於党項性妍有羌犬小左封皆㘽
比利摸徒邪郭當述滇步桑悟千碉並在深山窮谷無大
萬延白狗向人望族林臺春桑利且迷桑婢藥犬硤曰蘭
君長其風俗略同於党項或役屬吐谷渾或附國犬業中
朝貢緣西南邊賣諸道摠管以管之
稽胡一曰步落稽蓋匈奴別種劉元海五部之苗裔也或

云山戎赤狄之後自離石以西安定以東方七八百里居
山谷間種落繁熾其俗土著亦知種田地少桑蠶多麻
布其丈夫衣服及死亡殯葬與中夏略同婦人則多貫蠶
具以為耳頸飾與華人錯居其漸漸頗識文字言語類夷
秋因譯乃通蹲踞無禮貪而忍害居山谷者好淫穢女先
之丈方與滿者叙離夫氏聞之以多為貴既嫁頗亦防閑
有犯姦者隨事懲罰又兄弟死者皆納其妻雖分統郡縣
列犬編戶然輕其傜賦有暴悍者魏孝昌中有劉蠡升居雲陽
谷自稱天子立年號署百官屬魏氏亂力不能討蠡升遂
為蜀閒之党而寇掠汾晉之閒略無寧歲神武遷鄴後始圖之
乃偽許以女妻蠡升太子蠡升既恃和親不為之備親率
之緩以婚期蠡升遂遣子詣鄴神武殺之神武屢禮
遣部眾抄掠汾晉之閒
於鄴居河西者多恃險不賓時周文方與神武爭衡未
其偽主友弟西海王并皇后夫人王公以下四百餘人歸
遠鄰略乃遷黃門侍郎楊㩉㩉就安撫之五年黑水部叛先
叛七年別帥夏州刺史劉平伏又攝上郡及白是比山諸
郡連歲寇暴周文前後遣于謹侯莫陳崇李弼等相繼討

平之武成初延州稽胡郝阿保狼皮率其種人附於淹氏
阿保自置丞相狼皮自署柱國并與其別部劉桑德共為
影響柱國豆盧寧督諸軍擊破之二年狼皮等餘黨復
叛詔大將軍韓果討破之保定申離石生胡數寇汾比數州
刺史韋孝寬於險要築城置兵糧以過其路及楊忠與突
厥代齊稽胡等便懷旅拒不供糧餉為其後丹州延州
等部內諸胡與蒲州別帥郝狼協等又頻年逆命復詔遣
突震辛威于寔等前後窮討散其種落天和二年延州
管宇文盛率眾城銀州稽胡白郁久同喬是羅等欲邀龍牙

盛延討斬之又破其別帥為喬三勿同等五年開府劉雄
出綏州恐撫比邊川路稽胡帥白郎喬素勿同等度河逆
戰雄破之建德五年武帝敗齊師於晉州乘勝逐比齊
人所乘甲仗未暇收娥稽胡乘間竊出蛟而有之乃立
劉升孫没鐸為主號聖武皇帝年曰石平六年武帝寢
夏將討之讓欲窮其巢穴齊王憲以為種類既多山谷
阻絕王師一舉未可盡除且當前其魁帥餘加尉撫帝然
之乃以憲為行軍元帥督行軍摠管趙王招譙王儉勝王
追等討之憲軍次馬邑乃分道俱進没鐸道其黨天柱守
河東又遣其大帥穆支據河西規欲分守險要犄角憲軍

憲命譙王儉擊破之斬獲千餘級趙王招又禽没鐸眾盡
降宣政元年汾胡帥劉受羅千覆氏越王盛督諸軍討禽
之自是寇盜頗息
論曰氐羌吐谷渾等曰殊俗別處邊陲考之前代屢經叛
服窺覦首鼠蓋其本性夫無德則叛有道則伏先王所述
荒服也

列傳第八十四

北史九十六

西域

夏書稱西戎即序班固云就而序之非威武致其貢物也漢氏初開西域有三十六國其後分立五十五王置校尉都護以撫之王莽篡位西域遂絕於後漢班超所通者五十餘國西至西海東西四萬里皆來朝貢復置都護校尉以相統攝其後或絕或通漢朝以為勞勤中國其當時置時廢既而魏晉之後于相吞滅不可復詳記焉道武初置時廢既而魏晉之後可以振威德於荒外又可致貨於天府故漢氏曰漢氏不保境安人乃遠開西域使海內虛耗而元世竟之有今若通之前弊復加百姓矣遂不從歷明元世竟不招納太延中魏德益以遠聞西域龜茲疏勒烏孫悅般渴槃陀鄯善焉耆車師粟特諸國王始遣使來獻太武以西域世雖通有求則卑辭而來無欲則驕慢王命此其自知絕遠大兵不可至故也若報使往來終無所益欲不遣使有司奏九國不憚遠嶮遠貢方物當與其進安可豫抑之於是始遣行人王恩生許綱等西使恩生出流沙為蠕蠕所執竟不果達又遣散騎侍郎董琬高明等多齎錦帛出鄯善招撫九國厚賜之琬等受詔便道之

國可往赴之琬過九國北行至烏孫國其王得魏賜拜受甚悅謂琬等曰傳聞破洛那者舌皆思魏德欲稱臣致貢但患其路無由耳今使君等既到此可往二國副其慕仰之誠琬於是自向破洛那遣使者烏孫王為發導譯達二國琬等宣詔慰賜之已而琬明東還烏孫破洛那之屬遣使與琬俱來貢獻者十有六國自後相繼而來不間于歲國使亦數十輩矣初太武每遣使西域詔河西王沮渠牧犍令護送至姑臧牧犍恒發使導路出於流沙後使者自西域還至武威牧犍左右謂使者曰我君承蠕蠕吳提妄說云去歲魏天子自來伐我士馬疫死大敗而還我擒其長弟樂平王丕我君大喜宣言國中又聞吳提遣使告西域諸國魏已削弱今天下唯我為強若更有魏使勿復恭奉西域諸國亦有貳且牧犍事主稍以慢墮使還具以狀聞太武遂議討牧犍涼州既平鄯善國以為唇亡齒寒自然之道也今武威為魏所滅次及我矣若通其使人知我國事取亡必近不如絕之可以支久及斷塞行路西貢獻歷年不入後平鄯善行人復通琬等使還京師後言凡所經見及傳聞僂國云西域自漢武時五十餘國後稍相并至太延中為十六國分其地為四域自葱嶺以東流沙以西為一域葱嶺以西海曲以東為一域者舌以南

月氏以此為一域兩海之間水澤以南為一域內諸小渠
長蓋以百數其出西域本有二道後更為四出自玉門度
流沙西行二千里至鄯善為一道自玉門度流沙北行二
千二百里至車師為一道從莎車西行一百里至葱嶺葱
嶺西一千三百里至伽倍為一道自莎車西南五百里至葱嶺葱
嶺西南一千三百里至波路為一道自琛所所經方數百更
有朝貢者紀其名也此東西南道路為一道為自魏時中國方擾及
壽之間尚未云經略煬帝時乃遣侍御史韋節司隸從事
於齊周不聞有事西域故二代書並不立記錄隋開皇及
杜行滿行西使於西蕃諸國至劉實得瑪瑙盃王舍城得佛經

三

史國得十舞女師子皮火鼠毛而還帝後令聞嘉公裴矩
於武威張掖間往來以引致之其君長者四十四國矩
因其使入朝嘯以厚利令其轉相諷諭大業中相率而
來朝者四十餘國帝因置西戎校尉以應接之尋屬中國
大亂朝貢遂絕然事亡失書所存錄者二十國焉魏時所
來在隋亦有不至今摠而編次以備前書之西域傳云
至於道路遠近物產風俗詳諸前史或有不同斯皆錄其
當時蓋以備其遺闕爾
鄯善國都扞泥城古樓蘭國也去代七千六百里所都城
方一里地多沙鹵少水草北即白龍堆路云太延初始遣

其弟素延者入侍及太武平涼州沮渠牧犍第無諱走保
燉煌無諱後謀渡流沙遣其弟安周擊鄯善王比龍恐懼
欲降會魏使者自天竺罽賓還俱會鄯善王勸比龍拒之遂
與連戰周不能剋退保東城後比龍懼率衆西奔且末
其世子乃應安周鄯善人頗剽劫之令不得通太武詔散
騎常侍成周公萬度歸乘傳發涼州兵討之度歸到燉煌
留輜重以輕騎五千渡流沙至其境時鄯善人鄣布野
歸鄣更卒不得有所侵掠邊守感之皆望旗稽服其王真
達面縛出降度歸釋其縛留軍屯守與真達詣京都太武
大悅厚待之是歲拜交阯公韓拔為假節征西將軍領護

四

西戎校尉鄯善王以鎮之賦役其人比之郡縣
且末國都且末城在鄯善西去代八千三百二十里真君
三年鄯善王比龍避沮渠安周之難率國人之半奔且末
後役屬鄯善且末西北有流沙數百里夏日有熱風為行
旅之患風之所至唯老駝預知之即嗔而聚立埋其口鼻
於沙中人每以為候亦即將氈擁蔽鼻口其風迅駛馻斯須
過盡若不防者必至危斃大統八年其兄鄯善米率衆內
附
　附
于闐國在且末西北葱嶺之北二百餘里東去鄯善
百里南去女國三千里去朱俱波千里北去龜茲千四百

里去代九千八百里其地方亘千里連山相次所都城方
八九里部內有大城五小城數十于闐城東三十里有首
拔河中出玉石土宜五穀并桑麻山多美玉有好馬駝騾
其刑法殺人者死餘罪各隨輕重懲罰之自外風俗物產
與龜茲略同俗重佛法寺塔僧尼甚眾王尤信尚每設齋
日必親自灑掃饋食焉城南五十里有贊摩寺即昔羅漢
比丘盧旃為其王造覆盆浮圖之所石上有辟支佛跡
雙趺猶存于闐西五百里有比摩寺云是老子化胡成佛
之所俗無禮義多盜賊謠縱自高昌以西諸國人等深目

高鼻唯此一國貌不甚胡頗類華夏城東二十里有大水
比流號樹枝水即黃河也
大水名達利水與樹枝水會俱比流真君中太武詔高涼
王邮擊吐谷渾泉利延懼驅其部落渡流沙邮進
軍急追之慕利延遂西入于闐殺其王死者甚眾遂獻文末
蠕蠕寇于闐于闐患之遣使素目伽上表曰西方諸國今
皆已屬蠕蠕奴世奉大國至今無異今蠕蠕軍馬到城下
奴聚兵自固故遣使奉獻遙望救援帝詔公卿議之公卿
奏曰于闐去京師幾萬里蠕蠕之性唯習野掠不能攻城
若為害富時已旋矣雖欲遣師勢無所及帝以公卿議示
其使者亦以為然於是詔之曰朕承天理物欲令萬方各

安其所應劾諸軍以拯汝難但去汝退阻政後遂援不救
當時之急是必傳師不行汝宜知之朕今練甲養卒二
歲間當窮率徒將為波除患汝其謹警候以待大舉先是
朝廷遣使者韓羊皮使波斯波斯王遣使獻馴象文珍物
經于闐于闐中于王秋仁輒留之假言慮有寇不達羊皮
言狀帝怒又遣使責讓之自後每使朝貢其王姓王字

三年其王遣使獻名馬隋大業中頻遣使朝貢
早示門練錦帽金氆冠裳戴金花其王彭不令人見俗言
若見王髮其年必俊云
蒲山國故皮山國也居皮城在于闐南去代一萬二千里
使不絕
闐西去代萬二千九百七十里太延初遣使來獻自後貢
悉居半國故西夜國也一名子合其王類子治呼擭在于
其國西南三里有悽凌山後役屬子闐
權於摩國故烏秏國也其王居烏秏城在悉居半西南去
代一萬二千九百七十里
渠莎國居故沙車城在子合西比去代一萬二千九百八
十里
車師國一名前部其王居交河城去代萬五千里其地北
接蠕蠕本通使六合易大武初始遣使朝獻詔行人王恩生

許綗等出使恩生等始慶流沙為蠕蠕所執恩生見蠕蠕
其提持魏節不為之屈後太武切讓吳提吳提懼乃遣恩
生等歸許綗到燉煌病死朝廷壯其節賜謚曰貞初沮渠
無諱兄弟之渡流沙也鳩集遺人破車師國真君十一年
車師王車夷洛遣使琢進辭直上書曰臣亡父僻處塞外
仰慕天子威德遣使奉獻不空於歲天子降念遣使甚厚
及臣繼立亦不闕常貢所攻擊經今八歲人民飢荒無以
存活賊今攻占甚急臣不能自全遂捨國東奔三分免一
即日已到焉耆東界思歸天闕幸垂賑救於是下詔撫慰
之開焉耆貪給之正平初遣子入侍自後每使朝貢不絕
高昌者車師前王之故地漢之前部地也東西二百里南
北五百里四面多大山或云晉武遣兵西討師旅頓弊
其中尤困者因住焉地勢高敞人燕去長安四千九百里
其地有漢時高昌壘故以為國號東去長安四千九百里
漢西域長史交戊巳校尉並居於此晉以其地為高昌郡
張軌呂光沮渠蒙遜據河西皆置太守以統之去燉煌十
三日行國有八城皆有華人地多石磧氣候溫暖砍土良
沃穀麥一歲再熟宜蠶多五果又饒漆有草名羊刺其上
生蜜而味甚佳引水溉田出赤鹽其味甚美復有白疊其

形如玉高昌人取以為挽貢之中國多蒲桃酒俗事天神
兼信佛法國中羊馬牧在隱僻處以避寇非貴人不知其
處比有赤石山七十里有貪汙山夏有積雪此山北鐵勒
界也太武時有闞藥者自言為高昌天守太延中遣散騎侍
郎王恩生等使詣高昌為蠕蠕所執真君中裴參為沮渠無諱
所襲奪據之無諱死弟安周代立和平元年為高昌王五年
高車王可至羅殺首歸為歲餘為從兄首歸所殺自立為高車王
蠕蠕以闞伯周為高昌自此始也太和初伯周
死子義成立歲餘為其稱王自立為高昌王後為
國人所殺立馬儒為王以麹嘉為左右長史二十

一年遣司馬王體玄奉表朝貢請師逆接求舉國內徙孝
文納之遣明威將軍韓安保率騎千餘赴之割伊吾五百
里以儒居之至羊榛水儒遣嘉禮率步騎一千五百迎安
保去高昌四百里而安保不至禮等還高昌安保亦還伊
吾安保遣使韓興安保十二人使高昌復遣顧禮將其
世子義舒遣使迎安保至白棘城去高昌百六十里而高昌舊
人情戀本土不願東遷相與殺儒而立嘉為王麹嘉字靈
鳳金城榆中人既立又臣于蠕蠕那蓋顧禮與義舒隨安
保至洛陽及蠕蠕主伏圖為高車所殺嘉又臣高車初前
部胡人悉為高車所徙入於焉耆又為嚈噠所破滅國人

分散夷不自立請王於嘉遣第二子為焉耆王以主之

熙平元年嘉遣兄子私署左衛將軍田地大守孝亮朝京
師仍求內從乞軍迎援於是遣龍驤將軍孟威發涼州兵
三千人迎至伊吾失期而反於後十餘遣使獻珠像白黑
貂裘名馬鹽枕等歎誠備至唯賜優音卒不重遣二年嘉
遣使宣武又遣孟威使延昌中以嘉為持節
平西將軍瓜州刺史泰臨縣開國伯私署王如故熙平初
遣使朝貢詔曰卿地陽關山境接荒頻請朝援從國內

自蓍氏不綱因難播越成家立国世積已久惡從重遷人
遷雖來誠可嘉即於埋未帖何者彼之旺庶是漢魏遺黎

懷戀舊今若動之恐異同之安爰在肘腋不得便如來表
也神龜元年冬孝亮復表求援內從朝廷不許正光元年
明帝遣假貪外將軍趙義表使於嘉朝貢不絕又遣使
奉表自以邊遽不習典誥未惜五經諸史并請國子助教

劉燮以為博士明帝許之嘉死贈鎮西將軍涼州刺史子
堅立於後關中城亂使命遂絕普泰初堅遣使朝貢除平
西將軍瓜州刺史泰臨縣伯堅王如故又衛將軍至永熙

中持將除儀同三司進為郡公後遂隔絕至大統十四年詔
以其世子玄嘉為王恭帝二年又以其田地公茂嗣位武

成元年其王遣使獻方物保定初又遣使來貢其國周時

城有十六 至隋時城有十八其都城周回一千八百
四十步於坐室畫魯公問政於孔子之像官有令尹一
人比中夏相國次有公二人皆王子也一為父河公一為
田地公次有左右衛次有八長史一長史曰吏部祠部庫部倉部
主客禮部戶部兵部等長史也次有五將軍也次有
陵江殿中伏波等將軍也次有八司馬長史之副也次有
侍郎校郎主簿從事階次分掌文案官雖有列位

導引其大事訖即除籍書之於王小事則世子及二公隨狀斷決評
章錄記事乾即除籍書之外無又掌文案家官雖有列位
並無書唯每旦集於牙門評議諸事諸城各有立曹水曹

田曹城遣司馬侍郎相檢校名為令服飾丈夫從胡法
婦人裙襦頭上作髻其風俗政令與華夏略同兵器有弓
箭刀楯甲矟文字亦同華夏兼用胡書有毛詩論語孝經

置學官弟子以相教授雖習讀之而皆為胡語賦稅則計
田輸銀錢無者輸麻布其刑法風俗婚姻喪葬與華夏小

異而大同自燉煌向其國多沙磧茫然無有蹊徑欲往者
尋其人畜骸骨而去路中或聞歌哭聲行人尋之多致迷
失蓋魑魅魍魎也故商客往來多取伊吾路開皇十年突

厥破其四城有二千人來歸中國堅死子伯雅立其大母
本突厥可汗女其父死突厥令依其俗伯雅不從者父之

突厥過之不得已而從煬帝即位引致諸番大業四年遣
宗室女華容公主八年冬歸番明年伯雅來朝因從擊高麗還高
邊荒境被襲至袵令大隋統御宇宙一孤既沐浴和風
庶均大化其庶人以上皆宜解辮削衽削襟雖本自
曰光祿大夫弁國公高昌王伯雅一宇宙帝聞而善之下詔
因多難翟翟為胡服自我皇隋平一宇宙帝聞而善之下詔
貢來庭削祜毘裾變夷從夏可賜衣冠仍班制造之式然
伯雅先臣鐵雖恒道重臣在高昌國有商胡往來者則稅
之送于鐵勒雖有此令取悅中華然竟畏鐵勒不敢改也
自具歲令貢方物

且彌國都天山東于大谷在車師比去代一萬五百七十
為耆國在車師南都貞渠城白山南七十里漢時舊國也
里本役屬車師
去代一萬二百里其王姓龍名鳩尸畢郍即前涼張軌所
討龍熙之偷所都城方二里國內凡有九城國小人貧無
綱紀法令共有弓力甲婚姻略同華夏葬死者皆披髮而後
葬其服制蒲七日則除之丈夫翦髮以當冠首飾文字與
婆羅門同俗事天神並崇信佛法也尤重二月八日四月
八日是日也其國咸依釋教齋戒行道焉氣候寒土田良

沃壤有稻粟葱麥多駞馬養蠶不以為絲唯充綿纊俗
尚蒲桃酒兼愛音樂南去海十餘里皆有魚鹽蒲章之饒東
去高昌九百里西去龜茲九百里皆白沙磧東南去瓜州二
千二百里特地多嶮頗剥削中國使大武怒之詔成周公
萬慶歸討之約齎輕糧取食路次度歸入焉耆東界擊其遺
守左迴尉犁二城拔之進軍圍貞渠鳩尸畢郍以四五萬
人出城守險以距度歸募壯勇短兵直往衝鳩尸畢郍眾
大潰盡虜之單騎走入山中度歸進屠其城四鄙諸戎皆
降服焉者為國斗絕一隅不亂日久獲其珍奇異翫殊方
詭譎難識之物素多

度歸破焉耆露板至帝省訖賜司徒崔浩書曰萬度歸以
五千騎經萬餘里拔焉耆三城獲其珍奇異物及諸柔毦
不可勝數朕今手把而有之如何浩上書稱美遂命度歸鎮撫其
也朕今手把而有之如何浩上書稱美遂命度歸鎮撫其
人初鳩尸畢郍乃奔龜茲龜茲以其王龍突騎支以其婚厚待之周保定四年其
度歸所剋乃命龜茲以其王龍突騎支遣使貢方物是
王遣其使獻名馬於隋大業中其王龍突騎支遣使貢方物
時其國勝兵千餘人而已
龜茲國在尉犁西北白山之南一百七十里其王都延城漢時
舊國也去代一萬二百八十里其王姓白即後涼呂光所

立白襄之後其王頭繫練帶垂之於後墮金師子床所居

城方五六里其刑法殺人者死劫賊賊則斷其一臂并刖一

足賊稅準地徵租無田者則稅銀風俗婚姻喪葬物產與

為者略同唯氣候少溫為異又出細氈饒銅鐵鉛慶皮氈

毹沙鹽綠雌黃胡粉安息香良馬封牛等東有輪臺即漢

貳師將軍李廣利所屠者其南三百里有大河東流號計

戎水即黃河也東去為者九百里南去于闐千四百里

西去疏勒二千五百里比去突厥牙六百餘里東南去式

州三百里其東關城戎寇竊非一太武記萬度歸梁騎一

千以擊之龜茲遣烏羯目提等領兵三千距戰度歸擊走

之斬二百餘級大獲駝馬而還俗性多婬置女市收男子

鐵义八官土多孔雀群飛山谷間人取而食之葉乳如雞

驚其王家恒有千餘復云其國西北大山中有如膏者能

出成川行數里入地狀如餳餬甚臭服之髮齒已落者能

令更生癩人服之皆愈自後每使朝貢周保定元年其王

遣使來獻隋大業中其王白蘇尼呬遣使朝貢方物是時

姑墨國勝兵可數千人

其國居南城在龜茲西去代一萬五百里役屬龜茲

溫宿國居溫宿城在姑墨西北去代一萬五百五十里役

屬龜茲

北史列傳八十五　十三　元件

尉頭國居尉頭城在溫宿比去代一萬六百五十里役屬

龜茲

烏孫國居赤谷城在龜茲西北去代一萬八十里其國數

為蠕蠕所侵西徙蔥嶺山中無城郭隨畜牧逐水草大延

三年遣使者董琬等使其國後每使朝貢

一千二百五十里文成末其王遣使送釋迦牟尼像其王

一長二丈餘疑帝以審是佛衣雍有靈異遂燒之以驗虛實

置於猛火之上經日不然觀者莫不悚駭心形俱肅其王

戴金師子冠土多稻粟麻麥銅鐵錫此黃每歲常供送於

疏勒

突厥其都城方五里國內有大城十二小城數十人手足

皆六指產子非六指者即不育勝兵二千人南有黃河

西帶蔥嶺東去龜茲千五百里西去鏺汗國千里南去朱

俱波九百里東比至突厥牙千餘里東南去瓜州四千

六百里

悅般國在烏孫西比去代一萬九百三十里其先匈奴北

單于之部落也為漢車騎將軍竇憲所逐北單于度金微

山西走康居其羸弱不能去者住龜茲比地方數千里眾

可二十餘萬涼州人猶謂之單于王其風俗言語與高車

同而其人清潔於胡俗剪髮齊眉以餬餬塗之昱昱然光

北史列傳八十五　十四　元件　三百四十七字

澤曰三澡漱然後飲食其國南界有大山山傍石皆燋鎔
流地數千里乃凝堅大人取以為藥即石流黃也與蠕蠕結
好其王甞將數千人入蠕蠕國欲與大檀相見也入其界百
餘里見其部人不洗衣不絆髮不洗手婦人口舐器物王
謂其從臣曰汝曹誑我將我入此狗國中乃馳還大檀遣
騎追之不及自是相讎隙數相征討真君九年遣使朝獻
并送幻人稱能割人喉脈令斷擊人頭令骨陷皆血出或
數升或盈斗以草藥內其口中令嚼咽之須臾血止養瘡
一月後又無痕瘢世疑其虛乃取死罪囚試之皆驗其
中國諸名山皆有此草乃使人受其術而厚遇之又言其

國有大術者蠕蠕來抄掠術人能作霖雨冒風大雪及行
潦蠕蠕凍死漂亡者十二三是歲再遣使朝貢求與官軍
東西齊契討蠕蠕太武嘉其意命中外諸軍戒嚴以淮南
王他為前鋒襲蠕蠕仍詔有司以其鼓舞之節施於樂府
自後每使朝貢
者至拔豆國都者至拔城在疏勒西去代一萬二千六百二
十里其國都者至潘賀那山出美鐵及師子
迷密國都迷密城在者至拔西去代一萬二千一百里正
平元年遣使獻一峯黑橐駞其國東有山名郁悉滿山出
金玉亦多鐵

八里
悉萬斤國都悉萬斤城在悉密西去代一萬二千七百二
十里其國南有山名伽色那山出師子每使朝貢
忸密國都忸密城在悉萬斤西去代一萬二千八百二十
八里
洛那國故大宛國也都貴山城在疏勒西北去代万四千
四百五十里太和三年遣使獻汗血馬自此每使朝貢
粟特國在葱嶺之西故之奄蔡一名溫那沙君於大澤在
康居西北去代一萬六千里先是匈奴殺其王而有其國
至王忽倪巳三世矣其國商人先多詣涼土販貨及魏克
姑臧悉見虜文成初粟特王遣使請贖之詔聽焉自後無

使朝貢閻浮定四年其王遣使貢方物
波斯國都宿利城在忸密西古條支國也去代二萬四千
二百二十八里城方十里戶十餘萬河經其城中南流土
地平正出金鍮石珊瑚琥珀車渠馬腦多大真珠頗梨瑠
璃水精瑟瑟金剛火齊鑌鐵銅錫朱砂水銀綾錦疊㲲
能紙綵氍毹赤麞章皮及薰六畜蘇合青木等香胡椒華撥石
蜜千年棗香附子訶梨勒無食子鹽綠雌黃等物氣候署
熱家自藏冰地多沙磧引水漑灌其五穀及鳥獸等與中
夏略同唯無稻及黍稷土出名馬大驢及駞往往有一日
能行七百里者富室至有數千頭又出白象師子大鳥卵

有鳥形如橐駞有兩翼飛而不能高食草與肉亦能噉火

其王姓波斯氏名斯坐金羊牀戴金花冠衣錦袍織成帔飾

以真珠寶物其俗丈夫翦髮戴白皮帽貫頭衫兩箱近下

開之亦有巾被緣以織成婦女服大衫披大帔其髮前為

髻後披之飾以金銀花仍貫五色珠絡之於膊王於其國

內別有小于十餘所猶中國之離宮每年四月出遊處

內有名者即立以為王餘子出各就邊往兄弟更不相見

也國人號王曰醫噴妃曰防步率王之諸子曰殺野大官

〈十七〉

有摸胡壇掌國內獄訟泥忽汗掌庫藏開禁地皁掌文書

及眾務次有遏羅訶地掌王之內事薩波勃敦掌四方兵馬

其下皆有屬官分統其事兵有甲稍圓排劍弓箭戰兼

乘象百人隨之其刑法重罪則剮若髠或翦半鬚及繫牌於項

新王立乃釋之輕罪則劓刖上射殺之次則繫獄

以為恥辱犯強盜繫之終身奸貴人妻者男子流婦人割

其耳鼻賦稅則準地輸銀錢俗事火神天神文字與胡書

異多以姊妹為妻妾自餘婚合亦不擇尊卑諸夷之中最

為醜穢矣百姓女年十歲以上有姿貌者王收養之有功

勳人即以分賜死者多棄屍於山一月著服城外有人別

居唯知喪葬之事號為不淨人若入城市搖鈴自別以六

月為歲首尤重七月七日十二月一日其日人庶以上各奉

相命召說會作樂以極懽娛又每年正月二十日各祭其

先死者神龜中其國遣使上書貢物云天子天之所

生願日出處常為漢中天子波斯國王居和多千萬敬拜

朝廷嘉納之自此每使朝獻恭帝二年其王又遣使通貢方

物隋煬帝時遣雲騎尉李昱使通波斯尋遣使隨昱貢方

如橐駞馬者皆有翼常居水中出水便死城北有云居山

二十里累石為城城東有大河南流中有鳥其形似人亦有

伏盧尼國都伏盧尼城在波斯國北去代二萬七千三百

〈十八〉

出銀珊瑚琥珀多師子

色知顯國都色知顯城在伽色尼城北去代一萬二千九

百四十里土平多五果

伽色尼國都伽色尼城在悉萬斤南去代一萬二千九百

里王出亦鹽多五果

薄知國都薄知城在伽色尼國南去代一萬三千三百二

十里多五果

早知國都早知城在忸密西南去代二萬二千九百二十

里土平草木類中國

阿弗太汗國都阿弗太汗城在忸密西去代二萬三千七

百二十里土平多五果

呼似密國都呼似密城在阿弗太汗西去代一萬四千七

百里土平出銀琥珀有師子多五果

諾色波羅國都波羅城在忸密南去代一萬三千四

十八里土平宜稻麥多五果

早伽至國都早伽至城在忸密西去代一萬三千四

十八里土平少田殖取稻麥為鄰國有五果

伽不單國都伽在弗萬斤西北去代一萬二千七

百十里土平宜稻麥有五果

十九　黃鞠

者舌國故康居國在破洛那西北去代一萬五千四百五

十里太延三年遣使朝貢不絕

伽倍國故休密翖侯都和墨城在莎車西去代一萬三千

里人居山谷間

折薛莫孫國故雙靡翖侯城在伽倍西去代一萬

三千五百里居山谷間

鉗敦國故貴霜翖侯都護澡城在折薛莫孫西去代一萬

三千五百六十里居山谷間

弗敵沙國故肹頓翖侯都薄茅在鉗敦西去代一萬二千

閻浮謁國故高附翖侯都高附城在弗敵沙南去代一萬

六百六十里居山谷間

三十七百六十里居山谷間

大月氏國都膩監氏城在弗敵沙西去代一萬四千五百

里北與蠕蠕接數為所侵逐西徙都薄羅城去弗敵沙二

千一百里其王寄多羅勇武遂興師越大山南侵北天竺

自乾陀羅以比五國盡役屬之大武時其國人商販京師

自云能鑄石為五色瑠璃於是採礦山中於京師鑄之既

成光澤乃美於西方來者乃詔為行殿容百餘人光色映

徹觀者見之莫不驚駭以為神明所作自此國中瑠璃遂

賤人不復珍之

二十　前鞠

安息國在蔥嶺西都蔚搜城北與康居西與波斯相接在

條支國西北去代一萬一千五百里周天和二年其王遣

使朝獻

大秦國一名梨軒都安都城從條支西渡海曲一萬里去

代三萬九千四百里其海傍出猶渤海也而東西與渤海

相望蓋自然之理地方六千里居兩海之間其地平正人

居星布其都王城分為五城各方五里周六十里王居中

城置八臣以主四方而王城亦置八臣分主四城若謀國

事及四方有不決者則四城之臣集議所王自聽之然

後施行王三年一出觀風化人有冤枉詣王訴訟者當方

之臣小則議責大則黜退令其與賢人以代之其人端正
長大衣服車旗擬儀中國故外域謂之大秦其王宜五穀
桑麻人務蠶田多璆琳琅玕神龜白馬朱鬣明珠夜光璧
東南通交趾又水道通益州永昌郡多出異物大秦西海
海曲亦至大秦迴萬餘里於彼國觀日月星辰無異中國
而前史云條支西行百里日入處失之遠矣
水之西有河河西南流河西有南北山山西有赤水西有
白玉山王山西有西王母山王為堂室云從安息西界循

阿鈎羌國在莎車西南去代一萬三千里國西有縣度山
其間四百餘里中往往有棧道下臨不測之深人行以繩索
相持而度因以名之土有五穀諸果市用錢爲貨至立宮
室有兵器土出金珠

波路國在阿鈎羌西比去代一萬三千九百里其地濕熱
有蜀馬土平物產國俗與阿鈎羌同類焉

小月氏國都富樓沙城其王本大月氏王寄多羅子也寄
多羅爲匈奴所逐西徙後令其子守此城因號小月氏焉
在波路西南去代一萬六千六百里先居西平張掖之間
被服頗與羌同其俗以金銀錢爲貨隨畜牧移徙亦類匈
奴其城東十里有佛塔周三百五十步高八十丈自佛塔
初建計至武定八年八百四十二年所謂百丈佛圖也

罽賓國都善見城在波路西南去代一萬四千二百里居
在四山中其地東西八百里南北三百里地平溫和有苜
蓿雜草奇木檀槐梓竹種五穀糞園田地下濕生稻冬食
生菜其人工巧雕文刻鏤織罽刺有金銀銅錫以爲器物市
用錢他國商賈諸國同每使朝獻

吐呼羅國去代一萬二千里東至范陽國西至忸蜜斤國
中間相去二千里南至連山不知名北至波斯國中間相
去一萬里薄提城周匝六十里城南有西流大水名漢樓
河宜五穀有好馬駝騾其王嘗遣使朝貢

副貨國去代一萬七千里東至阿副使旦國西至沒誰國
中間相去一千里南有連山不知名北至奇沙國相去
千五百里國中有副貨城周匝七十里宜五穀蒲桃唯一
馬駝騾國王有黃金殿殿下有金駝七頭各高三尺其王
遣使朝貢

南天竺國去代三萬一千五百里有伏醜城周匝十里城
中出摩尼珠珊瑚城東三百里有拔賴城城中出黃金白
真檀石蜜蒲桃土宜五穀宣武時其國王婆羅化遣使獻
駿馬金銀自此每使朝貢

疊伏羅國去代三萬一千里國中有勿忝城城北有鹽奇
水西流有白象并有阿末黎皮中織作布土宜五穀宣

武時其國王伏陀末多遣使獻方物自是每使朝貢

拔豆國去代五萬一千里東至多勿當國西至姤那國中閻相去七百五十里南至㗚陵伽國北至弗那伏旦國中閻相去九百里國中出金銀雜寶百象水牛犛牛蒲桃五果土亘五穀

嚈噠國大月氏之種類也亦曰高車之別種其原出於塞北自金山而南在于闐之西都烏許水南二百餘里其城方十安一百二十里其王都拔底延城蓋王舍城也其城方十里餘多寺塔皆飾以金鳳俗與突厥略同其俗兄弟共妻夫無兄弟者妻戴一角帽若有兄六者依其數之更加帽焉衣服類加以纓絡頭皆翦髮其語與蠕蠕高車及諸胡不同眾可有十萬無城邑依隨水草以氊為屋夏遷涼土逐暖處分其諸妻各在別所相去或二百三百里其王巡歷而行每月一處冬寒之時三月不徙王位不恆傳子子弟堪者死便授之其國亞軍有輿多駝馬用刑嚴急偷盜無多少皆要斬盜一責十死者富家粟石為藏貪者掘地而埋隨身諸物比日置塚內其人凶悍能鬪戰西域康居于闐沙勒安息及諸小國三十許皆役屬之號為大國與蠕蠕婚姻自太安以後每遣使朝貢正光末遣貢師子一至高平遇万俟醜奴反因留之醜奴平送京師來

熙以後朝獻遂絕初熙平中明帝遣膳伏子統宋雲沙門法力等使西域訪求佛經時有沙門慧生者亦與俱行正光中還慧生所經諸國不能知其本末及山川里數蓋舉其略云至大統十二年遣使獻方物罷帝二年周明帝二年並遣使來獻後為突厥所破部落分散職貢遂絕至瓜州六千五百里

朱居國在于闐西其人山居有㜘多林果感事佛語龍子閻相類役屬嚈噠

渴槃陀國在蔥嶺東朱駒波西河經其國東北流有高山夏積霜雪亦事佛道附於嚈噠

鉢和國在渴槃陀西其土尤寒人畜同居地而處又有大雪山望若銀峰其人唯食餅麨飲酒服氊裘有一道西行向嚈噠一道西南趣烏萇亦為嚈噠所統

波知國在鉢和西南土狹人貧依託山谷其王不能撫攝有三池傳云大池有龍王次者有龍婦小者有龍子行人經之設祭乃得過不祭多遇風雪之困

賒彌國在波知之南山居不信佛法專事諸神亦附嚈噠東有鉢盧勒國路嶮緣鐵𦆑而度下不見底熙平中宋雲等竟不能達

烏萇國在賒彌南北有葱嶺南至天竺波羅門胡為其上
族澄羅門多解天文吉凶之數其王動則訪決焉多林
果弓水灌田曹稻麥事佛多諸寺塔極華麗人有爭訴
之以藥曲者發狂直者無恙為法不殺犯死罪唯徙於靈
山西南有檀特山山上立寺以驢數頭運食山下無人控
苦之有關象七百頭十人乘一象皆執兵伏象鼻縛刀以
是敕勒臨陣巳二世矣好征戰與劉寶關三年不罷人怒
戰所都城東南七里有佛塔高七十丈周三百步即謂雀
離佛圖也

乾陀國在烏萇西本名業波為嚈噠所破因改為其本
是敕勒臨國巳二世矣好征戰與劉寶關三年不罷人怒

康國者康居之後也遷徙無常不恒故地自漢以來相承
不絕其王本姓溫月氏人也舊居祁連山北昭武城因被
匈奴所破西踰葱嶺遂有國枝庶各分王故康國左右諸
國立以昭武為姓示不忘本也王字世夫畢為人寬厚其
得眾心甚專突厥達度可汗女也昭武王都於薩寶水上
城多人居大臣三人共掌國事其王素冠七寶金花衣綾羅
錦繡白疊其妻有髻幪以皂巾丈夫冠羽髦錦袍名為彊國
西域諸國多歸之米國皆歸附之有
烏那曷國穆國皆歸附之米國史國皆歸附之有胡律置於祆祠將決罰則取

而斷之重者族次死罪者死賊盜截其足人皆深目高鼻多
歸善商賈諸夷交易多湊其國有大小鼓琵琶五絃箜篌
婚姻喪制與突厥同國立祖廟以六月祭之諸國皆助祭
奉佛為胡書氣候溫宜五穀勤修園蔬樹木滋茂出馬駝
驢騾牛黃金硇沙附香阿薩那香慈瑟香駝毦鋪錦罽多
蒲桃酒富家或致千石連年不敗大業中始遣使貢方物
後遂絕焉

安國漢時安息國也王姓昭武氏與康國同族字設力
妻康國王女也都在那密水南城有五重環以流水宮殿
皆平頭王坐金駝座高七八尺每聽政與妻相對大臣三
人評理國事風俗同於康居唯妻其姊妹及母子遞相禽
獸此為異也隋煬帝即位遣司隸從事杜行滿使西域至
其國得五色鹽而返國西有畢國可千餘家其國
無君長得安國統之大業五年遣使貢獻

石國居於藥殺水都城方十餘里其王姓石名湼國城東
南立屋置座於中正月六日以王父母燒餘之骨金甕盛
置牀上巡遶而行散以花香雜果王率臣下設祭焉禮終
王與夫人出就別帳下以次列坐王率臣下宴而罷有粟麥多
良馬其俗善戰貝貳於英歐射匱可汗滅之令特勒甸職以
攝其國事南去鏺汗六百里東南去瓜州六千里特勒甸職以

隋大業五年遣使朝貢後不復至

女國在葱嶺南其國世以女為王姓蘇毗字未羯在位二
十年女王夫號曰金聚朱知政事國內丈夫唯以征伐為
務山上為城方五六里人有萬家王居九層之樓侍女數
百人五日一聽朝復有小女王共知國政其俗婦人輕丈
夫而性不妬忌男女皆以彩色塗面一日中或數變爲
改之人皆被髮以皮為鞋課稅無常氣候多寒以射獵為
業出鍮石朱砂麝香犛牛駿馬蜀馬尤多鹽恒將鹽向天
竺興販其利數倍亦數與天竺黨項戰爭其女王死國中
厚斂金錢求死者族中之賢女二人一爲女王次爲小王

其人死剝皮以金屑和骨肉置瓶中埋之經一年又以
皮肉鐵器埋之俗事阿修羅神又有樹神歲初以人祭或
用獼猴祭畢入山祝之有一鳥如雌雉来集掌上破其腹
視之有粟粟則年豐沙石則有災謂之鳥卜隋開皇六年
遣使朝貢後遂絕

鏺汗國都葱嶺之西五百餘里古渠搜國也王姓昭武字
阿利柒都城方四里勝兵數千人王坐金羊牀妻戴金花
俗多朱砂金鐵東去疏勒十里西去蘇對沙邪國五百里
西北去石國五百里東北去突厥可汗二十餘里東去瓜
州五千五百里隋大業中遣使貢方物

吐火羅國都葱嶺西五百里與挹怛雜居都城方二里勝
兵者十萬人皆善戰其俗奉兄弟同一妻迭寢焉每一
人入房戶外挂其衣以為志生子屬其長兄其山穴中有
神馬海歲牧馬於穴所必産名駒南去漕國千七百里東
去瓜州五千八百里大業中遣使朝貢

米國都那密水西舊康居之地無王其城主姓昭武康國
王之支庶字閉拙都城方二里勝兵數百人西北去康國
沙邪國五百里西南去史國二百里東去瓜州六千四百
里大業中頻貢方物

史國都獨莫水南十里舊康居之地也其王姓昭武字狄
遮亦康國王之支庶也都城方二里勝兵千餘人俗同康
國比去康國二百四十里南去吐火羅五百里西去那色
波國二百里東北去米國二百里東去瓜州六千五百里
大業中遣使貢方物

曹國都那密水南數里舊是康居之地也其王姓昭武康
國王之支庶字夷涅都城方三里勝兵千餘人國中有得悉神
自西海以東諸國並敬事之其神有金人焉破羅潤人丈有
五尺高下相稱每日以駞五頭馬十匹羊一百口祭之常
有數千人食之不盡東南去康國百里西去何國百五十
里東去瓜州六千六百里大業中遣使貢方物

何國都那密水南數里舊是康居地也其王姓昭武亦康
國王之族類亦字敦都城方二里勝兵者千人其王坐金羊
座東去曹國百五十里西去小女國三百里東去瓜州六
千七百五十里大業中遣使貢方物

烏那曷國都烏滸水西舊安息之地也王姓昭武
王種類字佛食都城方二里勝兵數百人王坐金羊座東
比去安國四百里西去穆國二百餘里東去瓜州七千
五百里大業中遣使貢方物

穆國都烏滸河之西亦安息之故地與烏那曷為鄰其王
姓昭武亦康國王之種類也字阿濫密都城方三里勝兵
二千人東比去安國五百里東去烏那曷二百餘里西去
波斯國四千餘里東去瓜州七百里大業中遣使貢方物

漕國在葱嶺之北漢時罽賓國也其王姓昭武字順達康
國王之宗族也都城方四里勝兵者萬餘人國法嚴殺人
及賊盜皆死其俗重淫祠葱嶺山有順天神者儀制極華
金銀鍱為屋以銀為地祠者日有千餘人祠前有一魚脊
骨有孔中通馬騎出入國王戴金魚頭冠坐金馬座多稻
粟豆麥饒象馬駞牛金銀鑌鐵氍毹朱沙青黛安息青木
等香石蜜黑鹽阿魏沒藥白附子比去漕國六百里東
剌國六百里東比去瓜州六千六百里大業中遣使貢方

物

論曰自古開遠夷通絕域必因宏放之主皆起好事之臣
張騫鑿空於前班超投筆於後或結之以重寶或懼之以
利劍投軀萬死之節是知上之所好下必效焉西域雖通
氏于時中原始平天子方以混一為心未遑及此其信使
往來得羈縻勿絕之道及隋煬帝規摹宏侈益發奢淫虛
矩方進西域圖記以湯其心故萬乘親出玉門關置伊吾
且末鎮而關右暨於流沙騷然無聊生矣若使比狄無虞
東夷告捷必將修輪臺之戍築烏壘之城求大秦之明珠
致條支之烏卵往來轉輸何以堪其弊哉古者哲王之
制也方五千里務安諸夏不事要荒豈感不能加德不能
被蓋不以四夷勞中國不以無用害有用也是以秦攻五
嶺漢事三邊或道殣相望或戶口減半隋室恃其強盛亦
狼狼於青海此皆一人失其道故德兆億惟其苦載思即敘

之義固辭都護之請返其千里之馬不求白狼之貢則七
戎九夷候風重譯雖無激東之捷豈見闕殊說此所以前
域閒於往漢世積父雖離併多端蓋見聞殊說此所以前
書後史蹟駁不同豈其好異地遠故也人之所知未若其
所不知矣但可取其梗槩夫何是非其間哉

卷終

列傳第八十六　比史九十八

蠕蠕
匈奴宇文莫槐
徒何段就六眷
高車

蠕蠕，姓郁久閭氏。始神元之末，掠騎有得一奴，髮始齊眉，忘本姓名，其主字之曰木骨閭，木骨閭者，首禿也。木骨閭與郁久閭聲相近，故後子孫因以為氏。木骨閭既壯，免奴為騎卒。穆帝時，坐後期當斬，亡匿廣漠谿谷間，收合逋逃，得百餘人，依紇突隣部。木骨閭死，子車鹿會雄健，始有部衆，自號柔然，而役屬於魏。後太武以其無知狀類於蟲，故改其號為蠕蠕。車鹿會既為部帥，歲貢馬畜貂豽皮，冬則徙度漠南，夏則還居漠北。車鹿會死，子吐奴傀立。吐奴傀死，子跋提立。跋提死，子地粟袁立。地粟袁死，其部分為二，地粟袁長子匹候跋繼父，居東邊，次子縕紇提別居西邊。及昭成崩，縕紇提附衛辰而貳於魏。登國中，討之，蠕蠕徙部走，追之，又於大磧南泳山下大破之，虜其半部。匹候跋及部帥屋擊各收餘落遁走。遣長孫嵩及長孫肥追之，度磧萬至平望川大破之，盡殊屋擊。遂斬匹候跋，舉落請降。獲縕紇提子曷多汗及曷多汗兄諧歸之。社崙解

武追之，至跋那山，縕紇提復降。道武撫慰如舊。九年，曷多汗與社崙率部衆棄其父衆西走。長孫肥輕騎追之，至上郡跋那山，斬曷多汗，盡殊其衆。社崙數人奔匹候跋，匹候跋處之南鄙，去其庭五百里，令其子曰龍駒匹候跋諸子欲聚而殲之，窟咒有權寵，月餘乃釋。社崙殺匹候跋諸等十五人歸于道武。社崙既殺匹候跋，懼為社崙子所殺，亡頭五原以西諸部，比度大漠，道武以拔頡為安遠將軍平棘侯。社崙與姚興和親，道武遣材官將軍和突數素古延諸部，社崙道騎救素古延，突破社崙，遠遁漠北。侵高車，深入其地，遂并諸部，凶勢益振，北徙弱洛水，始立軍法，千人為軍，軍置將一人，百人為幢，幢置帥一人，先登者賜以虜獲，退愞者以石擊首殺之，或臨陣捷撥無文記，將帥以羊採粗計其兵數，後頗知刻木為記。其西北有匈奴餘種國尤富彊，部帥日拔比稽舉兵擊社崙，逆戰於頞根河，大破之，後盡為彊盛，隨水草畜牧，其西則焉着之地，東則朝鮮之地，北則渡沙漠，窮瀚海，南則臨大磧，其常所會庭敦煌張掖之北小國皆苦其冠抄斷絕附

之於是自號豆代可汗豆代猶
魏言駕馭開張也可汗猶
魏言皇帝也蠕蠕之
中國立謚既死之後不復追稱道武謂尚書崔宏曰蠕蠕
之人昔來號為頑囂每來抄掠駕犿犿奔之者蠕蠕曰其
犿牛伏不能前異部人有敎其以犍牛易之者蠕蠕學
母尚不能行而況其子終於不易遂以萬騎追之不及天賜
天興五年社崙聞道武征姚興遂犯塞自參合陂南至
中國立法置戰陣卒成邊害道家言聖人生大盜起信矣
豺山及善無比澤時遣常山王遵以萬騎追之不及天賜
射山及善無比澤時遣常山王遵

中社崙從弟悅代大那等謀殺社崙而立大那發覺大那
等來奔以大那為冠軍將軍西平侯悅代為越騎校尉易
陽子三年夏社崙寇邊永興元年冬又犯塞二年明元討
之社崙遁走道元其子度拔年少未能御眾部落立社崙
弟斛律號藹苦蓋可汗魏言安賀美好也斛律比弟
也骨國東破壁曆辰部落三年斛律宗人悅侯咄斛律等
百數十人來降斛律畏威自守不敢南侵北邊辰安靜神瑞
元年與馮跋和親跋娉斛律女為妻將為交婚斛律長兄
子步鹿真謂斛律曰女小遠適憂思生疾可道大臣樹藜
勿令汝女為勝遠至他國黎遂共結謀令男士夜就斛律
欲令汝女為勝遠至他國黎遂共結謀令男士夜就斛律

侯大檀率眾南從犯塞明元親討之大檀懼而遁走遣山
蓋可汗魏言制勝也斛律父子既至和龍馮跋封為上谷
先統別部鎮於西界能得眾心國人推戴之號牟汗統升
鹿真及社拔絞殺之乃自立大檀者社崙季父僕渾之子
洛侯家娌其少妻少妻告步鹿真曰吒洛侯欲舉大檀為主
遺大檀金馬勒為信步鹿真聞之歸發八千騎往圍洛侯
俟伏斤等追之遇寒雪士眾凍死及墮指者十二三及
陽侯奚斤等追之遇寒雪士眾凍死及墮指者十二三及
明元崩太武即位大檀聞而太喜始光元年秋乃寇雲中
太武親討之三日二夜至雲中大檀騎圍太武五十餘重
騎遍馬首相次如堵焉士卒大懼太武顏色自若眾情乃
安先是大檀第大那與社崙爭國敗而來奔大檀恐乃還二年
子於陟斤為部帥軍士射於陟斤殺之大檀怖乃還二年
太武大舉征之東西五道並進平陽王長孫翰等從黑漠
汝陰公長孫道生從白黑兩漢關車駕從中道東平公娥
青次西從粟園且城王奚斤將軍安原等西道從尒寒山
諸軍至漠南舍輜重輕騎齎齎十五日糧絕漠討之大檀部

落駭駭比走神䴥元年八月大檀遣子將騎萬餘人塞殺
掠邊人而走附國高車追擊破之自廣甯還追之不及二
年四月太武練兵于南郊將龍大檀公卿大臣皆不願衍
士張深徐辯以天文說止帝帝從偉浩計而行會江南使
還攝宋文欲犯河南謂行人曰汝疾還告魏主歸告公卿
地即當罷兵不然盡我將士之力帝聞而大咲於是嘉䗡
蠕驕小豎自救不暇何能為也就使能來若不先滅蠕蠕
便是坐待寇至腹背受敵非上策也吾將以征蠕蠕之至粟
出東道向黑山平陽王長孫翰從西道向大娥山同會賊
庭五月次于沙漠南舍輜重輕龍之至粟水大檀報西

第四黎先典聞東落將赴大檀遇翰軍翰縱騎擊之殺其天
人數百大檀聞之震怖將其族黨焚燒廬舍絕迹西走
知所至於是國蹤四散竄伏山谷畜產野布無人收視太
武緣栗水西行過漢將竇憲故壘六月車駕次於菟園水
去平城三千七百餘里南北三千里高車諸部殺大
北庭燕然山東西五千餘里南北三千里高車諸部殺大
檀衆類前後歸隆三十餘萬仔獲首虜及戎馬百餘萬匹
八月太武聞東部高軍屯已尼陂人畜眾去官軍千餘
降者數十萬大檀部落衰弱因發疾而死子吳提立竭敕
里遂遣左僕射安原等往討之暨巳尼陂高車諸軍望軍

連可汗魏言神聖也四年遣使朝獻先是比鄔候騎獲吳
提南偏邏者二十餘人太武賜之衣服遣歸吳提上下感
德故朝貢焉帝賞其使臣遣之延和三年二月以吳提
尚西海公主又遣使者納吳提妹為夫人又進為左昭儀
吳提遣其兄禿鹿傀及左右數百人來朝獻馬二千四帝
大悅班賜其厚至太延二年乃絕和四年車駕幸五
原遂征之樂平王丕河東公賀多羅督十五將出西道車駕
稽山分中道復為二道陳留王崇從大澤向涿邪山而還時
從浚稽北向天山西登子阜刻石記行不見蠕蠕而還
漢王建宜都王穆壽輔景穆君守長樂王稽敬建甯王崇宣
都王穆以備蠕蠕吳提果犯塞壽素不設備賊至七介山京
邑大駭爭奔中城司空長孫道生拒之於吐頹山吳提之
冠也留其兄乞列歸與比鎮諸軍相守敬崇等破乞列歸
于陰山之北獲乞列歸歎曰阻我也獲其伯父他吾
無鹿胡及其將帥五百人斬首萬餘級吳提聞而遁走道
生追之至于漠南而還真君四年車駕幸漠南分軍為四
道樂安王範建甯王崇各統十五將出東道樂平王督十
五將出西道車駕出中道中山王辰領十五將為中軍後

繼車駕至鹿渾谷與賊相遇吳提遁走追至頻根河擊破
之車駕至石水而還五年復幸漠南欲襲吳提遠遁
乃止吳提死子吐賀真立號處可汗魏言唯也十年正月
車駕北伐高昌王那出東道略陽王羯兒出西道車駕與
景穆自中道出涿邪山吐賀真別部帥衆綿他拔等率千
餘家來降是時軍行數千里吐賀真數挑戰輒不利以那衆
車駕北伐高昌王那出東道略陽王羯兒出中道遠遁九月
期會於地弗池吐賀真恐懼國精銳軍資甚盛圍那數十重
那挹長圍堅守相持數日夜遁那引軍追之九日九夜吐
少而固疑大軍將至解圍那引軍追之九日九夜吐

賀具益懼棄輜重踰空隆嶺遠遁那收其輜重引軍還與
車駕會於廣澤略陽王羯兒盡收其人戶畜產百餘萬自
是吳提真遂單弱遠竄窮蹙言吳太安四年車駕北征
騎十萬車十五萬兩旌旗千里遂渡大漠吐賀真遠遁其
莫弗朱駕頹衆數千落來降乃刊石記功而還南和平五
征伐之後意存休息蠕蠕亦怖威北竄不敢復南和平五
年吐賀真死子予成立號受羅部真可汗魏言惠也自攝
永康元年率部侵塞北鎮遊軍大破其衆皇興四年予成
犯塞車駕北討京兆王子推東陽公元丕督諸軍出西道
任城王雲石等督軍出東道汝陰王賜濟南公羅烏拔將軍

為前鋒隴西王源賀督諸軍為後繼諸將會車駕于女水
之濱獻文親誓衆詔諸將曰用兵在奇不在衆也卿等但
為朕力戰方略已在朕心乃選精兵五千人挑戰多設奇
兵以惑之虜男衆奔潰遂北三十餘里斬首五萬級降者萬
餘人以戎馬器械不可稱計旬有九日往返六千餘里改女
水曰武川遂作北征頌列石紀功延興五年予成降通婚
娉有司奏曰蠕蠕禽獸負而亡義朕要當以信誠待物不可拒絕也予
譬老禽獸負而亡義朕要當以信誠待物不可拒絕也予
成知悔前非遣使請和求結姻援安可孤其款意乃詔報
曰所論婚事今始一反尋覽事理未允碩其款至
文象所明初婚之吉敦崇禮聘君子所以重人倫之本不

敬其初令終難矣予成母懷譴訴終獻太
和元年四月遣矣子成母懷譴訴終更不求婚太
珍玩金玉文繡器物御厥文馬可禽異獸又人間所宜用
稱伏承天朝珍寶華麗甚積求一觀之乃數有司出御府
者列之京肆令其歷觀焉比拔等自相謂曰大國富麗焉
一生所未見也二年二月又遣比拔等朝貢表復請婚事
孝文志在招納許之予豆崘立號伏古敦可汗魏言恆也自
亦傳九年予成死子豆崘性殘暴好殺其名臣侯醫踶石洛侯數
稱太平元年予豆崘性殘暴好殺其名臣侯醫踶石洛侯數

以忠言諫之又勸與魏通和勿侵中國豆崙怒誣石洛侯
謀反殺之秉其三族十六年八月孝文遣陽平王頤左僕
射陸叡並為都督領軍斛律桓等十二將七萬騎討豆崙
部內高車阿伏至羅率眾十餘萬西走自立為主豆崙與
叔父那蓋為二道追之豆崙出自浚稽山北而西那蓋出
自金山豆崙頻為阿伏至羅所敗那蓋累有勝捷國人咸
以那蓋為天所助欲推那蓋為主那蓋曰我為天所助
曰我為臣不可不可焉能為主眾乃殺豆崙母子以尸示那蓋
乃龍尸位那蓋號候其伏代庫者可汗魏言悅樂也自稱太
安元年那蓋死子伏圖立號他汗可汗魏言緒也自稱始
平元年正始三年伏圖遣使紇奚勿六跋朝獻請求通和
宣武不報其使詔有司救勿六跋曰蠕蠕遠祖社崙是大
魏叛臣往者包容暫時通使今蠕蠕襄微有損時曰大魏
之德方隆周漢跨據中原指清八表正以江南未平權寬
此略通和之事未容相許若脩蕃禮款誠昭著者當不抓
尒也永平元年伏圖又遣勿六跋奉函書一封并獻貂裘
子醜奴立號豆羅伏伐可汗魏言彰制也自稱建
昌元年永平四年九月醜奴遣沙門洪宣奉獻珠像延昌
二年冬宣武遣驍騎將軍馬義舒使於醜奴未發而崩事

遂傳寢醜奴壯健甚音用兵四年遣使侯厼尉厼比建朝貢照
平元年西征高車大破之禽其主彌俄突殺之盡升叛者
國遂彊盛二年又遣使侯厼尉比建紇奚勿六跋羣顧禮
等朝貢神龜元年二月明帝臨顯陽殿引顧禮等二十人
於殿下遣中書舍人徐紇宣詔讓以蠕蠕蕃禮不備之意
初豆崙之死也那蓋為主伏圖納豆崙之妻候呂陵氏生
醜奴阿那瓌等六人醜奴立後忽亡一子祖惠求募不
能得有尼引副升牟妻是伏渾地萬年二十許為醫巫假
託神鬼先常為醜奴所信出入去來乃言此兒今在天上
我能呼得醜奴母子欣悅後歲仲秋在大澤中施帳屋齋
潔七日祈請天神經一宿祖惠忽在帳中自云恒在天上
醜奴母子抱之悲喜大會國人號地萬為聖女納為可賀
敦授夫副升牟爵位賜牛馬羊三千頭地萬既挾左道亦
是有姿色醜奴甚加重愛信用其言亂其國政如是積歲
祖惠年長其母具以狀告醜奴醜奴言地萬家不掌天上
天者地萬教也其母具以狀告醜奴醜奴言地萬家不掌天上
事不可不信勿用讒言也既而地萬恐懼譖祖惠於醜奴
醜奴陰殺之正光初醜奴母遣莫何去汾李具列等絞殺
地萬醜奴怒欲誅具列等又阿至羅侵醜奴醜奴擊之軍
敗還為母與其大臣所殺立醜奴弟阿那瓌為主阿那瓌

立經十日其族兄侯力發示發率衆數萬以伐阿那瓖戰
敗將弟乙居伐輕騎南走歸阿那瓖魏母候呂陵氏及其
二弟尋為示發所殺而阿那瓖未之知也九月阿那瓖將
至明帝遣兼中陸希道為使主兼散騎常侍孟威為使
副迎勞近畿使司空公京兆王繼至比中侍中崔光黃門
郎元暴在近郊並申宴勞引至闕下十月明帝臨顯陽殿
引徙五品已上清官皇宗藩國使客等列於殿庭王公已
下及阿那瓖等入就庭中北面位定謁者引王公升
殿阿那瓖升位於羣官之下遣中書舍人曹道宣詔問阿那

二叔升位於羣官之下
環啓云陛下優隆命臣乞命升殿預會但臣有從兄在
此之日官高於二叔之上宴將罷阿那瓖執所啓立於座後詔遣舍
人常景問所欲立阿那瓖求詣帝前詔引之阿那瓖再拜
踞曰臣先世源由出於大魏詔曰卿言未盡可具陳
言曰臣之先逐草放牧逐居漠北詔曰朕已具知阿那瓖起而
之阿那瓖又言曰臣祖先已來世居北土雖復隔越山津
而乃恭心慕化未能時宣者正以高車悖逆臣國擾攘不
殷遣使以宣遠誠自頃年已前漸定高車及臣兄以為主故
遣羣顧禮等使來大魏實欲虔脩藩禮是以曹道芝北使

之日臣與主兄即遣大臣五人拜受詔命臣兄弟本心未
及上徹從而高車從而侵暴中有效臣因亂作遞殺臣兄立
臣為主裁過旬日臣必陛下恩慈如天是故倉卒輕身投
國歸命陛下而詔曰具卿所陳理猶未盡可更言之阿那瓖
再拜受詔起而言曰臣必陛下家難輕來投關老母在彼萬里
分張本國臣人皆必迸散陛下隆恩有過天地求乞女馬
還向本國臣當統臨餘人奉事陛下四時之貢不敢闕絕陛下
若在得生相見以申母子之恩如其死也即得報讎陛下
大恥臣當統臨誅翦逆叛收集亡散人奉事陛下
聖顏難覩敢不按陳但所欲言者口不能盡言別有啓

謹以仰呈顧垂昭覽仍以啓付舍人常景以奏聞尋封
阿那瓖朔方郡公蠕蠕主賜以衣冕加之輕蓋禄從儀衛
同于咸藩十二月明帝以阿那瓖國無定主思還綏集啓
請切至詔議之時朝庭有同異或言聽還或言不可領
軍元義為宰相言阿那瓖私以金百斤貨之遂歸北二年正
月阿那瓖等五十四人請辭明帝臨西堂引見阿那瓖又
其叔伯兄弟五人升階賜坐遣中書舍人穆弼宣勞阿那
瓖拜辭詔賜阿那瓖細明光人馬鎧一具鐵人馬鎧六
其露絲銀縷槊二張並白毦赤漆槊十張並白毦黑漆槊
十張並幡露絲弓三張並箭朱漆拓弓六張並箭黑漆弓

十張并箭六色錦被六幡并刀黑漆楯六幡并刀赤漆鞁角
二十具五色錦被二領黃紬被褌三十具私府繡袍一領
并帽內者緋納褌一領緋袍二十領
緋納小口袴褶一具內中宛具紫納大口袴褶一具內中
宛具百子帳十八具黃布幕六張新乾飯二石麥麨八
石榛剡五石銅烏銷四枚枾鐵烏銷二枚各受二斛黑漆
竹榼四枚各受五升婢二口父草馬五百疋驢百二十頭
特牛一百頭羊五千口朱畫盤器十合受二十萬石五鎮
給之絹待中崔光黃門元纂郎外勞道阿那瓌來奔之後
其父兄俟力發婆羅門率數萬人入討示發破之示發走

〔北史列傳全六〕 〔十三〕

奔地豆于為其所殺推婆羅門為主號彌偶可社句可汗
魏言安靜也時安比將軍懷朔鎮將楊鈞表聞彼人已
立主是阿那瓌同堂兄弟夷人獸心已相君長恐未肯以
殺兄之人郊迎其弟輕往虛反徒損國威自非廣加兵眾
無以送其入北二月明帝詔舊經蠕蠕使者牒云具仁性
喻婆羅門迎阿那瓌後蕃之意婆羅門殊自驕慢無遜
之心責其仁禮敬具執節不屈婆羅門遣大官莫何去
汾俟斤丘升頭六人將二千隨具仁迎阿那瓌五月具仁為
還鎮論彼事勢阿那瓌虜不敢入表求還京會婆羅門為
高車所逐率十部落詣涼州歸降於是蠕蠕數萬相率迎

阿那瓌啟七月阿那瓌啟云投化阿那瓌蠕蠕元退社渾
河狝等二人以今月二十六日到鎮云國上大亂姓姓別
住送相抄掠當今比人望待拯今乞依前恩賜給精兵
一萬還令督率領送比撫定荒人脫蒙所請事必克
濟詔付尚書門下悼議八月詔兼散騎常侍王遵業馳馹
宣旨慰喻阿那瓌并申賜絜九月蠕蠕後主俟匿代來奔
懷朔鎮阿那瓌兄也列稱規望乞軍并請阿那瓌十月錄
尚書事高陽王雍尚書令本崇侍中侯剛尚書左僕射元
欽待中元叉侍中安豐王延明吏部尚書元脩義尚書元
彥綽給事黃門侍郎元纂給事黃門侍

〔北史列傳八十六〕 〔十四〕

郎盧同等奏曰竊聞漢立南北單于晉有東西之稱皆所
以相維禦難為國藩衛今臣等參議以為懷朔鎮北土名
無結山吐若奚泉敦煌比西海郡即漢晉舊郡處覽平
原野彌沃阿那瓌宜置西吐若奚泉婆羅門宜置西海郡
各令撫率部落收離聚散其尉號及資給所須唯恩裁量
彼臣下之任任其舊俗阿那瓌所居既是境外宜置少德
以示威刑計沃野懷朔武川鎮各差二百人令州鎮軍主
監率給其糧仗送至前所仍於彼為其造構功就聽還諸
於比來在婆羅門前投化者令州鎮上佐准程給糧送詣
懷朔比那瓌鎮與使人量給食稟在京館者任其去留阿

那瓌草創先無儲積請給朔州麻子乾飯二千斛官驢運
送婆羅門居於西海既是境內資儲不得同之阿那瓌等
新造藩屏宜各遣使持節馳驛先詣慰喻并委經略明帝
從之十二月詔安西將軍廷尉卿元洪超兼尚書行臺請敕
煌安置婆羅門尋與部眾謀叛投嚈噠嚈噠三妻
皆婆羅門姊妹也仍為州軍所討禽之三年十二月阿那
瓌上表乞粟以為田種詔給萬石四年阿那瓌眾大饑入
塞寇抄明帝詔尚書左丞元孚兼行臺尚書持節喻之孚
見阿那瓌為其所執以孚自隨驅掠良口二千并公私畜
馬牛羊數十萬比迤謝孚放還詔驃騎大將軍尚書令李

【北史列傳八十六】　【十五】

崇等率騎十萬討之出塞三千餘里至瀚海不及而還後
匪代至洛陽明帝臨西堂引見之五年婆羅門死於洛南
之館詔贈使持節鎮西將軍秦州刺史廣牧公良歲沃野
鎮人破六韓拔陵及諸鎮相應孝昌元年春阿那瓌率眾
討之詔賜雜物勞賜阿那瓌拜受詔命明帝又遣通直
十刀從武川鎮西向沃野頻戰剋捷四月明帝又遣通直
散騎常侍中書令人馮儁使阿那瓌宣勞班賜有差阿那
瓌部落既和士馬稍盛乃間彌娥等朝貢二年四月阿那
瓌道使人菴鳳景等朝貢及還明帝詔之曰比鎮華秩
也十月阿那瓌復遣郁久閭大代可汗魏言把攬

逆不息蠕蠕主為國立忠助加誅討言念誠心無忘寢食
今知傅在朔垂與尒朱榮隣樣其嚴勒部曲勿相暴掠又
近得蠕蠕主啓更欲為國東討但蠕蠕主世居北漠不宜
炎夏令可且停聽待後敕盖朝廷應其反覆也此後頻使
朝貢建義初孝莊帝詔曰大勳高者賞重德享者名隆蠕
主阿那瓌鎮衛比藩棟儀誠篤勳績宜彰故宜褒勸以殊禮
刊跡狼山銘功瀚海至誠無貳使陰山息警弱水無塵
何容格以恒式自今以後領拜不言名上書不稱臣太昌
元年六月阿那瓌遣烏勾蘭樹升代等朝貢并為長子請
尚公主永熙二年四月孝武詔以范陽王誨之長女瑯邪

【北史列傳八十六】　【十七】

公主許之未及成婚帝入關東西魏競結阿那瓌為婚好
西魏文帝乃以孝武時舍人元翌女為女補為化政公主
那瓌兄弟塔寒又自納阿那瓌女為后加以金帛誘之阿
瓌遂留東魏使元整不報信命後遂率眾度河以額后
為言文帝不得已遂敕廢后自殺元象元年五月阿那
殺幽州范陽南至易水九月又掠肆州秀容至於三堆又
掠元整轉謀侵害東魏乃遣其使人龍無駒比還以通溫
豆拔等音問始於阿那瓌殺元整亦謂溫豆拔等不存既見
阿那瓌兇狡將撫懷之乃遣其使人龍無駒等比還以通溫
無駒被懷感愧與和一年春復遣龍無駒等朝貢東魏然

猶未款誠阿那瓌女妻文帝首遇疾死齊神武因遣相府
功曹參軍張徽纂使於阿那瓌間說之云文帝及周文既
害孝武又殺阿那瓌之女女以踈屬假公主之號嫁彼為
親又阿那瓌度河西討時周文燒草使其馬鐵不得南進
破亡歸命魏朝保護得存其國以大義示之兼詐阿那瓌
云近有赤鋪步落堅胡行於河西為蠕蠕王所獲云蠕蠕
主問之汝從高王蠕蠕主放遣此即蠕蠕主存之蠕蠕
一人言從高王蠕蠕主殺之

義彼女既見害欺詐相待不仁不信宜見討伐且守逆一
一人言從黑獺一人言從黑獺蠕蠕主殺之

方未知歸順朝廷亦欲加誅彼若深念舊恩以存和睦當
天子以懿親公主結成姻媾為遣兵將伐彼叛臣為蠕蠕
主雪耻報惡徽纂既申神武意阿那瓌乃召其俟利莫何與
議之便歸誠於東魏遣其俟利莫何緣游大力等朝貢
因為其子菴羅辰請婚靜帝詔兼散騎常侍大府卿羅念
兼通直散騎常侍中書舍人穆景相等使於阿那瓌八月
阿那瓌遣莫何去汾豆渾十升等朝貢復因求婚齊神武
請遂其意以招四遠詔以常山王騭妹樂安公主許之
封為蘭陵郡長公主十二月阿那瓌遣吐豆登郁久閭
東魏請婚三年四月阿那瓌復遣吐豆登郁久閭壁言渾俟利

莫何吐豆渾俟煩等奉馬千定以為婚禮請迎公主詔兼
宗正卿元壽兼太常卿孟韶等送公主自晉陽北邁資用
器物齊神武親自經紀咸出晉渥阿那瓌遣其吐豆登郁
久閭匿俟利阿那夷普捉提棄之伏等迎公主阿那瓌遣其吐豆登郁
主於樓煩之北接黨其使每官隆厚阿那瓌大喜是朝
貢於東魏相尋四年阿那瓌請以其孫女號鄰和公主妻郁
久閭䗶有愛女號為公主以齊神武威德曰盛又請致之
神武第九子長廣公湛靜帝詔以齊神武威德曰盛又請致之
登郁久閭匿俟利游大力送女於晉陽武定四年
阿那瓌父閭譬掘俟利阿那夷普捉捕提棄之伏等迎公
之南六月齊神武慮阿那夷普捉捕提棄之伏等迎公主阿那瓌遣其吐豆登郁
靜帝聞而詔神武納之阿那瓌遣其吐豆發郁久閭汗拔
姻媾等送女於晉陽自此東魏遣塞無事至於武定
貢相尋始阿那瓌初復其國盡禮朝廷明帝之後中東喪
亂惹欸略阿那瓌統率北方頗為彊盛稍自驕倨大禮敬顏
闕遣使朝貢不復稱臣天平以來逾自踰慢波陽王暹之
為秦州也遣其典籤齊人淳于覃單使於阿那瓌送之留之親寵
任事阿那瓌因入洛陽心慕中國立官職效擬王者遣有侍
中黃門之屬以單為祕書監黃門即掌其文墨軍教阿那
瓌轉至不遊每奉國書隣敵抗禮及齊受東魏禪亦歲時
往來不絕天保三年阿那瓌為突厥所破自殺其太子菴

羅辰又璝從弟登注子庫提立擁衆奔齊其餘
衆立注次子鐵伐為主四年齊文宣送登注及子庫提還
比鐵伐為主尋為契丹所殺國人仍立登注為主又殺之
阿富提等所殺其國人後立庫提為主是歲復為突厥所
攻菴羅國奔齊文宣迎納納其廩餼繒帛親立
阿那瓖子菴羅辰為主致之馬邑川給其廩餼繒帛親
突厥於朔方突厥文宣討突厥請降許之而還於是菴羅辰貢獻不絕五
年三月菴羅辰叛文宣親討大破之菴羅辰父北逃四
月寇肆州帝自晉陽討之至恆州瓜堆虜散走時大軍
巳還帝麾下千餘騎遇菴羅辰別部數萬四面圍通帝神色

自若指畫形勢虜衆披靡遂縱兵潰圍而出虜退走追擊
之伏尸二十五里獲菴羅辰妻子及生口三万餘五月帝
又北討菴羅辰大破之六月菴羅辰帥部衆東徙將南侵帝師
輕騎於金川邀擊菴羅辰聞西遠遁六月文宣親
討菴羅辰七月帝頓白道留輜重親率輕騎五千追
犯矢石頻大破之遂至沃野大獲而還是時菴羅辰既累為
突厥所破以西魏恭帝二年遂率部十餘家奔關中突厥
既悟特其彊又藉西魏和好恐其遺類依憑大國使驛相繼
請盡殺以甘心周文議許之遂收縛菴羅辰主巳下三千餘
人付突厥使於青門外斬之中男以下免並配王公家

匈奴宇文莫槐出遼東塞外其先南單于之遠屬也世為
東部大人其語與鮮卑頗異人皆翦髮而留其頂上以為
首飾長過數寸則截短之婦女被長襦及足而無裳衣秋
收烏頭為毒以射禽獸莫槐用其人為酷下所殺更
立其弟普撥為大人普撥死子丘不勤立丘不勤死子莫圭
不勤死子莫圭立本名犯道武諱莫圭遣弟屈雲攻慕容
廆慕容廆擊破之又遣別部素延伐慕容廆於棘城復為
慕容廆所破時莫圭部衆彊盛自稱單于塞外諸部咸憚
之莫圭死子遜昵延謂其衆曰翰素東勇必為人患宜先取
之遜昵延謂其衆曰翰素東勇必為人患宜先取之
城不足憂也乃分騎數千襲翰聞之使人詐為段末波
使者逆謂遜昵延曰翰敫為吾患久思除之分閒來討甚
善戒嚴相待宜兼路早赴翰設伏待之遜昵延以為信然
長驅不備至於翰亦盡銳應之遜昵延見而方嚴率衆逆擊戰前
鋒始交而翰已入其營縱火燎之衆大潰遜昵延單馬
奔還悉得其衆遜昵延父子世雄漠北乃大潰遜昵延
自言為天所指每自誇大及此敗也乃亟爵聖帝遣使
貢子昭帝帝嘉之以女妻焉遜昵延死子乞得龜立復伐
慕容廆廆拒之惠帝三年乞得龜屯堨涘水固壘不戰遣廷

兄衆跋堆襲麾子仁于柏林仁逆擊悉跋堆又攻乞
得龜克之乞得龜單騎夜奔悉虜乘長驅入其
城收貲財億計從部人數萬尸以歸其衆乘勝
於平郭至是而乞得龜敗別部人逸豆歸殺乞
立與慕容晃迭相攻擊遠其驍別將沙汰千餘人建國八年晃伐遠豆歸逃莫渾荒酒
縱獵為晃所破死莘離歸自是散滅矣
歸拒之為晃所破莘其部衆五千餘落於昌黎自是散滅矣
奔烏九子大庫辱官家奴諸大人集會幽州皆持唾臺唯
徒何段就六眷出於遼西其伯祖曰陸眷因亂被賣為漁
陽烏九子大庫辱官家奴諸大人集會幽州皆持唾臺唯

庫辱官猶無乃唾曰陸眷口中曰陸眷因咽之西向拜天
曰願使王君之智慧祿相盡移入我腹中其後漁陽大饑
庫辱官以陸眷為健便將人詣遼西逐食招誘亡叛遂
至彊盛曰陸眷死弟乞珍代立乞珍死子務目塵代立即
就六眷也據遼西之地而臣於晉其所統三萬餘家控
弦上馬四五萬騎伐石勒於常山封龍山下大破之務
用深德之乃表封務目塵為遼西公假大單于印綬浚使
務目塵卒其幽州刺史王浚以段氏數浚已
就六眷立六萬餘騎伐石勒於襄國勒登城望之見將
塵死就六眷立六萬餘騎與弟疾陸眷率五萬餘
騎圍石勒於襄國勒登城望之見將士皆釋仗寢臥無警

備之意勒因其懈怠選募勇健突出直衝末波生禽
之置之座上與飲宴盡歡約為父子盟誓而遣之末波既
得免就六眷遂攝軍而還不復報浚歸于遼西自此以
後末波常不敢南向遂攝軍而閉其故末波及末波與劉琨世子
勒不害已也如此就六眷死其子幼弱末波為末波與劉琨
羣奔喪定碑陸眷卷甲而往欲殺末波攻末波及末波奪其
國末波等知之遣軍逆擊之陰嚴精騎州牧羽麟之定碑
還劉懼琨會已請琨宴會因執之刎末波徙保上谷阻軍
都之險以距末波等平文帝閉之陰嚴精騎州牧羽之定碑
羽麟末波自相攻擊部衆乖離欲擁其衆徙保上谷阻軍
恐懼南奔於樂陵後石勒遣五季龍擊破文黃于樂陵破之
生禽文黃為定碑遂率其屬及諸塢壁降于石勒末波自稱
幽州刺史末波死國人因立陸眷少子務勿塵為主烈
帝時假護遼驃騎大將軍幽州刺史大單于比平公弟蘭
之又井閭之亂龍聖衆南移遂據晉地慕容晃便年玄恭
蘭無軍將軍冀州刺史勃海公建國元年石季龍征護遼
於遼西護遼奔於平岡山遂投慕容晃晃殺之蘭死子龕代
季龍以所誘鮮卑五千八人配之使屯令支蘭龍聖衆南移
之又井閭之亂龍聖衆南移遂據晉地慕容晃便年玄恭
率衆伐龕於廣固執龕送之蘭傳毒其目而殺之坑其徒
三千餘人

高車蓋古赤狄之餘種也初號為狄歷北方以為高車丁
零其語略與匈奴同而時有小異或云其先匈奴之甥也其
種有狄氏表紇氏斛律氏解批氏護骨氏異奇斤氏俗云
匈奴單于生二女姿容甚美國人皆以為神單于曰吾有此
女安可配人將以與天乃於國北無人之地築高臺置二
女其上曰請天自迎之經三年其母欲迎之單于曰不可
未徹之間復一年乃有一老狼晝夜守臺嘷呼因穿臺
下為空穴經時不去其小女曰吾父處我於此欲以與天
而今狼來或是神物天使之然將下就之其姊大驚曰此
是畜生無乃辱父母妹不從下為狼妻而產子後遂滋繁

北史列傳八十六　〈二十三〉

成國故其人好引聲長歌又似狼嘷無都統大帥當種各
有君長為性麤猛黨類同心至於寇難翕然相依鬪無行
陣頭別衝突乍出乍入不能堅戰其俗蹲踞褻黷無所忌
避婚姻用牛馬納娉以為榮結言既定男黨營車闌馬令
女黨恣取其人好引聲長歌又
即取匹數少則更數滿乃止俗無穀不作酒迎婦之日男
女相將持馬酪熟肉節解主人延賓亦無行位坐穹廬前叢
坐欲宴終日復留其宿明日將婦歸既而夫黨還入其家
馬羣極取民馬父母兄弟雖惜終無言譚取寡婦而
優憐之其畜產自有記識雖闌縱在野終無妄取俗不清

潔甚致震遷每震則叫呼射天而集之移去來歲秋馬肥
復相率候於震所埋殺羊然火拔刀女巫祝說似如中國
祓除而羣隊馳馬旋繞百匝乃止人持一束柳楼回豎而
以乳酪灌焉婦人以皮裹羊骸首上縈髮鬢而綴
之有似軒冕其死亡葬送掘地作坎坐尸於中張臂引弓
佩刀挾矟無異於生而露坎時有震死及疫癘則為
之祈福若安全無他則為報賽多殺雜畜燒骨以燎走馬
遶旋多者數百匝男女無小大皆集會平吉之人則歌舞
作樂死亡之家則悲吟哭泣其遷徙隨水草衣皮食肉牛
羊畜產盡與蠕蠕同唯車輪高大輻數至多徙於鹿渾海

北史列傳八十六　〈二十四〉

西比百餘里部落最大常與蠕蠕為敵亦每侵盜于魏魏
道武襲之大破其諸部後道武復度弱洛水西行至鹿渾
海傍駕簡輕騎西北行百餘里復破其餘種於狼山大破
二十餘萬復討其餘種於狼山大破之虜獲生口牛馬羊
其部襲騄道武自牛川南引大校獵以高車為圍騎徒遮
將從西北絕漠千餘里復破其雜種三十餘部於是高車大懼
諸部襲騄道武自牛川南引大校獵以高車為圍騎徒遮
起鹿苑南因臺陰北距長城東包白登之西山尋而高車

姪利曷莫弗敕力犍率其九百餘落內附拜敕犍爲揚威
將軍置司馬參軍賜穀二萬斛斛爲後高車解批莫弗幡豆建
復率其部三十餘落內附亦拜爲威遠將置司馬參軍賜
衣服廩給廩食蠕蠕社崙破敗之後收拾部落轉徙麛溟
之北侵入高車之地幷部帥律部帥破敗之其國落
兵貧馬少易與耳乃舉衆掩擊之其國落高車昧利不顧
後患分其廬室妻子而蠕蠕社崙破敗之日社崙徙處麛
乃招集亡散得千人晨掩殺之走而脫者十二三倍侯利
遂奔魏賜爵孟都公侯利頡眞勇健過人奮戈陷陣有異
於衆比力人畏之嬰兒啼者語曰侯利來便止勵女歌

謠云求良夫當如倍侯其服衆如此善用五十著篋吉凶
每中故得親幸賞賜豐厚命其少子曷堂內侍及倍侯利
卒道武悼惜葬以魏禮諡曰忠壯王後詔將軍伊謂師二
萬騎北襲高車餘種表統烏頻破之道武時分散諸部雖
高車以類羣擴不任使役故得別爲部落後在己尼陂人畜其
破之而還至漠南聞高車東部在己尼陂人畜其衆至
軍千餘里而還左僕射安原等討之司徒長孫翰尚書令
劉潔等苦諫太武不聽乃遣原等討新附高車合萬騎至
于己尼陂高車諸部望軍而降者數十萬落獲馬牛羊亦
百餘萬皆徙置漠南千里之地乘高車逐水草畜牧蕃息

數年之後漸知粒食歲致獻貢由是國家馬及牛羊遂至
于賤氈皮委積丁成時五部高車合聚祭天衆至數万大
會走馬殺牲游遶歌吟忻忻其俗稱自前世以來無盛於
此會走馬駕臨幸南行莫不忻忻後孝文召高車之衆立
討高車不願南行逐推表紀樹者爲主相率比叛游踐金
陵都賢宇文福追討之大敗而還文詔平比將軍立陽王繼
爲都督討之繼先遣人慰勞樹者入蠕蠕尋悔相率
而降高車之族又有十二姓一曰泣伏利氏二曰吐盧氏
三曰乙旃氏四曰大連氏五曰窟賀氏六曰達薄氏七曰
阿崙氏八曰莫允氏九曰俟分氏十曰副伏羅氏十一曰

乞袁氏十二曰右叔沛氏先是副伏羅部爲蠕蠕所役屬
豆崙之世蠕蠕亂離國部分散副伏羅阿伏至羅與從弟
窮奇俱統領軍高車之衆十餘萬落大和十一年豆崙犯
塞阿伏至羅等固諫不從怒率所部之衆西叛西至前部西
北自立爲王國人號之曰候婁匐勒猶魏言大天子也窮
奇號候倍猶魏言儲主也二人和穆分部而立阿伏至羅
居北窮奇在南豆崙追討之頻爲所敗乃引衆
東徙十四年阿伏至羅遣商胡越者至京師以一箭奉貢
云蠕蠕爲天子之賊臣諫者不從遂叛來此而自竪立當
爲天子討除蠕蠕孝文未之信也遣使者于提往觀虛實

阿伏至羅與窮奇遣使者薄頭隨攝來朝貢其方物詔責外散騎侍郎可足渾長生復與于揲使高車各賜繡褥褶一具雜綵百匹窮奇後為噘噠所殺虜其子彌俄突等其眾分散或來奔附或投蠕蠕詔遣宣威將軍羽林監孟威撫納降人置之高平鎮阿伏至羅長子燕阿伏至羅又殘暴謀害阿伏至羅至羅殺之阿伏至羅又殘暴大失眾忠眾共殺之立其宗人跋利延為主歲餘噘噠伐高車將納彌俄突國人殺跋利延迎彌俄突而立之彌俄突既立復遣朝貢又奉表獻金方一銀方一金杖二馬七四駞十頭詔使者慕容坦賜彌俄突雜綵六十四宣武詔之曰卿

▲北史列傳八十六 二十七 ▼

遠據沙外頻申誠款覽揖忠志特所欽嘉蠕蠕噘噠吐谷渾所以交通往來路由高昌掎角相接今高昌內附遣使迎引蠕蠕主伏圖戰於蒲類海比敢有陵犯擁塞王人罪在不赦彌俄突尋與蠕蠕主伏圖戰於蒲類海比昌王魏嘉表求內供宣武遣孟威迎之至伊吾比山先是高為伏圖所敗西走三百餘里蠕蠕見威軍怖而通走彌俄突聞其離駭遣孟威追擊大破之殺伏圖於蒲類比割其髮送於孟威又遣使獻龍馬五匹金銀貂皮及諸方物詔賜東城子于荒報之賜樂器一部樂工八十人赤綈十四雜綵六十四彌俄突遣其莫何去汾屋引叱賀

真貢其方物明帝初彌俄突與蠕蠕主醜奴戰敗被禽醜奴縶其兩腳於駞馬之上頓曳殺之漆其頭為飲器其部眾悉入噘噠經數年噘噠聽彌俄突弟伊匐還國伊匐既復國遣使奉表於是詔遣使者谷楷等拜伊匐為鎮西將軍西海郡開國公高車王伊匐遣使朝貢因大破蠕蠕蠕蠕主婆羅門走投涼州正光中伊匐復與蠕蠕戰敗歸其弟越居殺伊匐而自立天平中越居復為蠕蠕所破越居子比適復殺越居而十枚詔給之伊匐後與蠕蠕戰敗其弟越居殺伊匐而自立興和中比適又為蠕蠕所破殺比適自立蠕蠕所破越居子比適去賓自蠕蠕

▲北史列傳八十六 二十八 ▼

袴褶一副繖扇各一枚青曲蓋五枚赤漆扇五枚鼓角奔東魏齊神武欲招納遠人上言封去賓為高車王拜安比將軍肆州刺史既而病死初道武時有吐突隣部在女水上常與解如部相為脣齒至女水上討解如部落破之西征度弱洛水復西行趣其國不供職事登國三年道武親明年春盡略其部落畜產而還又有絕突隣與絕突破之國五年道武絹衆親討焉慕容麟率師來會大破之絕突同部落而各有大人長帥擁集種類常為寇於意辛山登隣大人屋地鞬絕衆親討焉大人庫寒等皆舉部歸降皇始二年軍駕伐中山軍於博陵慕容寶夜來攻營軍人驚走還於車駕伐中山軍於博陵慕容寶夜來攻營軍人驚走還於國路由并州遂及將攻晉陽并州刺史元延討平之絕突

隣部帥匿物尼絕叛部帥叱根等復聚黨反於陰館南
安公元順討之不剋死者數千人道武聞之遣安遠將軍
庫兵曹由牧登國中其大人叱伐之又有侯呂隣部眾萬餘品常
依險自牧還討匿物尼等皆殄之於苦水河八年夏道
武大破之并禽其別帥焉古延等薛于部常屯聚於三城
之問及滅衛辰子屈丐奔其部其別帥太悉伏望軍歸順道武撫安之
車駕還衛辰後奔其部帥太悉伏妻子珍寶從其
选之又悉伏出屈丐以示使者曰今窮而見投寧與俱亡
何忍送之遂不遣道武大怒車駕親討之會太悉伏先出
擊曹覆庾官軍乘虛遂屠其城擒太悉伏伏執其
人西遷太悉伏來赴不及遂奔姚興未幾亡歸嶺北上郡
以西諸鮮卑雜胡聞而皆應之天賜五年屈丐盡劫掠總
服之又平統萬薛子種類皆得為編戶矣而帥屯山鮮卑
別種破多蘭部示傳主部落至末易有武壯力勇劫掠
服之又平統萬餘種分迸其後為赫連屈丐所滅又黜弗
常山王遵討之放於高平末易將數千騎奔華國遁走盡
左石西又金城東侵安定數年間諸種患之天興四年遣
從其人於京師餘種患之天興四年遣
素古延等諸部富而不恭天興五年村官將軍突率六
千騎龍襄而獲多又越勤倍泥部求興五年轉牧跋那山西
七月道奚斤討破之從其人而還

論曰周之獫狁漢之匈奴其柞害中國故久矣魏晉之世
種族爪分去來沙漠之陸窺擾邊塞之際猶皆東胡之緒
餘冒頓之枝葉至如蠕蠕者匈奴之裔根本莫尋逃形集
醜自小為大風馳鳥赴儵來忽往代京由之屢駭戎車所
以不寧病故魏氏祖宗揚威曜武驅其醜進收其部落
之窮蹙之野遂之無人之鄉尊好肆兵極銳凶器不戢
亦急病除惡事不得已我狄彌弱之由狷虜服叛之迹
故備錄云

列傳第八十六

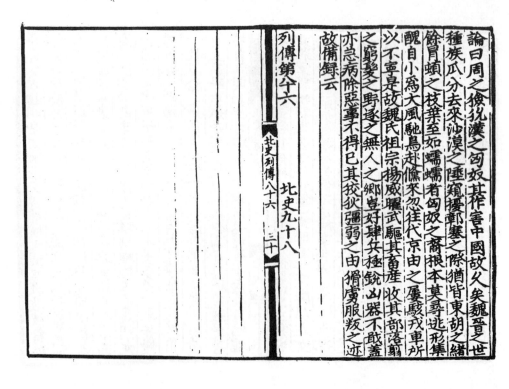

列傳第八十七

突厥　鐵勒

北史九十九

突厥者其先居西海之右獨為部落蓋匈奴之別種也姓
阿史那氏後為隣國所破盡滅其族有一兒年且十歲兵
人見其小不忍殺之乃刖其足斷其臂棄草澤中有牝狼以
肉餌之及長與狼交合遂有孕焉彼王聞此兒尚在重遣
殺之使者見在狼側并欲殺狼於時若有神物投狼於西
海之東落高昌國西北山山有洞穴內有平壤茂草周
迴數百里四面俱山狼匿其中遂生十男十男長外託妻
孕其後各為一姓阿史那即其一也最賢遂為君長故牙
門建狼頭纛示不忘本也漸至數百家經數世有阿賢設
者率部落出於穴中臣於蠕蠕至大葉護種類漸強當魏
之末有伊利可汗以兵擊鐵勒大敗之降五萬餘家遂求
婚於蠕蠕主阿那瓌大怒遣使罵之伊利斬其使舉眾襲
圖立其弟俟斤稱為木杆可汗又破蠕蠕
蠕蠕破之卒第阿逸可汗立又破蠕蠕病且卒捨其子攝
阿史那魏太武皇帝滅沮渠氏阿史那以五百家奔蠕
蠕世居金山之陽為蠕蠕鐵工金山形似兜鍪借號兜鍪
突厥突厥因以為號又曰突厥之先出於索國在匈奴之
北其部落大人曰阿謗步兄弟七十八其一曰伊質泥師

都狼所生也阿謗步等性並愚癡國遂被滅泥師都既別
感異氣能徵占風雨娶二妻云是夏神冬神之女一子而
生四男其一變為白鴻其一國於阿輔水劍水之間號為
契骨其一國於處折施山即其號為突厥即納都六設之
勢脅其一仍有阿謗步種類並多寒露大兒為之出火溫養之
感得全濟遂其奉大兒為主號為突厥即納都六設之
六有十妻所生子皆以母族姓阿史那是其小妻之子也
都六死十母子內欲擇立一人乃相率於大樹下共為約
曰向樹跳躍能最高者即推立之阿史那子年幼而跳最
高諸子遂奉以為主號阿賢設此說雖殊終狼種也其後
曰土門部落稍盛始至塞上市繒絮願通中國西魏大統
十一年周文帝遣酒泉胡安諾槃陀使焉其國皆相慶曰
今大國使至我國將興也十二年土門遂遣使獻方物時
鐵勒將伐蠕蠕土門率所部邀擊破之盡降其眾五萬餘
落恃其強盛乃求婚於蠕蠕主阿那瓌大怒使人罵辱之
曰爾是我鍛奴何敢發是言也土門亦怒殺其使者遂與
之絕而求婚於魏周文帝許之十七年六月以魏長樂公
主妻之是歲魏文帝崩土門遣使來弔贈馬二百匹廢帝
元年正月土門發兵擊蠕蠕大破之於懷荒北阿那瓌自
殺其子菴羅辰奔齊餘眾復立阿那瓌叔父鄧叔子為主

土門遂自號伊利可汗猶古之單于也號其妻為可賀敦
亦猶古之關氏也亦與蠕蠕通使往來土門死子科羅
羅號乙息記可汗又破叔子於沃野北賴山且死子攝
攝圖立其弟俟斤是為木杆可汗一名燕都狀貌奇
異面廣尺餘其色赤甚眼若瑠璃剛暴勇而多知務於征
伐乃率兵擊鄧叔子以其餘燼奔西魏俟斤又
西破嚈噠東走契丹并吞比并契骨威服塞外諸國其地東自
遼海以西至西海萬里南自沙漠以北至北海五六千里
皆屬焉抗衡中國後與魏齊至并州其俗被髮左袵穹
盧氈帳隨逐水草遷徙以畜牧射獵為事食肉飲酪身衣
裘褐賤老貴壯寡廉恥無禮義猶古之匈奴其主初立近
侍重臣等輿之以氈隨日轉九回每回臣下皆拜拜訖乃
扶令乘馬以帛絞其頸使纔不至絕然後釋而急問之曰
你能作幾年可汗其主既神情瞀亂不能詳定多少臣下
等隨其所言以驗終之數大官有葉護次設次特勤次俟
發次吐屯發及餘小官凡二十八等皆世為之兵器有角
弓鳴鏑甲矟刀劍佩飾則兼有伏突箕纛之上施金狼頭
侍擗之士謂之附離夏言亦狼也蓋本狼生志不忘舊書
騎射性發忍無文字其徵發兵馬及諸稅雜畜刻木為數
并一金鏃箭蠟封印之以為信契候月將滿轉為寇抄其

北史列傳八十七　三

刑法反叛殺人及姦人之婦盜馬絆者皆死姦淫者割勢而
腰斬之姦人女者重責財物即以其女妻之鬭傷人者隨
輕重輸物傷目者償以女無女則輸婦財折支體者輸馬
盜馬及雜物者各十餘倍徵之死者停尸於帳子孫及親
屬男女各殺羊馬陳於帳前祭之遶帳走馬七匝詣帳門
以刀剺面且哭血淚俱流如此者七度乃止擇日取亡者
所乘馬及經服用之物并尸俱焚之收其餘灰待時而葬
春夏死者候草木黃落秋冬死者候華茂然後坎而瘞之
葬日親屬設祭及走馬剺面如初死之儀表為塋立屋中
圖畫死者形儀及其生時所戰陣狀常殺一人則立一石
有至千百者又以祭之羊馬頭盡懸之於標上是日也男
女咸盛服飾會於葬所男有悅愛於女者歸即遣人聘問
其父母多不違也父兄伯叔死子弟及姪等妻其後母世
叔母嫂唯尊者不得下淫移徙無常而各有地分可汗恒
處於都斤山牙帳東開蓋敬日之所出也每歲率諸貴人
祭其先窟又以五月中旬集他人水拜祭天神於都斤西
五百里有高山迥出上無草樹謂為勃登凝黎夏言地神
也其書字類胡而不知年曆唯以草青為記男子好摴蒲
女子踏鞠飲馬酪取醉歌呼相對敬鬼神信巫覡重兵死恥
病終大抵與匈奴同俗俟斤部眾既盛乃遣使請誅鄧叔

北史列傳八十七　四

子等周文帝許之收叔子已下千人付其使者殺之於青
門外三年俟斤龍擊吐谷渾破之周明帝二年俟斤遣使
來獻保定元年又遣三輩貢其方物時與齊人交爭戎車
歲動故連結之以為外援初恭帝時俟斤與齊人許昏
納齋人亦遣求昏俟斤貪其幣厚將悔之至是武帝詔遣
涼州刺史楊荐武伯王慶等往結之慶等至諭以信義俟
斤遂絕齋使而定昏焉仍請舉國東伐俟斤遂領十萬騎來會明
年正月攻齊王於晉陽不剋俟斤遂縱兵大掠而還忠還
言於武帝曰突厥甲兵惡賞訓輕首領多而無法令何謂
難制馭由此使人安道洼強盛欲令國家厚其使者身
往重取其報朝廷受其虛言望風畏惜但虛態詐健
而實買易與耳今以臣觀之前後使人皆可斬也武帝不納
是歲俟斤又遣使來獻更請東伐詔楊忠引還五年詔陳公
純大司徒宇文貴神武公竇毅南安公楊荐佳女天和
公護趣洛陽以應之會護戰不利俟斤復遣使貢於齊會有
雷風縱乃許純等以右歸陳公純四年又遣使貢獻俟斤死復捨
二年俟斤又遣使來獻俟斤死復捨其弟他鉢可汗他鉢以攝圖為介
其子大邏便而立其弟是為他鉢可汗他鉢以攝圖為介

伏可汗統其東面又以其弟褥但可汗為步離可汗居西
方自俟斤以來其國富強有凌轢中夏之志朝廷既與之
和親歲給繒絮錦綵十萬段突厥在京師者又待以優禮
衣錦食肉者常以千數郡人懼突厥亦傾府藏以給之他
鉢彌復驕傲乃令其徒屬曰但使我在南兩箇兒孝順何
憂無物邪齋有沙門惠琳掠入突厥中因謂他鉢曰齊國
富強者為有佛法遂說以因緣果報之理他鉢聞而信之
建一伽藍遣使聘齊求淨名涅槃華嚴等經并請律
他鉢亦躬自齋戒遶塔行道恨不生內地建德二年他鉢
遣使獻馬又齊滅齋定州刺史范陽王高紹義自馬邑奔
之他鉢立紹義為齋帝召集所部云為我復讎
四月他鉢遂入寇幽州柱國劉雄拒戰兵敗死之武帝親
揔六軍將比代齊帝崩乃班師是冬他鉢復寇邊圍酒泉
大掠而去大象元年他鉢復請和親帝策趙王招女為千
金公主以嫁之并遣執紹義送關他鉢不許仍寇并州二
年始遣使奉獻且迎公主為親他鉢病且卒謂其子菴羅令
賀若誼往諭之始送紹義他鉢病卒
聞親莫過於父子吾兒不親其子委位於我我死汝當避
大邏便及卒國中將立大邏便以其母賤眾不服菴邏實
貴突厥素重之攝圖最後至謂國中曰若立菴邏安有我當

率兄弟以事之如立大邏便我必守境利刃長矛以相待攝圖長而且雄國人莫敢拒竟立菴邏爲嗣大邏便不得立心不服菴邏每遣人詈辱之菴邏不能制因以國讓攝圖國中相與議曰四可汗子攝圖最賢因迎立之號伊利俱盧設莫何始波羅可汗一號沙鉢略居都斤山菴邏降居獨洛水稱第二可汗大邏便乃謂沙鉢略曰我與尒俱可汗子各承父後尒今極尊我獨無位何也沙鉢略患之以爲阿波可汗還領所部沙鉢略勇而得衆北夷皆歸附之隋文帝受禪待之甚薄北夷大怨會營州刺史高寶寧作亂沙鉢略與之合軍攻陷臨渝鎮上敕緣邊修保鄣峻

長城以備之沙鉢略妻周千金公主傷宗祀絕滅由是悉衆來寇控絃士四十萬上令柱國馮昱屯乙弗泊蘭州總管叱李崇屯幽州達奚長儒據周槃皆爲虜敗於是縱兵自木硤石門兩道來寇武威天水安定金城上郡弘化延安六畜咸盡天子震怒下詔曰往者周齊抗衡分割諸夏突厥之虜俱通二國周人東慮恐齊好之深齊氏西虞懼周交之厚各謂虜意輕重國遂安危非徒並有大敵之憂思減一邊之防竭生靈之力供其來往傾府庫之財棄於沙漠華夏之地實爲勞擾朕受天明命子育萬方愍臣下之勞除既往之弊回入賊之物加賜將士息在路之人務

於耕織凶醜愚闇未知深旨將大定之日比戰國之時乘昔世之驕結今時之恨近者盡其巢窟俱犯北邊而遠鎮偏師逢而摧翦未及南上遽已奔北且彼渠帥其數凡五昆季爭長父叔相猜世行暴虐家法殘忍東夷諸國盡挾私讎西戎群長皆有宿怨突厥之北契骨之徒切齒磨牙常伺其後達頭前攻酒泉于闐波斯挹怛三國一時即叛沙鉢略近趣周槃其部內薄孤東紇羅尋亦翻動往年利稽察大爲高麗靺鞨所破沙毗設又爲紇支可汗所殺與其爲鄰皆願誅勦部落之下盡異純人千種萬類仇敵怨偶泣血拊心銜悲積恨圓首方足皆人類也有一於此更

切朕懷彼地咎徵祅作將年一紀乃獸爲人語人作神言云其國亡訖而不見每冬雷震觸地火生種類資給唯藉水草去歲四時竟無雨雪川枯蝗暴卉木燒盡飢疫死亡人畜相半舊居之地赤土無依遷徙漠南偷存晷刻斯蓋上天所忿驅就齊斧幽明合契今也其時故選將練兵贏糧聚甲義士奮發壯夫肆憤願取名王之首思撻單于之背此則王恢所說其猶射癰何敵能當何遠不剋但皇王舊迹北止幽都荒遐之表文軌所棄得其地不可而居得其人不忍皆殺無勞兵革遠規溟海普告海內知朕意焉於是河間王弘上柱國豆盧勣竇榮定左僕射高熲右

僕射虞慶則並爲元帥出塞擊之沙鉢略率阿波貪汗二
可汗來拒戰皆敗走時虜飢不能食粉骨爲糧又多災疫
苑者極衆既而沙鉢略以阿波驍悍忌之因其先歸龍龍擊
其部大破之殺阿波母阿波還無所歸西奔達頭可汗達
遣阿波率兵而東其部落熟然歸之者將十萬騎遂與沙鉢
頭者名玷厥達頭阿波素睦於阿波者將西面可汗既而大怒
貪汗亦奔達頭沙鉢略從弟地勤察別統部落與沙鉢略
相攻又有貪汗可汗素睦於阿波奪其衆而廢之
有隙復以衆叛歸阿波連兵不已各遣詣闕請和求援上
皆不許會千金公主上書請爲一子之例文帝遣開府徐
平和使於沙鉢略晉王廣時鎮幷州不
許沙鉢略遣使致書曰辰年九月十日從天生大突厥天
下賢聖天子伊利俱盧設莫何始波羅可汗致書大隋皇
帝使人開府徐平和至屢告言語員聞也皇帝是婦父郎
是翁此是女夫即是兒倒兩境雖殊情義是一今重疊親
舊子子孫孫乃至萬世不斷上天爲證終不違負此國所
有羊馬都是皇帝畜生彼有繒綵都是此物彼此共國所
文帝報書曰大隋天子賜書知大有好心向此也既以此
鉢略可汗得書知此兒子不異既以舊厚意常供之外今特

別遣大臣虞慶則往彼彼看者女復看者沙鉢略也沙鉢略陳兵
列其寶物坐見慶則稱病不能起且曰我伯父以來不向
人拜慶則責而喻之千金公主私謂慶則曰可汗豺狼性
過頭旣而大新其群下因相狼慘哭慶則又遣柏臣沙
鉢略謂其屬何名爲臣報曰隋國臣何名也贈慶則馬千匹并以
從妹妻之時沙鉢略旣爲達頭所困又慮契丹遣使告
急請將部落渡漠南寄居白道川內有詔許之晉王廣以
兵援之給以衣食賜以車服鼓吹沙鉢略因西擊阿波破
禽之而阿拔國部落乘虛掠其妻子官軍爲擊阿拔破之
所獲悉以與沙鉢略沙鉢略大喜乃立約以磧爲界因上表曰
大突厥天子奴虞僕射之力也贈慶則馬千匹并以
曰得作大隋天子奴虞慶則之力也
書右僕射伊利俱盧設始波羅莫何可汗攝圖言大使尚
愈父愈明徒知負荷不能荅謝突厥自天置以來五十餘
載保有沙漠自王蕃隅地過萬里士馬億數恃力兼戎夷
抗禮華夏在於戎狄莫與爲大比者氣候清和風雲順序
意以垂夏其有大聖興爲伏惟大隋皇帝真是皇帝也宣敢
阻兵特險偷竊名號今便感慕淳風歸心有道雖復南瞻
魏闕山川悠遠北面之禮不敢廢當令侍子入朝神馬歲

貢朝夕恭承惟命是視謹遣第七兒臣窟合眞等奉表以
聞文帝下詔曰沙鉢略往雖與和猶是二國今作君臣便
成一體已敕有司肅告郊廟宜傳播天下咸使知聞自是
詔答諸事並不稱其名以異之其妻可賀敦周千金公主
賜姓楊氏編之屬籍改封大義公主策拜窟合眞爲柱國
封安國公宴於內殿引見皇后賞勞甚厚沙鉢略大悅於
是歲時貢獻不絕七年正月沙鉢略遣其子入貢方物因
請獵於恒代之間詔許之仍遣使人賜其酒食沙鉢略率
部落再拜受賜沙鉢一日手殺鹿十八頭齎尾舌以獻還
至紫河鎭其牙帳爲火所燒沙鉢略惡之月餘而卒上爲

之廢朝三日遣太常弔祭焉贈物五千段初攝圖以其子
雍虞閭性懦遺令立其弟葉護處羅侯雍虞閭遣使迎處
羅侯將立之處羅侯曰我突厥自木杆可汗來多以弟代
兄以庶奪嫡失先祖之法不相敬畏汝當嗣位我不憚拜
汝也雍虞閭又遣使謂處羅侯曰叔與我父共根連體我
是枝葉寧有我作主令根本反同枝葉願叔勿疑相讓者
五六處羅侯竟立是爲葉護遣使上表言狀上賜之鼓吹
幡旗處羅侯長頤僂背眉目疎朗勇而有謀以隋所賜旗
鼓西征阿波敵人以爲得隋兵所助多來降附遂禽阿波
既而上書請阿波死生之命上下其議左僕射高熲進曰

骨肉相殘教之蠹也宜存養以示寬大上曰善熲因奉觴
進曰自軒轅以來獯粥多爲邊患今遠窮北海皆爲臣妾
此之盛事振古未聞臣敢再拜上壽後處羅侯又西征中
流矢卒其衆奉雍虞閭爲主是爲頡伽施多那都藍可汗
雍虞閭遣使詣闕賜物三千段每歲遣使朝貢時有流人
楊欽亡入突厥中謬云彭國公劉昶與宇文氏謀反令大
義公主發兵擾邊都藍執欽以聞并貢勃布魚膠其弟欽
羽設部落強盛都藍忌而擊之斬首於陣其年遣其母弟
褥但特勤獻于闐玉杖上拜褥但爲柱國康國公明年突
厥部落大人相率遣使貢馬萬匹羊二萬口駝牛各五百

頭尋遣請緣邊置市與中國貿易詔許之平陳後上以陳
叔寶屛風賜大義公主主心恒不平因書屛風爲詩敘陳
亡以自寄曰盛衰等朝暮世道若浮萍榮華實難守池臺
終自平富貴今安在空事寫丹青盃酒恒無樂絃歌詎有
聲余本皇家子飄流入虜庭一朝覩成敗懷抱忽縱橫古
來共如此非我獨申名唯有昭君曲偏傷遠嫁情上聞惡
之禮賜益薄公主復與西突厥泥利可汗連結上恐其爲
變將圖之會主與所從胡私通因發其事下詔廢之恐都
藍不從遣奇章公牛弘將美妓四人以啗之時沙鉢略子
曰染干號突利可汗居北方遣使求婚上令裴矩謂曰當

殺大義公主方許婚突利以為然復諧之都藍因發怒遂
殺公主於帳都藍因突利汗有隙數上和解之各
引兵去十七年突利遣使來逆女上舍之太常教習六禮
妻以宗女義安公主上欲離間北狄故特厚其禮遣牢弘
蘇威斛律孝卿相繼為使突利汗前後遣使入朝三百七十
輩間怒曰我大可汗也又不如染干於是朝貢遂絕數為
邊患十八年詔蜀王秀為行軍元帥出靈州道擊之明年又遣漢王諒為
為元帥左僕射楊素率柱國李徹韓僧壽出靈州道柱國趙仲卿並出朔
芽子女遂渡河入蔚州染干夜以五騎與隋使長孫晟歸
朝太奏染干奧雍虞閭弟速六樓捕稍稍輸以實物用歸其心六
上乃厚待之雍虞閭第速六棄其妻子與突利歸朝上
月高頴楊素擊玷厥大破之拜染干為意利珍豆啟人可
汗素言意智健也啟人上表謝恩上於朔州築大利城以
居之時義安公主已卒上以宗女義成公主妻之部落歸
看甚眾雍虞閭又擊之上復令入塞雍虞閭間侵掠不已遂
還於河南在夏勝二州間發徒掘斬數百里東西距河盡

為啟人畜牧地於是遣越國公楊素出靈州行軍總管韓
僧壽出慶州太平公史萬歲出燕州大將軍姚辯出河州
以擊都藍師未出塞而都藍為其麾下所殺達頭自立為
步迦可汗其國大亂遣太平公史萬歲出朔州以擊達頭
達頭於大斤山虜不戰而遁尋遣其子俟利伐從磧東攻
南入長城或住白道染干如枯木重起枝葉枯骨重生皮
肉千世長與大隋典羊馬也仁壽元年代州揔管韓
洪為虜敗於恒安詔楊素為靈州道行軍元帥率啟人北
征斛薛等諸姓初附於啟人至是而叛素軍河北達突厥
阿勿思力俟斤南渡掠啟人男女雜畜而去素率上大
將軍梁默追之大破俟斤悉得人畜以歸啟人又遣柱
國張定和領軍大將軍劉昇別路邀擊並多斬獲而還兵
既渡河後掠啟人部落素率驍騎范貴於窟結谷東南
復破之是歲泥利可汗及葉護俱被鐵勒所敗步迦奔亦
大亂奚霫五部內徙步迦奔吐谷渾啟人遂有其眾
朝貢大業三年煬帝幸榆林啟人及義城公主東朝行宮
前後獻馬三千四匹帝大悅賜帛萬三千段啟人及義城公
主上表曰已前聖人先帝其緣可汗存日憐臣賜臣安義

公主臣種未為聖人先帝憐養臣兄弟姤惡相共殺臣臣
當時無虞去向上看只見天下看只見地實憶聖人先帝
言語投命去來聖人先帝見臣大憐臣死命養活勝於往
前遣臣令汗坐著也突厥百姓死者以外還聚集作
百姓也至尊令還如聖人先帝於天下四方坐也還養活
臣及突厥百姓實無少短至尊憐臣時乞依大國服飾法
曰君子教人不求變俗何必化諸削社稷以長縷仍舊書
用一同華夏帝下其議公卿請依所奏帝以為不可乃詔
衣服也帝法駕御千人大帳享啟人及其部落酋長三千
廣達幸刀
五百人賜物二千段其下各有差復下詔祿食寵之賜路軍
乘馬鼓吹幡旗賚拜不名位在諸侯王上帝親巡雲中泝
金河而東北幸啟人所居啟人奉觴上壽跪伏其恭帝大
悅賦詩曰鹿塞鴻旌駐龍庭翠輦回氈帳望風舉穹廬高
日開呼韓頓顙至屠者接踵來索辮夐臺肉章讙獻酒盃
何如漢天子空上單于臺帝賜啟人及主金甕各一及衣
服被褥錦綵特勒以下各有差先是高麗私通使啟人所
啟人不敢隱境外之交是日持高麗使見敕令牛弘宣言
謂曰朕以啟人誠心奉國故親至其所明年當往涿郡介
回日語高麗王宜早來朝使人甚懼啟人乃亳從人塞至

定襄詔令歸蕃明年朝於東都禮賜益厚是歲疾終上為
廢朝三日其子吐吉立是為始畢可汗未續尚公主詔從
其俗十一年來朝於東都其年車駕避暑汾陽宮八月始
畢率其種落入寇圍帝於鴈門援兵方至始畢引去由是
朝貢遂絕明年復寇馬邑帝於雁門乞舍之隋末亂中國人
世充劉武周梁師都李軌高開道之徒僭帝號皆稱臣
歸之者無數遂大強盛迎蕭后於定襄薛舉竇建德王
受其可汗之號也與沙鉢略有隙因分為二漸以強盛東拒
都斤西至龜茲鐵勒伊吾及西域諸胡悉附之大邏便為
廙邏侯所執其國立菴羅特勒之子是為泥利可汗卒子
達漫立號泥撅處羅可汗其母向氏本中國人生達漫而
泥利卒向氏又嫁其弟婆實特勒開皇末婆實共向氏入
朝遇達頭之亂遂留京師每舍之鴻臚弄贊官有侯莫
恒廙終多在烏孫故地復立二小可汗分統所部一在石
國比以制諸胡國一君餘龜茲北其地應娑官有侯莫
洪達以評議國事自餘奧東國同每五月八月聚祭神歲
使重臣向其國先世所居之窟致祭當大業初廙羅可汗
撫御無道其國多叛與鐵勒屢相攻大為鐵勒所敗時黃
門侍郎裴矩在敦煌引致西域聞其國亂復知廙羅思其

母氏因奏之埸帝遣司朝謁者佳君蕭齎書慰諭之處羅其跽受詔不肯起君蕭謂處羅曰突厥本一國也中分為二自相仇敵母崴父兵積十年而莫能相滅者明知啓人與處羅國其勢敵母敵其今啓人舉其部落兵且百萬入臣天子以惜漢兵今啓人耳百官兆庶咸請許子甚有丹誠者何也但以切恨可汗死亡則無日矣奈何惜兩拜之天子弗違師出有日矣顧可汗向氏本中國人歸在京師處子賓館聞天子之詔懼可汗之威旦夕守闕哭請悲哀是以天子憐焉為其輙策向夫人又闔匍謝罪因請殊使以召可汗令入内屬已因於啓人天子從之遣使到

此可汗稱藩拜詔國乃求安而母得延壽不然者則向夫人為誰天子必當取戮而傳首慶庭發大隋之兵資比蕃之衆左提右挈以擊可汗死亡則無日矣奈何惜兩拜之禮則慈母之命也今如何君蕭自表至誠既以遠道未得朝觀宜五羅然而起流淚再拜跪受詔書君蕭又詭處羅曰啓人之附先帝嘉好故致兵強國富可汗後附與之爭先帝必設計施之賞賜厚故致詔書君蕭又說處羅曰啓人內一功以明臣節制處羅曰如何君蕭曰吐谷渾公主妻啓人少子莫賀咄設之母也今天子又以義城公主妻於啓人少子天子之威而與之絕吐谷渾亦因憾漢職貢不脩可汗若

請誅之天子必許漢擊其內可汗攻其外破之必矣然後自入朝道路無阻因見老母不亦可乎處羅大喜遂遣使朝貢帝將西狩六年遣侍御史韋節召與處羅令與車駕會於大斗拔其國人不從處羅謝使者辭以他故帝大怒無如之何適會其酋長射匱遣使求婚裴矩奏曰處羅不朝特強大耳臣請以許弱之分裂其國即易制也射匱者都六之孫世為可汗臨西面今聞其失職不朝恃強大耳臣請以結援願厚禮其使拜為大可汗則突厥勢分兩矢道使來以結援願厚禮其使拜為大可汗附隷於處羅故道使來以結援願厚禮其使拜為大者突厥故道使來以結援願厚禮其使者言處羅不順之意稱射匱諷喻之帝於仁風殿召其使者言處羅不順之意稱射匱則突厥勢分兩矢帝曰公言是也因遣裴矩朝夕至館微

有好心吾將立為大可汗令發兵誅處羅然後當為婚地取挑竹白羽箭一枚以賜射匱因謂之曰此事宜速使疾如前也使者返路經處羅愛其箭將留之使者紿之曰射圓聞而大喜興兵襲處羅大敗處羅棄妻子將左右數千騎東走在路文被翅掠道於高昌東保時羅漫山高昌王麴伯雅上狀帝遣裴矩將向氏親要左右馳至玉門關晉昌城矩遣向氏使詣處羅所論朝廷義丁寧曉喻之遂入朝然每有怏怏之色以七年冬處羅朝於臨朔宮帝享之處羅稽首謝曰臣摠西面諸蕃不得早來朝拜伏荷見遲晚罪責極深臣心裏慄懼不能盡道帝曰往者與突

厥遠相侵擾不得安君今四海既清與一家無異朕皆欲
存養使遂性靈豈譬如上天止有一箇日照臨莫不寧欲
若有兩箇三箇日萬物何以得安比者頡利懷懼豁然不當
繄然不煩在意明年元會頡利懷抱豁然歡喜頡利抱攝事
豁然不煩唯有聖人可汗今是大日願聖人可汗千歲萬
日月所照如今日也詔留其戲弱萬餘口令其弟達度闕設
歲常如今日也詔留其戲弱萬餘口令其弟達度闕設牧
畜會寧郡厥羅從征高麗竟為昌產那可汗賞賜甚厚十
年正月以信義公主嫁焉賜錦袍千具綵萬匹綵萬匹綵十
其故地以遠東之役故未遑也每從行幸江都之亂隨化
及至河北化及將敗奔歸京師為比番突厥所害鐵勒之
先匈奴之苗裔也種類最多自西海之東依山據谷往往
不絕獨洛河比有僕骨同羅韋紇拔也古覆羅並號俟斤
陳吐如紇斯結渾斛薛等諸姓勝兵可二萬伊吾以西焉
者之比傍白山則有契弊薄落職乙咥蘇婆那曷延陀
胥也咥於尼護等勝兵二萬餘金山西南有薛延陀咥哥昌
截撥忽比干具海昌比悉何嵯蘇抜也末調達等有三萬
兒十槃達契苾一萬餘兵康國比傍阿得水則有訶咥昌
許兵得嶺海東西有蘇路羯三素咽篾促薩忽篾等諸姓八
千餘拂束蘇則有恩屈阿蘭比褥九離伏嗢昏等近二萬

人比海南則都波等雖姓氏各別抱謂為鐵勒並無君長
分屬東西兩突厥居無恒所隨水草流移人性凶忍善於
騎射貪惏尤甚以寇抄為生近西邊者頗為藝植多牟而
少馬自突厥有國東西征討皆資其用以制比荒開皇末
晉王廣北征納啟民破步迦可汗鐵勒於是勿散大業元
年突厥處羅可汗擊鐵勒諸部厚稅斂其物又猜忌薛延
陀等恐為變遂集其魁師數百人盡誅之由是一時反叛
拒處羅遂立俟利發俟斤契歌楞為易勿真莫何可汗
君貪汗山復立俟利發俟斤子也咥既敗莫何
何可汗始大莫何勇毅絕倫甚得眾心為隣國所憚伊吾
高昌焉著諸國悉附之其俗大抵與突厥同唯丈夫婚畢
便就妻家待產乳男女然後歸舍者埋嬪之此其異也
大業三年遣使貢方物自是不絕云
論曰四夷之為中國患也久矣比狄尤甚焉種落星繁
雄邊塞年代退邈非一時也五帝之世則有獯鬻氏其在
三代則獫狁及周則蠕蠕突厥此其首豪當鋒千為君長者
甲焉為後魏及兩漢則匈奴此其茸蒙相繼乎為君長者
也皆以畜牧為業侵抄為資倏來忽往雲飛鳥集智謀之
士議和親於廟堂之上折衝之臣論舊鑿于篹壇之下然
事無恒規權無定勢親疎因其彊弱服叛在其盛衰衰則

欻塞頓顙賴盛則率兵冠掠屈伸異能彊弱相反正朔所不
及冠帶所不加唯利是視不顧盟誓至於莫相救護驕黠
憑陵和親結約之謀行師用兵之事前史論之備矣故不
詳而究焉及蠕蠕衰微突厥始大至於木杆遂雄朔野東
拯舊境西盡烏孫之地控弦數十萬駐勳於代陰南向以
亡固存遂其舊地助討餘燼部衆遂彊卒於仁壽不侵不
自相圖遂以雄盛豪傑雖建名號莫不請息
從終亡齊國隋文邊鄙盛可汗遠道啟人願保塞下於是推
臨周齊二國莫之能抗爭請盟好求結和親乃曰與周合
叛暨乎始畢未虧臣禮煬帝撫之非道始有鴈門之圍俄
屬群盜竝興於此浸以雄盛豪傑雖建名號莫不應

竇漢辟刀

北史列傳八十七　二十一

人於是分置官司摠統中國子女玉帛相繼於道使者之
車性來結轍自古蕃夷驕僭未有若斯之甚也及聖哲應
期掃除氛祲暗我太原肆掠於涇陽飲馬於渭汭太宗文
敗我雲代謀摇蕩我時磧猶懷抵拒率其群醜屢寇亭鄣殘
皇帝奇謀內運神機密動象使百世不羈之虜一旦而滅
瀚海龍庭之地盡為九州幽都竄髮之鄉隸於編戶是帝
皇所不及書契所未聞由此言之雖天道有盛衰亦人事
之工拙也加以書契所未聞特有而弗居類天地之含容同陰
陽之化育斯乃大道之行也固無得而稱焉　列傳卷絰

李氏之先出自顓頊高陽氏當唐堯之時高陽氏有才
子曰庭堅爲堯大理以官命族爲理氏歷夏殷之季後
理徵字德靈隸爲翼隸於吳伯以直道不容得罪於紂其
妻契和氏攜子利貞逃隱伊侯之墟食木子而得全遂改
理爲李氏周時裔孫曰乾娶益壽氏女嬰敷生子耳字
伯陽爲柱下史子孫散居諸國或在趙或在秦在魏者爲
段干大夫曰段干木其後也別孫悝爲魏文侯興富國之術
興族爲將軍生子伯祐建功比狄封南鄭公伯祐生二子

平燕內德子信爲秦將虜燕太子丹信孫元曠仕漢爲侍
中元曠弟仲翔位太尉仲翔討叛羌於素昌一名狄道仲
翔臨陣殞命葬狄道川因家焉史記李將軍傳所云其先
自槐里徙居成紀實始此也仲翔曾孫廣漢歷文景武
三帝位前將軍立功沙漠廣子當戶椒敢當戶子陵至侍中戰歿
匈奴椒敢歷位侍中郎中令關內侯生子禹位至侍中戰歿
具史況漢禹生孝廉本本字上明生巴郡太守次公次公生
臨淮太守軌軌字逸文生積弩將軍隆隆字業緒生雍雍
字儁熙仕魏歷尚書郎濟北東莞二郡太守雍生柔柔字

中段　北史序傳八十八　一　希傳

德遠晉舉秀才爲相國從事中郎比地太守雍生弇字季
子高亮果毅有智局晉末大亂與從兄卓居相國晉王保
下卓位相國從事中郎保政刑不惝卓輕宗族奔于張氏
弇亦隨卓因仕于張氏爲驍騎左監弇本名良妻姓梁氏
張駿謂弇曰卿名良妻文姓梁吾子孫卿何以目其舅氏乃
耿弇以弱年立功啓中興之業吾方令子孫效其所首使
名弇歷天水太守衛將軍封安西亭侯卒年五十六贈武
衛將軍建初中追諡景公子昶字仲堅幼有名譽小字長生
而亡建初中追諡簡公涼王暠祖母梁氏親加撫育幼好學性沈
公昶之子也遺腹而誕祖母梁氏

北史序傳八十八　二　希傳

敏寬和美器度通涉經史尢長文義及長頗習武蓺誦孫
吳兵法常與呂光太史令郭黁及其同母弟宋繇同宿黁
起謂繇曰君當位極人臣李君必有國土之分家有騧黃
馬生白額駒此其時也及呂光之末段業自稱涼州牧以
昭爲效穀令而燉煌護軍馮翊郭謙沙州中從事燉煌
索仙等以昭德美信著推爲寧朔將軍燉煌太守昭
王初難之會宋繇仕於業告歸言於昭王曰兄忘志郭黁言
邪初額駒今已生矣昭王乃從之乃進號冠軍將軍稱藩
王温毅有惠政推燉煌

千葉皆稱涼王其右衛將軍黃嗣攜昭王子業乃以嗣爲
燉煌太守率騎而西昭王命師擊走之於是晉昌太守唐

瑤格檄六郡推昭王為大都督大將軍涼公領秦涼二州

牧護羌校尉依竇融故事昭王乃敕境內建元號庚子追

崇祖考大開霸府置左右長史司馬從事中郎備置蔡來

廣關士字屯玉門陽關大田積穀為圖讚自言聖帝明王忠臣孝子烈士

以讚朝政閱武事為圖讚以明鑒誡之義當時文武群公莫不佐表

貞女親為序頌于時百姓樂業謠詠道歸沙門法

於晉是歲乃自燉煌徙都酒泉謂勸勵業請表未報復道使

祭酒劉彥明為文刻石頌德又有白狼白兔白雀白雉白

鳩等集于園間群下以為白祥金精所誕晉應時邕而至

又有神光甘露連理嘉禾報瑞諸史官記其軍昭王從之

上巳日讌于曲水命群臣賦詩昭王親為之序於是寫諸

蔚亮訓誡以勗諸子為昭王繡世之晕為群雄所奉兵

無血刃遂啟霸業乃脩燉煌舊塞竟燉詩曰武昭王朝號高

祖陵號建世武昭王十子譚歆諒恂瓢豫宏眺亮世子

譚早卒後主諱歆字士業武昭王第二子也武昭王薨府

寮奉為都督大將軍涼公領涼州牧護羌校尉大赦境內

改元為嘉興尊母尹氏為太后在位四年為沮渠蒙遜所

敗國亡武昭王以魏道武皇帝天興二年立後主以明元

皇帝太常五年而亡據河右凡二世二十一年世子重耳

奔于江左遂仕于宋後歸魏位恂農太守即皇室七廟之

始也後主弟讓字士遜雅量疑軍善於謀略位寧朔將軍

領西羌校尉輔國將軍晉燉煌太守新鄉侯贈驃騎大將

軍諡曰穆讓弟恂字士恂弟恂字士讚

如有幹略位酒泉燉煌太守遇雄略位車騎將軍祈連酒泉

士業小字武疆英雄秀出有雄略位晉昌太守讚

晉昌郡太守寶字士衍孫晉昌太守瓢之沈

位前將軍中華令宏弟眺字士

融位右將軍竇弟豫小字士

雅有度量驍勇善撫接遇家難為沮渠蒙遜姑臧歲

餘與舅唐契北奔伊吾臣於蠕蠕其遺眾之歸附者稍

至二千寶傾身禮接甚得其心眾皆賢為之用每希報雪

太武遣將討沮渠無諱城道走表歸誠太

南歸燉煌遂脩繕城府規復先業遣弟懷達奉表自伊吾

武嘉其忠欵拜懷達散騎常侍燉煌公乃鎮燉煌

持節侍中都督西垂諸軍事領西戎校尉沙州牧燉煌公四品已下聽承

領護西戎校尉沙州牧燉煌公乃鎮燉煌大將軍開府儀同三司

制假授真君五年因入朝遂留京師拜外都大官轉鎮南

將軍并州刺史還除內都大官文成初代司馬文鎮懷荒

改授鎮比將軍太安五年薨年五十三詔賜命服一襲贈
以本官諡曰宣有六子承茂輔佐公業卓卒承字
白業少有謀略初寶欲歸歎燕多有異議孫時年十三
勸寶速定大計於是遂決寶仍令承隨表入賀太武深相
器異禮遇甚優賜爵姑臧侯後遭父憂居喪以孝聞承應
傳先封以自有爵乃以本封讓弟茂時論多之承方裕
鑒裁爲時所重文成未以散侯出爲龍驤將軍滎陽太守
爲政嚴明其著聲稱延興五年卒時年四十五贈使持節
大將軍雍州刺史諡曰穆長子龍字元伯學涉有器量與
弟彥廣並孝文賜名爲詔雅爲季父沖所知重延興中

五

補中書學生襲爵姑臧侯除議曹令時循改車服及刪儀
制廢皆令詔典爲遷給事黃門侍郎後依例降侯爲伯兼
大鴻臚卿黃門如故孝文將創遷都之計詔引侍臣訪以
古事詔對曰洛陽九鼎舊所七百收基地則土中實均朝
貢惟王建國莫尚於此帝稱安東將軍充州刺史帝或未
還洛詔朝於路帝言及庶人恂軍事曰卿若不出東宮或未
至此也宣武初徵拜侍中領七兵尚書除撫軍將軍并州
剌史以從弟伯商同感陽王禧之逆免除官尉父之兼將
作大匠敦參定朝議律令及呂苟兒反於秦州除撫軍將

軍西道都督行秦州事與右衛將軍元麗率眾討之事平
即具軍書勉復其先爵時龍右新經師旅百姓多不安
業詔善撫納甚得夷夏之心孝明初自相州刺史百姓多不安
中尚書行雍州事後除中軍大將軍吏部尚書加散騎常
侍出爲冀州刺史清簡愛人甚收名譽政績之美聲冠當
時明帝嘉之就加散騎常侍遷車騎將軍賜劍珮貂蟬各
一具驊騮馬一匹并衣服寢具詔以赴中山冀州父老皆
優旨不許轉定州刺史常侍如故及赴中山冀州內
送出西境相聚而泣二州境接連接百姓素聞其德遂位

六

大安正光五年卒於官年七十二詔贈帛七百四贈使持
節散騎常侍車騎大將軍司空公雍州刺史諡曰文恭既
葬之後有冀州兵千餘人戍於荊州還經詔墓相率培冢
數日方還其遺愛如此永安中以剋定秦隴功追封安城
縣開國伯邑四百戶長子瑗字道瑞溫雅有識量魏永平
二年釋褐太尉府行參軍累選尚書倉部郎中後汝南王
悅爲司州牧悅性貪跋不倫朝廷以瑗器望兼美
閑於政事擢爲悅府長史兼知州務甚得毗贊之方因除
司州別駕又除光祿少卿永安初以本官兼度支尚書襲封
安城縣伯又除司徒右長史仍兼尚書及遷都於鄴留瑗
於後監掌府藏及撤運宮廟材木以明幹見稱加征南將

軍金紫光祿大夫兼給事黃門侍郎監典書事出為東
徐州刺史為政清靜人吏懷之解州還以老疾不求進
齊受禪進與意不願榮名兩朝雖以宿德耆舊被徵
武神主入太朝請亦嘗命與預華林覽顧訪護軍甚重
過事即絕朝請文宣命與預華林覽顧訪舊軍被重
之天保四年卒年七十二子詮字世良任城郡守贈涇州
刺史伯卿太師參軍重伯卿子師上聰敏好學雅有
詞致外祖魏府參軍諡字世安位高陽郡守司農卿安
自教屬文有名於世後與范陽盧公順俱為將釐郎待詔
詞致子惟有一女生師上甚愛重之童亂便
文林館與博陵崔君洽同志友善苔從駕晉陽居偹身朝
士謂之康寺三少為物論推許若此隋煬帝居藩泰為王
府記室終於揚州詮弟諡字世安位高陽郡守司農卿安
州刺史諡子千學齊武平中尚神武女浮陽長公主拜駙
馬都尉南青州刺史諡弟詗字世業位假儀同三司臨漳
今誦弟世鼯太子舍人殿中郎與子孫繁衍行人號其宅
為孝東徐村興弟瑾字道瑜美容貌有才學特為詔所鍾
愛青河王懌甚知賞之懌為司徒府榮軍重著作郎稍
遷通直散騎侍郎與給事黃門侍郎王禮業尚書郎盧觀
典儀儀汪王盧即瑾之外兄臨淮王彧謂瑾等三雋恭掌
帝儀可謂舅甥之國及明帝朝之謚葉文瑾所製也莊帝

初於河陰遇害年三十九贈冠軍將軍齊州刺史子產之
字孫僑容貌短陋而撫訓諸弟愛友篤至其舅盧道將稱
之曰此兒風調足為李公家孫位北豫州司馬子仲儁字
公紀以學行稱位太子洗馬仕周為東京少吏部上士隋
開皇中卒於荊州總管司馬產之弟循之字曼容清通好
文學齊天保初歷太子洗馬行陽翟郡守為政清靜吏人
懷之遷尚書考功郎中遇文宣見害時人宪之循之
弟壽之位梁州中從事貞介不負於人壽之弟禮之位
司徒騎兵參軍與妻鄭氏相重妻先亡遺言終不獨死未
幾禮之脚上發腫費妻云冀小麥漬之即差如其言反劇
而辛禮之弟行之字義通小字師子簡靜善守門業多識
前言往行而不以文學自名居喪盡禮與兄弟深相友愛
仕齊歷位都水使者齊郡太守帶青州長史任城王敬憚
之州人號曰李御史仕周為冬官府司寺下大夫隋開皇
初封回始縣男除唐州下溠郡太守稱疾不行卒行之風
素夷坦為士友所稱其舅子盧思道深所愛好常贈詩云
水衡稱逸人潘揚有世親形骸預冠蓋心思出賞塵時人
以為實錄及疾內外多為求醫行之曰居常待終士之道
也賓既愈富何知死不如生一皆抑絕臨終命家人薄葬
口授墓誌以紀其志曰隴西李行之以某年其月終於其

所年將六紀官歷四朝叶布夷事忘可否雖碩德高風曰

有傾先攜而立身已無愧鳳心以為氣變則生生化曰

死蓋生若物之用宛者之終有何憂喜於其閒哉乃為

二子夷道行之弟疑之字惠睦光州中従事非其所好僩

以之終老未嘗懶倦隋仁壽中卒產之兄弟並有器望邢

服餌自持秩滿徑還冀州棄強野舍疑之明本草藥性恰以

而出時以為實錄諸婦相親皆如妹清之死諸弟不避

子才為墓誌云食有奇味相待乃飡衣無常主易之

當時山暴行袤極哀趙郡李榮來弔之歎曰此家風範海

内所稱今始見之真吾師也欲與連類即日自名勞之瑛

弟瓚字道璚少有風尚辟司徒參軍軍至贈漢陽郡太守

子倫年閒府參軍早亡韶弟彥字次仲有學業文初舉

秀才除中書博士轉諫議大夫時朝儀典章咸未周備彥

主客曹従事郊廟下大夫後因考課降為元士尋行

考定號為稱職孝文南伐彥諫曰臣以為最周江閩小足

親勞繼駕頻表雖不見納而以至誠見責及六軍次於淮

南徵為廣陵王羽長史轉青州廣陵王羽長史帶蕃郡太守徵

州楷郡王軒長史加恢武將軍西異副將軍遂除冀

為龍驤將軍司徒右長史左長史秦州大中正出行揚州

事尋徵拜河南尹還至汝陰復敕行徐州事尋徵拜平比

將軍平州刺史還平東將軍徐州刺史延昌二年夏六霖

雨川瀆冒溢彥隨水陸形勢隨便疏通得無淹漬之害朝

廷嘉之頻詔勞勉入為河南尹遷金紫光祿大夫光祿勳

轉度支尚書二夏甌涼所在蜂起而彥刑政時破六韓拔陵等

反於城人薛珍劉慶超等因四方離叛突入州門害彥司

六月城人薛珍劉慶超等因四方追贈侍中驃騎大將軍司

推其黨莫折大提起為帥求安中追贈侍中驃騎大將軍司

徒公雍州刺史諡曰孝貞子燮字德諧少有風望位司徒

主簿卒贈太常少卿子万有雅望位高都太守燮弟藻

字德明弟充字德廣弱冠太學博士大將軍蕭寶寅西討

德廣為行臺郎募眾而征戰捷乃手刃快其肝肺覽

寶貴有異志挺身歸朝廷加爵辭而不受寶貴遂更万

俟醜奴同反大行臺朱天光討之請德廣為從軍中郎

天光用其計遂定秦龍以功除中散大夫廣為從軍以

不食酒肉妹夫盧元明嗟重之子英有文才王遵業以

女妻之次僧伽修整驚業不應辟命時鄭子默有名於世

僧伽曰行下適道文勝其質鄭林宗所謂牆高基下雖得

必喪此之徒也竟如其言尚書袁叔德來候僧伽先滅僕

從弟淡入門曰見此賢令五舍對軒晃及平叔德參懷慷慨

詩曰平生熟俗累終身無世言其見重如此僧伽弟法藏

內清介位員外郎德廣弟德顯位散騎侍郎贈東秦州刺

史德顯弟彥度字叔恭太和初為器局位高陽太守贈光祿少卿光

輝冀州驃騎府長史太子中舍人宣武初還太尉從事中散

郎出為清河太守屬京兆王愉反愉棄郡奔闕宣武聞虔

至謂左右曰李虔在冀州日久恩信著物今拔難而來眾

情自解矣乃校虔別將令虔以本官為別將與都督元遙討

昌初冀州大乘賊起令虔以本官為別將與都督元遙討

平之遷後將軍燕州刺史還為光祿大夫加平西將軍轉

大司農出為散騎常侍安東將軍兗州刺史追論平冀州

之功賜爵高平男還授特進車騎大將軍儀同三司散騎常

光祿大夫孝莊初授特進車騎大將軍儀同三司永安三年薨年七

侍又進侍中驃騎大將軍太尉公都督冀定瀛三州諸軍

十四贈侍中驃騎大將軍太尉公永安三年薨年七

事冀州刺史諡宣景長子映字仁明位尚書左外兵郎莊

帝初於河陰遇害年四十贈度支尚書安東將軍青州刺

史子襲章武郡守襲弟藥汲郡守竝以幹局見知映弟仁

曜位員外散騎侍郎太尉錄事參軍與兄映同於河陰遇

害年三十八贈散騎常侍左將軍兗州刺史子攜字道臧

學尚有風儀魏武定中司空長流參軍齊天保末為尚書

郎終於光州司馬仁曜弟皓字仁昭位散騎侍郎亦遇害

河陰贈征虜將軍涼州刺史子士元士操武定末並儀同

開府參軍事皓弟曉事列干後虔弟難字士昭位豫州刺史子詒字

尉東郡太守司農少卿卒贈龍驤將軍豫州刺史子詒字

義興有幹局家太學博士領殿中侍御史稍遷東郡太

守莊帝初濟廣二州刺史加散騎常侍節閔時與第三弟

通直散騎常侍義邕莊帝居藩之日以外親其見親昵及即位特

遠近榮之義邕誅義邕字大常少卿義邕同為介朱仲

蒙信任介朱榮之誅義邕預其事由是並及禍節閔初謐

贈侍中驃騎將軍吏部尚書冀州刺史義邕贈前將軍喬

州刺史義義邕贈安東將軍青州刺史義謐弟義順司空屬

第四弟義遠國子博士承弟茂字仲宗文成末襲父爵鎮

西將軍燉煌八孝文初除長安鎮都將轉西汾州刺史將

軍如故入為光祿大夫歷西兗州刺史例降為侯茂性謙

慎以弟沖寵盛懼於盈滿以疾求遜位孝文不奪其志聽

食大夫祿還私第因居中山自是優遊里舍不入京師卒

年七十一諡曰恭侯子靜字紹安襲位東平原太守卒子

遷字智遠讓遠有几蔡才位河內太守從孝莊南度河於
河陰遇亂兵所害事寧追贈散騎常侍車騎大將軍尚書
右僕射秦州刺史封盧鄉伯靜弟孝字仲安恭慎篤厚歷
汝南中山二郡太守孝莊鎮東將軍滄州刺史加散騎常
侍大夫出帝秦州刺史封盧鄉伯初以外親超授撫軍將軍金紫光
祿尚書史位比海王顥為妃除鎮遠將軍潁川太守帶後引為長
史委以戎政卒於軍贈征虜將軍涼州刺史茂弟輔字叔
直有器望解褐中書博士遷司徒議曹掾太和中孝文為
咸陽王禧納其女為妃除鎮遠將軍潁川太守帶督復引為
輔綏懷招集其得獎和卒於郡贈征虜將軍秦州刺史諡

曰襄武侯長子伯尚少有重名弱冠除祕書郎孝文每云
此李氏之千里駒稍遷通直散騎侍郎坐與咸陽王禧謀反誅太和起居注
真武初兼給事黃門侍郎坐與咸陽王禧謀反誅伯尚弟
仲尚儀貌甚美以文學知名年二十著前漢功臣序讚
及李父冲家京兆王愉府參軍坐兄事賜死仲尚敏
也起家京兆王愉府參軍坐兄事賜死仲尚敏
有識量坐兄事與母弟俱徙邊父之會赦免遂寓居晉陽
沈麻積年後歷位并州安北府長史孝明朋介朱榮陰圖
義舉季凱豫謀及莊帝踐祚徵拜給事黃門侍郎封博平
縣侯加散騎常侍祕書監中軍將軍後介朱世隆以榮之

死謂季凱通知於是見害孝武初追贈侍中驃騎將軍吏
部尚書定州刺史季凱弟延慶位陳留太守金紫光祿大
夫延慶弟延度衛將軍安德太守輔弟字翼有文武
才幹孝文初兼散騎常侍使高麗以稱旨遷安南將軍河內公
真定縣子遷懷州刺史進爵山陽侯加安遠將軍拜征南將軍
轉相州刺史所有稱績後安遠將軍車駕既平以
城陽王繼安南將軍盧陽侯等攻烏等所敗坐徙瀛州平以
佐為廣陽王嘉鎮南府長史加輔國將軍別鎮新野及天

以敵強故班師佐出戰為賊所攻補功曹諡
復起佐假平遠將軍潁州河北以
軍凱旋孝文執佐手曰河比洛陽南門鄉勉為朕善守孝
文崩遺敕以佐行荊州事佐在州威信大行遠人悅附前
後歸者二萬許家身正刺史宣武初徵兼都官尚書卒年
七十一贈泰州刺史諡曰莊子遵襲爵遵字叔遠有父風卒於
司空司馬贈洛州刺史子休賢郡辟功曹以父憂去職遵弟
食酒肉因屏居鄉里司空任城王澄嘉其操尚以為參軍
魏見殺遵弟東字休賢郡辟功曹以父憂去職身不
事界遷瀛州刺史卒贈殿中尚書相州刺史吏弟挺字神
郎太常少卿摽以才學知名時為太常劉芳所賞歷位中書侍
儁小名摽以才學知名時梁將曹敬宗來寇攻圍積時文

引水灌城城不沒者數板神㑺猶無兵人勠力固守詔遣
都督崔遲別將王熊裴衍等赴援敬宗退走時寇城之後
城外有露骸神㑺令收葬之徵拜大司農末傷孝明
將軍行相州事時昌榮通神㑺憂懼乃故隆馬傷足仍
停沔郡有詔追還莊帝即位以神㑺人望拜散騎常侍驃騎
中尚書追論固守之功封千乘縣侯轉中書監吏部尚
書神㑺意尚追風流情在推引人物尒朱榮有所用人神㑺
不從見怒懼啟求解官除右光祿大夫尋屬尒朱兆入京
乘輿幽執神㑺遂逃人間孝武初歸闕拜散騎大將軍
大將軍左光祿大夫儀同三司孝靜初除驃騎大將軍華
州剌史神㑺入為侍中薨年六十四贈尚書左僕射司徒公雍
多所諳記篤學好文雅老而不輟凡所父遊皆一時名士
汲引後生為其光價四方才子咸宗附之滎陽鄭伯獻常
云從男為人物宗主在洛京時琅邪王誦亦美神㑺故
其子曰㑺似之梁武帝雅重其名常云彼若遣李神
㑺來聘我當令孝緯往其見重如此頻多鼠乳而性通
率不持檢慶至於少年之徒皆與襄衎比還鄴於路見狗
溫子昇曰是宋鵲為是韓盧神㑺曰為遂丞相東走
為共帝女南祖沙苑之敗神㑺業耻馬而走曰丁掾力馬

倒曰丁掾誤我其不拘若此既不能力重識者以此為議
喪二妻又欲娶鄭嚴祖之從甥也盧元明神㑺之從甥為
婚遂至紛競二家鬩於嚴祖之門鄭氏女必少弟也本名
不已時人以神㑺為鳳德之衰冲字思順承奉少弟悟悵為
恩冲孝文改名以孤為承訓養承常言此兒器重非恒方
為門戶所寄冲雅有大量隨長子韶獨清簡愍然無所求取
時人美為中書學生冲善交遊不妄戲流
亂人庶輕有乞奪有大量隨長子韶獨清簡愍然無所求軍
重之孝文初以倒選祕書令南部絵軍中散典禁中文字以修敕敏慧
漸見寵待遷內祕書令南部絵軍中散典禁中文字以修敕敏慧
主督護所以多隱冒五十三家方為一戶冲以三正所由
來遠於是劾三長之制上之文明太后覽而稱善引見公
鄉議之群臣多有不同太后曰立三長則課有常準賦有
常分苞蔭之戶可出僥倖之人可止何為不可詞議難有
乖異然性以變法更難無異議遂立三長公私便之運
中書令加散騎常侍給事中如故轉南部尚書賜爵順
陽侯冲為文明太后所幸恩寵日盛賞賜月必數千萬進
爵隴西公密致珍寶服御以充其第外人莫得而知冲家
素清貧於是室富而謙以自牧積而能散近自姻族逮於
鄉閭莫不分及虛己接物垂念寒素舊淪屈由之躋敘於

者亦以多矣時以此稱之初冲兄佐與河南太守來崇同
自涼州入國素有微嫌成崇因構成崇罪餓死獄中後崇子
護為南部郎深厲為冲陽常求退避冲每慰撫之護後坐
贓罪懼必不濟始拱陰來與護本末嫌陳乞原恕之遂得不
坐冲從拱孫輙受而不言後倍方便惜冲家至如子姪有人求官因不
馬於冲始拱孫輙自陳首而不言後假方便惜冲此馬主見冲乘
不得官後自陳其處要自屬不念安惡惡皆此類也時循舊王公
始孫皆死其處要自屬不念安惡惡皆此類也明太后崩
重臣皆呼後孝文居喪引見待接有如及議律令潤飾辭旨刊定輕
後孝文雖目下筆無不使訪焉冲竭忠奉上知無不盡出
入憂勤形於顏色雖舊臣成輔真能逮之俱服其明斷慎
密而歸心焉於是天下翕然及殊方聽望咸宗奇之孝文
亦深相仗信親敬彌甚君臣之間情義莫二及置百司開
建五等以冲參定典式封滎陽侯拜延尉卿遷侍中吏部
尚書咸陽王師東宮建拜太子少傅詔冲領作大匠與司
空長樂公亮共監興繕車駕南伐加冲輔國大將軍統報
翼從自發都至洛陽霖雨不霽仍詔六軍發軔孝文戎服
執鞭御馬而出群臣稽顙於馬首之前孝文曰今大軍將

邁八等更欲何云冲進請曰發都淫兩士馬困弊詩喪反
斾於義為允孝文曰已至於此何容傳驚常營堂軍出者
之舉天下所不願敢以死請孝文大怒曰方欲經營宇宙
而卿等儒生屢疑大計斧鉞有常卿勿復言策馬將出大
司馬安定王休兼左僕射任城王澄等進諫孝文初謀
乃喻群臣曰今者興動不小勤而無成何以示後若不南
鑾郎當移都於此光宅土中幾時矣王公等以為何如
議之所決不得旋踵欲遷者左不欲還者右安定王休等
相率如左前南安王禎進曰愚聞成大功者不謀於眾智者
行見至德者不議於俗成大功者不謀於眾非常之事廊
南伐此臣等之願亦蒼生之幸甚群臣咸唱萬歲孝文初謀
神都以延王業都中土以制帝京周公卜之於前陛下行
之於後固其宜也請上安聖躬下慰人望內懼南征無敢
其實遷也舊人懷土多所不願內懼南征孝文以為大舉因以脅定群情於是
定都洛陽尋以冲為鎮南將軍侍中以冲兼左僕射如故委以營搆
遷尚書左僕射仍領少傅改封清徽堂曰今機極中天創居萬
罷以傳孝文引見公卿於清徽堂曰今機極中天創居萬
洛雖大搆未成要自條紀略舉但南有未賓之孽兼北蠻

密邇朕取南之計決矣所行之謀必定頃來陰陽卜術之
士咸勤朕今征必尅此既家國大事宜其君臣各盡所見
冲曰征戰之法先之人事然後卜筮卜筮雖吉猶恐人事
未備京師始還宍業未定加之征戰以為未可帝曰僕射
之言非為不合朕意然尺寇我無以自安理須如此若
待人事備僕射非天時將若之何如僕射之言便終無征
理冲機敏有巧思北京明堂圓丘太廟及洛都初基安慇郊
兆新起營几宗盡資於冲勤志強力孜孜無怠理文簿兼
管近制几案盈積剖斷於冲一家歲祿萬四有餘年逮四
益六姻兄弟子姪皆有官爵一家歲祿萬四有餘年逮四
十而醫藥班自疾貌甚美未有冀狀李彪之入京也孤微
寡援而自立不群以冲好士傾心宗附冲亦重其器學禮
而納焉每言之於孝文公私共相援益及彪為中尉尚書
為孝文知待文便謂非優靖冲更相輕背唯公坐歛袂而已
無復宗敬之意冲顧惜之後孝文南征冲與吏部尚書任
城王澄並以忨傲無禮遂禁止之奏其罪狀冲手自作
表而道固可謂隘也僕射亦為滿矣冲時震怒數責彪之
既而慨悼瞑目大呼投折几案盡以御史皆況首自縛大
罵歷毀言冲素性溫柔而一朝暴慝遂發病荒悖言語亂錯

猶扼腕叫嘑稱李彪小人醫藥所不能療或謂肝藏傷裂
旬餘日卒時年四十九孝文始聞冲病狀謂右衛丼曰
僕射執我樞衡總攝朝務使我無後顧之憂一朝忽有此
患朕其惋懷及聞冲卒為舉哀於縣瓠發聲悲泣不能自
勝詔書褒述其美曰可謂國之賢也朝之望也於是贈司
空公給東園秘器一具衣一襲贈錢三十萬布五百匹蠟
二百斤有司奏謚曰文穆葬於覆舟山近杜預家或
意也後車駕自鄴還洛經冲墓左右以聞孝文臥疾望
墳掩涕父之遺太常致祭及與留京百官相見皆敘冲二
沒之故言及流涕其相痛惜如此子延寔字禧性溫良以
為太子舍人宣武初襲父爵清泉縣侯莊帝郎位以母舅
之尊超授待中太保封濮陽郡王延寔以太保犯祖諱又
以王爵非庶姓所宜抗表固辭徙封濮陽郡公改授太傅
尋轉司徒公出為使持節侍中大傅錄尚書事東道大行
臺都督青州刺史介朱兆入京兼興尋延寔以外戚見
害於州館孝武帝初及葬洛陽贈使持節郎侍中左光祿
公錄尚書事都督雍州刺史謚曰孝懿長子彧字子文尚
莊帝姊豐亭公主封東平郡公位侍中左光祿大夫中書
監驃騎大將軍開府儀同三司廣州刺史或性豪俠介朱
榮之死也武毅之士皆或所進孝靜初陷法見害昇詔後

本爵子道端襲焉或七子竝彭城王勰女豐亭公主所生以
道德仁義禮智信爲名第四子義雄弟禮成字孝諧年
書仕齊位瑯邪郡守義雄最知名禮成幼而好學手不釋
七歲與姑之子蘭陵太守滎陽鄭顥隨魏武帝入關顥母
每謂人曰此兒生未嘗回顧當爲重器及長沈深有行
檢不妄通賓客在魏歷著作郎太子洗馬員外散騎常侍
周受禪拜平東將軍散騎常侍千時黃公子皆競習弓馬
被服多爲軍容禮成雖善騎射而從容儒服不失素望後
以軍功拜車騎大將軍散騎常侍同三司賜爵俯陽侯拜還州刺
史時朝廷有所徵發禮成度以蠻夷不可擾擾必爲亂上
表固諫武帝從之伐齊之役從帝圍晉陽齊將席毗羅精
兵拒帝禮成力戰擊退之加開府進封冠軍縣公歷比徐
州刺史戶部中大夫禮成妻實氏早沒知隋文帝有非常
之表遂聘妹爲繼室及帝爲丞相進位上大將軍遷司
武上大夫從帝誅尉遲迥以心膂及受禪拜陝州刺史進封絳郡公賞
賜優洽累遷襄州總管左大將軍突厥屢爲冠惠緣遷
要害多委重臣由是拜寧州刺史以疾徵還京卒於高都郡
世師位度支侍郎方雅廉愼齊武平中位南陽王大司馬屬可謂名
守智源弟信則方
信則形短中書侍郎頓丘李若戲之曰弟爲府屬可謂名

以定體信則曰名以定體豈過劣病莱除尚書郡郎中
入周爲東京司門下大夫延宴中卒爵光祿勳齊州刺史
彬字子儒其父位延開皇中卒於洄州刺史或弟
侍郎卒於左光祿大夫隋宴既別封彬襲祖爵清泉縣侯位中書
諡曰獻子桃杖襲彬彰章位贈驃騎大將軍尚書令司徒公雍
同時遇害等贈左將軍瀛州刺史通直散騎侍
有廣平郡太守齊天保中卒於光祿卿昂子道隆有子識
州刺史追封樂浪縣公後進封高陽郡公尚書休纂小宇鍾羌頗
有父風位終太子舍人贈左將軍瀛州刺史延宴弟休纂
明剖斷仕齊位終左丞隋開皇中爲尚書比部侍
騎大將軍司空公定州刺史進封臨潁縣公詔從弟仲遵
郎大將軍司空公定州刺史進封臨潁縣公詔從弟仲遵
有器業彭城王勰爲定州請爲定州開府參軍累歷瀛州
剌史時四方州頻逆叛相繼管州城內咸有其心仲遵
軍赴州及至與大使盧同以恩信懷人情難信蒙兵將往
又遣詔盧同爲行臺出慰勞同疑人情誑誘幸皆安帖後明帝
城人劉安定就德興等先有異志謀欲圖己逐仲遵言之
詔從祖抗目涼州渡江左仕宋歷晉安太守萊三郡太
守抗子思穆字叔仁有度量善談論工草隸歷東萊三郡
太和十七年攜家累自漢中歸魏位郡水使者及重駕南

伐以本官兼直閣將軍從平南陽以功賜爵樂平子宣武
踐祚進爵爲伯累遷京兆
營州刺史贈安東將軍華州刺史有子十四人嫡子斌襲
位散騎侍郎早卒斌弟道休爲莊帝所親超贈思穆
衛將軍中書監左光祿大夫諡曰宣武斌以戚里恩澤賜
爵廣平侯歷中書侍郎兼散騎常侍聘梁使主黃門郎司
徒左長史行瀛州事齊之字景珍小字墨蠡少知名號曰
神童從父冲雅所歎異毎曰興吾宗者其此兒乎恂資給
舍人黃門郎詔族弟珞拜魏尹卒贈濟州刺史中書令子環位中書
觀察風俗還拜魏尹卒贈濟州刺史侍中普泰瀛滄三州大使
喻之乃應召署爲中尉李彪啟引冲又遺信
隱遁意會彭城王勰辟爲行軍參軍苦相敦引冲又遺信
所須愛同己子弱冠舉秀才不行曾遊河內比山便欲有

稍遷國子博士領國子祭酒轉祕書監弼兼七兵尚書遷太
黃門郎修國史遷國子祭酒轉祕書監弼兼七兵尚書遷太
常卿孝莊初左僕射除征東將軍仍兼太常出爲衛將軍荊州
爲北道軍司還除征東將軍仍兼太常出爲衛將軍荊州
刺史兼尚書左僕射三荊二郢大行臺尋加散騎常侍珞
之雖以儒素自業而毎語人言吾家世將種猶有關西風
氣及至州之後大好射獵以示威尒朱兆入洛南陽太

守趙脩延以珞之莊帝外戚誣珞之規奔梁遂囚執脩延還國誣推珞之鑒州
被囚執脩延仍自行州事城內人斬脩延還國誣推珞之鑒州
任熙武初徵兼侍中車騎大將軍左光祿大夫儀同三司
求熙二年薨朝廷悼惜之贈侍中驃騎大將軍司徒公雍
州刺史諡曰文城珞之少機警善談論經史百家無不悉
覽朝廷疑事多所訪質毎云崔光雖精而不博劉芳雖博而不精
既精且博學兼二子謂崔光劉方也論者許其博末許其
精富時議咸共宗之又自誇文章人事常謂人曰吾所不好
毎休閒之際恂恂閉門讀書不交人事常謂人曰吾所
讀書者不求身後之名但異見異聞心之願也是以孜孜

搜討欲罷不能豈爲聲名疾勞世人也此乃天性非爲力
強刪後再居史事無所編緝安豐王延明博聞多識毎有
疑滯常就珞之辨析自以爲不及也二子充劭少通從孝武
帝入關中網位宜州刺史儀同三司
郡公朔州總管其有威名爲庸所憚後有功位上柱國武陽
略隋開皇中頻以行軍總管擊突厥有
還京師上怒之充之子也而簡素剛毅經史早有時譽釋褐員外
廢之子也而簡素剛毅經史早有時譽釋褐員外
騎侍郎尒朱榮之立孝莊兄弟四人與百寮俱將迎焉
其夜曉衣冠爲鼠嚙不成行而免其上三兄皆遇害曉乃

攜諸猶子微服潛行避難東郡行至成皋為榮陽令天水
閻信所疑辟易左右謂曰觀君儀貌宣是常倫古人相
知未必在早必有急難須悉心以告天下豈獨比海孫賓
碩平曉以能有長者之言乃具告情實信乃厚相資給以
免永安初授輕車將軍尚書左丞郎仍轉廣陵將軍
中散大夫初授前將軍大中大夫天平初遷都于鄴曉便
寓居清河依從母兄崔陵鄉宅給良田三十頃鄴郡不能禁止
室居焉時豪右子弟樂多騎恣以為曉自河陰遂家之
曉訓易子弟咸以學行見稱時論以此多之曉自河陰家
禍之後屬王途未夷無復官情備在名級而已曉遷都之

後因退私門外兄范陽盧叔彪勸令出仕前後數四確然
不從武定末齊文襄嗣事高選幕寀召曉及前開府長史
房延祐並為外兵郎後從平西將軍太尉府諮議參軍事
除頓丘太守天保中頻歷廣武東二郡太守所在有惠政
為吏人所懷卒於郡年五十九贈本官將軍海州刺史三
子伯山仲與李遠超字仲與以行於世性方雅善制曰
哲美駿頒宣高簡宏達風調疎遠博沙經史不守章句業至
於吉凶禮制親表咸取仕宦冠仕燕為襄城王大司馬
參軍事時尚書左僕射元文遇以令長之徒率多寒賤奏
請革選妙盡南資仲與與范陽盧昌衡等八人同見後用

以仲與為司州循武令仲與莅以寬簡吏人號曰寬明于
時昌衡為平恩令百姓號曰恩明故時稱瑯琊邦之政
武平初持節使南定州人亚是蠻左持帶邊嶲仲與具宣
朝旨邊服清謐朝廷大嘉之還授齊州別駕與周師鄩晉
州外無救援行臺左丞侯子欽內圖離貳欲與仲與謀懼
其嚴正將言而止者數四仲與揣知其情乃謂之曰城危
累卵伏願命有道於公永無消息夢之危急言而遣中止也子
欽曰告急宣軍正色曰夕不謀意欲宣子之義固有常道何至今日
受夷戮歸命有道於公何如仲與正色曰僕身射高氏恩德
未深公於皇家沒齒非笒臣子之義固有常道何至今日
翻及此言子欽懼泄夜投周軍城尋破周將梁士彥聞
仲與名引與言及時事仲與曰世居山東受恩高以令國
維不張遠勞師旅不能死於臣道豈敢千非其義士彥曰
百里左軍不無前軍想亦得之見逼不已仲與乃曰今者
官軍遠來方申伐當先德澤遠示威明至

戰也士彥深以為然益相知重[初城敗之後公私蕭然軍
招納之略令所至之所歸誠有地所謂王者之師征而不
人簿帳來多三毀戶口倉儲無所憑擽軍無大小士彥一
委仲與推尋勾當絲髮無遺於軍用其有助焉鄴城平仍
將家隨例入關仲與以親故流離情不願往妻伯父京兆

15-1366

君博陵崔宣猷留不許去固辭乃得還鄭尋有詔素墓舊
資命州郡勤送仲舉嚴命而至補秋官賓部上士深乖
情願乃取忽言歸隋開皇中秦王俊鎮洛州召補州主簿
友人蜀王府記室范陽盧士彥謂仲舉仲舉笑曰文人住經徵辟
每為推辭何為被敕追起京朝廷爾降德仲舉曰屈伸之事
非子所知尋被敕追赴京忽爾降德以琴書自娛優遊賞逸視
降為隆州錄事參軍尋以疾歸以雁詔以前
人世豈如也會朝廷舉士著作郎王邵又舉以疾還後以資授
致推還為青徐奧州清江令未幾又謂仲舉曰君之才地遠近所
師都督洛陽令彭逸人謂仲舉曰君之才地遠近所

知父病在家忽貼時論且為武職羞若自安仲舉曰吾性
本踈情必無官情豈以垂老之年求一階半級所言武職
挂徐君墓樹耳竟不起終於洛陽永康里宅時年六十三
當世名賢莫不傷惜之二子大師行師大師學君威幼而
英悟神情警敏標格嚴峻人並敬憚之身長七尺五寸風
儀甚偉好學無所不窺善綴文備知前代故事若指諸掌
商較當世人物比得其精弱冠州將賀闌寬召補主簿寬
敬曰名下故無虛士又與大師年事不侔初見言未及終便段容加
當時位望又無所不相勞自墜悲嘯有託其毎
於私室接遇惘盡忘年之歡俄而以資調補左翊衛率尋

除冀州司戶參軍煬帝初攺州為郡仍除信都司戶佐
及大業暮年王塗弛紊居官者率多侵漁皆致潤屋大師
獨守清戒無所營求家產益致窘迫郡丞翰季稜益相戲
服曰後於歲寒此言成於公得之十年遷渤海郡主簿及竇
建德據有山東被召為尚書禮部侍郎武德三年被遣使
京師因送安公主遂和好使畢還至絳州而建德遣使
約又助世充抗王師於武牢高祖大怒命所在拘留其使
世充建德尋平遂徙配西會州大師火時嘗筮仕長
安遇日者姓史因使占時有從兄子同妹夫鄭師萬河東
裝寂同以佰衛闌文資各使視即日官位及將來所至
安充史生曰裝二及李同皆當依資敍用然裝君終致台輔鄭非

直今歲暮年遇後歲亦當本資不敍柏大師曰君才雖不減
趙元叔恐賦命將同之言子同亦無遠到時大師弟行
師亦預賔員間史生吉占曰此郎雖非裝君之匹亦
至方伯既而大師及子同裝寂並以資補州佐師萬當年
差舛明年而喬資不敍師萬任益州新都縣尉及武德初
之言寂任於慈驗矣行師負觀中歷太常寺丞都水使者印州
剌史皆如史生之占大師至是還蜀獨奕曰史生
賦以見其事侍中觀公楊恭仁時鎮涼州見賦異之召至

河西深相禮重日與遊處大師以有著述之志常以宋齊
梁陳齊周隋南北分隔南書謂北為索虜北書指南為島
夷各以其本國周悉書別國並不能備亦往往失實嘗
欲改正將擬吳越春秋編年以備南北至是無事而恭仁
家富於書籍得恣意披覽宋齊梁魏四代有書自餘竟無
家敕居二年恭仁入為吏部尚書封德彝中書令房玄齡並
所得居二年恭仁入為吏部尚書封德彝中書令房玄齡並
恐失行藏之道大師曰昔屬新人思自効方事屏退以
與大師親通勸留不去曰時屬惟新人思自効方事屏退以
年會敕歸至京師尚書石僕射封德彝中書令房玄齡並
所撰未畢以為沒齒之恨焉所製文筆詩賦播遷及遭火
多致失落存者十卷子慶孫正禮利王延壽安世延壽與
敬播俱在中書侍郎顏師古給事中孔穎達下刪削既家
有舊本思欲追終先志其齊梁陳五代舊事所未見因於
編輯之暇晝夜抄錄之至五年以內憂去職服闋從官蜀
中以所得者編次之然尚多所闕未得及終十五年任東
宮典膳丞日右庶子彭陽公令狐德棻文啓延壽修晉書
因茲復得勘究宋齊觀三代之事所未得者十七年尚書
右僕射褚遂良時以諫議大夫奉敕修隋書十志復準敕

召延壽撰錄因此遍得披尋時五代史既未出延壽不敢
便人抄錄家素貧毀不辦雇人書寫至於魏齊周隋宋
齊梁陳正史並手自寫本紀依司馬遷體以次連綴之又
從此八代正史外更勘雜史於正史所無者一千餘卷皆
以編入其煩冗者即削去始末修撰凡十六載始訖以
八代為北史南史二書合一百八十卷其南史先寫訖以
上表表曰臣延壽言臣聞史官之立其來已舊爰自簡記言
改正許令聞奏次以比史諧知亦為詳正因遍諮稟相乃
必資良直是以典謨載述虞廣之風尤著諸晉斯陳教周
之烈秦書既焬周籍俱湮子長創制五三甲紀條流且異綱
讚於趙孟斯蓋哲王經國通賢垂範懲誡之方率由茲義
元熙以前則網歸諸晉著述之士家數雖多泛而商略未
脩無俟揚權迨茲氣南浮黃旗東徙時更五代年且三百
娓所傳唯稱班范次有陳壽國志亦曰名家並已見前
曰咸張自斯新以後皆所取則雖左史筆削無之於時微
閨盡善太宗文皇帝神資睿聖天縱英靈安動沖襟用紆
五覽盡善嗟無撤大存刊夢既懸諸日星方傳不朽然比朝
自魏以還南朝從宋以降運行迭續時俗污隆代有載筆

人多好事考之篇目史牒不少乎陳間見同異甚多而小
說詖詞遷易為運落脫或殘滅求勘無所一則王道得喪朝
市賀邊曰失其晦明安取二則至人高跡逆主弘規因
此無聞可為傷歎三則敗俗巨蠧滔天桀惡著法不記就
為勤孜臣為修撰生多幸運奉十齡從良觀以來屢叨史局不
撥愚固孜為修撰起穢登國元年盡齊隆化二年凡三代
史又起宋末初元年盡陳禎明三年四代一百七十年為
十四年行事總編為本紀十二卷列傳八十八卷謂之北
二百四十四年兼自東魏天平元年盡隋義寧二年又四

本紀十卷列傳七十卷謂之南史凡八代合為二書一百
八十卷以擬司馬遷史記就此八代而梁陳齊周隋五書
是臣所觀中敕撰以十志未奏本猶未出然其書及志若末
年凡所獵略千有餘卷連綴改定止資一手故淹時序迄
今方就唯鳩聚遺逸以廣異聞私為抄錄一十六
冗長據其菁華若文之所安則因而不改句以下愚
自申管見雖則蹇野遠慙先哲於披求所得竊謂詳其
南史刊勤已定比史勘校粗了既撰自私門不敢囊嘿文
未經聞奏亦不敢流傳輕用陳聞伏深戰越謹言

序傳第八十八

比史一百

北史宋槧世間尚有存者然皆不全且南史已
采元大德本故亦取同時刊本以爲之配校讀
既竣其較勝於本者魏孝莊帝紀永安二年
秋七月以杜國大將軍太原王尒朱榮爲天柱
大將軍下多癸酉臨潁縣卒江豐斬元顥傳首
京師甲戌以大將軍二十一字（見本紀第五
第四葉）魏宗室元丕傳燕州刺史穆羆論移
都事臣聞黄帝下多都涿鹿古昔聖王不必悉
居中原帝曰黄帝十七字（見列傳第三第十
一葉）儒林劉獻之傳獻子語諸從學者儻不
能然雖復不句復不作復下以下多帷針股躡
屬從師正可博聞多識不過爲土龍乞雨眩惑

北史跋 一

其於二十四字（見列傳第六十九第十一二
葉）恩幸和士開傳士開說武成以國事分付
大臣於是委趙彥深下多掌官嚲元文遙掌財
用唐邕掌外兵白建掌騎兵馮子琮胡長粲二
十五字（見列傳第八十第二十七葉）韓鳳
傳紀段孝言監造晉陽宮事見孝言役官夫匠
自下多營宅即語云僕射爲至尊起臺殿口未
訖何用先自營造鳳及穆提婆二十六字（見
列傳第八十第三十六葉）明監本武英殿本
固均闕如即校勘較愼之汲古閣本亦僅存魏
孝莊帝紀一則餘四則皆佚其他單詞隻字之
較勝者尤不可指屈然則此本雖非最上字之
不失爲次也原本板心卷第多附上字然有上

無下求其故不可得存之轉滋眩瞀因悉芟創
附識於此海鹽張元濟

北史跋 二

百衲本二十四史

北史

撰　者◆唐·李延壽

發行人◆王學哲

總編輯◆方鵬程

編印者◆本館古籍重印小組

承製者◆辰皓國際出版製作有限公司

出版發行：臺灣商務印書館股份有限公司

台北市重慶南路一段三十七號

電話：(02)2371-3712

讀者服務專線：0800056196

郵撥：0000165-1

網路書店：www.cptw.com.tw

E-mail：ecptw@cptw.com.tw

網址：www.cptw.com.tw

局版北市業字第 993 號

初版一刷：1937 年 01 月

臺一版一刷：1970 年 01 月

臺二版一刷：2010 年 11 月

定價：新台幣 3600 元

 ISBN：978-957-05-2523-6

北史 ／ 李延壽撰. --臺二版. -- 臺北市 ：臺灣
商務， 2010. 09
　冊 ； 　公分. --（百衲本二十四史）

ISBN 978-957-05-2523-6（全套：精裝）

1. 北史

623.601　　　　　　　　　　　　99014628